KB138444

으뜸
컴퓨터 개론

박동규 지음

저자 소개

박동규

1993年 부산대학교 전자계산학과 이학사
1996年 부산대학교 전자계산학과 이학석사
1999年 부산대학교 전자계산학과 이학박사
2002年~현재 창원대학교 정보통신공학과 교수
2007年 미국 카네기멜론대학교 방문교수
2012年 미국 텍사스A&M대학교 방문교수
2021年 부산대학교 컴퓨터 및 정보통신연구소 객원교수
*창원대학교 정보전산원장, 창원시 스마트모바일 앱센터장 역임

저자는 "**널널한 교수의 코딩 클래스**" 유튜브 채널을 운영 중이며 파이썬, C, 자바, Swift 등의 프로그래밍 언어와 자료구조, 알고리즘, 머신러닝, 딥러닝, 인공지능 관련 강좌를 400개 이상 업로드하였다. 저서로는 "으뜸 파이썬", "따라하며 배우는 파이썬과 데이터 과학", "으뜸 머신러닝", "으뜸 데이터 분석과 머신러닝", "누구나 쉽게 배우는 인공지능 스타트", "자바 3D 프로그래밍" 등이 있다. 저서 "으뜸 파이썬"은 한국출판문화산업진흥원의 '2020년 세종도서' 학술부문도서로 선정되었다.

e-mail : **dongupak@gmail.com**

(책의 오류가 발견되면 위의 메일로 알려주십시오. 또한 좋은 의견이 있으신 독자님들의 적극적인 피드백을 부탁드립니다.)

으뜸 컴퓨터 개론

초판인쇄 2023년 1월 3일
초판발행 2023년 1월 16일

지은이 박동규
펴낸이 김승기
펴낸곳 (주)생능출판사 / **주소** 경기도 파주시 광인사길 143
출판사 등록일 2005년 1월 21일 / **신고번호** 제406-2005-000002호
대표전화 (031)955-0761 / **팩스** (031)955-0768
홈페이지 www.booksr.co.kr

책임편집 김민보 / **편집** 신성민, 이종무, 유제훈 / **디자인** 유준범, 표혜린
마케팅 최복락, 김민수, 심수경, 차종필, 백수정, 송성환, 최태웅, 명하나, 김민정
인쇄 천일문화사 / **제본** 일진제책사

ISBN 978-89-7050-690-6 93000
정가 28,000원

머리말

이 책은 **컴퓨터 과학과 코딩에 대하여 배우고자 하는 이들이 반드시 알아야 할 주제**를 담고 있습니다. 최근 코딩 열풍으로 인하여 많은 코딩 교육 프로그램과 다양한 교육이 활성화 되고 있습니다. 컴퓨터에게 명령을 내리고 이것을 컴퓨터가 수행하도록 하는 것이 프로그래밍이며 이를 위한 명령어를 작성하는 것이 코딩입니다. 따라서 **코딩을 위해서는 반드시 컴퓨터의 구조와 핵심 원리에 대한 이해**가 필요합니다.

이 책의 저자로서 가장 신경을 쓴 부분은 **컴퓨터의 역사와 핵심 원리를 독자 여러분들에게 가능한 쉽게 알려드리는 것**이며, 컴퓨터를 다루는 이들이 기본적으로 알아야 할 네트워크, 데이터베이스, 이진수, 논리 회로 등에 관한 핵심 내용을 가능한 쉽게 기술하고자 하였습니다. 컴퓨터 과학과 기술은 타 기술에 비하여 그 진보의 속도가 매우 빠르기 때문에 이 책에서는 4차 산업혁명, 빅데이터, 사물인터넷, 블록체인, 메타버스, NFT, 인공지능 등의 최신 주제도 담았습니다. 이들을 통해서 독자 여러분은 앞으로의 컴퓨터 기술이 어떻게 발전할지에 관한 전망을 가질 수도 있을 것입니다.

이 책은 13개의 중요한 주제에 대하여 장을 구성하였으며, 각 장에는 3~5개 가량의 작은 절을 두어 독자들이 지루하지 않게 읽을 수 있도록 하였습니다. 그리고 각 **절의 주제와 관련된 다양한 삽화를 넣었으며, 중간중간 재미있는 읽을거리도 배치**하였습니다. 또한 모든 장의 내용을 익히고 나면 중간중간에 있는 실습하기를 통해 코딩과 인공지능 기술에 대해 실습을 해 볼 수 있습니다. 또한 연습 문제를 통해서 책의 내용을 복습한 후, 서술식 심화 문제의 주제에 대하여 스스로 탐구하거나 학습자 동료들과 이야기를 나누어 본다면 컴퓨터 기술에 대해 더욱더 큰 흥미를 가지게 될 것입니다.

이 책이 나오기까지 생능출판사 관계자 분들의 격려가 큰 힘이 되었습니다. 특히 최태웅 선생님과 김민보 선생님의 노력에 감사드리며, 원고를 꼼꼼하게 봐주신 자문 교수님들의 조언도 큰 도움이 되었습니다. 이 책의 많은 연습 문제, 학습 목표, 요약은 본문의 내용을 꼼꼼하게 살펴본 김예린, 임동균 학생의 도움으로 제작되었습니다.

저자 박동규

이 책의 활용

강의 주차 설계

- 이 책은 대학의 일반적인 한 학기 강의에 해당하는 15주 강의에 적합하도록 구성되었습니다.
- 13개의 장과 중간고사, 기말고사를 고려하면 1개의 장을 1주에 진행하는 것이 수업 진도에 맞을 것입니다.

강의 보조 자료

- 이 책으로 강의를 하시는 분들을 위한 강의 자료는 생능 출판사 홈페이지에서 제공받을 수 있습니다(홈페이지 : http://booksr.co.kr).
- 출판사 홈페이지의 교수회원 가입을 하시고 로그인 후 교수지원실 메뉴를 찾아서 검색하시면 됩니다.

문제 활용하기

- 이 책은 13개의 장으로 이루어져 있으며 각 장의 마지막에는 단답형 문제, 짝짓기 문제, 객관식 문제, 서술식 심화 문제가 있습니다.
- 서술식 심화 문제는 개인이 자료 조사를 통해서 풀어보는 것도 좋지만 2~3인의 팀으로 함께 자료를 조사하며 토의한 후 그 내용을 기술하는 것도 도움이 될 것입니다.

강의 계획

이 책은 다음과 같이 15주차의 강의에 적합할 것입니다. 학습자와 강의자들은 다음 표에 나타난 컴퓨터 과학의 주제와 주요 내용을 매주 익힐 수 있을 것입니다.

강의 주차 설계

주차	장	주제	핵심 내용
1주	1장	우리 삶의 필수 도구인 컴퓨터	컴퓨터와 정보 혁명, 인공지능과 컴퓨터, 자율 주행 자동차 기술 컴퓨터 과학의 영역
2주	2장	컴퓨터를 알아보자	컴퓨터의 역사, 1,2,3,4세대 컴퓨터, 이동 통신 기술, 하드웨어와 소프트웨어, 컴퓨터의 종류
3주	3장	데이터와 정보	2진수와 정보표현, 아날로그와 디지털, 논리 회로, 진법과 보수 표현, 기억 장치와 중앙처리 장치
4주	4장	운영체제를 알아보자	운영체제의 역할, 다양한 운영체제, 운영체제가 하는 일, 운영체제의 작업 방식
5주	5장	프로그래밍을 익혀보자	프로그래밍과 프로그래밍 언어, 프로그래밍 언어와 제어 구조, 클래스와 객체 지향 프로그래밍, 컴퓨팅 사고
6주	6장	컴퓨터 네트워크	네트워크의 역사와 종류, 네트워크의 회선 구성, 데이터 교환, 연결방식, 인터넷의 동작과정, 클라우드 서비스
7주	7장	인터넷과 웹, 정보보안	인터넷의 역사, 해커, 해킹, 컴퓨터 바이러스, 스마트폰과 모바일 앱, 앱 마켓
8주	중간 평가		
9주	8장	소셜 미디어와 공개 소프트웨어	소셜 미디어와 소셜 네트워크 서비스, 공개 소프트웨어와 관련 라이선스, 소프트웨어 개발 과정
10주	9장	데이터베이스와 빅데이터	데이터와 정보, 데이터베이스, 빅데이터와 데이터 분석, 데이터 과학과 데이터 마켓, 데이터 분석 방법
11주	10장	멀티미디어를 알아보자	멀티미디어의 출현, 오디오 데이터의 디지털화, 이미지 조작과 동영상, 문서 파일, 멀티미디어의 활용
12주	11장	가상현실, 메타버스, 블록체인	가상현실, 메타버스, 컴퓨터 게임, 블록체인과 NFT
13주	12장	사물인터넷을 알아보자	사물인터넷과 유비쿼터스 컴퓨팅, 스마트 카, 자율주행 자동차, 사물인터넷의 기반 기술, 로봇 기술
14주	13장	다시 떠오르는 인공지능	인공지능의 정의, 머신러닝과 딥러닝, 퍼셉트론, 인공지능과 미래의 직업
15주	기말 평가		

차례

CHAPTER 4 운영체제를 알아보자

CHAPTER 5 프로그래밍을 익혀보자

CHAPTER

1

우리 삶의 필수 도구인 컴퓨터

CONTENTS

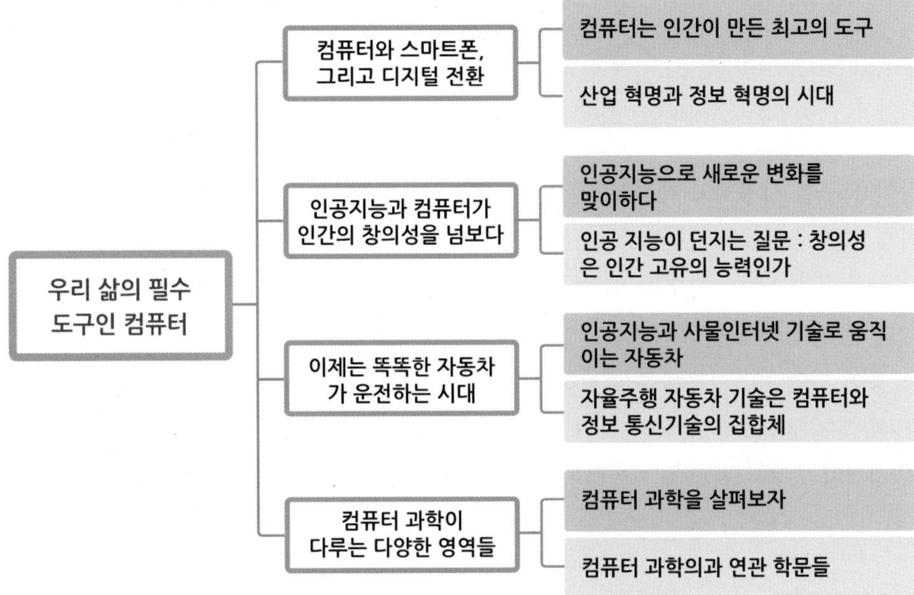

학습목표

- 컴퓨터와 스마트폰이 하는 일을 이해한다.
- 산업 혁명과 정보 혁명이 인류의 삶을 어떻게 변화시켰는지 살펴본다.
- 인공지능에 대한 다양한 정의를 살펴보고 그 적용 사례를 알아본다.
- 인공지능 기술과 사물인터넷, 초고속 통신망 기술의 발전으로 인해 주목받고 있는 자율 주행 자동차가 우리 삶에 가져올 변화에 대해 알아본다.
- 컴퓨터 과학의 다양한 주제에 대하여 살펴본다.

1.1 컴퓨터와 스마트폰, 그리고 디지털 전환

컴퓨터는 인간이 만든 최고의 도구

라틴어 **호모 파베르**homo faber는 **"도구를 사용하는 인간"**이라는 뜻을 가지고 있다. 이 말은 인간이 **도구를 사용하고 제작할 수 있는 능력**을 가지고 있다는 것에 착안한다. 도구를 사용하게 되면서 인간은 자신보다 더 힘이 강하고, 위협적인 뿔을 가지고, 큰 이빨을 가진 사나운 동물을 사냥할 수 있게 되었다. 사냥 기술의 발달로 많은 단백질을 섭취할 수 있게 된 인간은 몸집과 뇌를 키워갈 수 있었으며 이러한 점이 인간의 지능을 발전시켜나가는데 큰 도움이 되었다고 학자들은 주장한다. 인간의 지능이 점차 발달하고, 도구를 사용한 농경 생활을 하게 되면서 인류는 오늘날의 문명 사회를 만들게 된다. 물론 인간이 만든 초기의 원시적인 도구는 시간을 거듭하면서 점점 더 고도화된다.

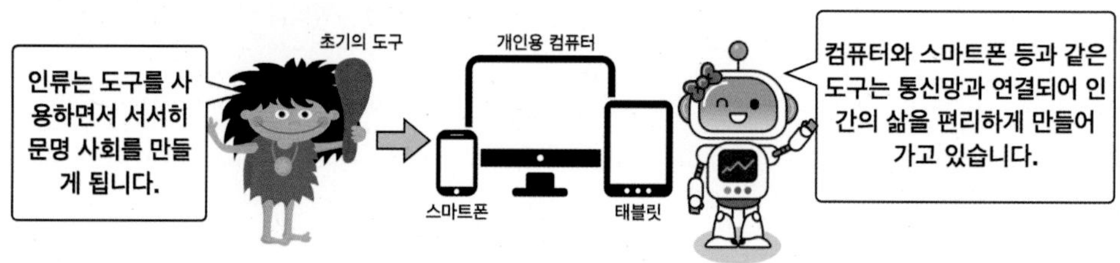

인간이 만든 도구 중에서 최첨단 도구 중의 하나가 바로 **컴퓨터**computer이다. 독자 여러분의 삶에서 필수적인 **스마트폰**smartphone 역시 이동하면서 통신을 할 수 있는 컴퓨터이며, 우리는 스마트폰을 통해서 다양한 소프트웨어를 내려받아 편리하게 이용할 수 있다. 또한 스마트 워치를 통해서 통화를 하며, 하루의 운동량을 체크하고, 문자를 확인할 수도 있는데 이 **스마트 워치 역시 큰 범주에서 본다면 컴퓨터의 한 종류**로 볼 수 있다.

여러분이 최근 개발된 자동차를 살펴본다면 예전과 달리 큰 화면에 다양한 명령을 입력할 수 있는 버튼이 있는 것을 볼 수 있다. 또한 운전자의 명령을 인식하여 목적지까지 스스로 운전하고 안내하는 기능도 볼 수 있는데, 이 기능은 차량에 탑재된 여러 대의 컴퓨터 도움 없이는 불가능하다.

아침에 눈을 떠서 스마트폰으로 뉴스를 보거나 **소셜 미디어**social media를 사용하고, 스마트 워치로 운동량을 체크하며, 이동하는 길에 스트리밍 프로그램을 이용하여 음악을 듣고, 회사에서 컴퓨터로 업무를 보거나, 학교에서 강의를 들으며 태블릿 컴퓨터로 필기를 하는 요즈음 세대에게 컴퓨터는 삶의 필수품이라고도 할 수 있다. 오늘날의 컴퓨터는 단순한 계산을 넘어 인류 문명을 지탱하는 큰 기둥에 비유할 수 있을 정도의 중요한 역할을 하고 있다.

이 책에서는 컴퓨터의 작동 원리와 할 수 있는 일에 대해서도 알아볼 것이며 컴퓨터의 역사와 미래에 대한 전망까지도 살펴보려고 한다. 이를 위해서 우리는 컴퓨터 속에 있는 여러 가지 세부적인 기술에 대해서도 상세히 알아볼 것이다.

이렇게 다양한 컴퓨터는 어떻게 정의내릴 수 있을까? 다음은 오늘날 우리 삶에 큰 영향을 끼치는 **컴퓨터의 정의를 요약한 표**이다.

표준 국어 대사전의 정의 : 전자 회로를 이용한 고속의 자동 계산기로 숫자 계산, 자동 제어, 데이터 처리, 사무 관리, 언어나 영상 정보 처리 따위에 광범위하게 이용된다.

위키 백과 사전의 정의 : 데이터를 저장하고 처리할 수 있는 전자적 기계 장치이자 정보를 저장, 검색, 정리, 수정하기 위해 프로그램을 사용하는 전자기기이다.

위의 정의는 컴퓨터에 대한 정의인데, 주요한 내용은 **자동으로 빠르게 계산을 하고 데이터를 처리하는 전자기기**가 바로 컴퓨터라는 것이다. 컴퓨터는 빠른 계산 능력과 뛰어난 데이터 처리 능력, 그리고 인터넷이라고 하는 거대한 통신망과 연결되어 우리가 살아가는 세상을 편리하게 만들어가고 있으며 인류의 삶을 바꾸어 가고있다. 이제 좀 더 구체적인 사례를 통해서 컴퓨터가 우리 삶에 미치는 영향을 알아보자.

스마트폰과 앱

이동 중에도 통화를 할 수 있는 무선 통신의 역사는 오래되었지만 오늘날과 같은 다양한 기능으로 우리가 매일 편리하게 사용하는 스마트폰의 역사는 그리 길지 않다. 이동성이 좋고, 큰 화면을 터치하여 정보를 이용하며, 인터넷 접속이 언제나 가능한 스마트폰은 2007

년 애플사의 **아이폰**iPhone이 그 시초이다. 그 이전에도 스마트폰의 원형이 존재하기는 했으나 아이폰을 기점으로 스마트폰이 대중화되고 이용자가 폭발적으로 증가하였다. 아이폰은 이전 스마트 폰들이 탑재하였던 QWERTY 타입의 물리 자판을 과감하게 없애고, 정전식 터치스크린을 넣어 사용자의 편의성을 획기적으로 개선하였다. 아이폰은 출시와 동시에 선풍적인 인기를 얻었으며 스마트폰을 대중화하는데 크게 기여하였다.

iPhone 출시 이전의 다양한 스마트폰

2007년 출시된 iPhone

아이폰은 QWERTY 자판을 과감하게 없애고, 정전식 터치 스크린을 넣어 사용자 편의성을 획기적으로 개선했습니다. 아이폰의 출현으로 스마트폰은 대중화됩니다.

스마트폰은 편리한 사용성과 함께 다양한 애플리케이션 소프트웨어를 앱스토어나 구글 플레이와 같은 온라인 장터에서 내려받아 설치할 수 있는 기능이 있다. 이러한 애플리케이션 소프트웨어는 앱이라고 하는데 사용자는 채팅이 필요할 경우 **카카오톡**이나 **왓츠앱** 등을 내려받아 다른 사용자와 소통할 수 있으며 소셜 미디어가 필요할 경우 **페이스북**이나 **인스타그램**, **틱톡** 등을 내려받을 수 있다. 혹은 길을 찾아가기 위해서 **카카오 내비게이션**이나 **티맵** 앱을 받아서 사용할 수 있다. 이러한 앱의 자유로운 다운로드와 손쉬운 활용으로 인하여 스마트폰의 사용 범위는 거의 무궁무진하다고 봐도 될 정도로 다양하다.

스마트폰

스마트폰의 활용성을 높여준 다양한 어플리케이션(앱)

스마트폰은 편리한 사용성과 함께 다양한 어플리케이션 소프트웨어(앱)를 앱스토어나 구글 플레이와 같은 온라인 장터에서 내려받아 설치할 수 있는 기능이 있습니다. 이 때문에 역사상 가장 성공한 기기가 되었습니다.

스마트폰의 출시 15년이 채 되지 않은 2021년 7월 전 세계 휴대폰 사용자들의 수는 거의 53억 명에 이르렀으며 이는 세계 인구의 67%에 해당한다. 이 때문에 **스마트폰은 역사**

상 가장 성공한 기기로 뽑히고 있다. 시장 조사 기관인 **훗스윗**Hootsuite의 보고서에 따르면 2020년 새로 휴대전화를 사용한 사람들이 약 1억 1,700만 명으로 집계되었으며, 이 기간 전체 이용자 수는 2.3% 증가했다. 한편, 스마트폰과 함께 자동차, 선풍기, 안마기, 청소기 등의 다양한 사물에 지능적인 프로세스가 탑재되고 서로 통신하는 기능이 올라가면서 사물인터넷의 시대가 열리고 있다. 2020년 7월에서 2021년 7월 사이에 약 6억 7천만 명이 사물인터넷 등 모종의 셀룰러 연결을 사용하기 시작했는데, 전 세계적으로 그 사용자 수는 전 세계 인구를 능가하는 104억 명으로 증가했다.

휴대전화의 보급과 함께 모바일 서비스를 많은 사람들이 이용하게 되면서 모바일 데이터 트래픽 역시 2021년도에는 2020년도 대비 68%나 증가했다. 또한 같은 해 7월을 기준으로 스마트폰은 전 세계 모바일 연결의 79%인 64억 개를 차지했다. 이러한 스마트폰으로 인한 변화는 기존의 산업혁명과 어떤 점에서 차이가 나며 또 어떤 공통점이 있을까?

산업 혁명과 정보 혁명의 시대

산업 혁명industrial revolution은 18세기 중반에서부터 19세기 초반까지 영국에서 시작된 기술 혁신, 새로운 제조 공정으로의 전환과 이로 인해 일어난 사회, 경제 등의 큰 변화를 일컫는다. 이 산업 혁명은 이후 이어진 2차, 3차 산업 혁명과의 구분을 위해 1차 산업 혁명으로도 부른다. **1차 산업 혁명**의 특징은 **증기기관 기반의 기계화 혁명**으로 기계의 사용으로 인하여 공업 생산력이 향상되면서 가내 수공업 시대에서 대량 생산과 대량 소비의 새로운 사회 경제 시스템이 확립되었다. 이 용어는 영국의 역사학자이자 문명 비평가인 **아널드 조셉 토인비**Arnold Joseph Toynbee가 발표한 강연의 제목 "18세기 영국에서의 산업 혁명에 대한 강연(The Lectures on the Industrial Revolution of the Eighteenth Century in England)"을 통해서 대중화된 용어이다. 산업 혁명 시기의 기술적인 변화로는 다음과 같은 것들이 두드러진다.

(1) 철과 강철과 같은 새로운 기본 재료가 사용됨.
(2) 석탄과 같은 새로운 에너지를 원료를 사용하는 증기 기관이 나타남.
(3) 제니 방적기와 같은 새로운 기계의 발명으로 적은 인간 에너지로도 생산이 가능해짐.
(4) 분업 증가와 기능 전문화를 수반하는 공장 시스템과 같은 새로운 작업 조직의 출현.
(5) 증기 기관차, 증기선을 포함한 운송 및 전신, 라디오 등 통신의 중요한 발전.
(6) 여러 산업 분야에 과학이 점점 더 많이 적용되었으며, 이러한 기술적 변화는 천연자원을 엄청나게 많이 사용하게 되고, 공산품의 대량 생산도 가능해짐.

2차 산업 혁명은 19세기 중후반부터 20세기 중후반까지의 시기로 **석유와 전기 에너지 기반의 대량생산 혁명**으로 이야기할 수 있다. 1차 산업 혁명이 석탄 에너지를 기반으로 증기기관 위주의 대량 생산을 이룩하였다면, 이 시기에는 석탄과 함께 석유를 에너지원으로 하였으며 내연기관 위주의 산업활동을 이루었다. 또한 **토머스 에디슨**, **니콜라 테슬라**와 같은 과학자들이 이룩한 **전기의 과학적 이용**을 통한 생산의 혁신이 특징이다. 이 시기의 이동 수단으로는 자동차와 전차, 비행기 등이 이용되었다.

3차 산업 혁명은 20세기 후반 컴퓨터와 인터넷이 중심이 된 **정보 혁명**으로 이야기할 수 있다. 이전의 시기가 대량생산을 위한 에너지원의 변화였다고 한다면 이 혁명은 **정보 통신 기술의 발전과 확산**을 통한 컴퓨터 제어 그리고 생산 자동화 시스템이라는 변화가 큰 특징이다. 특히 **정보 혁명**information revolution은 **컴퓨터를 이용하여 빠르고 많은 정보의 처리가 가능해지면서 시작된 큰 사회 변화**를 말한다. 컴퓨터를 통해 인간은 기존에 다루기 힘들었던 데이터를 다루게 되고 이를 바탕으로 많은 정보를 생성하고 이용할 수 있게 되었다. 이러한 컴퓨터 기술은 자동 제어나 통신 기술 등의 여러 분야에서 광범위한 기술 혁신을 일으켰다. 이 혁신은 개인의 생활이나 생각은 물론 집단생활과 그 인간관계, 국가나 사회의 제도와 운영, 국제 정치, 국제 경제, 문화 등의 여러 분야와 인간 사회의 구석구석까지 큰 영향을 미치고 있다. 이러한 정보혁명의 의미는 단지 기술 혁신이나 경영 혁신에 국한되는 변화를 훨씬 넘는 것이며 역사적으로 보아 산업혁명 이상의 의의를 지닌다고 할 수 있다.

4차 산업 혁명은 2010년대 이후부터 현재까지 진행 중인 변화를 지칭하는 용어로 2016년 스위스 다보스 포럼에서 언급되기 시작하여 전 세계적인 관심을 끌고 있는 용어이다. 이 혁명은 인공지능, 사물인터넷, 클라우드 컴퓨팅, 빅데이터, 모바일 기술과 같은 **지능 정보 기술이 기존의 산업과 서비스에 결합되거나 여러 분야의 신기술에 결합되어 모든 사물**

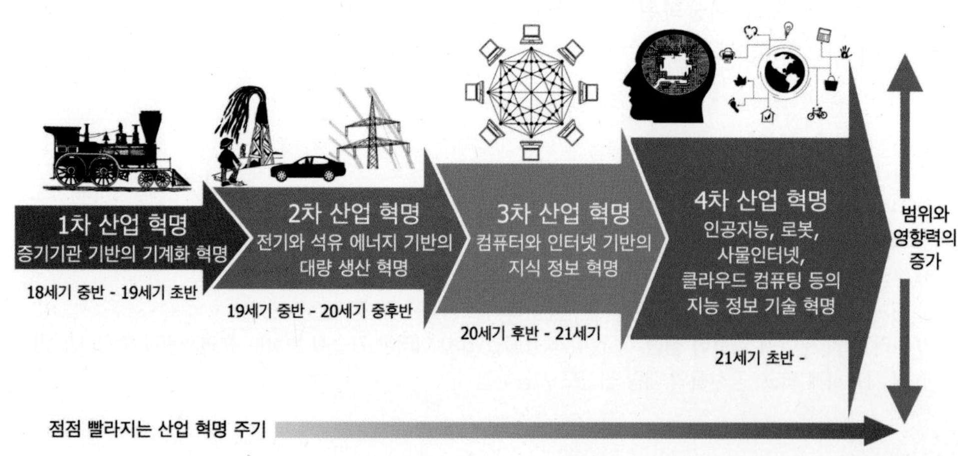

을 지능화함으로써 촉발되는 사회 변화를 지칭하는 용어이다.

왼쪽의 그림은 1차 산업 혁명에서 4차 산업 혁명까지의 특징과 시기를 표시하고 있다. 이러한 산업 혁명은 1차에서 4차로 갈수록 그 주기가 점점 빨라지고 있으며 범위와 영향력은 증가하고 있다는 특징이 있다. 반면 인공지능, 로봇, 사물인터넷을 기반으로 한 지능 정보 기술 혁명인 **4차 산업 혁명은 3차 산업 혁명의 연장에 불과하며 새로운 혁명으로 볼 수 없다는 반론도 존재**한다.

디지털 대전환의 시대

이미지 스캐너를 사용하여 필름 카메라로 촬영한 사진을 컴퓨터 이미지로 만들거나, LP판 또는 카세트 테이프의 노래를 디지털 오디오 파일인 mp3 파일로 변환하게 되면 기존의 자료를 손실없이 디지털 저장 장치에 반영구적으로 저장할 수 있게 된다. 뿐만 아니라 디지털 데이터는 전송과 가공이 편리하다는 장점도 크다. 이러한 과정을 **디지털화**digitalization라고 하는데, 1990년대 이후 인터넷 사용이 증가함에 따라 디지털 데이터의 사용이 급격하게 증가하였다. 디지털화의 사례로는 기존 종이책의 전자책 파일로의 변환, 아날로그 전화의 디지털 통신화 등 여러 가지가 있다.

종이책, LP 판, 카세트 테이프 전자책, mp3 파일, 동영상 파일

그러나, 최근 부각되고 있는 **디지털 전환**은 기존의 단순한 변환 프로세스인 디지털화보다 훨씬 더 광범위한 변화를 가져온다. 그 전환이 워낙 큰 범위이기 때문에 디지털 대전환이라는 용어로 나타내기도 한다. **디지털 전환**digital transformation이란 기존의 **산업 기반을 이루고 있는 기업 조직, 프로세스, 비즈니스 모델, 문화, 시스템 등 모든 것이 데이터 기반 기술 혁신을 바탕으로 변화되는 현상**을 말한다. 이것은 4차 산업 혁명에 들어서면서 나타나게 되는 주요한 사회 현상으로는 이야기하는 학자들도 있다. 디지털 대전환의 바탕이 되는 기술은 사물 인터넷, 클라우드 컴퓨팅, 인공지능, 빅데이터 등 디지털 신기술이다.

[사례 : 블록버스터와 넷플릭스]

블록버스터는 미국 텍사스주 댈러스에 본사를 둔 DVD, VHS, 비디오 게임 대여 전문점이다. 보통 매장에서 DVD, 비디오를 대여하나 2000년대 중반부터는 배송으로도 대여 서비스를 진행했다. 이 회사는 2004년까지만 하더라도 점포를 8,000여 곳에 갖추고 연간 매출이 60억 달러에 달하는 미국에서 가장 큰 비디오 대여 업체였다. 이 회사는 오프라인 매장을 방문한 고객의 주문을 위주로 사용자가 요청한 DVD나 비디오를 구비하는 방식이었다. 반면 넷플릭스는 초창기에 우편으로 DVD를 보내주는 정기구독 시스템을 운영했다. 2007년 이 회사는 인터넷으로 동영상을 실시간 재생하는 주문형 비디오 시스템을 개발하면서 비약적인 발전을 이루었다.
디지털 전환을 성공적으로 이룬 넷플릭스는 사용자들이 원하는 영화나 드라마를 데이터를 인공지능 시스템이 기반하여 정확하게 추천하여 전 세계적인 서비스망을 구축하였다.

VS

1.2 인공지능과 컴퓨터가 인간의 창의성을 넘보다

인공지능의 출현으로 새로운 변화를 맞이하다

컴퓨터라는 기계를 이용하여 인간은 많은 정보를 다룰 수 있게 되었으며, 이 정보를 빠르게 공유할 수 있는 인터넷이라는 통신 기술의 발달까지 이룰 수 있게 되었다. 이로 인하여 인류는 많은 편익을 누릴 수 있게 되었으며 이러한 기술 발전은 기존 기술 발전을 더욱 가속화시킬 것으로 생각되고 있다. 이러한 컴퓨터 기술의 궁극적인 종착지는 아직 알려져있지 않으나 많은 학자들인 **'인공지능'**이 컴퓨터 과학의 큰 전환점이 되는 기술이 될 것으로 생각하고 있다.

인공지능은 우리가 자주 사용하는 용어이며 이른바 4차 산업 혁명의 핵심 기술로 뽑는 중요한 과학기술이기는 하지만 아이러니하게도 그것에 대한 명확한 정의는 현재까지 없다. 그 이유는 **인간이 만든**(인공,人工) 지능이라는 의미 속에 있는 **지능**intelligence이라는 용어 자체를 명확하게 정의하기 어렵기 때문이다. 이와 같이 인공지능에 대한 통일된 정의가 없지만 일반적으로 인간의 학습능력, 추론능력, 지각능력을 인공적으로 구현하려는 과학 기술로 정의를 내릴 수 있다.

다음은 다양한 인공지능의 정의를 요약한 표이다.

표준국어대사전의 정의 : 인간의 지능이 가지는 학습, 추리, 적응, 논증 따위의 기능을 갖춘 컴퓨터 시스템을 말하며, 전문가 시스템, 자연 언어의 이해, 음성 번역, 로봇 공학, 인공 시각, 문제 해결, 학습과 지식 획득, 인지 과학 등에 응용한다.

브리태니커 사전의 정의 : 지능을 가진 생명체가 일을 하는 방식으로 작업을 하는 디지털 컴퓨터나 컴퓨터가 제어하는 로봇의 능력이다.

위키 백과사전의 정의 : 인간이나 동물이 가지는 자연적 지능에 반대되는 개념으로 기계에 의해 발휘되는 지능이다.

사례로 알아보는 인공지능

여러분이 사용하는 스마트폰에 탑재된 음성비서 프로그램이 "화요일 오후 1시에 과제 팀 회의"라는 음성을 인식하고 이를 일정표에 등록하는 기능이 있다고 가정하자.

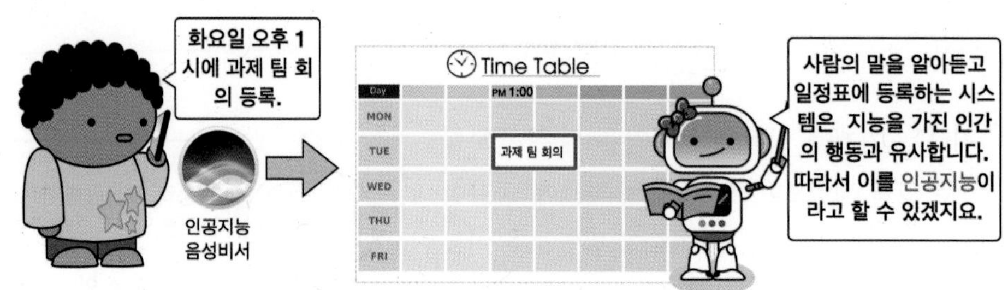

이 음성비서 프로그램은 사람의 말을 알아듣고 이 문맥을 파악한 후 일정표의 화요일 오후 1시에 과제 팀 회의라는 일정을 등록하였기 때문에 지능을 가진 사람의 행동과 유사하다. 따라서 우리는 이를 인공지능이라고 부를 수 있을 것이다.

또 다른 예를 들어보자 **알파고**AlphaGo는 인간의 사고와 유사하게 바둑 게임의 규칙을 지키며, 상대편의 수를 보고 자신이 유리한 쪽으로 바둑돌을 두며 바둑기사 이세돌 9단을 이겼다. 이러한 면에서 본다면 알파고 역시 인공지능이라고 부르기에 충분할 것이다.

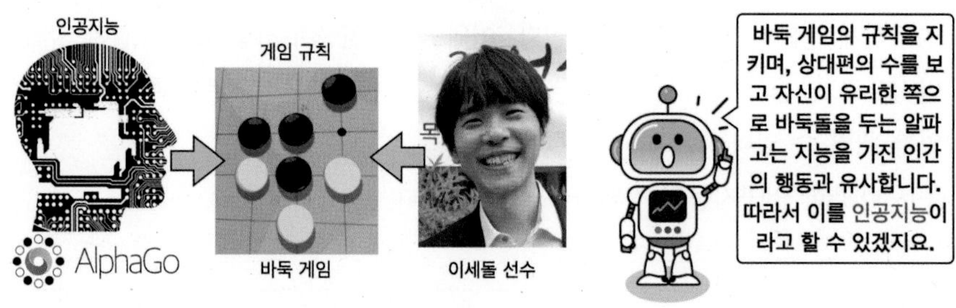

인간 고유의 직관, 추론, 추상화가 필요한 바둑

2016년 우리 사회에 큰 충격을 안겨준 기술은 바로 알파고와 인공지능 기술의 혁신이었다. 알파고는 기존의 인공지능 기술과 어떤 점에서 차별화되는 기술이었을까?

인공지능이 바둑을 두는 것이 어려운 이유를 자세히 살펴보자. 우선 바둑판이 다음 그림과 같이 크기가 2×2로 모두 4개의 돌을 둘 수 있는 모양으로 되어 있다고 가정해 보자.

한 착점당 (**돌 없음, 흰 돌, 검은 돌**)의 3가지의 경우가 있기 때문에 단순 계산을 할 경우 3×3×3×3=81가지의 경우가 있을 수 있다. 만일 3×3줄 크기의 바둑판이 있다면 바둑의 착점이 9개이므로 3×3×3×3×3×3×3×3×3 = 19,683가지 경우의 수가 나온다. 물론 실제로 바둑을 둘 때에는 규칙에 의해서 둘 수 없는 곳도 있으며, 시간 순서에 따라서 발생하는 경우의 수도 고려해야 하지만, **고작 9개의 착점이 있는 바둑판조차 경우의 수가 1만 9천 가지가 넘는다**는 것은 꽤 충격적이다.

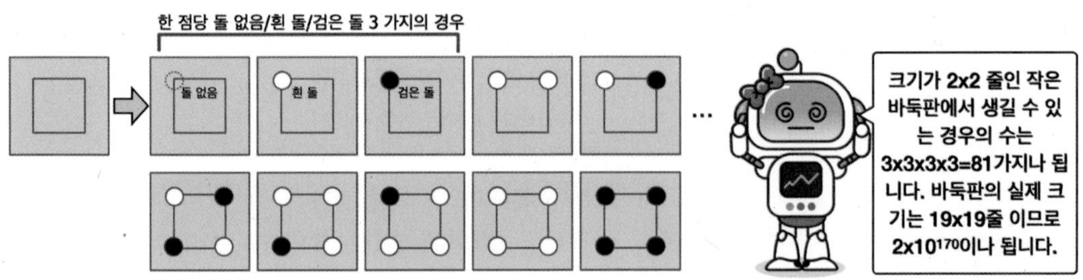

실제로 알파고가 이세돌 기사와 두었던 바둑은 가로 19개 세로 19개의 선이 수직으로 만나서 만든 착점이 모두 361개나 된다. 따라서, 바둑판의 착점에 둘 수 있는 모든 경우의 수는 3^{361}로 약 2×10^{170}가지나 된다. 즉 1 뒤에 0이 170개나 붙는 어마어마하게 큰 수이다. 천체 물리학에서 추정하는 우주 전체의 원자 개수는 약 12×10^{78}인데 바둑판의 경우의 수는 우주 전체의 원자 개수를 초라하게 만든다. 이 경우의 수 역시 바둑판에 놓을 수 있는 바둑돌의 상태에 불과하며 수순에 따라 중복될 수 있어서 **수순을 고려한 경로는 약 10^{360} 가지**나 된다. 따라서 이런 모든 가능성을 인공지능이 탐색할 수는 없으며 제한된 시간에 가장 승리할 가능성이 높은 경로를 탐색하며 돌을 놓아야 하는 매우 어려운 문제이다. 따라서 **바둑 게임이야 말로 인간 고유의 영역인 직관과 추론, 추상적 사고의 결정체**라는 의견이 지배적이었다. 이러한 점에서 알파고의 승리는 단순한 바둑 게임의 승리를 넘어 인공지능 기술이 인간 고유의 능력까지 침범할 수 있다는 충격을 준 사건으로 볼 수 있다.

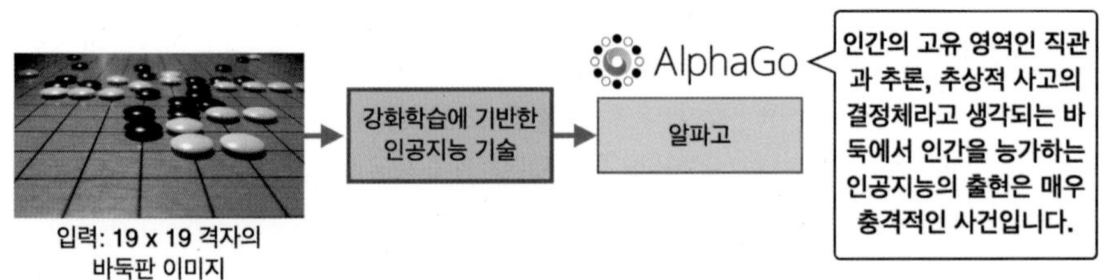

이제 **인공지능 기술은 더 이상 일부 공장이나 대학교 연구실에서 사용되는 기술이 아니라 일상적인 생활의 기술**이 되었다. 인공지능 기술은 우리가 매일 사용하는 핸드폰, 세탁기, 청소기, 자동차 등에 적용되고 있고, 과거에 면대면으로 제공되던 투자 자문, 법률 자문, 의료 진단과 같은 지식 집약 서비스도 로봇이라는 이름을 빌린 컴퓨터 시스템에 의하여 제공되기 시작하였다. 이러한 지능적인 제품이나 서비스의 등장으로 우리의 일상적인 생활과 직장에서 일하는 방식은 크게 변화될 것으로 생각된다.

인공지능이 던지는 질문 : 창의성은 인간 고유의 능력인가

인간의 고유한 능력 중에는 **창의성**이라는 것이 있다. 창의성이란 새로운 생각이나 개념을 찾아내거나 기존에 있던 생각이나 개념들을 새롭게 조합해 내는 것과 연관된 정신적이고 사회적인 과정이다. 15세기 르네상스 시기를 대표하는 천재 화가이자 발명가인 **레오나르도 다 빈치**Leonardo da Vinci는 **모나리자**라는 인물화를 그린 화가로도 유명하지만 양수기를 만들고 비행기의 원리를 탐구한 천재 발명가였다. 그는 낙하산, 헬리콥터, 플레이트 날개 등의 주요한 발명품들의 원리를 연구 노트에 남겼다.

모나리자

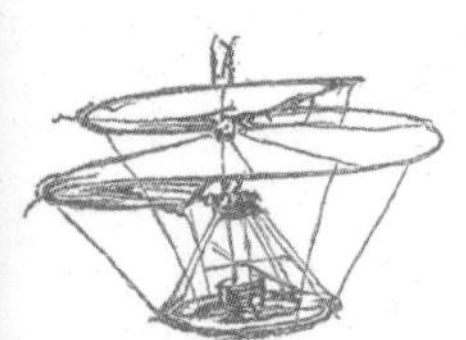
레오나르도 다 빈치의 헬리콥터 설계도 스케치

레오나르도 다 빈치의 초상화

르네상스 시대에 활약한 레오나르도 다 빈치는 뛰어난 화가이자 과학자였습니다. 그는 해부학, 식물학, 지질학, 건축학에 대한 연구 스케치를 남겼으며 당시의 인간이 했다고 믿기 힘들 정도의 창의적인 지적활동을 했습니다.

이와 같이 인간 고유의 영역으로 보이는 창의성이라는 정신 영역에 인공지능이 도전한 사례가 있다. 2022년 9월 인카네이트게임스사의 최고 경영자인 **제이슨 앨런**은 소셜미디어의 일종인 **디스코드**를 통해 "인공지능 작품이 1위를 차지했다"고 밝혔다. 그는 인공지능 그림 프로그램인 **미드저니**MidJourney를 활용해 그림을 그렸고, 이를 콜로라도 주립 박람회에서 개최하는 작품전의 디지털 아트 부문에 제출했다. 미드저니라는 프로그램은 문장을 입력하는 것만으로 학습한 이미지를 토대로 문장에 맞는 그림을 그려주는 프로그램이다. 이 그림의 제목은 **시어터 오페라 스페이셜**Theatre D'opera Spatial라고 하는데 오페라 공연장에서 공연하는 배우들의 뒷모습과 밝은 배경이 대비를 이루는 그림이다. 그림을 그려주는 인공지능은 구글의 딥드림 제너레이터와 같이 공개된 프로그램들도 많이 있는데 이러한 종류의 프로그램이 공식적인 디지털 아트 부분에서 1위를 수상했다는 것은 큰 의미가 있다.

이와 같이 예술 분야에서도 인간의 창의성을 능가하는 인공지능의 출현으로 인하여 인간과 기계의 역할을 다시 정립해야만 할 것이라는 요구가 발생하고 있다.

2022년 콜로라도 주립 박람회의 디지털 아트 부문에 1위를 수상한 인공지능의 작품

구글에서 제공하는 그림을 그려주는 인공지능 프로그램 deep dream generator

NOTE : 입력한 텍스트를 바탕으로 그림을 그려주는 미드저니

미드저니는 영어로 입력된 텍스트나 제공된 이미지 파일을 이용하여 인공지능이 그림을 생성하는 시스템이다. 미드저니 시스템이 제공하는 프롬프트에서 특정한 문장이나 단어를 입력할 경우 그림과 같이 이 문장에 가장 적합한 이미지를 생성한다. 미드저니와 유사한 기능을 하는 시스템으로 Dall-E, Stable Diffusion 등이 있다.

"walking in a literal sea of stars" 텍스트 결과

출처 : e-greennara.com

인공지능 프로그램인 미드저니가 만든 그림이 콜로라도에서 개최된 디지털 아트 경진대회에서 1 등을 차지하게 되자 예술가들이 집단으로 저항하기도 하였다. 한 트위터 사용자는 "예술의 죽음이 눈앞에서 펼쳐지는 것을 보고 있다"고 지적하기도 했다.

1.3 이제는 똑똑한 자동차가 운전하는 시대

인공지능과 사물인터넷 기술로 움직이는 자동차

인공지능 기술과 사물인터넷, 초고속 통신망 기술의 발전으로 인하여 우리 삶은 많이 편리해지고 있는데 이들 중에서 자율 주행 자동차 기술은 특히 운전자와 보행자 모두에게 편리함과 안전을 제공하는 중요한 기술이 될 것이다. 자동차의 시작을 1886년 **카를 벤츠**Karl Benz가 만든 삼륜 가솔린 자동차 **모터바겐**motorwagen으로 잡는다면, 자동차는 약 130년이 넘는 긴 역사를 가진 기술로 볼 수 있을 것이다. 하지만 스스로 주행하는 무인 자동차는 벤츠의 자동차로부터 약 90년이 지난 1977년 처음 세상에 나왔다. 일본 **츠쿠바 기계공학 연구소**Tsukuba Mechanical Engineering Laboratory는 미리 표시해둔 흰색 표시를 좇아 주행하도록 설계된 자율주행 자동차를 세계 최초로 제작했다.

이러한 자율주행 자동차 기술의 획을 그은 사건은 미국 국방부에서 주최하여 2004년부터 시작된 DARPA의 **그랜드 챌린지**Grand Challenge로 볼 수 있을 것이다. DARPA라는 조직은 **방위 고등 연구 계획국**Defense Advanced Research Projects Agency의 약자로 미국 국방부 산하의 조직이다. 이 조직은 민간과 국방 기술의 격차를 해소하기 위한 고위험 혁신적 연구 지원을 담당하는 중요한 조직이다. DARPA는 2004년, 2005년, 2007년 3회에 걸쳐 자율주행 자동차 경주 대회인 그랜드 챌린지를 개최했다. 그 당시 미국 의회는 2015년까지 지상군 병력의 3분의 1을 대체하기 위한 로봇을 개발한다는 목표 아래 1차 그랜드 챌린지의 상금 100만 달러를 승인했다.

2004년 3월 개최된 1차 대회는 미국 캘리포니아주 바스토와 캘리포니아-네바다주 경계 프림 사이 240 km 모하비 사막 지역에서 개최됐다. 이 대회에서 카네기 멜런 대학교의 레드팀이 험비 차량을 개조한 **샌드스톰**Sand Storm으로 참여해 11.78 km를 주행했지만 전체 코스를 완주한 팀이 없어 우승팀은 뽑지 못했다. 2005년 10월 개최된 2차 챌린지에서는 5개 팀이 212 km 코스를 완주했으며, 스탠퍼드 대학교의 스탠리가 1위를, 카네기 멜런 대학교의 샌드스톰과 하이랜더가 각각 2위와 3위를 차지했다.

2007년의 제3차 대회는 기존의 시외곽 도로가 아닌 인공적으로 만든 96 km의 도시 구간을 달리는 대회인 **어반 챌린지**Urban Challenge로 개최되었다. 이 대회는 1, 2, 3등에 각각

200만 달러, 100만 달러, 50만 달러의 상금이 걸려 있었으며 캘리포니아 빅터빌 소재 조지 공군기지에서 개최되었다. 대회 결과 1위는 쉐보레 타호를 개조한 카네기 멜런 대학교의 **타탄**Tartan 레이싱팀, 2위는 폭스바겐 파사트 웨건을 개조한 스탠퍼드 대학교의 **주니어**Junior가 차지했다. 이 대회에 참가한 자동차는 단순히 주행만 하는 것이 아닌 여러 가지 규칙을 준수해야만 했는데, 대회에 포함된 규칙에는 **모든 교통 규칙을 준수할 것, 다른 차량, 장애물 그리고 합류하는 차량들 속에서도 안전하게 운전할 것** 등 비교적 어려운 과제가 포함되어 있었다.

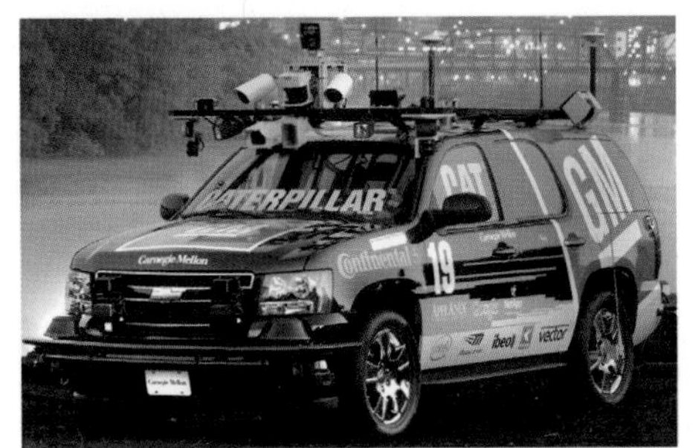

2007년 개최된 어반 챌린지 대회의 우승자인 타탄 레이싱 팀의 자율 주행 자동차

이러한 대회를 통해서 많은 대학과 연구소는 자율주행에 대한 경험을 확보하게 되었으며 이 기술 경험을 바탕으로 자율주행 기술은 한 단계 도약을 하게 되었다. DARPA의 그랜드 챌린지 참가 멤버들은 현재 미국 자율주행 개발의 중추 역할을 하고 있다. 2005년 대회에 참여했던 스탠리, 2007년 우승자로 주니어 개발을 주도한 **세바스찬 스런**Sebastian Thrun과 멤버들, 그리고 상위권이었던 카네기 멜런 대학교의 연구팀 등이 대회 이후 구글에 영입되어 본격적인 자율주행 자동차 기술 경쟁이 시작됐다.

NOTE : 자율주행 자동차와 관련한 법적인 한계

세계적인 IT 기업인 구글은 DARPA의 무인 자동차 대회에서 활약한 카네기 멜런 대학교와 스탠퍼드 대학교의 우수한 연구팀을 영입하여 2009년부터 자율주행 자동차 개발에 매진해 왔다. 그리고 다양한 자동차를 개조하여 2021년 8월에는 미국 샌프란시스코에서도 시범 운행을 시작했다. 이 자율주행 자동차는 차선 변경, 신호 준수를 스스로 하며 충돌 위험을 피하는 방식으로 운행되고 있다. 또한 자동차 공유 서비스를 주력 산업으로 하는 우버 역시 2016년부터 미국 피츠버그에서 자율 주행 우버 택시의 시범 운영을 시작했다. 이 시범 운영은 완전 무인 우버 택시의 전단계에 해당한다. 하지만 이러한 자율주행 자동차에 대해 비즈니스인사이더라는 잡지에서는 무인 자동차가 가진 한계점에 대해 분석 보도했다. 이 잡지는 무엇보다 법적인 부분을 주목했다. 예를 들어, 교통사고가 인명 사고로 이어질 경우 법적인 책임은 자율주행 소프트웨어 제공자, 차량 소유주, 차량 운행 요청자, 자동차 생산업체에 어떤 비중으로 물을 것인지에 대한 문제가 있다.

자동차 공유 업체인 우버에서 공개한 자율 주행 자동차

자율주행 자동차 기술은 컴퓨터와 정보 통신기술의 집합체

로봇 기술, 드론 기술 등 중요한 기술도 많으나 자율주행 자동차 기술은 컴퓨터와 정보통신 기술의 집합체이다. 자율주행 자동차를 위해서는 각종 센서와 카메라, 휴먼-머신 인터페이스 시스템, 차량 제어 시스템, 협력 주행을 위한 여러 기술이 한데 어우러져야 한다. 특히 정보통신에 바탕을 둔 기계 장치들이 시각이나 청각 등 인간 본연의 인지 영역을 대신한다는 점은 주목할만하다. 이와 같은 복잡한 상황을 인지하고 판단하고 자동차를 제어하는 기술에는 소프트웨어와 빅데이터 기술이 그 밑바탕을 이루고 있다. 이처럼 컴퓨터 기술과 결합한 로봇 산업이나 드론 산업, 자율주행 자동차 산업은 규모가 크고 우리의 삶에 밀접한 영향을 끼칠 기술이다.

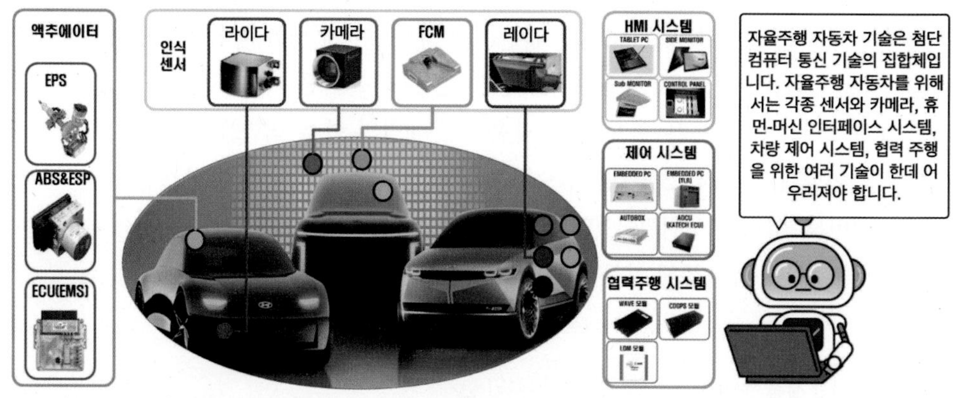

자율주행 자동차를 위한 핵심 기술을 네 가지 카테고리로 나누어서 살펴보면 다음과 같다.

- 측위 기술 : 측위는 차가 도로 위 어디에 위치해 있는지를 계산하는 기술로 대중적으로 잘 알려진 GPS가 있다. GPS는 Global Positioning System의 약자로 지구 궤도의 인공 위성으로 부터 수신된 신호를 토대로 위치를 정밀하게 측정하는 기술이다.

- 인지 기술 : 카메라, 레이더, 라이다 등 정밀 센서로 차량 주변 상황을 감지하는 기술이다. 레이더는 Radio Detection And Ranging의 약자로 라이다와 동일한 방식으로 작동하지만 전파를 발사해 물체에 맞고 되돌아오는 데이터로 물체의 거리, 속도, 방향 정보를 파악한다. 반면, 라이다는 Light Detection And Ranging의 약자로 고출력 레이저 펄스(빛)를 발사해 레이저가 목표물에 맞고 되돌아오는 시간을 측정한다. 이를 통하여 사물 간 거리와 사물의 형태를 파악한다.

- 판단 기술 : 인지 기술로 취합된 데이터를 분석해 어디로 가야 하는지, 지금 멈춰야 하는지, 신호등 앞에서 어떻게 해야 하는지 등을 결정하는 기술이다.

- 제어 기술 : 제어 기술은 실제 차를 움직이는 구동계와 조향계에 명령을 내리는데 필요한 기술이다.

자율주행 기술은 그 파급 효과가 클 것으로 보이며, 이 때문에 자율주행차는 미래 교통산업을 이끄는 신성장동력으로 주목받고 있다. 삼정 KPMG가 발간한 '자율주행이 만드는 새로운 변화' 보고서에 따르면 글로벌 자율주행차 시장규모는 오는 2025년 1,549억 달러에서 2035년에는 약 1조 1,204억 달러(한화로 약 1,385조 원)를 기록할 것으로 예상된다. 국내 자율주행 자동차 시장 규모 역시 2025년 약 3조 6,193억 원, 2035년 약 26조 1,794억 원으로 연평균 40%의 성장세를 나타낼 전망이다. 특히 2030년이 지나면 자율주행 인프라 기술의 발전으로 제한 자율주행차 시장 규모와 완전 자율주행차 시장 규모가 역전될 것으로 보인다.

컴퓨터가 운전하는 자동차는 더 좋은 세상을 만들까?

사회적 차원에서 자율주행 자동차를 개발하는 것이 더 나은 선택이 될까? 아니면 지금처럼 사람이 직접 운전하는 것이 더 나을까? 전문가들은 자율주행 자동차가 개발되어야 되는 핵심적인 이유로는 다음과 같은 것을 꼽는다.

첫째, **안전의 증진이다.** 안타깝게도 한국에서는 매년 4천명 안팎의 사람이, 미국에서는 3만 5천 명을 넘는 사람이 교통사고로 목숨을 잃는다. 세계적으로 교통 사고로 인한 사망자의 수는 매년 120만 명 수준에 이르는 것으로 추정된다.

둘째, **경제적 이익이다.** 교통 사고는 개인과 사회에 커다란 경제적 손실을 가져온다. 미국 도로교통안전국의 연구에 따르면, 2010년 한해 미국에서만 540만 건의 교통 사고가 발생했고 이로 인해 약 2,420억 달러의 손실이 발생했다.

셋째, **사회적 효율성의 증대이다.** 자율주행 자동차들은 교통의 흐름을 한층 원활하게 만들고 이를 통해 우리가 집과 직장을 오가는 데 쓰는 시간과 비용의 상당한 몫이 절약될 것이라고 전망된다.

넷째, **이동성의 확대이다.** 이 기술은 자신의 승용차를 운전하는 일은 물론이고 대중교통을 활용하는 데도 적잖은 어려움을 경험하는 다양한 유형의 장애를 가진 사람들, 어린이와 청소년, 특히 고령의 노인들에게 한층 개선된 이동성을 제공하게 될 것으로 기대된다.

자율주행 자동차 기술은 이처럼 **편익이 큰 기술이며 공학적 관점에서 도로를 달릴 수 있는 조건을 갖춘 기술**임에도 불구하고 **이를 포용할 법과 제도는 아직까지 완성단계로 보기 어렵다**.

실제로 2018년 자율주행 우버 차량이 애리조나에서 49세의 여성 보행자를 사망에 이르게 했을 때 자율주행 자동차가 사고를 피할 수 없으며 결과적으로 여러 개인 및 그룹 사이에 피해를 나누어 부담해야 할 준비가 되어 있어야 한다는 것을 깨닫게 되었다. 이러한 부분은 윤리적인 책임을 분담해야 하는 문제이기 때문에 컴퓨터 과학자들의 노력만으로는 해결하기 어려우며 타 학문 분야의 연구자들이 함께 모여 꾸준히 논의를 해야만 할 것으로 기대하고 있다.

1.4 컴퓨터 과학이 다루는 다양한 영역들

컴퓨터 과학을 살펴보자

컴퓨터 과학은 **컴퓨터 및 그 응용에 관하여 연구하는 학문**이라고 간단히 정의할 수 있다. 이 학문은 정보와 계산의 이론적 기반을 바탕으로 정보 처리, 컴퓨터 하드웨어 및 소프트웨어의 동작 원리와 설계를 다룬다. 뿐만아니라 컴퓨터 기술을 과학, 경영, 예술 등 다양한 분야에 응용하는 방법에 대해서도 연구하는 학문이다. 컴퓨터 과학과 컴퓨터 공학은 모두 실생활 문제를 해결하겠다는 실용적인 목표와 접근 방식의 학문이기 때문에 컴퓨터 과학은 컴퓨터 공학과 그 축을 같이하고 있다. 컴퓨터 과학에서는 컴퓨터에서 다루는 데이터를 수집하고, 표현하며, 처리하고, 보관하고, 통신하는 방법에 대해서 체계적으로 연구한다. 여기서 데이터는 메모리상에서 0과 1의 디지털 비트로 표현되기도 하고, 생명 세포에서 유전자에 있는 단백질 구조 형식으로 부호화되었을 수도 있다. 현대 컴퓨터 과학은 0과 1의 이진 신호가 바탕이 되는 디지털 기술을 기반으로 하기 때문에 정보를 디지털로 표현하고 순차적 정보 처리를 하는 방법인 알고리즘에 관한 많은 연구가 집중된다.

컴퓨터 프로그램은 **컴퓨터로 하여금 지정된 과업을 수행하기 위해 기록된 일련의 명령**이다. 즉, **알고리즘**algorithm을 기계가 이해할 수 있는 언어로 표현한 것이다. 컴퓨터가 이해할 수 있는 명령들을 프로그램이라고도 하며 코드라고도 한다. **소프트웨어**software란 **컴퓨터 프로그램과 이를 구동하기 위한 데이터와 관련 문서를 포함**한다. 컴퓨터 과학의 학문 분야를 섬세하게 나누면 이론과 실제의 다양한 분야로 나눌 수 있다. 이들에 대한 몇 가지 예시를 살펴보자.

1. 컴퓨터로 문제를 풀기 위해서는 어떤 문제의 본질과 이 문제 해결에 필요한 계산량과 같은 근본적인 속성을 알아야만 한다. 이를 컴퓨터에서는 계산 복잡도computational complexity라고 하는데 컴퓨터 과학자들은 계산 복잡도와 같은 추상적 이론 분야에 대한 이해도 필요하다.
2. 컴퓨터 그래픽스computer graphics와 같은 분야는 게임이나 삼차원 모델링과 같은 실세상에서의 응용에 필요한 분야이다.
3. 프로그래밍 언어programming language에 관한 이론을 다루는 분야는 컴퓨터를 이용하여 명령어를 만드는 방법에 관한 다양한 관점을 알아보는 분야이다.

4. 인간-컴퓨터 상호 작용human-computer interaction:HCI 분야에서는 특별한 훈련이 없이도 사람이 컴퓨터를 쉽게 사용할 수 있도록 하는 방법에 대하여 연구한다. 이 분야에서는 컴퓨터 과학뿐만 아니라 심리학, 산업공학 등의 서로 다른 연구 분야간 공동으로 연구를 진행하는 경우가 많다.
5. 논리 회로logic circuit라는 학문 분야는 부울 대수를 물리적 장치로 구현하는 방법에 대하여 다룬다. 즉 하나 이상의 논리적 입력값에 대해 논리 연산을 수행하여 하나의 논리적 출력값을 얻는 전자 회로를 구현하는 기술에 관한 것이다. 이 분야에서 다루는 논리 회로는 AND, OR, NOT의 기본적인 부울 대수를 수행하는 회로를 결합시켜 복합적인 논리 기능을 수행하는 회로를 만든다.
6. 운영체제operating system는 하드웨어 자원을 이용하여 프로그램을 쉽고 효율적으로 이용할 수 있는 환경을 제공하기 위한 기술인 운영체제에 대하여 익히는 분야이다.
7. 인공지능artificial intelligence는 컴퓨터를 이용하여 인간의 지능이 가지는 능력(학습, 추리, 적응, 논증)을 구현하는 방법에 대하여 다룬다. 이 분야는 최근 딥러닝이라는 획기적인 기술의 등장으로 인하여 많은 주목을 받고 있으며, 딥러닝을 위한 기초적인 수학 지식으로 선형대수학linear algebra 또한 중요하다.

이 밖에도 데이터베이스, 컴퓨터 아키텍처, 객체 지향 프로그래밍, 컴퓨터 네트워크, 인터넷 보안, 자료구조, 알고리즘, 모바일 컴퓨팅과 같은 다양한 세부 분야가 있으며 새로운 분야도 계속해서 등장하고 있다.

컴퓨터 과학과 연관 학문들

컴퓨터 과학은 그 자체로도 깊이 있는 학문이기도 하지만 수학, 전기 공학, 심리학, 통계학, 언어학, 물리학 및 생물학 등의 다양한 학문 분야와 밀접한 관계를 갖는다. 이들 학문의 지식이 컴퓨터 과학의 지식 영역을 이루는 데 사용되었고, 컴퓨터 과학이 성장하고 다양화됨에 따라 컴퓨터 과학의 지식은 이들 학문의 발전에도 공헌한다. 컴퓨터 과학이 다른 학문 영역과 결합되어 **'정보학'**이라는 접미어가 붙는 새로운 학문인 **'생물정보학'**이나, 전산이라는 접두어가 붙는 **'전산언어학'**과 같은 분야가 새롭게 등장하고 있다.

생물정보학bioinformatics이란 대량으로 생산되는 생물학 관련 데이터를 컴퓨터로 분석하는 학문 분야이다. 이 분야에서는 방대한 생물학적 데이터를 저장하거나, 검색, 구성하고 분석하는 데 생물공학과 컴퓨터 공학을 적극적으로 활용하며, 최근에는 응용 수학, 정보 과학, 통계학, 컴퓨터 과학, 인공지능 등의 분야에서 축적된 지식도 사용하고 있다. 생물정보학의 연구 분야 중에서 인간 유전체 분석 프로젝트는 인간이 가진 유전자에 있는 약 32억 개의 뉴클레오타이드 염기쌍의 서열을 밝히는 것을 목적으로 한 프로젝트이다. 이 프로젝트의 목적은 인간 유전자의 종류와 기능을 밝히고, 이를 통해 개인, 인종, 환자와 환자가 아닌 사람의 유전적 차이를 비교하여 질병의 원인을 규명하는 데 있다. 이렇게 알아낸 유전 정보는 질병 진단, 난치병 예방, 신약 개발, 개인별 맞춤형 치료 등에 이용될 수 있다는 점에서 큰 의의가 있다.

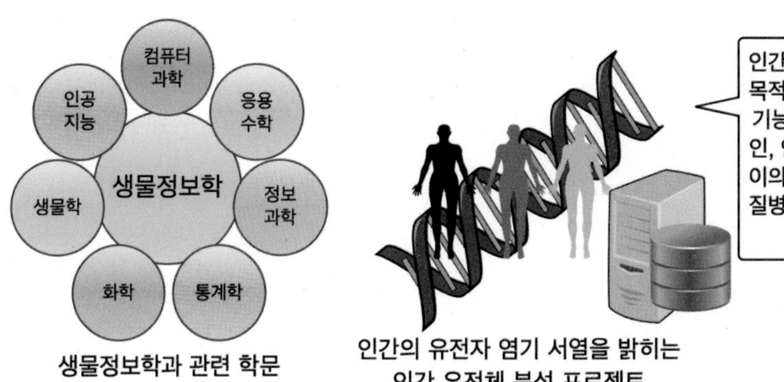

생물정보학과 관련 학문

인간의 유전자 염기 서열을 밝히는 인간 유전체 분석 프로젝트

전산언어학computational linguistics은 인간이 사용하는 언어나 텍스트를 효율적으로 처리하고, 생산하는 것과 관련된 과학 및 공학 분야이다. 언어는 인간의 생각을 반영하는 상으로 볼 수 있기 때문에, 언어에 대한 컴퓨터적 이해는 사고와 지성에 대한 통찰력을 제공한다는 점에서 큰 의미가 있다. 또한 언어는 인간의 가장 자연스러운 의사소통 수단이기 때문에, 언어적으로 뛰어난 능력을 가진 컴퓨터는 인간이 모든 종류의 기계와 소프트웨어와의 상호 작용을 할 경우 매우 유용할 것이다. 현재 인터넷에는 방대한 텍스트와 여러 가지 언어 자원들을 제공되고 있기 때문에 기존의 언어학 연구자들은 텍스트나 대화 환경에서 인간과 같이 언어를 자연스럽게 구사하는 컴퓨터에 대하여 많은 관심을 가지고 있다. 전산언어학은 기계 번역, 유사 문서 분류, 텍스트로부터의 감정 분석, 챗봇, 지식분야 추출, 자연 언어 인터페이스, 콘텐츠 필터링 등과 같은 분야에 응용될 것으로 기대된다.

전산언어학에 관련된 응용분야

컴퓨터 과학의 영역은 점점 더 확장되고 있으며 융합되고 있다

컴퓨터 과학에서 다루는 학문 분야는 광범위하며, 그 영역이 점점 더 확장되고 있다. 컴퓨터 과학이 독립된 학문 분야로 성립되기 시작한 1950년대에는 컴퓨터 하드웨어 및 운영체제의 제작, 프로그래밍 언어의 개발, 데이터베이스 등이 주된 연구 영역이었다. 그러나

1980년대 이후에는 컴퓨터 네트워크, 컴퓨터-인간 상호 작용, 컴퓨터 그래픽스, 자연어 처리, 컴퓨터 비전 등으로 그 연구 분야를 확장했다. 최근에는 사이버 물리 시스템, 빅 데이터 분석, 기계학습, 인공지능 등과 같은 지적 활동으로까지 그 영역이 확장되고 있다. 물론 산업 현장에서 요구되는 소프트웨어 생산 기술, 품질 보증 기법, 컴퓨터 및 네트워크 보안, 분산 병렬 처리 등의 연구 영역도 깊이를 더하고 있다. 컴퓨터 과학은 그 발전 속도가 매우 빠르기 때문에 이 학문에서 다루는 내용 역시 그 **어느 학문보다 급격하게 변화하는 편**이다. 이는 우리 사회에서 컴퓨터를 활용하는 영역이 점차 넓어지고 있기 때문이다. 이러한 이유로 이 분야는 더 좋은 일자리를 많이 제공하고 있으며, 컴퓨터 과학을 연구하는 과학자와 이 분야의 현장 전문가 역시 많이 증가하고 있다. 이뿐만이 아니라 **다른 학문 분야에서도 컴퓨터 활용이 점차 촉진되고 있으며, 이에 따라 새로운 연구에 대한 수요가 꾸준히 발생**되고 있다. 이로 인하여 컴퓨터 과학의 범위는 더 넓어지고 있으며 다른 학문 분야와 결합되는 학문 융합 현상도 발생하고 있다.

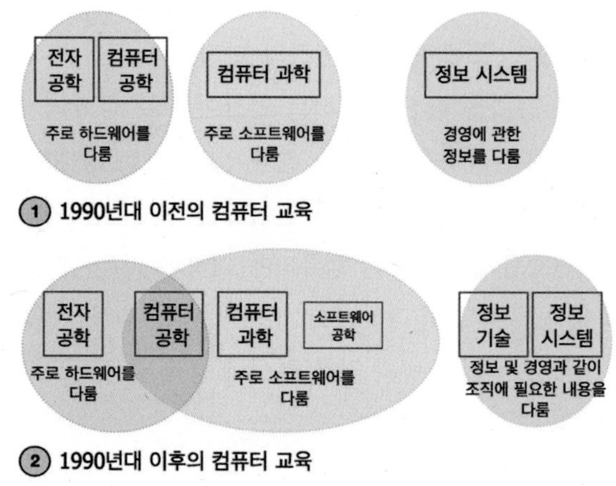

그림을 살펴보면 ①은 1990년대 이전의 컴퓨터 교육이 다루는 영역을 나타내고 있다. 이 영역 중에서 전자 공학과 컴퓨티 공학은 주로 하드웨어를 다루는 학문이었으며, 컴퓨터 과학은 주로 소프트웨어를 다루는 학문이었음을 알 수 있다. 또한 정보 시스템에서는 경영에 관한 정보를 다루고 있다. 그림 ②는 1990년대 이후의 컴퓨터 교육이 다루는 영역으로 컴퓨터 공학이 하드웨어뿐만 아니라 소프트웨어를 다루는 영역과 겹치는 것을 볼 수 있으며 소프트웨어 공학이라는 학문 영역이 소프트웨어를 더 깊이 다루고 있음을 알 수 있다.

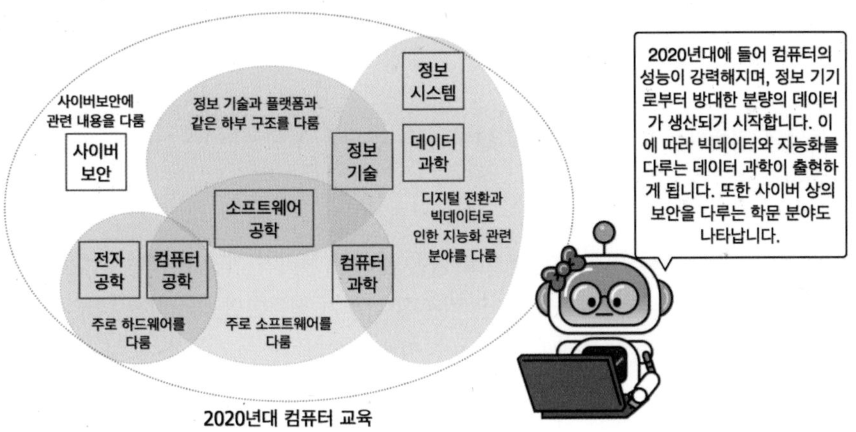

2020년대에 들어서는 컴퓨터의 성능이 더욱 강력해지며, **스마트폰과 사물 인터넷이 활성화 되어 다양한 정보 기기로부터 방대한 분량의 데이터가 생산**되기 시작한다. 이에 따라 빅데이터와 지능화를 다루는 데이터 과학이 주목받게 되었다. 또한 사이버 상의 보안을 다루는 학문 분야인 **사이버 보안**이라는 분야도 나타나게 된다.

요약

01 오늘날의 **컴퓨터**는 단순한 계산을 넘어 인류 문명을 지탱하는 큰 기둥에 비유할 수 있을 정도의 중요한 역할을 하고 있다.

02 **정보 혁명**은 컴퓨터를 이용하여 빠르고 많은 정보의 처리가 가능해 지면서 시작된 큰 사회 변화를 말한다. 컴퓨터를 통해 인간은 기존에 다루기 힘들었던 데이터를 다루게 되고 이를 바탕으로 많은 정보를 생성하고 이용할 수 있게 되었다.

03 **4차 산업 혁명**은 인공지능, 사물인터넷, 클라우드 컴퓨팅, 빅데이터, 모바일 기술과 같은 **지능 정보 기술이 기존의 산업과 서비스에 결합되거나 여러 분야의 신기술에 결합되어 모든 사물을 지능화 함으로써 촉발되는 사회 변화**를 지칭하는 용어이다.

04 **디지털 전환**이란 기존의 **산업 기반을 이루고 있는 기업 조직, 프로세스, 비즈니스 모델, 문화, 시스템 등 모든 것이 데이터 기반 기술 혁신을 바탕으로 변화되는 현상**을 말한다.

05 **인공지능 기술**은 **더 이상 일부 공장이나 대학교 연구실에서 사용되는 기술이 아니라 일상적인 생활의 기술**로 자리잡아가고 있다.

06 **자율 주행 자동차 기술**은 특히 운전자와 보행자 모두에게 편리함과 안전을 제공하는 중요한 기술이 될 것으로 기대되는 분야이다. 자율주행 자동차가 개발되어야 되는 핵심적인 이유로 첫째, 안전의 증진, 둘째, 경제적 이익, 셋째, 사회적 효율성의 증대, 넷째, 이동성의 확대를 뽑아볼 수 있다.

07 **컴퓨터 과학**은 정보와 계산의 이론적 기반을 바탕으로 정보 처리, 컴퓨터 하드웨어 및 소프트웨어의 동작 원리와 설계를 다룬다. 뿐만아니라 컴퓨터 기술을 과학, 경영, 예술 등 다양한 분야에 응용하는 방법에 대해서도 연구하는 학문이다.

08 컴퓨터 프로그램은 **컴퓨터로 하여금 지정된 과업을 수행하기 위해 기록된 일련의 명령어**다. 즉, **알고리즘**을 기계가 이해할 수 있는 언어로 표현한 것이다.

09 **생물정보학**이란 대량으로 생산되는 생물학 관련 데이터를 컴퓨터로 분석하는 학문 분야이다. 이 분야에서는 방대한 생물학적 데이터를 저장하거나, 검색, 구성하고 분석하는 데 생물공학과 컴퓨터 공학을 적극적으로 활용하며, 최근에는 응용 수학, 정보 과학, 통계학, 컴퓨터 과학, 인공지능 등의 분야에서 축적된 지식도 사용하고 있다.

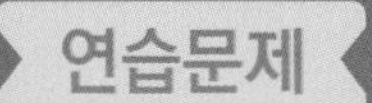

[단답형 문제]

아래의 보기를 참고하여 괄호 안에 들어갈 적절한 단어를 적으시오.

01 인간이 만든 도구 중에서 최첨단 도구 중의 하나로 (　　　　)를 뽑아볼 수 있다.

02 (　　　　)은 통신이 가능한 휴대용 컴퓨터로 편리한 사용성과 함께 다양한 애플리케이션 소프트웨어를 앱스토어나 구글 플레이와 같은 온라인 장터에서 내려받아 설치할 수 있는 기능이 있다.

03 (　　　　)은 18세기 중반에서부터 19세기 초반까지 영국에서 시작된 기술 혁신, 새로운 제조 공정으로의 전환과 이로 인해 일어난 사회, 경제 등의 큰 변화를 일컫는 용어이다.

04 (　　　　)이란 기존의 산업 기반을 이루고 있는 기업 조직, 프로세스, 비즈니스 모델, 문화, 시스템 등 모든 것이 데이터 기반 기술 혁신을 바탕으로 변화되는 현상을 말한다.

05 (　　　　)은 일반적으로 인간의 학습능력, 추론능력, 지각능력을 인공적으로 구현하려는 과학 기술로 정의를 내릴 수 있다.

06 (　　　　)이란 새로운 생각이나 개념을 찾아내거나 기존에 있던 생각이나 개념들을 새롭게 조합해 내는 것과 연관된 정신적이고 사회적인 과정이다.

07 1970년대 일본 츠쿠바 기계공학 연구소는 미리 표시해둔 흰색 표시를 쫓아 주행하도록 설계된 (　　　　)를 세계 최초로 제작했다.

08 자율주행 자동차 기술의 획을 그은 사건은 미국 국방부에서 주최하여 2004년부터 시작된 DARPA의 (　　　　)로 볼 수 있을 것이다.

09 로봇 기술, 드론 기술 등 중요한 기술도 많으나 (　　　　)은 컴퓨터와 정보통신 기술의 집합체이다.

10 자율 주행 자동차에 사용되는 기술 중에서 (　　　　)은 차가 도로 위 어디에 위치해 있는지를 계산하는 기술로 대중적으로 잘 알려진 GPS가 있다. GPS는 Global Positioning

System의 약자로 지구 궤도의 인공 위성으로부터 수신된 신호를 토대로 위치를 정밀하게 측정하는 기술이다.

11 ( )은 컴퓨터 및 그 응용에 관하여 연구하는 학문이라고 간단히 정의할 수 있다. 이 학문은 정보와 계산의 이론적 기반을 바탕으로 정보 처리, 컴퓨터 하드웨어 및 소프트웨어의 동작 원리와 설계를 다룬다.

12 ( )은 인간이 사용하는 언어나 텍스트를 효율적으로 처리하고, 생산하는 것과 관련된 과학 및 공학 분야이다.

13 ( )이란 특정한 문제에 적합한 효율적인 알고리즘을 개발하거나 선택하고 적용하는 능력은 소프트웨어 공학자에게 중요한 능력이다.

14 ( )은 컴퓨터로 하여금 지정된 과업을 수행하기 위해 기록된 일련의 명령어이다. 즉, 알고리즘을 기계가 이해할 수 있는 언어로 표현한 것이다.

15 ( )이란 대량으로 생산되는 생물학 관련 데이터를 컴퓨터로 분석하는 학문 분야이다. 이 분야에서는 방대한 생물학적 데이터를 저장하거나, 검색, 구성하고 분석하는 데 생물공학과 컴퓨터 공학을 적극적으로 활용하며, 최근에는 응용 수학, 정보 과학, 통계학, 컴퓨터 과학, 인공지능 등의 분야에서 축적된 지식도 사용하고 있다.

16 ( )은 인간의 지능을 흉내낸 기계를 만들기 위한 포괄적인 기술을 말한다.

[보기]

인공지능 시스템, 창의성, 자율 주행 자동차 기술, 전산언어학, 알고리즘과 복잡도 분석, 컴퓨터, 스마트폰, 미드저니, 츠쿠바 기계공학 연구소, 산업 혁명, 디지털 전환, 인공지능, 그랜드 챌린지, 측위 기술, 컴퓨터 과학, 생물 정보학

[짝짓기 문제 1]

다음은 자율 주행 자동차를 위한 핵심 기술과 그에 대한 설명이다. 관련 있는 것을 올바르게 짝짓기하여라.

측위 기술 •	• 카메라, 레이더, 라이다 등 정밀 센서로 차량 주변 상황을 감지하는 기술이다.
인지 기술 •	• 차가 도로 위 어디에 위치해 있는지를 계산하는 기술로 대중적으로 잘 알려진 GPS가 있다.
판단 기술 •	• 실제 차를 움직이는 구동계와 조향계에 명령을 내리는데 필요한 기술이다.
제어 기술 •	• 취합된 데이터를 분석해 어디로 가야 하는지, 지금 멈춰야 하는지, 신호등 앞에서 어떻게 해야 하는지 등을 결정하는 기술이다.

[짝짓기 문제 2]

다음은 1차, 2차, 3차, 4차 산업 혁명에 대한 설명이다. 관련 있는 것을 올바르게 짝짓기하여라.

1차 산업 혁명 •	• 정보 통신 기술의 발전과 확산을 통한 컴퓨터 제어 그리고 생산 자동화 시스템이라는 변화가 큰 특징이다.
2차 산업 혁명 •	• 증기기관 기반의 기계화 혁명으로 기계의 사용으로 인하여 공업 생산력이 향상되면서 가내 수공업 시대에서 대량 생산과 대량 소비의 새로운 사회 경제 시스템이 확립되었다.
3차 산업 혁명 •	• 이 혁명은 인공지능, 사물인터넷, 클라우드 컴퓨팅, 빅데이터, 모바일 기술과 같은 지능 정보 기술이 기존의 산업과 서비스에 결합되거나 여러 분야의 신기술에 결합되어 모든 사물을 지능화 함으로써 촉발되는 사회 변화를 지칭하는 용어이다.
4차 산업 혁명 •	• 석유와 전기 에너지 기반의 대량생산 혁명으로 이야기할 수 있다.

[객관식 문제]

다음 질문에 대하여 가장 알맞은 답을 구하여라.

01 다음 중에서 인간이 만든 최첨단 기기로 보기에 적절하지 않은 것은 무엇인가?

1) 스마트폰　　2) 소셜 미디어

3) 컴퓨터　　4) 태블릿

02 다음 중 컴퓨터에 의한 정보의 처리가 중심이 된 급격한 사회 변화를 지칭하는 가장 적절한 용어는 무엇인가?

1) 1차 산업 혁명　　2) 2차 산업 혁명

3) 4차 산업 혁명　　4) 정보 혁명

03 이미지 스캐너를 사용하여 필름 카메라로 촬영한 사진을 컴퓨터 이미지로 만들거나, LP판 또는 카세트 테이프의 노래를 디지털 오디오 파일인 mp3 파일로 변환하게 되면 기존의 자료를 손실없이 디지털 저장 장치에 반영구적으로 저장할 수 있게 된다. 뿐만 아니라 디지털 데이터는 전송과 가공이 편리하다는 장점도 크다. 이러한 과정을 지칭하는 가장 적절한 용어는 무엇인가?

1) 정보화　　2) 인공지능

3) 디지털화　　4) 알고리즘 변환

04 다음 기술이나 시스템 중에서 인공지능 기술의 탑재와 관련이 없는 것은 무엇인가?

1) 알파고　　2) 전자 계산기

3) 기가지니　　4) 빅스비

05 이 프로그램은 영어로 입력된 텍스트나 제공된 이미지 파일을 바탕으로하여 인공지능이 자동으로 그림을 생성하는 시스템 중의 하나이다. 이 프로그램의 이름은 무엇인가?

1) 미드지니　　2) 미드제니

3) 미드저네　　4) 미드저니

06 자율주행 자동차가 개발되어야 하는 핵심적인 이유로 틀린 것은?

1) 범죄 감소　　2) 경제적 이익

3) 사회적 효율성의 증대　　4) 이동성의 확대

07 다음 중 컴퓨터 및 그 응용에 관하여 연구하는 학문을 지칭하는 것으로 가장 올바른 것을 고르시오.

1) 컴퓨터 과학
2) 컴퓨터 알고리즘
3) 컴퓨터 연구
4) 컴퓨터 구조

08 다음 중에서 특별한 훈련이 없이도 사람이 컴퓨터를 쉽게 사용할 수 있도록 하는 방법에 대하여 연구하는 분야로 알맞은 것은?

1) 알고리즘
2) 프로그래밍 언어
3) 인간-컴퓨터 상호 작용
4) 인공지능 딥러닝

[서술식 심화 문제]

01 디지털화와 디지털 전환의 차이점을 서술하여라.

02 디지털 전환에 실패한 기업과 성공한 기업의 사례를 조사하여 그 원인을 기술하여라.

03 자신이 사용하고 있는 소프트웨어 중에서 인공지능 기술이 탑재된 소프트웨어의 사례를 2개 이상 나열하여라. 그리고 이 기술에 적용된 구체적인 인공지능 기술을 조사하여 기술하여라.

CHAPTER

2

컴퓨터를 알아보자

CONTENTS

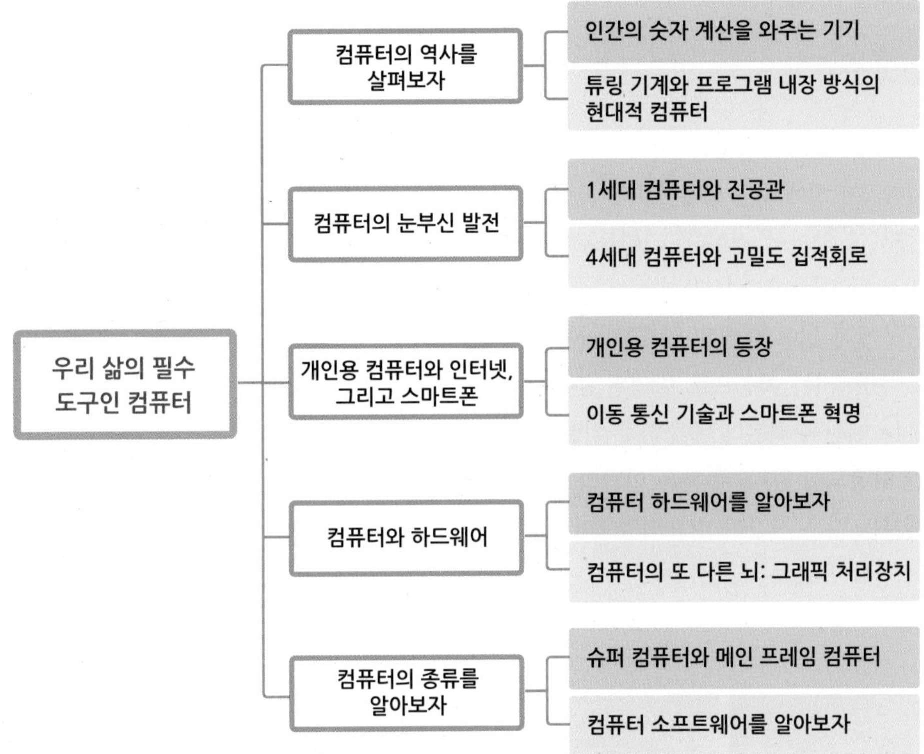

학습목표

- 컴퓨터의 역사에 대하여 알아본다.
- 컴퓨터의 발전을 알아보고 세대별 차이점을 알아본다.
- 개인용 컴퓨터와 인터넷에 대하여 살펴보고 스마트폰이 현재 어떤 영향을 끼치고 있는지 알아본다.
- 컴퓨터 하드웨어 종류에 대해 알아보고 어떤 역할을 하는지 살펴본다.
- 컴퓨터의 종류에 대하여 살펴본다.

2.1 컴퓨터의 역사를 살펴보자

인간의 숫자 계산을 도와주는 기기

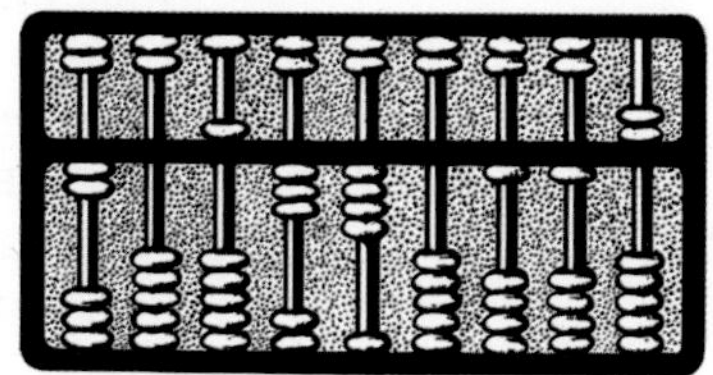
계산을 빠르게 수행하기 위한 발명품: 주판

오늘날의 컴퓨터 기술은 한순간에 이루어진 것이 아니다. 이 절에서는 오래전부터 사용된 계산 기기에 대하여 알아볼 것이다. 고대로부터 농경이 발달하면서 농지를 측정하고 계산하는 일은 공동체의 사람들에게 있어서 매우 중요한 일이었다. 고대 바빌로니아에서는 처음으로 발명된 **주판**(珠板)이라는 도구는 계산을 빠르게 수행하기 위한 도구로, 기원전 500년 전부터 중국에 전파되어 오랫동안 사용되어 왔다. 주판은 인간의 계산 능력을 보조하는 기기였으나 그 사용법을 익히기 위해서는 많은 시간이 소요되었으며 계산의 결과를 따로 저장하는 기능이 없어서 큰 숫자의 연산을 보조하는 계산 기계로 사용되어왔다.

네이피어의 봉

파스칼의 톱니바퀴 계산기

네이피어는 번호가 새겨진 긴 봉을 사용하여 곱셈을 효율적으로 하는 기계를 발명했습니다. 파스칼의 톱니바퀴 계산기는 자리올림이 자동으로 되는 기계식 계산기입니다.

17세기 초 스코틀랜드의 수학자 **존 네이피어**John Napier는 번호가 새겨진 긴 봉을 이용하여 10진수 곱셈을 효율적으로 하는 기기를 발명하였다. **네이피어의 봉**에 이어 프랑스의 수학자 파스칼에 의해 발명된 **톱니바퀴 계산기**는 세계 최초의 계산기로 불릴만 하다. 파스칼의 계산기는 0에서 9까지 숫자를 톱니바퀴에 할당하여 이 톱니바퀴가 회전될 때 자리값이 증가하는 원리를 이용하여 덧셈, 뺄셈과 자리올림이 이루어지는 기계식 수동 계산기이다.

해석기관과 프로그래밍의 탄생

19세기 중엽 영국 출신의 **찰스 배비지**Charles Babbage는 사람의 손으로 계산을 하는 과정에서 발생하는 오류에 주목하였다. 그는 이 과정을 기계를 통해서 하게 되면 오류를 줄일 수 있을 것으로 생각하여 기계식 컴퓨터를 최초로 고안하였다. 이 계산하는 기계는 차분기관이라는 것으로 다항식 함수를 계산하는 기능을 가지고 있었다. 배비지는 오늘날의 디지털 범용 컴퓨터와 유사한 구조의 **해석기관**Analytical Engine을 설계하였는데, 이는 당시의 기술적 한계로 완성되지는 못하였다. 하지만 그 설계도에 따른 모형이 그의 사후에 제작되어 영국의 과학 박물관에 전시되어 있다.

찰스 배비지

배비지의 설계도에 따라 그의 사후에 만들어진 해석기관

영국의 대표적인 낭만파 시인 바이런의 딸 **에이다 러브레이스**Ada Lovelace는 찰스 배비지의 해석기관을 이해하고 공동으로 개발하는 일을 했는데, 이 기계를 설명하는 작업을 하면서 해석기관에 적용 가능한 베르누이 수를 구하는 문제 해결 절차를 기술하였다. 에이다는 현대 프로그래밍 언어의 기초가 되는 중요한 개념인 **서브루틴, 반복문, 점프와 조건문**을 고안하였다. 에이다가 고안한 베르누이 수 구하기 알고리즘이 **현대에 와서 최초의 프로그램으로 인정**받게 되면서 에이다는 최초의 프로그래머라는 명성을 얻게 되었다. 에이다는 해석기관에 적용될 수 있는 **소프트웨어의 중요성을 이해한 엔지니어**였을 뿐만 아니라 컴퓨터의 잠재적인 창의성을 내다본 사람이었다. 나아가 그녀는 컴퓨터가 음악을 작곡하는 창의적인 일까지 할 수 있을 것으로 상상했다.

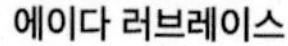
에이다 러브레이스

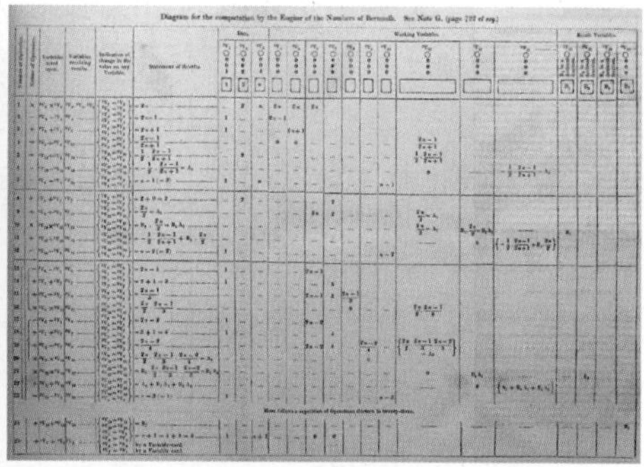
에이다 러브레이스가 소개한 베르누이 수를 구하는 알고리즘

아타나소프-베리 컴퓨터 Atanasoff-Berry Computer는 1937년부터 1942년 사이에 미국 아이오와 주립대학교의 **존 빈센트 아타나소프**와 **클리포드 베리**가 개발한 컴퓨터이다. 이 컴퓨터는 영문 약자인 ABC라고도 불리운다. 이 컴퓨터는 2진수를 사용하여 수치나 데이터를 표현하였으며 기계적인 구성품을 사용하지 않고도 계산을 수행하는 능력을 가지고 있다. 또한 현재 컴퓨터의 DRAM 메모리 역할을 하는 커패시터 메모리를 내장하는 방식으로 동작한다. 이러한 놀라운 능력으로 인해 **최초의 전자식 디지털 컴퓨터**라는 영예를 얻고 있으며, 또한 **최초의 병렬 처리 기능을 가진 컴퓨터**이다. ABC가 개발되던 시기에 오늘날의 컴퓨터와 같은 기계의 출현에 가장 큰 기여를 한 사람은 영국의 암호학자이자 수학자, 논리학자인 앨런 튜링이다.

튜링 기계와 프로그램 내장 방식의 현대적 컴퓨터

영국의 수학자 **앨런 튜링**Alan Turing은 컴퓨터 과학의 선구자로 혁신적인 알고리즘과 오늘날 이용되는 범용 컴퓨터의 원리를 최초로 제시하였다. 튜링은 컴퓨터 과학 이론과 함께 인공지능 분야에도 큰 기여를 하였다. 그는 **'기계가 지능을 가질 수 있을까?'**라는 문제에 큰 관심을 가졌으며, 컴퓨터의 지능은 튜링 테스트를 통해서 검증할 수 있을 것으로 생각했다. 이에 관해서는 13장에서 자세히 다룰 것이다. 튜링은 1939년 런던에서 발행되는 수학 회보에서 "계산 가능한 수와 결정문제에 대한 응용에 관하여"라는 제목의 논문을 발표하였으며, 이 논문에서 **튜링 기계**Turing Machine라는 추상 모델을 제시하였다. 튜링 기계란 문제를 해결하는 단계적인 절차인 알고리즘을 수학적, 기계적인 절차로 분해하여 이 문제를 해결하는 동작을 수행할 수 있는 이론적인 기계이다. 튜링의 이론적인 기계는 컴퓨터의 역사에서 매우 중대한 영향을 끼쳤으며 오늘날 컴퓨터의 원형이 되는 기계이다.

문제를 해결하는 단계적인 절차를 기술하고 이 문제를 해결하는 동작을 수행하는 기계인 튜링 기계를 제시하여 컴퓨터 과학의 역사를 새롭게 열었답니다.

앨런 튜링

존 폰 노이만

기계가 수행하는 명령어와 데이터를 미리 주기억장치에 저장해 두고 컴퓨터가 순차적으로 명령어와 데이터를 꺼내어 해독하고 처리하는 방식으로 동작하는 프로그램 내장 방식을 고안했지요.

1942년 헝가리 출신의 수학자인 **존 폰 노이만**John von Neumann은 튜링의 이론적인 기계를 더욱 발전시켜 **프로그램 내장 방식**이라는 형태로 동작하는 컴퓨터의 개념을 제시하였다. 존 폰 노이만은 헝가리 출신이지만 미국에서 주로 활동한 수학자인데 컴퓨터 과학뿐만 아니라 양자역학, 함수해석학, 집합론, 위상수학, 수치해석, 경제학, 통계학 등 여러 분야에 걸쳐 다양한 업적을 남겼다. 오늘날의 컴퓨터는 주 기억 장치에 프로그램과 데이터를 저장하고 이를 중앙 처리 장치가 처리하는 방식을 채택하고 있는데 이러한 방식을 바로 **프로그램 내장 방식**이라고 한다. 이 방식은 기계가 수행하는 명령어와 데이터를 미리 주 기억 장치에 저장해 두고 컴퓨터가 순차적으로 명령어와 데이터를 꺼내어 해독하고 처리하는 방식이다.

NOTE : 튜링상

튜링상Turing Award은 세계적으로 권위 있는 컴퓨터 분야의 학회 연합체인 ACM(Association for Computing Machinery)에서 1966년도부터 시상하는 상이다. 이 상은 매년 컴퓨터 과학 분야에서 가장 큰 업적을 남긴 사람에게 수여한다. 이러한 이유로 튜링상을 "컴퓨터 과학의 노벨상"이라고도 불린다. 이 상은 영국의 수학자, 컴퓨터 과학자이며 현대 컴퓨터 과학의 아버지라 할 수 있는 앨런 튜링의 이름을 땄으며 2014년 이후 구글이 매년 총 100만 달러의 상금을 후원하고 있다.

이 상의 역대 수상자들은 인공지능이라는 학문을 정립한 존 맥카시 교수, 인공지능의 발전에 기여한 마빈 민스키 교수, The Art of Computer Programming의 저자이자 LaTeX의 개발자인 도널드 크누스 교수, C 프로그래밍 언어의 창시자 데니스 리치와 켄 톰프슨, 파스칼 프로그래밍 언어의 개발자 니콜라우스 비르트 교수 등 컴퓨터 과학의 발전에 매우 큰 영향을 끼친 학자들이다.

2.2 컴퓨터의 눈부신 발전

1세대 컴퓨터와 진공관

진공관vacuum tube이란 그림과 같이 **유리관 속에 2개 또는 3개의 전극을 넣은 전자 부품**을 말한다. 이 부품은 유리관 내부를 밀폐하여 진공 상태로 만들고 그리드와 금속 전자 막대기를 장착하여 전자의 흐름을 제어한다. 이 **전자의 흐름은 0과 1과 같은 서로 다른 신호를 표현**할 수 있다. 이 부품은 컴퓨터 기술의 초기 전자 회로에서 주된 소자로 사용되었다.

밀폐 유리
전극판
음극(캐소드)
제어 그리드

진공관의 구조

세계 최초로 진공관을 이용하여 만들어진 컴퓨터는 1945년에 미국 펜실베니아 대학의 모클리와 에커트에 의해 개발된 **에니악**(Electronic Numerical Integrator and Computer:ENIAC)이다. 이 컴퓨터는 2차 세계대전 중에 필요한 대포의 탄도 계산을 위해서 개발되었으며, 길이가 25 미터, 높이 2.5 미터, 폭이 1 미터에 달하는 거대한 기계로 약 1만 8천 개나 되는 어마어마한 수의 진공관을 사용하였다. 이 기계에 일을 시키기 위해서는 숙련된 엔지니어들이 배선판에 일일이 전선을 연결하는 외부 프로그램 방식이었다. 이 기계는 10자리 10진수를 1초에 5천 번 덧셈, 뺄셈을 할 수 있는 성능을 보였다.

최초로 진공관을 사용한 컴퓨터 에니악

에니악의 개발자 모클리와 에커트

에니악은 1만 8천 개나 되는 진공관을 사용하였습니다. 이 기계는 10진수를 사용하였는데 1초에 5천 번 덧셈, 뺄셈을 할 수 있는 성능을 보였습니다.

에니악의 개발로부터 얼마 지나지 않은 1948년 영국 케임브리지 대학의 **모리스 윌크스**Maurice Wilkes는 세계 최초로 프로그램 내장 방식의 컴퓨터 **에드삭**(Electronic Delay

Storage Automatic Calculator:EDSAC)을 개발하였다. 에니악은 컴퓨터에 명령을 내리기 위하여 사진과 같이 엔지니어가 모든 배선을 하나하나 연결해야 했기 때문에 프로그램에 시간도 많이 걸리고 오류를 수정하는 것도 매우 어려웠다.

모클리와 에커트는 1950년 에니악을 더욱 개량하여 **에드박**(Electronic Discrete Variable Automatic Computer:EDVAC)이라는 기계를 개발하였다. 에니악은 10진법을 사용한 반면 에드박은 2진법을 사용하여 계산을 수행했으며 폰 노이만이 고안한 **프로그램 내장 방식**으로 작동하였다. 모클리와 에커트는 **에커트 모클리사**Eckert-Mauchly Computer Corporation를 창업하여 국방분야의 필요한 방대한 계산 요구를 해결하는 컴퓨터를 지속적으로 개발하였다. 이러한 수요가 점차 증가하면서 이 회사에서는 최초의 범용 상용 컴퓨터인 **유니박**(Universal Automatic Computer:UNIVAC)을 개발하였다. 이 컴퓨터는 미국의 통계국에서 설치하여 인구조사에 사용하였다.

1951년 개발된 유니박 컴퓨터의 콘솔

한걸음 더 : 폰 노이만과 프로그램 내장 방식 컴퓨터

폰 노이만이 제안한 **프로그램 내장 방식 컴퓨터**가 나오기 전에 동작하던 컴퓨터는 새로운 프로그램을 하기 위해서 작업자가 일일이 수 천개의 스위치를 매번 설정해야 하는 방식으로 동작했다. 따라서 스위치를 설정하는 중에 오류가 날 가능성도 높았으며 복잡한 문제를 풀기에 효율적이지도 않았다. 폰 노이만이 제안한 프로그램 내장 방식 컴퓨터는 **CPU 옆에 기억장치를 연결하여 붙인 방식**이다. 이 방식은 사람이 프로그램을 실행시키는 경우 **프로그램과 자료를 기억장치에 올려 놓고 지정된 명령에 따라 작업을 차례로 불러내어 처리하는 방식**이다. 즉 기존의 컴퓨터는 작업을 할 때마다 전기 회로를 바꿔 끼워야 했지만, 프로그램 내장 방식 컴퓨터에서는 소프트웨어만 바꾸어 기억 장치에 로딩해 두면 되는 셈이다. 오늘날 이러한 방식은 당연한 것으로 여겨지지만 당시에는 굉장히 획기적인 발상이었다.
현재 우리가 사용하는 대부분의 컴퓨터는 이러한 프로그램 내장 방식으로 동작하는 컴퓨터이다. 따라서 현대의 컴퓨터를 폰 노이만 구조의 컴퓨터 또는 프로그램 내장 방식 컴퓨터라고도 한다.

2세대 컴퓨터와 트랜지스터

트랜지스터transister는 미국 벨 연구소에서 근무하던 **쇼클리, 바딘, 브래튼**이 1948년 발명한 것으로 전기 전자회로에서 중요한 일을 하는 부품이다. 트랜지스터의 발명으로 인한 공로를 인정받아 이 세 사람은 1956년 노벨 물리학상을 수상하였다. 이 부품의 영어 이름인

transistor는 정보를 **전송**한다는 의미인 transfer와 **저항 소자**라는 뜻의 resistor의 합성어이다. 이 부품은 전기 신호를 증폭하거나 억제하는 기능을 통해 정보를 처리할 수 있는데 진공관에 비해서 수명이 길고 크기가 작아서 널리 이용되었다.

여러가지 형태의 트랜지스터

이와 같이 진공관 대신 트랜지스터를 주요 부품으로 사용하는 컴퓨터를 2세대 컴퓨터라고 지칭하는데 1950년대 중반부터 널리 인기를 얻어 사용되었다. 2세대 컴퓨터가 도입되면서 컴퓨터의 크기는 작아지고 성능이 급격하게 향상되면서 컴퓨터의 하드웨어를 제어하기 위한 프로그램인 운영체제가 최초로 등장하게 되었다. 또한 프로그래밍 언어로 FORTRAN이 개발되었다. FORTRAN은 Formula Translator의 약자로 1954년 미국 IBM사에서 만든 IBM 704라는 컴퓨터에서 과학적인 계산을 하기 위한 용도로 개발된 프로그래밍 언어였다. 프로그래밍 언어가 등장하기 전만 하더라도 컴퓨터에 일을 시키기 위해서는 기계어 명령어나 기계어 명령어에 1:1로 대응되는 명령인 어셈블리어를 입력해야만 했다. 하지만 기계어는 사람이 이해하기 힘들고 오류를 수정하는 것이 힘들어서 소프트웨어의 생산성이 매우 떨어졌다. 그러나 FORTRAN 개발 이후 다양한 프로그래밍 언어의 출현으로 인하여 프로그램의 생산성이 증가하였다. 프로그래밍과 프로그래밍 언어에 대해서는 뒷장에서 상세히 다룰 것이다.

3세대 컴퓨터와 집적회로

집적회로integrated circuit란 IC칩, 마이크로칩이라고도 하는데 여러 독립적인 컴퓨터의 요소를 하나의 전자회로에 집적하여 만든 트랜지스터 칩이다. 집적회로는 트랜지스터를 이용해서 만든 회로보다 더 작은 공간에 조밀하게 회로를 집어넣을 수 있었기 때문에 1960년대 중반부터 1970년대에 걸쳐 널리 이용되었다. 이렇게 만들어진 컴퓨터를 3세대 컴퓨터라고 하는데 IBM사의 System/360 컴퓨터와 DEC사의 **PDP-11**이 유명하다. PDP-11은 대중적인 미니 컴퓨터로 인기를 얻었으며 1990년대까지 약 60만 대가 생산되었다. 또한 1969년대 말 **유닉스**Unix라는 유명한 운영체제가 개발되어 PDP-7 컴퓨터에 최초로 탑재되기도 하였다.

DEC사의 PDP-11 컴퓨터

4세대 컴퓨터와 고밀도 집적회로

집적회로 기술은 발전에 발전을 거듭하여 1970년대에 와서는 손톱 크기의 칩에 수억 개 이상의 트랜지스터 칩이 집적되는 기술이 출현하였는데 이를 **고밀도 집적회로**Large Scale Integration:LSI라고 하며 이보다 더 집적도가 높은 컴퓨터를 **초고밀도 집적회로**Very Large Scale Integration:VLSI라고 한다. 1971년 인텔사는 고밀도 집적회로 기술을 이용하여 Intel 4004라는 상업적인 목적의 마이크로프로세서를 개발하였다. 인텔사는 자신의 마이크로프로세서에 제품 고유의 상품 이름을 부여하는 것이 아니라 숫자로 이름을 표시하는 방식을 채택했는데 이 마이크로프로세서는 컴퓨터의 두뇌에 해당하는 장치이다. 마이크로프로세서 기술은 지속적으로 발전되어 1975년에 와서는 8080이라는 마이크로프로세서를 탑재한 세계 최초의 개인용 컴퓨터인 **알테어**Altair 8800이 출시되었다. 초창기 컴퓨터는 진공관과 트랜지스터, 그리고 집적회로 트랜지스터로 세대 구분이 가능한 반면, 고밀도 집적회로와 초고밀도 집적회로를 탑재한 컴퓨터가 계속 출현하게 되고 초소형 장비와 슈퍼컴퓨터에 이르는 다양한 종류의 컴퓨터에 탑재되는 마이크로프로세서가 출시되면서 4세대 이후의 세대 구별은 큰 의미를 가지지 않는다.

2.3 개인용 컴퓨터와 인터넷, 그리고 스마트폰

개인용 컴퓨터의 등장

집적회로 기술의 지속적인 발전으로 컴퓨터의 두뇌에 해당하는 CPU 가격이 하락하면서 기업 고객이 아닌 개인 고객을 위한 컴퓨터라는 새로운 시장이 열렸다. 1976년 스티브 워즈니악과 스티브 잡스는 **애플**Apple사를 창업하여 **애플** I이라는 **개인용 컴퓨터**Personal Computer:PC를 제작하여 판매하였다. 애플의 개인용 컴퓨터는 시장에서 큰 인기를 끌게 되고 이전에는 존재하지 않던 새로운 시장이 개척되었다. 새로운 시장이 열리면서 1982년 IBM은 빌 게이츠가 창업한 마이크로소프트사의 운영체제인 MS-DOS를 탑재한 컴퓨터인 IBM PC/XT를 출시하였다. IBM사는 1970년대 당시만 하더라도 PC 시장보다는 기업 고객을 대상으로 하는 시장에서 큰 수익을 내고 있었기 때문에 운영체제를 외주 기업에 주는 것에 대하여 큰 거부감이 없었다. 하지만 마이크로소프트사는 MD-DOS의 성공을 바탕으로 다양한 소프트웨어의 개발에 힘을 쏟아 세계적인 소프트웨어 기업으로 성장하였다.

By Ed Uthman - originally posted to Flickr as Apple I Computer

애플사의 창업자 스티브 워즈니악이 디자인한 Apple I 컴퓨터

By Ruben de Rijcke - http://dendmedia.com/vintage/

IBM 사에서 개발한 PC/XT 컴퓨터

마우스computer mouse는 평면 위에서 2차원 움직임을 인식할 수 있도록 한 컴퓨터 입력 장치이다. 보통의 마우스는 한 손에 잡히는 크기로 되어 있는데 이 마우스를 평면 위에서 이동시키면 센서에 의해서 그 위치 변화가 파악되고, 이를 이용하여 컴퓨터 화면에 커서나 마우스 포인터를 이동시킬 수 있다. 마우스는 1968년 스탠퍼드 연구소에서 최초로 발명되었는데 1984년도에 출시된 **애플사의 매킨토시 컴퓨터에 탑재되기 시작하면서 대량으로 보급**되기에 이르렀다. 애플사의 매킨토시 컴퓨터는 그래픽 기반의 사용자 인터페이스를 탑재

한 운영체제로 주목을 받게 된다. 당시의 컴퓨터들이 대부분 명령행을 입력하고 그 결과를 확인하는 텍스트 기반의 사용자 인터페이스를 탑재하고 있었는데 매킨토시의 그래픽 기반 사용자 인터페이스는 사용자의 컴퓨터 이용성을 크게 개선하였기 때문에 사용자 편의성 측면에서 큰 진보를 이루었다고 할 수 있다. 한편, 1995년도에 마이크로소프트사는 그래픽 사용자 인터페이스 기반의 운영체제인 **윈도우 95**Windows 95를 본격적으로 출시하면서 많은 사용자들이 개인용 컴퓨터를 쉽게 이용할 수 있도록 기반을 마련하였다.

최초의 마우스

마우스가 탑재된 애플 맥킨토시와 그래픽 기반 운영체제

인터넷과 웹 서비스의 등장

컴퓨터 기술이 점점 발전하면서 컴퓨터 내부의 데이터를 다른 컴퓨터로 보내고 받는 일의 중요성도 점차 커지게 되었다. 컴퓨터의 초창기에 A라는 컴퓨터에서 작업한 자료를 B라는 컴퓨터에 넘겨주기 위해서는 A 컴퓨터의 자료를 디스크나 테이프와 같은 저장 장치에 기록한 후 이 자료를 B 컴퓨터에서 읽어 들이는 방식이었다. 이 방식은 점차 가까운 지역의 컴퓨터를 연결하여 직접 자료를 전달하는 방식인 **네트워크 방식**으로 발전하였다. 특히 가까운 지역의 컴퓨터를 연결하는 네트워크를 Local Area Network의 약자인 LAN이라는 이름으로 부르게 되었다. LAN을 통한 네트워크 기술은 많은 편익을 가져다주었으나 이러한 네트워크가 다양해지면서 많은 종류의 LAN이 출현하게 되는 문제점이 있었다.

컴퓨터끼리 통신을 하기 위해서는 서로 간의 통신을 위한 공통의 규약이 필요하다. 이러한 통신 규약을 **프로토콜**protocol이라고 하는데 여러분이 사용하는 **USB-C 타입**의 충전 케이블에는 USB-C 타입의 포트가 필요한 것과 같은 원리이다. 이 당시만 하더라도 서로 다른 다양한 LAN 프로토콜이 존재하였기 때문에 LAN이 구축되더라도 다른 프로토콜을 사용하는 것으로 인해 서로 간의 통신에 어려움을 겪는 경우가 있었다. 인터넷은 TCP/IP라는 동일한 통신 프로토콜 집합을 사용하는 서로 다른 컴퓨터끼리의 통신을 가능하게 하여 오늘날 전 세계를 연결하는 거대한 통신망이 되었다.

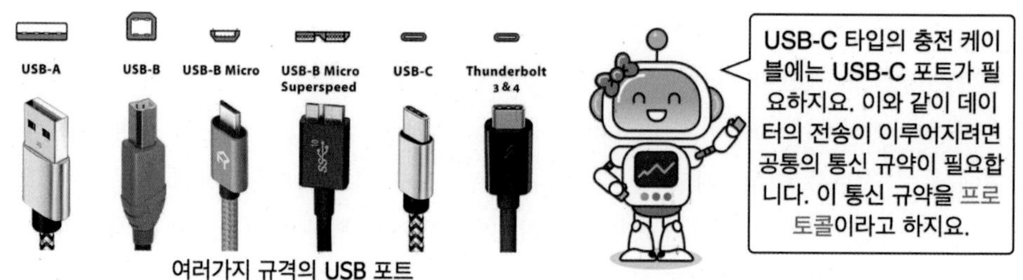

여러가지 규격의 USB 포트

오늘날 우리가 사용하는 인터넷은 1960년대 **알파넷**ARPAnet이라는 이름으로 미국의 국방성 주도로 시작된 프로젝트에서 시작되었다. 알파넷의 목적은 서로 호환되지 않는 LAN을 연결하려는 목적과 함께 핵전쟁으로 인해서 중앙의 서버가 파괴되더라도 네트워크 전체가 멈추지 않고 지역 간의 통신이 가능한 네트워크를 만드는 것이었다. 인터넷이 오늘날과 같이 대중화된 것은 1983년 팀 버너스리가 발명한 **월드 와이드 웹**World Wide Web:WWW의 탄생과 웹 서비스를 이용할 수 있는 그래픽 기반의 소프트웨어인 웹 브라우저의 개발이었다. 팀 버너스리는 **유럽 입자 물리 연구소**(Organisation Européenne pour la Recherche Nucléaire, 약칭 CERN)에 근무하고 있었는데 기존의 연구 문서를 효과적으로 관리하기 위하여 월드 와이드 웹 서비스를 고안하였다. 이 기술로 인해 이용자들은 복잡한 명령어를 익히지 않더라도 인터넷에서 서비스를 이용할 수 있게 되었다.

1993년 미국 일리노이 대학교의 **국립 슈퍼컴퓨팅 응용 연구소**National Center for Supercomputing Applications:NCSA 소속의 대학원생 **마크 앤드리슨**과 **에릭 비나**는 **월드 와이드 웹**World Wide Web:WWW으로 알려진 웹 서비스를 그래픽 방식으로 보여주는 프로그램인 **웹 브라우저**web browser를 개발하였다. 모자이크라는 이름의 이 웹 브라우저는 기존의 텍스트 기반 인터넷 서비스를 그래픽으로 표시하여 사용자들이 손쉽게 이용할 수 있도록 하였는데, 이 기술은 폭발적인 인기를 얻었다.

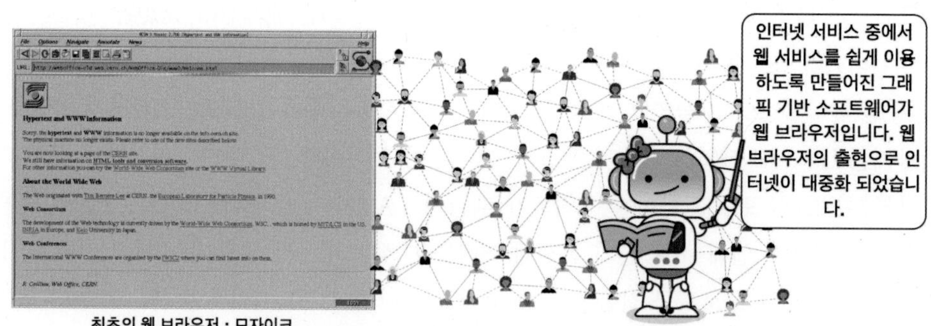

최초의 웹 브라우저 : 모자이크

웹 브라우저의 출현 이후 인터넷 이용자들은 기하급수적으로 증가하였으며 **국제 전기통신연합**에 의하면 2018년 말 전 세계의 인터넷 인구는 약 39억 명을 넘기게 되었다고 한다. 또한 우리나라의 경우 전체 가구 중 **가구 내 인터넷 접속이 가능한 비율이 99.7%로 조사**되었다. 웹 서비스의 확대와 인터넷을 통한 데이터 수집의 비약적인 증가는 최근 각광받고 있는 인공지능의 발전에 큰 기여를 하게 된다. 그 이유는 인공지능을 구현하기 위한 알고리즘 중에서 머신러닝과 딥러닝 알고리즘이 많은 데이터를 기반으로 학습을 수행하고 이 학습 결과를 바탕으로 규칙을 수정하는 방식으로 동작하기 때문이다.

이동 통신 기술과 스마트폰 혁명

이동 통신이란 가입자의 단말기에 이동성을 부여하여 가입자가 장소를 변경하거나 이동 중에도 서비스가 가능한 통신을 말한다. 무선으로 전화를 하는 최초의 시도는 1921년 미국 디트로이트 경찰의 차량 이동 전화 서비스가 시작되면서부터였다. 특수 목적의 서비스가 아닌 일반인을 대상으로 한 최초의 이동 전화 서비스는 1946년 미국 세인트루이스에서 3개의 채널을 이용한 수동 교환 방식의 서비스였다. 이 서비스는 점차 발전하여 1975년 미국 모토롤라사에 의해 셀룰러 방식으로 동작하는 최초의 이동 통신 방법이 개발되었다. 이후 1990년대에는 디지털 이동 전화 방식들이 점차 등장하게 되었다. 이동 통신 기술의 초창기 서비스는 대부분 가입자 사이의 목소리와 간단한 문제 메시지를 전달하는 서비스가 중심이 되었는데, 2007년 애플사의 CEO인 스티브 잡스에 의해 아이폰이 발표되면서 기존 휴대 전화를 뛰어넘는 새로운 기기인 스마트폰 시대를 열게 되었다.

2007년 미국 애플사의 CEO인 **스티브 잡스**Steve Jobs는 휴대폰 하나에 MP3 플레이어(iPod), 전화기, 인터넷 접속 기능을 담은 통신 기기라는 새로운 형태의 혁신적인 제품을 발표하였는데 이 기기가 바로 **아이폰**iPhone이다. 아이폰의 출시로 인해 인류는 스마트폰이라는 기기를 가지게 되었으며 이로 인한 **모바일 혁명**을 만나게 된다. 아이폰은 출시 10년 동안 전 세계에 13억 대가 팔렸고, 약 909조 원 이상의 매출을 올리게 된다. 우리나라의 경우 2021년 현재 전 인구의 90퍼센트가 스마트폰을 가지게 되었으며 스마트폰 앱을 하루에 평균 5시간 이용하는 것으로 나타났다. 스마트폰으로 인해 많은 사람들이 언제 어디서든 인터넷을 통해 원하는 정보를 검색하거나 원하는 상품을 구매하는 것이 가능해졌으며, 정보를 공유하고 타인과 소통하는 방식에 큰 변화를 겪게 되었다.

터치로 조작할 수 있는 와이드 스크린 iPod, 혁신적인 휴대폰, 그리고 획기적인 인터넷 통신기기입니다...우리는 이 새로운 제품을 "iPhone"이라고 부릅니다... 오늘 Apple은 휴대폰을 재발명할 것입니다.

-2007년 아이폰 발표 중

스티브 잡스와 아이폰

스마트폰의 출현으로 인하여 언제 어디서든 인터넷에 접속하는 것이 가능해졌습니다. 특히 스마트 기기는 넓은 화면과 손쉬운 이용 방법으로 인해서 짧은 시간에 많은 이용자를 확보하게 됩니다.

NOTE : 피처폰과 스마트폰

피처폰feature phone이란 스마트폰보다 낮은 연산 능력에 인터넷 접속이 제한적으로 가능하거나 별도의 운영체제가 탑재되지 않은 모바일폰을 의미한다. 대부분의 피처폰은 문자 입력을 위해서 여러 개의 버튼이 제공되며 이로 인하여 화면의 크기를 키우는데 제한이 있었다.

반면 **스마트폰**smart phone이란 휴대 전화기에 높은 수준의 운영체제를 탑재하고 응용 소프트웨어의 설치가 자유로우며 비교적 쉬운 인터넷 접속 기능을 제공한다는 특징이 있다. 또한 문자 입력을 위한 별도의 버튼은 제공되지 않으며 화면 터치를 통해서 문자를 입력할 수 있다. 애플사가 개발한 아이폰에는 앱스토어를 통해서 소프트웨어를 다운 받을 수 있으며, 구글사가 주도적으로 개발한 안드로이드 운영체제를 탑재한 휴대폰은 구글 플레이라는 온라인 소프트웨어 장터를 통해서 사용자가 원하는 소프트웨어를 다운 받을 수 있다.

2.4 컴퓨터와 하드웨어

컴퓨터 하드웨어를 알아보자

컴퓨터의 본질적인 기능을 단순하게 이야기하자면 데이터를 입력받고, 저장하며, 지정된 절차에 따라서 처리한 후, 그 결과를 출력하는 기계장치로 볼 수 있다. 이 컴퓨터는 물리적인 부분인 **하드웨어**hardware와 이 하드웨어의 행동을 제어하는 기능을 가지는 프로그램인 **소프트웨어**software로 이루어져 있다.

이 중에서 컴퓨터 하드웨어를 구성하는 주요 장치와 그 기능은 다음 표와 같이 정리할 수 있을 것이다.

주요 장치	장치들의 기능
중앙 처리 장치	컴퓨터의 두뇌에 해당하는 부분으로 기계어로 주어진 명령을 수행하고 데이터를 처리하는 장치이다. 중앙 처리 장치를 의미하는 영어 Central Processing Unit의 약자인 CPU로 부르기도 한다. 중앙 처리 장치의 핵심 장치는 제어 장치와 연산 장치, 레지스터가 있다. 인텔사의 i 시리즈 제품, AMD사의 라이젠 시리즈, 애플사의 M 시리즈 제품, A 시리즈 제품 등이 있다
주 기억 장치	주 기억 장치는 프로그램이 실행될 때 필요한 자료를 기억하는 일을 하는 장치로, 명령어와 자료를 임시로 기억하며 전기적 신호가 유지될 때에만 작동한다.
보조 기억 장치	보조 기억 장치는 주 기억 장치의 데이터를 영구적으로 보관하는 장치로 전기 신호가 없어도 데이터는 보관된다. 보통 하드디스크, 플래시 메모리, CD-ROM와 같은 장치가 사용된다.
입력 장치	문자나 기호 같은 데이터를 컴퓨터가 인식할 수 있는 전기적 신호로 변환시켜주는 장치로 키보드, 마우스, 터치스크린 등이 있다.
출력 장치	중앙 처리 장치가 처리한 결과를 사용자가 알 수 있도록 내보내는 장치로 모니터, 프린터, 스피커 등이 있다.

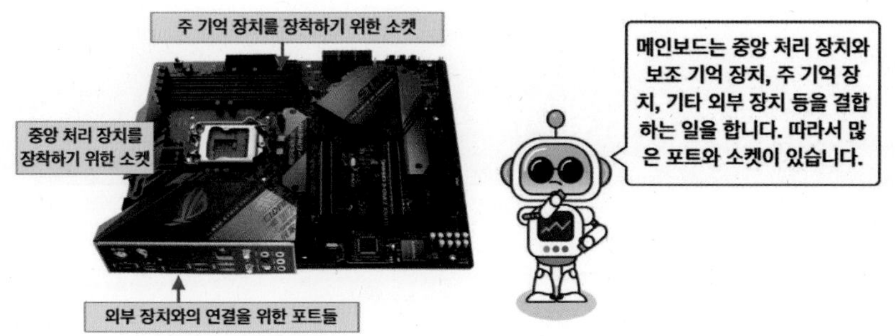

우리가 흔히 사용하는 PC의 경우 중앙 처리 장치와 보조 기억 장치, 주 기억 장치는 컴퓨터의 **메인보드**mainboard에 장착하는 경우가 많다. 메인보드는 이렇게 여러 장치들을 결합하는 일을 하기 때문에 **마더보드**motherboard라고도 부른다. 메인보드는 여러 장치들을 결합시키거나 제거할 수 있도록 포트와 소켓을 가지고 있다. 포트에는 스피커, 랜선, 마이크 등 외부 장치를 연결할 수 있으며 소켓에는 그래픽 카드, 메모리 등을 추가로 장착할 수 있다.

다음으로 컴퓨터의 각 장치가 하는 일을 상세히 살펴보자.

■ 중앙 처리 장치

컴퓨터의 하드웨어들 중에서 핵심이 되는 두뇌에 해당하는 부품이 바로 **중앙 처리 장치**인데 그 약자인 CPU로 표기하는 경우가 많다. 중앙 처리 장치는 **마이크로프로세서**microprocessor 또는 **프로세서**processor라고도 하는데 데이터에 대한 연산과 컴퓨터의 작업 흐름을 제어하는 중요한 일을 한다. 중앙 처리 장치의 내부를 더 깊이 살펴보면 **제어 장치**control unit:CU, **연산 장치**arithmetic logic unit:ALU로 구성된다. 제어 장치는 컴퓨터의 작업 흐름을 제어하며, 연산 장치는 산술 연산과 논리 연산을 수행한다. 중앙 처리 장치 중에서 가장 널리 알려진 것은 **인텔사**Intel. Inc의 i3, i5, i7 등의 시리즈가 있으며, 애플사의 M1, M2 칩, 아이폰과 같은 모바일용 칩인 A 시리즈, AMD사의 라이젠 시리즈 칩, 퀄컴사의 모바일 CPU 스냅드래곤 등이 있다. 기술의 급격한 발전으로 인하여 최신 생산 공정을 이용하여 집적도가 높고, 속도가 빠르며, 전력을 적게 사용하는 우수한 성능의 CPU가 매년 출시되고 있다.

인텔사의 i7　　애플사의 M2　　AMD사의 라이젠　　퀄컴사의 스냅드래곤

NOTE : CPU vs 마이크로프로세서

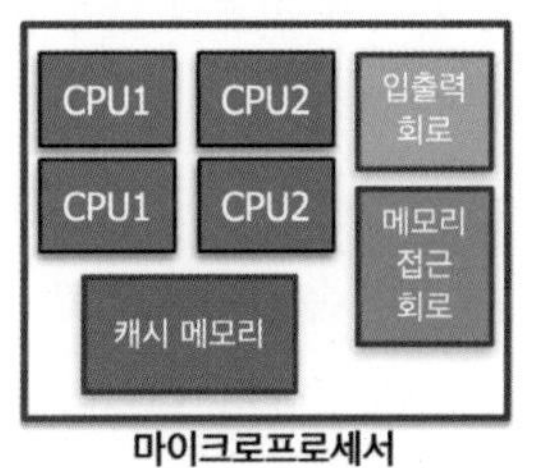

마이크로프로세서

컴퓨터의 핵심 장치인 CPU는 산술 논리 연산을 수행하는 부분과 제어를 수행하는 부분으로 크게 나누어 볼 수 있는데, 제어 유닛은 입력과 출력 제어까지도 수행하는 등 많은 일을 한다. 이 CPU는 기본적인 명령을 수행할 수 있는 **트랜지스터**가 많이 결합되어 이러한 복잡한 일을 한다. 그렇다면 **마이크로프로세서**란 무엇인가? 마이크로프로세서는 이 CPU의 역할을 하는 단일한 칩을 말한다. 따라서 CPU는 곧 마이크로프로세서에 포함되는 개념이다. 하지만 마이크로프로세서라는 칩에는 그림과 같이 여러 개의 CPU와 캐시 메모리, 입출력 회로, 메모리 접근 회로까지 포함시켜 하나의 칩으로 만들 수 있기 때문에 CPU보다 좀 더 상위의 개념이라고 할 수 있다.

▪ 주 기억 장치

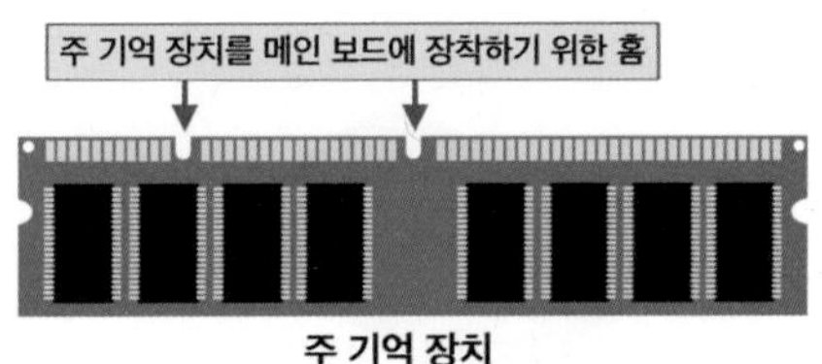

주 기억 장치

주 기억 장치는 컴퓨터의 작동시 수치값·명령·자료 등을 기억하는 하드웨어인데 흔히 **메모리**memory로 부르기도 한다. 일반적인 주 기억 장치는 컴퓨터의 전원이 들어와 있을 경우에 데이터를 읽고 쓸 수 있으나 전원이 없을 경우 데이터를 저장하는 기능이 없다. 주 기억 장치는 **임의의 위치에 있는 데이터에 빠르게 접근**할 수 있기 때문에 RAM(Random Access Memory)이라고도 한다. 주 기억 장치는 컴퓨터의 여러 부품을 조합하는 기능을 하는 메인보드에 장착하거나 탈착할 수 있는데 이를 위하여 그림과 같은 홈을 제공하는 경우가 많다.

주 기억 장치는 수백만 개 혹은 그 이상의 전자 회로를 포함하는 칩으로 구성되어 있는데 컴퓨터는 각 전자 회로를 켜거나 끄는 방법으로 데이터를 기억한다. 전자 회로의 가장 기본이 되는 단위는 **비트**bit 단위이며 8개의 비트가 한 개의 바이트를 이룬다. 일반적으로 한 바이트는 영문자 한 자를 표현할 수 있다. 주 기억 장치는 이 바이트의 수로 용량을 표시하는데 1 킬로바이트는 약 1,000여 개의 영문자를 나타낼 수 있고, 1 메가바이트는 100만 개의 영문자를 나타낼 수 있다.

■ 보조 기억 장치

보조 기억 장치는 주 기억 장치보다는 다소 느리지만 컴퓨터의 전원을 끄더라도 저장된 데이터가 사라지지 않고 영구적으로 보관할 수 있는 장치이다. 대표적인 보조 기억 장치로는 **하드 디스크 드라이브**Hard Disk Drive:HDD와 반도체 기반의 저장 장치인 **솔리드 스테이트 드라이브**Solid State Drive: SSD가 있다. 하드 디스크 드라이브는 물리적인 디스크를 고속으로 회전시키며 자기적 신호로 0과 1을 기록하는 저장 장치이다. 이 장치는 다소 느리고, 외부의 충격에 약하며, 소음을 발생시킨다는 단점이 있으나 가격이 비교적 저렴한 편이다. 최근 각광을 받고 있는 SSD는 HDD와 달리 반도체 소자를 이용하여 0과 1을 기록한다. SSD는 HDD보다 속도가 빠르고, 외부 충격에도 강하고, 소음이 없다는 장점이 있다. 이 밖에도 광원을 이용하여 데이터를 저장하는 방식으로 동작하는 **콤팩트 디스크**compact disc:CD라는 저장 장치도 있다. 콤팩트 디스크 저장 장치는 CD-ROM이라는 명칭으로도 사용되는데, 저장된 내용만 읽어 들이는 콤팩트 디스크(Compact Disk-Read Only Memory)라는 영어 표현이 줄어서 된 것이다. 보조 기억 장치의 용량을 표시하는 단위는 킬로바이트, 메가바이트, 기가바이트, 테라바이트 등과 같은 단위를 사용한다.

가격이 저렴한 보조 기억 장치인
하드 디스크 드라이브(HDD)

안정성이 좋고 속도가 빠른 SSD

광원을 이용하여 데이터를
저장하는 CD-ROM

■ 입력 장치

입력 장치란 컴퓨터 사용자가 원하는 정보인 문자, 기호, 그림 등이나 명령을 컴퓨터 내부에 전달하는 장치이다. 입력 장치로는 키보드, 마우스, 태블릿, 트랙패드, 카메라, 마이크 등이 있으며 그래픽 사용자 인터페이스를 주로 사용하는 오늘날의 컴퓨터에서 사용되는 가장 일반적인 장치는 키보드와 마우스이다. 하지만 원격 회의나 원격 교육이 활성화되면서 카메라와 마이크도 널리 이용되고 있다.

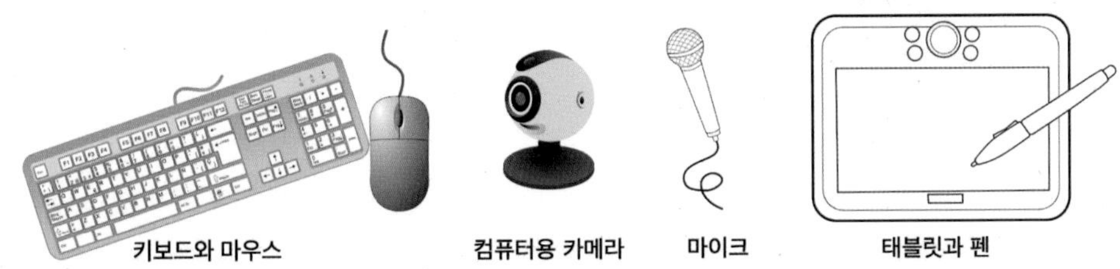
키보드와 마우스　　컴퓨터용 카메라　　마이크　　태블릿과 펜

입력 장치의 발전은 컴퓨터의 사용자 인터페이스의 발전과 거의 비슷한 과정을 거치고 있다. 컴퓨터의 초기에는 데이터를 표현하기 위하여 구멍이 뚫린 종이를 사용했는데 이것이 바로 펀치 카드이다. 이 펀치 카드에 구멍을 뚫거나 막히도록 하여 1과 0을 표현하도록 한 후, 이 카드를 한꺼번에 입력해서 여러 가지 명령을 처리하도록 하거나 정보를 저장하였다. 이 방식은 추후에 키보드를 이용한 입력 방식으로 대체 되었는데 기술의 발전으로 인하여 그래픽 기반의 사용자 입력 방식으로 진화하게 되었다.

이 밖에도 교통카드에서 주로 이용되는 **비접촉식 입력 장치**를 통해서 요금을 결제하는 입력 방식도 있으며, 문자나 바코드를 판독하는 **광학 마크 판독기**Optical Mark Reader:OMR 방식이나 자기 잉크 문자 판독기, QR 코드 판독기 등도 존재한다.

■ 출력 장치

출력 장치란 컴퓨터의 처리 결과를 사용자가 원하는 형태로 나타내어 주는 장치이다. 출력 장치로는 모니터, 프린터, 스피커, 플로터 등이 있다. 모니터는 음극선을 쏘아서 화면에 비추는 방식인 CRT(Cathod-Ray-Tube) 모니터가 1930년대부터 2000년대 중반까지 많이 사용되어 왔다. CRT 모니터는 화면을 향해 전자빔을 송출하는 기능을 가지는 전자총, 전자총을 휘게 하는 편향 장치, 빛을 내는 발광체 등을 이용하여 정보를 나타낸다. 하지만 부피가 크고, 무거우며, 전기를 많이 소모하고, 수명이 짧다는 단점이 있다. 1990년대 등장한 LCD(Liquid Crystal Display) 장치는 빛을 내는 백라이트와 이 빛을 제어하는 편광 액정을 사용하여 화면에 정보를 표시한다. 이 장치는 액정 디스플레이라고도 하는데 부피가 작고, 전기를 적게 소모하며, 높은 해상도를 나타낼 수 있어서 최근에 많이 사용되고 있다. 최근에는 LCD보다 전기를 적게 소모하며, 색상 표현력이 뛰어난 LED(Light-Emitting Diode)를 이용한 모니터도 출시되고 있다.

모니터 프린터 스피커 플로터

1980년대와 1990년대까지는 도트 매트릭스 방식의 프린터가 널리 이용되어 왔다. 이 프린터는 타자기의 원리와 비슷한 충격식 프린터로 최근까지도 신용카드 전표나 영수증 출력에 이용되어 왔다. 최근에는 가는 노즐에서 잉크를 분사하여 인쇄하는 방식의 **잉크젯 프린터**inkjet printer와 레이저 빔을 회전하는 거울에 반사시켜 토너 가루를 종이에 붙여서 인쇄하는 방식의 **레이저 프린터**laser printer를 주로 사용한다. **플로터**plotter는 크기가 큰 현수막이나 도면을 출력하는 목적으로 주로 사용된다.

3D 프린터 3차원 객체

이 밖에도 모델링된 객체를 삼차원으로 출력하는 **3D 프린터**도 있다. 3D 프린터는 금속이나 플라스틱 등의 여러 가지 재료를 이용할 수 있으며, 이 재료들을 사용하여 매우 정밀도가 높은 3차원 객체를 만들 수 있다.

한걸음 더 : 가상 현실을 위한 출력과 입력 장치

가상 현실이란 컴퓨터 등을 사용한 인공적인 기술로 만들어낸, 실제와 유사하지만 실제가 아닌 어떤 특정한 환경이나 상황 혹은 그 기술 자체를 의미한다. 가상 현실은 만들어진 환경이나 상황을 통해서 사용자의 오감을 자극하는 특징이 있으며, 실제와 유사한 공간적, 시간적 체험을 하게 함으로써 현실과 상상의 경계를 자유롭게 드나들 수 있다.
흔히 테마파크의 놀이 기구나 비행 훈련, 군사 훈련의 목적으로도 많이 사용되고 있다. 가상 현실을 체험하기 위해서는 출력 장치로 머리에 쓰고 디스플레이를 눈에 맞추어 가상의 공간을 표현하는 헤드 마운티드 디스플레이가 있으며 입력을 위한 장치로는 촉각을 제공하는 데이터 글로브나 VR 컨트롤러 등이 있다.

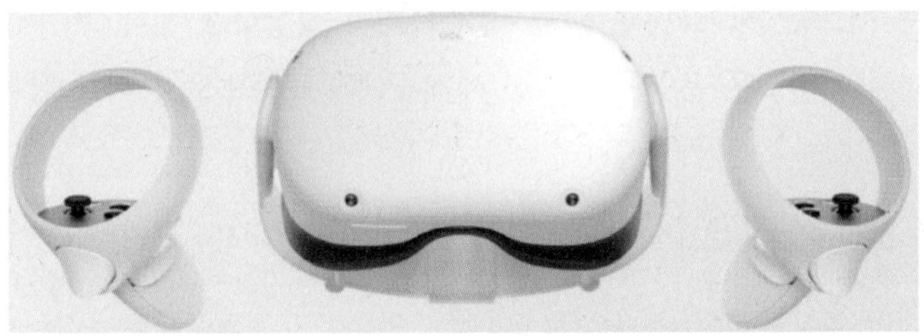

가상 현실 체험을 위한 헤드 마운티드 디스플레이와 VR 컨트롤러(오큘러스사 제품)

컴퓨터의 핵심 : 마이크로프로세서와 인텔

마이크로프로세서란 컴퓨터의 두뇌 역할을 하는 CPU와 메모리까지 포함한 칩이기 때문에 컴퓨터의 핵심을 이룬다. 이 절에서는 마이크로프로세서의 역사와 구조에 대해서 살펴보도록 하자. 마이크로프로세서와 전 세계 반도체 시장에서 절대적인 영향을 끼친 대표적인 기업은 미국의 **인텔**사이다. 인텔사는 1968년 **고든 무어**와 **로버트 노이스**에 의해 설립되었는데, Integrated와 Electronics를 결합하여 Intel이라는 회사명을 만들었다. 설립 초기 인텔사는 메모리 반도체를 주로 만들었는데, 1971년 인텔 4004라는 마이크로프로세서를 출시하면서 본격적으로 이 시장에 뛰어들었다. 이후 개발된 8086 마이크로프로세서에 기반한 인텔 8088 마이크로프로세서가 IBM PC에 장착되면서 인텔사는 서서히 명성을 얻게되었다. 인텔사의 8086, 8088 마이크로프로세서는 이후에 출시된 80286, 80386, 80486 마이크로프로세서의 성공에 큰 영향을 끼쳤다. 이러한 인텔사의 성공으로 인하여 경쟁 회사인 **AMD사**와 **사이릭스사**는 이 마이크로프로세서와 유사한 구조를 가진 칩을 뒤따라 출시시키게 된다. 후발 회사들은 인텔사에서 개발한 마이크로프로세서의 구조와 비슷한 구조를 가지도록 프로세서를 만들어서 자신들의 CPU가 인텔사의 칩과 호환이 되도록 하였는데, 이러한 종류의 마이크로프로세서들을 시장에서는 **x86 계열** 마이크로프로세서로 지칭한다.

개인용 컴퓨터의 초창기인 1980년대와 2000년대까지 IBM사는 마이크로프로세서를 인텔사로부터 납품받고, 운영체제는 마이크로소프트사에 맡기는 형식으로 PC를 출시했는데 표준화된 부품들로 조립을 하게 되면 IBM사의 컴퓨터와 동일한 기능을 할 수 있었다. 시장에서는 이러한 종류의 컴퓨터를 **IBM 호환 PC**라고 불렀는데, 이러한 개방적 모델은 큰 성공을 가져왔다. 1982년 컴팩사를 선두로 많은 컴퓨터 제조사가 IBM 호환 PC를 출시하면서 PC 산업은 놀라운 속도로 성장하게 된다. 강력한 경쟁사의 등장으로 인해 원조 회사인 IBM사는 2004년 PC 산업에서 수익을 내지 못하고 철수하게 되었지만, 인텔사와 마이크로소프트사는 새로운 PC 표준을 만들어 계속해서 성장하게 된다. 이 때문에 x86 계열 마이크로프로세서와 윈도우 운영체제는 전 세계 PC의 표준으로 자리를 잡게 된다.

NOTE : 무어의 법칙과 미세 공정의 한계

인텔의 창업자 고든 무어는 인텔사의 성공을 바탕으로 반도체 칩 기술의 발전 속도에 관한 전망을 했다. 그의 전망에 의하면 **반도체 칩에 집적할 수 있는 트랜지스터의 숫자는 18개월마다 두 배씩 증가한다**는 것으로, 이것을 **무어의 법칙**으로 부른다(10년 후 고든 무어는 이를 2년마다 2배씩 증가한다고 수정했다). 이는 컴퓨터 산업의 기술 개발 속도에 대한 법칙으로도 널리 알려져있다.

무어의 법칙은 1965년 일렉트로닉스라는 잡지에 발표된 내용인데, 지난 50여 년간의 경험에 비추어 본다면 반도체 기술의 발전을 잘 설명하는 법칙으로 의미가 있다. 그러나 무어의 법칙에 따른 반도체 기술의 발전은 그 명백한 한계가 있다는 점도 알려져 있다. 무어의 법칙은 반도체 생산을 위한 미세 공정의 발전이 있어야 가능한데, 제한된 공간에 밀집해서 넣을 수 있는 반도체의 수는 어느 순간 한계를 드러낼 수밖에 없기 때문이다. 이 때문에 2016년 국제 반도체 기술 로드맵 위원회라는 기관은 이 미세화 기술이 2021년 이후에는 지속될 수 없다는 사실을 공식적으로 선언하기도 했다.

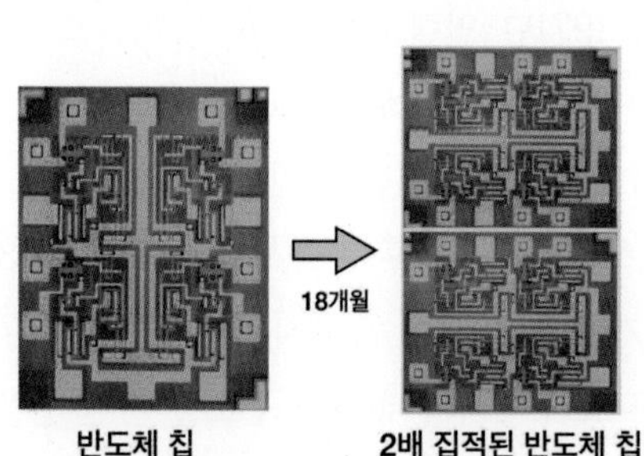

반도체 칩   2배 집적된 반도체 칩

연도별 트랜지스터의 집적도

1970년대부터 2000년대 초반까지 인텔사는 PC **시장의 발전을 이끄는 데 큰 역할**을 했으나 스마트폰과 태블릿과 같은 모바일 디바이스가 시장에서 큰 인기를 끌게 되면서 새로운 도전을 받게 된다. 모바일용 마이크로프로세서는 빠른 처리 속도와 함께 전기를 적게 사용하는 저전력 기술이 매우 중요한 기술로 인정받게 되는데 인텔의 무거운 마이크로프로세서는 이러한 측면에서 적합하지 않은 것으로 간주되었기 때문이다.

새로운 강자 모바일 AP의 등장

모바일 중앙 처리 장치 AP[Application Processor]는 흔히 '**모바일** AP'라고 부르는데 모바일 분야의 핵심이 되는 반도체 칩을 말한다. 모바일 AP는 스마트폰의 두뇌라 불리는데, 앞서 다룬 CPU의 기능과 유사한 측면이 있기 때문에 많은 이들이 모바일 AP를 'CPU'와 동일하게 생각하는 경우가 많다. 하지만 모바일 AP는 시장에서 모바일용 CPU라고 부르지는 않는다. 그 이유를 살펴보자. 모바일 AP는 컴퓨터 CPU와 달리, 주 연산을 위한 CPU와 그래픽 기능을 수행하는 트랜지스터를 포함한 다양한 기능이 하나의 칩으로 통합된 형태이다. 즉 모바일 AP에는 CPU, GPU, 주 기억 장치, 보조 기억 장치 등이 한 개의 칩에서 완전하게 구동이 가능하도록 구현되어 있다. 이러한 시스템은 반도체 시장에서는 시스템온칩(System on Chip)의 약자인 SoC라고 한다.

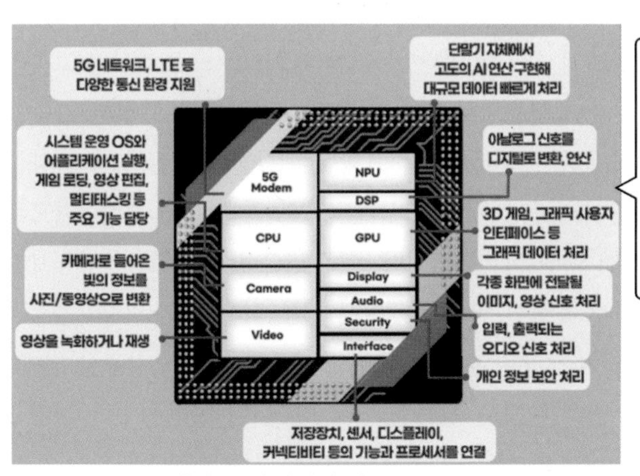

모바일 AP는 모바일 분야의 핵심이 되는 반도체 칩을 말합니다. 이러한 모바일 AP에는 CPU, GPU, 주 기억 장치, 보조 기억 장치 등이 한 개의 칩에서 완전하게 구동이 가능하도록 구현되어 있으며 저전력 설계가 바탕이 되어야 합니다.

모바일 AP의 다양한 기능들 출처 : samsungsemiconstory.com

마이크로프로세서의 큰 흐름 : CISC와 RISC

마이크로프로세서는 내부에 명령을 처리하는 반도체를 가지고 있어서 외부에서 입력된 명령어를 클럭 1회에 하나씩 처리하는 구조를 가지고 있다. 이 명령어 구조의 복잡성과 명령어의 수에 따라서 크게 CISC와 RISC 계열의 마이크로프로세서가 존재한다. 이에 관하여 상세히 살펴보자.

■ CISC 계열

CISC는 **복합 명령어 집합 컴퓨터**를 의미하는 Complex Instruction Set Computer의 약자이다. 이 마이크로프로세서는 명령어의 구조가 복잡하고 다양한 명령을 잘 처리하도록 설계되어 있다. 우리 주위의 윈도우 PC, 또는 리눅스 운영체제의 컴퓨터에 주로 사용되는 x86 계열의 마이크로프로세서는 대표적인 CISC 마이크로프로세서이다. CISC 칩이 출현한 이유는 컴퓨터에서 사용하는 다양하고 복잡한 명령어를 단일한 명령으로 한 번에 실행시키기 위해서이다. 그러나 이 방식은 복잡한 명령을 한 번에 처리하기 위하여 복잡한 기능을 하는 회로가 필요하다는 단점이 있다. 이 때문에 생산 단가가 비싸고, 전력을 많이 소모한다는 문제가 있다. 따라서 모바일 위주의 저전력 컴퓨팅 환경에 적합하지 못하다는 비판을 받고 있다.

■ RISC 계열

RISC는 **축소 명령어 집합 컴퓨터**를 의미하는 Reduced Instruction Set Computer의 약자이다. 이 방식은 CISC 방식과 달리 CPU 명령어의 개수를 줄여 명령어 해석 시간을 줄임으로써 명령어 실행 속도를 빠르게 한 방식이다. 이러한 마이크로프로세서는 고속의 처리나 실시간 응답이 필요한 실시간 제어용으로 많이 사용된다. CISC가 복잡한 기능을 수행하기 위하여 복잡한 회로를 사용하는 방식이지만 실제로 복잡한 명령은 그다지 자주 사용되지 않는 경우가 많다. 이러한 사실을 바탕으로 상대적으로 적은 수의 명령어만으로 명령어 집합을 구성한 것이 RISC의 핵심 아이디어이며, 이 RISC 방식은 CISC 방식보다 구조가 더 단순하다. 만일 RISC에서 복잡한 연산이 필요한 경우 적은 수의 명령어들을 조합하는 방식으로 수행이 가능하다. 최근 모바일 기기가 주요 컴퓨팅 기기로 각광을 받게되면서 전력소모가 적고 빠른 RISC 방식은 많은 주목을 받고 있다. 이 방식은 1980년대 모토롤라사의 PowerPC칩에서 구현되었으며, 썬마이크로시스템즈, HP, NEC의 워크스테이션을 위한 CPU로 사용되었고, 최근 모바일 AP에서 많이 채용되고 있다.

	CISC	RISC
명령어 수	명령어 수가 많음	명령어 수가 적음
레지스터 수	적음	많음
처리속도	상대적으로 느림	상대적으로 빠름
전력소모	많음	적음
가격	높음	낮음
용도	개인용 컴퓨터	워크스테이션, 모바일 기기
예시	인텔 i7, i9 등 x86 계열 마이크로프로세서	애플 A15, A16 시리즈, M1 마이크로프로세서

컴퓨터의 또 다른 뇌: 그래픽 처리장치

그래픽 처리장치 Graphics Processing Unit:GPU는 컴퓨터 시스템에서 화면에 나타나는 그래픽 처리를 위한 연산을 빠르게 처리하여, 그 결과를 모니터에 출력하기 위해 사용되는 하드웨어이다. 그래픽 처리장치는 주로 **3차원 그래픽 처리에 필요한 연산에 최적화**되었기 때문에 과거에는 **그래픽 가속기**로도 불렸다. 컴퓨터의 중앙 처리 장치를 보통 CPU라고 하는 것과 마찬가지로 그래픽 처리장치는 GPU라고 부른다. 단일 CPU에서 만든 결과 영상을 출력장치로 내보내는 기능은 CPU가 할 수도 있으나, 보다 더 복잡하고 전문화된 그래픽을 전담하는 역할을 하기 위해서는 병렬 프로세서인 GPU를 사용한다. 컴퓨터 화면의 형태는 개별적인 픽셀로 이루어져 있다. 이러한 점은 병렬적인 처리에 적합한 GPU가 좋은 성능을 낼 수 있는 구조이다. 이와 같은 특징으로 인해 GPU는 고속의 병렬 처리 기능이 필요할 때 매우 적합하다.

예시와 같이 화면에 돌고래 그림을 그리기 위한 펜이 1개인 경우와 9개의 펜이 동시에 그림을 그리는 경우를 가정해 보자. 둘 중 돌고래 그림을 빨리 완성시키는 것은 병렬 GPU를 사용하여 9개의 펜으로 동시에 그림을 그리는 경우일 것이다.

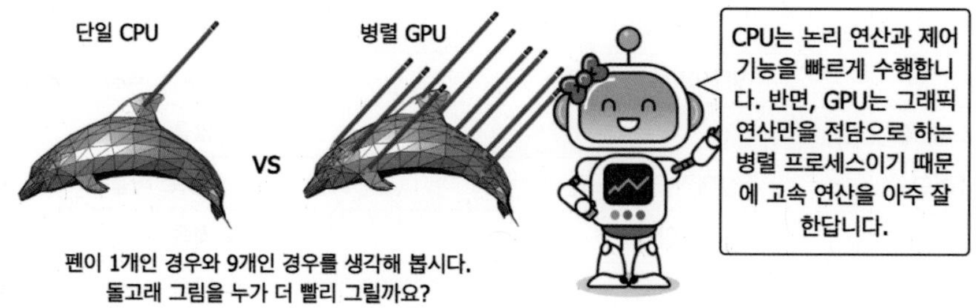

오늘날의 컴퓨터는 고성능의 게임과 시각화 기능을 제공하기 위하여 매우 성능 좋은 GPU를 사용하고 있다. CPU와는 달리 **GPU는 여러 개의 핵심 연산장치가 동시에 작동**하므로, 여러 핵심 연산장치로 나누어 처리할 수 있는 작업의 경우 엄청난 성능적인 이점이 있다. 다음 그림을 보면 돌고래의 형상과 같은 3차원 객체를 표현하기 위하여 많은 점과 다각형이 필요하다는 것을 알 수 있다. 이 **데이터를 병렬적으로 처리해야만 모니터와 같은 출력장치에서 실시간으로 보여줄 수 있다.** 병렬 처리에 사용되는 GPU와 CPU의 핵심 연산장치는 **코어**core라고도 부른다.

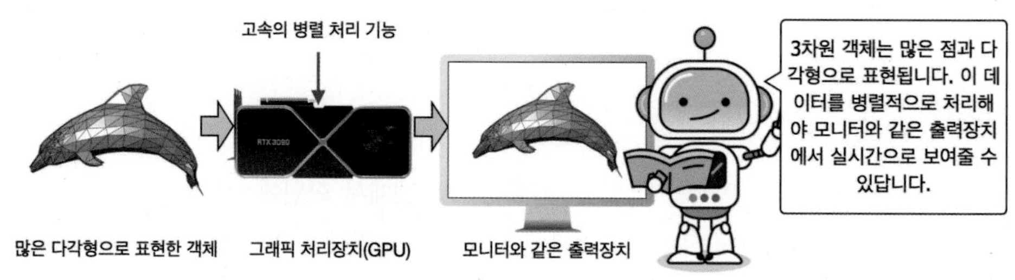

다음의 그림을 살펴보면 ①의 순차 처리 시스템이 한 순간에 하나의 작업을 처리하는 반면, ②의 병렬 처리 시스템은 한 순간에 여러 개의 코어가 동시에 여러 가지 작업을 처리하는 것을 볼 수 있다. 만일 ②와 같이 3개의 코어가 동시에 작업을 한다면 동일한 작업을 하는데 1/3의 시간으로도 충분할 것이다.

성능이 뛰어난 그래픽 카드를 잘 만드는 것으로 유명한 **엔비디아**NVIDIA사의 최신 Titan RTX 8000 그래픽 카드의 경우 CUDA라는 이름의 병렬 처리 코어를 4,608개 가지고 있다. 따라서 동시에 4608개의 연산 작업을 수행할 수 있다. 게다가 이 그래픽 카드의 처리 속도는 16 **테라플롭스**Tera FLOPs의 어마어마한 속도이다. 플롭스란 Floating-point Operations Per Second의 약자로 **일 초 동안 수행할 수 있는 부동소수점 연산의 횟수**를 표시하는 단위이다. 16 테라플롭스는 **1초에 약 16조 회 이상의 연산을 수행**할 수 있다.

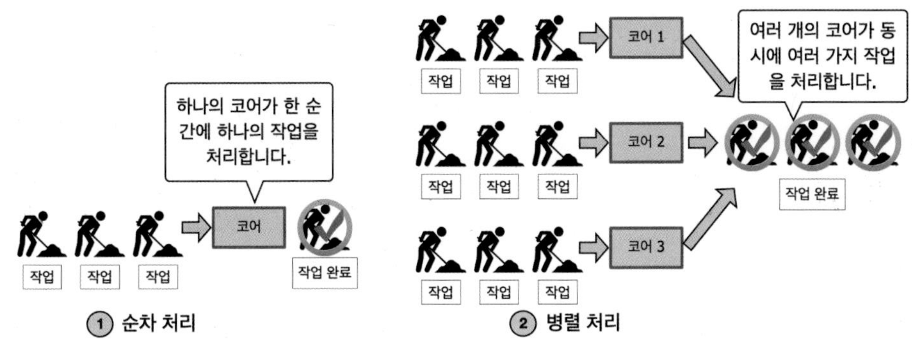

다음 표는 컴퓨터의 두뇌에 해당하는 CPU와 GPU를 비교하는 표로 두 처리 장치의 특징을 정리한 것이다. 표와 같이 CPU의 주된 목적은 컴퓨터의 연산과 제어이므로, 1개에서 8개 사이의 적은 코어를 이용하여 한 번에 하나의 작업 처리를 주로 담당하고 있음을 알 수 있다. 반면 GPU는 원래 컴퓨터의 그래픽 처리와 같은 제한된 일을 담당하다가 최근 인공지능 기술이 발전하면서 병렬 처리를 주로 하고 있음을 알 수 있다. GPU의 눈부신 성장과 발전에도 불구하고 이 장치는 병렬 연산 이외의 매우 복잡한 기능을 담당하기에는 다소 제한이 있다.

	CPU	GPU
주된 목적	컴퓨터의 연산과 제어를 담당함	컴퓨터의 그래픽 처리를 담당함 최근 인공지능을 위한 병렬 처리를 담당함
코어의 수	1~8개 가량의 적은 코어	수백~수천 개 가량의 많은 코어
코어별 속도	빠름	느림
주된 연산 처리 방식	직렬 처리 방식	병렬 처리 방식
단점	빠른 병렬 연산이 어려움	병렬 연산 이외의 복잡한 처리가 어려움

엔비디아사는 본래 비디오 게임에서 요구되는 대량의 복잡한 계산을 수행하거나 현실감 넘치는 가상현실 게임, 화려한 그래픽의 할리우드 영화 등 인간의 상상력을 그래픽으로 구현하는 데 핵심적인 역할을 해왔다. 최근 각광받고 있는 인공지능 분야 중에서 심층신경망을 학습시키는 **딥러닝**deep learning 기술은 매우 많은 병렬 연산을 필요로 하기 때문에 GPU는 그 활용 범위가 점점 더 늘어나고 있다. 최근에는 이러한 GPU의 기능을 확장한 인공지능 하드웨어 칩도 출시되고 있으며, 테슬라의 자율주행 기능을 담당하는 핵심적인 하드웨어 역할을 하고 있다.

2.5 컴퓨터의 종류를 알아보자

슈퍼 컴퓨터와 메인 프레임 컴퓨터

기상 예측과 같은 작업은 기상 관측을 목적으로 하는 인공 위성이나 지표상에 있는 기지국으로부터 엄청나게 많은 데이터를 받아와서 매우 빠르게 처리하는 작업이 필요하다. **슈퍼 컴퓨터**는 이와 같은 **방대한 양의 작업을 빠르게 처리하기 위한 계산을 전용으로 처리하는 특수한 용도의 컴퓨터**를 말한다. 컴퓨터에서 계산을 처리하는 능력은 1초에 부동 소수점 연산을 몇 번 수행할 수 있는가로 표기한다. 이를 Floating Point Operations Per Seconds 연산이라로 하는데, 이것이 각 단어의 첫 글자를 약어로 하는 **플롭스**FLOPS라는 단위이다. 1 킬로 플롭스는 대략 1초에 103인 1,000번 정도 부동 소수점 연산을 수행하며, 1 메가 플롭스는 10^6인 1백만 번, 1 기가 플롭스는 10^9인 10억 번, 1 테라 플롭스는 10^{12}인 1조 번, 1 페타 플롭스는 10^{15}인 1,000조 번 연산을 수행한다. 슈퍼 컴퓨터의 경우 일반적으로 테라 플롭스나 페타 플롭스를 연산의 단위로 많이 사용한다.

2020년 11월 슈퍼 컴퓨터 순위를 살펴보면 1위는 일본의 RIKEN과 **후지츠사**Fujitsu의 파트너십으로 공동 개발된 컴퓨터인 **후가쿠**Fugaku이다. 이 시스템은 후지츠사의 맞춤형 프로세서인 ARM A64FX에 기반한 시스템으로 컴퓨터의 성능을 측정하기 위한 HPL이라는 벤치마크에서 442 페타 플롭스를 달성하였다. 이는 약 44경 2천조 가량의 부동 소수점 연산을 1초에 수행할 수 있는 놀라운 능력이다. 이 시스템은 연산을 담당하는 코어가 7,630,848개이고 메모리는 5,087,232GB나 된다. 그리고 이 시스템에는 **레드햇 엔터프라이즈 리눅스**라는 리눅스 운영체제가 탑재되어 있다. 우리나라의 경우 기상청과 한국과학기술정보연구원이 중심이 되어 슈퍼 컴퓨터를 운영하고 있다. 슈퍼 컴퓨터는 놀라운 기능으로 빠른 연산을 수행할 수 있다는 장점이 있기는 하지만 시스템 구성에 필요한 비용이 매우 많이 든다는 단점이 있으며 비용대비 효용성 측면에서 경제성이 떨어진다는 비판도 있다.

2020년 슈퍼 컴퓨터 1위를 차지한 Fugaku 시스템

메인프레임 컴퓨터는 다른 말로 대형 컴퓨터라고도 하는데, 통계 데이터나 금융 관련 전산 업무, 전사적 자원 관리와 같이 복잡한 작업을 처리하는 컴퓨터이다. 이 용어는 원래 초기 컴퓨터들의 중앙 처리 장치와 메인 메모리를 갖춘 **메인프레임**mainframe이라 불리는 **대형 캐비넷들을 지칭하는 용어**였다. 메인 프레임 컴퓨터의 주된 용도는 컴퓨터를 이용한 서비스를 제공하는 서버 역할인데, 대용량 데이터베이스를 저장하고 동시에 많은 수의 사용자에게 서비스를 제공한다.

워크스테이션과 마이크로 컴퓨터 그리고 개인용 컴퓨터

워크스테이션workstation은 뛰어난 성능을 제공하는 개인용 컴퓨터를 지칭하는 용어이다. 워크스테이션은 과학 기술 연산, 공학 설계, 금융 자료 분석, 자동차나 항공기 또는 여러 기계를 위한 고급 설계와 삼차원 모델링, 애니메이션 등의 컴퓨터 그래픽스 분야에서 주로 이용되고 있다. 한편 **마이크로 컴퓨터**는 사무실이나 가정에 보급된 개인용 컴퓨터를 지칭하는 용어이다. 과거에는 워크스테이션과 마이크로 컴퓨터라는 개념이 분리되어 있었으나, 최근에는 개인용 컴퓨터의 성능이 향상되면서 과거의 뛰어난 워크스테이션보다 더 좋은 성능을 보이기도 한다. 이런 이유로 워크스테이션, 마이크로 컴퓨터의 구분은 모호해지고 있다.

썬마이크로시스템즈사의 워크스테이션

출처 : flickr.com

HP사의 마이크로 컴퓨터

출처 : itrelease.com

워크스테이션은 뛰어난 성능을 제공하는 개인용 컴퓨터를 지칭하는 용어입니다. 그리고 마이크로 컴퓨터는 사무실이나 가정에 보급된 개인용 컴퓨터를 지칭하는 용어입니다. 과거에는 이와 같이 워크스테이션과 마이크로 컴퓨터라는 개념이 분리되어 있었으나 최근에는 개인용 컴퓨터의 성능이 향상되어 그 구분이 모호해졌습니다.

개인용 컴퓨터는 영어 Personal Computer의 약어인 PC로도 불리운다. 1970년대까지만 하더라도 컴퓨터는 가격이 매우 비싸고 사용하는 방법이 어려워서 컴퓨터를 사용하는 계층은 주로 전문직이나 기업의 개발자에 국한되었다. 그러나 1980년대에 들어와서는 마이크로프로세서의 성능이 점차 향상되었으며 게임이나 문서 처리를 위해서 개인이 컴퓨터를 구입해서 가정에서 이용하는 사례가 점차 많아졌다. 이 때문에 IBM사를 중심으로 개인이 가정이나 직장에서 사용할 수 있는 컴퓨터를 출시하여 보급하기 시작하였다. 개인용 컴퓨터는 메인프레임 컴퓨터와는 달리 (1) 다른 사용자들과 컴퓨팅 자원을 공유할 필요가 없으며, (2) 컴퓨터를 담당하는 엔지니어에게 작업을 요청하고 사용자가 그 결과물을 받아보는 방식이 아니라 최종 사용자가 컴퓨터와 직접 상호작용하는 방식이란 특징이 있다. 1990년대에 들어와서는 미국을 비롯한 선진국을 중심으로 개인용 컴퓨터의 보급이 매우 빠르게 이루어졌다.

우리나라에서 개발된 최초의 PC는 1981년 삼보컴퓨터사에서 만든 SE-8001 컴퓨터이다. 이 컴퓨터는 개인용 컴퓨터로 출시되기는 하였으나 당시 가격으로 1,000만 원 가량의 고가였기 때문에 일반 가정이 아닌 기업의 업무 처리를 목적으로 보급되었다. 그러나 1990년대 들어와서 급격하게 보급이 증가하면서 2007년도에는 가구당 PC 보급률이 80%를 돌파하게 되었다. 그리고 2010년도에는 노트북 컴퓨터의 보급도 함께 증가하면서 한 해 동안 국내의 데스크톱 컴퓨터는 255만 대, 노트북 컴퓨터는 266만 대가 출하되었다. 고성능 PC와 빠른 그래픽 카드의 등장으로 인하여 워크스테이션 컴퓨터나 마이크로 컴퓨터는 시장에서 퇴보하게 된다.

IBM 사의 PC 광고

국내에서 최초로 개발된 PC인 SE-8001

데스크톱 컴퓨터와 노트북 컴퓨터, 태블릿 컴퓨터, 스마트폰

개인적인 용도로 사용하는 컴퓨터를 PC라고 정의한다면 노트북 컴퓨터, 스마트폰, 태블릿 컴퓨터도 PC의 범주에 넣을 수 있겠지만 오늘날 시장에서 판매되는 절대 다수의 컴퓨터가 개인적인 용도이기 때문에 이들을 모두 PC라고 부르지 않으며, 이것을 좀더 세분화한다. 오늘날 PC라는 용어를 통해서 지칭하는 컴퓨터는 대부분 **데스크톱 컴퓨터**desktop computer를 말한다. 즉 본체와 모니터가 있고 마우스, 키보드 등의 주변장치들이 연결되어 있는 거치형 컴퓨터, 또는 마이크로소프트 **윈도우 운영체제**가 탑재된 컴퓨터를 PC라 지칭하는 것이다. 특별히 macOS 운영체제가 탑재된 PC 역시 PC의 범주에 속하지만 일반적으로 윈도우 운영체제가 탑재된 컴퓨터와 구분하여 **맥 PC** 또는 **매킨토시 PC**라고 부른다. 반면 휴대성이 좋은 컴퓨터로 밧데리가 자체적으로 내장되어 있으며 본체와 모니터, 키보드와 터치 패드가 하나로 결합된 컴퓨터는 **노트북 컴퓨터**라고 한다. 미국에서는 노트북 컴퓨터라는 용어보다는 무릎 위에 올려두고 쓰는 컴퓨터라는 의미로 **랩톱 컴퓨터**[laptop computer]라는 용어를 많이 사용한다.

데스크탑 컴퓨터　　노트북 컴퓨터　　태블릿 컴퓨터　　스마트폰

태블릿 컴퓨터[tablet computer], 태블릿 PC 또는 스마트 패드란 **키보드나 마우스와 같은 별도의 외부 입력 장치가 없어도 사용가능한 휴대성이 높은 컴퓨터**를 말한다. 이 컴퓨터는 대부분 ① **배터리를 내장하고 있으며**, ② **터치가 가능한 스크린을 가진 컴퓨터**이다. 태블릿 컴퓨터는 2010년도에 애플사의 iPad가 출시되면서 선풍적인 인기를 얻기 시작하였으며, 정전식 멀티 터치스크린과 이에 맞춰진 편리한 사용자 인터페이스로 인해 시장에서 자리를 잡기 시작했다. 특히 편리한 휴대성과 직관적인 이용 방법, 풍부한 애플리케이션의 등장으로 인해 많은 컴퓨팅 디바이스 중에서도 인기를 누리고 있다.

스마트폰[smartphone]은 **통신이 가능한 휴대 전화에 여러 가지 컴퓨터의 기능을 추가한 지능형 단말기**로 정의될 수 있다. 스마트폰은 태블릿 컴퓨터와 같이 키보드나 마우스와 같은 외부 입력 장치 없이 사용가능하며 터치가 가능한 스크린을 통해서 명령을 입력하고 결과를 볼 수 있다. 스마트폰은 전자기기 중에서 시장에서 가장 성공한 전자기기이며, 비교적 짧은 역사에도 불구하고 인간의 삶에 큰 영향을 준 기기이다.

사물 인터넷을 위한 컴퓨터

앞서 살펴본 컴퓨터들은 독자적인 입력 장치와 출력 장치를 갖추고 운영체제까지 탑재하고 있기 때문에 전원만 공급된다면 단독으로 부팅되어 응용 소프트웨어를 동작시킬 수 있다. 최근에는 이러한 개념에서 벗어나 **독자적인 입출력 장치없이 최소한의 마이크로프로세서를 탑재한 간단한 구조의 컴퓨터**도 나타나고 있다. 이러한 컴퓨터는 주로 실험실과 학교에서 많이 사용되는데, 실험실 수준에서 필요한 간단한 구조의 센서를 쉽게 결합시킬 수 있으며 코딩이 쉽고 많은 라이브러리가 제공되어서 인기를 얻고 있다. 이 절에서는 대표적인 사물 인터넷을 위한 컴퓨터인 **아두이노**와 **라즈베리 파이**에 대해서 알아보자.

■ 아두이노

아두이노는 오픈 소스를 기반으로 한 단일 보드 **마이크로컨트롤러**microcontroller이며, 완성된 보드와 관련 개발 도구 및 환경을 말한다. 간단하게 말하자면 전자 기기를 제어할 수 있는 도구를 말한다.

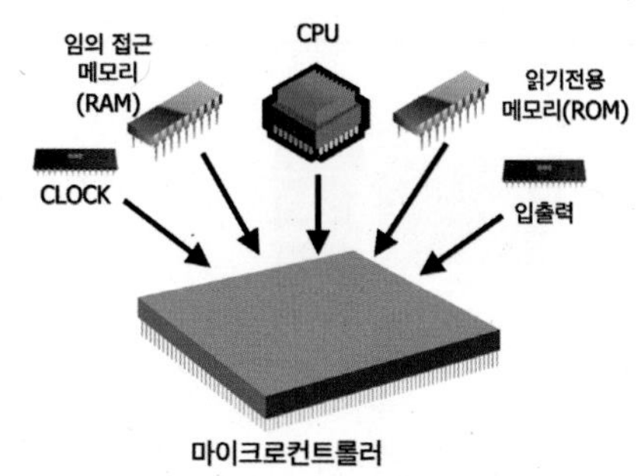

마이크로컨트롤러란 영문 microcontroller unit의 약자인 MCU라고도 하는데 CPU와 임의 접근 메모리(RAM), 읽기 전용 메모리(ROM), 클록, 입출력 모듈을 하나의 칩으로 만들어 정해진 기능을 수행하는 컴퓨터를 말한다. 대표적인 마이크로컨트롤러인 아두이노는 다음과 같은 장점을 가진다.

- **오픈 소스**를 기반으로 한 단일 보드 마이크로컨트롤러로 **회로도가 공개**되어 있고 여러 개발자들이 만든 라이브러리가 많이 있다.
- 소프트웨어 개발을 위한 통합 개발 환경이 잘 구성되어 있어 PC와 USB 포트를 통해서 연결하는 간단한 작업을 통해 PC에서 개발한 코드를 마이크로컨트롤러로 업로드 할 수 있다.
- 개발자들이 기존에 사용하던 다양한 소프트웨어와 쉽게 연동할 수 있다.
- 가격이 상대적으로 저렴하다.

■ 라즈베리 파이

이것은 영국의 **라즈베리 파이**Raspberry Pi 재단에서 만든 초소형 컴퓨터이다. 이 컴퓨터는 교육용 프로젝트의 일환으로 개발되었다. 라즈베리 파이와 같이 간단한 컴퓨터를 싱글보드 컴퓨터(Single Board Computer)의 약자인 SBC라고도 한다. 보통 PC라고 불리우는 컴퓨터는 큰 본체에 메인보드, CPU, 주 기억 장치, 보조 기억장치 등 여러 부품이 따로 분리되어 있다. 하지만 라즈베리 파이와 같은 싱글보드컴퓨터는 애초에 작은 본체 하나에 이 모든 부품이 결합되어 있기 때문에 그 크기가 작아서 소형 가전 제품에 장착될 수 있으며 사물인터넷을 구현하기 위한 기술로 적합하다.

- 마이크로컨트롤러 : ATmega328
- 동작전압 : 5V
- 플래시 메모리 : 32 KB
- SRAM : 2KB
- EEPROM : 1KB
- 클럭속도 : 16 MHz

아두이노 우노 보드

- CPU : ARM Cortex-A72 1.5GHz
- GPU : Broadcom VideoCore VI 500MHz
- RAM : 1GB / 2GB / 4GB
- 네트워크 : 10/100/1000Mbps
- 비디오 : Micro HDMI 2개

라즈베리 파이4

그림의 ①은 아두이노의 일종인 아두이노 우노 보드로 ATmega328이라는 마이크로 컨트롤러를 사용하여 5V 전압으로 동작한다. 아두이노의 메모리는 32KB로 비교적 작은 편이기 때문에 소형 제품의 컨트롤러로 적합하다. 그림 ②는 라즈베리 파이의 한 종류로 CPU와 GPU를 장착하고 메모리를 1GB, 2GB, 4GB 중 선택할 수 있기 때문에 아두이노보다 더 많은 메모리를 활용할 수 있음을 알 수 있다. 하드웨어적인 측면만이 아닌 아두이노와 라즈베리 파이의 가장 큰 차이점은 운영체제의 탑재 여부이다. 아두이노에는 운영체제가 존재하지 않으며, 통합 개발 환경에서 프로그래밍이 이루어진다. 이때 사용되는 언어는 C 언어가 약간 변형된 형태의 언어이다. 반면, **라즈베리 파이는 초소형 컴퓨터이기 때문에 설치된 운영체제 내에서 직접 프로그래밍하여 외부 기기를 제어**할 수 있고 C 언어, 자바, 파이썬 등 여러 가지 프로그래밍 언어를 사용하여 애플리케이션 소프트웨어를 만들 수 있다.

컴퓨터 소프트웨어를 알아보자

소프트웨어software란 컴퓨터 하드웨어 상에서 구동되거나 처리되는 무형물을 뭉뚱그려 지칭하는 말이다. 소프트웨어에는 문서 작성을 위한 아래아 한글, 마이크로소프트 워드, 인터넷 이용을 위한 크롬 브라우저, 스프레드시트 프로그램인 엑셀, 채팅 프로그램인 카카오톡 등이 있다. 이 절에서는 다양한 종류의 소프트웨어에 대하여 알아보도록 하자.

다양한 소프트웨어

소프트웨어는 하드웨어에서 구동되거나 처리되는 무형물입니다. 문서를 편집하거나, 인터넷 정보 검색을 하거나, 영상을 제작하는 등의 다양한 작업을 위해서 필요하지요.

소프트웨어를 구동하는 하드웨어

소프트웨어 중에서도 컴퓨터를 효율적으로 운영하고 제어하는 일을 하며, 특정한 작업을 위한 소프트웨어가 구동되도록 하는 프로그램으로 **시스템 소프트웨어**가 있으며 시스템 소프트웨어의 대표적인 것이 운영체제이다. 반면 문서를 작성하거나, 영상을 편집하거나, 채팅을 하는 것과 같은 특정 분야의 업무를 처리하기 위한 프로그램으로 **응용 소프트웨어**가 있다.

■ 시스템 소프트웨어

시스템 소프트웨어란 컴퓨터에서 응용 프로그램들이 실행될 수 있도록 하는 기반이 되는 플랫폼을 제공하며, 컴퓨터 하드웨어를 동작시키고 이를 제어할 수 있도록 만들어진 소프트웨어이다. 이런 점에서 시스템 소프트웨어는 사용자가 직접 문서를 만들거나 자료를 처리하는 응용 소프트웨어에 대비되는 개념이다. 시스템 소프트웨어의 종류로는 로더, 운영체제, 장치 드라이브, 컴파일러, 어셈블러, 링커, 유틸리티 등이 포함된다. 각각에 대해 살펴보도록 하자.

- 운영체제 : **운영체제**Operating System:OS란 컴퓨터의 하드웨어와 시스템 자원을 제어하고 프로그램에 대한 일반적 서비스를 지원하는 소프트웨어이다. 널리 알려진 운영체제로는 윈도우 운영체제, macOS 운영체제, 리눅스 운영체제, 안드로이드, iOS 등이 있다. 윈도우 운영체제는 마이크로소프트에서 개발한 상용 운영체제로 주로 개인용 컴퓨터에서 구동되고 있으나 서비스를 제공하기 위한 목적의 서버용 운영체제로 **윈도우 서버**Windows server 운영체제가 있다.
- 장치 드라이브 : 컴퓨터의 특정한 하드웨어나 장치를 제어하기 위한 프로그램이다.
- 컴파일러, 어셈블러 : 프로그래밍 언어나 어셈블리 언어를 이용하여 만들어진 코드를 컴퓨터가 실행시킬 수 있는 언어인 기계어로 번역하는 프로그램이다.

■ 응용 소프트웨어

응용 소프트웨어란 사용자가 특정 분야의 업무를 처리하기 위해서 사용하는 소프트웨어를 말하는데 운영체제 위에서 작동되는 프로그램이다. 응용 소프트웨어의 종류는 헤아릴 수 없을 정도로 매우 다양하지만 대표적인 것으로는 다음과 같은 것이 있다.

응용 소프트웨어의 종류	응용 소프트웨어의 기능과 예시
문서 작성용	문서를 작성하고 편집하며, 수정하고, 인쇄하는 기능. 예시 : 아래아 한글, 마이크로소프트 워드 등.
그래픽 작업용	이미지나 동영상을 생성하거나 편집하고 조작하는 기능. 예시 : 어도비사의 포토샵, 애플의 파이널 컷 프로 등.
프레젠테이션용	문자, 그래픽, 도형, 애니메이션, 음성 파일 등을 이용하여 슬라이드를 작성하고 발표하는 기능. 예시 : 마이크로소프트 파워포인트, 애플사의 키노트 등.
소프트웨어 개발용	프로그래밍 언어를 이용하여 응용 소프트웨어를 개발하는 기능. 예시 : 마이크로소프트 비주얼 스튜디오, 애플 XCode 등.
인터넷 웹 이용	인터넷에 접속하여 웹 서비스를 이용하거나 메일을 발송하는 작업. 예시 : 구글의 크롬 브라우저, 엣지 브라우저, 아웃룩 등.
게임용	취미와 여가 시간을 즐길 수 있는 게임 기능. 예시 : 크래프톤사 배틀그라운드, 라이엇 게임즈의 리그 오브 레전드, 카트라이더 등.
데이터베이스	대량의 자료를 관리하며 검색과 처리를 하는 기능. 예시 : SQL 서버, mySQL, 마리아DB 등.
기업 업무용	기업의 재무, 회계, 급여, 조직관리 등에 사용되는 기능. 예시 : 재무관리 프로그램(FMP), 전사적 자원 관리(ERP) 프로그램 등.

요약

01 배비지는 오늘날의 디지털 범용 컴퓨터와 유사한 구조의 **해석기관**을 설계하였다. 배비지의 기계에 대한 해석을 다는 과정에서 에이다 러브레이스는 현대 프로그래밍 언어의 기초가 되는 중요한 개념인 **서브루틴**, **반복문**, **점프**와 **조건문**을 고안하였다.

02 세계 최초로 진공관을 이용하여 만들어진 컴퓨터는 1945년에 미국 펜실베니아 대학의 모클리와 에커트에 의해 개발된 **에니악**이다.

03 초창기 컴퓨터는 진공관과 트랜지스터, 그리고 집적회로 트랜지스터로 세대 구분이 가능한 반면, 고밀도 집적회로와 초고밀도 집적회로를 탑재한 컴퓨터가 계속 출현하게 되고 초소형 장비와 슈퍼 컴퓨터에 이르는 다양한 종류의 컴퓨터에 탑재되는 마이크로프로세서가 출시되면서 4세대 이후의 세대 구별은 큰 의미를 가지지 않는다.

04 컴퓨터 기술이 점점 발전하면서 컴퓨터 내부의 데이터를 다른 컴퓨터로 보내고 받는 일의 중요성도 점차 커지게 되었다. 이 방식은 가까운 지역의 컴퓨터를 연결하여 직접 자료를 전달하는 방식인 **네트워크 방식**으로 발전하였다.

05 인터넷은 TCP/IP라는 동일한 통신 프로토콜 집합을 사용하는 서로 다른 컴퓨터끼리의 통신을 가능하게 하여 오늘날 전 세계를 연결하는 거대한 통신망이 되었다.

06 컴퓨터는 물리적인 부분인 **하드웨어**와 이 하드웨어의 행동을 제어하는 기능을 가지는 프로그램인 **소프트웨어**로 이루어져 있다.

07 **그래픽 처리장치**는 컴퓨터 시스템에서 화면에 나타나는 그래픽 처리를 위한 연산을 빠르게 처리하여, 그 결과를 모니터에 출력하기 위해 사용되는 하드웨어이다.

08 최근 각광받고 있는 인공지능 분야 중에서 심층 신경망을 학습시키는 **딥러닝**기술은 매우 많은 병렬 연산을 필요로 하기 때문에 GPU는 그 활용 범위가 점점 더 늘어나고 있다.

09 **슈퍼 컴퓨터**는 이와 같은 **방대한 양의 작업을 빠르게 처리하기 위한 계산을 전용으로 처리하는 특수한 용도의 컴퓨터**를 말한다. 컴퓨터에서 계산을 처리하는 능력은 1초에 부동 소수점 연산을 몇 번 수행할 수 있는가로 표기한다.

10 오늘날 PC라는 용어를 통해서 지칭하는 컴퓨터는 대부분 **데스크톱 컴퓨터**를 말한다. 즉 본체와 모니터가 있고 마이크로소프트 **윈도우 운영체제**가 탑재된 컴퓨터를 PC라 지칭하는 것이다.

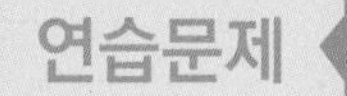

[단답형 문제]

아래의 보기를 참고하여 괄호 안에 들어갈 적절한 단어를 적으시오.

01 (   )는 1930년대 말 미국 아이오와 주립대학교의 **존 빈센트 아타나소프**와 **클리포드 베리**가 개발한 컴퓨터이다. 또한 이 컴퓨터는 최초의 전자식 **디지털 컴퓨터**라는 영예를 얻고 있으며, **최초의 병렬 처리 기능을 가진 컴퓨터**이기도 하다.

02 영국의 수학자 (   )은 컴퓨터 과학의 선구자로 혁신적인 알고리즘과 오늘날 이용되는 범용 컴퓨터의 원리를 최초로 제시하였다.

03 1942년 헝가리 출신의 수학자인 (   )은 튜링의 이론적인 기계를 더욱 발전시켜 **프로그램 내장 방식**이라는 형태로 동작하는 컴퓨터의 개념을 제시하였다.

04 에니악의 개발로부터 얼마 지나지 않은 1948년 영국 케임브리지 대학의 모리스 윌크스는 세계 최초로 프로그램 내장 방식의 컴퓨터 (   )을 개발하였다.

05 (   )이란 **유리관 속에 2개 또는 3개의 전극을 넣은 전자 부품**을 말한다. 이 부품은 유리관 내부를 밀폐하여 진공 상태로 만들고 그리드와 금속 전자 막대기를 장착하여 전자의 흐름을 제어한다.

06 세계 최초로 진공관을 이용하여 만들어진 컴퓨터는 1945년에 미국 펜실베니아 대학의 모클리와 에커트에 의해 개발된 (   )이다.

07 중앙 처리 장치를 의미하는 영어 Central Processing Unit의 약자인 (   )로 부르기도 한다.

08 폰 노이만이 제안한 프로그램 내장 방식 컴퓨터는 CPU 옆에 (   )를 연결하여 붙인 방식이다. 이 방식은 사람이 프로그램을 실행시키는 경우 프로그램과 자료를 기억장치에 올려 놓고 지정된 명령에 따라 작업을 차례로 불러내어 처리하는 방식이다.

09 진공관 대신 트랜지스터를 주요 부품으로 사용하는 컴퓨터를 흔히 (   )라고 지칭하는데 1950년대 중반부터 널리 인기를 얻어 사용되었다.

10 (　　　　)란 IC칩, 마이크로칩이라고도 하는데 여러 독립적인 컴퓨터의 요소를 하나의 전자회로에 집적하여 만든 트랜지스터 칩이다. (　　　　)는 트랜지스터를 이용해서 만든 회로보다 더 작은 공간에 조밀하게 회로를 집어넣을 수 있었기 때문에 1960년대 중반부터 1970년대에 걸쳐 널리 이용되었다.

11 집적회로 기술은 발전에 발전을 거듭하여 1970년대에 와서는 손톱 크기의 칩에 수 억개 이상의 트랜지스터 칩이 집적되는 기술이 출현하였는데 이를 (　　　　)라고 하며 이보다 더 집적도가 높은 컴퓨터를 (　　　　)라고 한다.

12 가까운 지역의 컴퓨터를 연결하는 네트워크를 Local Area Network의 약자인 (　　　　) 이라는 이름으로 부르고 있다.

13 (　　　　)이란 가입자의 단말기에 이동성을 부여하여 가입자가 장소를 변경하거나 이동 중에도 서비스가 가능한 통신을 말한다.

14 (　　　　)는 다른 말로 대형 컴퓨터라고도 하는데, 통계 데이터나 금융 관련 전산 업무, 전사적 자원 관리와 같이 복잡한 작업을 처리하는 컴퓨터이다.

15 (　　　　), 태블릿 PC 또는 스마트 패드란 **키보드나 마우스와 같은 외부 입력 장치를 필요로하지 않으며 터치가 가능한 스크린이 있는 소형 컴퓨터**를 말한다.

16 (　　　　)는 오픈 소스를 기반으로 한 단일 보드 마이크로컨트롤러이며, 완성된 보드와 관련 개발 도구 및 환경을 말한다.

17 (　　　　)는 영국의 라즈베리 파이재단에서 만든 초소형 컴퓨터이다. 이 컴퓨터는 교육용 프로젝트의 일환으로 개발되었다.

18 (　　　　)란 컴퓨터 하드웨어 상에서 구동되거나 처리되는 무형물을 뭉뚱그려 지칭하는 말이다.

[짝짓기 문제1]

다음은 컴퓨터의 발전에 대한 설명이다. 설명과 관련 있는 것을 올바르게 짝짓기하여라.

1세대 컴퓨터 •	• 집적회로는 트랜지스터를 이용해서 만든 회로보다 더 작은 공간에 조밀하게 회로를 집어넣을 수 있다.
2세대 컴퓨터 •	• 진공관을 이용하여 만들었으며 진공관이란 유리관 속에 2개 또는 3개의 전극을 넣은 전자 부품을 말한다.
3세대 컴퓨터 •	• 1970년대에는 손톱 크기의 칩에 수억 개 이상의 트랜지스터 칩이 집적되는 기술이 출현하였는데 이를 고밀도 집적회로라고 한다.
4세대 컴퓨터 •	• 진공관 대신 트랜지스터를 주요 부품으로 사용하는 컴퓨터이다.

[짝짓기 문제2]

다음은 컴퓨터 하드웨어의 주요 장치와 기능에 대한 설명이다. 관련 있는 것을 올바르게 짝짓기하여라.

중앙 처리 장치 •	• 보조 기억 장치는 주 기억 장치의 데이터를 영구적으로 보관하는 장치로 전기 신호가 없어도 데이터는 보관된다.
주 기억 장치 •	• 주 기억 장치는 프로그램이 실행될 때 필요한 자료를 기억하는 일을 하는 장치로, 명령어와 자료를 임시로 기억하며 전기적 신호가 유지될 때에만 작동한다.
보조 기억 장치 •	• 컴퓨터의 두뇌에 해당하는 부분으로 기계어로 주어진 명령을 수행하고 데이터를 처리하는 장치이다.
출력 장치 •	• 중앙 처리 장치가 처리한 결과를 사용자가 알 수 있도록 내보내는 장치로 모니터, 프린터, 스피커 등이 있다.

[객관식 문제]

다음 질문에 대하여 가장 알맞은 답을 구하여라.

01 영국의 대표적인 낭만파 시인 바이런의 딸로 최초의 프로그래머라는 명성을 가지고 있으며, 해석 기관에 적용될 수 있는 소프트웨어의 중요성을 이해한 엔지니어였을 뿐만 아니라 컴퓨터의 잠재적인 창의성을 내다본 사람은 다음 중 누구인가?

1) 찰스 배비지　　2) 에이다 러브레이스
3) 존 네이피어　　4) 존 폰 노이만

02 1939년 런던에서 발행되는 수학회보에서 "계산 가능한 수와 결정문제에 대한 응용에 관하여"라는 제목의 논물을 발표하였으며, 이 논문에서 컴퓨터의 원형이 되는 추상 모델을 제시한 사람은 누구인가?

1) 앨런 튜링　　2) 에런 튜링
3) 폰 노이만　　4) 아인슈타인

03 컴퓨터끼리 통신을 하기 위해서는 서로 간의 통신을 위한 공통의 규약이 필요하다. 이와 같이 통신 규약을 지칭하는 컴퓨터 분야의 용어는 다음 중 무엇인가?

1) LAN　　2) TCP/IP
3) 알파넷　　4) 프로토콜

04 인터넷은 동일한 통신 프로토콜 집합을 사용하는 서로 다른 컴퓨터끼리의 통신을 가능하게 하여 오늘날 전세계를 연결하는 거대한 통신망이 되었다. 인터넷에서 사용되는 동일한 통신 프로토콜 집합을 지칭하는 올바른 용어는 무엇인가?

1) TCP/IP　　2) TOP/IP
3) TQP/LP　　4) TCP/LP

05 휴대 전화기에 높은 수준의 운영체제를 탑재하고 응용 소프트웨어의 설치가 자유로우며 비교적 쉬운 인터넷 접속 기능을 제공한다는 특징을 가지는 기기를 지칭하는 올바른 용어는 무엇인가?

1) 피처폰　　2) 컴퓨터
3) 스마트폰　　4) 무전기

06 이것은 컴퓨터의 중요한 부품 중 하나로 컴퓨터 내부의 여러 장치들을 결합시키거나 제거할 수 있도록 포트와 소켓을 가지고 있다. 포트에는 스피커, 랜선, 마이크 등 외부 장치를

연결할 수 있으며 소켓에는 그래픽 카드, 메모리 등을 추가로 장착할 수 있는 구조를 가지고 있다. 이것은 무엇인가?

1) 메인보드 2) CPU

3) 보조 기억 장치 4) 제어 장치

07 다음 중에서 GPU의 특징으로 틀린 것을 고르시오.

1) 컴퓨터의 그래픽 처리를 담당한다.

2) 코어별 속도가 빠르다.

3) 병렬 처리 방식이다.

4) 병렬 연산 이외의 복잡한 처리가 어렵다.

08 폰 노이만이 제안한 방식의 컴퓨터는 CPU 옆에 기억 장치를 연결하여 붙인 방식이다. 이 방식은 사람이 프로그램을 실행시키는 경우 프로그램과 자료를 기억 장치에 올려 놓고 지정된 명령에 따라 작업을 차례로 불러내어 처리하는 방식이다. 이를 지칭하는 올바른 용어는 무엇인가?

1) 프로그램 내장 방식 2) 프로그램 외장 방식

3) 프로그램 탈부착 방식 4) 프로그램 삭제 방식

09 휴대성이 좋은 컴퓨터로 밧데리가 자체적으로 내장되어 있으며 본체와 모니터, 키보드와 터치 패드가 하나로 결합된 컴퓨터를 지칭하는 올바른 용어는 다음중 무엇인가?

1) 맥 PC 2) 노트북 컴퓨터

3) 스마트폰 4) 모바일 통신

10 다음 중에서 컴퓨터 하드웨어를 동작시키고 이를 제어할 수 있도록 만들어진 소프트웨어인 시스템 소프트웨어로 볼 수 없는 것은 무엇인가?

1) 운영체제 2) 장치 드라이브

3) 컴파일러 4) SQL 서버

11 사용자가 특정 분야의 업무를 처리하기 위해서 사용하는 소프트웨어를 말하며, 운영체제 위에서 작동되는 프로그램을 지칭하는 올바른 용어는 무엇인가?

1) 응용 소프트웨어 2) 시스템 소프트웨어

3) 하드웨어 4) 업무용 소프트웨어

[서술식 심화 문제]

컴퓨터 기술의 발전 단계에서 에이다 러브레이스가 기여한 내용을 상세히 조사하여 설명하여라.

01 앨런 튜링의 튜링 기계에 대하여 그 내용을 상세히 조사하여 설명하여라.

02 폰 노이만의 프로그램 내장 방식 컴퓨터가 이전의 컴퓨터에 비하여 혁신적인 점은 무엇인가?

03 그래픽 기반 사용자 인터페이스가 명령어 기반 사용자 인터페이스에 비하여 더 나은 점은 무엇인가? 그래픽 기반 사용자 인터페이스에 비교하여 명령어 기반 사용자 인터페이스가 가지는 장점이 있는가?

04 펀치 카드라는 과거의 입력 장치에 대하여 조사하여 그 입력 원리를 기술하여라.

05 피처폰과 스마트폰의 차이점을 기술하여라.

CHAPTER

3

데이터와 정보

CONTENTS

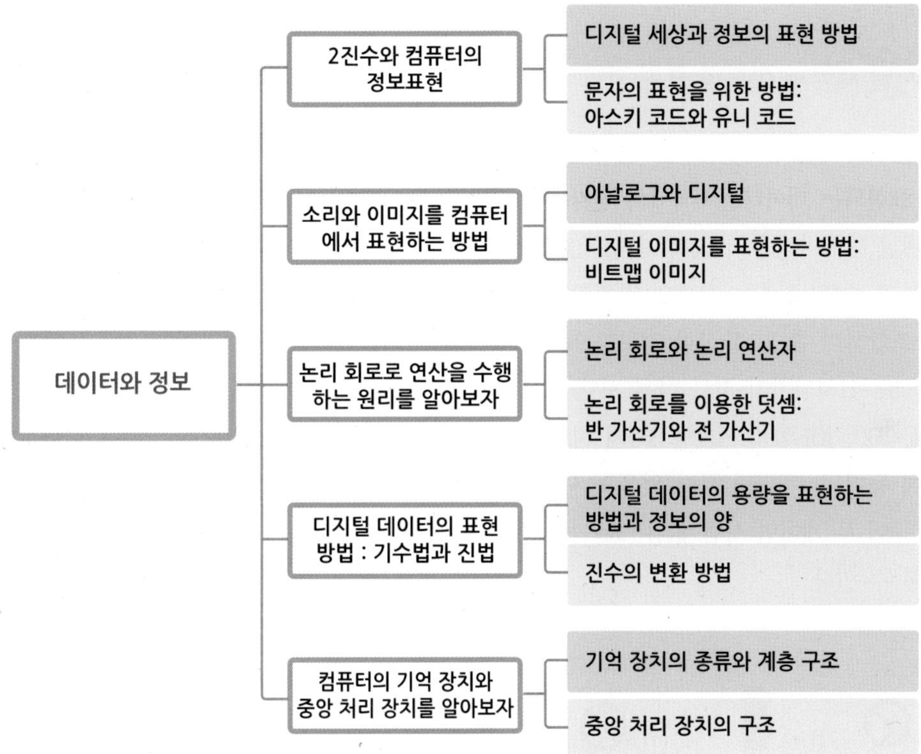

학습목표

- 진수표현법을 알아보고 문자는 어떻게 표현되는지 살펴보자.
- 컴퓨터에서 소리와 이미지, 색상이 어떻게 표현되는지 알아보자.
- 디지털 데이터의 표현 중 기수법과 진법이 무엇인지 알아보자.
- 컴퓨터와 논리 회로가 어떻게 동작하는지 이해해보자.
- 컴퓨터의 기억 장치와 중앙 처리 장치 역할을 살펴보자.

3.1 2진수와 컴퓨터의 정보표현

디지털 세상과 정보의 표현 방법

컴퓨터는 어떤 방식으로 정보를 표현할까? 컴퓨터의 바탕이 되는 **디지털 세상에서 저장되고 표현되는 데이터는 0과 1의 전자기적 신호**로 구성된다. 이 신호는 여러분 주변의 전자기계인 텔레비전을 켜고/끄기 위한 온/오프 스위치와 동일한 원리로 작동된다. 그러나 단순한 0과 1의 신호는 정보의 있음/없음 상태만을 표현할 수 있기 때문에 이러한 이진 신호를 조합하여 좀 더 복잡한 정보를 표현한다. 예를 들어, 0과 1의 신호 2개를 사용하면 00, 01, 10, 11의 4가지 서로 다른 상태를 표현할 수 있으며, 3개를 사용하면 000, 001, 010, 011, 100, 101, 110, 111의 8가지 서로 다른 상태를 표현할 수 있다. 다음 그림을 살펴보면 집에 등이 한 개라면 사람 없음과 사람 있음 상태만을 표현할 수 있음을 알 수 있다. 하지만 등이 두 개이면 사람 없음, 요리 중, 독서 중, 운동 중의 네 가지의 서로 다른 상태를 표현할 수 있다.

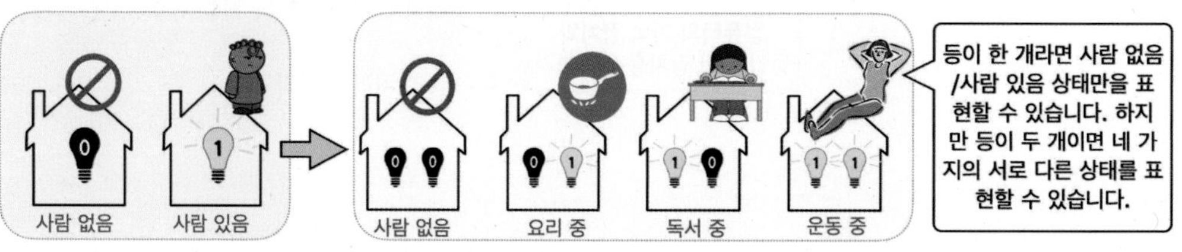

0 또는 1 신호를 나타낼 수 있는 스위치가 4개 있다면, 이 스위치는 서로 다른 상태를 얼마나 많이 표현할 수 있을까? 이 경우 2^4=16가지의 서로 다른 상태를 표현할 수 있다. 이를 일반화한다면 n개의 0과 1로 신호를 표현할 수 있는 기계는 2^n가지의 상태를 나타낼 수 있다고 할 수 있다.

아래의 그림의 예를 들어보면 0과 1의 이진 신호가 5개 있는데 이를 이용한다면 $2^5=2\times2\times2\times2\times2=32$개의 서로 다른 정보를 나타낼 수 있다.

신호의 조합으로 표현되는 다양한 정보

우리가 일상 생활에서 사용하는 10진수는 0에서 9까지 10개의 서로 다른 기호로 수를 표현할 수 있다. 하지만 100개의 서로 다른 수를 표현하기 위해서는 어떻게 해야 할까? 100개의 서로 다른 기호를 만들면 될 것이다. 하지만 이 방법은 기호의 수가 너무 많아져서 사용하기가 어려울 것이다. 이 때문에 자릿수를 만들어서 표기를 한다. 예를 들어 숫자 543은 $5 \times 10^2 + 4 \times 10^1 + 3 \times 10^0 = 500 + 40 + 3$을 의미하는 값이다. 즉 100이 5개, 10이 4개, 1이 3개가 모여서 숫자 543을 이루고 있다. 이때 5는 $100(10^2)$의 자리, 4는 $10(10^1)$의 자리, 3은 $1(10^0)$의 자릿수라고 한다. 10진수 543은 다른 진수와 구분하기 편리하도록 $543_{(10)}$과 같이 아래 첨자를 넣어서 표현할 수도 있다.

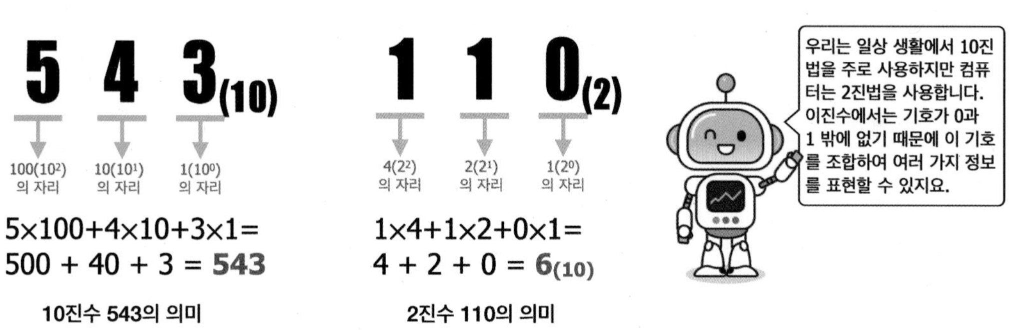

10진수 543의 의미   2진수 110의 의미

2진수를 나타낼 때에도 **10진수**와 비슷하게 아래첨자로 (2)를 넣어 나타낸다. 2진수 $110_{(2)}$의 경우 $1 \times 2^2 + 1 \times 2^1 + 0 \times 2^0 = 4 + 2 + 0 = 6_{(10)}$과 같다. 즉, 2^2인 4가 1개, 2^1인 2가 1개, 2^0인 1이 0개 모여서 숫자 6을 이루고 있다.

2진수에서 표현할 수 있는 수는 10진수에서 표현할 수 있는 수와 1:1로 대응된다. 다음 표는 2진수 숫자와 이에 대응하는 10진수 숫자의 예시이다.

2진수	0	1	10	11	100	101	110	111	1000	1001	...
10진수	0	1	2	3	4	5	6	7	8	9	...

이와 같이 컴퓨터에서 표현되는 배타적 상태인 0과 1로 이루어진 2진수 한 자리를 **비트**bit라고 부르는데 이는 **바이너리 디지트**binary digit의 약자이다. 비트만으로 표현할 수 있는 정보는 2개 밖에 없기 때문에 일반적으로 **8개의 비트를 묶어서 하나의 정보 표현 단위로 사용**한다. 8개의 비트를 하나로 묶으면 2^8=256개의 정보를 표현할 수 있는데, 왜 하필 8개로 묶어서 정보를 표현하려고 했을까? 사실 초기 컴퓨터에서는 7개 또는 9개의 2진수 묶음으로도 정보를 표현했지만 영문 알파벳과 특수문자 그리고 이 문자가 제대로 전송되었나를 검사하는 비트를 추가하다 보니 **관습적으로 8개의 비트 묶음을 정보 표현 단위로 널리 사용**하게 되었다.

이 8개의 비트 묶음은 **바이트**byte라고 부르는데 1 바이트는 영문 알파벳 한 글자와 특수 기호를 표현하는 단위로 사용된다. 영문자뿐만 아니라 한글과 한자를 비롯한 전세계의 모든 문자를 표현하기 위해 사용하는 국제 표준 부호는 **유니코드**unicode인데, 2 바이트 또는 4 바이트를 묶어서 하나의 문자를 표현한다. 2 바이트는 16 비트의 크기를 가지므로 2^{16}=65,536 가지의 서로 다른 부호를 나타낼 수 있어서 전세계의 많은 문자를 표현하는데 적합하며, 4 바이트는 더 많은 문자를 잘 표현할 수 있다. 최초의 유니코드 인코딩 방식인 UCSUniversal Character Set 방식은 2 바이트를 이용하여 세계 여러 문자를 나타내었다.

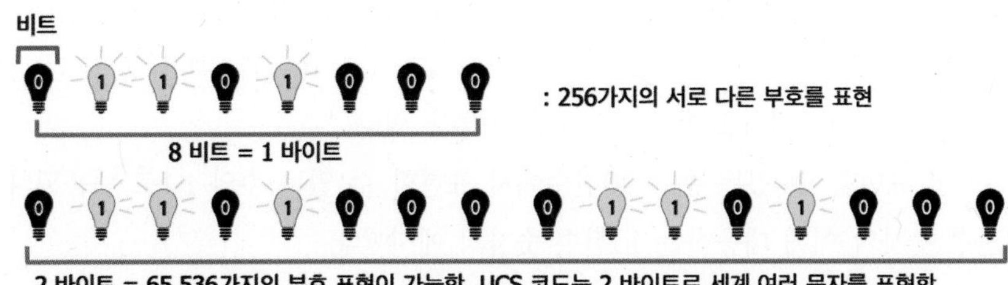

문자의 표현을 위한 방법: 아스키 코드와 유니코드

컴퓨터에서 숫자 못지않게 자주 사용되는 데이터는 문자 데이터이다. 컴퓨터는 'Korea', '대한민국', '大韓民國'과 같은 여러 가지 문자를 표현하기 위해서 어떤 방법을 사용하는 것일까? 컴퓨터는 초창기에 미국과 영국을 중심으로 발전하였기 때문에 영문 문자만을 표현하기 위한 코드가 먼저 개발되었다. 영문 문자를 나타내기 위해서 **미국 국가 표준 협회** American National Standards Institute:ANSI라는 기관은 **아스키 코드** ASCII code라는 표준 코드를 제정하여 여러 기관에서 만들어진 컴퓨터 사이의 정보 교환이 잘 이루어 지도록하였다. ASCII는 "American Standard Code for Information Interchange"의 약자로 "정보 교환을 위한 미국 표준 코드"라는 의미를 가지고 있다. 아스키 코드는 원래 7 비트를 사용하여 알파벳과 숫자, 기호, 제어 부호를 나타냈다. 알파벳 부호는 A에서 Z까지 26개, a부터 z까지 26개가 있으며, 숫자는 0에서 9까지 10개의 부호가 있고 키보드에 있는 특수 문자는 !, @, #, $ 등 30여 개가 있다. 따라서 7 비트를 사용하면 128가지의 서로 다른 부호를 나타낼 수 있기 때문에 모든 영문자와 영어권에서 많이 사용하는 특수 기호를 나타내는 것이 가능하다. 그 후 국제 표준 기구인 ISO International Standard Organization에서는 1 비트를 더 추가하여 8 비트를 사용하였다. 8 비트는 1 바이트이므로 컴퓨터에서 주로 사용하는 정보 표현 방식에 더 적합한 방식이라고 할 수 있다.

다음 표는 일부 아스키 부호와 그 설명으로 아스키 부호와 그 부호의 10진수 표기, 8진수 표지, 16진수 표기, 2진수 표기이다. 8진수와 16진수는 2진수 표기로의 변환이 쉽고 더 간결하기 때문에 2진수 표기 대신 널리 사용되는 표기법이다. 이 표를 통해서 대문자 A는 10진수 65에 해당하며 2진수로는 01000001임을 알 수 있다.

10진수 표기	8진수 표기	16진수 표기	2진수 표기	부호	부호에 대한 상세 설명
...	...	...	...	...	...
33	041	21	00100001	!	느낌표
34	042	22	00100010	"	이중 따옴표, 큰따옴표
35	043	23	00100011	#	해시 부호, 샾, 숫자 부호
...	...	...	...	...	...
62	076	3E	00111110	>	보다 큰 (또는 닫힘 꺽쇠 부호)
63	077	3F	00111111	?	물음표
64	100	40	01000000	@	앳 부호

10진수 표기	8진수 표기	16진수 표기	2진수 표기	부호	부호에 대한 상세 설명
65	101	41	01000001	A	대문자 A
66	102	42	01000010	B	대문자 B
67	103	43	01000011	C	대문자 C

이렇게 만들어진 아스키 코드를 사용해서 'Korea'라는 문자를 나타내기 위해서는 대문자 K에 해당하는 부호 01001011, 소문자 o에 해당하는 부호 01101111 등을 이용하여 다음과 같이 표현하여야 한다.

영문자	K	o	r	e	a
아스키 코드	01001011	01101111	01110010	01100101	01100001

아스키 코드를 사용할 경우 영문자 표현에는 큰 어려움이 없으나 한글이나 한자, 일본의 가나문자, 스페인어나 독일어의 특수 문자 등 세계의 여러 문자를 표현할 수가 없다는 한계가 있다. 세계의 여러 나라가 아스키 코드와 같이 자신들의 고유한 코드를 사용할 수도 있으나 이렇게 할 경우 너무 많은 코드들이 존재하는 문제가 생기게 된다. 따라서 **국제적으로 전 세계의 모든 문자를 나타내는 공통의 표준 코드를 제정**하자는 요구가 발생하여 1991년 **유니코드**[Unicode]가 제정되게 되었다.

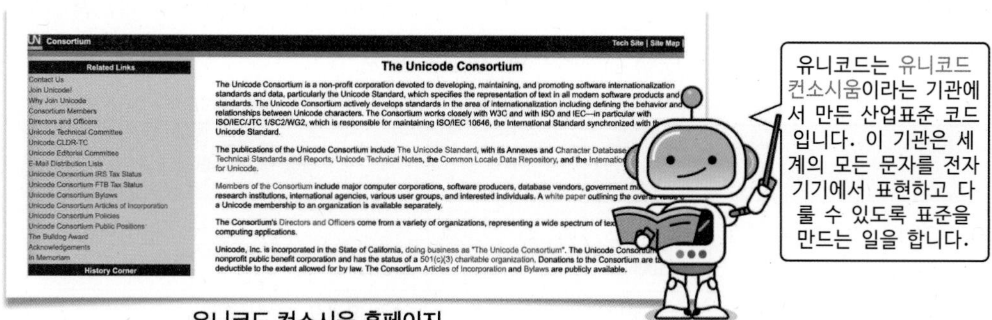

유니코드 컨소시움 홈페이지

유니코드는 **유니코드 컨소시움**[Unicode Consortium]이라는 국제 기구에서 **전 세계의 모든 문자를 일관되게 표현하고 다룰 수 있도록 설계한 산업 표준 코드**이다. 이 표준에는 문자들의 집합 뿐만아니라 문자를 인코딩하는 방법, 문자 데이터베이스, 문자를 다루는 알고리즘까지 포함되어 있다. 초기의 유니코드 방식인 UCS **방식은 2 바이트라는 고정된 크기에 전**

세계의 문자들을 모두 표현하고자 하였다. 하지만 한글 완성형 문자나 중국의 한자를 모두 표현하기에는 2 바이트 크기에 한계가 있었다. 따라서 필요에 따라 4 바이트를 이용하여 많은 문자를 표현하는 방식이 사용되는데, 이렇게 할 경우 영문자 하나를 표현하기 위해 1 바이트가 아닌 4 바이트를 사용하게 되어 기억장소의 낭비가 발생하게 된다. 이 때문에 자주 사용되지 않는 특수한 경우의 문자 표현을 위해서 고정된 크기의 4 바이트를 사용할 경우 발생하는 낭비를 해결하기 위한 더 나은 인코딩 방식이 필요하게 되었다. 이를 위해서 최소 1 바이트에서 때로는 4 바이트를 사용하는 가변 인코딩 방식도 등장하게 되었는데 이러한 방식 중 대표적인 인코딩 방식이 UTF-8 8-bit Unicode Transformation Format 인코딩 방식이다.

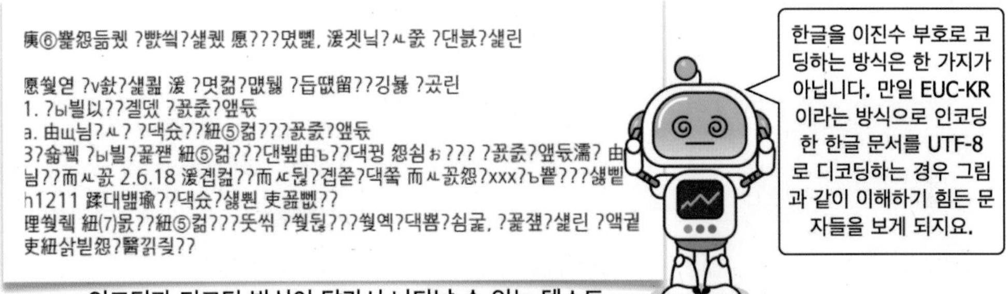

한글을 이진수 부호로 코딩하는 방식은 한 가지가 아닙니다. 만일 EUC-KR이라는 방식으로 인코딩한 한글 문서를 UTF-8로 디코딩하는 경우 그림과 같이 이해하기 힘든 문자들을 보게 되지요.

인코딩과 디코딩 방식이 달라서 나타날 수 있는 텍스트

한글 문자를 컴퓨터에서 표현하기 위한 인코딩 방법 중 하나가 EUC-KR이라는 방식인데 이는 Extended Unix Code의 약자로 한국어, 중국어, 일본어와 같은 문자를 컴퓨터에서 나타내는데 사용되는 8 비트 문자 인코딩 방식이다. 최근에 많이 이용되는 방식은 UTF-8 방식인데 이 방식은 유니코드를 위한 가변 길이 문자 인코딩 방식이다. 문자를 나타내기 위해 1 바이트를 사용하면 저장 공간을 적게 차지하지만 다양한 문자를 나타낼 수 없으며, 4 바이트를 사용하면 다양한 세계 각국의 문자와 이모티콘 까지를 모두 나타낼 수 있지만 저장 공간을 너무 많이 차지하여 낭비가 발생한다. 따라서 **UTF-8은 1 바이트와 4 바이트를 모두 사용하여 문자를 표기하는 방식**을 사용한다. 이것을 **가변 길이 문자 인코딩** 방식이라고 하는데, 인코딩 방식은 다소 복잡하지만 매우 효율적으로 메모리를 사용할 수 있다.

인코딩과 디코딩

인코딩encoding이란 **어떠한 정보를 정해진 규칙에 따라 변환하는 것**을 말하는데, 규칙을 의미하는 code와 동사형 접두사 en이 합쳐진 말이다. 인코딩 방식중 대표적인 것은 **모스 부호**Morse code가 있는데 전신을 이용한 통신방식에서 짧은 신호(· 로 표기)와 긴 신호(— 로 표기)를 조합하여 문자를 표현하는데 사용된다. 예를 들어 모스 부호로 문자 A는 · —, B는 — · · ·, C는 — · — · 로 표기한다. 그리고 이렇게 부호화 된 신호를 원래의 문자로 만드는 것을 **디코딩**decoding이라고 한다.

3.2 소리와 이미지를 컴퓨터에서 표현하는 방법

지식 정보 혁명이라고도 불리는 3차 산업혁명은 컴퓨터가 발전함에 따라 시작되었고, 이로 인하여 인류의 소중한 데이터는 급격하게 디지털화되는 변화를 맞이하였다. 이에 따라 우리 주변에는 규모를 가늠할 수 없을 정도로 많은 정보와 **데이터가 생산, 저장, 수정, 배포, 재가공**되는 큰 변화를 겪게 되었다.

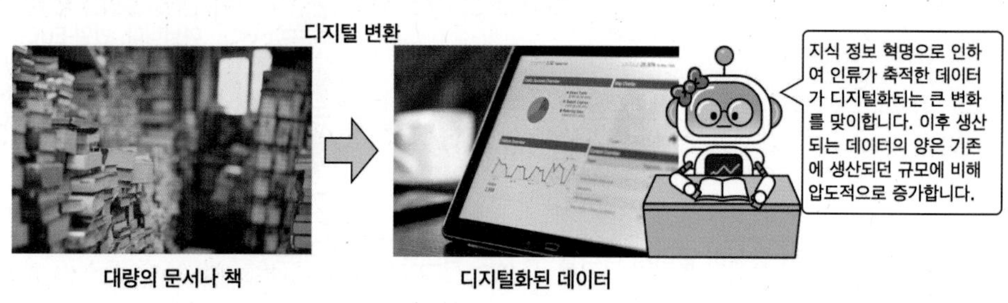

보통 많은 사람들이 데이터와 정보라는 단어를 동일하게 사용하는 경우가 많은데 이에 대해 좀 더 엄밀한 정의를 해보고자 한다. 흔히 자료라고도 하는 **데이터**data란 **현실 세계에서 측정하고 수집한 사실이나 값**을 말하며, **정보**information는 어떠한 목적이나 의도에 맞게 데이터를 가공 처리한 것을 말한다. 우리가 의사결정을 내리기 위해서는 단순히 수집한 원시 데이터만으로는 부족하며, 원시 데이터에 의미를 부여해야만 하는데 이와 같이 **가공된 데이터가 정보**가 되는 것이다.

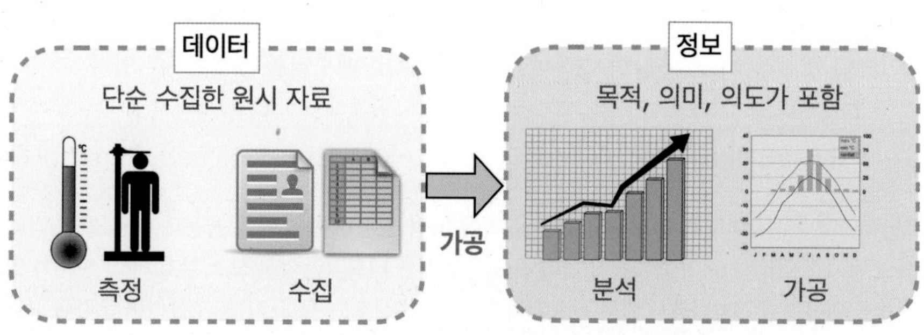

예를 들어, 우리나라의 여러 지역에는 지정된 시간마다 지상 1.5 미터 높이의 기온을 측정하는 장치가 있다. 이렇게 수집된 **방대한 수치 자료는 데이터**이지만, 이를 처리하고 분석하여 평년 기온을 구하거나, 일자별·지역별 데이터를 정리해서 어떤 **의사 결정에 사용한다면 정보**가 된다. 즉, 어떤 지역이 겨울에 가장 추운지, 일교차가 가장 큰지 등의 정보를 바탕으로 해당 지역에 특정 과일 재배가 가능한가를 판단하여 이에 따른 의사 결정을 내릴 수 있다. 이와 같은 의사 결정을 돕는 방법 중에 하나가 수치 데이터를 그래픽 정보로 나타내는 시각화이며, 여기에 해석이 보태어져야 많은 사람들이 활용하는 데 도움이 될 것이다.

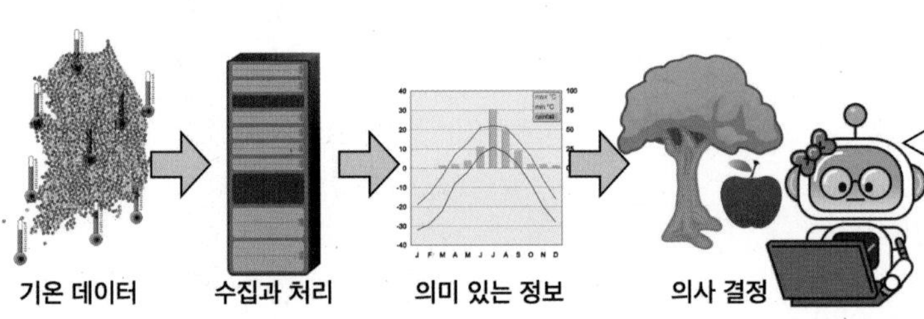

아날로그와 디지털

우리가 가진 많은 데이터를 보관하고, 배포하고, 가공하는 방법으로 여러 가지가 있으며 컴퓨터가 다룰 수 있는 신호는 크게 두 가지 형식이 있다. 바로 **'아날로그'** 신호와 **'디지털'** 신호이다. 영어에서 'analogue'란 '유사성이 있는'이란 뜻이고 'digital'이란 '손가락의'라는 뜻이다. 유사성이 있다는 의미는 '연속으로 이어진다'라고 이해하면 쉽고, 손가락이란 표현은 '하나, 둘, 셋과 같이 이산적으로 헤아리는 것'이라고 이해하면 된다.

다음의 그림은 인간이 이야기를 할 때 발생하는 공기의 진동이 디지털화되는 과정을 보여주고 있다. 우리가 흔히 이야기하는 소리란 **공기와 같은 매질을 통해서 전달되는 진동(종파 신호)**이다. 이렇게 발생한 자연계의 진동이 1초에 몇 번 발생하였는지를 표현하는 단위를 **헤르츠**Hertz라고 한다. 소리는 진동이 연속으로 이어지는 신호이므로 아날로그 신호이다. 이러한 연속적인 신호를 이진 데이터로 나타내는 과정은 다음과 같다.

① 표본화 : 아날로그 신호를 특정한 시간 간격으로 쪼개서 그 양을 알아낸다.
② 양자화 : 특정 시간대의 신호값의 크기를 구한다.
③ 이진화 : 3,4,5,5,4,3,...과 같이 신호값의 크기를 구해서 이것을 011, 100, 101, 101, 100, 011,...과 같은 2진수로 바꾼다.

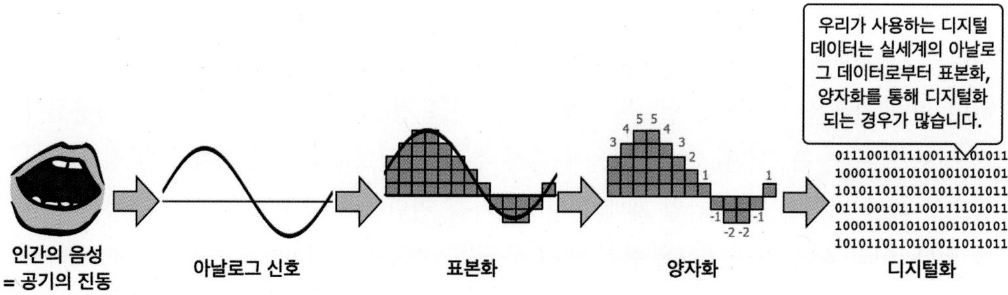

데이터를 컴퓨터에 보관하기 위해서는 0과 1의 이진 신호로 표현 가능한 디지털 형태의 자료가 유용하며, 오늘날 컴퓨터 하드웨어와 소프트웨어 기술의 비약적인 발전으로 인하여 방대한 디지털 데이터를 손쉽게 처리할 수 있다.

디지털 이미지를 표현하는 방법 : 비트맵 이미지

이미지image는 원래 라틴어 **이마고**imago에서 온 말로, 무엇인가를 닮도록 인위적으로 만든 것을 뜻한다. 예전에는 그림이나 조각을 통해 사물을 흉내내었기 때문에 이미지라고 하면 그림과 조각상을 뜻하는 경우가 많았다. 카메라가 발명된 이후에는 사진이 대표적인 이미지가 되었다. 디지털 시대가 되면서 많은 정보가 디지털 신호로 다루어지게 되었고, 이에 따라 컴퓨터 내부에 저장된 디지털 영상 파일이 가장 중요한 이미지로 자리를 잡았다. 따라서 우리가 일상적으로 이미지라고 부르는 것의 대부분은 **컴퓨터에 저장되고 표현될 수 있는 2차원 시각 정보 파일**이다.

디지털 이미지 데이터는 색상을 표현하는 점들이 모여 한 장의 이미지가 되는 **비트맵**bitmap 방식과 점과 곡선, 면들이 수학적인 식으로 표현된 **벡터**vector 이미지로 나뉜다. 비트맵 이미지에서 가장 작은 크기의 공간을 차지하며 하나의 색상 값을 가지고 있는 정보를 **픽셀**pixel이라고 한다. 비트맵 방식의 이미지는 그림의 기본 구성요소를 의미하는 픽셀로 이루어진다. 다음 그림에 있는 S자 형태 이미지를 비트맵 표현과 벡터 표현으로 각각 살펴보자. 이 그림에서 비트맵은 확대를 할 경우 픽셀이 크게 나타나서 매끄럽지 않은 곡선이 된다. 하지만 벡터 방식의 S자는 수학적인 표현식에 의해서 선이 나타나기 때문에 확대를 하더라도 매끈한 곡선을 이루는 것을 볼 수 있다.

비트맵 방식

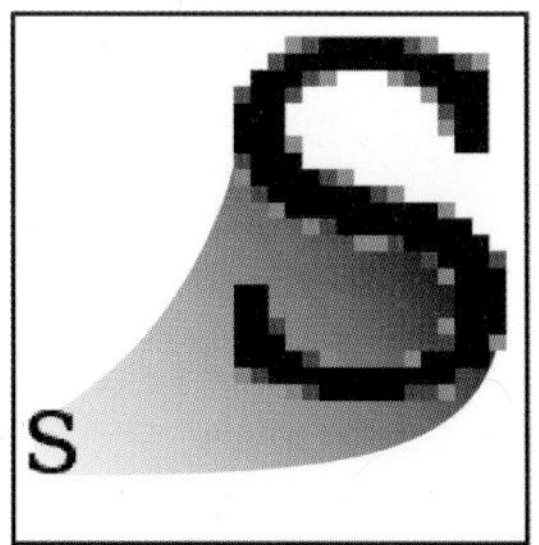

색상을 표현하는 점들이 모여서 이미지를 결정

벡터 방식

점과 곡선, 면들이 수학적인 식으로 표현됨

컴퓨터에 저장되고 표현될 수 있는 2차원 시각 정보 파일이 이미지 파일입니다. 비트맵 방식에서 하나의 색상 값을 가지는 최소 단위 구성 요소를 픽셀이라고 합니다. 벡터 방식은 점과 곡선, 면들이 수학적인 식으로 표현되므로 확대해도 매끈한 곡선을 이룹니다.

가장 간단한 형태의 비트맵 이미지는 아래 그림과 같이 하나의 픽셀을 0과 1로 표현하는 이미지이다. 이때 0은 이미지 요소가 없음을 의미하므로 검정색, 1은 이미지 요소가 있음을 의미하는 흰색으로 나타내었다. 비트맵 방식은 이와 같은 형태로 2차원 배열을 구성한 다음 이를 화면에 점으로 나타낼 수 있다.

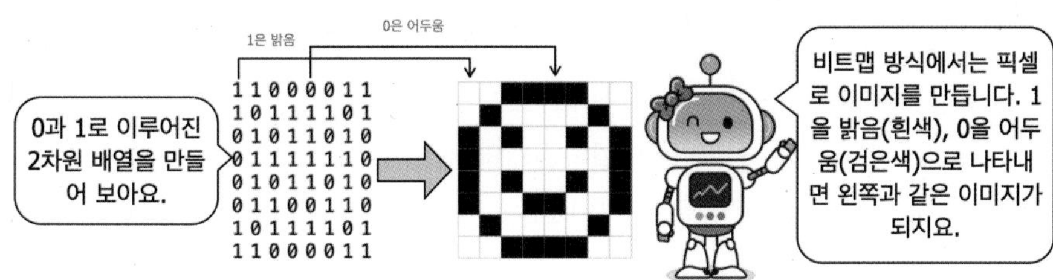

하나의 픽셀이 빨강, 파랑 등과 같은 **색상**hue없이 **밝기**brightness 정보만 가질 수도 있는데, 이러한 이미지는 **회색조**grayscale라고 한다. 이때 밝기 정보만 표현하는 하나의 **채널**channel로 픽셀을 표현할 수 있다. 보통 하나의 채널을 하나의 바이트로 표현하는데 아래의 그림은 0단계에서부터 255단계까지의 회색조 이미지를 나타낸다.

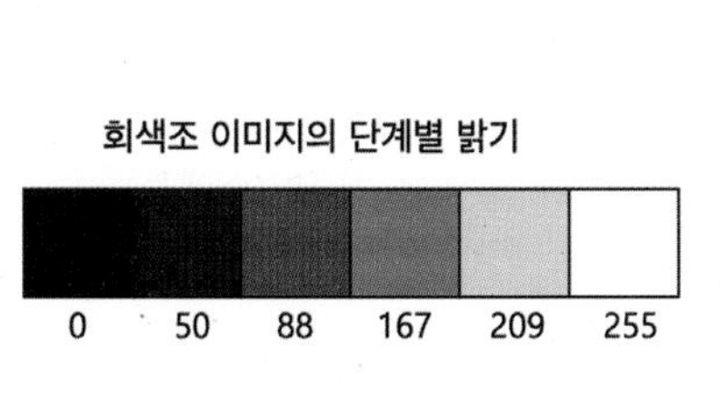

회색조 이미지 중에서 1 바이트로 한 픽셀을 표현할 경우 이 픽셀에 대하여 0에서 255 단계의 밝기를 나타낼 수 있습니다. 그림과 같이 수치 값이 커질수록 밝은 색이 되지요.

이러한 비트맵은 여러 가지의 색상 요소를 결합하여 아래 그림과 같이 나타내는 것도 가능하다.

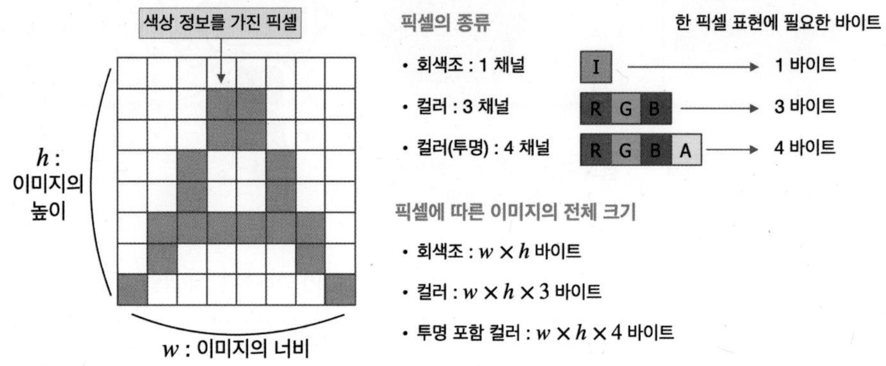

이미지는 가로로 w개의 열과, 세로로 h개의 행을 가진 2차원 행렬과 같은 모양이 된다. 따라서 그림의 이미지는 높이 방향으로 h개의 픽셀을 가지며, 너비 방향으로 w개의 픽셀을 가지고 있다. 그리고 색상 정보를 가지는 픽셀은 회색조, 컬러, 투명을 포함한 컬러로 구성될 수 있는데 회색조 픽셀은 1 바이트로 1 픽셀을 표현할 수 있다. 따라서 이미지의 전체 크기는 $w \times h$ 바이트가 된다. 픽셀이 3개의 채널을 가질 경우 각 채널의 색상은 일반적으로 빨간색(Red), 녹색(Green), 파란색(Blue)을 사용하는데 이 경우 이미지의 전체 크기는 $w \times h \times 3$ 바이트가 된다. 픽셀이 4개의 채널을 가질 경우 각 채널의 색상은 일반적으로 빨간색, 녹색, 파란색에 더하여 **투명도를 의미**하는 알파(Alpha) 채널을 사용하는데 이 경우 이미지의 전체 크기는 $w \times h \times 4$ 바이트가 된다.

픽셀 값을 그대로 파일에 옮겨 저장할 때는 보통 비트맵(bitmap)을 의미하는 .bmp라는 확장자로 끝나는 이름을 사용한다. 일반적으로 이미지의 용량은 텍스트에 비해서 지나치게 크므로 압축을 하여 저장 용량을 줄여서 사용한다. 이 압축 파일의 대표적인 형식이 JPEG이며, 일반적으로 .jpg라는 확장자를 가진다. 최근에는 .png 확장자의 파일도 많이 사용하는데, PNG는 Portable Network Graphics의 약어로 투명 배경을 지원하는 파일 형식으로 널리 사용되고 있다.

색을 표현하는 방법은 여러 가지가 있는데 대표적인 방법은 빛의 스펙트럼을 대표하는 빨간색, 녹색, 파란색의 강도를 섞어서 나타내는 것이다. 이 방법을 **RGB 방식**이라고 한다. 이때 각각의 대표 스펙트럼 별로 하나의 채널이 할당되고, 한 픽셀을 표현하는 데에 모두 3 개의 채널이 사용된다. 아래 그림은 RGB 방식에서 각 채널의 값에 따라 얻게 되는 색상을 보이고 있다. 대표적인 주파수에 해당하는 빨간색을 100%, 녹색을 100%로 하고 파란색의 비율을 0%로 섞어서 조합하면 우리의 눈에는 그림과 같이 노란색 색상으로 보여진다.

세 개의 채널을 사용할 때 빛의 스펙트럼이 아니라 **색상**hue, **채도**saturation, **밝기**brightness로 표현할 수도 있다. 이 방식을 일반적으로 각 단어의 영문 앞문자를 따서 HSV 방식이라고 부른다. 다음 그림은 HSV 방식의 **색공간**color space을 보이고 있다. H 채널은 색상을 의미하며 0도에서 360도 사이에 빛의 스펙트럼에 따른 색상을 배치한다. 그리고, 특정 H 값에서 명도를 조절하는 V 채널과 채도를 조절하는 S 채널 값을 변경하여 얻을 수 있는 색을 삼각형으로 보이고 있다. 윈도우 운영체제에서 제공하는 색상 팔레트 대화 상자는 RGB 방식과 HSV 방식을 모두 지원한다.

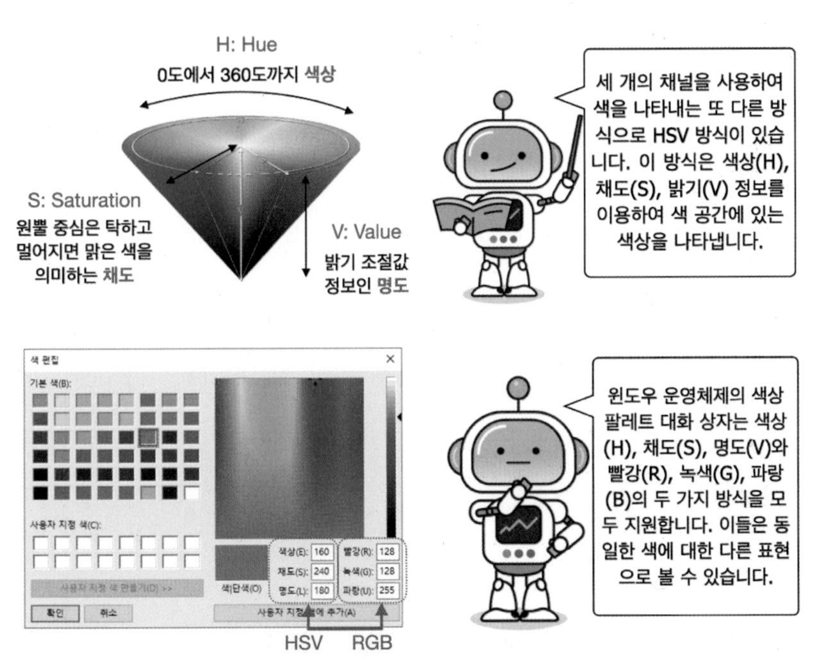

3.3 컴퓨터와 논리 회로

논리 회로와 논리 연산자

컴퓨터라는 기기는 근본적으로 0과 1의 이진 신호를 조합하여 새로운 신호를 구성하는 방식으로 동작한다. 이 신호들은 AND, OR, NOT과 같은 논리 연산을 수행하는 장치의 입력으로 들어가서 다양한 연산을 수행하게 되는데 이 논리 연산의 결과가 바로 컴퓨터가 하는 일이 되는 것이다. 이러한 논리 연산을 수행하는 전자기 회로를 **논리회로**logic circuit 또는 **논리 게이트**라고 한다.

논리 연산에 대한 이론적인 근거는 **조지 불**George Boole의 연구에 의해서 큰 발전을 이룩하였는데, **부울 대수**Boolean Algebra라고 하는 이 대수 공간에서는 참과 거짓의 명제만이 존재한다. 부울 대수에서 참은 1 또는 True로 표기하며, 거짓은 0 또는 False로 표기한다. 이런 방식이 디지털 회로에서 유용한 이유는 전압의 높이가 높음(High)과 낮음(Low)으로 0과 1 정보를 표현할 수 있기 때문이다. 이러한 논리 연산을 전자 회로로 구현한 것이 논리 회로이며, 아래의 표는 컴퓨터에서 사용되는 논리 회로의 기호와 그 의미, 진리표를 나타

<table>
<tr><th>논리 게이트</th><th>기호</th><th>의미</th><th>진리표</th></tr>
<tr><td>NOT</td><td>X, 출력</td><td>NOT 게이트는 1개의 입력과 1개의 출력을 가짐. 논리 부정 연산을 수행하며, 입력에 대해 반대값을 출력함.</td><td>X | 출력
0 | 1
1 | 0</td></tr>
<tr><td>AND</td><td>X, Y, 출력</td><td>AND 게이트는 2개 이상의 입력에 대하여 1개의 출력을 가짐. 논리곱 연산을 수행하며 입력이 하나라도 0인 경우 0을 출력함.</td><td>X | Y | 출력
0 | 0 | 0
0 | 1 | 0
1 | 0 | 0
1 | 1 | 1</td></tr>
<tr><td>OR</td><td>X, Y, 출력</td><td>OR 게이트는 2개 이상의 입력에 대하여 1개의 출력을 가짐. 논리합 연산을 수행하며 입력이 하나라도 1인 경우 1을 출력함.</td><td>X | Y | 출력
0 | 0 | 0
0 | 1 | 1
1 | 0 | 1
1 | 1 | 1</td></tr>
<tr><td>XOR</td><td>X, Y, 출력</td><td>XOR 게이트는 배타적 논리합으로 입력값이 서로 다르면 1을 출력함.</td><td>X | Y | 출력
0 | 0 | 0
0 | 1 | 1
1 | 0 | 1
1 | 1 | 0</td></tr>
</table>

내고 있다. 표에 나타난 기호의 왼쪽편은 입력이며 오른쪽편은 출력을 나타낸다. 진리표란 입력에 대한 논리회로의 출력을 참과 거짓, 또는 0과 1로 나타낸 표를 말한다.

가장 위에 있는 NOT 논리 회로의 예를 들면, 이 게이트는 1개의 입력 X와 1개의 출력을 가지는데 X 값이 0이면 출력은 1이고, X 값이 1이면 출력은 0이다.

- **NOT 회로** : NOT 회로는 1개의 입력에 대하여 1개의 출력을 내어 보낸다. 이 회로는 출력이 입력과 반대되는 값을 가지는 논리 소자이며, **인버터**inverter라고 부르기도 한다. 따라서 0이 입력으로 들어오면 1을 내보내고, 1이 입력으로 들어오면 0을 내보낸다.
- **AND 회로** : AND 회로는 2개 이상의 입력에 대하여 1개의 출력을 가지는데 이를 **논리곱** 연산이라고 한다. 이 연산은 입력이 하나라도 0인 경우 0을 내보낸다. 따라거 표와 같이 입력이 0, 0 또는 0, 1 또는 1, 0일 경우 0을 내보내며, 입력이 1, 1인 경우에만 출력이 1이 된다.
- **OR 회로** : OR 회로는 2개 이상의 입력에 대하여 1개의 출력을 가진다. 이 회로는 **논리합** 연산을 수행하는데 이 연산은 입력이 하나라도 1인 경우 나머지 값에 관계없이 1을 출력하는 특징을 가진다.
- **XOR 회로** : XOR 회로는 2개 이상의 입력에 대하여 1개의 출력을 가진다. 이 회로는 그림과 같이 두 개의 입력에 대하여 입력값이 0, 1 또는 1, 0으로 서로 다른 경우에만 1을 출력하는 특징을 가진다. 이를 **배타적 논리합**이라고 한다.

논리회로를 이용한 덧셈 : 반 가산기와 전 가산기

이러한 논리회로를 이용하여 간단한 덧셈을 수행하고자 한다. 이를 위하여 반 가산기를 만들 것인데 반 가산기란 한 자리의 2진수를 더하는 가산기이다. 한 자리의 2진수 덧셈은 입력 X, Y에 대하여 합(sum:S)과 자리올림(carry:C)이라는 출력이 필요하다. 합은 2진수의 합의 값이며 자리올림은 그 결과를 나타내기 위하여 한 자리 더 자리를 올려서 나타낸 값이다. 예를 들어 X, Y 가 다음과 같을 경우 합 S와 자리올림 C는 다음과 같이 나타난다. 이 결과를 살펴보면 입력이 1과 1일때 자리올림이 발생하는 것을 볼 수 있다. 이 반 가산기를 진리표로 나타내면 오른쪽의 그림과 같다.

이제 이 입력 X, Y에 대하여 진리표와 같은 C, S를 내보내는 회로를 만들어보자. 우선 자리올림 C는 AND 회로와 그 출력이 동일하며, 합 S는 XOR 회로와 그 출력이 같다. 따라서 다음 그림과 같은 회로를 통해서 C와 S를 내보낼 수 있다.

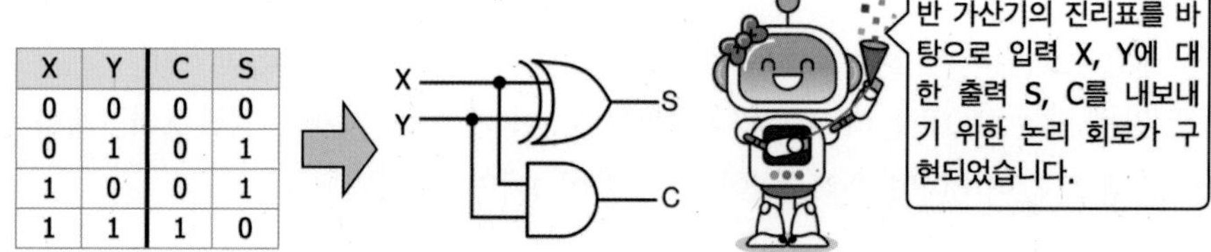

X	Y	C	S
0	0	0	0
0	1	0	1
1	0	0	1
1	1	1	0

이 덧셈 회로는 1 비트의 입력에 대해서만 잘 동작한다. 그러나 만일 여러 개의 비트가 있을 경우 어떤 회로가 필요할까? 여러 개의 비트에 대해서도 잘 동작하는 회로를 **전 가산기**full adder라고 하는데 전 가산기는 입력 값으로 X, Y에 더하여 하위 비트로부터의 자리 올림(이를 C_{in}이라고 하자)이 필요하다. 이렇게 X, Y, C_{in}을 가진 회로가 있어야 완벽한 덧셈 회로를 만들 수 있다. 전 가산기의 진리표는 다음과 같다. 그리고 이 진리표를 바탕으로 구현한 논리 회로는 아래 그림과 같다.

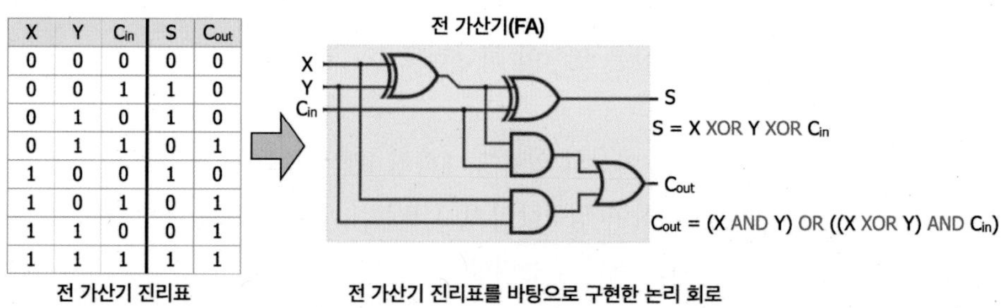

X	Y	C_{in}	S	C_{out}
0	0	0	0	0
0	0	1	1	0
0	1	0	1	0
0	1	1	0	1
1	0	0	1	0
1	0	1	0	1
1	1	0	0	1
1	1	1	1	1

전 가산기 진리표

전 가산기 진리표를 바탕으로 구현한 논리 회로

진리표에서 S는 X **XOR** Y **XOR** C_{in}과 같은데 이는 X **XOR** Y의 결과를 T로 둘 때, T **XOR** C_{in}의 결과와 같다. C_{out}의 결과 역시 (X **AND** Y)의 결과와 (X **XOR** Y)의 결과 값, 그리고 C_{in}의 결과를 잘 조립하여 만들 수 있다. 이렇게 진리표를 보고 논리 회로를 구성하는 기법을 다루는 분야가 바로 **디지털 공학**이라는 분야이다.

위의 그림과 같이 전 가산기 진리표를 바탕으로 구현한 논리회로는 1 비트의 입력값과 자리올림만을 더하는 기능뿐이다. 이 가산기 회로를 영어 Full Adder의 약자인 FA라고 할 때 이 FA를 여러 개 연결하면 1 비트가 아닌 2 비트, 3 비트,.. 의 덧셈을 할 수 있다.

```
  X      0      0      1      1
+ Y    + 0    + 1    + 0    + 1
----   ----   ----   ----   ----
C S    0 0    0 1    0 1    1 0
```

자리올림 합 / 자리올림 발생

한 자리의 2진수 덧셈을 위해서는 자리올림(C)과 합(S)가 필요합니다. 자리올림은 입력이 1, 1일 경우 발생합니다.

X	Y	C	S
0	0	0	0
0	1	0	1
1	0	0	1
1	1	1	0

반 가산기 진리표

그림에서 왼쪽 상자는 4 비트 2진수 X와 Y를 입력으로 받아서 4 비트의 합계값과 자리올림을 내보내는 블랙박스 형태이다. 이 블랙박스의 내부는 오른쪽 그림과 같은 구조를 가지고 있으며 FA1부터 FA4까지 4 비트의 덧셈을 할 수 있는 전 가산기가 직렬 구조로 배치되어있다. 그림에 있는 최하위 비트 전 가산기 FA1를 먼저 살펴보자. 하위 비트 FA1는 이전 비트의 전 가산기 자리올림 값 C_0와 2진수 X의 가장 하위 비트 X_1과 2진수 Y의 가장 하위 비트 Y_1를 입력으로 받는다. 이 연산의 결과로 출력되는 자리올림 C_1은 다시 FA2의 입력이 되며 이 과정이 FA4까지 반복적으로 어어진다.

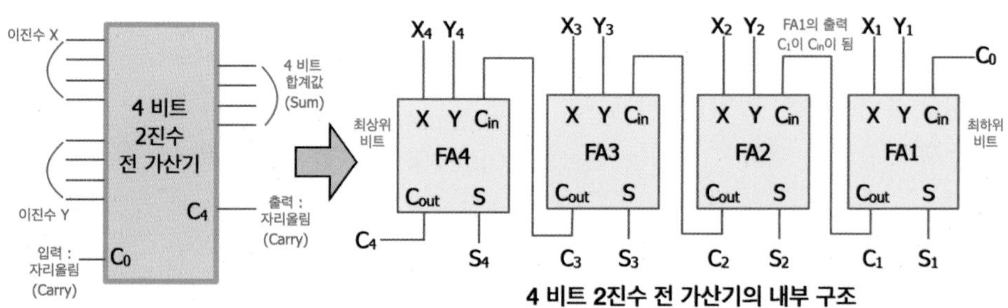

4 비트 2진수 전 가산기의 내부 구조

이 과정이 쭉 이어져 있기 때문에 이 회로는 4 비트 2진수를 더할 수 있게 되었다. 물론 오늘날 컴퓨터의 마이크로프로세서는 이와 같은 회로가 수백만 개 이상 있으며 이 복잡한 회로의 덕분에 우리는 빠른 연산을 쉽게 수행할 수 있다.

NOTE : 부울 대수의 창시자인 조지 불과 딥러닝의 대가 제프리 힌턴 교수

조지 부울

컴퓨터 회로 동작의 수학적 배경이 되는 **부울 대수**Boolean algebra를 만들어낸 **조지 불**George Boole에 대해 알아보자. 조지 불은 영국의 수학자이자 논리학자이자, 기호 논리학의 창시자이다. 불은 논리학 분야에서 큰 발자취를 남긴 **"논리와 확률의 수학적 기초를 이루는 사고(思考)의 법칙 연구"**라는 책을 저술하였다. 명사나 형용사로 사용되는 **부울**boolean이라는 단어는 이 위대한 학자의 이름에서 따온 단어이다.

그의 부인 메리 에베레스트 불은 결혼 생활 중에 다섯 명의 딸을 낳았으며, 그 동안에도 수학 저술을 했다. 또한 불의 자손 중에는 2018년도 튜링상 수상자인 제프리 힌턴 교수가 있다. 튜링상은 컴퓨터 과학의 노벨상에 해당하는 상으로 힌턴 교수는 인공신경망 연구에 대한 공로를 인정받아 수상자로 결정되었다. 제프리 힌턴 교수는 오늘날 인공지능의 큰 흐름을 만든 **딥러닝**deep learning 연구의 대가로 인정받고 있다.

컴퓨터는 뺄셈, 곱셈, 나눗셈을 어떻게 수행하는가

컴퓨터로 덧셈을 하는 과정은 논리회로를 조합하는 것으로 구현할 수 있다. 그렇다면 뺄셈과 곱셈, 나눗셈 회로를 동일하게 만들면 될까? 이 회로들 모두 구현하는 것도 가능하겠지만 컴퓨터 과학자들은 좀 더 똑똑한 방법을 사용한다. 그것은 덧셈 회로를 활용하여 사칙연산을 만드는 것이다. 각각의 구현 방법은 다음과 같다.

- **뺄셈** : 뺄셈을 직접 수행하는 회로 대신에 보수를 이용하여 원래의 수와 보수를 더하는 방법을 사용하여 뺄셈을 수행한다. 보수에 대해서는 다음 절에서 살펴본다.
- **곱셈** : 곱셈은 덧셈을 여러번 수행하여 만들 수 있다. 논리회로에서는 2진수를 사용하기 때문에 곱해지는 수에 0을 곱하면 0이 되고, 1을 곱하면 곱해지는 수 자신이 되며 자리를 올려가며 이 방법을 반복한다.
- **나눗셈** : 곱셈을 위하여 덧셈을 반복하듯이, 나눗셈은 뺄셈을 반복하는 방법을 사용한다.

3.4 디지털 데이터의 표현 방법 : 기수법과 진법

디지털 데이터의 용량을 표현하는 방법과 정보의 양

컴퓨터와 같은 정보 기기에서 정보의 표현에 사용되는 비트와 바이트, 그리고 그 이상의 데이터 용량은 다음과 같은 이름과 기호로 표기한다.

이름	기호	설명
1 비트	bit	0 또는 1
1 바이트	byte	8 bit
1 킬로바이트	KB	1024 byte (= 2^{10} byte)
1 메가바이트	MB	1024 KB (= 2^{10} KB = 2^{20} byte)
1 기가바이트	GB	1024 MB (= 2^{10} MB = 2^{30} byte)
1 테라바이트	TB	1024 GB (= 2^{10} GB = 2^{40} byte)
1 페타바이트	PB	1024 TB (= 2^{10} TB = 2^{50} byte)
1 엑사바이트	EB	1024 PB (= 2^{10} PB = 2^{60} byte)
1 제타바이트	ZB	1024 EB (= 2^{10} EB = 2^{70} byte)
1 요타바이트	YB	1024 ZB (= 2^{10} ZB = 2^{80} byte)

이렇게 사용되는 데이터의 용량이 실제로 어느 정도의 정보량을 표현하는지는 다음 표로 설명할 수 있다.

데이터 용량	정보의 양
1 바이트	영문자 한 자에 해당함. 전세계 문자를 모두 표현하기 위한 코드인 유니코드는 2 바이트를 사용함.
1 킬로바이트	약 1,000 자의 영문자.
1 메가바이트	약 1,000,000 자의 영문자로 400 페이지 책 한 권 분량의 정보.
1 기가바이트	230 곡 가량의 노래.
1 테라바이트	31 만 장의 사진, 혹은 500 시간 분량의 동영상에 해당함.

1 페타바이트	5천 억 페이지의 표준 입력 텍스트, 3억 1천만 장 가량의 사진. 영화 아바타의 그래픽 렌더링에서는 약 1 페타바이트가 사용됨.
1 엑사바이트	1,100만 개의 4K 동영상. 지금까지 인류가 생성한 모든 말을 저장할 경우 5 엑사바이트에 해당함.
1 제타바이트	DVD 250억 장의 데이터 양. 유튜브에서 매달 시청되는 동영상 용량은 약 1.14 제타바이트에 해당함.
1 요타바이트	요타바이트는 현재 시점의 모든 우주와 그 안에 있는 모든 것을 3D 모델링하여 원자 단위로 디지털화 할 때 매 순간 생성되는 데이터의 용량에 해당함.

우리가 일상생활에서 주로 사용하는 단위는 메가바이트와 기가바이트이다. 사진이나 영상의 크기를 지칭하는 용어인 4K란 화면 가로에 3,840개, 세로에 2,160개로 총 830만 개의 화소가 있는 해상도를 지칭한다. 16:9 비율의 4K 스마폰 사진 한 장의 이미지는 일반적으로 3~5 메가바이트이며, 4K 동영상의 경우 1분 정도로 촬영한 영상의 크기는 400 메가바이트 가량을 차지하며 30 분을 촬영할 경우 12 기가바이트의 용량이 된다. 표에서 설명한 것과 같이 페타바이트, 엑사바이트는 기존의 컴퓨터로는 처리하기가 힘든 어마어마한 분량의 데이터이다. 엑사바이트가 얼마나 거대한 수인가는 표현하기가 매우 힘들지만 **유사이래 지금까지 수 백억명의 인류가 활동 중에 생성한 모든 말**을 저장할 경우 5 엑사바이트에 해당한다고 볼 수 있을 정도이다.

진수의 변환방법

양의 10진수를 2진수로 표현하는 규칙에 대하여 살펴보자. 이 규칙은 그림을 통해서 이해하는 것이 보다 더 이해하기 쉬울 것이며 그 과정은 다음과 같다.

① 주어진 10진수를 2로 나누고 몫과 그 나머지를 아래 칸에 기록한다.
② 몫이 0이면 더이상 나누지 않으며, 몫이 0이 아니면 아래 칸에 몫과 나머지를 기록한다. ①, ②의 과정을 몫이 0이 될 때까지 반복한다.
③ 몫이 0이면 원래 값의 이진 표현은 나머지가 기록되는 순서대로 왼쪽에서 오른쪽으로 나열한다.

다음 그림은 양의 10진수 11을 2진수로 표현하는 방법을 나타내고 있다. 그림의 ①과 같이 우선 11을 2로 나누고 그 몫과 나머지를 살펴본다. 몫이 0이 아니므로 아래 칸에 몫 5와 나머지 1을 기록한다. 다음으로 5를 나누어 그 몫 2와 나머지 1을 아래 칸에 기록한다. 다음으로 2를 나누어 그 몫 1과 나머지 0을 아래칸에 기록한다. 다음으로 그림 ②와 같이 1을 2로 나누면 몫이 0이 되므로 몫 0과 나머지 1을 적고 1101(2)를 기록하면 된다. 이 값이 11의 2진수 표현값이 되는 것이다.

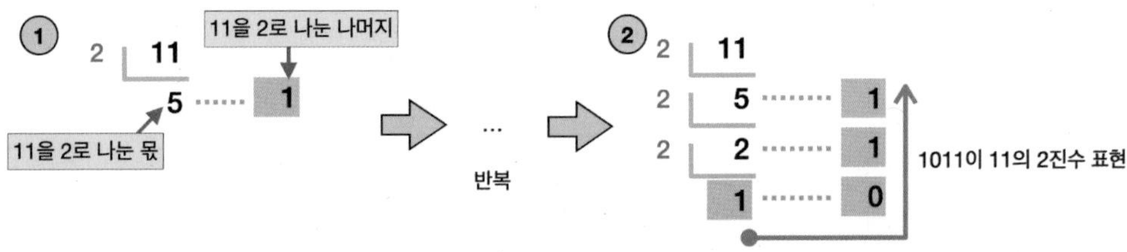

컴퓨터가 내부적으로 다루는 수는 2진수이지만 표현의 편의를 위해서 2진수 값을 3개나 4개 단위로 묶어서 표현하는 경우가 많다. 2진수는 0과 1이라는 2개의 기호를 이용하여 수를 표현하지만 8진수는 0, 1, 2, 3, 4, 5, 6, 7이라는 8개의 기호를 사용할 수 있기 때문에 2진수를 세 자리씩 묶으면 하나의 8진수 값이 된다. 16진수는 0에서 9까지의 기호와 A, B, C, D, E, F 기호까지 사용하여 모두 16개의 기호를 사용한다.

NOTE : 기수법과 진법

기수법이란 우리가 사용하는 수를 기호를 이용해서 서로 다르게 나타내는 방법을 말한다. 이때 각각의 숫자는 다른 수들과 구별되는 표기 방식을 가져야 한다. 가장 원시적이고 단순한 기수법은 아래 표와 같이 하나 혹은 두 개의 기호로 수를 표기하는 방법이다. 이 방식에서 빗금 하나는 1이며, 빗금 두 개는 2에 해당한다. 그리고 5는 빗금을 가로지르는 수평선을 그어서 표기한다. 이러한 원시적인 방식 대신 각각의 수마다 모양을 다르게 할 수 있는데, 10진 기수법에서는 0에서 9까지 10개의 서로 다른 기호를 사용하며, 12진 기수법에서는 12개의 서로 다른 기호를 사용한다. 12진 기수법의 예로는 사람의 나이에 해당하는 동물을 이용하여 띠를 정하는 방식으로 **십이간지**가 있다.

단순한 기수법	단순한 기수법 : / // /// //// ~~////~~
10진 기수법	0, 1, 2, 3, 4, 5, 6, 7, 8, 9
12진 기수법	자, 축, 인, 묘, 진, 사, 오, 미, 신, 유, 술, 해

상업이 먼저 발전한 인도인들은 우리가 일상에서 사용하는 534와 같은 표기법을 개발하였다. 이 숫자를 우리는 '오백삼십사'라고 읽는데 이때 각 숫자의 위치에 따라서 100의 값, 10의 값, 1의 값의 개수를 나타낸다.

2진수나 8진수나 16진수 이외에도 3진수, 4진수, 5진수 등 무수히 많은 진법이 존재한다. 하지만 컴퓨터의 바탕이 되는 것은 2진수이기 때문에 2진수를 쉽게 변환시킬 수 있는 8진수와 16진수는 매우 빈번하게 사용되는 진수이다. 2진수를 8진수로 나타내는 방법은 다음과 같다.

① 소수점을 기준으로 2진수 숫자를 3자리씩 묶는다.
② 3자리로 묶은 숫자에 2진수의 자리 값을 곱한다.
③ 곱한 값을 더하면 8진수가 된다.

예를 들어 $1011011.00111_{(2)}$를 8진수로 바꾸어 보자. 위의 방법을 적용하여 2진수 숫자를 소수점을 기준으로 3자리씩 묶고 숫자가 부족한 자리는 0으로 채우도록 한다. 다음으로 3자리로 묶은 숫자를 8진수로 변환하면 $1011011.00111_{(2)}$는 $133.16_{(8)}$이 되는 것을 알 수 있다.

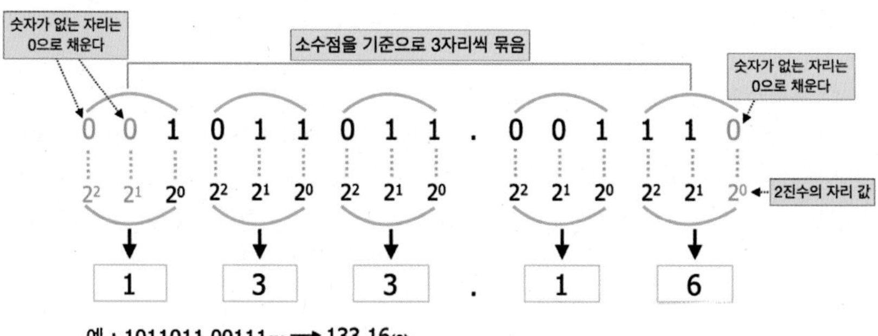

다음으로 2진수를 16진수로 나타내는 방법을 알아보자. 이 방법은 2진수를 8진수로 나타내는 방법과 유사하며 2진수를 4자리씩 묶는다는 점만 다르다.

① 소수점을 기준으로 2진수 숫자를 4 자리씩 묶는다.
② 4자리로 묶은 숫자에 2진수의 자리 값을 곱한다.
③ 곱한 값을 더하면 16진수가 된다.

예를 들어 $1011011.00111_{(2)}$를 16진수로 바꾸어 보자. 2진수 숫자를 16진수로 바꾸기 위해서는 소수점을 기준으로 4 자리씩 묶고 숫자가 부족한 자리는 0으로 채우도록 한다.

다음으로 4 자리로 묶은 숫자를 16진수로 변환하면 $1011011.00111_{(2)}$는 $5B.38_{(8)}$이 되는 것을 알 수 있다. 그림에 나타난 2진수 $1011_{(2)}$은 10진수로 변환하면 $1\times2^3\times0\times2^2\times1\times2^1\times1\times2^0=11$이 되는데 11을 16진수에서는 B로 표기하므로 위와 같은 결과가 된다.

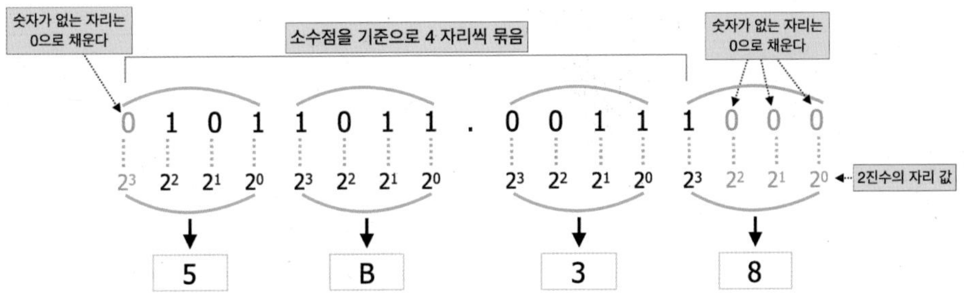

예 : $1011011.00111_{(2)}$ → $5B.38_{(16)}$

다음은 앞서 살펴본 표의 일부인데 〉(닫힘 꺾쇠 부호)의 아스키 표기법이다.

10진수 표기	8진수 표기	16진수 표기	2진수 표기	부호	부호에 대한 상세 설명
62	076	3E	00111110	>	보다 큰 (또는 닫힘 꺾쇠 부호)

이 부호는 10진수로 62인데 이를 2진수로 변환하면 00111110이 된다. 이 수를 3개 단위로 묶어보자. 이렇게 할 경우 00 111 110으로 묶어볼 수 있는데 이는 00→0, 111→7, 110→6이 되어 067이라는 8진수가 되는 것을 알 수 있다. 다시 한 번 이 수를 4개 단위로 묶어보자. 이렇게 할 경우 0011 1110으로 묶어볼 수 있는데 이는 0011→3, 1110→E라는 표기로 바꿀 수 있다. 따라서 이것은 3E라는 16진수로도 나타낼 수 있다.

2진수의 덧셈 방법

2진수의 덧셈에 대해 알아보기 전에 10진수 14와 28의 합을 구하는 방법을 살펴보자. 이 두 수의 합을 구하기 위해서는 1의 자리의 수 4과 8을 우선적으로 더한다. 그 결과는 12가 되는데 2는 1의 자리수로 적어주고, 10은 자리올림 수가 되어 10의 자리수들을 더할때 함께 더해준다. 따라서 10의 자리 수의 합은 1 + 2 + 1이 되어 4가 된다. 100의 자리에는 더할 수가 없기 때문에 더 이상 더하지 않고 최종 결과는 42가 된다.

이제 2진수 11과 1의 합을 구해보자. 2진수 11과 1의 합을 위해서는 1의 자리값 1과 1을 더한다. 따라서 결과는 그림과 같이 10이 된다. 이 때 자리올림 1이 발생한다. 이 결과에서 1의 자리수는 0이 되며, 자리올림값 1을 2의 자리값 1과 더한다. 그 결과는 10이 되어 다시 0을 적고 4의 자리올림수 1과 0을 더한다. 최종 결과는 그림과 같이 100이 된다.

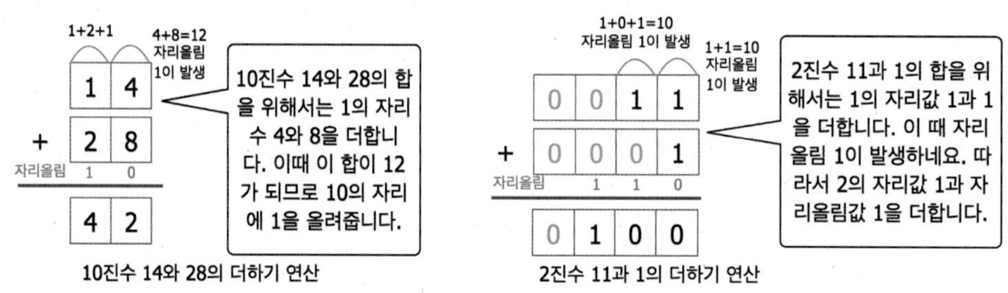

10진수 14와 28의 더하기 연산 2진수 11과 1의 더하기 연산

4 비트만으로 수를 표현하는 경우의 덧셈에서 예외적인 경우를 살펴보자. 그림과 같이 2진수 1011과 101을 더하면 그 결과는 1 0000이 됩니다. 하지만 이 경우 4 비트가 아닌 5 비트가 필요하다. 이럴 경우 정보를 제대로 표현할 수 없는 오류가 발생하는데 이것을 **오버플로우**overflow라고 한다. 이처럼 **컴퓨터가 가지는 표현의 한계로 인하여 컴퓨터를 이용한 연산의 결과가 수학적 연산의 결과와 종종 일치하지 않는 경우가 발생**하니 주의가 필요하다.

컴퓨터에서 음수를 나타내는 방법

양의 정수와 0는 2진수를 사용하여 쉽게 나타낼 수 있는데, 음의 정수는 2진수만으로 어떻게 나타낼까? 수학에서는 음수 부호인 –를 이용해서 양수 1과 음수 1을 쉽게 나타낼 수 있다. 하지만 0과 1의 이진값 만을 사용해야 하는 경우 음수는 이렇게 표현할 수 없을 것이다. 이 절에서는 2진수로 음수를 표현하는 여러 가지 방법을 알아보도록 하자.

■ 부호 절대값 표현법

부호 절대값 표현이란 최상위 비트값이 0이면 양수, 1이면 음수로 약속을 정하고 나머지 비트를 원래 값의 절대값으로 표현하는 매우 단순한 방법이다. 따라서 양수 7에서 음수 7까지의 수를 다음 표와 같이 나타낼 수 있다. 표기의 편의를 위해서 전체 비트 수는 4개로 정했다.

양수		부호 절대값으로 나타낸 음수	
10진수	2진수	10진수	2진수
+0	0000	-0	1000
1	0001	-1	1001
2	0010	-2	1010
3	0011	-3	1011
4	0100	-4	1100
5	0101	-5	1101
6	0110	-6	1110
7	0111	-7	1111

10진수 양의 정수 3은 0011이므로 음수 3은 가장 상위의 비트만을 1로 바꾸어 1011로 나타낸 것이 이 표의 핵심이라고 할 수 있다. 이 방법은 그림 ①과 같이 양수의 0이 0000, 음수의 0이 1000으로 표기되기 때문에 어떤 수가 0인지 확인하기 위하여 두 번의 비교가 필요한 문제점이 있다. 또 다른 문제점은 그림 ②와 같이 양수 5(0101)과 음수 1(1001)의 두 수가 있을 때 그 덧셈의 결과가 음수 6(1110)이 된다는 점이다. 그 이유는 음수 1의 최상위 비트가 1이므로 이 수를 0과 더한 결과가 1이기 때문이다. 따라서 이 표기법은 사람이 이해하기에는 쉬운 표기법이지만 컴퓨터 입장에서는 효율적이지 않고 문제점이 많다고 할 수 있다.

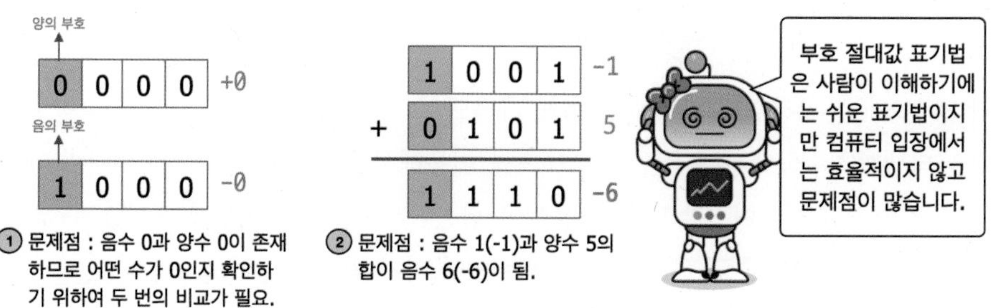

보수 표현법과 2의 보수, 1의 보수

보수란 한자로 補數인데 이는 '**보충해주는 수**'를 의미한다. 보수가 보충하는 대상이 되는 것은 무엇일까? 그것은 어떤 수를 만들기 위해 보조적으로 필요한 수이다. 보수는 2진수에만 사용하는 것이 아니며 모든 n진법마다 모두 존재하는데, n진법에는 **n의 보수**와 **n-1의 보수**가 존재한다.

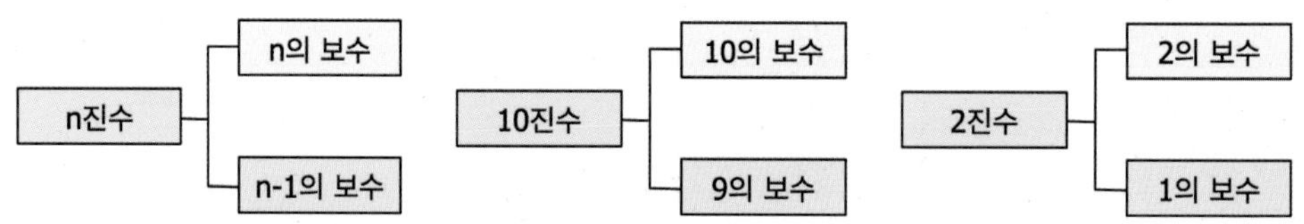

이러한 이유로 다소 많은 설명이 필요하다. 우선 이해하기 쉽게 10진법의 예를 들어 살펴보자.

10진수 6이 있을 경우 6의 보수는 '10의 보수'와 '9의 보수'가 있다. 6의 10의 보수란 '6에서 10을 만들기 위해 필요한 수'를 의미한다. 따라서 그 수는 4가 된다. 만일 12에 대한 10의 보수라고 한다면 12에서 100을 만들기 위해 필요한 수이며 이는 88이다. 단순하게 10의 보수를 설명하면 **어떤 수 a가 n자리 수일 때, 10^n-a인 수가 보수**이다. 따라서, 12에 대한 10의 보수라고 한다면 12를 10으로 만든다는 것이 아니라 10의 제곱인 100을 만들기 위한 수로 100-12 = 88에 해당하는 88이 보수가 되는 것이다.

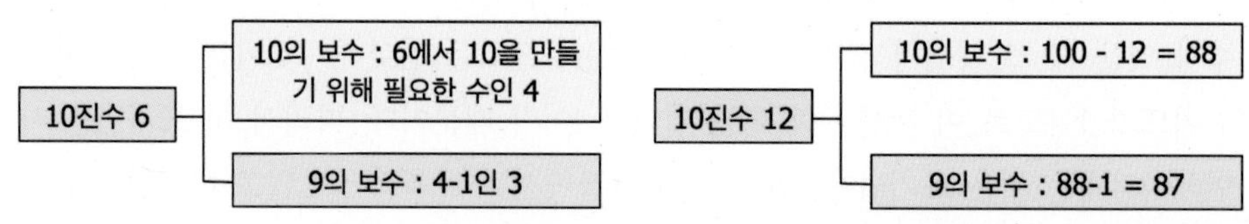

그렇다면 n진법에서의 n-1의 보수는 무엇일까? 그 값은 (n의 보수 – 1)이 된다. 따라서, 10진법에서 9의 보수는 (10의 보수 – 1) 이 된다. 이전에 살펴본 6에 대한 9의 보수는 4-1인 3이며, 12에 대한 10의 보수는 88이었기 때문에 이 값에 1을 뺀 값, 즉, (88-1)인 87이 9의 보수가 된다.

이제 2진수에 대한 보수 표현 방법으로 2의 보수 표현법을 살펴보자. 10진수에서 4과 그 보수 6의 합은 10이 되어 해당 수의 자리수가 하나씩 올라가는 것을 살펴보았다. 2진수 4는 0100으로 나타낼 수 있는데 0100에 대해 어떤 수를 더해서 그 자리수가 1 0000이 되는 수는 무엇일까? 그것은 10 진수 6에 해당하는 1100이 된다. 즉 0100 + 1100 = 1 0000이 되기 때문이다. 따라서 2의 보수는 1100이다. 그리고 1의 보수는 1100 – 1의 값인 1011이 된다. 그런데 1의 보수 1011과 원래 값 0100의 비트 특성을 살펴보면 모든 비트에 대하여 0을 1로 1을 0으로 변환시켜준 수 라는것을 알 수 있다. 그렇기 때문에 2의 보수는 모든 비트에 대하여 0을 1로 1을 0으로 변환시킨 후 그 값에 1을 더하면 된다는 것도 쉽게 이해할 수 있다.

n 비트 **양수 2진수에 대한 1의 보수를 위한 계산**은 다음과 같이 단순화시킬 수 있다.

[n 비트의 2진수에 대한 1의 보수 계산 단계(양수의 경우)]

모든 비트에 대하여 0을 1로, 1을 0으로 변환시켜 준다.

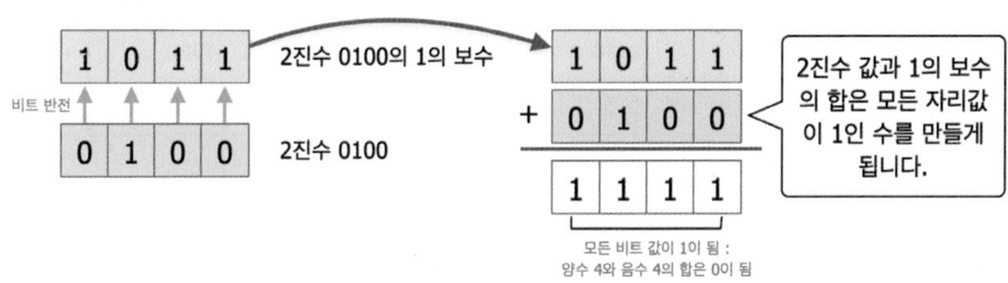

또한 n 비트 양수 2진수에 대한 2의 보수를 위한 계산은 다음과 같이 단순화시킬 수 있다.

[n 비트의 2진수에 대한 2의 보수 계산 단계(양수의 경우)]

1. 모든 비트에 대하여 0을 1로 1을 0으로 변환시켜 준다.
2. 구해진 값에 1을 더한다.

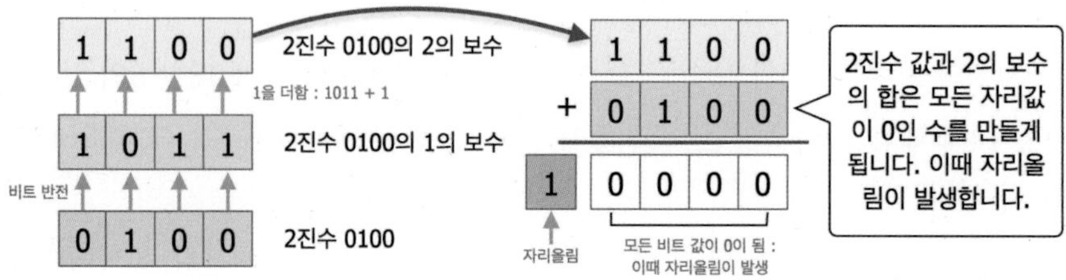

1의 보수를 이용한 음수 표현법

이제 이와 같이 비교적 쉽게 만들 수 있는 1의 보수를 사용하여 음수를 나타내어 보자. 위의 결과와 같이 4에 해당하는 0100을 음수 4로 나타낼 때에는 1011로 나타내는 방법이 바로 **1의 보수 표기법**이다. 따라서 1의 보수를 사용하여 나타낸 4자리 음수는 다음과 같다.

양수		1의 보수로 나타낸 음수	
10진수	2진수	10진수	2진수
+0	0000	-0	1111
1	0001	-1	1110
2	0010	-2	1101
3	0011	-3	1100
4	0100	-4	1011
5	0101	-5	1010
6	0110	-6	1001
7	0111	-7	1000

2진수와 1의 보수로 나타낸 음수의 합은 모두 1111 임

1의 보수로 수를 표기하는 경우 양수 4와 음수 4의 합이 자리올림을 제외하면 0이 된다는 좋은 점이 있으나 부호 절대값 표기와 마찬가지로 숫자 0이 0000과 1111의 두 가지로 표기된다는 문제점이 있다. 이 때문에 일반적으로 컴퓨터에서는 2의 보수를 이용하여 음수를 나타낸다.

2의 보수를 이용한 음수 표현법

음수의 표기하기 위해서 2의 보수 사용하는 것은 매우 편리한 방법이다. 비록 2의 보수를

만들기 위해서 1의 보수에 1을 더하는 연산이 한 번 더 필요하기는 하지만 2의 보수를 이용하여 음수를 표기하면 다음과 같은 장점이 있다(표 참조).

① 음수 0이 없어진다
② 2진수와 2의 보수로 나타낸 음수의 합은 모두 1 0000이 된다. 이 때문에 넘쳐나는 비트 1을 제거하면 쉽게 뺄셈을 할 수 있다.
③ 또한 4비트에서 음수 8과 양수 7까지를 표현할 수 있다는 점도 장점이다.

양수		2의 보수로 나타낸 음수	
10진수	2진수	10진수	2진수
0	0000	① 음수 0이 없음	
1	0001	-1	1111
2	0010	-2	1110
3	0011	-3	1101
4	0100	-4	1100
5	0101	-5	1011
6	0110	-6	1010
7	0111	-7	1001

② 2진수와 2의 보수로 나타낸 음수의 합은 모두 1 0000 임
③ -8을 나타내기 위해 1000을 사용함

■ 2의 보수를 사용해서 정수의 뺄셈을 해 보자

컴퓨터는 뺄셈을 위한 별도의 회로를 만들지 않고 보수를 이용해서 뺄셈을 수행한다. 예를 들어 A – B라는 뺄셈을 할 때 A + (B의 보수)로 바꾸어 연산을 수행한다. 이때 자리 올림수가 발생할 수 있는데 이 자리 올림수가 있으면 이를 버린다. 만일 자리 올림수가 없다면 그 자체가 해가 된다.

2의 보수를 이용해서 간단한 뺄셈을 수행하는 방법을 알아보자. 하나는 〈큰 정수 – 작은 정수〉, 또 다른 하나는 〈작은 정수 – 큰 정수〉, 마지막으로 〈음의 정수 + 음의 정수〉를 구해볼 것이다.

큰 정수 – 작은 정수(예: 7 – 6 = 1)
• 7 - 6 연산 : 0111 - 0110을 0111 + 1010(2의 보수)로 치환함 • 결과는 1 0001이 됨 • 자리 올림수 1이 있기 때문에 1을 삭제하여 0001이 답이 됨.
작은 정수 – 큰 정수(예: 4-6 = -2)
• 4 - 6 연산 : 0100 - 0110을 0100 + 1010(2의 보수)로 치환함 • 결과는 1110이 됨 • 자리 올림수가 없기 때문에 1110(-2)가 답이 된다. (표 참고)
음의 정수 – 양의 정수(-4 -2 = -6)
• -4 - 2 연산 : 1100 - 0010을 1100 + 1110(2의 보수)로 치환함 • 결과는 1 1010이 된다. 자리 올림수가 있기 때문에 삭제하면 1010(-6)이 됨. (표 참고)

■ 컴퓨터는 1/3을 어떻게 나타낼까?

컴퓨터를 이용하여 수를 다룰 때 문제가 될 수 있는 수치 오류에 대해 알아보도록 하자. 1을 3으로 나눈 1/3의 해는 무엇일까? 우리는 쉽게 0.333333... 으로 시작하는 무한 소수라고 대답할 수 있다. 그렇다면 이러한 무한히 계속되는 소수를 컴퓨터로는 어떻게 표현할까? 컴퓨터는 매우 빠른 연산을 하지만 안타깝게도 한정된 저장 장치를 가지고 있기 때문에 무한을 표현할 수 없다. 그러면 무한히 반복되는 무한 소수를 컴퓨터는 어떻게 표현해야 할까? 이 질문에 대한 컴퓨터의 해답은 다음과 같다. 실제 답에 매우 가깝긴 하지만 오차를 가지는 근사치를 표현하는 수밖에 없다. 예를 들어 1/3의 답은 무한히 표현할 수는 없으니 0.3333333333333 까지만 표현하는 것이다. 또한, 2진수 숫자인 0과 1만을 이용해서 이를 표현해야만 한다. 컴퓨터가 실수를 나타내는 표준화된 방식은 **부동 소수점**floating point 방식으로 숫자를 0과 1을 이용해서 근사해서 표현한다. 부동 소수점에서 부동은 움직이지 않는다는 뜻의 不動이 아니며, 오히려 그 반대의 의미로 소수점이 떠다니며 움직인다는 의미의 부동 *浮動*을 의미한다.

부동 소수점 방식으로 실수 값을 표현할 때 $(-1)^s \times M \times 2^E$ 와 같이 부호 비트 s , 유효 숫자 M , 지수 E를 이용하여 표현하며 값을 2진수로 저장한다.

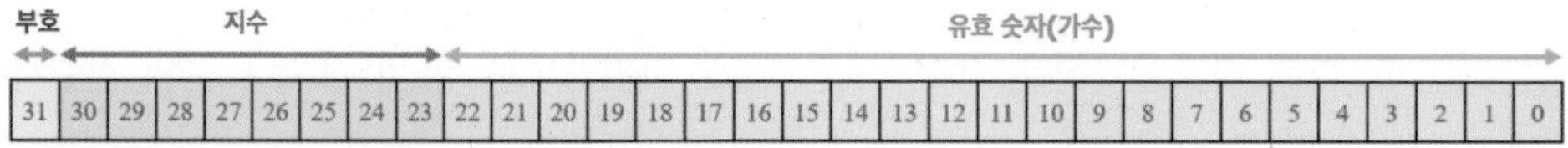

위의 그림을 살펴보면 32개의 비트를 사용하여 실수를 나타내는데 부호를 나타내는데

한 비트, 지수를 나타내는 8 비트, 유효 숫자(가수)를 나타내는데 23 비트를 사용하고 있다. 이러한 이유로 **컴퓨터가 나타내는 실수에는 오차가 있을 수 있다는 점에 항상 유의**해야만 한다. 부동 소수점 표기 방식중 32 비트와 64 비트로 표기하는 방식이 있을 수 있는데, 64비트 표기법이 더 정밀한 실수 표현이 가능하다. 하지만 실수의 정밀도가 많이 요구되지 않을 경우 32 비트 표기법이 메모리를 절약할 수 있는 방법이다.

3.5 컴퓨터의 기억 장치와 중앙 처리 장치를 알아보자

기억 장치의 종류와 계층 구조

컴퓨터의 기억 장치는 데이터를 읽고/쓰는 기능이 가능한 **임의 접근 메모리**와 **읽기 전용 메모리**로 분류할 수 있다. 임의 접근 메모리는 영어로 Random Access Memory라고 하는데 그 약어인 RAM으로 표기하기도 한다. 영어 표기에서 사용된 Random은 **기억 장치의 어느 부분에 데이터가 위치하더라도 그 주소만 있으면 데이터를 바로 꺼내어 쓸 수 있다**는 의미를 가지고 있다. 반면 **읽기 전용 메모리**는 영어로 Read Only Memory라고 하는데 그 약어인 ROM으로 표기한다. ROM은 컴퓨터가 부팅하면서 수행하는 절차를 저장해 두는 제한적 용도로 사용되기 때문에 컴퓨터의 기억 장치라고 하면 주로 RAM을 지칭하는 경우가 많다.

ROM은 PC의 전원이 공급되지 않더라도 그 정보가 지워지지 않기 때문에 비소멸성 메모리라고도 하며, 전원 공급 여부에 관계없이 자료 보관이 가능한 정보들을 저장한다. 예를 들어, 기계의 특성 정보나 컴퓨터가 전원을 받아서 최초로 수행해야 할 내용을 담을 수도 있다. 이와 같이 컴퓨터가 처음 부팅될 때 수행해야하는 정보를 담고 있는 프로그램을 BIOS라고 하는데 이는 Basic Input Output System의 약자이다.

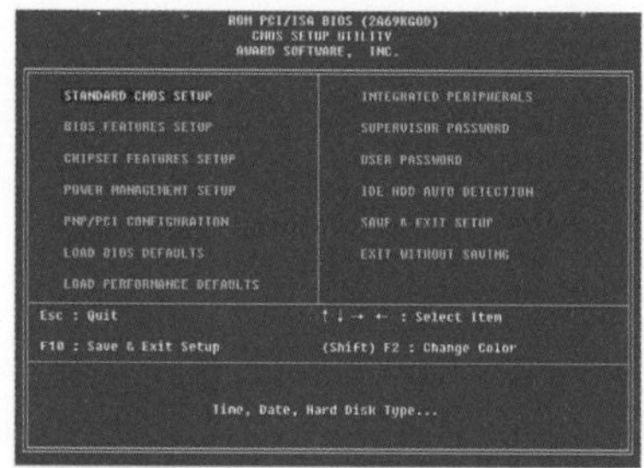

컴퓨터의 특성 정보와 부팅할 때 수행해야 할 내용이 있는 BIOS 화면의 예시

컴퓨터의 기억 장치는 좀 더 세분화할 수 있는데 기억 장치의 속도, 용량, 성능에 따라 계층적으로 분류하는 방법을 많이 사용한다. 컴퓨터의 기억 장치는 속도가 빠를수록 가격이 비싸기 때문에 전체 메모리 시스템의 가격을 최소화하면서 가능한 최소의 평균 접근 속도를 달성하기 위해서 기억 장치를 계층화적 구조로 만든다. 다음 그림은 계층적으로 나타낸 기억장치의 구조이다.

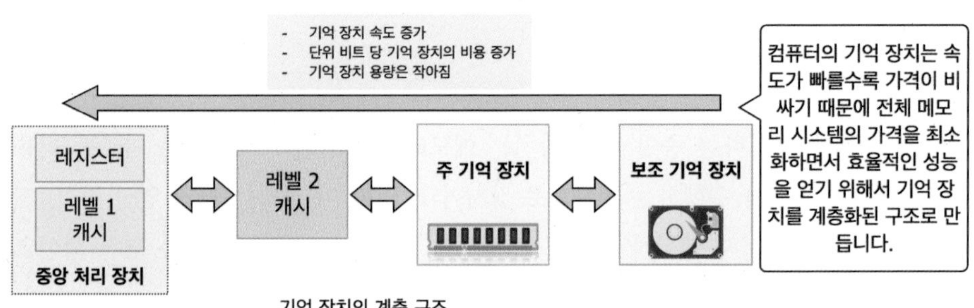

기억 장치의 계층 구조

그림에 나타난 **기억 장치의 계층 구조**를 자세히 살펴보자. 그림과 같은 구조에서 왼쪽으로 올라갈수록 데이터를 읽고, 쓰는 속도는 빨라지지만, 단위 비트 당 기억 장치의 비용이 증가한다. 따라서 중앙 처리 장치가 자주 사용하는 데이터를 상위 계층 기억 장치에 저장해야 기억 장치를 효율적으로 사용할 수 있다. 반면 중앙 처리 장치가 자주 접근하지 않는 데이터는 오른쪽 계층에 저장하는 것이 더 나을 것이다. 그림에 있는 기억 장치에 대한 세부적인 내용은 다음과 같다.

- 레지스터 : 그림에 나타난 가장 왼쪽의 기억 장치인 레지스터는 중앙 처리 장치 내에 존재하며, 중앙 처리 장치의 처리 속도와 비슷한 접근 시간을 가진다. 따라서 그 동작 속도는 매우 빠르지만 중앙 처리 장치 내부에 존재하기 때문에 적은 수의 정수형과 실수형 데이터만을 저장할 수 있다.
- 캐시 메모리 : 중앙 처리 장치가 주 기억 장치에 접근할 때 속도 차이를 줄이기 위해 사용된다. 이 기억 장치는 실행 중인 프로그램의 명령어와 데이터를 저장하며, 기억 용량은 적지만 접근 시간이 주 기억 장치보다 5~10배 정도 빠르다.
- 주 기억 장치 : 중앙 처리 장치가 직접 데이터를 읽고 쓸 수 있는 곳으로 컴퓨터의 핵심이 되는 기억 장치이다. 일반적으로 레지스터나 캐시 메모리보다 기억 용량이 크다.
- 보조 기억 장치 : 주 기억 장치에 비해 접근 시간은 매우 느리지만 기억 용량이 크다. 보조 기억 장치는 데이터를 파일 형태로 만들어서 영구적으로 보관하는 주로 용도로 사용한다. 최근에 많이 사용되는 솔리드 스테이트 드라이브(SSD)는 반도체를 이용하여 저장하는 방식으로 하드디스크 드라이브(SSD)에 비하여 매우 빠른 읽기/쓰기가 가능하다

그림에서는 캐시 메모리가 레벨 1(L1) 캐시, 레벨 2(L2) 캐시 메모리로 나타나 있는다. 캐시 메모리는 L1, L2, L3와 같이 좀 더 세부적으로 나누어지기도 하는데 그 이유도 수행 속도 향상을 위해서이다. 컴퓨터의 중앙 처리 장치는 주 기억 장치에 가서 데이터를 가져오기 전에 가까이에 있는 L1 캐시 메모리에 원하는 데이터를 찾게 되며, 여기에서 찾는 데이터가 발견되면 이를 사용한다. 만일 L1 캐시 메모리에 데이터가 없다면 순서대로 L2, L3에서 데이터를 찾는 방법을 사용한다.

중앙 처리 장치의 구조

컴퓨터의 두뇌에 해당하는 중앙 처리 장치는 메모리에 저장된 프로그램과 자료를 이용하여 실제 필요한 작업을 수행하는 전자회로 장치이다. 또한 이 장치는 크게 연산 장치, 제어 장치, 레지스터 등 3가지 핵심적인 요소를 가지고 있다. 이 요소들은 내부 연결 회선으로 서로 연결되어 있는데 이것을 **버스**[bus]라고 한다.

- **연산 장치** : 연산 장치는 수치 연산을 위한 산술 연산 기능과 참, 거짓의 논리적 판단을 수행하는 논리 연산 기능으로 이루어지는데, 연산에 필요한 데이터를 레지스터에서 가져오며, 연산이 이루어지고난 결과를 다시 레지스터로 보내는 일을 한다.
- **제어 장치** : 제어 장치는 명령을 순서대로 실행할 수 있도록 제어하는 장치이다. 이 장치는 주 기억 장치(메모리)에서 프로그램 명령어를 꺼내 해독하고, 그 해독한 결과에 따라 명령어 실행에 필요한 제어 신호를 기억 장치, 연산 장치, 입출력 장치로 보낸다. 이 제어 신호를 받은 장치들은 이 신호를 통해 수행할 동작을 결정하게 된다.
- **레지스터** : 레지스터는 중앙 처리 장치 내부에 있는 작은 용량의 매우 빠른 기억 장치이다. 이 기억 장치는 명령어 주소, 코드, 연산에 필요한 데이터, 연산 결과 등을 임시로 저장하는 일을 하는데 용도에 따라 범용 레지스터와 특수 목적 레지스터로 구분하기도 한다.

중앙 처리 장치의 핵심 요소

중앙 처리 장치는 컴퓨터에 내장된 시계가 주기적으로 만들어 내는 신호에 따라서 동작하는 구조로 되어 있다. 이 내장 시계를 클럭clock이라고 하며 이 클럭은 0과 1의 신호를 번갈아가면서 만들어낸다. 이 클럭이 1초 동안에 많은 신호를 번갈아 만들어낼수록 컴퓨터의 동작은 빨라진다. 그 이유는 이 신호에 동기화되어서 중앙 처리 장치 내부의 명령어가 동작하기 때문이다. 예를 들어, 클럭 수가 3.0 GHz이면 초당 30억 번의 명령어 처리를 할 수 있다는 것을 의미한다. 다음 그림을 보면 ①이 1 클럭 신호를 만들때, ②는 2 클럭 신호를 만들어낸다. 따라서 CPU는 ②의 경우 ①보다 2배 더 빠르게 동작할 수 있는 것이다.

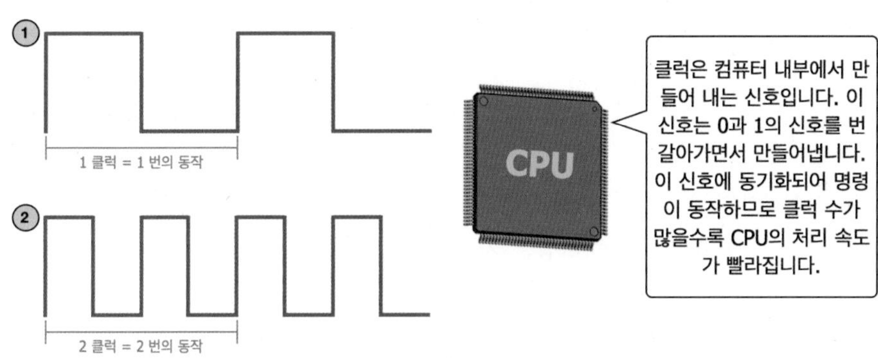

이 밖에도 컴퓨터의 성능을 평가하는 단위는 MIPS, FLOPS 등이 있는데 다음의 표에 상세한 설명이 나와 있다.

평가 단위	설명
MIPS	Million Instructions Per Second의 약자료 1초 동안 처리할 수 있는 명령의 개수를 100만 단위로 나타낸다.
FLOPS	Floating-point Operation Per Second의 약자로 1초 동안 처리할 수 있는 부동소수점 연산의 횟수를 나타낸다.
클럭	1초 동안 발생하는 클럭 펄스의 주파수를 표시한다.
Hz	중앙 처리 장치가 동작하는 클럭 속도의 단위로 전기적 주파수를 의미한다. KHz는 1천 Hz, MHz는 1백만 Hz, GHz의 경우 10억 Hz이다.

요약

01 컴퓨터의 바탕이 되는 **디지털 세상에서 저장되고 표현되는 데이터는 0과 1의 전자기적 신호**로 구성된다.

02 국가마다 문자를 표현하기 위하여 자체적으로 고유한 코드를 사용할 수도 있으나 이렇게 할 경우 너무 많은 코드들이 존재하는 문제가 생기게 된다. 따라서 **국제적으로 전 세계의 모든 문자를 나타내는 공통의 표준 코드를 제정**하자는 요구가 발생하여 1991년 **유니코드**가 제정되게 되었다.

03 유니코드 인코딩 방법 중 하나인 UTF-8은 **1 바이트와 4 바이트를 모두 사용하여 문자를 표기하는 방식**을 사용한다. 이것을 **가변 길이 문자 인코딩** 방식이라고 하는데, 인코딩 방식은 다소 복잡하지만 매우 효율적으로 메모리를 사용할 수 있다.

04 3차 산업혁명은 컴퓨터가 급격하게 발전함에 따라서 시작된 지식 정보 혁명이다. 이에 따라 많은 정보와 **데이터가 디지털로 생산, 저장, 수정, 배포, 재가공**되는 큰 변화를 겪게 되었다.

05 우리가 흔히 이야기하는 **소리**란 **공기와 같은 매질을 통해서 전달되는 진동**이다. 이렇게 발생한 자연계의 진동이 1초에 몇 번 발생하였는지를 표현하는 단위를 **헤르츠**라고 한다.

06 우리가 가진 많은 데이터를 보관하고, 배포하고, 가공하는 방법으로 여러 가지가 있으며 컴퓨터가 다룰 수 있는 신호는 크게 두 가지 형식이 있다. 바로 **'아날로그'** 신호와 **'디지털'** 신호이다.

07 컴퓨터가 가지는 표현의 한계로 인하여 **컴퓨터를 이용한 연산의 결과가 수학적 연산의 결과와 종종 일치하지 않는 경우**도 있다.

08 장치의 입력으로 들어가서 다양한 연산을 수행하게 되는데 이 **논리 연산의 결과가 바로 컴퓨터가 하는 일이 되는 것**이다. 이러한 논리 연산을 수행하는 전자기 회로를 **논리회로** 또는 **논리 게이트**라고 한다.

09 컴퓨터의 기억 장치는 데이터를 읽고/쓰는 기능이 가능한 **임의 접근 메모리와 읽기 전용 메모리**로 분류할 수 있다.

10 컴퓨터의 두뇌에 해당하는 중앙 처리 장치는 메모리에 저장된 프로그램과 자료를 이용하여 실제 필요한 작업을 수행하는 전자회로 장치이다.

연습문제

[단답형 문제]

아래의 보기를 참고하여 괄호 안에 들어갈 적절한 단어를 적으시오.

01 우리는 일상 생활에서 10진법을 주로 사용하지만 컴퓨터는 ( )을 사용한다. 이진수에서는 기호가 ( )과 ( ) 밖에 없다.

02 영문자뿐만 아니라 한글과 한자를 비롯한 전세계의 모든 문자를 표현하기 위해 사용하는 국제 표준 부호는 ( )이다.

03 흔히 자료라고도 하는 ( )란 **현실 세계에서 측정하고 수집한 사실이나 값**을 말하며, ( )는 **어떠한 목적이나 의도에 맞게 데이터를 가공 처리한 것**을 말한다.

04 연속적인 신호를 이진 데이터로 나타내는 과정중 ( )는 아날로그 신호를 특정한 시간 간격으로 쪼개서 그 양을 알아내는 것이다.

05 디지털 이미지 데이터는 색상을 표현하는 점들이 모여 한 장의 이미지가 되는 ( ) 방식과 점과 곡선, 면들이 수학적인 식으로 표현된 ( )이미지로 나뉜다.

06 ( )이란 우리가 사용하는 수를 기호를 이용해서 서로 다르게 나타내는 방법을 말한다.

07 표현하고자 하는 정보에 비하여 컴퓨터가 나타낼 수 있는 비트의 수가 부족할 경우 정보를 제대로 표현할 수 없는 오류가 발생하는데 이것을( )라고 한다.

08 논리 연산에 대한 이론적인 근거는 **조지 불**의 연구에 의해서 큰 발전을 이룩하다. 불에 의해 창시된 ( )라고 하는 이 대수 공간에서는 참과 거짓의 명제만이 존재한다.

09 ( )란 한 자리의 2진수를 더하는 가산기이다. 한 자리의 2진수 덧셈은 입력 X, Y에 대하여 합과 자리올림이라는 출력이 필요하다.

10 한 자리의 2진수 덧셈뿐만이 아니라 여러 개의 비트에 대해서도 잘 동작하는 회로를 ( )라고 하는데 ( )는 입력 값으로 X, Y에 더하여 하위 비트로부터의 자리 올림도 필요하다.

11 진리표를 보고 논리 회로를 구성하는 기법을 다루는 분야가 바로(   )이라는 분야이다.

12 중앙 처리 장치는 크게 (   ), (   ), (   ) 3가지 핵심적인 요소를 가지고 있다.

13 중앙 처리 장치는 컴퓨터에 내장된 시계가 주기적으로 만들어 내는 신호에 따라서 동작하는 구조로 되어 있다. 이 내장 시계를 (   )이라고 하며 이 클럭은 0과 1의 신호를 번갈아가면서 만들어낸다.

14 컴퓨터의 기억 장치는 데이터를 읽고/쓰는 기능이 가능한 (   )와 **읽기 전용 메모리**로 분류할 수 있다.

15 컴퓨터의 기억 장치 조금 더 역시 세분화할 수 있는데 기억 장치의 속도, 용량, 성능에 따라 계층적으로 분류하는 방법을 많이 사용한다. 컴퓨터의 기억 장치는 속도가 빠를 수록 가격이 비싸기 때문에 전체 메모리 시스템의 가격을 최소화하면서 가능한 최소의 평균 접근 속도를 달성하기 위해서 기억 장치를 (   )로 만든다.

16 중앙 처리 장치는 컴퓨터에 내장된 시계가 주기적으로 만들어 내는 신호에 따라서 동작한다. 이 내장 시계가 만들어 내는 신호를 (   ) 이라고 한다.

[짝짓기 문제 1]

다음은 네가지 논리게이트에 대한 설명이다. 관련 있는 것을 올바르게 짝짓기하여라.

NOT 회로 •	• 0이 입력으로 들어오면 1을 내보내고, 1이 입력으로 들어오면 0을 내보낸다.
AND 회로 •	• 입력이 하나라도 1인 경우 나머지 값에 관계없이 1을 출력한다.
OR 회로 •	• 입력이 0, 0 또는 0, 1 또는 1, 0일 경우 0을 내보내며, 입력이 1, 1인 경우에만 출력이 1이 된다.
XOR 회로 •	• 두 개의 입력에 대하여 입력값이 0, 1 또는 1, 0으로 서로 다른 경우에만 1을 출력하는 특징을 가진다.

[짝짓기 문제 2]

다음은 기억 장치에 대한 설명이다. 관련 있는 것을 올바르게 짝짓기하여라.

레지스터 •	• 중앙 처리 장치가 직접 데이터를 읽고 쓸 수 있는 곳으로 컴퓨터의 핵심이 되는 기억 장치이다.
캐시 메모리 •	• 주 기억 장치에 비해 접근 시간은 매우 느리지만 기억 용량이 크다.
주 기억 장치 •	• 중앙 처리 장치가 주 기억 장치에 접근할 때 속도 차이를 줄이기 위해 사용된다.
보조 기억 장치 •	• 동작 속도는 매우 빠르지만 중앙 처리 장치 내부에 존재하기 때문에 적은 수의 정수형과 실수형 데이터만을 저장할 수 있다.

[짝짓기 문제 3]

다음은 중앙 처리 장치가 가진 핵심 요소에 대한 설명이다. 관련 있는 것을 올바르게 짝짓기하여라.

연산장치 •	• 명령을 순서대로 실행할 수 있도록 제어하는 장치이다.
제어장치 •	• 중앙 처리 장치 내부에 있는 작은 용량의 매우 빠른 기억 장치이다.
레지스터 •	• 수치 연산을 위한 산술 연산 기능과 참, 거짓의 논리적 판단을 수행하는 논리 연산 기능으로 이루어져 있다.

[객관식 문제]

다음 질문에 대하여 가장 알맞은 답을 구하여라.

01 컴퓨터는 초창기에 미국과 영국을 중심으로 발전하였다. 컴퓨터 기술의 초창기에 미국 국가 표준 협회라는 기관에 의해 제정된 영문자 위주의 표준 코드를 지칭하는 올바른 용어는 무엇인가?

1) 유니코드 2) 아스키 코드
3) 2진 코드 4) 10진 코드

02 유니코드의 인코딩 방식 중 하나로 1 바이트와 4 바이트를 모두 사용하여 문자를 표기하는 가변 길이 문자 인코딩 방식이다. 이 인코딩 방식은 다소 복잡하지만 매우 효율적으로 메모리를 사용할 수 있다. 이 인코딩 방식은 다음 중 무엇인가?

1) UTF-6 2) UTF-7
3) UTF-8 4) UTF-9

03 소리는 진동이 연속으로 이어지는 신호이므로 아날로그 신호이다. 이러한 연속적인 신호를 이진 데이터로 나타내는 과정중 하나로 가장 적절하지 않은 것은?

1) 표본화 2) 양자화
3) 이진화 4) 기수화

04 색을 표현하는 방법은 여러 가지가 있는데 대표적인 방법은 빛의 스펙트럼을 대표하는 빨간색, 녹색, 파란색의 강도를 섞어서 나타내는 것이다. 이 방법을 무엇이라 하는가?

1) BLUE 방식 2) RGB 방식
3) GREEN 방식 4) RED 방식

05 2진수 $011011000011_{(2)}$를 16진수로 바꾼 수는 무엇인가?

1) 6C2 2) 7C3
3) 7C2 4) 6C3

06 2진수 $101011010011_{(2)}$의 1의 보수는 무엇인가?

1) 010100101100 2) 110100101100
3) 010100010011 4) 101011010011

07 2진수 $101011010011_{(2)}$의 2의 보수는 무엇인가?

1) 010100101100
2) 010100101101
3) 010100010011
4) 101011010011

08 1의 보수를 사용하여 10진수 6을 2진수 음수로 올바르게 나타낸 것은 어느 것인가?

1) $0110_{(2)}$
2) $1010_{(2)}$
3) $1011_{(2)}$
4) $1001_{(2)}$

09 2의 보수를 사용하여 10진수 6을 2진수 음수로 올바르게 나타낸 것은 어느 것인가?

1) $0110_{(2)}$
2) $1010_{(2)}$
3) $1011_{(2)}$
4) $1001_{(2)}$

10 1의 보수를 사용하여 10진수 5를 2진수 음수로 올바르게 나타낸 것은 어느 것인가?

1) $0110_{(2)}$
2) $1010_{(2)}$
3) $1011_{(2)}$
4) $1001_{(2)}$

11 2의 보수를 사용하여 10진수 5를 2진수 음수로 올바르게 나타낸 것은 어느 것인가?

1) $0110_{(2)}$
2) $1010_{(2)}$
3) $1011_{(2)}$
4) $1001_{(2)}$

12 AND 게이트는 논리곱 연산을 수행하며 입력이 하나라도 0인 경우 0을 출력한다. 입력이 1과 0인 경우 AND 게이트의 출력값으로 알맞은 것은 무엇인가?

1) 0
2) 11
3) 10
4) 1

13 OR 게이트는 논리합 연산을 수행하며 입력이 하나라도 1인 경우 1을 출력한다. 입력이 0과 0인 경우 OR 게이트의 출력값으로 알맞은 것은 무엇인가?

1) 1
2) 10
3) 11
4) 0

14 XOR 게이트는 배타적 논리합으로 입력 값이 서로 다르면 1을 출력한다. 다음 중 출력이 0이 나오는 입력은 무엇인가?

1) 1과 0
2) 0과 1
3) 1과 1
4) 1

15 읽기 전용 메모리는 컴퓨터가 부팅하면서 수행하는 절차를 저장해 두는 제한적 용도로 주로 사용된다. 이 메모리의 영문 약자명은 다음 중 무엇인가?

1) MIPS
2) ROM
3) RAM
4) BIOS

[서술식 심화 문제]

01 데이터와 정보의 차이점을 상세하게 기술하여라.

02 오늘날의 컴퓨터가 유니코드와 같은 표준화된 문자 코드를 사용함으로서 어떠한 편익을 누리게 되었는가 기술하여라.

03 글꼴을 나타내기 위한 방법 중에서 비트맵 방식과 벡터 방식을 살펴보고 각각의 장점과 단점을 비교해 보시오.

04 컴퓨터의 두뇌 역할을 하는 중앙 처리 장치의 세부적인 기능에 대하여 조사하여라.

CHAPTER

4

운영체제를 알아보자

CONTENTS

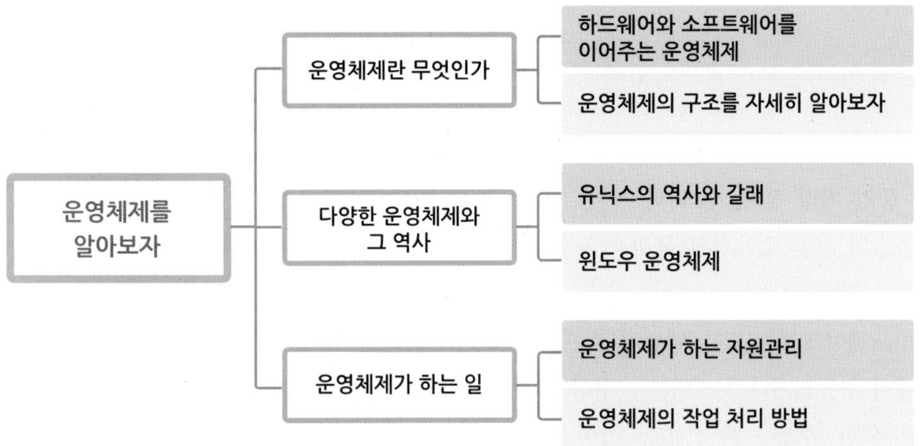

학습목표

- 컴퓨터의 하드웨어와 소프트웨어를 이어주는 운영체제의 역할을 이해한다.
- 다양한 전자기기에 들어가는 운영체제의 종류를 살펴보자.
- 다양한 운영체제의 역사에 대해 알아보자.
- 프로그램과 프로세스의 차이를 이해한다.
- 운영체제가 자원을 어떻게 처리하는지 알아보자.

4.1 운영체제란 무엇인가

하드웨어와 소프트웨어를 이어주는 운영체제

컴퓨터는 하드웨어와 소프트웨어로 이루어지는데 **하드웨어**hardware란 컴퓨터의 외부 케이스, **중앙 처리 장치, 주 기억 장치, 그래픽 카드, 메인 보드, 보조 기억 장치, 모니터 자판, 마우스**와 같은 컴퓨터의 물리적 부품을 의미한다. 이러한 하드웨어 장치를 **시스템 자원**이라고도 한다.

하드웨어에 대비되는 개념인 **소프트웨어**software라는 것이 있는데, 이는 **컴퓨터 하드웨어 상에서 구동되거나 처리되는 무형물을 뭉뚱그려 지칭하는 말**이다. 소프트웨어에는 문서 작성을 위한 아래아 한글 또는 마이크로소프트 워드, 인터넷 이용을 위한 크롬 브라우저, 스프레드시트 프로그램인 엑셀 등이 있다. 소프트웨어 중에서 우리가 흔히 접하는 문서 작성용 프로그램이나 웹 브라우저 프로그램, 게임 등은 흔히 **응용 소프트웨어**라고 하며 컴퓨터 하드웨어를 구동시켜 응용 프로그램이 동작되도록 하는 소프트웨어를 **시스템 소프트웨어**라고 하는데 시스템 소프트웨어 중에서 가장 대표적인 것이 운영체제이다. **운영체제**operating system:OS는 시스템 소프트웨어의 한 부분으로, 하드웨어와 같은 시스템 자원을 제어하고 관리하는 역할을 담당하며, 사용자에게 컴퓨터를 이용할 수 있는 인터페이스를 제공하고, 응용 소프트웨어를 구동시키는 일을 한다.

운영 제체의 역할을 좀 더 구체적으로 살펴본다면 다음과 같은 것이 있다.

1. 주 기억 장치, 보조 기억 장치, 중앙 처리 장치 등의 하드웨어 자원을 제어하고 관리한다.
2. 사용자가 명령을 통해서 컴퓨터를 조작할 수 있도록 사용자 인터페이스를 제공한다.
3. 여러 가지 응용 프로그램을 실행시키고, 필요에 따라 여러 개의 프로그램이 함께 잘 수행되도록 관리한다.
4. 컴퓨터 성능을 모니터링하며 보안기능, 암호화와 압축 기능, 인터넷 연결 기능 등을 제공한다.

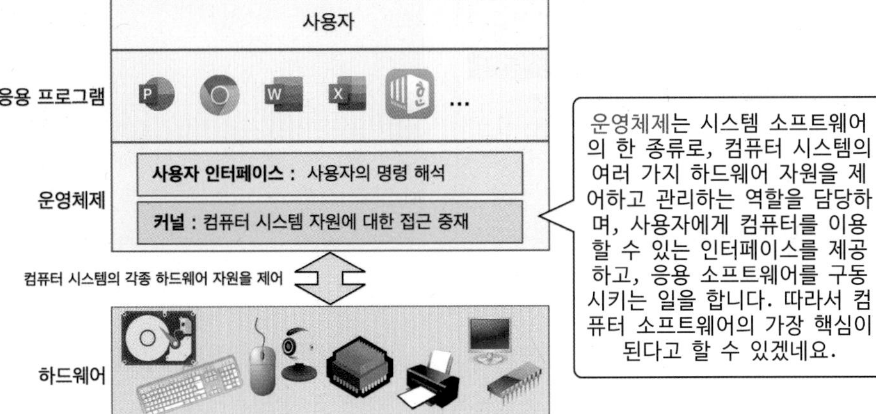

현재 많은 컴퓨터에서 수행되는 다양한 운영체제들이 있으며 특정한 응용 프로그램이 다른 운영체제에서는 수행되지 않는 경우가 많다. 개인용 컴퓨터의 경우 마이크로소프트사의 윈도우 운영체제를 주로 사용하고, 서버용 컴퓨터에서는 유닉스 계열 운영체제나 리눅스 운영체제를 주로 사용한다. 그리고 애플사의 맥 계열 컴퓨터는 macOS라는 운영체제를 사용한다.

다음은 개인용 컴퓨터나 서버용 운영체제로 사용되는 윈도우, macOS, 리눅스 운영체제의 특징을 비교하는 표이다.

운영체제	특징
윈도우	마이크로소프트 윈도우는 그래픽 사용자 인터페이스를 가진 개인용 컴퓨터용 운영체제이다. 윈도 운영체제는 2022년을 기준으로 전세계 PC 운영체제의 75% 가량을 차지하고 있으며 많은 응용 소프트웨어가 지원되고 있다.
macOS	macOS 운영체제는 애플사의 **아이맥**, **맥미니**, **맥북** 등과 같은 기기에서 구동되는 운영체제이다. macOS는 애플 기기들과의 연동성이 좋고, 보안성이 높으며, 사용자 인터페이스가 윈도에 비해 좋은 편이다. 영상 편집과 이미지 편집에 필요한 소프트웨어는 잘 지원되는 편이지만, 윈도우 운영체제와 비교하면 게임을 비롯한 많은 응용 소프트웨어가 부족한 편이다.
리눅스	리눅스 운영체제는 자유 소프트웨어 재단에서 배포하는 운영체제로 오픈 소스 방식의 운영체제이다. 이 운영체제는 윈도우나 macOS와 같은 폐쇄적인 운영체제와는 달리 누구나 운영체제의 개발과 배포에 참여할 수 있다. 오픈 소스 운영체제라 안정성이 뛰어나기 때문에 서버 용으로 많이 사용되지만 응용 소프트웨어는 다소 부족한 편이다.

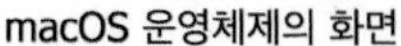
macOS 운영체제의 화면

윈도 운영체제의 화면

모바일용 운영체제란 아이폰이나 아이패드, 갤럭시 모바일 휴대폰과 태블릿 컴퓨터 등과 같은 모바일 기기에서 동작하는 운영체제를 말한다. 모바일 운영체제로 가장 널리 이용 중인 것은 다음과 같다.

운영체제	특징
iOS	iOS는 애플 아이폰에서 구동되는 모바일 운영체제로서 2007년도 출시된 아이폰과 함께 발표되었다. 이 운영체제는 정전식 터치스크린 화면에서 애플리케이션 소프트웨어(앱)를 구동시켜 그래픽 기반의 명령어 입력을 하는 운영체제이다. 발표 당시만 하더라도 애플사 이외의 외부 사용자가 개발한 프로그램을 구동하는 것이 불가능하였다. 그러나 2008년 앱스토어라는 온라인 소프트웨어 구매 장터가 열리면서 누구든지 앱를 개발하고 출시하는 것이 가능해졌다. 이후 다양한 기능을 하는 앱이 앱스토어에 출시되면서 시장에서 성공한 모바일 운영체제가 되었다.
안드로이드	안드로이드는 스마트폰, 태블릿 장치, 터치스크린 모바일 장치와 같은 기계에서 동작하도록 구글에서 개발한 운영체제이다. 2005년 구글은 모바일용 운영체제를 개발하는 안드로이드사를 인수하였으며 2007년도에 이 운영체제를 무료로 공개하였다. 이후 오픈 핸드셋 얼라이언스라는 기관을 통해 공개적으로 표준화된 기능을 지속적으로 개발하고 공개하고 있다.

iOS 운영체제의 화면

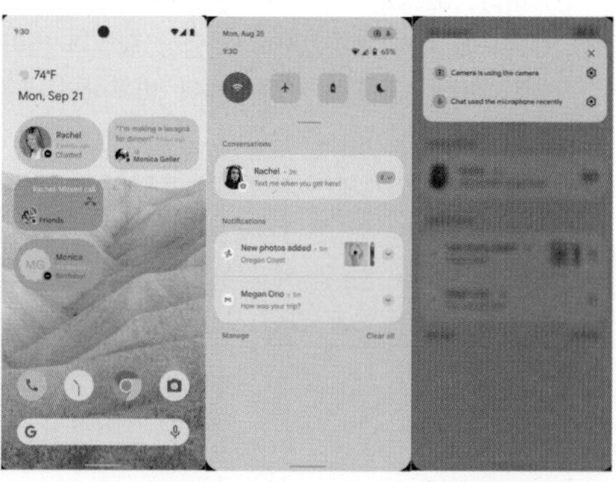

안드로이드 운영체제의 화면

컴퓨터 운영체제는 대부분 개인용 컴퓨터나 스마트폰, 태블릿에서 동작하도록 설계되고 애플리케이션이 개발되고 있다. 하지만 최근에는 자동차 내부의 디스플레이를 통해서 모바일 기기의 응용 프로그램을 이용할 수 있도록하는 기능도 제공되고 있다. 구글에서 개발한 **안드로이드 오토**나 **애플 카플레이**와 같은 프로그램은 자동차 안에서 스마트폰을 이용하여 전화 걸기, 메시지 보내고 받기, 음악 듣기, 내비게이션을 통한 길안내 받기 등의 기능을 하는 것도 가능하다.

안드로이드 오토가 구동되는 자동차의 디스플레이
출처 : bmw.co.kr

애플 카플레이가 구동되는 자동차의 디스플레이
출처 : gm-korea.co.kr

운영체제의 구조를 자세히 알아보자

운영체제는 프로그램의 일종이기 때문에 이를 동작시켜주기 위한 컴퓨터 하드웨어가 반드시 필요하다. 이렇게 하드웨어 위에서 동작하는 운영체제는 그 기능을 ① **사용자 인터페이스**, ② **시스템 호출**, ③ **커널**, ④ **디바이스 드라이버**로 좀 더 세분화시켜 볼 수 있다. 이 각각의 역할은 다음과 같다.

- **사용자 인터페이스** : 운영체제는 사용자가 내리는 명령을 컴퓨터에 전달하여 컴퓨터가 수행하도록 하고 그 결과를 다시 사용자에게 알려주는 구조로 동작한다. 사용자가 컴퓨터에 명령을 내릴때에는 명령어를 한 줄씩 입력하는 방식이 있는데 이 방식을 **명령 줄 인터페이스**command line interface:CLI라고 한다. 또 다른 방식으로 그래픽 표시 장치에 아이콘과 프로그램을 배치하고 사용자가 터치하거나 마우스를 클릭하는 방식으로 동작하는 **그래픽 사용자 인터페이스**Graphic User Interface:GUI 방식도 있다.

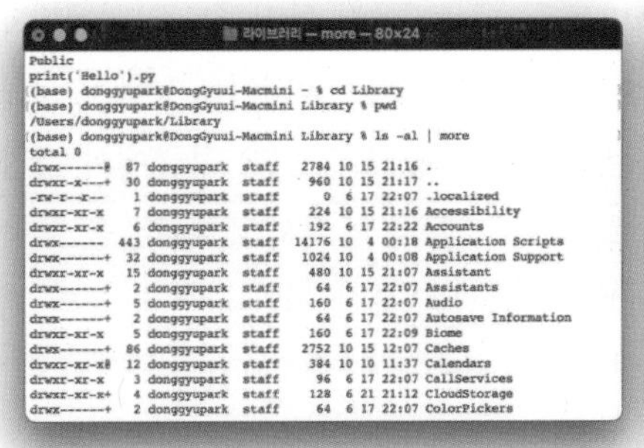

명령 줄 인터페이스를 이용한 컴퓨터 제어

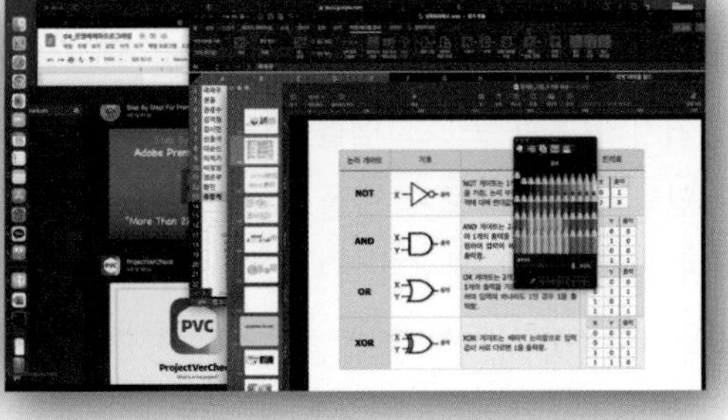

그래픽 사용자 인터페이스를 이용한 컴퓨터 제어

- **시스템 호출** : 시스템 호출이란 사용자나 프로그램이 직접적으로 컴퓨터 시스템 자원에 대해 접근하는 것을 막고 커널을 보호하기 위해 만든 인터페이스이다. 예를 들어 사용자가 만든 프로그램이 컴퓨터의 메모리에 직접 데이터를 읽고 쓰게 되면 컴퓨터의 운영체제가 존재하는 핵심 영역의 데이터까지 건드릴 수 있어서 악의적인 공격에 쉽게 노출된다. 이것을 예방하기 위해서 운영체제는 사용자가 지정된 시스템 호출문을 통해서 하드웨어 자원에 접근하도록 한다.
- **커널** : 커널이란 **프로세스 관리, 메모리 관리, 저장 장치 관리와 같은 운영체제의 핵심적인 기능을 모아놓은 부분**이다. 커널의 주요 기능은 컴퓨터의 시스템 자원들에 대한 접근을 중재하는 것인데, 구체적으로는 입출력 관리, 자원이 필요한 프로세스에 대한 메모리 할당, 프로세스와 메모리의 제어, 프로세스 간의 통신, 파일 시스템 관리, 시스템 콜과 같은 역할을 운영체제의 아래에서 수행한다.

- **디바이스 드라이브** : 컴퓨터는 여러 가지 종류의 하드웨어를 사용한다. 예를 들어 키보드만 하더라도 수백종 이상이 있기 때문에 이러한 하드웨어들을 운영체제에서 잘 인식하여 동작하도록 만드는 인터페이스가 필요하다. 이와같이 디바이스 드라이브는 **하드웨어 장치와 상호 작용하는데 필요한 프로그램**이다.

4.2 다양한 운영체제와 그 역사

유닉스의 역사와 갈래

컴퓨터의 초창기에는 운영체제가 없었기 때문에 하드웨어를 통해 원하는 작업을 하기 위해서 엔지니어들이 일일이 선을 연결해서 명령을 내리는 작업을 해야만 했다. 이 작업은 높은 숙련도가 필요했기 때문에 하나의 작업을 위한 비용과 시간이 많이 소비되었다. 컴퓨터가 점차 발전하면서 이러한 방식은 사용자의 명령을 **펀치 카드**punch card나 키보드에서 입력하고 이 명령을 컴퓨터가 해석하고 하드웨어에 명령을 내리는 방식으로 바뀌게 되었다. 이와 같이 사용자가 명령을 내릴때 이를 해석하고 기계가 수행하는 프로그램이 바로 **운영체제**인데 이 운영체제 중에서 비교적 오랜 역사를 가지고 있는 중요한 운영체제가 **유닉스**Unix 운영체제이다. 유닉스 운영체제는 1969년 AT&T 연구소의 **켄 톰프슨**Ken Thompson, **데니스 리치**Dennis Ritchie 등이 개발하였다. 1960년대 중반 메사추세츠 공과대학(MIT), AT&T 연구소, 제네럴 일렉트릭 사는 GE-654라는 메인 프레임 컴퓨터에서 동작하는 **시분할 운영체제인 멀틱스**Multics라는 운영체제의 개발에 힘을 기울였다. 이렇게 개발이 완료된 멀틱스 운영체제는 혁신적인 기능을 가지고 있기는 했으나 동시에 많은 문제점도 가지고 있었다. 이 운영체제는 많은 기능을 담다보니 너무 커졌고 이로 인해서 느리게 동작했기 때문에 당시의 컴퓨터 환경에서 널리 사용되는데 한계가 있었다.

따라서 이 제품은 시장에 나오지 못하고 프로젝트에 참여했던 연구원들도 하나 둘 다른 자리로 이동하게 되었다. 그러나 켄 톰프슨, 데니스 리치를 비롯한 일부 연구원들은 이 프로젝트의 경험을 바탕으로 작고, 빠르게 동작하는 기능을 가지는 운영체제를 새롭게 만들었으며 이 운영체제의 이름을 멀틱스에 반대되는 개념인 **유닉스**Unix라는 이름으로 정했다. 유닉스 운영제제의 개발에 참여한 데니스 리치의 또 다른 큰 기여는 **C 프로그래밍 언어**의 발명이다. 유닉스 운영체제는 초창기에 어셈블리어로 개발되었다. 따라서 이 운영체제를 다른 기계에 사용하려면 모든 코드를 새롭게 개발해야 하는 어려움이 있었다. 이러한 문제점을 해결하고자 데니스 리치는 C라는 이름의 프로그래밍 언어를 만들고 이 언어를 바탕으로 유닉스 운영체제를 다시 만들었다. **C로 만들어진 유닉스 운영체제는 어셈블리어로 작성된 운영체제에 비해서 쉽게 옮겨서 운영할 수 있었기 때문에 빠르게 확산**되었다. 또한 C

언어 역시 속도가 빠르고 문법이 간결해서 많은 프로그래머들로부터 큰 인기를 얻었으며, 이 언어로 개발된 유닉스 운영체제가 많은 기계에서 동작하는데 큰 기여를 하였다.

유닉스를 개발한 데니스 리치와 켄 톰프슨, 그리고 PDP-11 컴퓨터

브라이언 커니핸, 데니스 리치의 The C Programming Language 책

한걸음 더 : 이식성

한 개발자가 개발한 응용 프로그램 X가 A라는 운영체제에서 잘 동작해서 사용자들의 인기를 얻게 되면 B라는 운영체제를 사용하는 사용자들 역시 이 프로그램을 사용하고자 할 것이다. 이 경우 응용 프로그램 X를 B라는 운영체제에서 사용할 수 있도록 해야하는데, 이를 위해서는 코드의 일부를 수정해야만 하는 경우가 많다. 이렇게 A 운영체제나 기계에서 동작하는 코드를 B 운영체제나 기계에 옮기는 코딩 작업을 **이식**porting이라고 한다. 이식이라는 용어는 **옮겨 심는다**는 의미인데, 컴퓨터 분야에서는 한 응용 프로그램을 다른 운영체계나 기계로 옮길 때 수행하는 작업을 의미한다.
프로그래머는 자신의 코드가 여러 운영체제나 기계에서 잘 동작하도록 여러 가지 상황을 고려하여 설계하고 코딩하는 것이 필요한데 이렇게 잘 만들어진 코드는 **이식성**portability이 좋다고 한다. 반대로 여러 가지 상황을 고려하지 않은 상태로 만들어진 코드는 이식성이 나빠서 여러 운영체제나 기계에서 잘 동작하지 않는 경우가 많다.

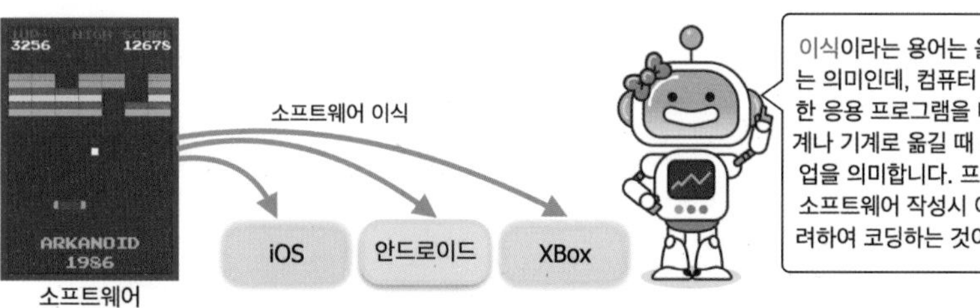

유닉스 운영체제는 AT&T사가 개발하여 소스코드를 배포하는 방식으로 여러 가지 컴퓨터에 이식되어 사용되었다. 이렇게 연구소와 대학을 중심으로 유닉스가 보급되기 시작하던 1970년대 말 캘리포니아 대학교 버클리 캠퍼스의 **컴퓨터 시스템 연구 그룹**에서 이 소스코

드를 받아서 수정하여 개발한 후 새로운 버전의 유닉스를 만들었는데 이것이 BSD[Berkeley Software Distribution] **유닉스**이다. BSD 유닉스는 많은 워크스테이션 컴퓨터 제조사에서 저작권을 받아와서 사용하였는데, 변형된 BSD 유닉스에는 썬 마이크로시스템즈사의 SunOS와 DEC사의 Ultrix 등이 있다. 또한 이 운영체제는 공개 소스 정책을 펴는 유닉스 버전인 FreeBSD, OpenBSD, NetBSD, Darwin, TrueOS 등의 여러 유닉스 시스템의 기초가 되었다.

한편 최초의 유닉스 운영체제를 개발한 AT&T사의 유닉스는 몇 차례 버전 향상을 통해서 그 기능이 개선되었는데 **유닉스 시스템** V[UNIX System V] 버전의 유닉스 운영체제는 최초의 상용 버전 유닉스 가운데 하나이다. 이 유닉스는 **시스템** V(숫자 5) 유닉스 또는 간단히 SysV라고 표기하였는데, 이 시스템 V의 4가지 주된 버전은 "릴리즈 1, 2, 3, 4"라는 이름으로 점차 개선되어 출시되었다. 여러 릴리즈 중에서도 시스템 V 릴리즈 4, 곧 SVR4는 상업적으로 가장 성공한 버전이 되었다.

다음 연대기 그림은 유닉스의 역사와 다양한 종류의 유닉스 갈래를 나타내고 있다. 그림의 주황색 상자는 BSD 유닉스 계열이며, 노란색 상자는 켄 톰프슨, 데니스 리치에 의해서 개발된 유닉스, 파란색은 유닉스 시스템 III와 V 계열, 연두색은 GNU 리눅스 계열을 나타내고 있다.

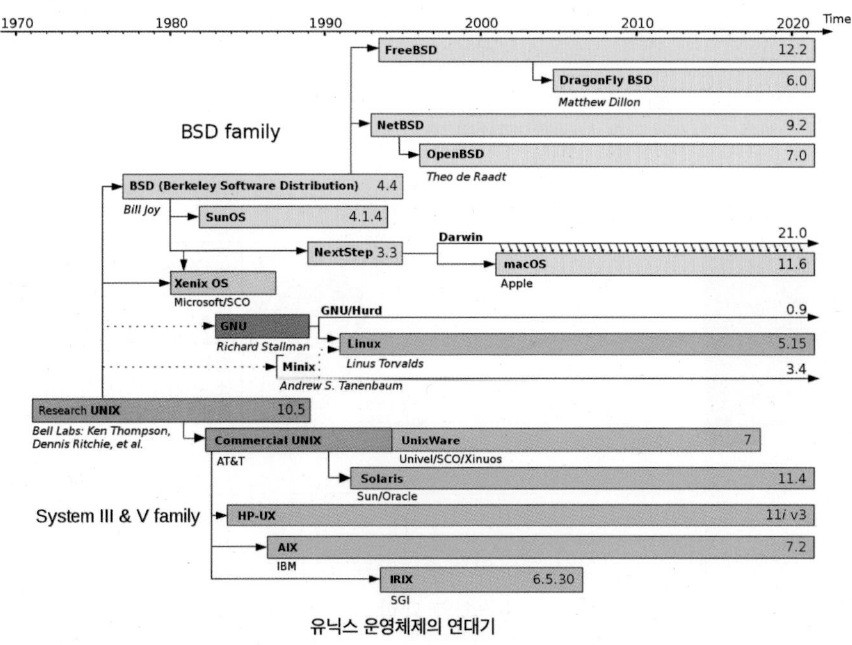

유닉스 운영체제의 연대기

그림을 살펴보면 오늘날 애플사의 **아이맥**iMac, 맥북 컴퓨터에 주로 탑재되는 macOS 운영체제가 Darwin이라는 운영체제에 기반하고 있으며 이 운영체제의 조상으로는 NextStep, BSD 유닉스가 있음을 알 수 있다.

한걸음 더 : iOS, iPadOS, watchOS, tvOS에 탑재되는 Darwin 커널

오늘날 전세계의 기술 기업중에서 가장 높은 기업 가치를 차지하고 있는 애플사의 다양한 제품들 중에서 아이폰에 탑재되는 운영체제인 iOS, 아이패드에 탑재되는 운영체제인 iPadOS, 애플워치의 운영체제인 watchOS, 애플 TV의 운영체제인 tvOS 등은 모두 동일한 운영체제 커널인 **Darwin 커널**이 탑재되어 있다. **커널**kernel이란 운영체제의 여러 기능 중에서 컴퓨터의 실행에 필수적인 부분으로 항상 메모리에 상주하는 부분을 말한다.
따라서 애플사의 여러 기기들은 모두 동일한 운영체제 코드를 가지고 있다고 할 수 있으며, 기기에 따라 사용자 인터페이스와 코코아 터치, 미디어 등의 프레임워크 부분만이 서로 다를 뿐이다.

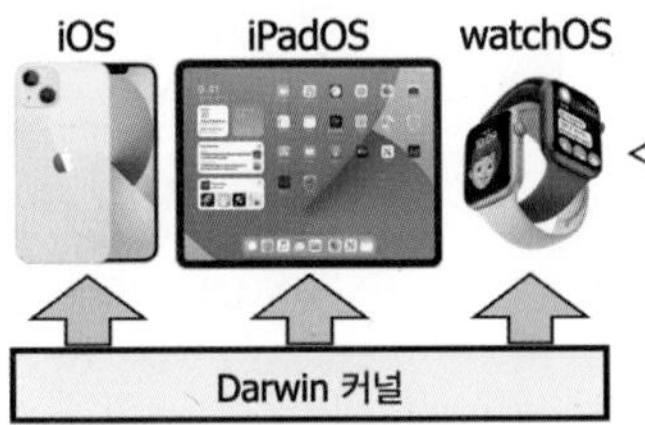

아이폰에 탑재되는 운영체제인 iOS, 아이패드에 탑재되는 운영체제인 iPadOS, 애플워치의 운영체제인 watchOS, 애플 TV의 운영체제인 tvOS 등은 모두 동일한 운영체제 커널인 Darwin 커널이 탑재됩니다.

리눅스 운영체제

리눅스 운영체제는 1991년 핀란드의 **리누스 토르발스**Linus Torvalds라는 대학생이 처음으로 개발하여 오픈 소스 방식으로 배포한 유닉스 계열의 운영체제이다. 그는 대학시절 앤드루 탄넨바움 교수의 운영체제에 관한 책을 읽고 개인용 컴퓨터에서도 잘 동작하는 유닉스 운영체제의 필요성을 느끼게 되었다. 그 후 자신의 집에 있는 컴퓨터에서 스스로 운영체제를 만들고, 이를 인터넷에 업로드하였다. 그는 누구든 자신이 개발한 이 새로운 운영체제의 소스 코드를 수정하고 배포하는 것이 가능하도록 라이선스 정책을 만들고 지속적으로 운영체제를 보완하였다. 리눅스 운영체제는 지금도 오픈 소스 정책에 동의하는 자발적인 개발자 그룹에 의해서 꾸준히 업그레이드되고 있는 운영체제이며, 세계적으로 가장 유명한 오픈 소스 프로젝트의 결과물로 인정받고 있다.

소프트웨어에 저작권을 강화하여 개발자와 기업의 이익을 보장하는 정책과는 반대로 소프트웨어의 저작권을 모두에게 개방하여 많은 이들이 소프트웨어의 혜택을 누리도록 하는 운동을 펼치고 있는 세계적인 기구가 있는데 이 기구의 이름은 **자유 소프트웨어 재단** Free Software Foundation:FSF이다. 이 재단에서 추진하는 프로젝트 중에서 유명한 프로젝트 중 하나가 **GNU 프로젝트**인데 GNU란 "GNU's not Unix!"라는 제목의 순환적인 약어를 가지는 다소 특이한 이름의 프로젝트이다. GNU 프로젝트는 컴퓨터에서 구동되는 모든 소프트웨어를 모두 자유롭게 "**실행, 복사, 수정, 배포**"하자는 것이며, 컴퓨터에서도 가장 중요한 프로그램인 운영체제의 소스 코드를 무료로 하자는 것이다. 이 프로젝트에 참여하는 이들에 의해서 만들어진 소프트웨어는 **GNU 일반 공개 저작권**General Public License:GPL이라는 이름으로 배포되는데 리눅스 운영체제 역시 GNU/Linux라는 이름으로 이 저작권을 통해서 배포되고 있다.

리눅스 운영체제의
창시자 리누스 토르발스

리눅스 운영체제의
마스코트

GNU 프로젝트의
트스코드

리눅스 운영체제는 유닉스 계열의 운영체제로 다음과 같은 특징이 있다.

1. 오픈 소스 운영체제 : 누구나 소스 코드에 접근하여 그 코드를 수정하고, 배포하는 것이 가능하다.
2. 높은 이식성 : 리눅스 운영체제는 소스 코드가 공개되어 있기 때문에 이 코드를 수정하여 여러 종류의 다른 하드웨어에 탑재하여 동작시키는 것이 가능하다. 따라서 성능이 떨어지는 모바일 장비에서부터 슈퍼 컴퓨터에 이르기까지 여러 종류의 다양한 기계에서 동작하며, 이를 지원하기 위한 이식성 있는 코드를 제공한다.
3. 다중 사용자와 다중 프로그래밍 : 이 운영체제는 동시에 여러 명의 사용자가 접속하여 컴퓨터의 자원을 이용하는 것을 지원하며, 동시에 여러 가지의 프로그램을 수행시킬 수 있다.
4. 높은 보안성 : 리눅스 운영체제는 사용자의 데이터를 잘 지켜주는 인증 시스템을 가지고 있다. 이를 위하여 사용자의 데이터를 암호화시키는 기능을 제공하며, 중요한 파일에 접근할 때 암호를 요청하기도 한다.
5. 지속적인 업데이트 : 소프트웨어의 업데이트가 상업적인 목적의 회사나 기관이 아닌 리눅스 사용자들에 의해서 이루어지기 때문에 버그가 발견될 경우 다른 운영체제에 비해서 비교적 빠르게 업데이트되고 배포된다.
6. 쉘과 명령줄 인터페이스 : 리눅스 운영체제는 시스템에 명령을 주기 위하여 반드시 필요한 필수적인 프로그램에 대한 명령줄 인터페이스를 제공한다. 그리고 사용자가 명령행에서 입력한 명령을 해석하는 프로그래밍 쉘을 제공하고 있다.

과거의 리눅스는 명령줄 인터페이스만을 제공하였기 때문에 일반인들이 이용하는 것이 매우 어려웠다. 하지만 최근 많은 기관에서 그래픽 사용자 인터페이스를 포함한 다양한 소프트웨어를 묶어서 패키지 형태로 배포하는 경우가 많다. 이렇게 리눅스 운영체제와 GNU 프로젝트에서 개발한 소프트웨어들을 하나로 묶어서 사용자가 이용하기 편리하도록 만든 것을 **리눅스 배포판**Linux distribution이라고 한다. 예를 들어 우분투 리눅스라는 리눅스 배포판은 그림과 같이 이용자가 사용하기에 편리하도록 그래픽 사용자 인터페이스를 제공하고 있다. 현재 가장 인기있는 리눅스 배포판으로는 우분투와 CentOS, 데비안 등이 있다.

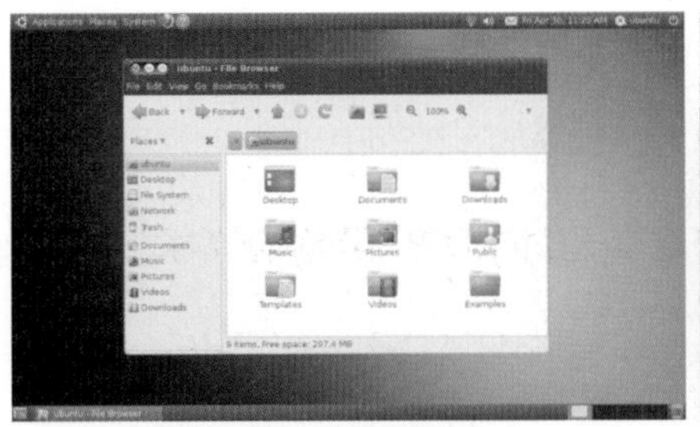

우분투 리눅스 운영체제의
그래픽 사용자 인터페이스 화면

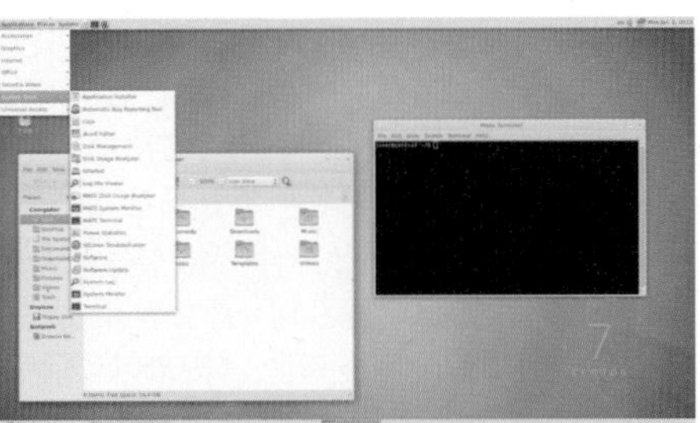

CentOS 리눅스 운영체제의
그래픽 사용자 인터페이스 화면

윈도우 운영체제

윈도우 운영체제는 마이크로소프트사가 개발하여 배포하는 운영체제로 개인용 컴퓨터와 서버용 컴퓨터에서 작동되는 버전이 있다. 1980년대 IBM사는 개인용 컴퓨터를 개발하면서 이 컴퓨터에 사용할 운영체제를 마이크로소프트사에 위탁하였고 마이크로소프트사는 기존에 있던 CP/M이라는 운영체제를 개선하여 MS-DOSMicrosoft Disk Operating System라는 이름으로 운영체제를 출시하였다. 이 운영체제는 큰 성공을 거두어 IBM사의 개인용 컴퓨터만이 아니라 인텔 계열의 많은 개인용 컴퓨터의 운영체제로 자리를 잡았다. 이 성공에 힘입어 마이크로소프트는 그래픽 기반의 운영체제인 윈도우 95를 출시하였으며, 2021년도에

초창기의 IBM 개인용 컴퓨터 광고

그래픽 사용자 인터페이스를 가진 윈도우 11 로고

는 **윈도 11**까지 출시하며 개인용 컴퓨터 운영체제로 큰 영향력을 가지고 있다.

윈도우 운영체제는 마이크로소프트사에서 지속적으로 개발하고 업데이트하여 배포하는 상용 운영체제로 다음과 같은 특징이 있다.

1. 그래픽 기반의 운영체제 : 유닉스와 리눅스처럼 명령행을 입력하여 컴퓨터에 명령을 내리는 방식이 아니라 그래픽 화면에 마우스로 아이콘이나 메뉴를 클릭하여 명령을 내리는 방식으로 동작한다. 윈도우 운영체제는 사용자가 컴퓨터에 명령을 내리는 인터페이스의 구성이 표준화되어 있어서 쉽게 운영체제를 익힐 수 있으며, 응용 프로그램을 익히는 것도 비교적 간단하다.
2. 선점형 멀티태스킹 : 윈도우는 동시에 여러 개의 프로그램을 실행시키는 멀티태스킹 운영체제인데, 이 작업 과정에서 운영체제가 각 작업의 CPU 이용 시간을 제어하여 응용 프로그램 실행 중 문제가 발생하면 해당 프로그램을 강제 종료시키고 모든 시스템 자원을 반환하는 방식으로 동작한다.
3. FAT32 파일 시스템 사용 : 윈도우는 디스크에 있는 파일을 배치하고 접근하는 파일 시스템으로 FAT32라는 방식을 사용한다. FAT는 파일 배치 테이블(File Allocation Table)의 약자로 파일이나 디렉토리가 디스크의 어느 위치에 있는가를 저장하는 테이블이다. FAT32 파일 시스템은 기존 FAT16 파일 시스템에 비해 하드디스크의 공간 낭비를 줄일 수 있는 기능이 있다.
4. 하드웨어 자동 감지 기능 사용 : 하드웨어 자동 감지 기능이란 Plug and Play의 약자로 PnP로 불리는 기능이다. 이 기능은 컴퓨터 시스템에 프린터나 사운드 카드 등의 하드웨어를 설치했을 때, 해당 하드웨어를 사용하는 데 필요한 시스템 환경을 운영체제가 자동으로 구성해주는 기능이다.
5. OLE 사용 : OLE란 Object Linking and Embedding의 약자로 다른 여러 응용 프로그램에서 작성된 문자나 그림 등의 객체(Object)를 현재 작성중인 문서에 자유롭게 연결(Linking)하거나 삽입(Embedding)하여 편집할 수 있게 하는 기능이다.
6. 코드와 분리된 리소스 : 컴퓨터 프로그램에서 리소스resource란 코드의 반대 의미로 프로그램에서 필요로하는 여러 가지 데이터를 말하며 메뉴, 비트맵, 아이콘 등이 있다. 윈도우즈 응용 프로그램은 코드와 리소스가 분리되어 있어 개발자와 디자이너가 분담 작업을 쉽게 할 수 있다.

마이크로소프트사는 최근 개인용 컴퓨터 만이 아니라 태블릿과 모바일 기기에서도 동작할 수 있도록 하는 새로운 운영체제 제품을 출시하고 있다.

macOS 운영체제

macOS 운영체제는 애플사에서 개발하여 **아이맥**, **맥미니**, **맥스튜디오**, **맥북** 등의 애플사의 맥 컴퓨터에 탑재하는 운영체제이다. macOS는 일관성 있는 그래픽 사용자 인터페이스를 제공하며, 높은 보안성을 가지고 있다. 그리고 애플의 아이폰, 아이패드와는 매우 매끄럽게 연동되어 파일과 화면을 쉽게 공유하는 기능을 제공하고 있다. 하지만 애플 이외의 회사에서 만드는 컴퓨터에는 탑재되지 않는 폐쇄적인 특징도 있다. StatCounter사의 2022년도 조사에 의하면 데스크톱 컴퓨터 시장에서 macOS 운영체제는 15% 가량의 점유

율을 차지하고 있다고 한다.

아이맥　　맥미니　　맥스튜디오　　macOS 몬터레이

macOS 운영체제는 스티브 잡스가 만든 NeXT사의 워크스테이션 제품인 NeXT 컴퓨터에 그 뿌리를 두고 있는데, NeXT 컴퓨터가 애플에 인수되면서 이 운영체제를 수정한 것이다. macOS는 BSD계열 유닉스 운영체제를 기반으로 하고 있으며 유닉스 표준을 만든 오픈그룹으로부터 유닉스 인증을 받아 기술적으로도 법률적으로나 완벽하게 유닉스 운영체제 기준을 충족한다. 따라서 현재 사용중인 PC용 **운영체제 중에서 유일한 유닉스 운영체제**라고 할 수 있다.

4.3 운영체제가 하는 일

운영체제가 하는 자원관리

운영체제의 가장 핵심적인 기능은 **컴퓨터의 자원을 효율적으로 관리하는 것**이다. 컴퓨터의 자원은 크게 하드웨어 자원과 소프트웨어 자원으로 나눌 수 있다. 이 중에서 하드웨어 자원은 CPU와 주 기억 장치, 보조 기억 장치를 비롯해 입출력 장치들로 구성된다. 컴퓨터의 두뇌에 해당하는 CPU는 **스케줄링**을 통해 여러 프로세스들이 CPU를 효율적으로 나누어 사용할 수 있도록 관리한다. 또한 메모리는 메모리 관리를 통해 한정된 메모리를 어떻게 나누어 사용할 것인가를 관리된다. 그리고 입출력 장치는 입출력 관리를 통해 각기 다른 입출력 장치와 컴퓨터 간에 어떻게 정보를 주고받을 것인가를 관리된다. 컴퓨터에서 데이터를 저장하는 장치인 디스크는 파일 관리를 통해 디스크에 파일을 저장되는 방식 및 접근 권한에 대해서 관리된다. 운영체제는 이런 많은 일을 하는 프로세스의 생성과 삭제, 자원 할당 및 반환, 프로세스 간 협력 등의 프로세스 관리를 한다. 그 밖에도 보호 시스템, 네트워킹, 명령어 해석기 등을 관리한다. 이렇게 많은 일을 하는 운영체제에 대해서 조금 더 깊이 살펴보도록 하자.

프로그램과 프로세스

프로그램program은 컴퓨터에서 특정 작업 또는 작업을 완료하기 위해 작성된 일정한 형식을 갖춘 명령어를 포함한 실행 파일이다. 프로그램과 프로세스의 특징을 알아보기 위해 구글의 크롬 브라우저가 구동되는 원리를 살펴보자. 크롬 브라우저를 통해서 웹에 접속하기 위해서 사용자가 바탕 화면에 있는 크롬아이콘을 클릭하면 chrome.exe라는 실행 프로그램이 구동된다. 이 실행 프로그램은 브라우저를 열고 웹 페이지를 탐색할 수 있는 일련의 명령어를 저장하고 있는 실행 파일이다. 따라서 사용자는 이 기능을 이용해서 웹 페이지를 볼 수 있을 것이다.

일반적으로 애플리케이션 프로그램은 컴퓨터의 주 기억 장치에 저장되지 않으며, 대신 컴퓨터의 디스크나 보조 기억 장치에 저장된다. 컴퓨터의 보조 기억 장치에 저장된 프로그램은 사용자나 운영체제가 실행시킬 경우 주 기억 장치에서 읽혀지고 커널에 의해 작동된다.

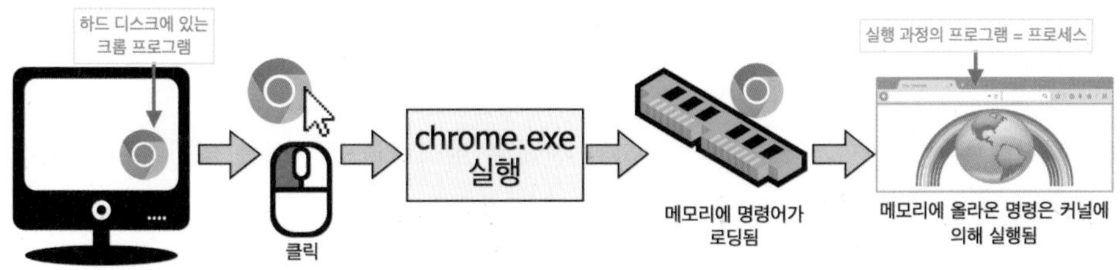

브라우저를 이용한 웹 서핑의 단계

특정 프로그램이 주 기억 장치에 적재되어 CPU에 의해서 실행 과정에 있을 때 이를 프로세스process라고 한다. 다른 말로 하자면 **응용 프로그램이 목적을 수행하기 위해서 활성화되어 있을 때**를 지칭하는 것이다. 여러분이 컴퓨터를 사용하다 보면 여러 개의 프로세스가 동시에 실행되는 경우가 있다. 예를 들어 크롬 브라우저가 실행되는 중에 아래아 한글 프로그램을 통해서 문서 작업을 하는 경우가 있을 것이며, 이미 크롬 브라우저가 실행 중일 때 아이콘을 한 번 더 클릭하여 크롬 브라우즈를 실행하는 경우도 있을 것이다. 이와 같이 많은 프로세스들이 구동중일 때 운영체제는 시스템 자원을 적절히 배분해서 여러분이 원할하게 웹 서핑과 문서 작업을 동시에 할 수 있도록 지원해야 한다.

이와 같은 차이점은 다음과 같이 요약할 수 있다.

1. **프로그램**은 프로그래밍 목표를 달성하기 위해 만든 명령어들의 모임이며, **프로세스**는 프로그램이 주 기억 장치에 적재되어 커널에 의해 **실행되는 부분**을 말한다.
2. 일반적으로 프로그램은 하드 디스크에 파일 형태로 저장되어 수명이 더 긴 반면, 프로세스는 수명이 짧고 최소한의 생명 주기를 가진다.
3. 프로세스는 실행을 위한 메모리 주소, 데이터의 저장 공간과 같은 많은 리소스를 관리하는 기능이 필요하다. 반대로 프로그램은 명령어를 저장하기 위해 보조 기억 장치의 저장 공간만이 필요하다.
4. 프로세스는 실행 상태에 있기 때문에 동적 또는 능동적 엔티티이다. 반면 프로그램은 수동적 또는 정적 엔티티이다.

운영체제의 작업 처리 방법

운영체제가 사용자의 요청을 받아서 작업을 처리하는 방법에는 여러 가지가 있다. 이렇게 많은 작업 처리 방식이 있는 이유는 컴퓨터의 발전 과정에서 하드웨어 자원을 최대한 효율적으로 활용하기 위해서이다.

■ 일괄 처리 방식

일괄 처리batch processing는 컴퓨터의 초창기에 널리 사용되던 운영체제의 작업 처리 방식이다. 이 방식은 운영체제가 처리를 시작하기 전에 프로그램과 데이터를 일괄적으로 수집한 다음 한 시점에 순서에 따라서 일괄적으로 작업을 처리하는 기법이다. 운영체제는 일괄 처리와 관련된 다음과 같은 활동을 수행한다.

1. 운영체제는 미리 정의된 연속적인 명령이나 프로그램, 또는 데이터를 하나의 단위로 묶는다. 이 단위를 작업job이라고 한다.
2. 운영체제는 메모리에 작업을 저장하고 개발자의 수작업 없이 작업을 실행한다.
3. 이때 작업은 먼저 제출된 순서인 선착순으로 처리된다.
4. 작업이 모두 완료되면 이 작업을 위한 메모리가 해제된다.

다음 그림은 일괄 처리의 작업 흐름을 보여주고 있다. n명의 사용자 n개의 작업을 컴퓨터에 요청하는 사항이 왼쪽의 그림이다. 일괄 처리 처리기는 이들 작업 단위를 일괄 처리 1, 일괄 처리 2라는 작업 단위로 묶는다. 이 때 작업 1, 2를 함께 묶는 방식이 아니라 유사한 처리 단위로 묶기 때문에 작업 2, 4, 5와 작업 1, 3이 하나의 단위가 되었다. 이 일괄 처리 작업 단위는 컴퓨터의 CPU에 보내지고 **CPU는 먼저 제출된 순서인 선착순으로 작업을 처리**한다.

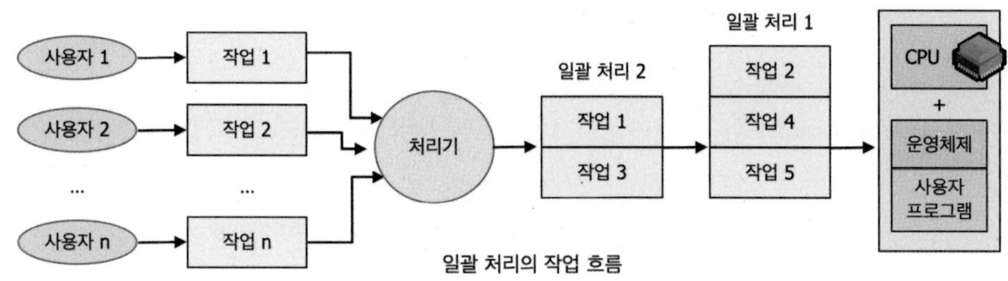

일괄 처리의 작업 흐름

이 방식은 여러 개의 작업을 한꺼번에 처리하기 때문에 개별 작업을 하나 하나 처리하는 방식보다는 더 효과적이다. 그러나 유사한 작업을 묶어서 처리해야하는 한계로 인해 즉각적인 응답이 필요한 게임이나 미디어 재생과 같은 작업에는 부적절하다. 게임이나 미디어 재생 작업은 사용자가 작업을 요청하는 즉시 화면에서 반응이 일어나야 하기 때문이다.

▪ 다중 프로그래밍

컴퓨터의 CPU는 매우 빠른 수치 연산이나 논리 연산을 수행할 수 있으나 사용자의 입력과 출력은 상대적으로 느리다. 따라서 사용자가 입출력을 하는 동안에 빠른 CPU 작업이 없어서 쉬게 되는 경우가 발생하기도 한다. **다중 프로그래밍**multi-programming이란 두 개 이상의 작업 프로그램을 동시에 메모리에 상주시키고 이 작업들을 하나의 CPU를 이용해서 실행하는 방식이다. 이와 같이 작업이 이루어지면 사용자 입장에서 여러 프로그램이 동시에 실행되는 것처럼 보인다. 이 기법은 CPU가 항상 실행할 작업을 가지도록 구성함으로써 CPU 활용률을 높이는데 목적이 있다.

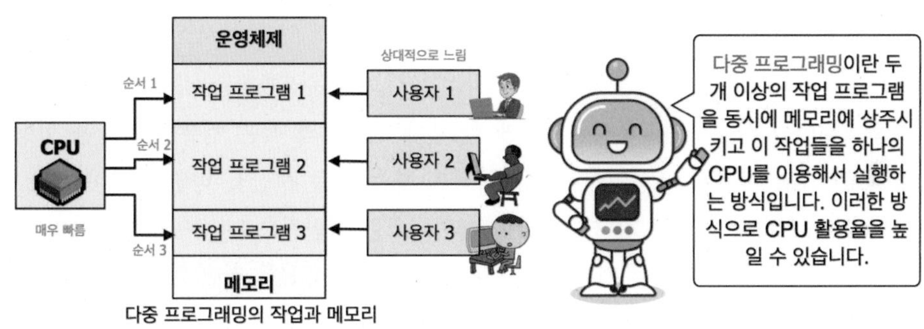

다중 프로그래밍의 작업과 메모리

▪ 시분할 시스템

시분할 시스템은 **다중프로그래밍과 논리적으로 유사하지만 조금 더 확장된 개념**이다. CPU는 **많은 작업을 교대로 수행하는 방법**으로 사용자가 실행시키고 있는 여러 개의 프로그램과 동시에 상호 작용할 수 있다. 그리고 시분할 시스템 운영체제를 사용하면 여러 사용자가 동시에 컴퓨터를 공유할 수 있다. 다음 그림을 살펴보면 사용자 1에서 사용자 6까지의 사용자 작업이 시분할 시스템에서 수행되고 있다. 이를 위해서 CPU의 작업 시간을 사용자들에게 나누어서 할당하여야 사용자들의 요청을 들어줄 수 있을 것이다. 따라서 현재 CPU가 사용자 5의 작업을 수행하고 있을때, 사용자 5의 작업이 **활성화 상태**에 있다고 한다. 사용자 5의 작업을 위한 시간이 종료되면, 다음 작업인 사용자 6의 작업이 수행되어야 하는데, 이를 위해서 사용자 6의 작업은 **준비 상태**에 들어가게 된다. 이렇게 교대로 CPU가 작업을 수행한 후 그 작업이 종료되면 이 프로그램은 메모리에서 내려가게 된다.

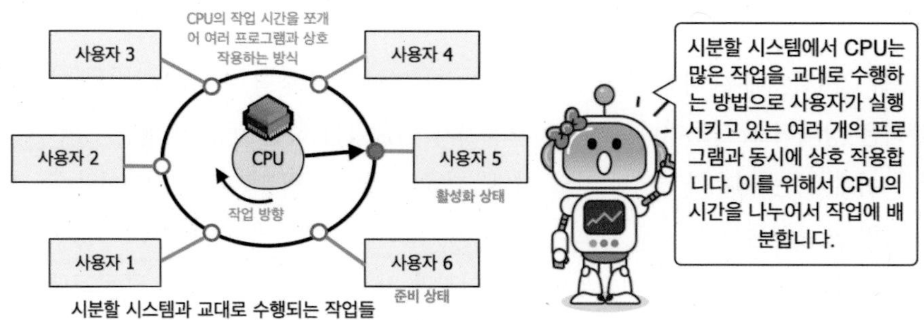

시분할 시스템과 교대로 수행되는 작업들

컴퓨터의 CPU는 처리 속도가 매우 빠르기 때문에 시분할 시스템을 사용하면 한 사용자에서 다른 사용자로 전환되는 작업 역시 매우 빠르다. 따라서 여러 명의 사용자들이 CPU를 공유해서 사용하고 있지만 개별 사용자 입장에서는 전체 컴퓨터 시스템이 그 사용자를 위해서 동작하고 있다는 느낌을 받게된다. 시분할 시스템 운영체제는 CPU 스케줄링과 멀티 프로그래밍을 사용하여 각 사용자에게 한 번에 컴퓨터의 작은 컴퓨팅 자원을 할당한다. CPU가 개별 사용자 프로그램을 위해서 할당하는 짧은 시간을 **타임 슬라이스**time slice 또는 **타임 슬롯**time slot이라고 한다. 이 타임 슬라이스는 일반적으로 10~100밀리초의 매우 짧은 시간 간격이다. 시분할 시스템 운영체제는 컴퓨터의 CPU를 작은 시간간격으로 쪼개어서 여러 작업을 하기 때문에 이전에 다룬 다중 프로그램 운영체제보다 다소 복잡하다. 하지만 이 방식은 컴퓨터의 CPU를 보다 더 효율적으로 활용할 수 있으며, 사용자를 위한 더 나은 서비스를 제공할 수 있다.

■ 다중 처리 시스템

다중 처리 시스템이란 컴퓨터 시스템 한 대에 CPU가 두 개 이상인 시스템을 의미하며, 각각의 CPU들이 아주 밀접하게 통신을 하는 구조를 가지고 있다. CPU가 하나인 시스템보다 CPU가 두 개 이상이 되면 작업을 여러 개의 CPU에 나누어서 병렬적으로 처리할 수 있다.

다중 처리 시스템은 단일 처리 시스템과 비교하면 다음과 같은 장점을 가진다.

1. 더 나은 성능 : CPU의 수가 여러 개이면 한 개의 CPU를 사용하는 컴퓨터에 비해 성능이 더 낫다. 이 성능 증가는 CPU가 N개 일 경우 정확하게 N배만큼 빠르지는 않는데 그 이유는 여러 CPU 간의 작업 과정에서 데이터 교환을 위한 시간이 필요하기 때문이다.
2. 비용 효율성 : 다중 처리 시스템은 CPU가 여러 개이기는 하지만 주변 장치, 보조 기억 장치, 전원 공급 장치와 같은 장치들을 공유한다. 따라서 비용 면에서 효율적이다.
3. 더 높은 신뢰성 : 다중 처리 시스템은 하나의 CPU가 고장나더라도 다른 CPU를 통해서 작업을 처리할 수 있기 때문에 시스템이 완전히 중지하지 않는다.

여러 대의 CPU가 있을 경우 이 CPU들을 최대로 활용하기 위해서는 각각의 CPU 리소스가 작업을 동시에 처리하기 위한 **병렬성**parallelism이 필요하다. 따라서 최근의 기술은 다중 처리 시스템의 성능을 최대로 끌어올리기 위한 병렬성에 주목하고 있다.

분산 시스템

분산 시스템은 **물리적으로 떨어져 있지만 네트워크에 의해 연결된 여러 대의 개별적인 컴퓨터 시스템이 중앙 컴퓨터의 분산 시스템 소프트웨어에 의해서 제어되는 형태**로 구성된다. 분산 시스템에 연결된 개별 컴퓨터는 다른 컴퓨터와 통신을 하면서 개별적인 자원과 파일을 공유하며 자신에게 할당된 작업을 수행한다.

분산 시스템의 가장 중요한 기능은 다음과 같다.

1. 개별 자원의 공유 기능 : 하드웨어, 소프트웨어 또는 데이터에 대하여 분산 시스템 내의 다른 컴퓨터와 공유한다.
2. 개방성 : 분산 시스템에서는 소프트웨어가 어느 정도 개방적으로 설계되었던 상관없이 서로 공유될 수 있다.
3. 병렬성 : 여러 대의 컴퓨터가 동시에 병렬적으로 동일한 기능을 처리할 수 있다.
4. 확장성 : 개별 컴퓨터에 부품을 바꾸는 방식이 아닌 네트워크 상에 컴퓨터를 추가하여 전체 계산 기능 및 처리 기능을 쉽게 추가할 수 있다.
5. 결함 허용성 : 시스템 내의 한 컴퓨터가 고장나더라도 이를 감지한 후, 다른 컴퓨터에 그 작업을 넘겨서 처리하면 된다. 따라서 한 컴퓨터 시스템에 결함이 생기더라도 전체 시스템은 견고하게 유지된다.
6. 투명성 : 한 노드가 시스템의 다른 컴퓨팅 플랫폼에 프로세스를 분산시키고, 이 분산된 프로세스를 논리적으로 하나의 시스템인 것처럼 수행시킬 수 있다. 예를 들어 사용자는 컴퓨터들이 물리적으로 어느 곳에 위치하는지 몰라도 필요한 경우 그 자원을 사용할 수 있다.

다음 그림은 네트워크 상에 분산된 컴퓨팅 자원과 그 연결 구조를 나타낸다. 컴퓨터 분야에서는 이러한 복잡한 연결 구조를 간단하게 구름 모양으로 나타내는 경우가 많다. 이와 같이 네트워크에 연결된 컴퓨터를 통해서 컴퓨팅 자원을 활용하는 것을 **클라우드 컴퓨팅**cloud computing이라고 한다.

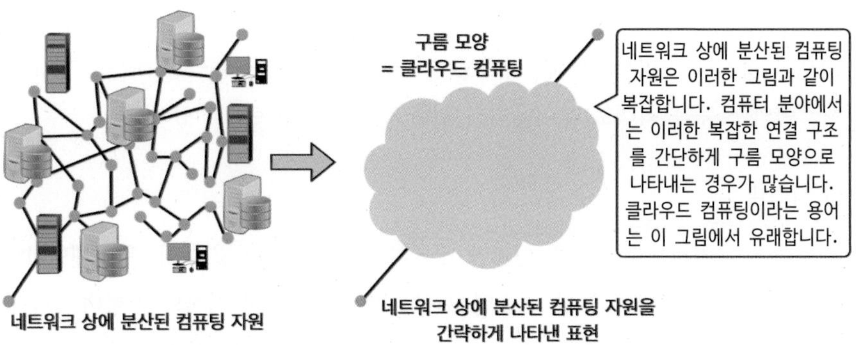

한걸음 더 : 구글의 분산 처리 기술

세계에서 가장 뛰어난 검색 기술과 인공지능 기술을 보유한 구글사는 인터넷 상의 서버로부터 방대한 정보를 가져와서 인덱싱한 후 1초에 약 6만 건 이상의 검색 서비스를 전세계의 사용자들에게 제공한다. 이러한 검색 서비스는 빠르고도 비싼 슈퍼 컴퓨터를 이용하지 않는다. 대신 구글은 여러 대의 저렴한 컴퓨터를 초고속 네트워크로 연결한 후 병렬적으로 처리하는 방식을 사용한다. 이러한 분산 처리를 위해서는 아주 많은 컴퓨터와 초고속 네트워크가 필요하다. 이를 **클러스터**cluster라고 한다. 클러스터의 기본 구성은 컴퓨터, 고속 네트워크, 클러스터를 구현할 수 있는 소프트웨어다. 슈퍼컴퓨터가 하나의 컴퓨터 안에서 CPU, 메모리를 이용해 서로 통신했다면, 클러스터는 여러 컴퓨터가 LAN으로 통신해 데이터를 처리한다.

클러스터가 유용한 이유는 비교적 저렴한 저성능 컴퓨터를 이용해 슈퍼컴퓨터 같은 컴퓨팅 파워를 얻을 수 있다는 데 있다. 한 컴퓨터에서 처리해야 할 작업량이 과다한 경우 작업 재분배를 통해 클러스터로 구성한 여러 대의 컴퓨터에 나누어 처리하는 방식으로 생산성을 높인다. 웹서버 클러스터링은 가장 흔한 형태의 클러스터다. 다수의 클라이언트가 접속할 경우 하나의 웹서버로는 모든 요구사항을 처리하기 힘들다. 이 때 웹서버 클러스터로 다수의 서버를 사용하면 웹의 서비스 요청이 많아지더라도 안정적인 서비스가 가능하다. 이러한 유용성 때문에 많은 데이터를 다루는 데이터 과학 분야에도 클러스터 활용이 늘어나고 있다. 빅데이터 분석을 위해 수집된 데이터는 클러스터 상의 컴퓨터에 나누고 나뉘어진 데이터는 이 컴퓨터들이 각각 처리한다. 그리고 처리된 데이터의 결과를 개별 컴퓨터로부터 수집해 원하는 분석 데이터를 얻는다.

구글 분산 클라우드 시스템 로고
전 세계의 구글 데이터 센터 위치

빅데이터 분석이 일반화될 수 있도록 클러스터를 쉽게 활용할 수 있는 프레임워크가 공개돼 있다. **하둡**Hadoop이 그 중 하나다. Hadoop이 개발자에게 제공하는 기능은 데이터를 나눠 클러스터로 보내고 그 결과를 수집하는 기능이다. **맵리듀스**MapReduce는 이를 지원하는 프로그래밍 모델이다.

■ 실시간 시스템과 비실시간 시스템

독자 여러분이 인터넷에서 전투기 격추 게임을 하는 도중에 상대편 게이머를 공격하기 위해서 미사일 발사 버튼을 눌렀다고 가정해 보자. 이 경우 여러분의 작업 지시와 동시에 미사일이 발사되어야 하는데 만일 2초 가량의 지연이 생겨 공격을 하지 못하고 그동안 상대편이 여러분을 먼저 공격한다면 어떻게 될까? 이와 같은 상황이 생기면 아무도 그 전투기 격추 게임을 하려 하지 않을 것이다. 실시간 시스템은 이와 같이 **시스템이 사용자가 요청한 서비스에 대하여 즉각적으로 이 요청이 적용되는 시스템**을 말한다. 조금 더 엄밀하게 따지자면 이는 지정된 타이밍 제약 조건 내에서 응답을 보장하거나 시스템이 지정된 마감일을 충족해야 하는 경우를 말한다. 예를 들어 위의 전투기 격추 게임은 미사일 발사 버튼을 누른 지 0.5초 이내의 지연 시간에 미사일이 발사되어야 실시간 시스템이라고 할 수 있을 것이다. 실시간에 응답이 필요없는 경우는 전자 메일 전송, 파일 전송, 프린터 출력과 같이 사용자가 요청한 즉시 서비스가 응답하고 완료되지 않아도 되는 서비스가 있다.

즉각적으로 사용자의 요청에 응답해야 하는 실시간 시스템

즉각적으로 사용자의 요청에 응답하지 않아도 되는 비실시간 시스템

이러한 실시간 시스템은 정해놓은 시간인 마감 기한을 얼마나 엄격하게 지켜야하는지에 따라서 다음과 같은 유형이 있다.

엄격한 실시간 시스템 : 이 유형의 시스템은 **정해놓은 시간인 마감 기한을 절대로 어기면 안된다.** 마감 기한을 지키지 못하면 참담한 결과를 초래할 수 있다. 엄격한 실시간 시스템에 의해 생성된 작업 결과는 시간을 어기면 무용지물인 경우가 많으며, 심각한 경우 마이너스 점수가 될 수도 있다. 예를 들어 비행 관제 시스템에서 비행기 조종사가 제어 명령을 내렸는데, 이 명령이 정해진 시간 내에 수행되지 않으면 비행기가 큰 사고를 겪게될 수 있다. 이런 경우가 엄격한 실시간 시스템이 필요한 경우이다.

덜 엄격한 실시간 시스템 : 이 유형의 시스템은 낮은 확률이기는 하지만 허용 가능한 범위 내에서 때때로 마감 기한을 놓칠 수 있다. 덜 엄격한 실시간 시스템에서는 마감 기한을 넘긴다고 해서 재앙적인 결과가 발생하지는 않는다. 하지만 정해진 기한을 자주 어긴다면 이 시스템의 가치는 떨어진다고 할 수 있다.

요약

01 컴퓨터는 하드웨어와 소프트웨어로 이루어지는데 하드웨어란 컴퓨터의 외부 케이스, **중앙 처리 장치**, **주 기억 장치**, **그래픽 카드**, **메인 보드**, **보조 기억 장치**, **모니터 자판**, **마우스**와 같은 컴퓨터의 물리적 부품을 의미한다.

02 하드웨어에 대비되는 개념인 소프트웨어라는 것이 있는데, 이는 **컴퓨터 하드웨어 상에서 구동되거나 처리되는 무형물을 뭉뚱그려 지칭하는 말**이다.

03 구글에서 개발한 안드로이드 오토나 애플 카플레이와 같은 프로그램은 자동차 안에서 스마트폰을 이용하여 전화 걸기, 메시지 보내고 받기, 음악 듣기, 내비게이션을 통한 길안내 받기 등의 기능을 하는 것도 가능하다.

04 컴퓨터가 점차 발전하면서 컴퓨터와 상호작용하는 방식은 사용자의 명령을 펀치 카드나 키보드에서 입력하고 이 명령을 컴퓨터가 해석하고 하드웨어에 명령을 내리는 방식으로 바뀌게 되었다.

05 켄 톰프슨, 데니스 리치를 비롯한 일부 연구원들은 1960년대 멀틱스 프로젝트의 경험을 바탕으로 작고, 빠르게 동작하는 기능을 가지는 운영체제를 새롭게 만들었으며 이 운영체제의 이름을 멀틱스에 반대되는 개념인 유닉스라는 이름으로 정했다.

06 윈도우 운영체제는 마이크로소프트사가 개발하여 배포하는 운영체제로 개인용 컴퓨터와 서버용 컴퓨터에서 작동되는 버전이 있다.

07 macOS는 일관성 있는 그래픽 사용자 인터페이스를 제공하며, 높은 보안성을 가지고 있다. 그리고 애플의 아이폰, 아이패드와는 매우 매끄럽게 연동되어 파일과 화면을 쉽게 공유하는 기능을 제공하고 있다.

08 운영체제의 가장 핵심적인 기능은 **컴퓨터의 자원을 효율적으로 관리하는 것**이다. 이러한 컴퓨터의 자원은 크게 하드웨어 자원과 소프트웨어 자원으로 나눌 수 있다.

09 네트워크에 연결된 컴퓨터를 통해서 컴퓨팅 자원을 활용하는 것을 클라우드 컴퓨팅이라고 한다.

10 실시간 시스템은 **시스템이 사용자가 요청한 서비스에 대하여 즉각적으로 이 요청이 적용되는 시스템**을 말한다.

11 엄격한 실시간 시스템은 정해놓은 시간인 마감 기한을 절대로 어기면 안된다. 마감 기한을 지키지 못하면 참담한 결과를 초래할 수 있다.

연습문제

[단답형 문제]

아래의 보기를 참고하여 괄호 안에 들어갈 적절한 단어를 적으시오.

01 소프트웨어 중에서 우리가 흔히 접하는 문서 작성용 프로그램이나 웹 브라우저 프로그램, 게임 등은 흔히 (　　　　　)라고 한다.

02 (　　　　　)는 시스템 소프트웨어의 한 부분으로, 하드웨어와 같은 시스템 자원을 제어하고 관리하는 역할을 담당한다.

03 (　　　　　)란 아이폰이나 아이패드, 갤럭시 모바일 휴대폰과 태블릿 컴퓨터 등과 같은 모바일 기기에서 동작하는 운영체제를 말한다.

04 사용자가 컴퓨터에 명령을 내릴때에는 명령어를 한 줄씩 입력하는 방식이 있는데 이 방식의 인터페이스를 (　　　　　)라고 한다.

05 유닉스 운영체제의 개발에 참여한 데니스 리치의 또 다른 큰 기여는 (　　　　　)의 발명이다.

06 프로그래머는 자신의 코드가 여러 운영체제나 기계에서 잘 동작하도록 여러 가지 상황을 고려하여 설계하고 코딩하는 것이 필요한데 이렇게 잘 만들어진 코드는 (　　　　　)이 좋다고 한다.

07 (　　　　　)은 동시에 여러 명의 사용자가 접속하여 컴퓨터의 자원을 이용하는 것을 지원하며, 동시에 여러 가지의 프로그램을 수행시킬 수 있다.

08 (　　　　　)은 동시에 여러 개의 프로그램을 실행시키는 멀티태스킹 운영체제인데, 이 작업 과정에서 운영체제가 각 작업의 CPU 이용 시간을 제어한다.

09 컴퓨터의 두뇌에 해당하는 CPU는 (　　　　　)을 통해 여러 프로세스들이 CPU를 효율적으로 나누어 사용할 수 있도록 관리한다.

10 (   )은 컴퓨터에서 특정 작업 또는 작업을 완료하기 위해 작성된 일정한 형식을 갖춘 명령어를 포함한 실행 파일이다.

11 특정 프로그램이 주 기억 장치에 적재되어 CPU에 의해서 실행 과정에 있을 때 이를 (   )라고 한다.

12 (   )은 멀티프로그래밍과 논리적으로 유사하지만 조금 더 확장된 개념이다. CPU는 많은 작업을 교대로 수행하는 방법으로 사용자가 실행시키고 있는 여러 개의 프로그램과 동시에 상호 작용할 수 있다.

[짝짓기 문제 1]

다음은 하드웨어 위에서 동작하는 운영체제에 대한 설명이다. 관련 있는 것을 올바르게 짝짓기하여라.

시스템 호출 •	• 운영체제는 사용자가 내리는 명령을 컴퓨터에 전달하여 컴퓨터가 수행하도록 하고 그 결과를 다시 사용자에게 알려주는 구조로 동작한다.
커널 •	• 프로세스 관리, 메모리 관리, 저장 장치 관리와 같은 운영체제의 핵심적인 기능을 모아놓은 부분이다.
사용자 인터페이스 •	• 하드웨어 장치와 상호 작용하는데 필요한 프로그램이다.
디바이스 드라이버 •	• 시스템 호출이란 사용자나 프로그램이 직접적으로 컴퓨터 시스템 자원에 대해 접근하는 것을 막고 커널을 보호하기 위해 만든 인터페이스이다.

[짝짓기 문제 2]

다음은 운영체제의 작업 처리 방법에 대한 설명이다. 관련 있는 것을 올바르게 짝짓기하여라.

다중 프로그래밍 •	• 물리적으로 떨어져 있지만 네트워크에 의해연결된 여러 대의 개별적인 컴퓨터 시스템이 중앙 컴퓨터의 분산 시스템 소프트웨어에 의해서 제어되는 형태로 구성된다.
시분할 시스템 •	• 컴퓨터 시스템 한 대에 CPU가 두 개 이상인 시스템을 의미하며, 각각의 CPU들이 아주 밀접하게 통신을 하는 구조를 가지고 있다.
다중 처리 시스템 •	• CPU는 많은 작업을 교대로 수행하는 방법으로 사용자가 실행시키고 있는 여러 개의 프로그램과 동시에 상호 작용할 수 있다.
분산 시스템 •	• 두 개 이상의 작업 프로그램을 동시에 메모리에 상주시키고 이 작업들을 하나의 CPU를 이용해서 실행하는 방식이다.

[객관식 문제]

다음 질문에 대하여 가장 알맞은 답을 구하여라.

01 소프트웨어 중에서 우리가 흔히 접하는 문서 작성용 프로그램이나 웹 브라우저 프로그램, 게임 등은 흔히 응용 소프트웨어라고 한다. 다음중 응용 소프트웨어로 알맞지 않은 것은?

1) 파워포인트　　2) 크롬 브라우저
3) macOS 운영체제　　4) 워드프로세서

02 그래픽 사용자 인터페이스를 가진 개인용 컴퓨터용 운영체제이며 2022년을 기준으로 전세계 PC 운영체제의 75%가량을 차지하고 있는 운영체제는 무엇인가?

1) macOS　　2) 윈도우
3) 라즈베리 파이　　4) 리눅스

03 이 운영체제는 자유 소프트웨어 재단에서 배포하는 운영체제로 오픈 소스 방식의 운영체제이다. 이 운영체제는 누구나 운영체제의 개발과 배포에 참여할 수 있으며 안정성이 뛰어나다. 이 운영체제는 다음중 무엇인가?

1) macOS　　2) 윈도우

3) 라즈베리 파이　　4) 리눅스

04 이 운영체제는 스마트폰, 태블릿 장치, 터치스크린 모바일 장치와 같은 기계에서 동작하도록 구글에서 개발했고 2007년도에 이 운영체제를 무료로 공개하였다. 이 운영체제는 다음 중 무엇인가?

1) macOS　　2) iOS

3) 안드로이드　　4) 윈도우

05 리눅스 운영체제의 특징으로 볼 수 없는 것은 다음 중 어느 것인가?

1) 오픈 소스 운영체제　　2) 높은 이식성

3) 다중 사용자와 다중 프로그래밍　　4) 낮은 보안성

06 유닉스와 리눅스처럼 명령행을 입력하여 컴퓨터에 명령을 내리는 방식이 아니라 그래픽 화면에 마우스로 아이콘이나 메뉴를 클릭하여 명령을 내리는 방식으로 동작하는 것을 무엇이라 하는가?

1) 선점형 멀티 태스킹　　2) 그래픽 기반의 운영체제

3) OLE 사용　　4) 하드웨어 자동 감지 기능 사용

07 컴퓨터 프로그램에서 리소스란 코드의 반대 의미로 프로그램에서 필요로하는 여러 가지 데이터를 말하며 메뉴, 비트맵, 아이콘 등이 있다. 윈도우즈 응용 프로그램은 코드와 리소스가 분리되어 있어 개발자와 디자이너가 분담 작업을 쉽게 할 수 있는 것은 무엇인가?

1) FAT32 파일 시스템 사용　　2) 하드웨어 자동 감지 기능 사용

3) OLE 사용　　4) 코드와 분리된 리소스

08 다음 작업 방식 중 컴퓨터의 초창기에 널리 사용되던 운영체제의 작업 처리 방식은 무엇인가? 이 방식은 운영체제가 처리를 시작하기 전에 프로그램과 데이터를 일괄적으로 수집한 다음 한 시점에 순서에 따라서 일괄적으로 작업을 처리하는 기법이다.

1) 일괄처리 방식　　2) 다중 프로그래밍

3) 시분할 시스템　　4) 다중 처리 시스템

09 다중 처리 시스템이란 컴퓨터 시스템 한 대에 CPU가 두 개 이상인 시스템을 의미하며, 각각의 CPU들이 아주 밀접하게 통신을 하는 구조를 가지고 있다. 다중 처리 시스템은 단일 처리 시스템과 비교했을 때 가지는 장점으로 알맞지 않은 것은?

1) 더 나은 성능　　2) 비용 효율성
3) 결함 허용성　　4) 더 높은 신뢰성

10 분산 시스템은 물리적으로 떨어져 있지만 네트워크에 의해 연결된 여러 대의 개별적인 컴퓨터 시스템이 중앙 컴퓨터의 분산 시스템 소프트웨어에 의해서 제어되는 형태로 구성된다. 분산 시스템의 중요한 기능 중 알맞지 않은 것은?

1) 개방성　　2) 가용성
3) 확장성　　4) 투명성

11 검색 서비스를 위하여 구글은 빠르고 비싼 슈퍼 컴퓨터를 사용하는 것은 아니다. 대신 구글은 여러 대의 저렴한 컴퓨터를 초고속 네트워크로 연결한 후 병렬적으로 처리하는 방식을 사용한다. 이러한 분산 처리를 위해서는 아주 많은 컴퓨터와 빠른 네트워크가 필요하다. 이를 지칭하는 말로 알맞은 것은?

1) 클로스터　　2) 클러스터
3) 킬로스터　　4) 콜로스타

12 빅데이터 분석을 위해 수집된 데이터는 클러스터 상의 컴퓨터에 나누고 나뉘어진 데이터는 이 컴퓨터들이 각각 처리한다. 그리고 처리된 데이터의 결과를 개별 컴퓨터로부터 수집해 원하는 분석 데이터를 얻는다. 이러한 빅데이터 분석이 일반화될 수 있도록 클러스터를 쉽게 활용할 수 있는 프레임워크는 무엇인가?

1) 하둡　　2) 맵리듀스
3) 클라우드 컴퓨팅　　4) 데이터 센터

[서술식 심화 문제]

01 운영체제가 하는 중요한 일을 3개 이상 기술하여라.

02 유닉스라는 운영체제와 C 프로그래밍 언어의 역사에 대하여 조사하여라. 이 두 개는 어떤 연관성이 있는지 그 관계를 조사하고 기술하여라.

03 윈도우 운영체제와 macOS 운영체제의 장점과 단점에 대해서 서술해 보자(macOS 운영체제를 사용해 본 적이 없다면 유튜브와 같은 영상매체를 통해서 사용영상을 시청하고 그 느낌을 기술해 보도록 하자).

04 검색 엔진에는 어떤 것이 있는가? 구글, 마이크로소프트사의 Bing에 접속하여 자신이 찾고자 하는 내용으로 검색을 한 후 그 결과를 비교해 보도록 하자.

CHAPTER

5

프로그래밍을 익혀보자

CONTENTS

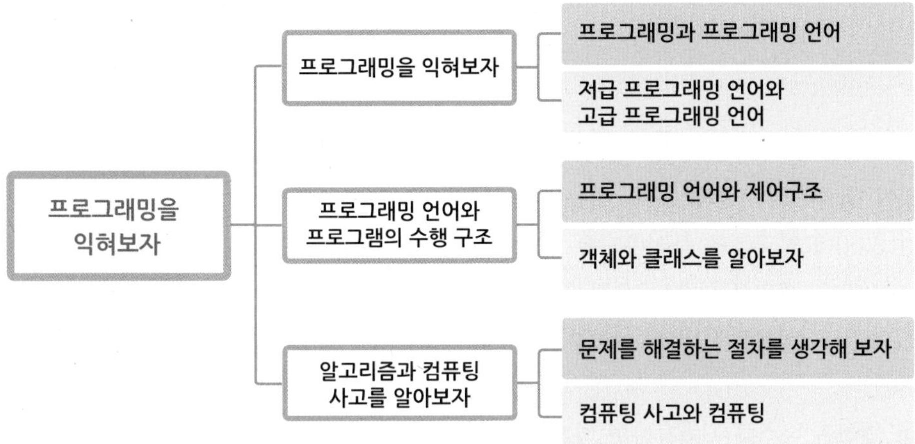

학습목표

- 프로그래밍이란 무엇인지 알아보자. 그리고 프로그래밍 언어에는 어떤 것이 있는지 살펴보자.
- 프로그래밍 언어와 제어구조에 대해 알아보자.
- 문제 해결에 쓰이는 의사 코드를 이용한 표현 방법을 알아보자.
- 문제 해결을 위한 알고리즘을 살펴보자.
- 컴퓨팅과 컴퓨팅 사고력의 차이점을 이해한다. 또한 컴퓨팅 사고의 필요성을 이해한다.

5.1 프로그래밍을 익혀보자

프로그래밍과 프로그래밍 언어

독자 여러분이 내일 아침 친구들과 함께 교외의 놀이 공원을 가는 일정이 생겼다고 가정해 보자. 이를 위하여 여러분은 그림과 같이 오전 6:00에 알림음을 들려주도록 스마트폰의 알람 설정을 할 수 있을 것이다. 그리고 다음날 오전 6:00 정각에 여러분의 스마트폰이 알림음을 들려주게 되고, 여러분은 이 소리를 듣고 일어나게 될 것이다.

이 과정을 단순화 시켜본다면 다음과 같은 절차가 될 것이다. 이 과정을 주도하는 명령의 주체가 되는 인간과 스마트폰은 다음과 같은 역할을 할 것이다.

명령의 주체 : 스마트폰의 알림 프로그램을 실행시키고 내일 6:00 알람음을 들려주도록 설정함.

스마트폰 : 인간으로부터 6:00 알람음을 들려줄 것을 명령받아 정확한 시간에 알람음을 들려줌.

이제 여러분이 지시하는 명령을 변경하는 경우를 생각해 보자. 놀이 공원에 다녀온 다음 날이 되어 여러분이 기상시간을 6:00가 아닌 평소와 같은 7:40분으로 하고자 한다. 이제 여러분이 그림과 같이 설정을 변경할 경우 스마트폰은 다시 설정된 시간에 맞추어 알람 소리를 들려줄 것이다.

이와 같이 명령의 주체가 되는 인간이 기계인 **컴퓨터**에게 작업을 시키기 위해서 만든 명령들의 모임을 프로그램^program^이라고 한다. 이 예제에서는 **"오전 7시 40분이 되면 알림음을 들려주어라."**라는 의미의 간단한 설정이지만 이것을 컴퓨터가 이해할 수 있는 코드로 만드는 것도 얼마든지 가능할 것이다.

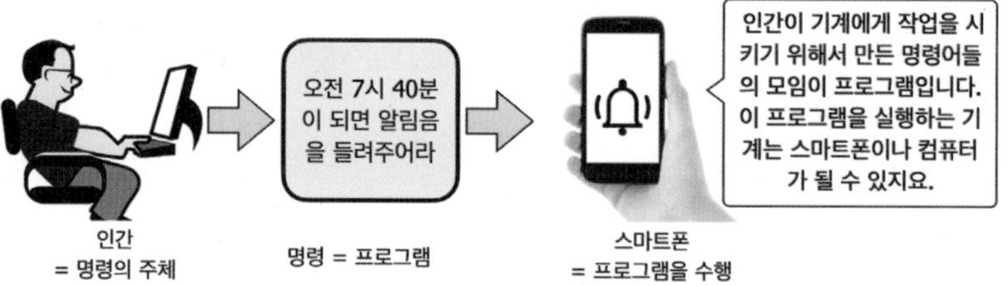

프로그램은 개발자가 컴퓨터가 이해할 수 있는 명령들을 조합하여 미리 입력해둔 명령들이며 이 프로그램을 실행하는 기계는 여러분의 스마트폰이나 컴퓨터가 될 수 있을 것이다. 이러한 프로그램을 만드는 사람을 **프로그래머**programmer라고 하며, 개발에 참여하는 사람이라는 넓은 의미로 **개발자**developer라고도 한다.

컴퓨터는 전기적 신호에 의해서 작동되기 때문에 0(OFF)과 1(ON)의 이진 값만을 이해하고 처리할 수 있다. 이 때문에 최종적으로 컴퓨터가 수행하는 명령은 000010010001111... 의 값으로 된 명령이다. 기계가 이해하고 실행할 수 있는 2진수로 이루어진 명령들을 **기계어**machine language라고 한다. 이 명령을 잘 조직화하여 만들면 효과적으로 컴퓨터를 제어할 수 있다. 이러한 과정이 그림에 나타나 있다.

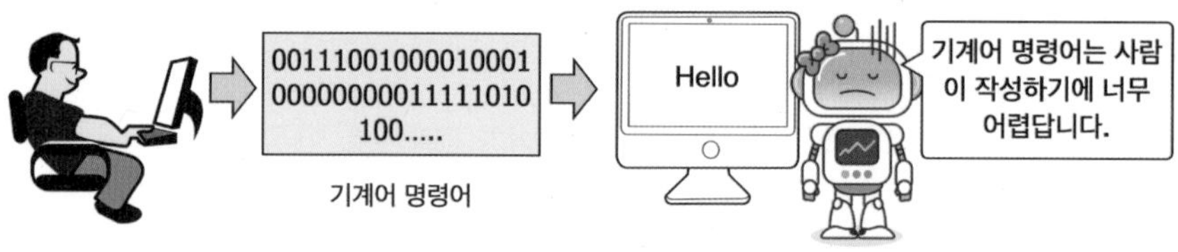

그러나 001110010000100...과 같은 기계어 명령은 사람이 이해하기 너무 어려워서 작성하는 데에 시간이 오래 걸리며, 오류가 발생할 가능성도 크고, 수정이 어렵다. 따라서 실제로 개발을 할 때에 기계어로 개발하는 경우는 거의 없다. 대부분의 개발은 사람이 쉽게 이해할 수 있는 프로그래밍 언어를 이용하여 명령을 표현하고, 이 프로그래밍 언어를 기계어로 번역하는 과정을 거쳐서 프로그램을 수행하도록 한다. 다음의 그림은 프로그래머가 파이썬 언어를 이용하여 `'Hello'`를 화면에 출력하는 과정이다. 명령어 `print('Hello')`를 파이썬 문법에 맞게 작성하면, 파이썬 인터프리터가 이를 해석하여 컴퓨터에서 실행하는 과정이다. 이렇게 작성된 코드를 프로그램이라고 하며 **프로그램을 실행하기 위해서는** 컴파일러compiler**나** 인터프리터interpreter**와 같은 해석과 실행을 수행하는 프로그램**이 필요하다.

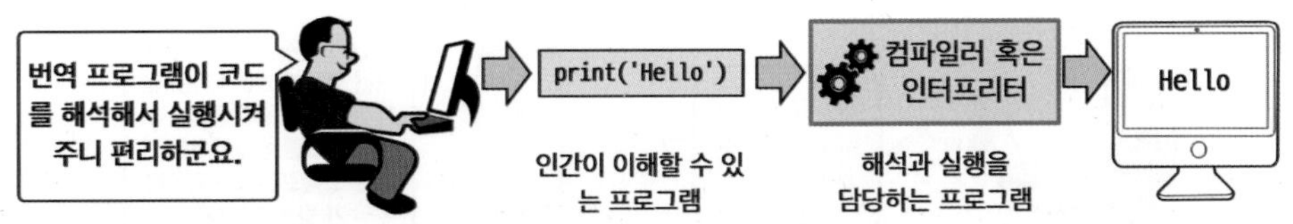

파이썬이나 C, 자바와 같은 **프로그래밍 언어**programming language는 컴퓨터 시스템을 동작시키는 소프트웨어를 만들기 위한 인위적인 언어로, 컴퓨터에게 지시할 명령을 엄격한 형식을 갖추어 표현하고 있다. 컴퓨터가 만들어진 이래로 수 없이 많은 프로그래밍 언어가 만들어졌으며 개발자들은 사용 목적에 따라 사용 언어를 선택하였다. 예를 들어 자동차나 프린터 등과 같이 사용 목적과 기능의 범위가 명확히 정해진 기계(임베디드 시스템)에서 제한된 목적과 용도로 사용되는 프로그래밍 언어는 수행 속도가 중요하므로 C 혹은 C++ 언어를 주로 사용하며, 웹 서비스를 위해서는 HTML과 같은 마크업 언어나 JavaScript, PHP와 같은 언어가 사용된다. 그리고 스마트폰 애플리케이션을 개발하기 위해서는 Java, Swift, Kotlin 등의 언어가 사용된다.

저급 프로그래밍 언어와 고급 프로그래밍 언어

이 절에서는 저급 프로그래밍 언어인 기계어와 어셈블리어, 그리고 고급 프로그래밍 언어에 대하여 살펴볼 것이다.

- **기계어** : 초기의 프로그래밍 과정은 프로그래머가 0과 1로 이루어진 명령을 기계에 직접 입력하는 방식이었다. 이와 같이 컴퓨터가 직접 해독하고 실행할 수 있는 비트 단위로 쓰인 컴퓨터 언어를 **기계어**machine language라고 한다. 기계어로 만들어진 명령어는 컴퓨터의 중앙처리장치가 바로 이해하고 실행할 수 있기 때문에 매우 빠르다는 장점이 있다. 이와 같이 컴퓨터의 CPU는 설계할때 만든 명령어들을 통해서 연산을 하거나 흐름을 제어하는 기능이 있다. 이런 절차로 처리된 데이터는 저장 장치에 저장되거나 출력 장치를 통해 출력될 수 있다.

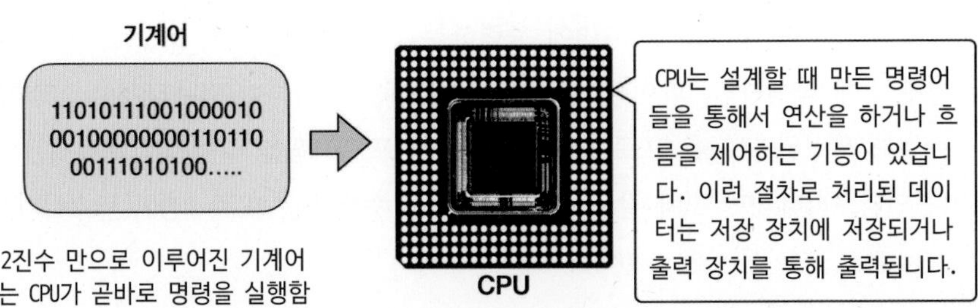

하지만 이러한 2진수로 코딩을 하는 것은 사람에게는 매우 어려운 일이며 **코드를 업데이트 하거나 유지, 보수하는 비용이 너무 많이 필요하다**는 단점이 있다.

- **어셈블리어** : 기계어의 0011 1001이 의미하는 바는 사람이 이해하기 힘들지만 이 코드를 mov 라는 명령으로 대치한다면 사람이 이해하기에 비교적 쉬울 것이다. 이와 같이 기계어에서 사용되는 숫자를 의미있는 단어로 바꾸어서 사람들이 이해하기 쉽게 만든 언어가 바로 **어셈블리어**assembly language이다. 어셈블리어로 만들어진 코드는 컴퓨터가 실행할 수 있는 코드가 아니며 이 코드를 기계어로 번역해주는 프로그램이 필요한데 이것을 **어셈블러**assembler라고 한다. 컴퓨터의 초창기인 1950년대 까지만 하더라도 어셈블리어를 사용하여 코딩하는 것이 일반적이었다.
- **고급 프로그래밍 언어** : 고급 프로그래밍 언어high-level programming language는 기계어나 어셈블리어와 달리 사람의 언어에 비교적 가까운 형식의 문법을 가진 컴퓨터 프로그래밍 언어이다. 앞서 언급한 기계어와 어셈블리어는 사람의 언어와는 거리가 먼 언어로 이를 **저급 프로그래밍 언어**low-level programming language라고 부른다. 1950년대 말부터 FORTRAN, ALGOL, BASIC, Pascal 등의 고급 프로그래밍 언어가 출현하고, 유닉스의 기반이 된 C 언어의 등장으로 프로그래머의 생산성이 크게 증대되었다.

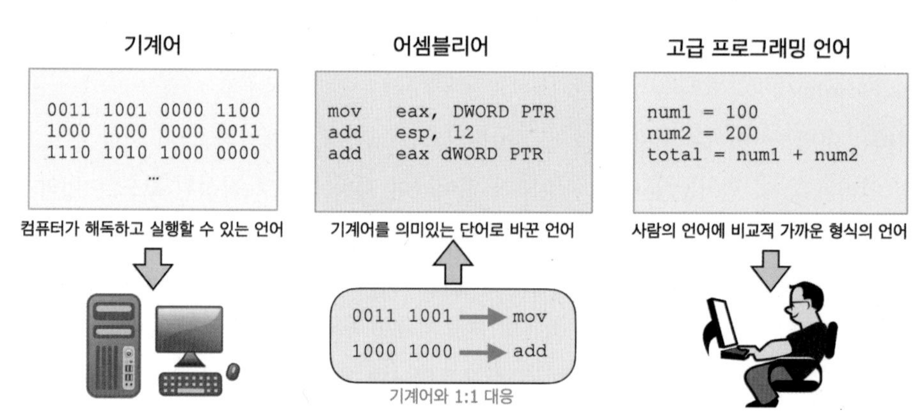

어떤 프로그래밍 언어들이 있을까

여러분이 프로그램을 익혀서 컴퓨터에게 명령을 내리기 위해서는 프로그래밍 언어를 익혀야 할 것이다. 그러나 프로그래밍 언어는 한 종류가 아니며 수천 가지 이상의 많은 프로그래밍 언어가 있다. 이 절에서는 각 시기별로 중요한 역할을 담당했던 다양한 프로그래밍 언어의 특징에 대해서 간략히 살펴볼 것이다.

- **포트란** : **포트란**FORTRAN 언어는 과학 계산용 언어로서 1950년에 개발되어 뛰어난 실행 효율성으로 성공한 언어이다. 주로 공학계열의 빠른 연산 처리에 널리 이용되었다.
- **코볼** : **코볼**COBOL 언어 1950년대 말에 개발되어 1960년대 이후 기업의 사무 처리용으로 널리 인기를 누리던 프로그래밍 언어였다.
- **알골** : **알골**ALGOL 언어는 하나의 언어라기 보다는 알골 58, 알골 60, 알골 68 등과 같은 군집으로 되어 있다. 이 프로그래밍 언어는 최초의 구조화된 언어로 엄격한 기초 이론과 문법으로 되어 있으며 알고리즘을 묘사하는데 적절한 언어로 평가받고 있다.
- **리스프** : **리스프**LISP 언어는 리스트 처리에 적절한 언어로 인공지능 분야에서 주로 사용되었다.
- **베이식** : **베이식**BASIC 언어는 문법이 단순한 인터프리터 언어로 교육용으로 널리 사용되었다. 하지만 문법이 지나치게 단순하여 구조적인 프로그래밍을 하기에는 부족함이 있다.
- **에이다** : **에이다**Ada 언어는 1970년대 미국 국방성의 주도록 개발된 프로그래밍 언어이다. 이 언어는 임베디드 시스템과 실시간 시스템에서 사용할 목적으로 설계되었다.
- **C** : C 언어는 1970년대 미국 벨연구소의 데니스 리치에 의해 개발되었다. 이 언어는 역사적으로 가장 성공한 프로그래밍 언어로 오늘날 이용되는 C++, 자바, 자바스크립트 등의 여러 프로그래밍 언어에 큰 영향을 끼쳤다. C 언어는 고급 언어이지만 저급 언어 프로그래밍도 가능하며, 특히 빠른 실행 속도로 인하여 시스템 프로그래밍에 가장 적합한 언어이다.
- **자바** : **자바**Java 언어는 1990년대 썬 마이크로시스템즈에서 개발한 객체 지향 프로그래밍 언어이다. 이 언어는 문법의 완성도가 뛰어나며 자바 언어로 작성된 코드는 번역기를 통해 바이트 코드라는 특수한 바이너리 형태로 만들어진다. 이 바이트 코드는 자바 가상 머신이라는 환경에서 동작하는 특징이 있다.
- **C++** : C++ 언어는 1980년대에 발표된 프로그래밍 언어로 C 언어가 가지는 한계를 극복하기 위하여 개발되었다. 이 언어는 소프트웨어의 재사용을 통해 소프트웨어 생산성을 높이고자 하였다. 또한 복잡하고 큰 규모 소프트웨어의 작성, 관리, 유지 보수를 쉽게 하기 위해서 데이터 캡슐화, 상속, 다형성 등의 객체 지향적 개념을 도입한 점이 가장 큰 특징이다.
- **C#** : C# 언어는 마이크로소프트 사에서 개발한 객체 지향 프로그래밍 언어로, 닷넷 프레임워크의 한 부분으로 만들어졌다. 문법은 C++와 자바 언어에 영향을 많이 받았다.
- **자바스크립트** : 1990년대 들어 웹 기술이 발전하면서 발표된 **자바스크립트**JavaScript 언어

는 웹 브라우저 내에서 주로 사용되는 객체 기반의 스크립트 언어이다. 또한 Node.js와 같이 서버 프로그래밍에서도 사용된다.

- **파이썬** : **파이썬**python은 귀도 **반 로썸**Guido Van Rossum에 의해 개발된 프로그래밍 언어로 문법이 간단하고 사용가능한 외부 패키지가 많아서 다양한 분야에서 널리 활용되고 있다. 특히 최근 각광을 받고 있는 데이터 분석과 머신 러닝 분야에서 적합한 언어로 평가받고 있어서 높은 인기를 누리고 있다.
- **스위프트** : **스위프트**Swift는 애플사과 오픈 소스 커뮤니티가 개발한 범용 다중 패러다임 컴파일형 프로그래밍 언어이다. 2014년 이전까지만 하더라도 애플사는 iOS와 macOS 운영체제를 위한 프로그래밍 언어로 Objective-C라는 객체 지향 언어를 사용하였다. 스위프트는 애플의 초기 프로그래밍 언어인 Objective-C를 대체하기 위해 개발되었다.
- **코틀린** : **코틀린**Kotlin은 통합 개발 도구 개발로 널리 알려진 젯브레인즈사에서 개발한 크로스 플랫폼 범용 프로그래밍 언어이다. 이 언어는 인기있는 프로그래밍 언어인 자바와 호환되도록 설계되었으며 일반적으로 자바 가상 머신이라는 가상 환경에서 사용된다. **자바에 비교하여 코드가 단순해지는 장점**이 있다.

다양한 프로그래밍 언어들 중에서 개발자들은 자신의 개발 목적에 맞는 적절한 언어를 사용하고 개발한 후 이 언어로 만든 소프트웨어를 배포하게 된다. 네덜란드에 본사를 둔 TIOBE Software BV사는 구글, 빙, 야후와 같은 검색 엔진의 질의 등 여러 정보를 바탕으로 프로그래밍 언어의 인기도를 매달 발표한다. 2022년 9월 기준으로 파이썬, C, 자바가 각각 1, 2, 3위를 차지하고 있으며 그 뒤를 어이 C++, C#, Visual Basic, JavaScript 등이 상위권을 차지하고 있다.

Sep 2022	Sep 2021	Change	Programming Language	Ratings	Change
1	2		Python	15.74%	+4.07%
2	1		C	13.96%	+2.13%
3	3		Java	11.72%	+0.60%
4	4		C++	9.76%	+2.63%
5	5		C#	4.88%	-0.89%
6	6		Visual Basic	4.39%	-0.22%
7	7		JavaScript	2.82%	+0.27%

TIOBE 프로그래밍 언어 인덱스는 구글, 빙, 야후와 같은 검색 엔진의 질의 등 여러 정보를 바탕으로 프로그래밍 언어의 인기도를 매달 발표합니다. 2022년 9월 기준으로 파이썬, C, 자바가 각각 1, 2, 3위를 차지하고 있습니다.

TIOBE 프로그래밍 언어 인덱스의 프로그래밍 언어 인기도

소프트웨어 개발을 위한 일반적인 단계

컴퓨터 하드웨어 기술은 과학 지식의 발전과 이 지식의 실용적인 활용이 결합되어 지속적으로 발전이 이루어지고 있다. 이와 같이 기술적 문제를 발견하고 이에 대한 해결책을 제시하는 학문을 **공학**engineering이라고 한다. 공학은 특정 분야에 대한 과학적인 성과를 바탕으로 이 분야의 과학 기술을 현실적인 문제에 적용시키는데 중심을 두고 있다. 하드웨어 기술에 대한 공학적인 접근 방법과 함께 소프트웨어를 개발하여, 운용하고, 유지보수하는 전반적인 기술에 대하여 다루는 학문도 존재하는데 이를 **소프트웨어 공학**software engineering이라고 한다.

소프트웨어 개발자들은 사람들의 요구 사항을 받아서 이를 분석한 후, 이 문제를 해결할 수 있도록 정확한 절차로 프로그램을 작성하는 일을 하는데, 소프트웨어 공학에서는 이 방법을 다음과 같은 다섯 가지 단계로 구성한다.

1. 문제의 요구사항을 정확히 기술한다.
2. 문제를 분석한다.
3. 문제를 해결하기 위한 알고리즘을 설계한다.
4. 알고리즘을 구현한다.
5. 완성된 프로그램을 테스트하고 검증한다.

각 단계별 구체적인 내용은 다음과 같다.

1. **요구사항 기술하기** : 이 단계에서는 문제를 완벽하고 애매모호함 없이 정확하게 기술하여야 한다. 또한 문제가 무엇을 요구하는지에 관해서 명확하게 이해하는 것이 필요하다.
2. **문제 분석** : 문제의 입력과 출력을 식별하고, 문제 해결을 위한 추가 요구사항이나 제약사항을 고려한다. 또한, 입력 형태와 출력 형태를 정의하고, 프로그램에서 사용되는 변수를 정의하고, 변수들 간의 관계를 기술한다.
3. **알고리즘 설계** : 문제를 해결하는 절차를 단계적으로 기술하고, 기술된 절차들이 문제를 해결하는지를 검증한다. 컴퓨터 프로그램에서 문제를 해결하는 단계적인 절차를 **알고리즘**algorithm이라고 하는데, 이것을 작성하는 것이 문제 해결 과정에서 매우 중요하다.
4. **알고리즘 구현** : 구현 단계에서 개발자는 자신이 알고 있는 특정 프로그래밍 언어로 알고리즘을 구현한다. 알고리즘을 프로그래밍 언어로 작성하는 것을 **코딩**coding이라고

한다. 코딩은 알고리즘 상에 기술된 각 단계를 선택한 프로그래밍 언어의 문장으로 변환하는 작업이다.

5. **테스트와 검증** : 완성시킨 프로그램이 사용자의 요구에 충족하도록 동작하는지를 검증하기 위하여 다양한 입력 데이터에 대해서 테스트하는 절차가 필요하다. 입력 데이터에 대해서 프로그램 결과가 올바른지를 점검함으로써 프로그램의 올바름을 검증한다.

테스트와 검증를 마치고 출시된 소프트웨어는 사용자들에 의해서 평가받게 되며, 예상하지 못한 오류가 발견되면 이를 수정하는 작업을 거치는 것이 일반적이다. 사용자들의 새로운 요구사항은 항상 발생할 수 있기 때문에, 이 경우 1단계에서 5단계의 과정을 통해서 새로운 요구사항을 반영하는 절차가 필요하다.

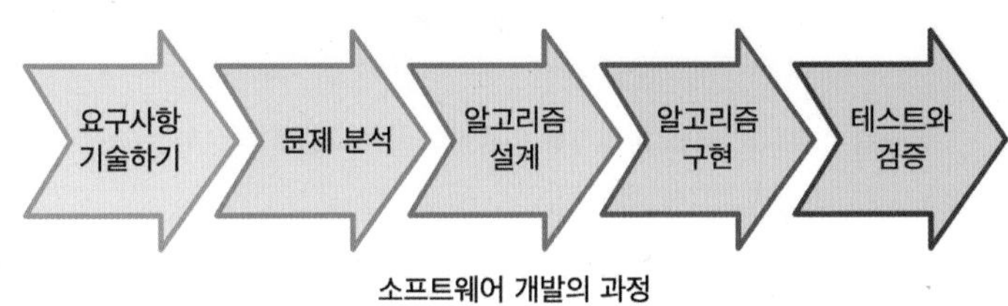

소프트웨어 개발의 과정

코딩을 통해 알고리즘을 구현하는 단계를 알아보자

소프트웨어 개발 단계 하나하나는 모두 중요하지만, 이 중에서 핵심이 되는 단계는 알고리즘을 구현하는 단계일 것이다. 프로그래밍 언어를 이용하여 알고리즘을 구현하는 코딩 과정에 대하여 좀 더 상세하게 알아보도록 하자.

1) 소스 코드 작성 단계

소스 코드source code란 **컴퓨터 프로그램을 사람이 읽을 수 있는 프로그래밍 언어로 기술한 것**으로 일반적으로 텍스트 형식을 띤 파일을 말한다. 이 소스 코드는 원시 코드라고도 한다. 소스 코드를 만드는 단계에서는 텍스트를 입력할 수 있는 편집기를 사용하여 프로그램을 작성하게 되는데 이를 **코딩 단계**라고도 한다. 편집기란 **에디터**editor라고도 하는데 그림과 같이 **코드를 입력하고, 수정하는 작업을 할 수 있는 프로그램으로 윈도우의 메모장과 같은 메모 프로그램**을 이용할 수도 있으나 다양한 기능을 제공하는 전용 편집 프로그램을 사용하는 것이 일반적이다. 그림의 프로그램은 비주얼 스튜디오 코드라는 편집기로 윈도우, macOS, 리눅스 운영체제에서 사용할 수 있으며, 강력한 테마 기능과 구문 강조 기능을 제공하고 있어서 개발자들 사이에서 널리 이용되고 있다.

비주얼 스튜디오 코드 편집기를 이용하여 프로그램을 작성하는 과정

2) 컴파일 단계

프로그래밍 언어로 만들어진 소스 파일은 컴퓨터가 이해하고 실행할 수 있는 파일로 변환되어야 하는데, 컴퓨터가 실행할 수 있는 파일을 **목적 파일** 혹은 **오브젝트 파일**object file이라고 한다. 컴파일 단계란 **소스 파일이 제대로 된 문법에 맞게 작성되었는가를 분석한 다음 이 지시에 따라서 기계어로 된 목적 파일로 만드는 과정**을 말한다. 그리고 이러한 작업을 하는 소프트웨어를 **컴파일러**compiler라고 한다. 반면 소스 코드를 한 줄 한 줄 읽어가며 명령을 바로 처리하는 프로그래밍 언어도 있는데 이 경우에는 번역과 실행이 동시에 이루어진다. 여기에서는 컴파일 방식의 프로그래밍 언어를 예를 들어 설명할 것이다. 다음 그림을 살펴보면 편집기에서 작성된 소스 코드로 hello.c라는 이름의 C 프로그램이 있다. 이 프로그램은 컴파일러라는 소프트웨어를 통해서 기계어로 번역되는데 이 파일이 바로 목적 파일이다. 목적 파일의 확장자는 .obj 혹은 .o와 같이 나타나는데 이는 프로그래밍 언어나 컴파일러마다 각자 다르다.

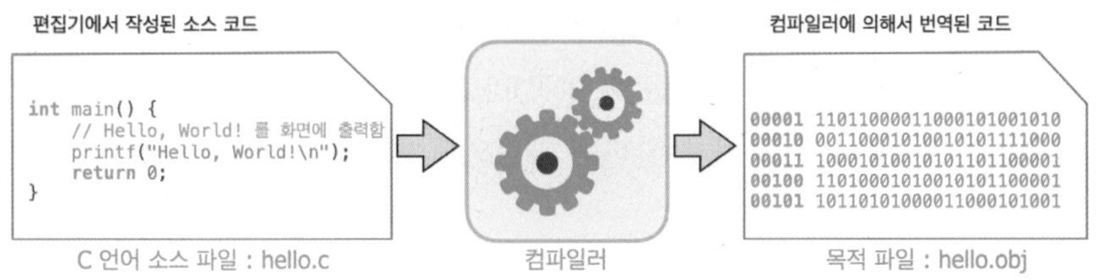

3) 링킹 단계

목적 파일이 기계어로 되어 있기는 하지만 이 파일은 컴퓨터에서 바로 실행되지는 않는다. 그 이유는 목적 파일도 편의에 따라서 여러 개의 목적 파일로 나누어서 작성하는 경우가 많기 때문이다. 또한 사용자가 만든 코드 이외에 시스템에서 제공하는 라이브러리들도 있기 때문에 이들을 하나로 합쳐야만 코드가 실행될 수 있다. 이렇게 여러 개의 목적 파일과 라이브러리를 하나로 합치는 작업을 링킹linking 작업이라고 한다. 그리고 이러한 일을 하는 프로그램을 링커linker라고 한다. 이 과정을 거치게 되면 실행가능한 프로그램이 만들어지는데 윈도우 운영체제에서는 확장자가 .exe나 .com으로 되어 있다.

4) 로딩 단계

.exe나 .com으로 된 실행 파일을 실행시키면 이 프로그램은 주 기억 장치에 올라가게 된다. 이렇게 주 기억 장치에 업로드된 기계어 명령은 중앙 처리 장치가 한번에 하나씩 수행시키게 되며, 이 과정이 프로그램이 실행되는 과정이다. 이 때 기계어로 된 프로그램을 주 기억 장치에 올리는 과정을 로딩loading이라고 한다.

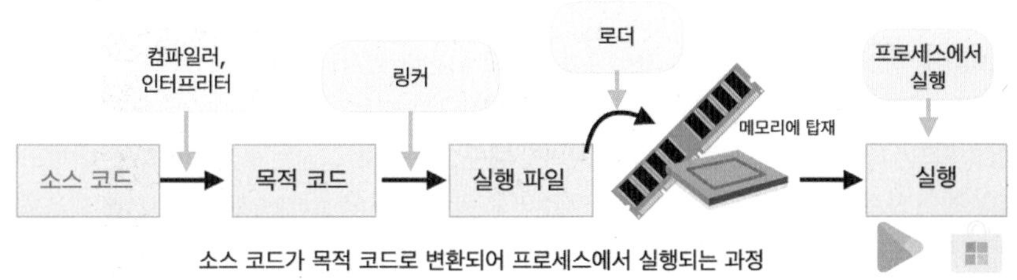

소스 코드가 목적 코드로 변환되어 프로세스에서 실행되는 과정

5) 디버깅 단계

버그bug란 프로그램의 개발이나 실행 중에 나타나는 오류를 말하며, 디버깅debugging이란 이러한 오류를 수정하는 작업을 말한다. 프로그램 과정에서 나타나는 오류는 컴파일 과정에서 나타날 수도 있고, 링크 과정에서 나타날 수 있으며, 실행 과정에서 나타날 수도 있다. 이들을 각각 컴파일 오류, 링크 오류, 실행 오류라고 한다. 오류를 찾은 작업은 코딩 작업

에 비해서 많은 시간이 걸리며 인내심이 필요한 경우가 많다. 이렇게 소프트웨어의 결함을 찾아 수정한 버전의 파일이나 데이터를 **패치**patch라고도 한다. 소프트웨어 업데이트란 소프트웨어의 결함을 수정하고 기능을 보완하는 개념으로 패치보다는 좀 더 포괄적으로 사용되는 용어이다.

NOTE : 버그와 그레이스 호퍼 이야기

버그bug란 원래 벌레를 의미하는 단어이다. 나방과 같은 벌레를 지칭하는 단어가 소프트웨어를 개발하는 사람들에게서는 소프트웨어나 프로그램의 오류를 지칭하는 데 사용된다. 이 단어의 기원은 1940년대로 거슬러간다. 당시 하버드 대학의 **마크 II**라는 컴퓨터를 이용하여 프로그램을 개발하던 **그레이스 호퍼**Grace Hopper는 컴퓨터의 오작동을 발견하였고, 오작동을 일으키는 원인을 찾던 중 릴레이 사이에 낀 나방을 찾았다. 그레이스 호퍼는 이 나방을 찾아서 테이프로 메모장에 붙인다음 이 사실을 꼼꼼하게 메모하였다. 그녀는 "**Firts actual case of bug being found**(버그가 발견된 최초의 사례)"라는 메모를 남겼다. 그녀의 메모와 이야기는 많은 사람의 입으로 전해지면서 버그라는 용어가 널리 알려졌다고 한다.

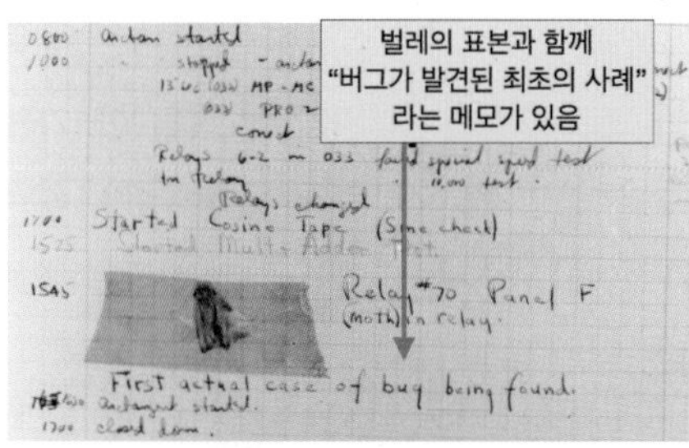

스미스 소니언 박물관에 전시된 컴퓨터에서 발견된 나방

그레이스 호퍼

추후에 그녀는 이 이야기의 주인공이 자신이 아니라고 밝힌바 있지만 그레이스 호프의 유명세와 함께 이 스토리는 버그의 유래가 된 것으로 알려지게 되었다.

그레이스 호퍼는 미국의 컴퓨터 과학자, 수학자이자 해군 제독이다. 그녀는 초기 컴퓨터인 하버드 **마크 I** 컴퓨터의 최초 프로그래머이다. 그녀는 또한 기계어로 된 코드를 연결하는 개념인 링커를 최초로 개발했으며, 기계에 의존하지 않는 고급 프로그래밍 언어에 대한 이론을 고안했습니다. 그녀의 이론은 초기 프로그래밍 언어인 **COBOL**에 큰 영감을 주었다.

컴파일러와 인터프리터

프로그램은 컴퓨터에 지시를 내리는 명령들로 이루어져 있다. 이때 컴퓨터가 명령어를 해석하는 방식은 크게 **인터프리터 방식**과 **컴파일 방식**의 두 종류로 분류할 수 있다. 컴파일 방식의 프로그램은 그림 ①과 같이 프로그램 명령어가 있는 소스 파일을 기계어로된 목적 파일로 번역한 후 이 기계어를 실행하는 방식으로 동작한다. 반면 인터프리터 방식은 그림 ②와 같이 프로그램 명령어가 있는 소스 코드의 한 줄을 한 번에 읽어서 번역한 후 바로 실행하는 방식을 동작한다. 파이썬이나 베이직과 같은 프로그래밍 언어는 인터프리터 방식으로 명령어를 해석하는데, 이는 명령어들을 한 번에 한 줄씩 읽어들여서 실행하는 방식이다. 따라서 명령어들을 기계어로 번역하는 컴파일 과정을 거쳐 기계어로 된 실행 파일을 만들어 실행하는 컴파일 방식과는 달리 바로 실행 단계를 거친다. 하지만 이러한 방식은 미리 기계어로 번역해놓고 실행하는 컴파일 방식에 비해 실행 속도가 느리다는 단점이 있다. 인터프리터 방식의 장점은 이식성이 좋아서 기계에 관계없이 잘 동작한다는 점이며, 소스 코드의 실행 결과를 즉시 확인할 수 있다는 것 역시 큰 장점이다.

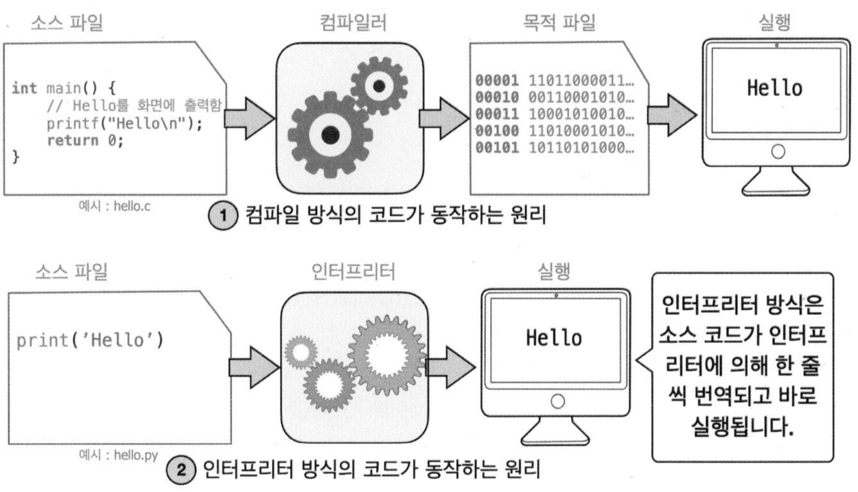

① 컴파일 방식의 코드가 동작하는 원리

② 인터프리터 방식의 코드가 동작하는 원리

5.2 프로그래밍 언어와 프로그램의 수행 구조

프로그래밍 언어와 제어구조

앞에서 우리는 다양한 프로그래밍 언어를 이용하여 컴퓨터에게 작업을 부여할 수 있다는 것을 살펴보았다. 이와 같이 컴퓨터에게 일을 시키기 위하여 사용되는 명령은 한 가지 문법으로만 있는 것은 아니며 작업의 종류에 따라 여러 가지 중에서 선택할 수 있다.

이 절에서 상세한 프로그램의 원리와 프로그래밍 언어의 문법을 모두 다루기보다는 일반적인 프로그램의 원리를 간략하게 살펴볼 것이다. 일반적으로 프로그램을 작성할 때, 다음과 같은 세 가지의 기본적인 제어 구조를 사용할 수 있다. 그리고 이러한 제어 구조를 결합하여 복잡한 명령을 수행하도록 만든다.

- 순차sequence 구조 – 여러 명령이 순차적으로 실행되는 구조로 가장 기본적인 구조이다.
- 선택selection 구조 – 여러 개의 명령문 중에서 조건에 따라 명령문을 선택하여 실행되는 구조이다.
- 반복iteration 구조 – 조건에 따라 동일한 명령이 반복되면서 실행되는 구조이다.

아래 그림은 이러한 순차 구조, 선택 구조, 반복 구조를 순서도flowchart로 나타낸 것이다. 순서도란 작업의 흐름을 기호와 도형으로 도식화한 것을 의미한다. 아래 순서도와 같이 프로그램은 순차적으로 실행되는 구조, 조건을 보고 선택적으로 실행되는 구조, 조건에 따라 반복해서 실행되는 구조로 이루어져 있다.

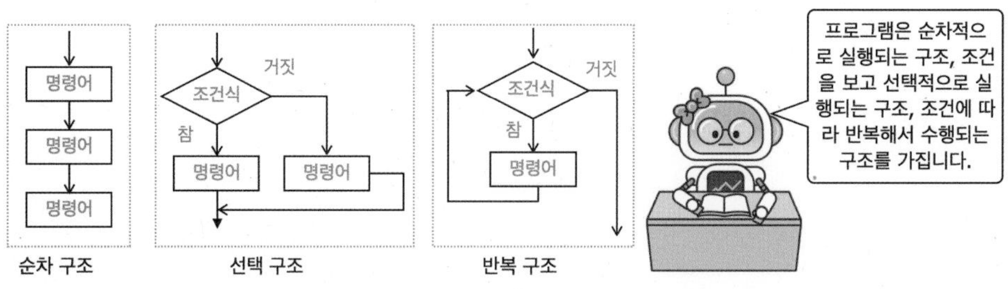

프로그램이 수행되는 과정을 표현하는 방법 중에서 위에서 나타낸 것과 같은 순서도는 도형과 화살표 같은 기호로 절차를 표현한다. 순서도에서 사용하는 기호 중에서 대표적인 것들은 다음 표와 같으며 20개 내외의 표준화된 기호가 있다.

기호	기능	기호	기능
처리 기호	각종 연산, 데이터 이동 등의 처리를 나타냄	입/출력 기호	데이터의 입력 및 출력을 표시함
판단 기호	여러 가지 경로 중 하나의 경로를 선택함	시작과 종료 기호	순서도의 시작과 끝을 나타냄
흐름선	처리 간의 연결을 나타냄	연결 기호	흐름이 다른 곳과 연결되는 것을 나타냄

순차 구조

순차 구조의 아주 단순한 예는 다음 그림과 같다. 사각형 상자 속의 print('A')는 문자 A를 화면에 출력하라는 명령어이다. 이와 같은 코드를 작성하여 실행을 하면 아래쪽에 명령 수행의 결과가 나타난다. 수행 결과로 그림과 같이 A, B, C 문자가 순차적으로 출력되는 것을 볼 수 있다. 순차 구조는 매우 단순하기 때문에 실행의 순서를 제어할 수 있는 보다 고급 명령이 필요한데 이러한 구조가 선택 구조와 반복 구조이다.

■ 선택 구조

어느 놀이 공원에 사람의 키를 입력받아서 놀이기구 이용이 가능한지 불가능한지를 판단하는 프로그램이 있다고 가정하자. 이 프로그램이 수행되는 과정은 그림과 같이 단순화할 수 있다. 이 프로그램의 구조를 살펴보자. 우선 **데이터(키)가 입력**되면, 프로그램에서 정의한 **절차와 순서에 따라 선택적으로 실행**이 이루어지고, 이 **결과가 출력**된다. 이와 같은 방식이 제어문을 가지는 일반적인 프로그램의 수행 과정이다. 따라서 놀이기구를 이용할 수 있는가 불가능한가는 입력 데이터에 따라 좌우된다.

입력과 제어문 그리고 실행과 출력이라는 흐름을 가지는 프로그램

앞서 살펴본 프로그램은 수행 절차와 순서를 가지고 있으며 주어진 입력을 이용하여 놀이기구 이용이 가능한지 불가능한지를 판단하는 하나의 일을 수행할 수 있다. 만약 **"키가 160cm 이상은 놀이기구 이용 가능"**이라는 규칙이 있는 놀이기구가 있다고 가정할 때 다음과 같은 코드를 통해서 그 기능을 구현할 수 있을 것이다. 물론 세부적인 문법은 여기서 다루지 않는다.

```
height = input('키를 입력하세요(단위: cm): ')
if int(height) >= 160:
    print('놀이기구 이용이 가능합니다. 즐거운 시간 보내세요!')
else:
    print('죄송하지만 놀이기구 이용이 불가능합니다.')
```

앞에서 살펴본 놀이기구의 이용에 관한 프로그램은 사람의 키를 입력받아 이 조건에 따라 수행이 달라지는 **선택 구조**를 가진다. 이러한 선택에 따라서 실행문 A가 실행될 수도 있으며 실행문 B가 실행될 수도 있다. 선택 이후에 이루어지는 일은 확연히 달라진다.

우리가 사용하는 프로그램에도 수많은 선택 구조가 존재한다. 프로그램의 어떤 단계에서는 진행할 수 있는 경로가 하나 이상인 경우가 있는데, 이때 우리는 **어떤 경로를 선택할 것인지를 결정**하여야 한다. 앞서 다룬 코드를 실제로 코딩하고 수행한 결과가 다음 그림에 나타나 있다.

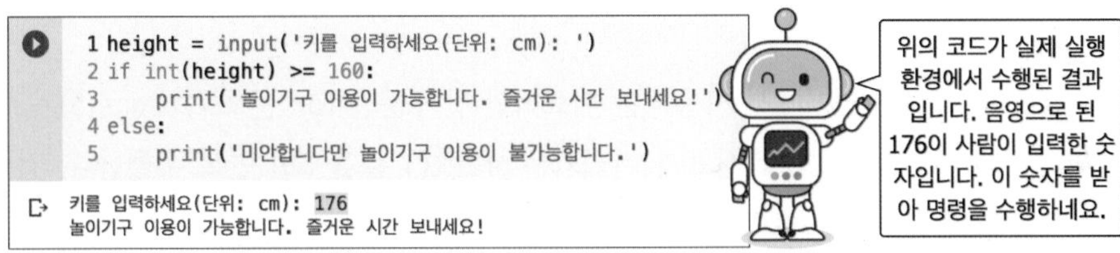

```
height = input('키를 입력하세요(단위: cm): ')
if int(height) >= 160:
    print('놀이기구 이용이 가능합니다. 즐거운 시간 보내세요!')
else:
    print('미안합니다만 놀이기구 이용이 불가능합니다.')
```

```
키를 입력하세요(단위: cm): 176
놀이기구 이용이 가능합니다. 즐거운 시간 보내세요!
```


제어문을 구현한 파이썬 코드와 그 실행 결과

실행 결과에서 아래쪽 음영으로 된 176이 사람이 입력한 숫자이다. 그리고 이 코드는 사람이 입력한 숫자를 받아 명령을 수행하고 있다. 그 결과는 **놀이기구 이용이 가능**하다는 내용이다.

만약 이러한 **선택 구조가 없다면 프로그램은 항상 동일한 동작만을 되풀이 할 것**이다. 프로그램이 항상 동일한 동작만 한다면 언제나 정해진 결론에 도달할 것이다. 상황에 따라 반응하는 유연한 프로그램을 만들 수가 없다. 만약 현실에서 이렇게 답답하게 일을 하는 직원이 있다면 직장의 인적 효율성이나 생산성이 떨어질 것이며, 자율주행 자동차 프로그램이 신호등이나 전방 장애물에 따라서 동작을 다르게 하지 않는다면 큰 사고가 날 것이다.

프로그램에서 선택 구조가 필요한 경우의 예를 들면 다음과 같다. 이 선택 구조는 if-then 구조라도 부르기도 한다.

- 신호등 불이 빨간불이면 자동차를 멈추어라.
- 신호등 불이 파란불이면 자동차를 출발시켜라.
- 퀴즈 게임에서 철수가 정답을 맞히면 철수의 점수를 100만큼 증가시킨다.
- 게임 사용자가 외계인 우주선을 맞추었으면 폭발 사운드를 출력한다.
- 파일이 하드 디스크에 없으면 오류 메시지를 출력한다.

■ 반복 구조

선택 구조가 아닌 **반복 구조**는 다음과 같이 동일한 코드를 지정된 횟수나 조건만큼 반복 수행하는 일을 할 수 있다.

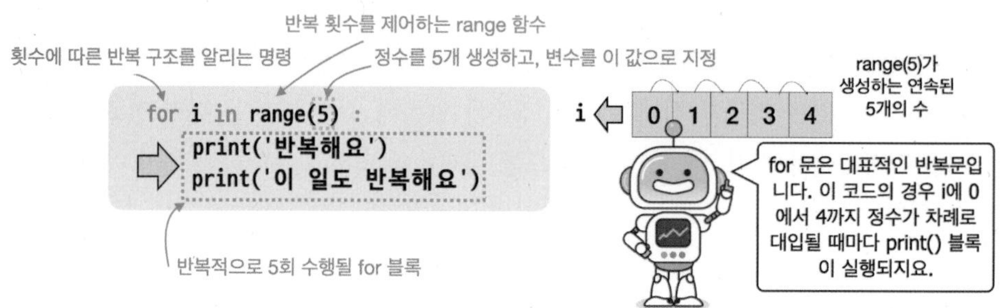

위의 코드는 파이썬 언어에서 사용되는 대표적인 반복문인 for 문으로 range(5)가 생성하는 연속된 수가 5개이므로 화살표가 가리키는 print() 문을 5번 반복 수행한다. 컴퓨터는 반복적으로 일을 시켜도 불평하거나 짜증내는 일이 없으며 전자 회로의 연산과 논리 기능을 사용하여 빠르게 일을 수행한다.

다음과 같은 간단한 두 줄짜리 코드를 살펴보자. 이 명령문은 for라는 명령을 가지고 있는데 이 for 명령은 코드를 반복적으로 실행한다. 그리고 range(5)는 0부터 4까지의 수를 자동으로 생성한다. 따라서 이 코드를 실행시키면 0에서 4까지의 수가 나타납니다.

```
for i in range(5):
    print('i =', i)
```

다음은 이 코드의 수행 결과이다. 화면에는 0, 1, 2, 3, 4가 반복해서 출력된다.

이와 같이 프로그래밍 언어를 사용하면 다양한 규칙을 논리 연산으로 만들 수 있다. 무엇보다 컴퓨터는 빠른 수치 연산과 반복적인 수행 능력이 매우 뛰어나다는 것이 큰 장점이다. 이제 이러한 문법을 가진 프로그래밍 언어를 이용하여 다양한 논리 연산과 수치 연산을 통해서 어떤 복잡한 문제를 해결할 수 있는가를 생각해 보자.

문제 해결과 의사코드를 이용한 표현 방법

컴퓨터 프로그래밍을 통해서 우리는 컴퓨터에 명령을 내릴 수 있는데 이렇게 만들어진 명령어들을 프로그램이라고 하며 다른 말로 소프트웨어[software]라고도 한다. 일반적으로 소프트웨어는 컴퓨터 **하드웨어**에 반대되는 의미로 사용한다. 기술된 문제를 컴퓨터를 사용하여 해결하기 위해서는 컴퓨터가 해야 할 작업의 순서를 알려주어야 한다. 이렇게 **작업의 순서를 알려주는 여러 가지 방법 중 하나가 바로 순서도**이며, 다른 방법으로는 의사 코드를 통해서 프로그래머가 코드를 작성하는 순서를 알려줄 수도 있다. 이전 절의 놀이기구 이용 가능 여부를 판단하는 프로그램은 다음 그림의 왼쪽과 같이 의사코드를 사용해서 표현할 수 있으며 오른쪽과 같이 순서도를 이용하여 표현하는 것도 가능하다.

프로그래밍을 하기 위해서 의사코드가 왜 필요한지 다음과 같은 상황을 가정해 보자.

- 프로그램 개발자 A, B, C 세 사람이 함께 개발해야 할 소프트웨어가 있을 경우, 이 소프트웨어의 작동 원리와 과정에 대한 이해가 필요하다.
- 이를 위하여 소프트웨어의 작동 원리를 텍스트로 설명한 후 이를 통해서 작동 원리에 대한 합의를 하고 코딩을 하는 것이 바람직할 것이다.
- 즉 언어의 형식을 빌려 논리를 표현할 수 있으면 그것이 의사코드이다.

의사코드가 인간의 언어에 가깝다면 시각적으로 더욱 간결한 기호를 이용하여 프로그램의 수행을 나타내고자 하는 것이 바로 순서도이다. 이러한 의사코드와 순서도를 통해서 문제해결을 위한 절차를 기술하고 이를 컴퓨터가 실행할 수 있는 코드로 만드는 과정이 바로 **프로그래밍**이라고 할 수 있다.

놀이기구 이용을 결정하는 의사코드

[1] 시작

[2] 키를 cm 단위로 입력받음

[3] 키가 155 cm보다 크면

  [4] 놀이기구 이용이 가능함

[5] 그렇지 않으면

  [6] 놀이기구 이용이 불가능함

[7] 종료

놀이기구 이용을 결정하는 순서도

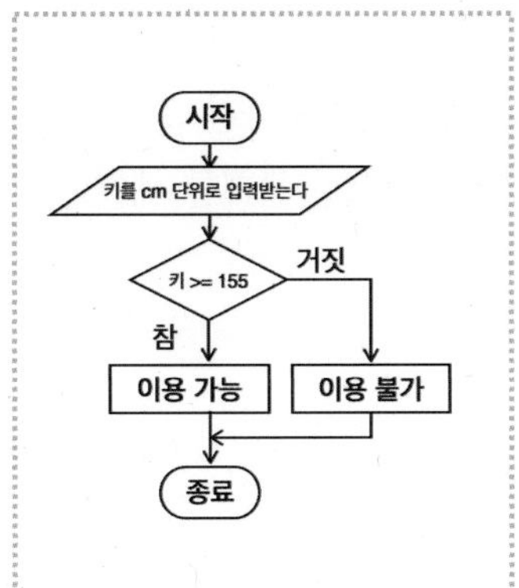

프로그램을 더 효율적으로 작성하기 위한 기법 : 객체 지향 프로그래밍

객체 지향 프로그래밍은 우리가 프로그램을 작성할 때, **프로그램을 실제 세상에 가깝게 모델링 하는 기법**이다. 즉, 컴퓨터가 수행하는 작업을 객체들 사이의 **상호 작용**으로 표현해보자는 아이디어가 바로 객체 지향 프로그래밍의 핵심이며, 이를 위해 클래스class나 객체object들의 집합으로 소프트웨어를 개발한 것이다.

초기 프로그래밍 언어에 해당하는 C나 FORTRAN, Pascal과 같은 프로그래밍 언어를 절차적 프로그래밍 언어procedural programming language라고 하는데 프로그램 작성을 효과적으로 하기 위해 함수나 모듈을 만들어두고 이것들을 문제 해결 순서에 맞게 호출하여 수행되도록 하는 방식이다. 예를 들어 add(a, b)와 같은 함수 블럭이 있을 경우 사용자는 필요할 경우 add(100, 200)과 같은 방식으로 함수를 호출해서 전체 문제를 해결할 수 있을 것이다. 이와 같이 단순한 문제일 경우 함수 블록이 많지 않고 호출도 제한적이기 때문에 절차적 방법으로 문제를 해결할 수 있겠지만 오늘날 프로그램은 수만 라인에서 수십만 라인 이상의 복잡한 코딩이 필요한 경우가 많다.

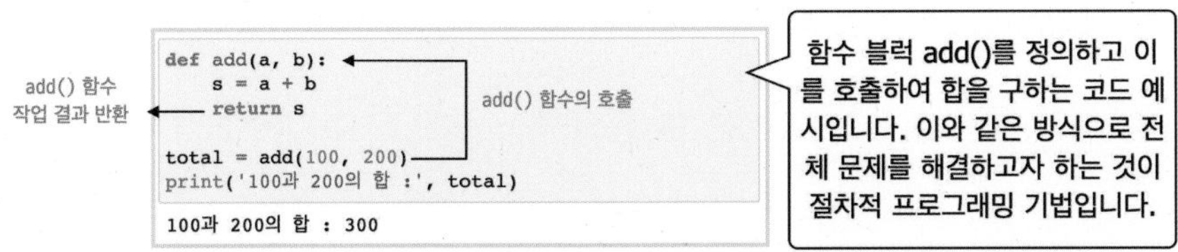

특히 절차적 프로그래밍 방식은 다음 그림와 같은 그래픽 사용자 인터페이스graphic user

interface 시스템과 같이 다양한 그래픽 요소들이 있을 경우 효과적으로 문제를 해결하기 힘들다. 그 이유는 그래픽 기반의 사용자 인터페이스에서 사용자들이 정해진 절차와 순서에 맞게 라디오 버튼, 체크박스, 텍스트 필드나 탭을 선택하지 않기 때문이다. 또한, 운영체제와 같은 큰 시스템의 경우에도 절차적인 방식으로는 효과적으로 사용자의 입력이나 요구에 대응하기 어렵다.

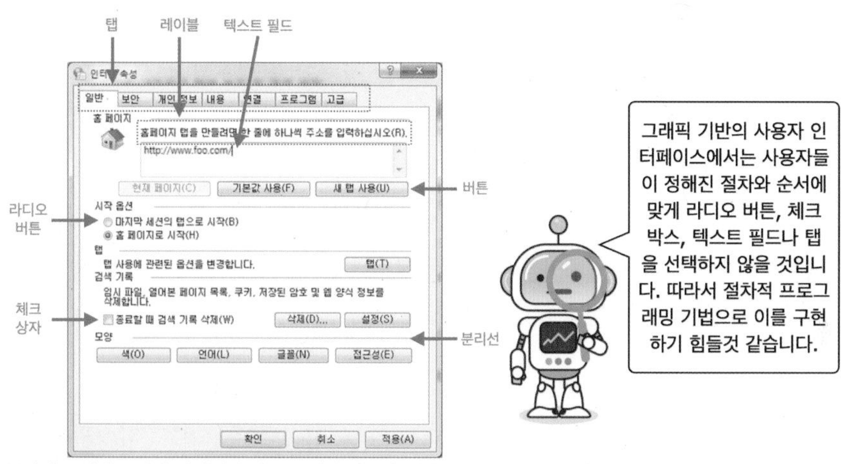

복잡하고 실행 순서가 정해지지 않은 그래픽 사용자 인터페이스 요소들

또 다른 사례로 다음에 나타나 있는 그림과 같은 게임을 상상해 보자. 그림에서와 같이 게임 공간상에는 자동차, 건물, 지형, 바닥과 무기가 있고 이것을 활용하는 게임 플레이어가 있다. 게임이 시작되고 게임 공간에 건물이 있다면 게임 플레이어는 이를 활용해서 적을 피하거나 내부에 숨는 행위를 할 것이다. 혹은 자동차를 이용해서 적절한 지형을 돌아다니기도 한다. 이렇게 게임 캐릭터와 건물, 자동차, 지형은 피하거나 이동하는 등과 같은

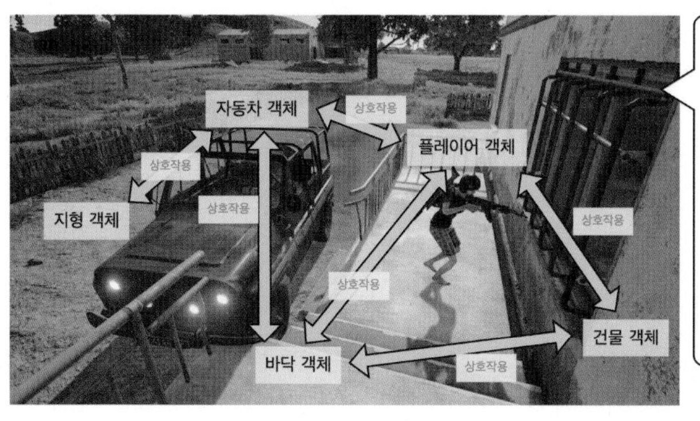

상호작용interaction을 할 수 있다. 이와 같이 상호작용하는 환경의 게임을 만들기 위해서는 **정해진 절차에 따라서 동작하는 절차적 프로그래밍 방법으로는 부족**하다.

절차적 프로그래밍과 객체 지향 프로그래밍의 방법론을 다이어그램으로 그린 것이 다음 그림에 나타나 있다. 그림 ① 절차적 프로그래밍 방식의 경우 데이터들이 많아지고 함수가 많 아진다면 매우 많은 화살표와 함수 호출이 필요하기 때문에 대규모 프로젝트에서는 큰 어 려움을 겪을 수 있다. 반면 소프트웨어를 개발할 적에 개발자는 각각의 요소들을 객체화 시키고 이 객체들이 다른 객체들과 상호작용하는 방식으로 개발하면 매우 편리하다. 이를 위해 오른쪽의 ② 객체 지향 프로그래밍은 잘 설계된 클래스를 이용하여 객체를 만든다. 이때 클래스는 속성과 행위를 가지도록 설계하고 이 클래스를 이용하여 실제로 상호작용하는 객체를 만들어서 프로그램에 적용시키는 방법을 사용한다. 두 방식 모두 프로그래밍의 규모가 커진다면 모두 어렵기는 마찬가지일 것이다. 그러나 **객체 지향 프로그래밍 방식이 개발이나 소프트웨어 업데이트시의 유지보수 비용이 매우 적게 들기 때문에 최근 프로그래밍 언어는 객체 지향 방식을 선호**한다.

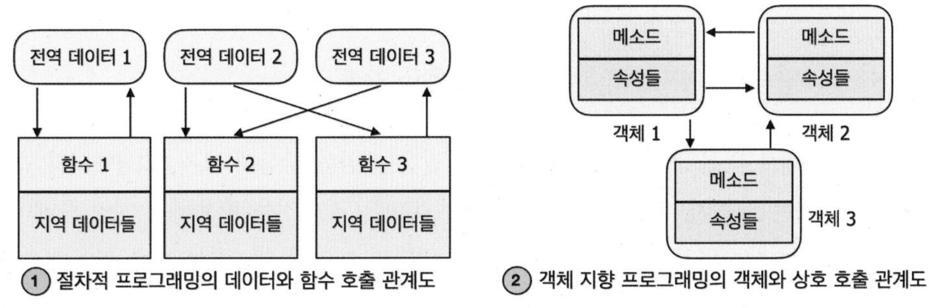

① 절차적 프로그래밍의 데이터와 함수 호출 관계도 ② 객체 지향 프로그래밍의 객체와 상호 호출 관계도

객체와 클래스를 알아보자

프로그래밍 언어를 사용해서 프로그램을 하다 보면 객체object라는 용어를 자주 만나게 된다. 컴퓨터 과학에서 객체란 변수, 데이터 구조, 함수 또는 메소드가 될 수 있으며, 메모리의 관점에서 보면 객체들은 수치값이나 문자값을 포함할 수도 있고 식별자에 의해 참조될 수도 있다. 이러한 객체를 이용하여 프로그램을 구성하기 위해서는 객체를 만드는 틀이 필요한데 이와 같이 객체를 만드는 틀을 클래스class라고 부른다.

객체 지향 프로그래밍은 다양한 객체를 만들기 위하여 **클래스**를 이용한다. 클래스를 이용하여 객체의 역할과 가질 수 있는 데이터를 미리 정의해두고 이 객체들이 프로그램 상에서 상호작용하면서 원하는 작업을 수행하는 문제 해결 방식이 객체 지향 프로그래밍이다.

다음과 같이 간단한 파이썬 프로그래밍을 예를 들어보자. 다음은 animals라는 리스트 객체를 통해서 'lion', 'tiger', 'cat', 'dog'라는 문자열을 저장하는 코드이다. 왼쪽의 >>>는 코드의 입력을 받는 프롬프터prompt이다.

```
>>> animals = ['lion', 'tiger', 'cat', 'dog']
```

이 문자열은 순서대로 정렬되어 있지 않다. 따라서 다음과 같은 코드로 알파벳 순 정렬을 해 보도록 하자. 출력 결과는 아래와 같이 리스트 내부의 원소들이 'cat', 'dog', 'lion', 'tiger' 순으로 정렬되어 나타난다.

```
>>> animals.sort()    # animals 리스트의 내부 문자열을 알파벳 순으로 정렬한다
>>> animals           # animals 리스트의 원소를 출력하자
['cat', 'dog', 'lion', 'tiger']
```

위의 출력 결과를 살펴보면 초기의 문자열 순서와 달리 sort()라는 메소드에 의해서 내부의 원소들이 정렬된 것을 볼 수 있다. 즉, **animals라는 객체에 sort()라는 메소드를 통해서 작업을 하도록 명령**한 것이다.

만일 새로운 원소를 추가하고자 한다면 다음과 같이 append() 명령을 내리면 된다. 이제 원래의 리스트에 'rabbit'이라는 원소가 추가된 결과를 볼 수 있다.

```
>>> animals.append('rabbit')        # animals 리스트에 새 원소를 추가한다
>>> animals                         # animals 리스트의 원소를 출력하자
['cat', 'dog', 'lion', 'tiger', 'rabbit']
```

리스트라는 것은 여러 개의 데이터를 담을 수 있고 이 데이터에 접근할 수 있는 자료형이다 통칭이다. 리스트 자료형에는 sort(), append(), remove(), reverse() 등의 풍부한 기능을 이미 구현해 두었는데, 리스트 자료형을 정의하기 위해서 클래스를 사용한다. 그리고 이와 같이 특정한 클래스에 속한 객체들이 사용할 수 있는 함수들을 해당 클래스의 메소드method라고 부른다. 객체 지향 언어는 리스트와 같은 클래스를 정의할 수 있고,

해당 클래스의 인스턴스 객체를 생성할 수 있으며, 이들이 메소드를 이용하여 다양한 일을 할 수 있도록 지원하는 언어를 의미한다. 메소드를 사용할 때는 객체.메소드() 형태로 호출한다.

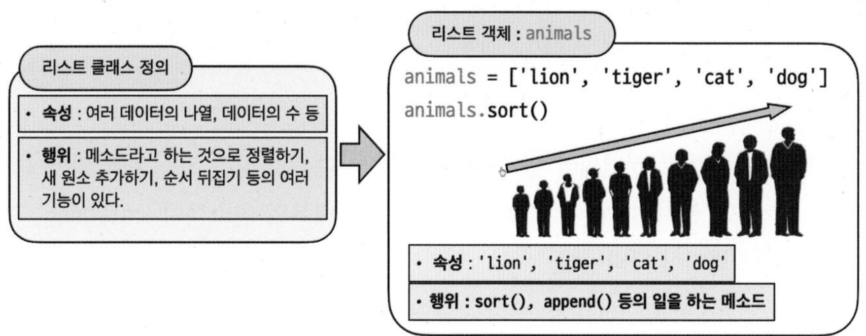

오늘날 인기를 누리는 프로그래밍 언어인 파이썬, 자바, 자바스크립트, C++ 등의 프로그래밍 언어는 모두 객체 지향 프로그래밍 언어이며 클래스를 이용하여 객체를 설계하고, 이 객체들의 상호 작용으로 프로그램이 동작하게 된다.

5.3 알고리즘과 컴퓨팅 사고를 알아보자

문제를 해결하는 절차를 생각해 보자

컴퓨터를 이용하여 문제를 해결할 때 단 하나의 방법만이 있는 것이 아니다. 따라서 우리는 여러 가지 방법들 중에서 가장 효율적인 방법을 선택해서 문제를 해결하는 것이 바람직할 것이다. 컴퓨터 입장에서 효율적이라는 것은 무엇을 의미할까? 컴퓨터는 산술 연산과 논리 연산, 흐름 제어를 통해서 문제를 해결한다. 따라서 이 연산의 횟수가 가장 적은 것이 가장 효율적인 프로그램이 되는 것이다.

이제 여러분은 다음과 같은 상황을 가정하고 문제 해결 방법을 만들어보자.

[사례 : 가짜 동전 찾기 문제]

여러분이 운영하는 편의점에 같은 크기의 동전들이 여러 개 있다. 그리고 이렇게 많은 동전들 속에 단지 1개의 가짜 동전이 섞여있다. 이 가짜 동전은 매우 정교하게 만들어져 눈으로 도저히 구별할 수 없으며 정상적인 동전보다 약간 가벼울 뿐이다. 다행히 여러분은 양팔 저울이 있어서 동전의 무게를 비교해 볼 수 있다.

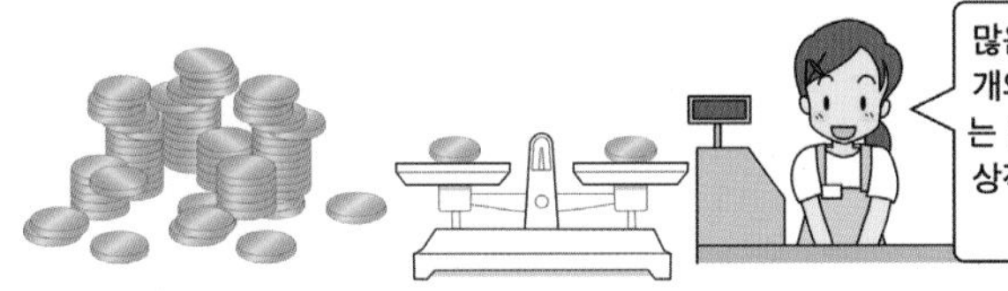

동전의 무게를 다는 속도는 모두 동일하다고 가정하고 동전의 수가 1,024개라고 가정하고 문제 해결 방법들을 나열해 보자. 우리는 다음과 같은 세 가지의 문제 해결 방법을 생각해 볼 수 있을 것이다.

문제 해결 방법 1

첫 번째 방법은 임의의 동전 1개를 저울 왼편에 올리고, 나머지 동전을 하나씩 오른편에 올려보는 방식이다. 매우 단순하기는 하지만 동전이 1,024개라고 가정하면 최대 1,023번의 비교를 해야할 것이다.

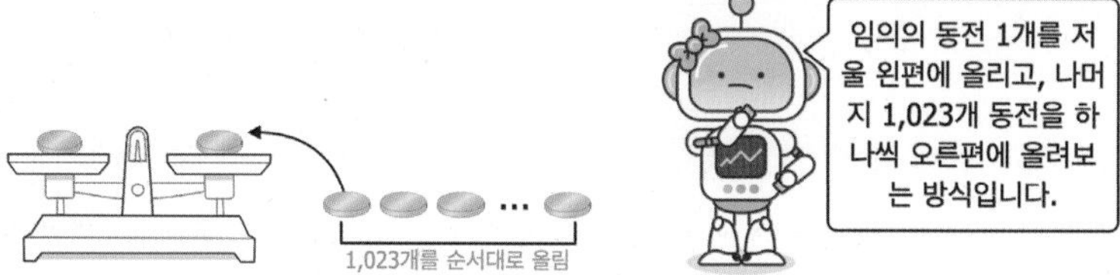

■ 문제 해결 방법 2

두 번째 방법은 전체 동전을 2개씩 짝을 지어 저울에 올리는 방식이다. 이 방식은 2개씩 짝을 짓는 번거로움이 있기는 하지만 동전이 1,024개라고 가정하면 최대 512번의 비교를 해야할 것이다. 따라서 **문제 해결 방법** 1보다 약 2배 더 빠를 것이다.

■ 문제 해결 방법 3

세 번째 방법은 전체 동전을 크기가 같은 2개의 그룹으로 나누어 저울에 올리는 방식이다. 따라서 최초 시도에서는 저울의 왼쪽에 512개, 오른쪽에 512개의 동전이 올라갈 것이다. 만일 가짜 동전이 왼쪽에 있다면 저울은 오른쪽으로 기울 것이다. 반대의 경우에는 왼쪽으로 기울 것이다. 가짜 동전이 있는 그룹의 동전들을 수거하자. 다음 단계로 512개의 동전을 크기가 같은 2개의 그룹으로 나누도록 하자. 이전과 같이 왼쪽에 256개, 오른쪽에 256개가 올라갈 것이다. 만일 가짜 동전이 왼쪽에 있다면 저울은 오른쪽으로 기울 것이다. 반대의 경우에는 왼쪽으로 기울 것이다. 가짜 동전이 있는 그룹의 동전들을 수거하자. 이 과정을 계속 반복하면 **저울을 최대 10번 사용하여 가짜 동전을 찾을 수 있다.**

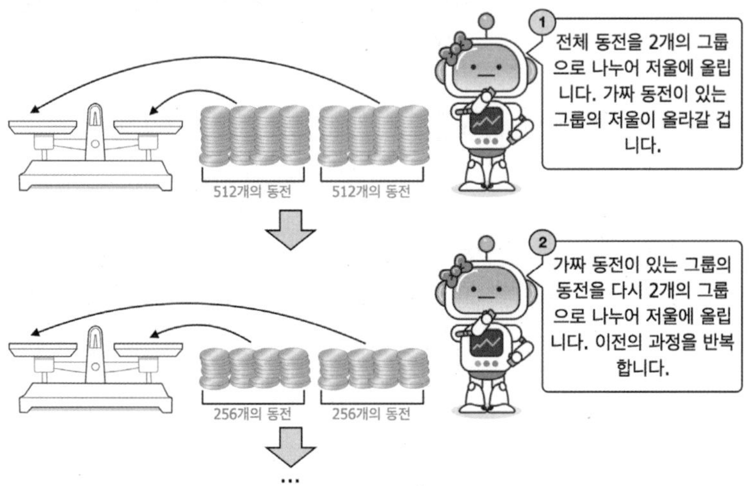

문제 해결 방법 3은 **문제 해결 방법** 1에 비하여 그 성능이 100배 이상 더 좋은 방법이라고 할 수 있을 것이다. 컴퓨터를 이용하여 이 문제를 해결하는 경우에도 위의 방법이 동일하게 적용될 수 있다. 이 때 값을 비교하는 연산이 적을수록 더 효과적인 문제해결 방법이다. 이와 같이 **컴퓨터 프로그램에서 문제를 해결하는 단계적인 절차**를 알고리즘algorithm이라고 한다.

NOTE : 알고리즘

알고리즘algorithm이란 컴퓨터 과학에서 어떠한 문제를 풀기 위한 일련의 절차와 방법을 공식화한 형태로 표현하는 것을 말하며, 흔히 계산을 실행하기 위한 단계적 절차를 의미한다. 알고리즘이라는 용어는 9세기 페르시아의 수학자인 **무함마드 알콰리즈미**의 이름을 라틴어화한 **알고리스무스**algorismus에서 유래한 표현이다.

1983년 소련에서 발행된 알콰리즈미 출생 1200주년 기념 우표

컴퓨터 과학에서 말하는 알고리즘은 주어진 입력에 대하여 명확한 절차에 의해서 유한한 시간에 정답을 출력할 수 있어야 한다. 최근 인터넷에서 사용되는 **알 수 없는 알고리즘**이라는 용어는 사용자가 검색 키워드를 입력하지 않았음에도 불구하고 추천 시스템에 의해 자동으로 자기 관심분야 외의 영상이나 상품을 본 사용자들에 의해서 널리 사용되게 되었다.

컴퓨팅 사고는 왜 필요할까

과거의 교육에서 가르치는 분야는 읽기와 쓰기, 셈하기 등의 분야가 가장 기본적인 것이었다. 오늘날 컴퓨터의 사용이 보편화되면서 컴퓨팅 사고는 컴퓨터 과학자뿐만이 아니라 누구나 갖춰야 하는 기본적인 역량으로 주목받고 있다. 읽기, 쓰기, 셈하기와 같이 아이들이 기본적으로 갖춰야하는 분석 역량 항목에 컴퓨팅적 사고를 추가해야 한다는 것이 새로운 교육의 흐름인 것이다. 과거 요하네스 구텐베르크의 인쇄 혁명으로부터 시작한 인쇄술이 읽기, 쓰기, 셈하기의 능력을 널리 확산시켜 보편화했듯이 컴퓨터는 오늘날 컴퓨팅 사고를 확산시키고 있다. 컴퓨팅 사고를 한다는 것은 컴퓨터 공학의 기본 개념을 끌어와 **문제를 해결하고, 시스템을 설계하고, 이를 바탕으로 정확한 의사결정**을 할 수 있다는 것이다.

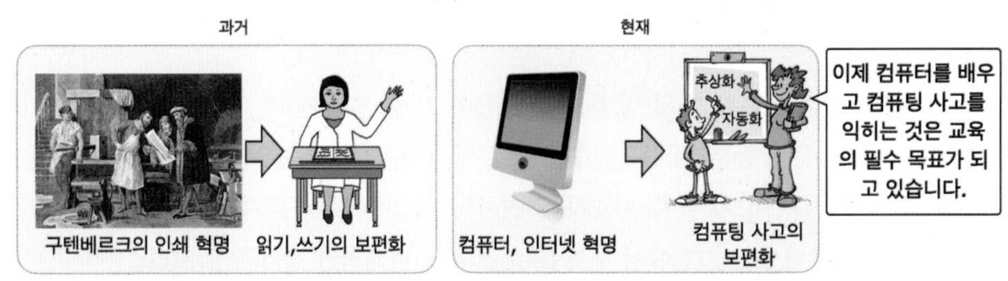

컴퓨팅 사고력을 크게 정신적 도구인 **추상화**abstraction와 기계적 도구인 **자동화**automation로 구분할 수 있다. 즉 현실의 어려운 문제를 추상화시키고 자동화시켜서 컴퓨터란 기계를 사용하여 해결가능한 수준의 문제로 만드는 것이 핵심이다.

▪ 추상화

추상화는 **실제 세계의 문제를 해결가능한 형태로 표현하기 위한 사고 과정**이라고 할 수 있으며, 무엇을 단순화하고 집중시키기 위해 세부적인 것을 제거하거나 또는 공통적인 핵심과 본질을 찾기 위해 일반화하는 사고 과정을 수행한다. 즉, 추상화는 문제를 해결하기 위하여 문제를 분해, 정의하고, 필요한 자료를 수집 및 분 석하고, 도표, 그래프 등과 같이 사용가능한 표현 방법을 활용하여 눈으로 보기 쉽게 나타내고, 복잡한 요소를 작은 단위로 분해하고, 해결에 필요한 변수들을 추출하여 적절한 해결 모델을 설계하는 과정이다.

▪ 자동화

자동화란 이러한 추상화 과정에서 만들어진 해결 모델을 **컴퓨터가 이해할 수 있는 프로그**

래밍 언어로 표현하여 인간이 처리하기 어려운 많은 양의 반복된 작업이나 시뮬레이션을 **실시**하는 것을 말한다

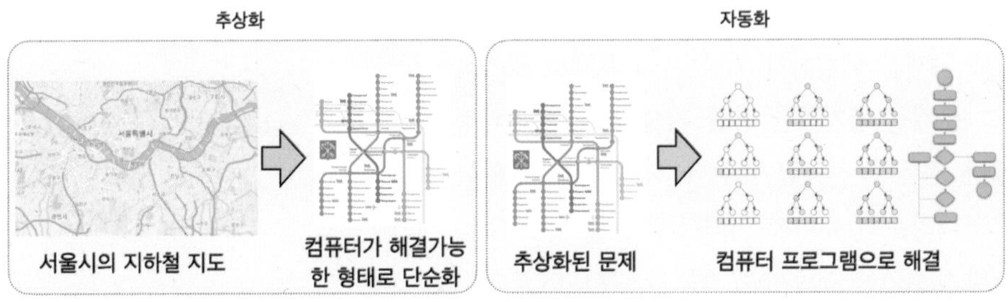

한걸음 더 : 프로그래밍 실력 향상을 위한 온라인 저지

온라인 저지online judge란 프로그래밍 실력을 향상시키거나 프로그래밍 대회에서 코딩 능력을 테스트할 목적으로 만들어진 인터넷 웹사이트이다. 개인이 자신의 프로그래밍 능력을 시험하기 위한 여러 가지 방법이 있으나 백준 온라인이나 프로그래머스와 같은 웹사이트에 올라온 프로그래밍 문제를 풀거나 튜토리얼 강의를 들으며 실력을 쌓을 수 있을 것이다. 이러한 웹사이트에는 정기적으로 프로그래밍에 관련된 문제가 올라오며, 이 문제를 온라인으로 채점하여 빠르고 정확하게 푸는 프로그래머에게 더 높은 점수를 부여하는 시스템을 운영한다. 다음 그림은 백준 온라인이라는 온라인 저지 시스템의 문제 예시이다.

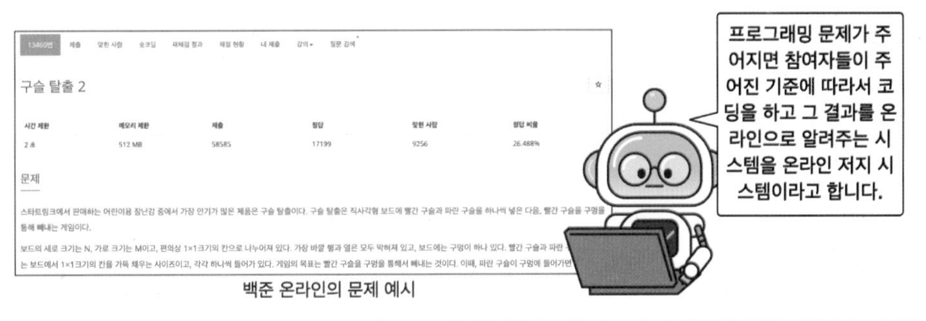

백준 온라인의 문제 예시

컴퓨팅 사고와 컴퓨팅

컴퓨터가 효과적으로 수행할 수 있도록 문제를 정의하고, 그에 대한 답을 기술하는 것을 포함하는 사고 과정 일체를 일컬어 **컴퓨팅 사고**computational thinking이라고 한다. 컴퓨팅, 컴퓨터 과학, 컴퓨터 사고, 프로그래밍에 대해 말할 때 많은 사람들이 이들을 구분하지 않

고 사용하기도 한다. 이 용어들은 약간의 차이가 있으니 상세하게 알아보자. 우선 **컴퓨팅**computing은 컴퓨터 과학과 컴퓨터 사고에서 다루는 **기술과 실천적 활동을 포괄**하는 용어이다. 그리고 **컴퓨터 과학**이라는 학문이 개별적 학문 분야인 반면, 컴퓨팅 사고는 인간의 사회 활동 전반에 걸친 통합된 문제 해결 접근법이다. 즉 문제를 해결하기 위하여 이 **문제를 정의하고 그 문제를 풀기위한 답을 기술하는 사고 과정 전체**가 컴퓨팅 사고인 것이다. 다음으로 살펴볼 프로그래밍은 컴퓨터가 이해하고 실행할 수 있는 일련의 명령어를 개발하는 행위를 말한다. 프로그래밍에는 디버깅이나 코드의 구성 및 적절한 문제 해결을 위한 코드를 만드는 행위가 포함되어 있다. 이를 다이어그램으로 표현해 본다면 다음 그림과 같이 나타낼 수 있을 것이다.

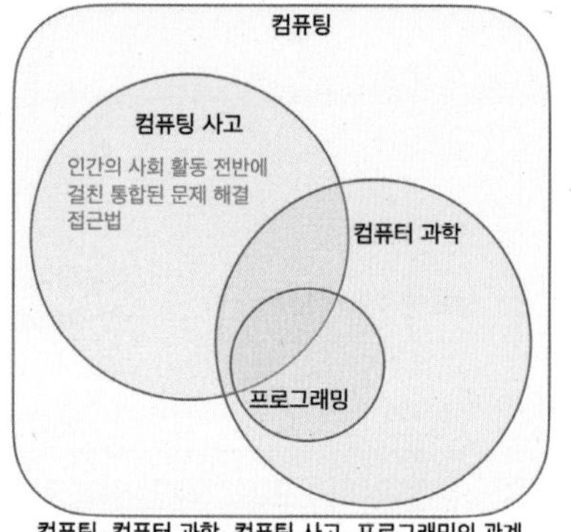

컴퓨팅, 컴퓨터 과학, 컴퓨팅 사고, 프로그래밍의 관계

실습하기 code.org에서 블록 코딩을 익히는 실습

[실습 목표]

이번 실습에서는 블록 코딩을 통해서 간단하게나마 코딩의 원리를 익혀볼 것이다. 다음 웹사이트의 실습을 통해서 코딩의 기본적인 원리를 쉽게 익혀보자.

https://code.org/

code.org의 특징은 다음과 같다.

1. 비영리 교육단체인 code.org에서 운영하며 다양한 코딩 콘텐츠가 있다.
2. 블록 코딩 방식을 사용하여 누구나 쉽게 코딩의 원리를 알 수 있다.
3. 단계별 코딩을 할 수 있는 과정을 운영하고 있다.
4. 코딩의 원리를 알려주는 동영상 콘텐츠가 제공된다.

[단계 1] code.org 웹사이트에 접속한다.

[단계 2] 화면 오른쪽 위의 로그인 또는 Sign in 메뉴를 선택하여 로그인을 한다. 로그인 계정이 없을 경우 계정을 생성한다. 계정을 생성하기 위해서는 오른쪽과 같이 구글, 페이스북, 마이크로소프트 계정을 사용해서 아이디를 만들 수 있다.

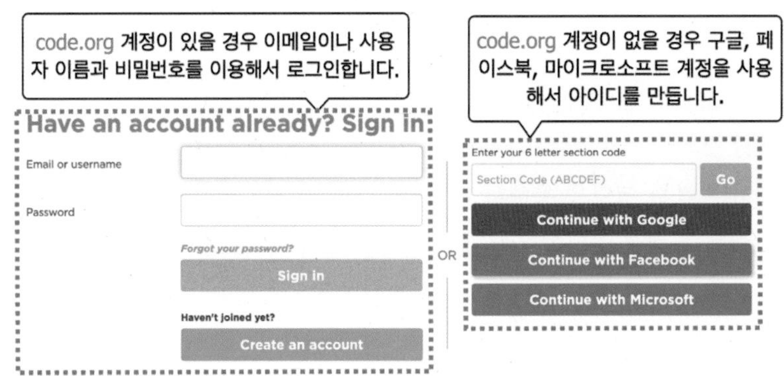

[단계 3] 로그인을 한 후 다음과 같은 주소를 통해서 **안나 엘사와 함께하는 코드** 페이지로 이동하도록 하자.

https://studio.code.org/s/frozen/lessons/1/levels/1

만일 위의 페이지를 찾기가 어렵다면 메인 메뉴의 과정 카탈로그에서 Hour of Code 하위 학습 카테고리에 있는 **겨울왕국**을 찾아보도록 하자.

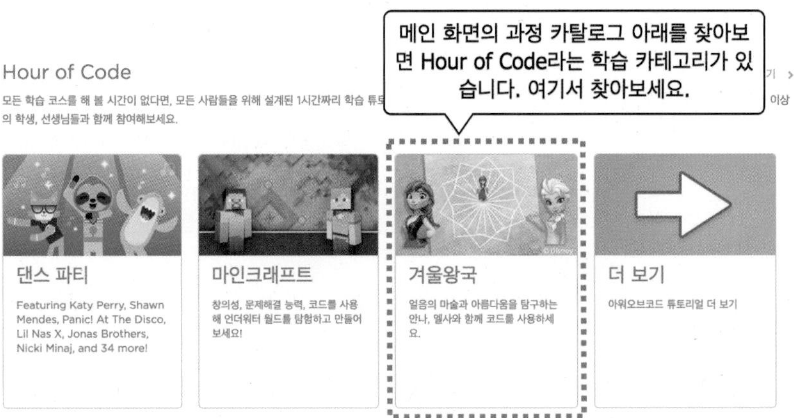

[단계 4] 이 과정을 시작하면 사용법을 안내하는 영상과 다음과 같이 수행 작업을 알려주는 창이 나타난다. 첫 번째 과정은 선 1개를 그리는 간단한 미션이다.

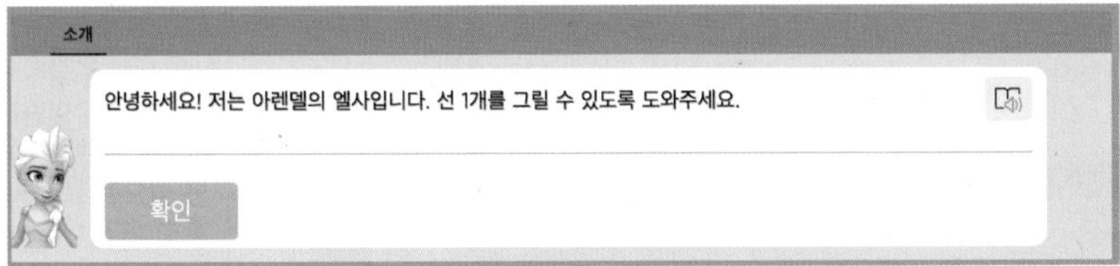

[단계 5] 이 과정의 화면을 살펴보면 왼쪽에는 블록 코드의 수행 결과를 볼 수 있으며, 아래의 실행 버튼으로 블록 코드를 실행시킬 수 있다. 상세한 설명은 아래의 풍선 글과 화면을 참조하라.

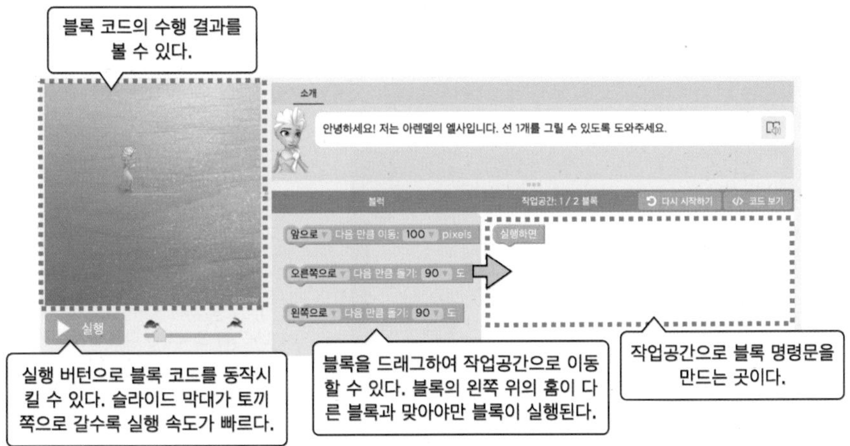

[단계 6] 이제 **블록**(블럭) 영역에 있는 블록 중에서 **'앞으로 다음 만큼 이동 : 100 pixels'** 블록을 드래그해서 **'실행하면'** 블록의 아래에 가져다 놓도록 한다.

[단계 7] 100 pixels의 화살표를 선택하면 50/100/150/200/300 pixel의 선택 가능한 이동 범위가 나타난다. 디폴트로 표시된 100 pixels를 선택한 다음 실행을 클릭하자. 엘사가 **100 픽셀 앞으로 이동**하는 것을 볼 수 있을 것이다. 만일 앞으로 대신 왼쪽으로를 선택했다면 엘사는 **왼쪽으로 방향을 틀어서 이동**할 것이다.

화면 하단의 실행을 선택하면 실행 버튼은 사라지고 '처음 상태로'라는 버튼이 나타난다. 이 버튼은 초기화 버튼으로 모든 실행이 중지된다.

[단계 8] 이제 다음과 같은 설명 창이 나타난다. 계속하기 버튼을 선택하면 2단계로 이동한다.

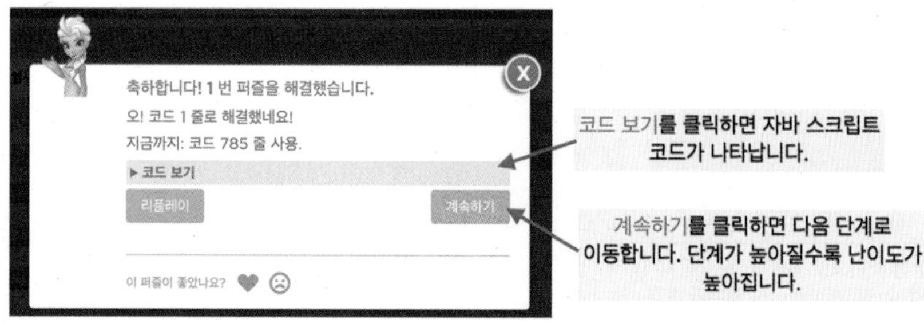

[단계 9] 2단계에서는 이전 단계에 비해서 할 일이 좀 늘어났다. 하지만 다음과 같이 블록을 잘 배치시킨다면 앞으로 100 픽셀만큼 이동한 후, 오른쪽으로 90 도를 돌아서, 다시 앞으로 100 픽셀만큼 이동하는 결과를 얻을 수 있을 것이다. 블록에 있는 명령은 위쪽에서 아래쪽으로 실행되며 드래그를 통해서 분리시키거나 결합시킬 수 있다.

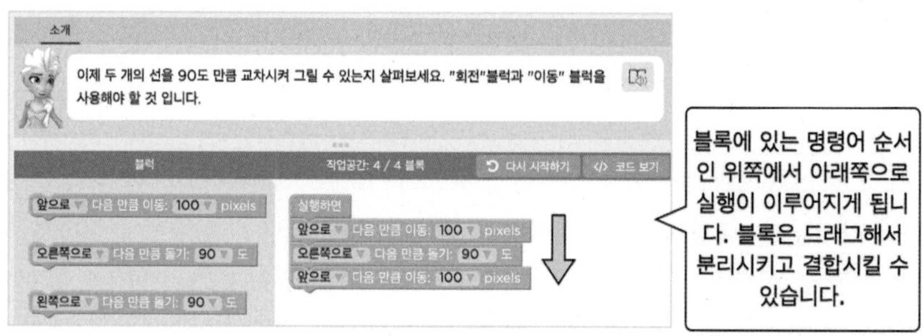

[단계 10] 실행 버튼을 선택하면 다음과 같이 ㄱ자 모양의 직선을 그리는 것을 볼 수 있다. 이전에 살펴본 **[단계 7]**에서와 같이 주어진 블록 명령을 수행하는 것을 볼 수 있다.

[단계 11] 이와 같은 방법으로 각 단계를 수행하게 되면 상단에 다음과 같은 녹색 기호가 하나씩 생겨날 것이다. 20단계에서는 임의의 그림을 그려볼 수 있으며 최종적으로 모두 20개의 녹색 기호가 화면 상단에 채워지면 미션이 완료된 것이다. 그림에 나타난 것과 같이 진한 분홍색의 ㄷ자 모양 블록은 내부 블록을 반복 수행시킨다. 그림에서는 반복 3번으로 표시되어 있으므로 패턴이 3개 나타나 있다. 녹색의 원 만들기 버튼은 크기를 지정하여 원을 그린다. 다음으로 색을 설정하는 블록도 있으며 이들을 잘 조립하면 재미있는 무늬를 만들 수 있다.

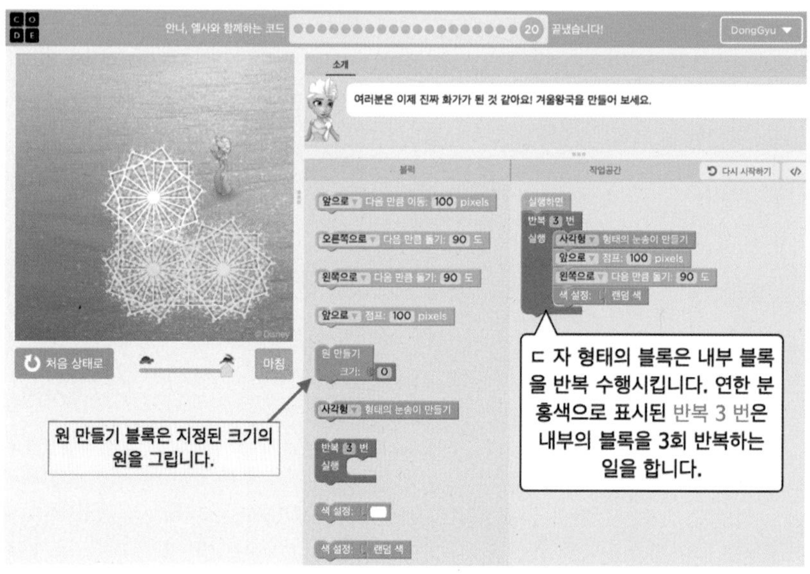

도전문제

code.org에 있는 블록 코딩 문제 중에서 플래피 코드라는 코딩 문제를 해결해보자. 처음부터 마지막 문제까지 전체 레벨을 모두 다 완수해 보도록 하자.

요약

01 명령의 주체가 되는 **인간**이 기계인 **컴퓨터**에게 작업을 시키기 위해서 만든 명령어들의 모임을 프로그램이라고 한다.

02 프로그램은 개발자가 컴퓨터가 이해할 수 있는 명령어들을 조합하여 미리 입력해둔 명령어들이며 이 프로그램을 실행하는 기계는 여러분의 스마트폰이나 컴퓨터가 될 수 있을 것이다. 이러한 프로그램을 만드는 사람을 프로그래머라고 한다.

03 **프로그램을 실행하기 위해서는** 컴파일러나 인터프리터**와 같은 해석과 실행을 담당하는 프로그램**이 필요하다.

04 고급 프로그래밍 언어는 기계어나 어셈블리어와 달리 사람의 언어에 비교적 가까운 형식의 문법을 가진 컴퓨터 프로그래밍 언어이다.

05 1990년대 들어 웹 기술이 발전하면서 발표된 자바스크립트 언어는 웹 브라우저 내에서 주로 사용되는 객체 기반의 스크립트 언어이다. 또한 Node.js와 같이 서버 프로그래밍에서도 사용된다.

06 컴퓨터 하드웨어 기술은 과학 지식의 발전과 이 지식의 실용적인 활용이 결합되어 지속적으로 발전이 이루어지고 있다. 이와 같이 기술적 문제를 발견하고 이에 대한 해결책을 제시하는 학문을 공학이라고 한다.

07 하드웨어 기술에 대한 공학적인 접근 방법과 함께 소프트웨어를 개발하여, 운용하고, 유지보수하는 전반적인 기술에 대하여 다루는 학문도 존재하는데 이를 소프트웨어 공학이라고 한다.

08 알고리즘을 프로그래밍 언어로 작성하는 과정을 코딩이라고 한다. 코딩은 알고리즘 상에 기술된 각 단계를 선택한 프로그래밍 언어의 한 문장으로 변환하는 것으로 수행된다.

09 알고리즘이란 컴퓨터 과학에서 어떠한 문제를 풀기 위한 일련의 절차와 방법을 공식화한 형태로 표현하는 것을 말하며, 흔히 계산을 실행하기 위한 단계적 절차를 의미한다.

10 컴퓨팅 사고를 한다는 것은 컴퓨터 공학의 기본 개념을 끌어와 **문제를 해결하고, 시스템을 설계하고, 이를 바탕으로 정확한 의사결정**을 할 수 있다는 것이다.

11 **컴퓨터 과학**이라는 학문이 개별적 학문 분야인 반면, 컴퓨팅 사고는 인간의 사회 활동 전반에 걸친 통합된 문제 해결 접근법이다. 즉 문제를 해결하기 위하여 이 **문제를 정의하고 그 문제를 풀기위한 답을 기술하는 사고 과정 전체**가 컴퓨팅 사고인 것이다.

연습문제

[단답형 문제]

아래의 보기를 참고하여 괄호 안에 들어갈 적절한 단어를 적으시오.

01 기계가 이해하고 실행할 수 있는 2진수로 이루어진 명령어들을 (   )라고 한다.

02 기계어에서 사용되는 숫자를 의미있는 단어로 바꾸어서 사람들이 이해하기 쉽게 만든 언어가 바로 (   )이다.

03 (   )언어는 1970년대 미국 벨연구소의 데니스 리치에 의해 개발되었다. 이 언어는 역사적으로 가장 성공한 프로그래밍 언어로 오늘날 이용되는 C++, 자바, 자바스크립트 등의 여러 프로그래밍 언어에 큰 영향을 끼쳤다.

04 컴퓨터 프로그램에서 문제를 해결하는 단계적인 절차를 (   )라고 하는데, 이것을 작성하는 것이 문제 해결 과정에서 매우 중요하다.

05 (   )란 프로그램의 개발이나 실행 중에 나타나는 오류를 말하며, (   )이란 이러한 오류를 수정하는 작업을 말한다.

06 컴파일 단계란 소스 파일이 제대로 된 문법에 맞게 작성되었는가를 분석한 다음 이 지시에 따라서 기계어로 된 목적 파일로 만드는 과정을 말한다. 그리고 이러한 작업을 하는 소프트웨어를 (   )라고 한다.

07 (   )는 여러 명령이 순차적으로 실행되는 구조로 가장 기본적인 구조이다.

08 (   )는 여러 개의 명령문 중에서 조건에 따라 명령문을 선택하여 실행되는 구조이다.

09 (   )는 조건에 따라 동일한 명령이 반복되면서 실행되는 구조이다.

10 컴퓨터가 수행하는 작업을 객체들 사이의 상호 작용으로 표현해보자는 아이디어가 바로 객체 지향 프로그래밍의 핵심이며, 이를 위해 (   )나 (   )들의 집합으로 소프트웨어를 개발한 것이다.

11 (　　　　)란 프로그래밍 실력을 향상시키거나 프로그래밍 대회에서 코딩 능력을 테스트할 목적으로 만들어진 인터넷 웹사이트이다.

12 (　　　　)은 컴퓨터 과학과 컴퓨터 사고에서 다루는 기술과 실천적 활동을 포괄하는 용어이다.

[짝짓기 문제 1]

다음은 순서도의 기호와 이에 대한 설명이다. 관련 있는 것을 올바르게 짝짓기하여라.

포트란 •	• 리스트 처리에 적절한 언어로 인공지능 분야에서 주로 사용되었다.
리스프 •	• 과학 계산용 언어로서 1950년에 개발되어 뛰어난 실행 효율성으로 성공한 언어이다.
에이다 •	• 1990년대 썬마이크로시스템즈에서 개발한 객체 지향 프로그래밍 언어이다.
자바 •	• 1970년대 미국 국방성의 주도로 개발된 프로그래밍 언어이다.

[짝짓기 문제 2]

다음은 인공지능 연구에서 사용되는 데이터와 이에 대한 설명이다. 관련 있는 것을 올바르게 짝짓기하여라.

▭ •	• 각종 처리 연산, 데이터 이동 등의 처리를 나타낸다.
▱ •	• 데이터의 입력 및 출력을 표시한다.
◇ •	• 순서도의 시작과 끝을 나타낸다.
⬭ •	• 여러 가지 경로 중 하나의 경로를 선택한다.

[객관식 문제]

다음 질문에 대하여 가장 알맞은 답을 구하여라.

01 기계어에서 사용되는 숫자를 의미있는 단어로 바꾸어서 사람들이 이해하기 쉽게 만든 언어가 바로 어셈블리어이다. 어셈블리어로 만들어진 코드는 컴퓨터가 실행할 수 있는 코드가 아니며 이 코드를 기계어로 번역해주는 프로그램이 필요한데 이것은 무엇인가?

1) 컴파일러　　2) 어셈블러
3) 기계어　　4) 고급 프로그래밍 언어

02 1980년대에 발표된 프로그래밍 언어로 C 언어가 가지는 한계를 극복하기 위하여 개발되었다. 이 언어는 소프트웨어의 재사용을 통해 소프트웨어 생산성을 높이고, 복잡하고 큰 규모의 소프트웨어의 작성, 관리, 유지 보수를 쉽게 하기 위해서 데이터 캡슐화, 상속, 다형성 등의 객체 지향적 개념을 도입한 점이 가장 큰 특징인 언어는 무엇인가?

1) 자바　　2) 포트란
3) C++　　4) C#

03 귀도 반 로썸에 의해 개발된 프로그래밍 언어로 문법이 간단하고 사용가능한 외부 패키지가 많아서 다양한 분야에서 널리 활용되고 있다. 특히 최근 각광을 받고 있는 데이터 분석과 머신 러닝 분야에서 적합한 언어로 평가받고 있어서 높은 인기를 누리고 있는 프로그래밍 언어는 무엇인가?

1) C#　　2) 파이썬
3) 스위프트　　4) 코틀린

04 애플사과 오픈 소스 커뮤니티가 개발한 범용 다중 패러다임 컴파일형 프로그래밍 언어이다. 애플의 초기 프로그래밍 언어인 Objective-C를 대체하기 위해 개발된 프로그래밍 언어는 무엇인가?

1) 스위프트　　2) 파이썬
3) 자바스크립트　　4) 코틀린

05 하드웨어 기술에 대한 공학적인 접근 방법과 함께 소프트웨어를 개발하여, 운용하고, 유지보수하는 전반적인 기술에 대하여 다루는 학문도 존재하는데 이를 무엇이라 하는가?

1) 디지털 논리회로　　2) 컴퓨터 구조
3) 전자컴퓨터 공학　　4) 소프트웨어 공학

06 컴퓨터 프로그래밍을 통해서 우리는 컴퓨터에 명령을 내릴 수 있는데 이렇게 만들어진 명령어들을 프로그램이라고 하며 다른 말로 무엇이라고 하는가?

1) 인공지능
2) 운영체제
3) 소프트웨어
4) 하드웨어

07 다음 파이썬 코드는 프로그래밍의 어떤 구조를 나타내는 코드인가?

```
for i in range(5):
    print('i =', i)
```

1) 순차구조
2) 반복구조
3) 선택구조
4) 역행구조

08 프로그램 작성을 효과적으로 하기 위해 함수나 모듈을 만들어두고 이것들을 문제 해결 순서에 맞게 호출하여 수행되도록 하는 방식인 프로그래밍 언어는 무엇인가?

1) 절차적 프로그래밍 언어
2) 순차적 프로그래밍 언어
3) 함수 프로그래밍 언어
4) 역방향 프로그래밍 언어

09 프로그래밍 언어는 사용자가 사용하기 편리하도록 풍부한 기능을 이미 구현해 두었는데, 리스트 자료형을 정의하기 위해서 클래스를 사용한다. 그리고 이와 같이 특정한 클래스에 속한 객체들이 사용할 수 있는 함수들을 해당 클래스의 무엇이라고 하는가?

1) 메소드
2) 추상화
3) 변수
4) 자료

10 문제를 해결하기 위하여 문제를 분해, 정의하고, 필요한 자료를 수집 및 분석하고, 도표, 그래프 등과 같이 사용가능한 표현 방법을 활용하여 눈으로 보기쉽게 나타내고, 복잡한 요소를 작은 단위로 분해하고, 해결에 필요한 변수들을 추출하여 적절한 해결 모델을 설계하는 과정을 무엇이라 하는가?

1) 추상화
2) 기계화
3) 보편화
4) 자동화

11 추상화 과정에서 만들어진 해결 모델을 컴퓨터가 이해할 수 있는 프로그래밍 언어로 표현하여 인간이 처리하기 어려운 많은 양의 반복된 작업이나 시뮬레이션을 실시하는 것을 말하는 것은 무엇인가?

1) 추상화
2) 기계화
3) 보편화
4) 자동화

12 컴퓨터가 효과적으로 수행할 수 있도록 문제를 정의하고, 그에 대한 답을 기술하는 것을 포함하는 사고 과정 일체를 일컬어 무엇이라 하는가?

1) 컴퓨팅 사고
2) 컴퓨터 테스트
3) 컴퓨터 과학
4) 컴퓨터 능력

[서술식 심화 문제]

01 기계어와 어셈블리어의 특징을 상세하게 기술하여라.

02 소프트웨어 개발을 위한 다섯 가지 단계에 대하여 상세하게 기술하여라.

03 비주얼 스튜디오 코드와 파이썬 개발 도구를 자신의 컴퓨터에 설치하는 과정을 인터넷에서 검색해보고 따라해 보자. 비주얼 스튜디오 코드에서 hello world를 화면에 출력하는 파이썬 프로그램을 작성해보고 각 단계별로 한 일을 기술하여라.

04 오늘날 교육의 흐름에서 학습자의 기본적인 역량으로 컴퓨팅 사고를 추가해야 할 것이라는 의견에 대한 자신의 의견을 기술해 보도록 하여라.

05 선진국의 학교에서 컴퓨팅 사고를 교육하는 사례를 조사해 보고 그 내용을 상세히 기술해 보아라.

CHAPTER

6

네트워크

CONTENTS

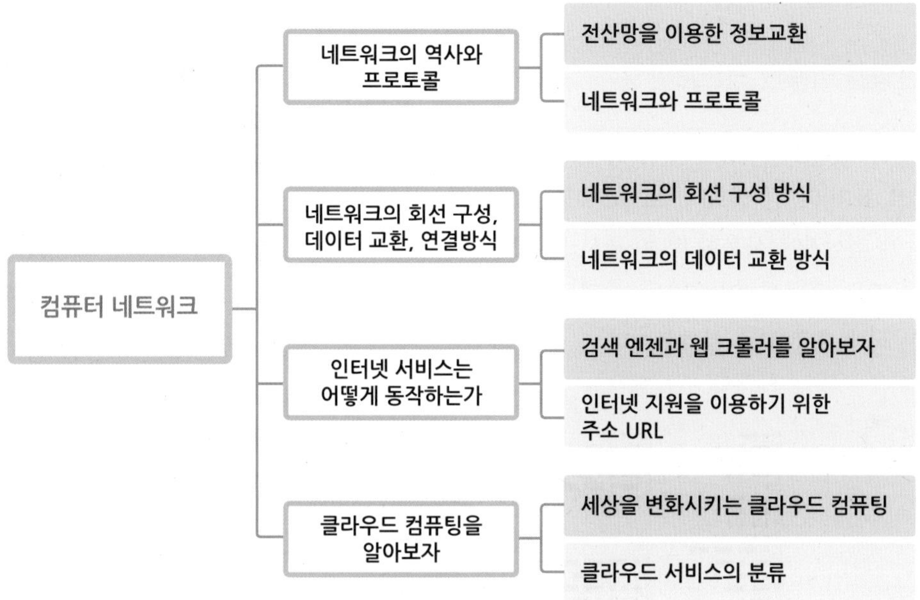

학습목표

- 네트워크의 역사에 대해 살펴보자.
- 네트워크 프로토콜의 종류와 기능을 알아보자.
- 네트워크의 회선 구성과 데이터 교환이 어떻게 일어나는지 살펴보자.
- 웹 크롤러를 알아보고 웹 페이지가 어떻게 구성되어 있는지 알아보자.
- 클라우드 컴퓨팅이 무엇인지 알아보고 실생활에 어떻게 사용되고 있는지 살펴보자.

6.1 네트워크의 역사와 프로토콜

전신망을 이용한 정보교환

1837년 **새뮤얼 모스**Samuel Morse는 서로 떨어져 있는 지역을 전선으로 연결한 후 짧은 신호(· 로 표기)와 긴 신호(— 로 표기)를 조합하여 정보를 전송하는 모스 전신기를 개발하였다. 이 전신기에 사용한 부호 표시 방법을 모스 부호라고 하는데, 모스 부호로 문자 A는 ·—, B는 —···, C는 —·—· 로 표기한다. 다음은 포스 부호로 영문자와 숫자를 나타내는 국제 표준 모스 부호표이다.

국제 표준 모스 부호표

모스 부호는 그 표기법을 익히는데 많은 시간이 소요되었고 긴 신호와 짧은 신호에 대한 구체적인 기준이 불분명하다는 문제점을 안고 있었으나, 그의 전신기 통신 방법은 널리 채택되었으며 20세기 중반까지도 선박끼리의 통신이나 구조 신호로도 사용되었다.

1876년 **알렉산더 벨**Alexander Bell은 사람의 음성을 멀리 전송할 수 있는 전화기를 발명하였다. 초기의 전화기는 두 전화기를 직접 연결하여 음성을 전달하는 방식이었으나 점차 전화기의 수가 늘어나자 교환기를 통하여 여러 대의 전화기끼리 통신하는 방식이 발전하였다. 1877년 벨은 자신의 이름을 딴 **벨 전화 회사**Bell Telephone Company를 설립하였는데, 1886년까지 15만명 이상의 미국인들이 전화기를 소유하게 되어 전화 사업은 큰 성공을 거두었다.

전화기의 보급이 점차 증가하면서 전화 교환원을 통해서 많은 가입자를 연결시켜주는 일은 매우 비효율적인 일이 되었으며, 디지털 전송 기술의 발전에 힘입어 전자식 교환기를 통해서 가입자를 연결시켜주는 방식으로 발전하였다.

전화 교환원 전자식 교환기

NOTE : 조난 신호의 국제 표준인 SOS

SOS는 모스 부호로 · · · — — — · · · 으로 나타낼 수 있다. 이 부호는 간결하며 다른 부호에 비해서 판별이 쉽기 때문에 1952년 아르헨티나 부에노스아이레스 국제전기통신조약 부속 무선규칙에 의해서 세계 공통의 조난 신호로 규정되었다.
날아가는 비행기나 배와 같은 이동 수단에서 무선 통신이 불가능할 경우 때로는 빛을 이용하여 위급한 상황을 알리기도 한다. 이 경우에는 짧은 빛 신호, 긴 빛 신호를 이용해서 · 와 — 신호를 만들어내기도 한다.

컴퓨터 네트워크의 구성

컴퓨터 네트워크computer network란 유선이나 무선의 전송 매체를 통하여 연결된 컴퓨터들이 서로 정보를 교환하는 것을 말한다. 간단하게 정의내리자면 **"두 대 이상의 컴퓨터들을 연결하여 서로 정보를 교환하도록 하는 것"**으로도 이야기할 수 있다.

컴퓨터 기술의 초창기인 1960년대에는 한 대의 컴퓨터에 여러 개의 터미널을 연결하는 방식으로 컴퓨터를 이용하였으며 1970년대에 와서는 가까운 거리에 있는 컴퓨터들을 통신선을 이용하여 서로 연결시켜주는 방식인 **근거리 통신망**Local Area Network:LAN 기술도 등장하였다. 1974년 캠브리지 대학에서는 **캠브리지 링**Cambridge Ring이라는 이름으로 대학교 내의 컴퓨터 실험실 사이의 통신을 하기 위한 실험적인 근거리 통신망을 구축하였다. 이 통신 방식은 최대 255개의 노드를 서로 연결시켜주는 링 방식의 네트워크이다. 1973년과 1974년 사이에는 **이더넷**ethernet이라는 통신 기술이 **제록스** PARC 연구실에서 만들어졌다. 이더넷은 오늘날에도 널리 이용되는 기술인데 **근거리 통신망과 도시권 통신망, 광역 통신망을 위한 유선 통신망 기술 규격**이다. 오늘날 대부분의 컴퓨터에 탑재되어 있는 유선 네트워크를 위한 규격은 거의 대부분 이더넷 규격으로 볼 수 있을 정도로 널리 이용되고 있다.

컴퓨터 네트워크는 그 규모와 범위에 따라서 PAN(Personal Area Network:개인 통신망), LAN(Local Area Network:근거리 통신망), MAN(Metropolitan Area Network:도시권 통신망), WAN(Wide Area Network:광대역 통신망)으로 나누어지는데 각각은 다

음과 같은 특징을 가진다.

- PAN : **개인 통신망**은 블루투스나 초광대역(Untra-wideband:UWB) 통신 등의 기술을 이용해서 개인 휴대기기 사이에 구성된 통신망을 의미한다. 예를 들어 개인이 사용하는 휴대폰과 무선 헤드셋 사이의 통신, 또는 교통카드와 단말기 사이의 통신이 될 수 있다.
- LAN : **근거리 통신망**은 우리 주변에서 볼 수 있는 가장 일반적이고 널리 사용되는 통신망이다. 일반적으로 동축 케이블, 이중 연선, 또는 광 케이블 등을 통해 같은 건물이나 구조물 내에 있는 두 개 이상의 컴퓨터 장치를 연결하여 자원을 공유하는 컴퓨터 통신망을 말한다. 가정, 사무실, 학교 또는 컴퓨터, 서버 및 주변 장비(프린터, 스캐너, 프로젝터 및 기타 저장 장치 등)가 있는 건물과 같은 현재 이더넷이 가장 일반적인 근거리 통신망이다. 근거리 통신망의 표준으로는 IEEE 802.3 표준이 있다.
- MAN : **도시권 통신망**은 같은 도시 내에 설치된 컴퓨터 통신망을 지칭한다. 이 통신망은 고속 통신이 가능한 광케이블을 통해 같은 도시의 서로 다른 위치에 있는 호스트나 데이터베이스 및 근거리 통신망을 상호 연결하여 구축한다. 예를 들어, 한 도시의 시내에 있는 병원과 대학 캠퍼스에 있는 의과 대학을 서로 연결하는 사설 비디오 시스템을 만들기 위한 고속의 비디오 전송을 위한 통신망이 될 수 있다.
- WAN : **광대역 통신망**은 다른 지역의 근거리 통신망 또는 도시권 통신망을 연결하는 컴퓨터 통신망을 지칭한다. 이 통신망은 수천 킬로미터 떨어진 컴퓨터 자원을 연결하는데 여러 지역, 도시 및 국가를 연결하는 것을 넘어 심지어 여러 대륙을 연결하여 장거리 통신을 달성하기도 한다. 광대역 통신망은 근거리 통신망이나 도시권 통신망에 비해 라우터, 스위치, 방화벽 등과 같은 보다 다양한 장치를 포함한다. 광대역 통신망의 가장 대표적인 예는 전 세계를 연결하는 인터넷이 있다. 연결범위가 제한된 LAN과는 달리 WAN은 광섬유, 전용선, 위성 통신 등을 이용하여 전세계적인 규모로 연결할 수 있다.

전송 속도와 LAN의 표준

컴퓨터 통신망이나 여러 종류의 케이블, 무선 통신망 등을 이용하여 정보를 전송할 때 사용하는 단위로는 bps를 많이 사용한다. bps는 bits per second의 약자이며, 1초 동안에 송수신할 수 있는 비트수를 나타내는 단위이다. 좀 더 엄밀하게 말하면 해당 회선/포트 내에서 보내거나 받을 수 있는 총 비트의 수를 나타내며, 여기서 8로 나누면 일반적으로 사용하는 초당 전송 바이트의 수가 되는데 초당 전송 바이트는 bps와 구분하기 위해서 BPS로 대문자 표기한다. bps는 다른 말로 비트 전송률, 비트레이트라고도 부르며 혼동을 방지하기 위해 bit/s라고 밝혀서 적는 경우도 있다. 1 Kbps, 1 Mbps 등과 같은 단위는 각각 다음과 같다.

- 1 Kbps = 1,000 bps
- 1 Mbps = 1,000 Kbps = 1,000,000 bps
- 1 Gbps = 1,000 Mbps = 1,000,000,000 bps
- 1 Tbps = 1,000 Gbps = 1,000,000,000,000 bps

25 Mbps
4K 울트라 HD 비디오 전송 서비스로 넷플릭스, 유튜브 서비스

5 Mbps
1080p HD 비디오 전송 서비스로 넷플릭스, 유튜브 서비스

3 Mbps
720p 줌 미팅의 비디오 호출 서비스

1.5 Mbps
브로드밴드 무선 통신 서비스

0.5 Mbps
웹 세미나와 같은 실시간 스트리밍 서비스

150 Kbps
화면 공유 서비스

80 Kbps
인터넷을 이용한 전화기인 VoIP 호출

그림의 서비스와 전송 속도는 우리 주변에서 서비스되는 많은 정보 이용 서비스에서 필요로 하는 전송율을 bps로 표시하고 있다. 예를 들어 4K의 울트라 HD 비디오를 넷플릭스나 유튜브에서 보기 위해서는 25 Mbps 전송 속도가 지원되어야 하며, 1080p HD 비디오 전송 서비스를 위해서는 5 Mbps, 720p 정도의 줌 미팅zoom meeting 비디오 호출 서비스를 이용하기 위해서는 3 Mbps의 전송 속도가 각각 필요하다.

LAN은 우리 주변에서 가장 많이 볼 수 있는 통신망이며 가까운 구간에서 이용되기 때문에 지연 시간도 적고, 비교적 품질이 좋은 통신망이다. 그리고 전송을 위해서는 이더넷이라는 표준을 사용하는데 최근에는 속도가 더 빠른 고속 이더넷이나 기가비트 이더넷, 광섬유를 전송 매체로 사용하는 FDDI라는 표준도 있다. 이들에 대해 자세히 살펴보자.

- **이더넷** : 이더넷ethernet은 LAN이나 MAN, WAN에서 가장 많이 사용되는 컴퓨터 네트워크 기술로 1976년 표준이 채택되었으며 10 Mbps의 전송 속도를 낼 수 있는 기술 규격이다. 이 기술 규격에는 동축 케이블을 위한 10BASE2와 꼬임선을 플라스틱으로 덮은 10BASE-T 기술 규격이 있다.
- **고속 이더넷** : 고속 이더넷은 1990년대 기존의 이더넷을 더욱 확장하여 개발한 것으로 100 Mbps의 전송 속도를 낼 수 있다. 그리고 고속 이더넷을 위한 100BASE-T라고 하는 통신망 기술 규격이 있다.
- **기가비트 이더넷** : 기가비트 이더넷은 고속 이더넷에 비해서 더 빠른 초당 기가비트의 전송 속도를 낼 수 있는 기술 규격이며 IEEE 802.3-2008 표준에 정의되어 있다. 초당 10 기기비트의 전송이 가능한 10 기가비트 이더넷 표준도 최근에는 많이 사용되고 있는 추세이다.
- **FDDI** : FDDI는 Fiber Distributed Data Interface의 약자로 광섬유 분산형 데이터 인터페이스, 광섬유 분산 데이터 접속 방식이라고도 한다. 이 방식은 미국 표준 협회와 ITU-T에 의해서 표준화된 근거리 통신망의 데이터 전송 표준이다. 광섬유로 연결된 링 구조의 통신망에 최대 1,000개 노드가 설치될 수 있다. 주요 용도로는 **백본**backbone 통신망이라고 불리는 기간 통신망으로 사용된다.

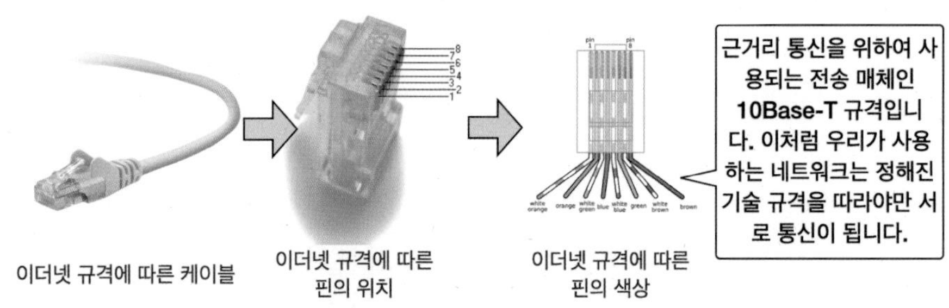

이더넷 규격에 따른 케이블 / 이더넷 규격에 따른 핀의 위치 / 이더넷 규격에 따른 핀의 색상

모뎀

컴퓨터를 이어주기 위한 물리적인 장치에는 어떤 것들이 필요할까 살펴보자. 우선 컴퓨터 통신의 초기 시절 장비인 모뎀에 대하여 알아보자. 모뎀modem이라는 장치는 MOdulator and DEModulator의 약자로 **전화선을 통해 음성 신호를 전달하던 시기에 사용되던 중요한 통신 장비**이다. 컴퓨터 내부의 정보 전달을 위한 신호로는 디지털 신호를 사용하는 반면 전화선을 통해서 전달되는 음성 신호는 높낮이를 가진 아날로그 신호였기 때문에 두 컴

퓨터 간의 통신을 전화선을 사용해서 하기 위해서는 다음과 같은 절차가 필요하다.

1. 디지털 신호를 아날로그 신호로 변환하는 변조 과정인데 이를 영어로 modulation이라고 한다.
2. 아날로그 신호를 상대편 컴퓨터로 전송하는 과정으로 초기에는 음성 신호를 전달하는 전화선을 사용하였다.
3. 아날로그 신호를 받아서 컴퓨터가 사용할 수 있는 디지털 신호로 변환하는 복조 과정인데 이를 영어로 demodulation이라고 한다.

다음의 그림은 디지털 신호의 변조와 아날로그 신호의 복조 과정을 보여주고 있는데, 0과 1과 같은 디지털 신호를 아날로그 신호로 바꾸는 방법 중의 하나는 주파수 변환을 통해 신호의 주기를 다르게 만들어 0과 1을 표현하는 **주파수 편이 변조**와 같은 것이 있다. 주파수 편이 변조란 그림과 같이 1은 높은 주파수로, 0은 낮은 주파수를 할당해서 데이터를 전송하는 방식으로 주기만 다를 뿐 신호의 진폭은 일정하다. 이 때, 높은 주파수와 낮은 주파수를 각각 1과 0으로 할당하는 것은 신호를 보내는 측과 신호를 받는 측 사이의 약속으로 달리 정해질 수 있다.

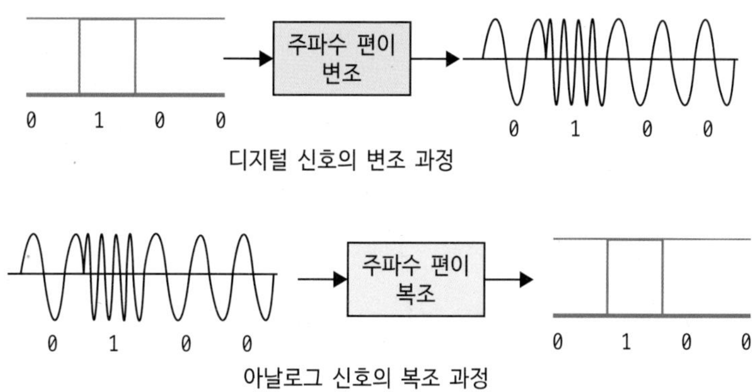

디지털 신호의 변조 과정

아날로그 신호의 복조 과정

모뎀을 이용한 통신 방법에 관심을 가진 일부 사용자들은 1970년대 후반부터 개인이 사용하는 PC에 BBS라는 소프트웨어를 설치해서 게시판을 운영하는 서비스를 개시했다. BBS란 Bulletin Board System의 약자로 게시판 시스템이란는 의미이다. 우리나라의 경우 PC를 이용한 데이터 통신은 1987년부터 시작되었으며, 초기에는 모뎀을 사용해서 1,200 bps의 매우 느린 속도로 BBS에 접속하여 서비스를 이용하는 방식이었다. 이후 한국 통신에서 운영하는 HiTEL과 데이콤의 PC서브/천리안 서비스가 시작되면서 많은 사용자들이 PC 통신을 이용하게 되었다.

모뎀을 이용한 통신 방법은 현재에도 FAX 전송에 주로 이용되고 있으나 디지털 신호를 아날로그 신호로 전송한 후, 이를 받아와서 다시 디지털로 전환해야 하므로 **속도가 느리고 정확성도 떨어진다는 문제**가 있다. 모뎀은 과거 디지털 신호 전송을 위한 기반 시설이 없을 경우 많이 활용되었으나 최근에는 디지털 초고속 통신망의 출현으로 인하여 거의 사용되지 않는다. 따라서 최근에는 유선 이더넷이나 광통신, WIFI, 이동통신망을 주로 이용한다.

■ 유선 이더넷

유선 이더넷은 **전세계적으로 가장 폭넓게 이용되고 있는 네트워크 규격**이다. 이 방식은 컴퓨터에 탑재된 많은 유선 네트워크 인터페이스인 이더넷과 디지털 통신을 위한 전용 선로를 사용한다. 일반 가정이나 기업체 내부의 LAN 통신으로 가장 널리 이용되고 있는 통신 방법으로 구축이 쉬우며, 다양한 이더넷 통신 장비를 사용할 수 있다는 점이 큰 장점이다.

■ 광통신

광통신은 광섬유 통신이라고도 하는데 전기적인 신호를 빛으로 바꾸어 주는 발광 소자를 통해서 생성된 빛 신호를 광섬유 전송로를 통해서 보낸다. 이 신호를 받는 수신측은 전송받은 빛 신호를 다시 전기 신호로 변환하여 통신을 수행한다. 광통신은 다음과 같은 장점이 있다.

1. 전자기 장애가 발생하지 않으며 기후의 영향도 받지 않는다.
2. 기존의 동축 케이블은 1.5~4 km마다 중계기가 필요한 반면, 광 케이블은 50 km이상 중계기 없이 신호 전송이 가능하다.
3. 기존 전송로에 비교하여 전송 용량이 매우 크다.
4. 외부의 도청이 불가능하므로 보안성이 좋다.
5. 경제적인 통신 시스템 구축에 유리하다.

■ WIFI

와이파이 얼라이언스의 로고

오늘날 모바일 기기를 위한 통신 방법으로 가장 많이 사용되는 WIFI는 Wireless fidelity의 약자로, **IEEE 802.11 통신 규약을 만족하는 기기들끼리 무선으로 데이터를 주고받을 수 있도록 하는 기술**을 뜻한다. 와이파이 기술을 사용하는 장치에는 개인용 컴퓨터, 비디오 게임 콘솔, 스마트폰, 디지털 카메라, 태블릿 컴퓨터, 디지털 오디오 플레이어, 프린터와 같은 다양한 장치가 있다. 와이파이 호환 장치들은 WLAN 네트워크와 무선 액세스 포인트를 통해 인터넷에 접속할 수 있다. 이러한 **액세스 포인트**access point는 **핫스팟**hotspot이라고도 하는데, 실내를 기준으로 약 20 미터이내 거리의 무선 통신을 지원한다.

와이파이는 침입자가 물리적인 연결을 할 필요가 없기 때문에 유선 연결보다 안전성이 떨어지는 편이다. 이러한 이유로 인하여 와이파이는 다양한 암호화 기술을 채택하고 있다. 와이파이를 위한 기술로는 WEP 방식, WPA, WPA2 등이 있다. 와이파이의 표준을 준수하는 제품을 인증해 주는 기관으로는 와이파이 얼라이언스가 있는데, 이 기관은 와이파이를 테스트하고 인증 프로그램을 업데이트하여 새로 인증된 장치들이 공격에 저항할 수 있도록 돕고있다.

▪ 이동통신

이동통신은 사용자가 단말기를 통해 음성이나 영상, 데이터 등을 장소에 구애받지 않고 통신할 수 있도록 이동성을 가진 통신 체계를 말한다. 이동통신 기술은 1970년대 말 1세대 기술이 출발하면서 시작되어 최근에 등장한 5G 통신 기술까지 매우 빠르게 성장한 기술이다. 각 세대별 이동통신 기술에 대한 설명은 다음과 같다.

세대	설명
1세대	최초의 이동통신 기술 표준은 Advanced Mobile Phone Service의 약자인 AMPS로도 불리운다. 1970년대 말 미국 벨 연구소에서 개발되어, 1982년 미국 AT&T사에 의하여 상용화된 음성 위주의 이동통신 서비스이다.
2세대	1992년 상용화된 GSM, 1995년 상용화된 CDMA 기술에 의해서 상용화된 서비스이다. 이 서비스는 음성 및 데이터 서비스를 제공하며, 코드분할 다중접속 방식의 약자인 CDMA는 우리나라에서 세계 최초로 상용화되었다.
3세대	3세대 이동통신은 2000년대 들어 상용화되었으며 음성, 문자 외에 다양한 사진/동영상 같은 파일을 전송하거나 실시간으로 영상 통화를 할 수 있는 이동통신 서비스이다.
4세대	3세대 이동통신 시대에는 최대 14.4 Mbps라는 전송 속도를 보였다면, 4세대 이동통신 서비스를 통해서는 최대 1 Gbps에 달하는 전송 속도가 가능해다. 이로 인하여 휴대 전화로 영화를 빠르게 내려 받고 스트리밍 동영상도 끊김없이 시청하는 것이 가능해졌다.
5세대	2019년에 우리나라를 비롯하여 세계적으로 상용화되기 시작한 5세대 이동통신은 최대 20 Gbps의 초고속 통신 기술이다. 이러한 초고속, 저지연, 대용량 특성들로 인하여 증강현실이나 가상현실 같은 실감 미디어 서비스나 자율주행차, 사물인터넷, 스마트 시티 서비스 등이 가능해질 것으로 전망된다.

네트워크와 프로토콜

기기끼리의 데이터를 교환하기 위해서는 두 기기 간의 물리적인 연결도 필요하지만 데이터를 교환하기 구체적인 형식에 대한 상호 합의가 필요하다. 이와 같이 상호 간의 통신을 위한 규칙의 집합을 **프로토콜** 또는 **규약**이라고 한다. 컴퓨터에서 이야기하는 **프로토콜**protocol은 컴퓨터 내부 또는 컴퓨터 사이에서 데이터의 교환 방식을 정의하는 규칙 체계이다. 그림 ①을 살펴보면 철수와 영희가 서로 이야기를 나누는 모습인데, 철수가 먼저 "안녕"이라는 인사를 한 후 영희는 이에 대한 답변으로 "안녕"이라는 답을 한다. 다음으로 철수가 "내일 언제 볼까?"라는 질문을 하면 영희는 이에 대한 답변으로 "오후 2시에 보자"라는 답을 한다. 이와 같이 시간의 흐름에 따라 서로간의 질문에 대한 답을 남기는 형식이 갖추어져야만 두 사람은 대화가 이루어질 것이다. 그림 ②를 살펴보면 네트워크에 연결된 클라이언트가 서버에 "TCP 연결을 요청"하는 메시지를 보낸다. 이 요청을 받은 OOO 서버는 "TCP 연결을 수락"하는 답신 메시지를 보낸다. 이에 따라 클라이언트는 https://www.OOO.com/.. 이라는 방식의 웹 서비스 요청을 보낸다. 이제 OOO 서버는 이에 해당하는 웹페이지를 전송한다.

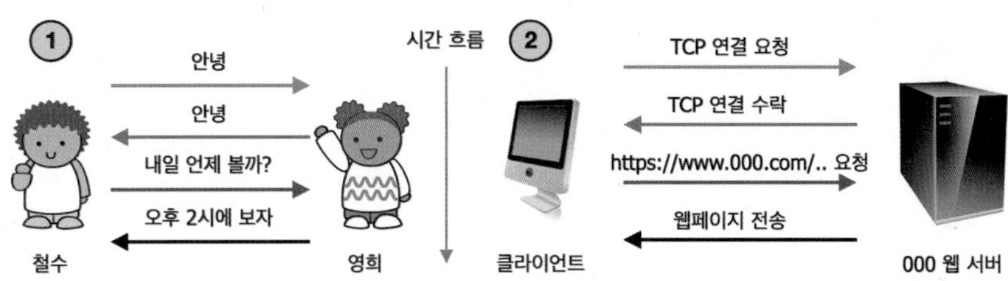

이전에 설명된 내용중 TCP/IP에서 TCP는 **전송 제어 프로토콜**을 의미하는 Transmission Control Protocol의 약자이며, IP는 **인터넷 프로토콜**을 의미하는 Internet Protocol의 약자이다. TCP/IP는 다른 말로 **인터넷 프로토콜 스위트**Internet Protocol Suite라고도 하는데 **인터넷과 이와 유사한 컴퓨터 네트워크 사이에서 정보를 주고받는 데 이용되는 통신 프로토콜의 모음**을 말한다.

TCP/IP는 통신 프로토콜의 모음인데 이러한 모음은 크게 4 계층으로 나눌 수 있다. 4개의 계층은 각각 응용 계층, 전송 계층, 인터넷 계층, 링크 계층이라고 한다. 경우에 따라서 링크 계층은 데이터 링크, 네트워크 엑세스 계층, 네트워크 인터페이스 계층, 또는 물리적 계층이라고도 한다.

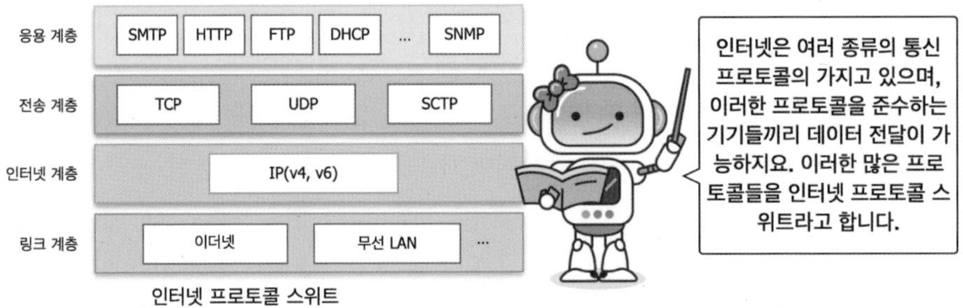

인터넷 프로토콜 스위트

이와 같이 통신 프로토콜을 계층 구조로 할 경우의 장점은 다음과 같다.

- 각 계층별로 처리하는 역할이 다르기 때문에 계층별 간섭을 최소화할 수 있다.
- 특정 계층에서 문제가 생기면 문제가 생긴 해당 계층을 살펴보면 되기 때문에 유지 보수가 편리하다.
- 다른 계층끼리는 데이터의 전달 과정을 구체적으로 알 필요가 없기 때문에 데이터의 캡슐화와 은닉이 가능하다.

이제 각각의 계층에서 하는 일을 살펴보자.

응용 계층

응용 계층application layer은 사용자와 가장 가까운 계층이므로 **사용자와 소프트웨어 사이의 소통을 담당하는 계층**이다. 즉 응용 계층은 사용자인 사람 또는 소프트웨어가 네트워크에 접근할 수 있도록 하는 인터페이스 역할을 한다. 이 계층을 통해서 사용자는 웹 서비스 접속, 이메일, 원격 파일 접근 및 전송, 공유 데이터베이스 관리 등의 서비스를 제공받는다. 응용 계층에 속하는 규약으로는 다음과 같은 것이 있다.

- SMTP : 이메일 프로그램에서는 인터넷에서 전자우편을 보낼 때 표준 통신 규약으로 SMTP을 사용한다.
- HTTP : 인터넷 브라우저는 웹 서버와 사용자의 인터넷 브라우저 사이에 문서를 전송하기 위해 HTTP(Hypertext Transfer Protocol) 통신 규약 등을 사용한다.
- FTP : 파일 전송을 위한 규약으로 FTP(File Transfer Protocol)라는 규약이 있다.

전송 계층

네트워크를 통해 전송하는 데이터는 매우 큰 데이터도 있기 때문에 이 데이터를 전송하기 쉽도록 잘라서 보내기도 한다. 이와 같이 인터넷상에서 사용하는 데이터의 전송 단위를 **패킷**이라고 한다. **전송 계층**transport layer은 인터넷 패킷이 전송 과정에서 아무 문제 없이 제대로 수신지 컴퓨터에 도착할 수 있도록 패킷 전송을 제어하는 역할을 한다. 이 전송 제어를 위한 규약으로는 크게 TCP와 UDP가 있다. TCP는 전송 제어 규약을 의미하는 Transmission Control Protocol의 약자이며, UDP는 데이터그램 통신 규약을 의미하는 User Datagram Protocol의 약자이다. UDP는 TCP보다 단순하며 다른 데이터에 비해 안전하게 보호되어야 할 필요성이 덜한 실시간 응용 프로그램에서 흔히 이용된다. UDP는 TCP보다 신뢰도가 낮고 오류 검출, 흐름 제어 등의 기능을 제공하지 않아 패킷을 빠르게 전송하는 응용 계층에서 이용되고 있다. TCP는 두 네트워크 사이에 연결을 형성하고 효율적인 작업을 위해 데이터를 작은 패킷으로 나눠서 데이터를 전송한다. 따라서 TCP는 신뢰도가 높지만 속도가 느리다.

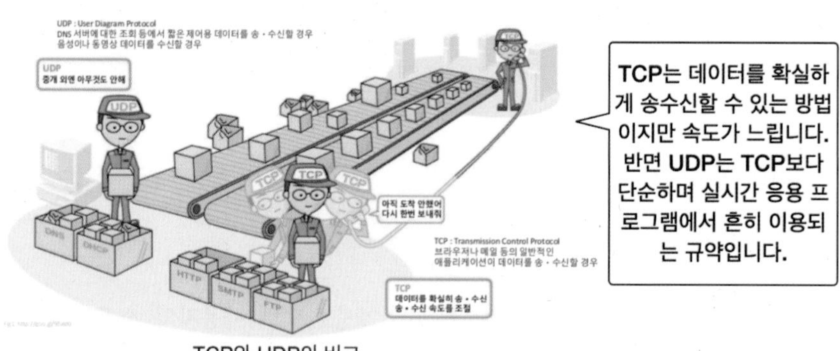

TCP와 UDP의 비교

■ 인터넷 계층

인터넷 계층internet layer은 **네트워크와 네트워크를 연결하여 직접 연결되지 않은 컴퓨터 간에 데이터 통신을 구현하는 역할**을 한다. 인터넷 계층에서 네트워크를 연결하고 데이터를 전송하기 위해 반드시 필요한 네트워크 장비가 **라우터**router이다. 인터넷 계층의 네트워크 연결을 위한 프로토콜에는 IP가 있는데 이것은 Internet Protocol의 약자로 송신 호스트와 수신 호스트가 패킷 교환 네트워크에서 정보를 주고받는 데 사용하는 것이며, 호스트의 주소 지정과 패킷 분할 및 조립 기능을 담당한다. 뿐만 아니라 주소 변환 규약(Address Resolution Protocol: ARP), 인터넷 그룹 관리 프로토콜(Internet Group Management Protocol: IGMP), 인터넷 제어 메시지 프로토콜 (Internet Control Message Protocol: ICMP) 등도 있다. 이 규약들 중에서 ARP는 네트워크 계층 주소와 링크 계층 주소 사이의 변환을 담당하는 프로토콜이며, IGMP는 그룹 멤버십을 구성하거나, 그룹 관리를 위한 프로토콜이며, ICMP는 인터넷 통신 서비스 환경에서 오류에 대한 알림과 관련된 메시지를 전달하는 프로토콜이다.

다음 그림은 인터넷에 연결된 호스트와 그 주소의 중요성을 설명하고 있다. 4.4.4.1이라는 주소를 가진 호스트에서 4.4.4.4라는 주소의 호스트로 패킷을 보내는 경우를 생각해보자. 인터넷에 연결된 호스트 컴퓨터들은 고유한 IP 주소를 가지고 있다. 따라서 4.4.4.4라는 주소로 보내어진 패킷은 제대로 된 주소의 호스트에서만 처리되며, 다른 호스트에서는 이 주소를 확인하고 일치하지 않는 패킷을 버리게 된다.

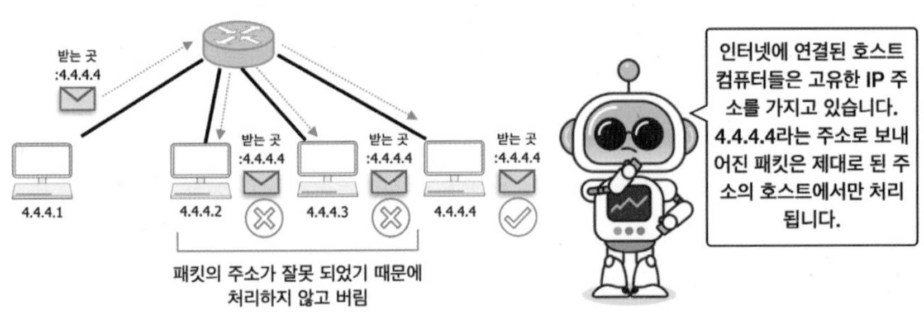

인터넷에 연결된 장치는 고유의 주소를 가지고 있음을 살펴보았는데 이 주소 체계 역시 크게 두 가지가 있다. IPv4라는 버전의 주소 체계에서는 네 부분으로 나누어진 주소를 사용한다. 각 부분은 0에서 255까지의 숫자로 표현하는데 예를 들어 203.246.0.1과 같이 4개의 값을 .(점)을 사용하여 구분한다. 이 주소 체계는 인터넷에 접속된 사물의 증가로 인해 주소 공간이 고갈될 위기에 놓이게 되었으며, 이에 따라 IPv6라는 새로운 주소 체계가 널리 사용되고 있다. 이 주소 체계는 128비트를 사용하며, 이론적으로 2^{128}인 약 3.4×10^{38}개의 사물에 대하여 주소를 부여할 수 있다.

	IPv4	IPv6
주소 길이	32 비트	128 비트
주소 개수	약 43억 개	약 43억×43억×43억×43억 개
표시방법	8 비트씩 4부분으로 10진수 표시	16 비트씩 8부분으로 16진수 표기
예시	203.246.0.1	2012:0122:AACC:12DD: 1111:0000:FFFF:1233

■ 링크 계층

링크 계층link layer은 데이터 전송의 최하위 계층인데, 이 계층에서 하는 일은 데이터가 원하는 IP 주소나 공유기에 도달했는가 또는 해당 네트워크 내의 연결된 기기에 제대로 연결되어 있는지 확인하는 역할을 한다. 링크 계층은 원하는 기기의 MAC 주소를 확인하고 이더넷 케이블 및 와이파이를 통한 데이터 전송을 관리하는 등의 작업을 담당한다.

한걸음 더 : OSI 모형의 7 계층 구조

인터넷이 통신을 위하여 프로토콜의 모음을 크게 4 계층으로 구분한데 반해, **OSI 7 계층**은 통신을 위한 단계를 7 계층으로 좀 더 세분화 시킨다. OSI 7 계층은 **OSI 모형**이라고도 하는데 Open Systems Interconnection Reference Model의 약자로 국제표준화기구(ISO)에서 개발한 모형이다. 이 모형은 컴퓨터 네트워크 프로토콜 디자인과 통신을 계층으로 나누어서 설명하기 위한 모형이다. 계층적 구조를 만들어야할 필요성으로는 1) 데이터의 흐름을 한눈에 알아보도록 하는 것과 2) 통신에서 발생하는 문제점을 각 계층별로 구분하여 살펴볼 수 있다는 점에 있다.

OSI 모형과 인터넷 프로토콜 스위트의 프로토콜은 다음 그림과 같은 대응관계를 가진다.

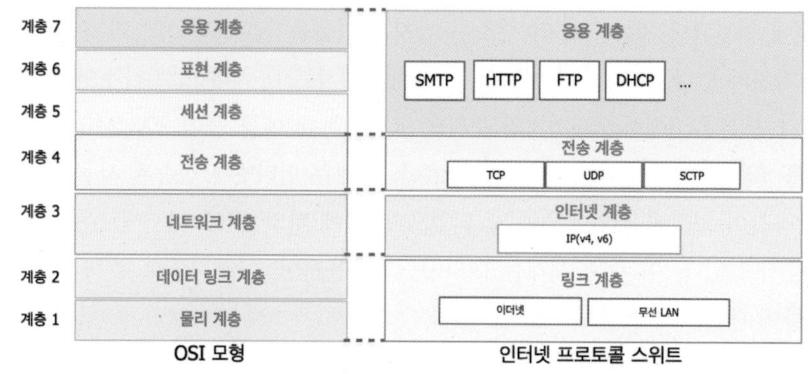

IP 주소와 도메인 주소를 알아보자

인터넷에 연결된 장치들은 고유의 IP 주소를 가지고 있다. 이 IP 주소는 macOS 운영체제에서는 터미널에서 `traceroute` 명령으로 확인할 수 있다. 또한 윈도우 컴퓨터에서는 `tracert` 명령으로 확인할 수 있다. 이 명령어는 현재 컴퓨터에서 목적지 컴퓨터까지 패킷이 거쳐가는 경로를 추적하는 기능이 있다. 이 기능은 네트워크 연결을 확인하고 호스트로 가는 경로 중에 특정 네트워크의 병목 구간을 확인할 수 있는 유용한 기능이다.

사용자가 입력한 명령

```
donggyupark — traceroute naver.com — 101×24
(base) donggyupark@DongGyuui-Macmini ~ % traceroute naver.com
traceroute: Warning: naver.com has multiple addresses; using 223.130.200.1
traceroute to naver.com (223.130.200.107), 64 hops max, 52 byte packets
 1  192.168.0.1 (192.168.0.1)  1.289 ms  0.471 ms  0.383 ms
 2  192.168.219.1 (192.168.219.1)  0.609 ms  0.533 ms  0.520 ms
 3  * * *
 4  10.18.131.245 (10.18.131.245)  1.980 ms  2.630 ms  2.928 ms
 5  10.204.113.109 (10.204.113.109)  1.926 ms  2.940 ms
    10.204.113.105 (10.204.113.105)  3.065 ms
```

naver.com 의 IP 주소

macOS의 traceroute 명령어로 naver.com의 주소 확인

사용자가 입력한 명령

```
명령 프롬프트 - tracert naver.com
Microsoft Windows [Version 10.0.19044.1586]
(c) Microsoft Corporation. All rights reserved.

C:₩Users₩USER>tracert naver.com

최대 30홉 이상의
naver.com [223.130.195.95](으)로 가는 경로 추적:

  1    <1 ms    <1 ms    <1 ms  192.168.0.1
  2    <1 ms    <1 ms    <1 ms  192.168.219.1
  3     *        *        *     요청 시간이 만료되었습니다.
  4     2 ms     1 ms     1 ms  10.18.131.77
  5     1 ms     1 ms     1 ms  10.203.181.249
  6                                208.133.13
  7                                213.134.149
```

naver.com 의 IP 주소

윈도우 운영체제의 tracert 명령어로 naver.com의 주소 확인

이 명령의 수행 결과 naver.com의 주소는 203.130.200.107 또는 223.130.195.95로 표시되고 있다. 이렇게 주소가 여러개 있는 이유는 포털 서버에 접속하는 서비스를 제공하는 컴퓨터가 한 대가 아니기 때문이다. 203.130.200.107과 같은 인터넷 주소는 기계가 인식하기는 쉽지만 사람이 외우기에는 어렵기 때문에 우리는 www.naver.com과 같은 도메인 이름이라는 것을 사용한다.

naver.com을 물리적 주소로 접속한 결과

도메인 이름은 .(점)으로 구분되면 다음 그림과 같은 계층적인 체계를 가지고 있다. 도메인 이름에서 www는 호스트 컴퓨터의 서비스를 나타낸다. 그리고 naver는 기관의 이름을 나타내며, com은 기관의 유형을 나타낸다. 기관의 유형 중에서 com은 기업체, org는 비영리 기관, edu는 교육기관을 나타내는데 사용된다. 이를 최상위 도메인이라고 한다. 최상위 도메인은 국가 코드 도메인도 있는데 kr, jp, cn는 각각 한국과 일본, 중국을 나타낸다. 이들 외에도 여러 국가들이 고유한 국가 코드를 가지고 있다. 이 도메인 이름의 체계는 1단계인 최상위 도메인, 2단계, 3단계와 같이 계층적 구조를 가진다.

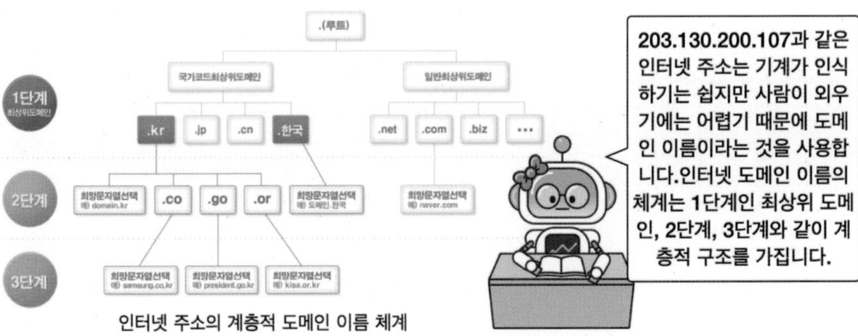

인터넷 주소의 계층적 도메인 이름 체계

(출처 : 네이버 블로그 wnrjsxo)

DNS란 도메인 이름 시스템(Domain Name System) 또는 도메인 이름 서비스(Domain Name Service)의 약자이다. 이 서비스는 www.naver.com과 같은 도메인 이름을 실제 IP 주소로 변환하는 서비스를 말한다. 이와 같은 기능이 있기 때문에 우리는 별다른 고민없이 도메인 이름으로 서버를 찾아갈 수 있는 것이다. 인터넷을 이용하여 도메인 이름 서비스를 받기 위해서는 컴퓨터가 이용할 수 있는 DNS 서버를 지정해야 한다.

6.2 네트워크의 회선 구성, 데이터 교환, 연결 방식

네트워크의 회선 구성 방식

컴퓨터와 여러 대의 단말기들을 있을 경우 이들을 연결하는 방식에는 어떤 것들이 있을까? 컴퓨터와 여러 대의 단말기들을 연결하는 방식을 회선 구성 방식이라고 하는데, 이 회선 구성 방식은 크게 다음과 같은 방식이 있다.

- **포인트 투 포인트**point-to-point 방식 : 중앙 컴퓨터와 단말기를 일대일로 독립적으로 연결하여 언제든지 데이터 전송이 가능하게 한 방식이다. 이 방식은 전용 회선이나 교환 회선에 이용하는데 전송할 데이터의 양과 회선 사용 시간이 많을 경우 효율적이다. 하지만 통신선을 독점적으로만 사용하기 때문에 전송할 데이터가 적을 경우 낭비가 발생한다.
- **멀티 포인트**multi-drop 방식 : 멀티 포인트 방식은 여러 대의 단말기들을 한 개의 통신 회선에 연결하여 사용하는 방식이다. 통신 회선은 전용 회선을 사용하며, 제어용 컴퓨터가 주가 되고 단말기가 이 컴퓨터에 종속되는 점이 된다. 이 방식은 회선을 공유하기 때문에 효용도가 높고, 가격도 저렴하며, 전송할 데이터의 양과 회선 사용 시간이 적을 경우 매우 효율적이다. 그러나 통신 회선에서 고장이 발생할 경우 고장 지점 이후의 단말기들이 모두 운영 불능에 빠지게 되는 단점이 있다.
- **회선 다중**line multiplexing 방식 : 회선 다중 방식은 다중화 방식이라고도 하는데 여러 대의 단말기들을 다중화 장치를 활용하여 중앙 컴퓨터와 연결하여 사용하는 방식이다. 이 방식은 중앙 컴퓨터와 다중화 장치 사이를 대용량 회선으로 연결한다. 이 대용량 통신 회선을 속도가 느린 단말기 들이 공유하기 때문에 전송 속도가 빠르며 효율도 높다.

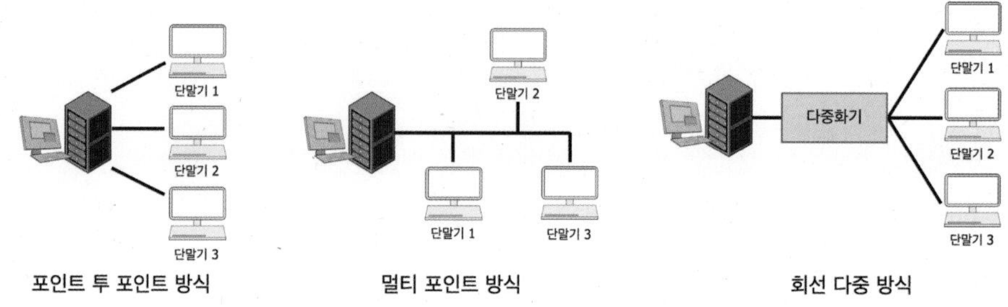

네트워크의 데이터 교환 방식

네크워크에 있는 기기들이 데이터를 교환하는 방식에는 어떤 것들이 있을까?

- **회선 교환 방식** : 회선 교환 방식은 하며 통신을 원하는 두 지점을 교환기를 이용하여 물리적으로 접속시키는 방법을 말하는데, 음성 전화망이 대표적이다. 이 방식
- **공간 분할 교환 방식** : 기계식 접점과 전자교환기의 전자식 접점 등을 이용하여 교환을 수행하는 방식으로, 음성 전화용 교환기가 이에 속한다.
- **시분할 교환 방식** : 전자부품이 갖는 고속성과 디지털 교환 기술을 이용하여 다수의 디지털 신호를 시분할적으로 동작시켜 다중화하는 방식을 말한다.

데이터 전송 방식에 따른 분류

네트워크 상에서 출발지 호스트에서 목적지 호스트로 메시지를 전송할 때 가장 널리 이용되는 방식으로는 다음과 같은 **회선 교환 방식**circuit switching과 **패킷 교환 방식**packet switching이 있다.

- **회선 교환 방식** : 회선 교환 방식은 하나의 회선을 할당받아 데이터를 주고받는 방식이다. 이를 위해서는 먼저 통신을 위한 연결을 해야하며 연결이 되고 나면 출발지로부터 목적지까지 도착하는데 사용되는 회전 전체를 독점하기 때문에 다른 사람이 끼어들 수 없다. 회선 교환 방식은 전화와 같은 실시간 통신에 사용된다. 따라서 속도와 성능이 일정하다.
- **패킷 교환 방식** : 이 방식은 데이터를 **패킷**packet이라는 단위로 쪼개서 전송하는 방식이다. 패킷이란 컴퓨터 네트워크가 전달하는 데이터의 형식화된 블록을 말하는데, 컴퓨터 네트워크에서 데이터를 주고 받을 때 정해두는 데이터의 규칙이다. 패킷은 다음 링크로

전송하기 전에 저장을 한 뒤 전달하는 저장 후 전송 방식을 따른다. 이 패킷의 머리부에는 출발지와 목적지 정보가 있다. 이 정보를 바탕으로 경로배정 알고리즘은 경로를 설정하고, 중간의 라우터들을 거쳐 최종 목적지에 도달하게 된다. 이러한 전달 과정에서 패킷은 다음 라우터로 이동하기 위해 큐에서 대기하는데, 이 때 수용할 수 있는 큐의 범위를 초과하게 되면 손실이 발생하게 된다.

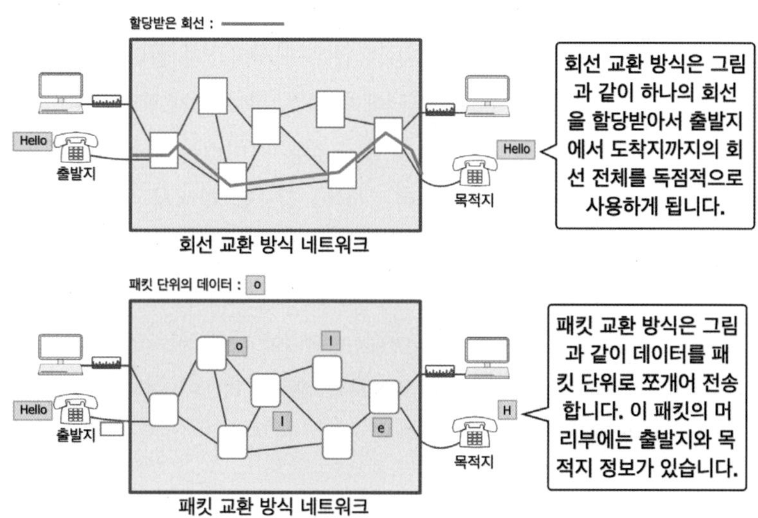

위의 그림을 살펴보면 회선 교환 방식은 진한 주황색의 할당받은 회선을 통해서 출발지의 'hello'라는 텍스트 데이터가 목적지로 전달되는 것을 볼 수 있다. 반면 패킷 교환 방식은 할당 받은 회선이 없다는 것을 알 수 있으며, 교환 네트워크에 있는 출발지의 'hello'라는 텍스트 데이터가 'h', 'e', 'l', 'l', 'o'로 쪼개어져 전달되는 것을 볼 수 있다.

이 두 가지 방식을 비교한 표는 다음과 같다.

	회선 교환 방식	패킷 교환 방식
물리적 경로	출발지와 목적지 사이의 물리적인 경로가 있음.	출발지와 목적지 사이의 물리적인 경로가 없음.
정보 이동 경로	모든 정보는 동일한 경로를 가짐.	정보는 패킷 단위로 나뉘어지며 독립적으로 목적지로 이동함.
대역폭 예약	전체 대역폭을 미리 예약해야 함.	대역폭에 대한 예약이 불필요.
대역폭 낭비	대역폭의 낭비가 발생.	대역폭의 낭비가 적음.
저장 후 전송	저장 후 전송이 불필요함.	저장 후 전송 방식으로 전달.

6.3 인터넷 서비스는 어떻게 동작하는가

검색 엔진과 웹 크롤러를 알아보자

인터넷에는 우리에게 알찬 정보를 제공해 주는 많은 웹서비스가 있다. 우리가 네이버나 구글과 같은 웹사이트에 접속하는 이유는 우리에게 좋은 정보를 제공하는 웹 서비스를 편리하게 찾아가기 위해서일 것이다. 네이버나 구글과 같은 서비스는 우리가 찾기를 원하는 정보가 있을 경우 검색창에 이를 입력하면 빠르게 이 정보를 찾아서 우리에게 보여준다. 이러한 일을 하는 웹사이트를 다른 말로 **검색 엔진**search engine이라고 부르기도 한다. 인터넷에서 **정보 검색**이란 자신이 원하는 정보를 여러 가지 검색 도구를 사용하여 찾아내어 활용하는 과정이다. 즉 정보 검색은 자료를 찾아내는 행위에 국한하는 것이 아니라 검색 결과를 이용하여 분석, 추론, 결론을 통한 활용까지를 포함한다. 이러한 **정보 검색에 매우 유용한 도구가 바로 검색 엔진**이다.

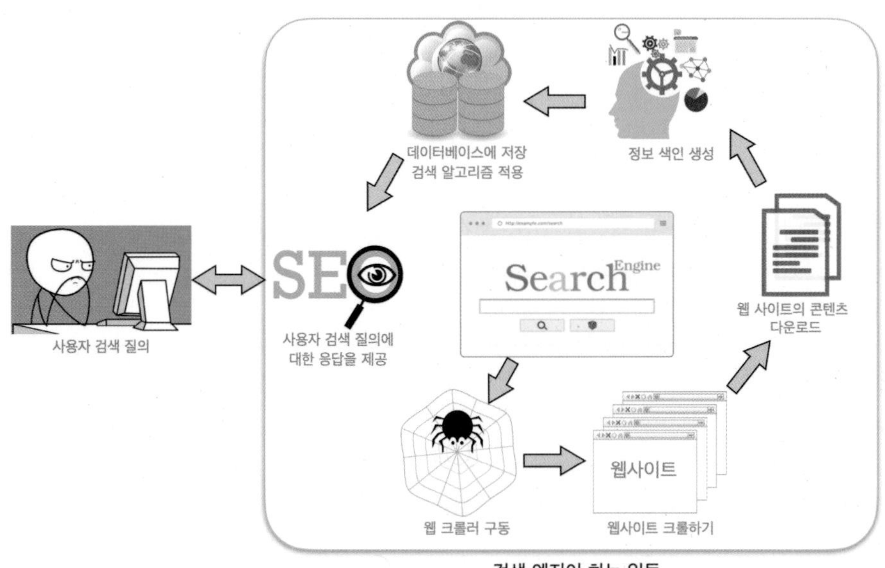

검색 엔진이 하는 일들

검색 엔진이 하는 일을 그림을 통해서 알아보자. 인터넷에는 수없이 많은 웹사이트가 있는데 이렇게 많은 웹사이트의 정보를 사람이 일일이 방문해서 그 내용을 살펴보고 정리하기 힘들다. 이 역할을 위해서 필요한 프로그램이 **웹 크롤러**web crawler라는 프로그램이다. 웹 크롤러는 **스파이더**spider 또는 **검색 엔진 봇**이라고도 하며, 인터넷에 있는 웹사이트를 자동으로 방문한 후 콘텐츠를 다운로드하고 색인을 생성한다. 이 역할을 하는 프로그램을 웹 크롤러라고 부르는 것은, 소프트웨어 프로그램을 통해 **자동으로 웹사이트에 액세스하여 데이터를 얻는 일**을 기술 용어로 **크롤링**crawling이라고 하기 때문이다. 이러한 웹 클로러의 목표는 웹 상의 많은 웹페이지가 무엇에 대한 것인지 파악하여, 필요할 때 정보를 추출할 수 있도록 하는 것이다. 다음으로 검색 엔진이라는 용어와 그것이 하는 일을 살펴보자. 검색 엔진search engine은 웹 크롤러가 수집한 데이터에 검색 알고리즘을 적용함으로써, **사용자의 검색 질의에 대한 응답으로 관련 웹사이트 링크를 제공하거나 적절한 응답을 제공하는 프로그램**이다. 우리들이 일상 생활에서 이용하는 Google 또는 Bing, 네이버는 검색 서비스의 이름이면서 동시에 검색 엔진의 이름이기도 하다. 따라서 우리는 구글 검색 엔진, 빙 검색 엔진, 네이버 검색 엔진과 같은 검색 엔진을 이용하여 찾고자 하는 웹페이지 목록을 찾을 수 있는 것이다.

우리가 도서관에 가서 방대한 책들 가운데서 우리가 원하는 책을 찾을 때, 책의 주제와 저자에 대하여 정리된 카탈로그를 참고하게 된다. 이와 같이 도서관의 책을 주제별로 분류하고 정렬할 수 있도록, 책의 제목, 요약, 본문 중 일부를 읽어 무엇에 대한 책인지 파악하는 작업은 도서관의 사서가 하게 된다. 인터넷에 있는 방대한 웹 문서들 역시 주제와 날짜, 연관 검색어에 따라 정리된 카탈로그가 있어야만 쉽게 검색이 가능할 것이다. 검색 엔진은 웹 크롤러 봇이 크롤링한 웹 문서에 대하여 카탈로그를 구성함으로써 필요한 정보를 빠르고 쉽게 찾을 수 있도록 한다.

방대한 도서를 정리하는 사서의 역할

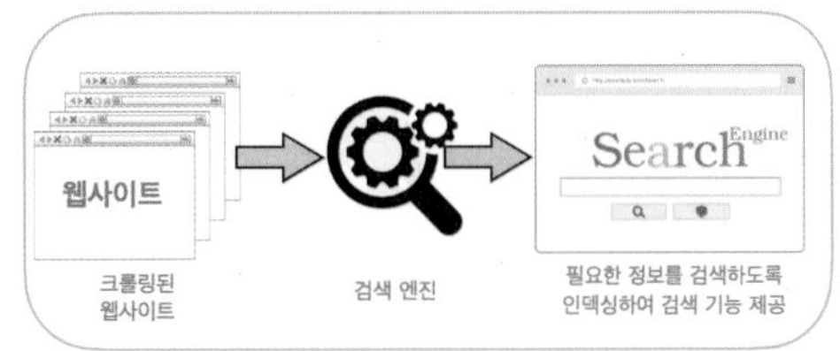

방대한 웹문서를 정리하는 검색 엔진의 역할

클라이언트-서버 모형

인터넷에서 서비스를 제공하는 컴퓨터를 서버server라고 한다. **서버는 인터넷에 연결되어 클라이언트가 요청하는 서비스를 제공하는 컴퓨터 시스템**을 지칭한다. 컴퓨터 시스템에는 프로그램도 될 수 있으며 장치도 될 수 있다. 예를 들어, 내 컴퓨터의 웹 브라우저를 이용해서 A라는 인터넷 웹사이트에 접속할 경우, 이 웹사이트 A는 웹 페이지를 통해서 나에게 정보를 보여주게 된다. 이 때 내 컴퓨터는 **인터넷의 서버에 서비스를 요청하고 서비스를 받아 이용하는 컴퓨터**이며, 이를 **클라이언트**client라고 한다. 클라이언트는 이와 같이 **서버와 이어진 단말기를 통해서 서버가 제공하는 서비스를 이용하는 소프트웨어나 시스템을 지칭**하는 용어이다. 일반적으로 여러분이 웹서비스를 이용할때 사용하는 크롬이나 에지와 같은 웹 브라우저가 클라이언트이다. 또한, 다중 사용자가 접속하는 게임 프로그램에서 게임 이용자들이 원할하게 서버에 접속하여 서로 통신하고 협업하며 게임을 즐길 수 있도록 기능을 제공하는 프로그램이 클라이언트의 또 다른 예가 될 것이다.

우리가 자주 이용하는 웹 환경에서 클라이언트와 서버의 동작 과정 및 단계는 일반적으로 다음과 같다.

1. 사용자가 클라이언트를 이용해서 자원를 얻고자한다. 먼저 브라우저가 웹사이트에 있는 서버의 주소를 찾는다.
2. 클라이언트의 명령을 http 또는 https 요청 메세지로 서버에 보낸다. 이 요청 메세지들은 TCP/IP 연결을 통해서 전송된다.
3. 서버가 클라이언트의 요청을 받는다. 이 요청이 적절한 요청이라면 '200 OK' 라는 상태 코드를 띄운다. '200 OK'는 "적절한 요청 수용됨. 응답 및 요청 리소스 반환" 이라는 의미이다.
4. 서버가 클라이언트가 요청한 리소스를 데이터 패킷이라는 형태로 전송한다.
5. 브라우저가 이 패킷들을 받으면 다시 원하는 형태의 리소스로 재조립하고, 화면에 출력한다.

인터넷 자원을 이용하기 위한 주소 URL

URL이란 Uniform Resource Locator의 약자로 방대한 정보가 있는 인터넷에서 웹 페이지, 이미지, 비디오 등 리소스의 위치를 가리키는 문자열을 말한다. HTTP 서비스의 입장에서 URL은 '웹 주소' 또는 '링크'라고 부르기도 한다. URL은 일반적으로 **서비스 + 도메**

인 이름 + 호스트 내부의 정보 위치라는 세 부분으로 구성되어 있다. 다음 그림을 통해서 살펴도보록 하자.

우리가 웹 브라우저를 통해서 서버에 접속할 경우 http:// 또는 https://와 같은 방식으로 서비스를 요청하게 된다. 다음으로 www.somehost.com과 같은 호스트의 도메인 이름을 입력하고 /(슬래시)로 구분되는 호스트 내부의 정보 위치를 입력하게 된다.

HTML과 CSS를 알아보자

대부분의 인터넷 웹페이지를 구성하는 문서는 HTML 문서이다. HTML은 HyperText Markup Language 약어로 웹 페이지를 만들기 위한 표준 **마크업 언어**markup language이다. 이 마크업 언어는 섹션 만들기, 문단, 표 만들기, 이미지나 동영상 삽입하기, 링크를 이용해서 웹 페이지로 이동하기와 같은 요소들을 만들고 구조화할 수 있다. HTML의 가장 큰 특징은 **하이퍼텍스트**hypertext 기능을 가진 문서를 만들 수 있다는 점인데, **하이퍼텍스트**란 웹 페이지에서 **다른 페이지로 이동할 수 있도록 하는 기능을 가진 텍스트(문서)**를 말한다. HTML 문서는 하이퍼링크라는 구조를 가지는데, **하이퍼링크**hyperlink는 하이퍼텍스트 문서 안에서 다양한 형식의 자료를 연결하고 가리킬 수 있는 참조 고리를 한다. 따라서 하이퍼

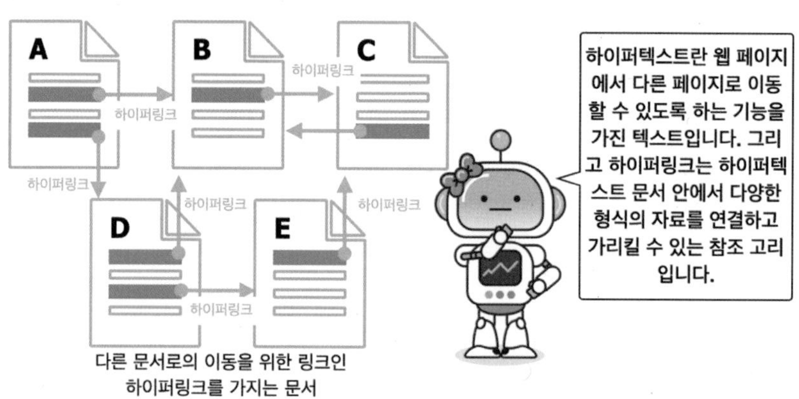

다른 문서로의 이동을 위한 링크인 하이퍼링크를 가지는 문서

링크는 동영상, 음악, 사진, 프로그램, 파일, 글 등의 특정 위치를 지정할 수 있다.

웹 문서와 같이 문서나 페이지의 틀을 구성하는 비교적 제한적인 역할을 하는 언어는 **마크업 언어**markup language라고 한다. 따라서 마크업 언어만으로는 페이지를 동적으로 움직이게 하거나 게임과 같은 강력한 상호 작용을 하는 기능을 만들기는 어렵다. 마크업 언어로 만든 문서는 HTML이나 XML 문서가 있는데 이 문서들은 **문서 내의 텍스트의 크기나 페이지 형태를 구성하는 정적인 페이지를 만들 수 있다.** 반면 일반적인 프로그래밍 언어는 **컴퓨터 시스템으로부터 메모리를 할당받고, 유저의 반응을 읽고 상호작용하는 기능**을 만들 수 있다. 따라서 웹 페이지에서 동적인 기능을 구성하려고 한다면 JavaScript와 같은 프로그래밍 언어의 도움을 받아야 한다. 그리고 HTML 문서를 토대로 문서를 더욱 보기 좋게 꾸미거나 브라우저의 크기에 따라 반응하는 페이지를 만들기 위해서는 CSS라는 스타일 시트 언어를 사용한다. 각각의 구성 요소에 대한 설명은 다음과 같다.

웹페이지를 다양하게 꾸며주는 기능을 하는 HTML, CSS, JavaScript의 로고

■ HTML

HTML 문서는 태그를 통해서 콘텐츠의 표시 형식을 나타낸다. 이때 태그 문자는 대소문자 구분이 없다. 따라서 tag_name과 TAG_NAME은 동일한 태그로 간주된다. 그림 ①을 살펴보면 〈tag_name〉과 〈/tag_name〉 사이에 콘텐츠가 나타나게 되는데, 〈tag_name〉을 여는 태그, 〈/tag_name〉를 닫는 태그라고 한다. 그리고 이 사이의 내용을 엘리먼트라고 한다. 그림 ②는 태그에 href라는 속성의 이름과 속성의 값을 주는 방식이다. 이 예시의 〈a〉 태그는 하이퍼링크를 걸어주는 태그로 "**또 다른 페이지**"라는 문서를 선택하면 other_page.html 이라는 새로운 페이지로 이동하게 된다.

HTML 문서의 구조를 정의하는 태그는 크게 보아 다음과 같다.

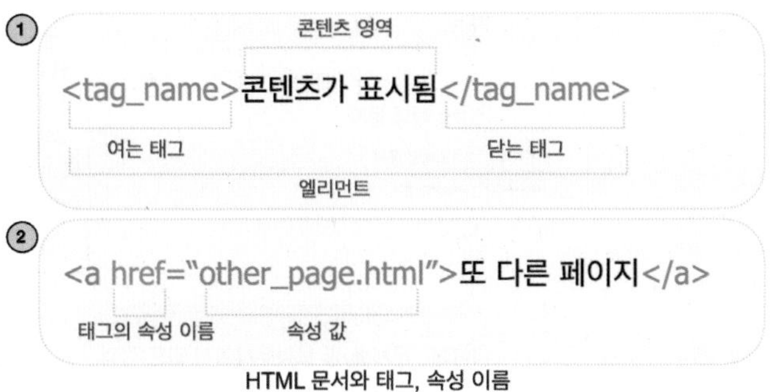

HTML 문서와 태그, 속성 이름

〈HTML〉 태그 : HTML 문서의 시작을 알리는 태그
〈HEAD〉 태그 : 브라우저에게 문서 정보를 주는 태그
〈TITLE〉 태그 : 문서 제목 〈/TITLE〉
〈META〉 태그 : 문서 인코딩, 키워드나 기타 요약정보를 작성하는 태그
〈/HEAD〉 태그 : 문서 정보의 끝.

〈BODY〉 태그 : 실제 브라우저에 보여질 내용 〈/BODY〉
〈/HTML〉 태그 : HTML 문서 끝

다음은 HTML로 작성된 문서와 이 문서를 웹 브라우저에서 본 결과이다. ①과 같이 HTML 태그를 사용하여 만든 웹 문서는 ②의 브라우저에 나타난 것과 같이 보여진다. 이 결과를 보면 〈h1〉, 〈h2〉, 〈h3〉라는 태그에 따라 브라우저에서 나타나는 결과는 다르게 보인다. 여기에서 사용된 〈h1〉, 〈h2〉, 〈h3〉,...,〈h6〉은 **헤딩**heading의 약어로 섹션 또는 문단의 제목을 나타내며, 숫자가 작을수록 글자의 크기가 커진다. 또한, 〈p〉 태그는 paragraph의 약자로 하나의 문단을 만들때 사용하는 태그이다. 예시와 같이 〈h1〉에서 〈/h1〉 사이의 문자는 〈h2〉에서 〈/h2〉 사이의 문자에 비하여 더 크게 나타나며, 〈p〉에서 〈/p〉 사이의 문자 역시 다른 태그의 결과와 다르게 나타난다.

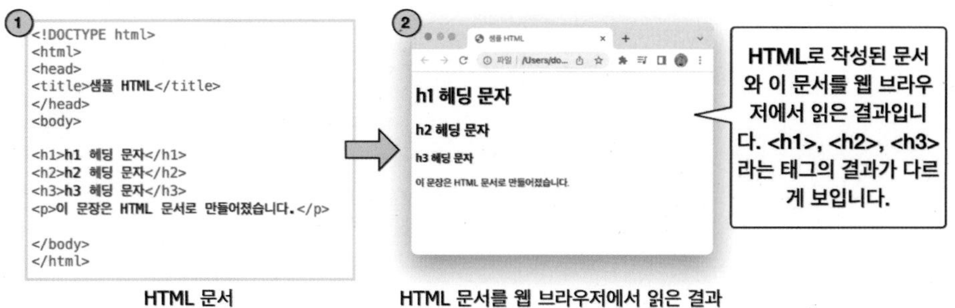

HTML 문서 / HTML 문서를 웹 브라우저에서 읽은 결과

HTML 문서를 위한 태그는 대략 130여 개이며 이들 중에서 30여 개가 집중적으로 많이 사용된다.

■ CSS

CSS란 Cascading Style Sheets의 약자로 구체적으로 어떤 스타일로 엘리먼트가 표시되는지를 정하는 규격이다. 초창기의 웹은 HTML 하나로 문서의 뼈대도 만들고 꾸미기도 함께 하였지만, 공통적인 디자인을 갖는 문서가 여러 개 존재할 경우 하나의 디자인이 변경되면 이에 따라 모든 문서를 다함께 수정해야 하는 번거로움이 존재했다. CSS는 이런 문제를 해결함과 동시 웹페이지의 내용과 스타일을 분리해주어, 이들 사이의 역할 분담도 이루어지는 효과를 가지고 있다. 또한 최근 웹페이지의 큰 흐름인 **반응형 웹**은 하나의 웹페이지 레이아웃만을 사용하여 데스크톱, 노트북, 태블릿, 휴대폰 등 여러 디바이스의 사용자의 화면에 최적화되도록 자동으로 조정된다. 이러한 **반응형 웹을 구성하기 위한 기술로 CSS가 널리 이용되고 있다.**

반응형 웹페이지의 개념

■ 자바스크립트

앞서 살펴본 HTML과 CSS는 브라우저를 통해서 웹페이지를 화면에 그려주고난 뒤 생성된 화면을 변경할 수 있는 방법이 제한적인 정적인 언어이다. 반면 **자바스크립트**JavaScript는

HTML과 CSS로 만들어진 웹페이지를 동적으로 변경해주기 위해서 사용되는 프로그래밍 언어이다. 이 언어를 사용하면 웹브라우저에 경고창을 띄우고, 탭 인터페이스를 만들고, 드래그앤드롭 기능을 하는 등의 다양한 웹 애플리케이션을 만들 수 있다.

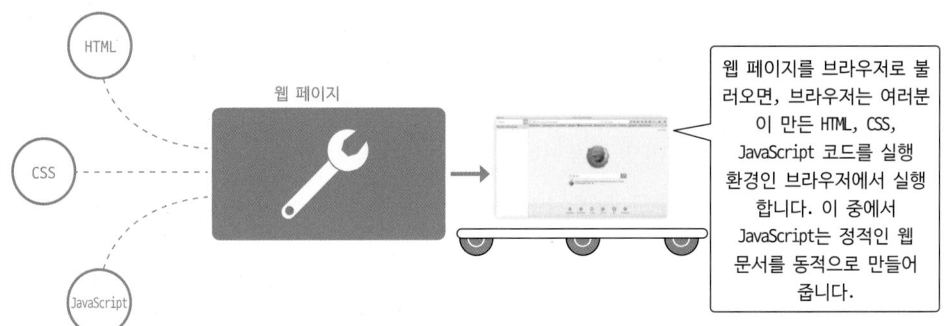

6.4 클라우드 컴퓨팅을 알아보자

세상을 변화시키는 클라우드 컴퓨팅

우리가 집에서 사용하는 개인용 컴퓨터나 사무실의 컴퓨터, 태블릿 컴퓨터, 스마트폰은 하루 중 특정한 시간대에만 주로 사용되며, 운동을 하거나, 잠을 자거나, 주말 여행을 하는 시간에는 대부분 전혀 활용되지 않는 경우가 많다. 클라우드 서비스의 필요성을 설명하기 위하여 하나의 예를 들어보자.

[사례: 클라우드 컴퓨팅의 필요성]

A 회사에서 최대 100만 명이 동시에 채팅을 할 수 있는 프로그램을 개발하고 서비스하기 위해 10대의 서버를 구매하였다고 가정해 보자. 이 서비스의 이용자들은 대부분 일과 시간에 채팅을 하고 나머지 시간에는 채팅을 하지 않을 것이다. 따라서 심야시간 대에는 1대의 서버만 구동해서 충분할 것이다. 이 회사에서 10대의 서버를 구매했다면 이 서버를 위한 많은 구매 비용과 운영 비용이 들 것이다. 하지만 이 회사에서 서버를 직접 구매하지 않고 클라우드 컴퓨팅을 제공하는 서비스 업체로부터 서비스를 제공받는다면 어떻게 될까? 이 회사는 **주간에는 10대의 서버가 제공하는 컴퓨팅 성능**을 제공받고, **야간에는 1대의 서버가 제공하는 컴퓨팅 성능을 이용**하여 구매 비용과 운영 비용을 절약할 수 있을 것이다.

클라우드 컴퓨팅cloud computing은 개인용 컴퓨터, 서버 컴퓨터, 스마트폰, 태블릿 등 다양한 장치에서 인터넷을 통해 가상의 컴퓨팅 자원을 사용하는 개념이다. 컴퓨팅 자원(또는 컴퓨팅 리소스)이란 컴퓨터에 있는 저장용 하드 디스크, CPU, GPU 등의 여러 가지 가상의 하드웨어 장치를 말한다. 또한 데이터베이스나, 프로그램 개발이나 구동에 필요한 실행환경, 그리고 각종 응용 프로그램 까지도 포함된다. 클라우드 컴퓨팅의 중요한 특징은 사용자가 이들 컴퓨팅 자원을 언제 어디서나 인터넷을 통해 접근해서 사용가능하고, 자원이 필요할 때, 자원을 사용한 만큼의 돈을 지불하고 사용할 수 있다는 점이다. 또한, 이들 자원은 사용자의 요구에 따라 탄력적으로 자가 관리되므로 사용자는 컴퓨팅 자원에 대한 관리를 신경 쓸 필요가 없다는 특징 또한 가지고 있다.

최근 주목받고 있는 클라우드 컴퓨팅은 기업과 개인 사용자의 컴퓨팅 패러다임을 바꾸고 있다. 기업의 경우 기업 내에서 필요한 정보통신관련 자원을 회사 자체적으로 구성하여 관리할 경우, 관련 자원의 정확한 수요 예측의 어려움으로 인하여 과도한 설비투자가 이루어지거나, 혹은 설비의 부족으로 인한 서비스 질의 저하 등이 이루어져왔다. 또한 적절한 예측을 통하여 설비투자가 이루어진다고 하더라도 시간에 따라 자원이 비효율적으로 운영되는 문제도 발생한다. 그림 ①을 살펴보면 주황색 실선이 자체적인 서버를 사용한 A 회사의 최대 컴퓨팅 용량이다. 하지만 파란색 실선과 같이 이 서비스에 대한 요청은 낮 시간대에 많이 몰려있고 저녁과 새벽 시간에는 매우 낮을 것을 볼 수 있다. 따라서 파란색 선과 주황색 선의 높이 차이만큼 투자된 자원이 낭비된다. 이렇게 낭비되는 용량이 붉은색 세로 화살표로 나타나 있다. 그러나 클라우드 컴퓨팅을 도입하여 서버를 사용할경우 그림 ②와 같이 클라우드 서비스를 통해서 컴퓨팅 자원을 탄력적으로 제공받을 수 있기 때문에 시간대에 따라 적절한 자원의 배분이 가능하다.

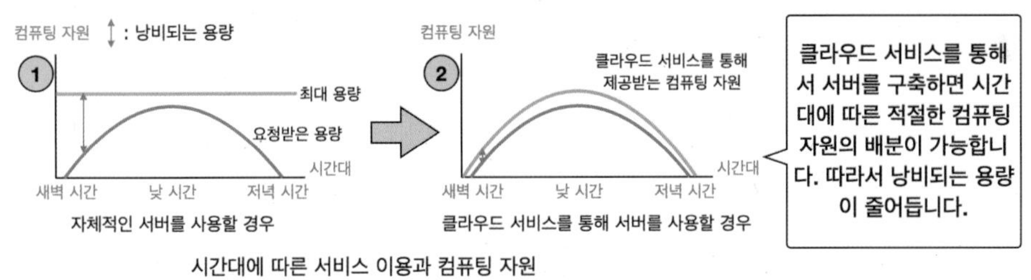

시간대에 따른 서비스 이용과 컴퓨팅 자원

클라우드의 장점은 다음 표와 같이 크게 4가지로 정리할 수 있다.

신속한 인프라 도입	일반적으로 기업에서 인터넷 서비스를 위해 서버를 도입할 경우 주문, 발송, 하드웨어 설정, 네트워크 구축, 소프트웨어 설정, 서비스 제공까지 매우 많은 시간이 걸리지만 클라우드 서비스는 짧은 시간에 복잡한 인프라 구축 작업을 할 수 있다.
유연한 인프라 관리	일반적으로 인프라를 도입하기에 앞서 서비스 구축에 어느 정도의 인프라가 필요한지 미리 예상해야 한다. 이때 예상이 맞으면 다행이지만, 만약 예상이 빗나가면 인프라 부족 또는 잉여 인프라에 따른 과도한 비용 지출이라는 문제가 발생한다. 이와 달리 클라우드는 인프라를 실시간으로 자유롭게 증감할 수 있기 때문에 인프라 부족 또는 과도한 인프라 도입이라는 문제가 발생하지 않는다.

손쉬운 글로벌 서비스	오늘날 구글, 아마존, 마이크로소프트와 같은 많은 클라우드 사업자들은 전 세계 주요 대륙에 데이터 센터를 보유하고 있다. 이를 통해 클라우드 서비스의 이용자는 전 세계 어디에나 빠른 서비스를 제공할 수 있다. 과거에는 글로벌 서비스를 위해 직접 특정 대륙 또는 지역별로 데이터 센터를 구축해야 했지만, 이제는 클라우드 사업자가 미리 구축한 글로벌 데이터 센터를 활용해 글로벌 서비스를 제공하면 된다.
보안과 장애없는 서비스	클라우드 사업자는 데이터를 안전하게 보관할 수 있도록 보안에 신경을 쓰고 있다. 대부분의 클라우드 사업자가 최신 소프트웨어 보안 기술뿐만 아니라 물리적으로 분리된 상호 보완용 데이터 센터와 강력한 방화벽 등 최신 하드웨어 보안 기술을 자사의 서비스에 도입하고 있다. 주요 클라우드 사업자는 많은 데이터 센터와 가상화 기술을 활용해 장애 없는 서비스를 보장하고 있다. 기업의 비즈니스 가운데 잠깐이라도 장애가 발생하면 치명적인 금전적 손실을 야기하는 서비스가 존재한다. 이러한 서비스도 감당할 수 있도록 주요 클라우드 사업자는 높은 가용성을 보장하고 있다.

NOTE : 데이터의 호텔 데이터 센터

데이터 센터data center란 서비스를 제공하는 컴퓨터인 서버 컴퓨터와 네트워크 회선 등을 제공하는 건물이나 집적화된 시설을 말한다. 이러한 기능으로 인해 **서버 호텔**server hotel이라고도 부른다. 데이터 센터는 인터넷의 보급과 함께 폭발적으로 성장하기 시작했다. 인터넷 검색, 쇼핑, 게임, 교육 등 방대한 정보를 저장하고 웹사이트에 표시하기 위해 수천, 수만 대의 서버 컴퓨터가 필요하게 되자, 이 서버 컴퓨터를 한 장소에 모아 안정적으로 관리하기 위한 목적으로 인터넷을 위한 데이터 센터를 건립하게 되었다.

개인이 서버 컴퓨터를 구매해서 쇼핑몰이나 웹 서비스를 운영할 수도 있으나, 예기치 못한 정전, 네트워크 오류, 서버 장애 등이 발생할 수 있기 때문에 최근에는 많은 서비스들이 데이터 센터를 중심으로 이루어지고 있는 추세이다.

네이버 데이터 센터 건물

데이터 센터의 내부

개인이 이용할 수 있는 편리한 클라우드 서비스

기업이 기업 운영에 필요한 컴퓨팅 자원을 클라우드 환경에서 빌려쓰는 경우도 있지만 개인용으로 필요한 서비스인 문서 작업, 발표자료 만들기, 파일 저장하기 등의 여러 서비스를 클라우드 환경에서 이용하는 것도 가능하다. 예를 들어 구글이나 애플, 마이크로소프트와 같은 기업들은 개인이 이용가능한 클라우드 서비스도 제공하고 있다. **구글 독스**의 경우 클라우드 환경에서 문서 편집이 가능하며, **구글 드라이브**는 개인의 데이터나 파일을 클라우드에 저장할 수 있다. 또한 **구글 포토**는 스마트폰이나 개인 저장 장치의 사진을 클라우드에 저장하여 검색하고 관리할 수 있는 기능을 제공하고 있다. 일반적으로 문서 편집을 하기 위해서는 문서 편집용 프로그램인 아래아 한글이나 마이크로소프트 워드, 애플사의 Pages와 같은 프로그램이 필요하다. 따라서 이 프로그램을 다운로드 받고 설치해야만 이 프로그램을 이용할 수 있다는 한계가 있을 것이다. 하지만 클라우드 환경에서 문서 편집이 가능한 구글 독스는 문서 편집을 위해서 프로그램을 다운받고, 설치하는 과정이 없다는 점에서 편리하다고 할 수 있다.

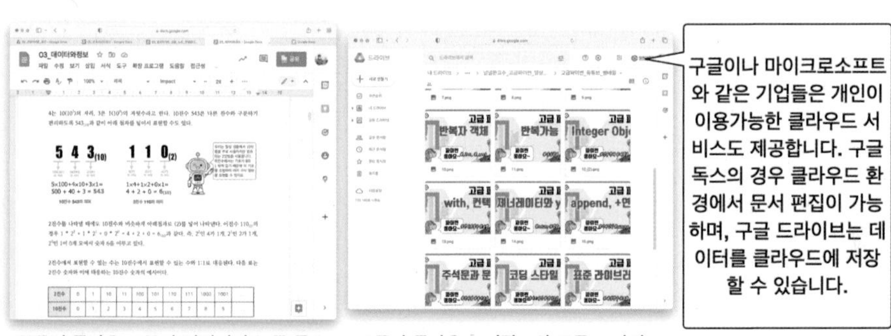

구글의 클라우드 문서 편집기인 구글 독스　　구글의 클라우드 저장소인 구글 드라이브

클라우드 서비스의 분류

클라우드 서비스를 제공하는 기업은 이용자들을 위한 다양한 서비스를 제공하는데 서비스 관리 주체와 서비스를 관리할 수 있는 수준에 따라서 크게 IaaS, Paas, SaaS와 같이 나누어 볼 수 있다. 다음은 그 각각에 대한 상세한 설명인데 SaaS는 사용자가 필요로 하는 네트워크, 스토리지, 서버 등과 같은 기반시설 뿐만아니라, 구글 드라이브와 같은 응용 서비스까지 클라우드 제공 업체가 서비스를 제공하는 것을 말한다.

▪ IaaS

IaaS는 Infrastructure as a Service의 약자로 클라우드 서비스의 가장 기본적인 유형이다. 컴퓨터의 기반에 해당하는 서버와 스토리지 등 하드웨어의 기본적인 IT 자원만 제공되기 때문에 사용자는 운영체제부터 미들웨어, 런타임, 그리고 데이터 등을 직접 구성하고 관리할 수 있다. 조금 더 직관적으로 이야기하자면 새로운 컴퓨터를 인터넷에서 구매해서 인터넷을 통해 이용한다는 개념으로 볼 수 있다.

- IaaS의 예시 : 아마존의 AWS, 마이크로소프트의 애저, 구글의 GCE 등

▪ PaaS

PaaS는 Platform as a Service의 약자로 기반이 되는 하드웨어적인 자원과 함께 소프트웨어를 개발할 수 있는 플랫폼까지 클라우드로 제공하는 서비스이다. IaaS에 운영체제, 미들웨어, 런타임이 추가된 형태이며 개념의 범위가 가장 넓다. 일반적으로 개발자를 대상으로 제공되며, 코드만 개발해서 배포하면 고객에게 서비스할 수 있는 환경을 제공하는 경우가 많다.

- PaaS의 예시 : 무료 플랫폼 호스팅을 제공하는 Heroku, 레드햇의 OpenShift, 구글 앱 엔진, 마이크로소프트 애저, 아마존 AWS 등

▪ SaaS

SaaS는 Software as a Service의 약자로 클라우드 기반의 소프트웨어 그 자체를 서비스로 제공하는 형태이다. SaaS는 일반적인 사용자들이 가장 많이 접하게 되는 클라우드 서비스이다. 앞서 살펴본 **구글 독스**와 같이 클라우드에서 제공하는 구글의 서비스를 이용하면 문서 작성을 위한 별도의 프로그램에 대한 설치 과정이 필요없으며, 인터넷 네트워크에만 연결되어 있으면 컴퓨터나 스마트폰 등으로 제공되는 서비스를 이용할 수 있다.

- SaaS의 예시 : 네이버 클라우드, 구글 드라이브, MS Office 365, 노션 등

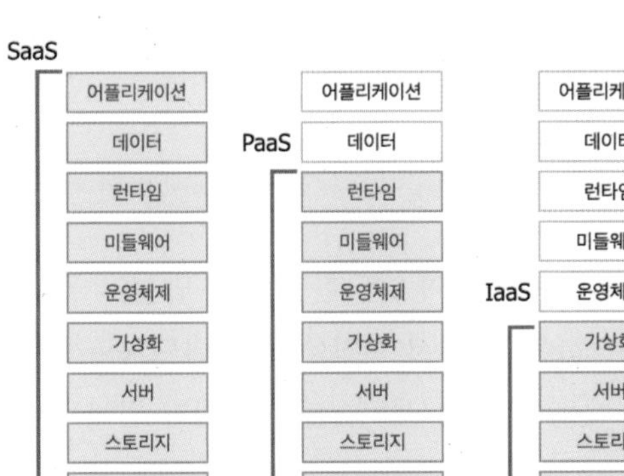

클라우드 서비스는 서비스 관리 주체와 서비스를 관리 할 수 있는 수준에 따라서 IaaS, Paas, SaaS와 같이 나뉘어 지게 됩니다. 파란색 배경의 상자는 클라우드 서비스로 제공되는 영역이며 흰색 배경의 상자는 서비스를 이용하는 이용자가 직접 관리를 해야하는 영역입니다.

NOTE : 클라우드 방식의 디자인 도구 피그마

피그마는 별도의 프로그램을 다운로드 받아서 설치하지 않아도 웹 브라우저를 통해서 디자인을 할 수 있는 유용한 프로그램이다. 이 서비스는 대표적인 SaaS 방식의 클라우드 서비스이다. 피그마는 클라우드 기반의 서비스이기 때문에 **인터페이스 디자인을 위해 여러 사람들과 손쉽게 협업**을 할 수 있다. 2022년 어도비사는 피그마를 개발한 회사를 200억 달러(한화 약 28조 원)에 인수하였다.

SaaS 방식 클라우드 서비스의 디자인 도구

구글 클라우드 서비스를 이용해보자

[실습 목표]

이번 실습에서는 구글에서 제공하는 **구글 독스**를 사용하여 간단한 문서를 만들어 볼 것이다. 구글 독스는 SaaS 클라우드 서비스에 해당하는데, 문서 편집을 위한 워드프로세스 소프트웨어 그 자체를 서비스로 제공하고 있기 때문이다. 이 서비스를 사용하기 위해서는 구글 계정이 반드시 필요하다. 구글 계정을 로그인 한 후, 다음 웹사이트에 접속하도록 하자.

https://docs.google.com/

[단계 1] 위의 구글 독스 웹사이트에 접속한다. 기존에 만든 문서가 있을 경우 아래와 같은 화면이 나타나며 그렇지 않을 경우 다른 화면이 나타난다.

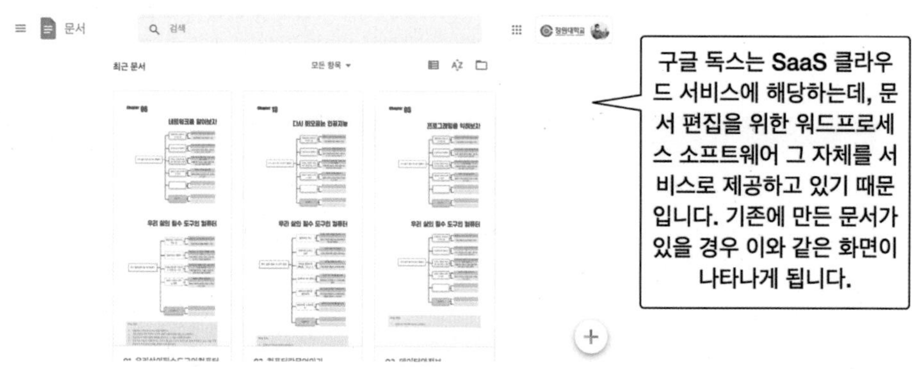

[단계 2] 아래쪽의 + 버턴에 마우스를 옮겨가면 다음과 같이 "새 문서 만들기" 또는 "템플릿 선택"이 나타납니다.

[단계 3] "템플릿 선택"을 클릭하면 다음과 같이 템플릿 갤러리가 나타난다. 템플릿 갤러

리란 미리 만들어둔 문서들의 서식을 볼 수 있는 페이지이다. 이들 중에서 사용자가 원하는 서식을 선택하면 문서를 쉽게 만들수 있다.

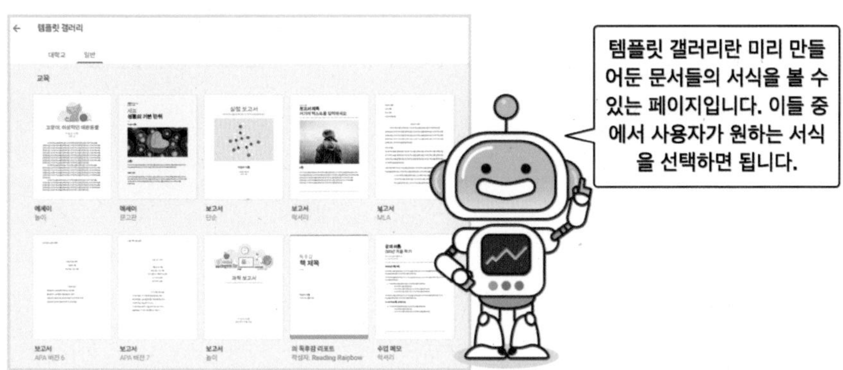

[단계 4] 아래쪽의 "자기 소개서" 항목의 "비즈니스 서신"을 선택해 보자. 이 서식은 비즈니스 편지를 위한 템플릿이다.

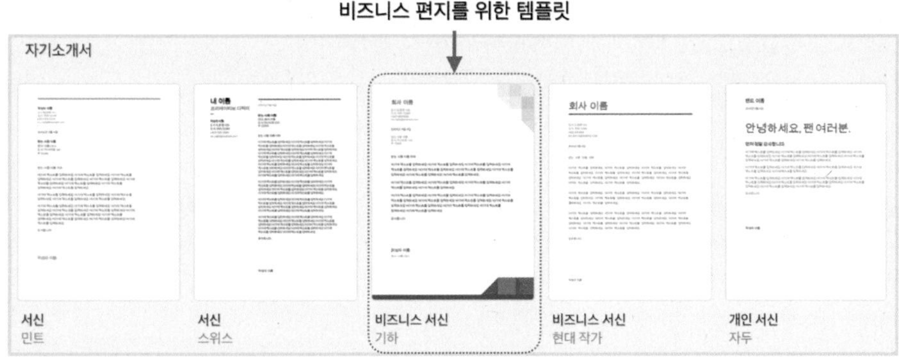

[단계 5] 이 템플릿에 다음 예제와 같은 문서를 만들어 보자. 별도의 저장은 필요없으며 문서의 이름을 "비즈니스 편지 101"과 같이 지정하도록 하자. 이 문서는 사용자의 구글 드라이브에 자동으로 저장된다.

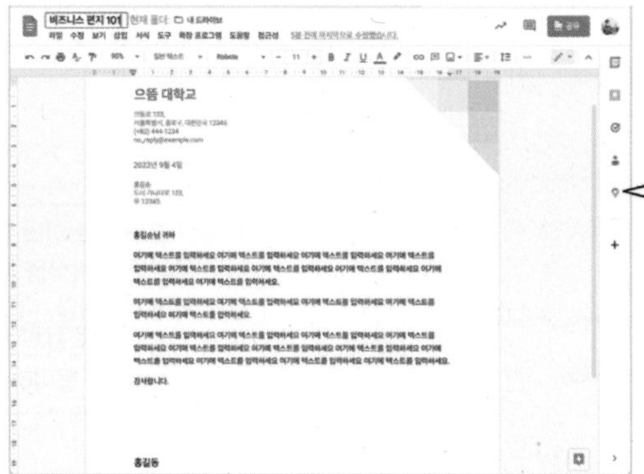

비즈니스용 예제 문서를 만들고 문서의 이름을 지정해 봅시다. 이 문서는 사용자의 구글 드라이브에 자동으로 저장됩니다.

도전문제

- 구글 독스를 사용하여 다음과 같이 한 페이지의 자기 소개서를 만들어 보자.

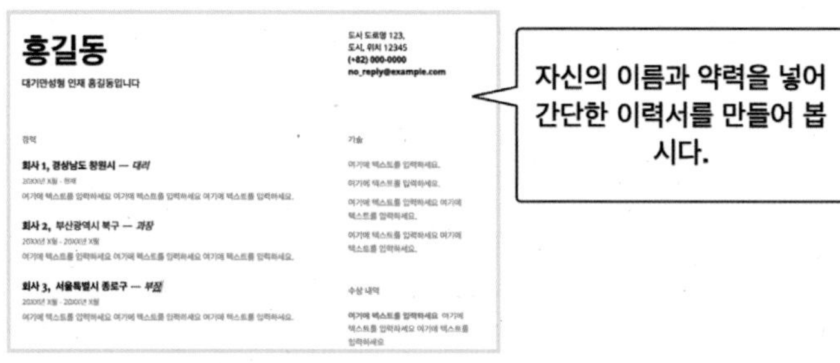

- 이와 같이 클라우드 서비스를 통해 문서를 만들 경우 어떠한 장점이 있는지 2가지 이상을 적어보자.

요약

01 **컴퓨터 네트워크**란 유선이나 무선의 전송 매체를 통하여 연결된 컴퓨터들이 서로 정보를 교환하는 것을 말한다. 간단하게 정의내리자면 **"두 대 이상의 컴퓨터들을 연결하여 서로 정보를 교환하도록 하는 것"**으로도 이야기할 수 있다.

02 컴퓨터에서 이야기하는 **프로토콜**은 컴퓨터 내부 또는 컴퓨터 사이에서 데이터의 교환 방식을 정의하는 규칙 체계이다.

03 TCP/IP는 다른 말로 **인터넷 프로토콜 스위트**라고도 하는데 **인터넷과 이와 유사한 컴퓨터 네트워크 사이에서 정보를 주고받는 데 이용되는 통신 프로토콜의 모음**을 말한다.

04 우리는 www.naver.com과 같은 도메인 이름이라는 것을 사용한다. 도메인 이름에서 www는 호스트 컴퓨터의 서비스를 나타낸다. 그리고 naver는 기관의 이름을 나타내며, com은 기관의 유형을 나타낸다.

05 회선 교환 방식은 통신을 원하는 두 지점을 교환기를 이용하여 물리적으로 접속시키는 방법을 말하는데, 음성 전화망이 대표적이다.

06 네트워크 상에서 출발지 호스트에서 목적지 호스트로 메시지를 전송할 때 가장 널리 이용되는 방식으로는 다음과 같은 **회선 교환 방식**과 **패킷 교환 방식**이 있다.

07 **검색 엔진**은 우리가 찾기를 원하는 정보가 있을 경우 검색창에 이를 입력하면 빠르게 이 정보를 찾아서 우리에게 보여준다.

08 대부분의 인터넷 웹페이지를 구성하는 문서는 HTML 문서이다. HTML은 HyperText Markup Language 약어로 웹 페이지를 만들기 위한 표준 **마크업 언어**이다.

09 **반응형 웹**은 하나의 웹 페이지 레이아웃만을 사용하여 데스크톱, 노트북, 태블릿, 휴대폰 등 여러 디바이스의 사용자의 화면에 최적화되도록 자동으로 조정된다. 이러한 **반응형 웹을 구성하기 위한 기술로 CSS가 널리 이용되고 있다.**

10 클라우드 컴퓨팅의 중요한 특징은 사용자가 이들 컴퓨팅 자원을 언제 어디서나 인터넷을 통해 접근해서 사용가능하고, 자원이 필요할 때, 자원을 사용한 만큼의 돈을 지불하고 사용할 수 있다는 점이다.

11 기업이 기업 운영에 필요한 컴퓨팅 자원을 클라우드 환경에서 빌려쓰는 경우도 있지만 개인용으로 필요한 서비스인 문서 작업, 발표자료 만들기, 파일 저장하기 등의 여러 서비스를 클라우드 환경에서 이용하는 것도 가능하다.

연습문제

[단답형 문제]

아래의 보기를 참고하여 괄호 안에 들어갈 적절한 단어를 적으시오.

01 1837년 새뮤얼 모스는 서로 떨어져 있는 지역을 전선으로 연결한 후 짧은 신호와 긴 신호를 조합하여 정보를 전송하는 (   )를 개발하였다.

02 (   )은 오늘날에도 널리 이용되는 기술인데 근거리 통신망과 도시권 통신망, 광역 통신망을 위한 유선 통신망 기술 규격이다.

03 컴퓨터 통신망이나 여러 종류의 케이블, 무선 통신망 등을 이용하여 정보를 전송할 때 사용하는 단위로는 (   )를 많이 사용한다. 다른 말로 비트 전송률, 비트레이트라고도 부른다.

04 기기끼리의 데이터를 교환하기 위해서는 두 기기 간의 물리적인 연결도 필요하지만 데이터를 교환하기 구체적인 형식에 대한 상호 합의가 필요하다. 이와 같이 상호 간의 통신을 위한 규칙의 집합을 (   ) 또는 (   )이라고 한다.

05 (   )방식은 중앙 컴퓨터와 단말기를 일대일로 독립적으로 연결하여 언제든지 데이터 전송이 가능하게 한 방식이다.

06 인터넷에는 수 없이 많은 웹사이트가 있는데 이렇게 많은 웹사이트의 정보를 사람이 일일이 방문해서 그 내용을 살펴보고 정리하기 힘들다. 이 역할을 위해서 필요한 프로그램이 (   )라는 프로그램이다.

07 인터넷에서 서비스를 제공하는 컴퓨터를 (   )라고 한다.

08 컴퓨터는 인터넷의 서버에 서비스를 요청하고 서비스를 받아 이용하는 컴퓨터이며, 이를 (   )라고 한다.

09 (   )란 비스를 제공하는 컴퓨터인 서버 컴퓨터와 네트워크 회선 등을 제공하는 건물이나 집적화된 시설을 말한다.

10 (   )의 경우 클라우드 환경에서 문서 편집이 가능하며, 구글 드라이브는 개인의 데이터나 파일을 클라우드에 저장할 수 있다.

11 (   )는 클라우드 기반의 소프트웨어 그 자체를 서비스로 제공하는 형태이다. SaaS는 일반적인 사용자들이 가장 많이 접하게 되는 클라우드 서비스이다.

[짝짓기 문제 1]

다음은 컴퓨터 네트워크의 규모와 범위에 따른 종류와 이에 대한 설명이다. 관련 있는 것을 올바르게 짝짓기하여라.

PAN •	• 다른 지역의 근거리 통신망 또는 도시권 통신망을 연결하는 컴퓨터 통신망을 지칭한다. 이 통신망은 수천 킬로미터 떨어진 컴퓨터 자원을 연결하는데 여러 지역, 도시 및 국가를 연결하는 것을 넘어 심지어 여러 대륙을 연결하여 장거리 통신을 달성하기도 한다.
LAN •	• 블루투스나 초광대역 통신 등의 기술을 이용해서 개인 휴대기기 사이에 구성된 통신망을 의미한다.
MAN •	• 같은 도시 내에 설치된 컴퓨터 통신망을 지칭한다. 이 통신망은 고속 통신이 가능한 광케이블을 통해 같은 도시의 서로 다른 위치에 있는 호스트나 데이터베이스 및 근거리 통신망을 상호 연결하여 구축한다.
WAN •	• 우리 주변에서 볼 수 있는 가장 일반적이고 널리 사용되는 통신망이다. 일반적으로 동축 케이블, 이중 연선, 또는 광 케이블 등을 통해 같은 건물이나 구조물 내에 있는 두 개 이상의 컴퓨터 장치를 연결하여 자원을 공유하는 컴퓨터 통신망을 말한다.

[짝짓기 문제 2]

다음은 클라우드의 장점 4가지와 이에 대한 설명이다. 관련 있는 것을 올바르게 짝짓기하여라.

신속한 인프라 도입 •	• 클라우드는 인프라를 실시간으로 자유롭게 증감할 수 있기 때문에 인프라 부족 또는 과도한 인프라 도입이라는 문제가 발생하지 않는다.
유연한 인프라 관리 •	• 일반적으로 기업에서 인터넷 서비스를 위해 서버를 도입할 경우 주문, 발송, 하드웨어 설정, 네트워크 구축, 소프트웨어 설정, 서비스 제공까지 매우 많은 시간이 걸리지만 클라우드 서비스는 짧은 시간에 복잡한 인프라 구축 작업을 할 수 있다.
손쉬운 글로벌 서비스 •	• 대부분의 클라우드 사업자가 최신 소프트웨어 보안 기술뿐만 아니라 물리적으로 분리된 상호 보완용 데이터 센터와 강력한 방화벽 등 최신 하드웨어 보안 기술을 자사의 서비스에 도입하고 있다.
보안과 장애없는 서비스 •	• 오늘날 구글, 아마존, 마이크로소프트와 같은 많은 클라우드 사업자들은 전 세계 주요 대륙에 데이터 센터를 보유하고 있다. 이를 통해 클라우드 서비스의 이용자는 전 세계 어디에나 빠른 서비스를 제공할 수 있다.

[객관식 문제]

다음 질문에 대하여 가장 알맞은 답을 구하여라.

01 1990년대 기존의 이더넷을 더욱 확장하여 개발한 것으로 100 Mbps의 전송 속도를 낼 수 있다. 그리고 고속 이더넷을 위한 100BASE-T라고 하는 통신망 기술 규격이 있다. 설명으로 알맞은 통신망은 무엇인가?

1) 이더넷　　2) 고속 이더넷
3) 기가비트 이더넷　　4) FDDI

02 컴퓨터 통신의 초기 시절 장비로 MOdulator and DEModulator의 약자로 전화선을 통해 음성 신호를 전달하던 시기에 사용되던 중요한 통신 장비는 무엇인가?

1) 모스 전신기 2) 전자식 교환기

3) 모뎀 4) 이동 통신

03 TCP/IP는 통신 프로토콜의 모음인데 이러한 모음은 크게 4 계층으로 나눌 수 있다. 4 계층으로 알맞지 않은 것은 무엇인가?

1) 링크 계층 2) 인터넷 계층

3) 전송 계층 4) IP 계층

04 여러 대의 단말기들을 한 개의 통신 회선에 연결하여 사용하는 방식이다. 통신 회선은 전용 회선을 사용하며, 제어용 컴퓨터가 주가 되고 단말기가 이 컴퓨터에 종속되는 점이 된다. 이 방식은 무엇인가?

1) 포인트 투 포인트 방식 2) 멀티 포인트 방식

3) 회선 다중 방식 4) 시분할 교환 방식

05 전자부품이 갖는 고속성과 디지털 교환 기술을 이용하여 다수의 디지털 신호를 시분할적으로 동작시켜 다중화하는 방식을 말한다. 이 방식은 무엇인가?

1) 회선 교환 방식 2) 공간 분할 교환 방식

3) 시분할 교환 방식 4) 회선 교환 방식

06 하나의 회선을 할당받아 데이터를 주고받는 방식이다. 이를 위해서는 먼저 통신을 위한 연결을 해야하며 연결이 되고 나면 출발지로부터 목적지까지 도착하는데 사용되는 회전 전체를 독점하기 때문에 다른 사람이 끼어들 수 없다. 이 방식은 무엇인가?

1) 회선 교환 방식 2) 패킷 교환 방식

3) 공간 분할 교환 방식 4) 시분할 교환 방식

07 소프트웨어 프로그램을 통해 자동으로 웹사이트에 액세스하여 데이터를 얻는 일을 기술용어로 무엇인가?

1) 스파이더 2) 클라우드

3) 크롤링 4) 검색 서버

08 Uniform Resource Locator의 약자로 방대한 정보가 있는 인터넷에서 웹 페이지, 이미지, 비디오 등 리소스의 위치를 가리키는 문자열을 말하는 용어는 무엇인가?

1) 도메인 2) URL
3) HTTP 4) 호스트

09 HTML과 CSS로 만들어진 웹페이지를 동적으로 변경해주기 위해서 사용되는 프로그래밍 언어이다. 이 언어를 사용하면 웹브라우저에 경고창을 띄우고, 탭 인터페이스를 만들고, 드래그앤드롭 기능을 하는 등의 다양한 웹 애플리케이션을 만들 수 있다. 이 언어는 무엇인가?

1) HTML 2) CSS
3) 파이썬 4) 자바스크립트

10 개인용 컴퓨터, 서버 컴퓨터, 스마트폰, 태블릿 등 다양한 장치에서 인터넷을 통해 가상의 컴퓨팅 자원을 사용하는 개념은 무엇인가?

1) 클라우드 컴퓨팅 2) 컴퓨터 자원
3) 인터넷 4) 프로토콜

11 클라우드 서비스를 제공하는 기업은 이용자들을 위한 다양한 서비스를 제공하는데 서비스 관리 주체와 서비스를 관리할 수 있는 수준에 따라서 크게 세가지로 나뉜다. 알맞지 않은 것은 무엇인가?

1) IaaS 2) Paas
3) SaaS 4) FaaS

12 클라우드 서비스의 가장 기본적인 유형이다. 컴퓨터의 기반에 해당하는 서버와 스토리지 등 하드웨어의 기본적인 IT 자원만 제공되기 때문에 사용자는 운영체제부터 미들웨어, 런타임, 그리고 데이터 등을 직접 구성하고 관리할 수 있다. 설명으로 알맞은 것은 무엇인가?

1) IaaS 2) Paas
3) SaaS 4) FaaS

[서술식 심화 문제]

01 www.speedtest.net에 접속하여 다음과 같이 자신이 현재 사용하고 있는 컴퓨터의 인터넷 접속 속도를 알아보자.

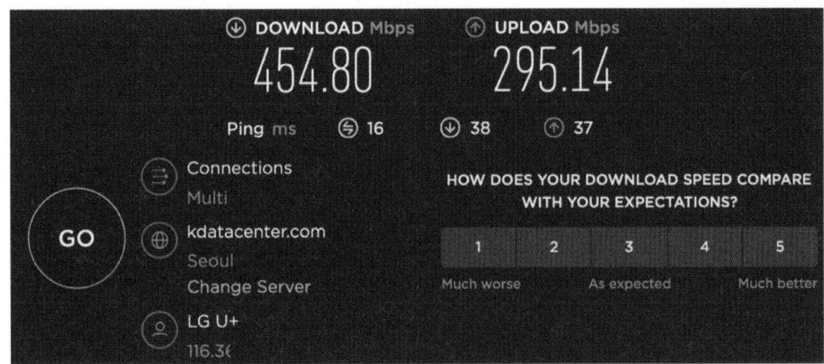

02 5세대 이동통신은 간단하게 5G로도 불리는데, 이 이동통신의 특징에 대하여 상세하게 조사해 보도록 하자.

03 도메인 네임과 도메인 네임 서비스에 대하여 상세하게 조사해 보고 정리해 보아라.

04 구글 검색 엔진의 역사와 그 성공 원인에 대하여 조사해 보고 정리해 보아라.

05 6.3절에서 배운 HTML 언어를 사용하여 두 줄 이상의 내용으로 된 간단한 웹 문서를 제작하고 이를 웹브라우저에서 읽어보아라(주의 : 이 파일의 확장자는 .html이나 .htm이 되어야 한다).

CHAPTER

7

인터넷과 웹, 정보보안

CONTENTS

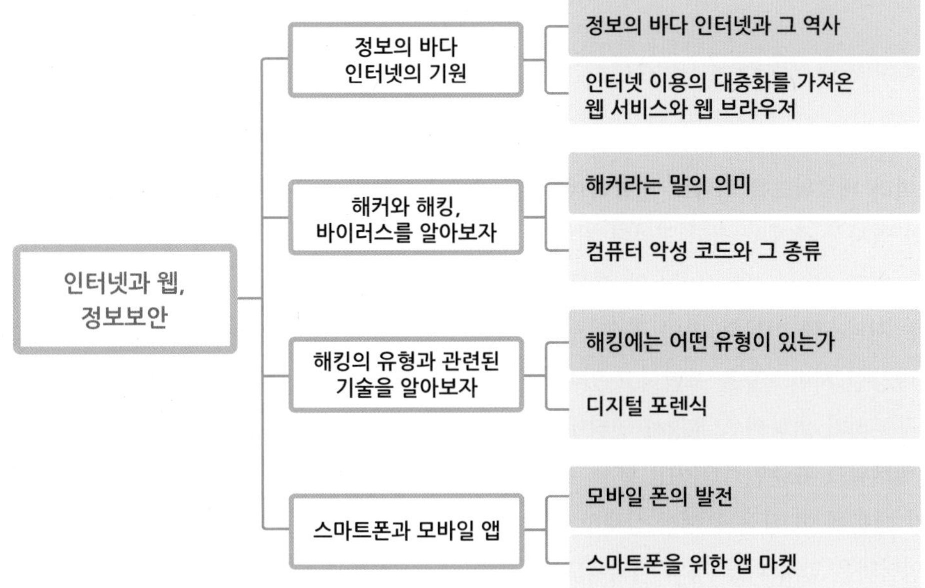

학습목표

- 인터넷의 역사에 대해 살펴보자.
- 해커의 원래 뜻을 알아보고 바이러스 종류에 대해 살펴보자.
- 해킹에는 어떤 유형이 있는지 알아보고, 해킹에 사용되는 기술들을 살펴보자.
- 디지털 포렌식이 어떤 것인지 살펴보고 현재 우리 생활에서 어떻게 활용되는지 알아보자.
- 스마트폰의 역사에 대해 살펴보자.

7.1 정보의 바다 인터넷의 기원

정보의 바다 인터넷과 그 역사

인터넷Internet은 인터넷 프로토콜 스위트인 TCP/IP를 **표준으로 전 세계적으로 연결되어 있는 여러 네트워크를 하나로 결합하여 만든 컴퓨터 네트워크**를 일컫는 말이다. 인터넷은 인류의 역사상 존재한 적이 없었던 거대한 정보의 바다라고도 할 수 있다. 많은 이들이 인터넷을 월드 와이드 웹 서비스와 혼동하기도 하는데, 인터넷은 월드 와이드 웹, 전자 메일, FTP 서비스에 기반한 파일 공유, 웹캠, 동영상 스트리밍, 온라인 게임, VoIP, 모바일 앱 등 다양한 서비스들을 포함하고 있다. 영어 표현으로는 internetwork의 약어인 internet과 구분하기 위하여 고유명사 인터넷은 Internet 또는 INTERNET으로 표기한다. 인터넷은 네트워크 표준인 TCP/IP 통신 프로토콜을 비롯하여 매우 많은 기술과 서비스가 존재하기 때문에 이 장을 통해서 상세하게 다루어 보고자 한다.

인터넷은 앞서 다룬 정의 이외에도 다른 정의도 존재한다. 1995년 10월 24일 **미국 연방 네트워킹 위원회**Federal Networking Council:FNC는 다음과 같은 특징을 가진 글로벌 정보 시스템을 인터넷으로 정의하였다.

1. 인터넷 프로토콜Internet Protocol:IP 또는 IP의 확장이나 후속 프로토콜에 기반을 둔 유일한 주소 공간에 의해 논리적으로 연결되어 있다.
2. TCP/IP 프로토콜 또는 이 프로토콜의 확장이나 후속 프로토콜, 그리고 다른 IP와 호환되는 프로토콜을 이용한 통신을 지원할 수 있어야 한다.
3. 이상에서 언급한 인프라 구조나 통신 계층 위에서 공공 또는 사적으로 고수준의 서비스를 제공하거나 사용, 접근이 가능하다.

FNC에 의한 인터넷의 정의

- 인터넷 프로토콜(IP)로 연결되어 있다.
- TCP/IP 프로토콜로 통신을 할 수 있다.
- 이상의 인프라 구조나 통신 계층 위에서 서비스를 제공하거나 사용, 접근 가능하다.

다소 추상적이며 어려운 정의이기는 하지만 분명한 것은 인터넷이라는 것이 이메일을 주고받으며 웹으로 정보를 얻거나 제공하는 좁은 의미의 한정된 통신 서비스만을 지칭하는 것이 아니며, **인터넷 프로토콜과 TCP/IP라는 통신 프로토콜을 사용하는 다양한 서비스를 포괄**하는 폭넓은 개념의 통신 서비스를 지칭하는 것이다.

인터넷의 전신은 ARPANET으로 1960년대 미국 국방부 산하의 고등 연구국Advanced Research Projects Agency:ARPA의 연구용 네트워크가 시초이다. 1960년대 당시 전세계는 소련을 비롯한 동유럽이 주축이 된 공산주의 체제 진영과 미국이 중심이 된 자본주의 체제 진영 사이의 냉전이 한창이던 때 였다. 이 시기 미국 국방부 고등 연구국에서는 핵전쟁 등의 상황에서도 버틸 수 있는 견고한 방식의 네트워크에 대하여 연구를 하였다. 여러 해 동안의 연구 결과 기존의 **회선 교환**circuit switching 방식보다는 **패킷 교환**packet switching 방식이 더 견고하고 생존성이 높다는 결론을 내렸다. 최초의 두 노드 간의 상호 연결은 1969년 10월 29일 캘리포니아 주립대학/로스앤젤레스 캠퍼스(UCLA)와 스탠퍼드 대학 연구소(SRI) 사이에 연결되었다. 이 최초의 통신망을 **알파넷**ARPANET이라고 하였으며 현재의 인터넷망의 시초이다. 이 연구망은 UCLA를 중심으로 캘리포니아 주립대학/산타바바라 캠퍼스(UCSB), 유타 대학(UTAH)의 네 기관을 연결하였고, 1971년이 되어서는 15곳의 여러 기관을 연결하는 통신망으로 발전하였다. 1972년도에는 이 알파넷을 이용한 응용 프로그램인 **전자메일**e-mail이 개발되어 사용되었으며, 이후 원격지 컴퓨터 접속을 위한 **텔렛**telnet과 파일 전송을 위한 FTPFile Transfer Protocol 등의 여러 응용 프로그램도 개발되었다. 1973년도에는 알파넷이 영국과 노르웨이에 연결되어 처음으로 국제적인 통신망이 되었다.

UCLA, UCSB, SRI, UTAH를 연결한 초기의 알파넷

알파넷이 현재와 같이 TCP/IP 기반의 네트워크가 된 것은 1983년도 부터이다. 이 시기부터 TCP/IP 프로토콜이 알파넷의 공식적인 표준이 되면서 전세계를 연결하는 네트워크로 자리를 잡기 시작했다. 1983년도 당시까지만 하더라도 미국의 국방 통신망과 연결되어 있었는데 1984년도에는 이를 다시 설계하면서, 미국의 국방 사이트들은 자체적인 군사 네

트워크인 MILNET을 이용하였으며 이후 민간용과 군사용 네트워크를 분리했다. 그리고 민간 연구용인 알파넷은 인터넷으로 새롭게 바뀌면서 세계적인 통신망으로 발전하게 되었다. 알파넷과 별도로 1986년 미국과학재단은 5곳의 슈퍼 컴퓨터 센터를 연결하여 NSFnet을 만들었는데, 1980년대 말에 이르러 이 NSFnet은 유럽, 호주, 뉴질랜드, 일본의 학술 연구 기관까지 확장되었다. 이 NSFnet은 과학자들을 위한 협업을 지원하고 슈퍼 컴퓨터가 가진 자원을 쉽게 접근할 수 있도록 과학연구 네트워크를 구성하는 것에 중심을 두었다. NSFnet은 이를 위하여 알파넷과 동일한 TCP/IP 프로토콜을 사용하게 되었다. 이렇게 되자 TCP/IP 프로토콜을 사용하는 인터넷은 대학, 연구소, 정부기관, 기업 등 세계 모든 곳을 연결하는 국제 통신망으로 발전하게 되었다.

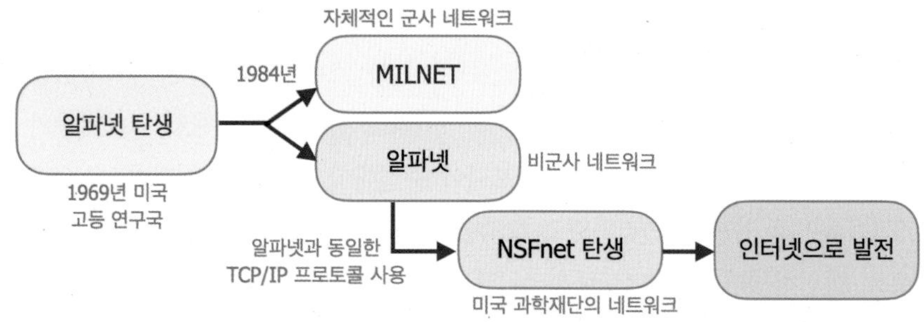

우리나라에서는 TCP/IP 프로토콜이 표준으로 자리잡기 시작할 무렵 **1982년도에 최초의 인터넷 연결이 이루어졌다**. 이 당시 경상북도 구미시에 있는 한국전자기술연구소와 서울대학교에 있던 두 대의 중형 컴퓨터가 각각 고유 인터넷 주소를 할당받아 데이터 패킷을 송수신하는 실험을 했는데 이것이 국내 최초의 인터넷 연결 사례이다. 이 당시의 데이터 전송 속도는 1,200 bps로 초당 150 글자를 주고받을 수 있도록 구성되었기 때문에 지금의 관점으로는 매우 성능이 떨어지는 통신으로 보여지지만, 아시아 국가들 중에서는 처음으로 이루어진 인터넷 연결이라는 점에서 큰 의의가 있다.

인터넷은 이후에 전세계적으로 급격하게 확산되기 시작했는데 이로 인해 전세계의 연구자들은 쉽게 연구 정보를 주고받으며 활발한 연구를 할 수 있었다. 하지만 인터넷으로 인한 부작동도 동시에 나타나기 시작했다. 인터넷을 통해서 컴퓨터 바이러스가 퍼진 최초의 사례는 1988년 **더 모리스**The Morris라는 이름의 컴퓨터 바이러스이다. 당시 코넬 대학의 대학원생 신분인 로버트 모리스라는 학생은 인터넷의 크기를 알기 위해서 메일 프로그램인 sendmail의 취약점과 유닉스 응용 프로그램의 약한 패스워드 보안 기능을 공략했는데 의도한 바와는 달리 인터넷에 연결된 컴퓨터들의 정상적인 활동을 방해할 정도로 급속하게 확산되었다. 결국 전세계 15,000대의 컴퓨터를 감염시키게 된 이 사건으로 인해 당시 인터넷에 연결된 대부분의 서버에 영향을 주게 된다.

다음의 그림은 인터넷의 중요한 이정표가 된 사건들과 그 시기를 시간 순서대로 표기하고 있다.

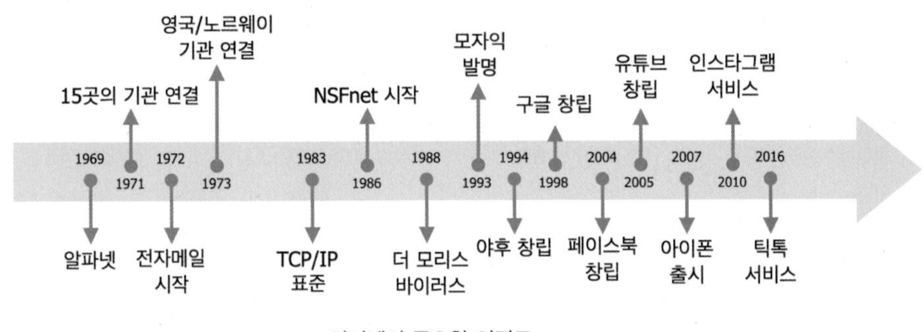

인터넷의 중요한 이정표

인터넷 이용의 대중화를 가져온 웹 서비스와 웹 브라우저

1990년대 초반만 하더라도 인터넷은 대학과 연구소를 중심으로 이용되는 정보망이었으며 일반 사용자들은 인터넷 이용율이 매우 저조했는데, 그 이유는 인터넷 서비스들이 대부분 텍스트 위주의 영문 명령어를 알아야만 이용할 수 있었기 때문이었다. 또한 당시의 인터넷 서비스 중에서 주류를 이루던 usenet, ftp, telnet, e-mail 등의 서비스는 일반 대중의 입장에서 쓸만한 정보가 많이 부족했다. 하지만 1993년 **모자익**Mosaic이라는 편리한 그래픽 사용자 인터페이스에 기반한 **웹 브라우저**가 널리 사용되기 시작하면서 인터넷은 본격적으로 대중화의 길을 걷게 된다. 웹 서비스는 **월드 와이드 웹**world wide web:www 서비스의 줄임말로 인터넷에 올라온 정보를 하이퍼 링크를 사용해서 서로 연결하여 편리하게 이용할 수 있도록 한 서비스이다. 웹 환경에서 많은 사용자들이 인터넷에서 정보를 얻어가고, 쇼핑을 하며, 메일 서비스를 이용하게 되면서 1990년대 후반에는 인터넷 서비스를 하는 회사들이 폭발적인 주목을 받게된다. 새로운 기술과 이 기술로 인한 혁신을 바탕으로 한 기업들은 주식 시장에서 원래의 가치 이상의 폭등된 가치로 평가받는 **닷컴 열풍**에 휘말리게 된다. 이러한 이상 평가된 가치는 2000년대 초반에 폭락을 하면서 닷컴 거품의 붕괴를 맞이하게 된다.

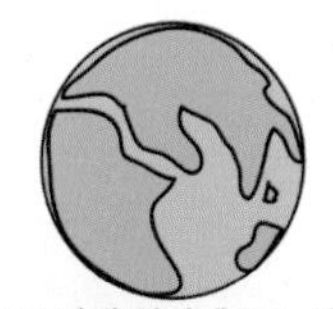
1960년대 알파넷으로 시작

1971년 미국 서부의 4 노드 연결

1972년 이메일이 시작

1979년 온라인 쇼핑 발명

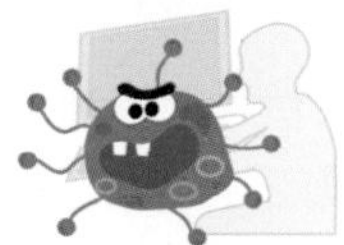
1980년대 최초의 바이러스 유포

1993년 최초의 그래픽 기반 웹 브라우저 출현

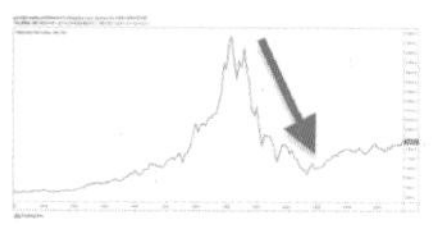
1990년대 후반 ~ 2000년대 초반 닷컴 열풍과 거품 붕괴

1999년 와이파이의 상업적 이용

한걸음 더 : 닷컴 버블

닷컴 버블dot-com bubble은 1995년 무렵부터 인터넷 관련 분야가 성장하면서 여러 국가의 주식 시장에서 인터넷 관련 기업의 주식이 급속히 상승한 현상을 말한다. 미국에서 1990년대 중반을 IT혁명기 또는 정보혁명기로 불리는데 이 때문에 민간과 기업에서 대규모로 전산 장비를 구매하고, 전산화를 추구하게 된다. 때마침 등장한 월드 와이드 웹의 폭발적인 인기와 이로 인한 인터넷의 확산, 그리고 새로운 웹 서비스의 등장은 미국을 비롯한 세계 경제가 가장 주목하는 부문이 되었다. 기존에는 불가능하게 생각했되었던 서비스인 인터넷을 통해 앉아서 뉴스와 영화, 책을 보고 대화와 소통이 가능했던 꿈의 통신망이 대중화되자 많은 기업들은 너도나도 이 분야의 사업에 뛰어들게 되었다. 특히 미국에서 제일 큰 인터넷 사업자였던 **AOL**America On Line의 시가총액은 당시 기준으로 1,000억불이 넘는 엄청난 숫자를 기록하였고 관련 기업들은 명확한 수익 모델이 없음에도 불구하고 많은 이들의 기대로 인해 과대평가되는 경우가 많았다.

당시의 많은 투자자들은 .com으로 끝나는 인터넷 주소를 가지는 신생 벤처 기업에 주목하였으며 이들은 간단한 웹 페이지와 아이디어만으로도 쉽게 투자를 받았으며, 높은 가치로 주식 시장에서 인기를 얻었다. 이러한 이상 현상은 2000년대 초반까지 지속되었으며 이후 많은 인터넷 관련 벤처기업들이 파산하면서 끝을 맞이하게 된다.

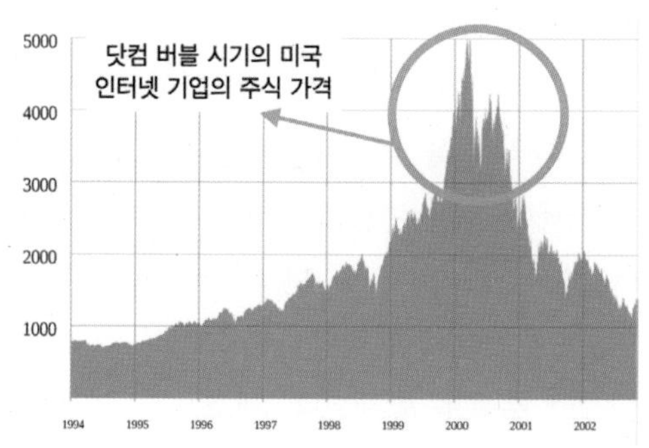

7.2 해커와 해킹, 바이러스를 알아보자

해커라는 말의 의미

오늘날 **"컴퓨터에 능통하며 이러한 지식을 이용하여 남의 정보 체계에 침입하거나 범죄를 저지르는 사람"**을 일컫는 부정적인 의미로 사용되는 용어인 해커hacker라는 말의 유래를 살펴보자. 이 단어는 1950년대 말 매사추세츠 공과대학교(MIT)의 동아리인 테크 모델 철도 클럽에서 처음으로 등장했다. 이 클럽은 두 가지 분과로 나뉘어 있었다. 두 분과 중 첫 번째 그룹은 모형 기차를 어떻게 하면 정교하게 만들지에 대하여 연구하는 그룹이었으며, 두 번째 그룹은 기차끼리 서로 부딪히지 않도록 제어하는 것을 연구하였다. 그 당시 매사추세츠 공과대학교에는 DEC사가 기증한 PDP-1이라는 미니 컴퓨터가 있었다. 항상 모형 기차의 제어에만 지대한 관심을 두고 있던 두 번째 그룹에 속해 있던 학생들은 모형 기차 제어판에 사용되는 중앙 회로와 작동 원리가 매우 유사한 PDP-1 컴퓨터에 많은 흥미를 느끼게 된다. 이 원리에 흥미를 느낀 학생들은 밤낮으로 PDP-1 컴퓨터에 매달려 연구에 몰두하였는데, 학생들이 너무 오랜 시간 컴퓨터를 이용하자 대학교 측에서는 비용 문제를 이유로 들어 그 기계가 위치한 전산실 문을 닫아 버린다. 그러자 학생들은 학교의 허락없이 담을 넘어서까지 컴퓨터를 사용하였다. 지금 기준으로 본다면 아주 조잡했던 PDP-1 컴퓨터에서 프로그램을 작성하는데 탁월한 재능을 보였던 학생들을 특별한 보상을 위해서 컴퓨터를 연구하는 것이 아니라 컴퓨터를 다루는 작업 그 자체에서 느껴지는 순수한 즐거움을 추구하는 행동을 핵hack이라고 하였으며, 스스로를 해커hacker라고 불렀다.

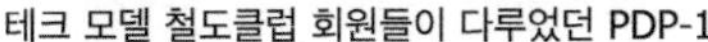
테크 모델 철도클럽 회원들이 다루었던 PDP-1

MIT의 철도클럽 회원들은 모형 기차를 제어하는 작업을 하던 중 PDP-1이라는 컴퓨터에 흥미를 느낍니다. 이들은 컴퓨터를 다루는 작업 그 자체에서 느껴지는 순수한 즐거움을 추구하는 행동을 HACK이라고 불렀답니다.

이러한 의미에서 해커는 부정적인 용어로만 볼 것은 아니며, 다음과 같은 두 가지 의미를 가지고 있다.

- 해커의 원래 의미 : 하드웨어와 소프트웨어를 포함한 모든 컴퓨터 기술 그 자체에 열광하여 수준 높은 프로그래밍 실력으로 프로그래밍과 관련된 활동을 열열히 수행하는 사람을 의미한다.
- 해커의 나쁜 의미 : 컴퓨터에 능통한 지식을 이용하여 컴퓨터 보안을 파괴할 수 있는 사람을 말하며, 만약 나쁜 목적을 가지고 이러한 행동을 하는 경우, 그 사람은 크래커cracker라고 불릴 수 있다. 크래커란 갈라진 틈 또는 균열을 의미하는 crack과 hacker의 합성어이다.

iOS와 탈옥: 윤리적인 소비자 문제

2007년 애플사에서 아이폰을 출시하였을 때, 아이폰이라는 스마트폰에 응용 프로그램을 구동될 수 있도록 운영체제도 함께 만들었다. 이 운영체제는 초기에 iPhone OS라는 이름으로 불리다가 2010년 이후부터는 iOS라는 이름으로 그 이름을 바꾸게 되었다. iOS 운영체제는 개인용 컴퓨터에서 많이 사용하는 윈도 운영체제와는 달리 애플사에 의해서 철저히 관리되는 운영체제이다. iOS를 위한 모든 응용 프로그램은 모두 애플사가 운영하는 **앱 스토어**App Store라는 온라인 응용 프로그램 장터를 통해서만 다운로드할 수 있는데, 모든 애플리케이션은 애플사의 애플리케이션 개발 전담팀에 의해 약 2주 가량의 검수를 거친 뒤에 등록되므로 악성 코드나 바이러스, 멀웨어 등이 침입할 가능성이 낮다. 애플사는 이러한 폐쇄적인 방법으로 아이폰에 소프트웨어를 탑재할 수 있도록 하여, 아이폰의 개인 정보를 보호하는 정책을 운영하였는데 문제는 이로 인하여 아이폰의 테마나 사용자 인터페이스를 개인의 입맞에 맞게 수정하는 것이 불가능하다는 점이었다.

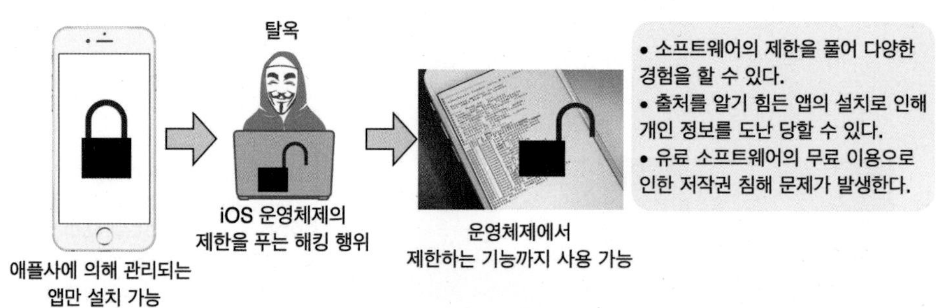

애플사의 아이폰과 iOS 운영체제의 폐쇄적인 정책에 만족하지 못한 해커 그룹에서는 아이폰 하드웨어 위에서 구동되는 운영체제에서 제한하는 기능을 자유롭게 이용하기 위한

여러 가지 시도를 하였다. 그 결과 앱스토어에서 배포되는 모든 유료앱을 무료로 이용가능하며, iOS에서 제공하지 않는 여러 가지 기능을 사용할 수 있도록 제한을 푸는 소프트웨어를 이용하게 되었는데 이 기능을 이용하는 것을 **iOS 탈옥**iOS jailbreak이라고 불렀다. 감옥에서 벗어나는 탈옥이라는 용어를 iOS 운영체제의 제한을 푸는 해킹 행위로 묘사한 것이다. iOS 탈옥은 소프트웨어의 제한을 풀어서 다양한 경험을 할 수 있다는 긍정적인 측면과 함께, 출처를 알기 힘든 앱의 설치로 인하여 개인의 정보를 도난당할 수 있다는 부정적인 측면이 있다. 무엇보다도 개인과 기관의 노력으로 만들어진 유료 소프트웨어를 무료로 이용할 수 있는 불법적인 시장의 존재로 인한 심각한 저작권 침해 문제를 낳게 되었다.

소프트웨어 마켓과 악성 코드 검출

애플에서 운영하는 앱스토어와 구글의 플레이, 마이크로소프트 스토어는 컴퓨터나 스마트폰, 태블릿 컴퓨터에서 구동되는 응용 프로그램, 도서, 음원을 판매하는 온라인 장터이다. 이 장터에 개발자가 판매를 위한 응용 프로그램을 등록하면 운영사는 이 프로그램에 유해한 기능이 없는가 검사하는 절차를 통해서 유해성이 없을 경우 프로그램을 등록해 준다. 이러한 검사 과정을 검수라고 하는데, 이 절차로 인해서 검수 절차없이 인터넷으로 배포되는 다른 프로그램보다 비교적 안전한 다운로드 방식이다. 또한 온라인 장터의 소프트웨어는 버전이 업그레이드 되면 자동으로 최신 버전을 유지시켜주는 기능도 있다.

컴퓨터 악성 코드와 그 종류

컴퓨터에 침투해서 문제를 일으키는 코드를 **악성 코드**malicious code 또는 **악성 소프트웨어**malicious software라고 하는데 maliciouse software라는 단어를 합성하여 **멀웨어**malware라고도 한다. 이 악성 코드를 조금 더 세분화 하면 다음과 같은 종류가 있다.

■ 바이러스

바이러스virus는 컴퓨터 파일에 특정한 코드를 심어서 이 **컴퓨터 파일이 실행될 때 다른 파일에 이 코드를 넣어 감염시키는 방법**으로 전파되는 악성코드이다. 바이러스 프로그램은 인터넷 상에서 바이러스에 감염된 파일을 다운받아 실행하거나, P2P 서비스로 다운받은 코드를 실행하거나, 전자메일에 첨부된 악성코드를 실행하는 경우에 흔히 감염된다. 바이러스 파일을 치료하는 프로그램이 백신 프로그램인데 백신 프로그램은 기존에 알려진 컴퓨터 바이러스 코드의 패턴을 정리한 뒤, 해당 패턴과 일치하면 "컴퓨터가 감염되었다"고 판별하고, 해당 감염 부분을 원상태로 복구시켜 준다. 그러나 백신 프로그램에 등록되지 않은 새로운 유형의 바이러스는 검출하지 못하며 많은 경우에 단순히 감염된 파일을 격리하거나 삭제하는 방법으로 대응하기도 한다.

[사례 : 브레인 바이러스]

세계 최초의 PC 바이러스인 '브레인 바이러스'를 만든 사람은 파키스탄 출신의 형제 프로그래머들이라고 한다. 1986년도에 이 바이러스를 만든 이들은 자신들이 애써 개발한 프로그램이 팔리지 않고 불법복제를 통해 사용되는 것을 보고 화가 났으며, 이 프로그램을 불법으로 복제한 사람의 컴퓨터에 피해를 주도록 악성코드를 만들었다고 한다. 그것이 바로 최초의 컴퓨터 바이러스인 '브레인 바이러스'였다. 파키스탄에서 시작한 이 바이러스는 이후 전 세계로 퍼져나갔다. 이 바이러스는 당시 파일을 복사하는 매체로 사용되던 플로피 디스크의 부트 섹터를 오염시켜 플로피 디스크를 무용지물로 만들어 버렸다. 그뿐만 아니라 컴퓨터 본체를 감염시켜 다음 번에 삽입되는 플로피 디스크를 계속해서 감염시켰다. 당시에는 컴퓨터 바이러스의 개념이나 백신의 개념이 없던 시절이라 이 바이러스에 감염된 파일에 대한 치료 방법이 없어서 전 세계적으로 막대한 피해를 주었다.

NOTE : P2P 통신

P2P란 Peer to Peer의 약어로 **중앙의 서버를 거치지않고 클라이언트 컴퓨터끼리 직접 통신하는 방식**을 통칭한다. 우리나라에서는 2000년에 시작된 소리바다라는 서비스가 개인의 컴퓨터에 있는 음원 파일을 서로 쉽게 공유하도록 하여 인기를 끌었던 적이 있다.

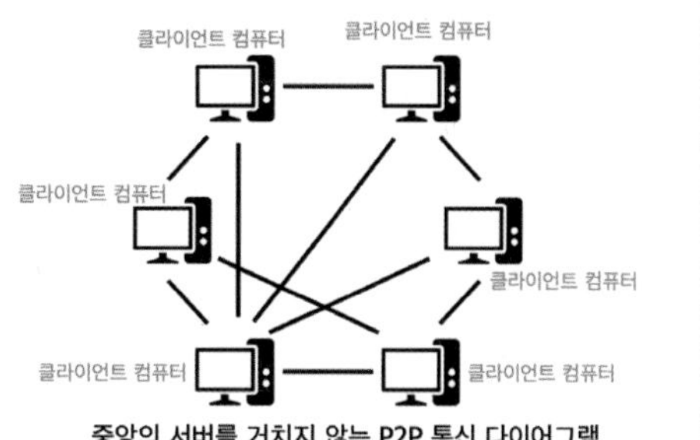

중앙의 서버를 거치지 않는 P2P 통신 다이어그램

P2P를 통한 음원과 동영상, 소프트웨어, 파일 등의 유통은 개인 간의 제한없는 정보 공유라는 점에서 정보의 확산에 기여하는 측면이 있으나, 불법적인 경로로 저작권이 있는 콘텐츠가 쉽게 유통될 수 있다는 점에서 문제를 가지고 있다. 또한 소프트웨어에 대한 검증을 할 수 없기 때문에 악성 코드의 손쉬운 유통 경로로 지적되기도 한다.

▪ 웜

웜worm 혹은 웜 바이러스는 컴퓨터 바이러스보다 오래 전인 메인프레임 시절부터 있었는데, 컴퓨터 바이러스가 자기의 코드를 다른 정상 프로그램 내부에 심어서 번식하는 데 반하여 **웜은 네트워크를 통해서 독자적으로 실행되어 퍼져나가는 특징**이 있다. **웜은 자기 복제를 이용하여 네트워크를 손상시키고, 파일 등을 악의적으로 암호화**한다. 그리고 일부 웜의 경우 컴퓨터에 침투하는 것을 쉽게 만드는 악성 백도어 프로그램을 유포하기도 한다. 웜은 네트워크를 통해서 전파되는 악성 프로그램이기 때문에 때로는 과도한 네트워크 트래픽을 유발시킨다. 웜이 전 세계 네트워크로 퍼질 경우 전체 네트워크는 심각한 속도 저하를 겪거나 마비되는 사태까지 올 수 있다. 그리고 백도어를 유포시키는 웜의 경우 추가적인 좀비 컴퓨터 양산 등의 피해를 낳기도 한다.

[사례 : Iloveyou 웜]

2000년 5월 필리핀의 한 컴퓨터에서 이메일이 발송되었다. 이 이메일의 제목은 'I love you' 였으며 내용은 "첨부된 러브 레터를 확인해주세요"였다. 상식적으로 생각한다면 이러한 메일은 정상적인 메일로 보기 힘든 제목이었지만 예상외로 많은 사람이 제목과 내용에 홀려 첨부 파일을 열었는데 그 순간 악성 코드가 컴퓨터를 장악하고 사용자의 주소록에 담긴 또 다른 이메일 주소들로 같은 파일을 전송했다. 이 악성 코드는 빠른 속도로 증식하며 하드디스크 드라이브를 파괴하고 기존에 저장돼 있던 파일을 삭제했다. 파일을 열어본 사람들이 많아질수록 더 많은 '러브 레터'가 자신을 스스로 복제하며 마치 다단계처럼 퍼져나갔다. '아이 러브 유' 혹은 '러브 레터'라고 불린 이 악성코드는 자기 복제와 전파라는 특징을 지닌 '웜'의 일종이다. 이 웜 바이러스는 필리핀에서 처음 탄생하여 전 세계 100만 대 이상의 컴퓨터로 번지는 데에는 채 몇 시간이 걸리지 않았다고 한다.

■ 트로이 목마

트로이 목마Trojan horse는 **정상 프로그램처럼 보이지만 코드의 내부에 악성 명령이 포함되어 있는 악성 코드**를 말한다. 일반적인 바이러스 프로그램은 자기 복제가 가능한 반면 트로이 목마는 자기 복제를 통해서 전파되는 구조가 아니다. 트로이 목마가 작동하기 위해서는 반드시 피해자가 특정한 프로그램을 실행시켜야만 한다. 트로이 목마는 일반적으로 이메일의 첨부 파일을 통해 전달되거나, 사용자가 감염된 웹사이트를 방문하여 프로그램을 다운받을 경우 설치되기도 한다. 트로이 목마 프로그램 중에서 **뱅킹 트로이 목마** 프로그램의 경우 사용자의 신용 카드 정보, 비밀 번호, 인증 정보를 키 입력을 가로채는 방식으로 탈취하기도 한다. 이 프로그램은 사용자의 모든 키보드 입력을 가로채서 사용자 몰래 트로이 목마 관리자의 컴퓨터로 전송하는 방식으로 동작한다.

NOTE : 트로이 목마와 위장 침입 전술

트로이 목마는 그리스 로마 신화에 등장하는 나무로 만든 거대한 말 조형물로 트로이와 아카이아 연합군 사이의 전쟁을 배경으로 등장한다. 이 전쟁에서 10년간 트로이 성을 함락시키지 못한 그리스 군은 내부에 사람 30명이 숨을 수 있는 거대한 바퀴 달린 목마를 만들어 트로이 성 안으로 침공하는 계획을 세우게 된다.
신화에 의하면 영웅 오디세우스는 에페이우스를 비롯한 군대 내 기술자들을 불러 거대한 목마를 만든 뒤, 목마 안에 숨을 용사 스물아홉 명을 선발한다. 아카이아 연합군은 이 목마를 선물로 남겨두고 군대를 위장 철수하며, 트로이 군은 성 안에 아카이아 연합군의 군인이 숨어있는 목마를 들이게 된다. 이 계획의 성공으로 인해 아카이아 연합군은 트로이는 멸망시키게 되고 10년간의 전쟁은 종료된다. 이 신화 속의 이야기로 인해 트로이의 목마는 **위장해서 침입하는 행위**의 상징적인 존재가 되었다.

그리스 로마 신화에 등장하는 트로이의 목마 이미지

■ 랜섬웨어

랜섬웨어ransomware는 **컴퓨터나 서버에 침입하여 관리자가 볼 수 없도록 데이터를 암호화거**

나 컴퓨터를 장악하여 볼모로 잡고 그 댓가를 요구하는 프로그램이다. 이 악성코드 프로그램은 최근 수 년 동안 악성코드 중 큰 비중을 차지했고 그 비율은 여전히 증가하고 있다. 랜섬웨어로 인해 기업, 병원, 경찰서, 도시 등이 심각한 피해를 입는 경우가 많다. 많은 랜섬웨어 프로그램은 트로이 목마의 일종이며 사용자의 파일에 대한 암호화를 시작하기 전에 몇 시간 동안 사용자를 관찰함으로써 악성코드 관리자는 피해자가 얼마만큼의 대가를 지불할 수 있는지 파악하고, 다른 안전한 백업을 확실히 삭제하여, 사용자가 댓가를 거절하기 힘들게 하기도 한다. 연구에 따르면 랜섬웨어의 피해자 중 약 1/4이 댓가를 지불하며, 댓가의 지불에도 불구하고 이들 중 약 30%는 여전히 파일의 잠금을 해제하지 못하고 있다고 한다.

■ 애드웨어

애드웨어adware는 광고를 의미하는 advertising과 software의 결합으로 만들어진 단어로 사용자의 컴퓨터에 원하지 않는 광고를 표시하는 모든 응용 프로그램을 의미한다. 이 프로그램은 악성 코드 중에서 사용자의 파일이나 네트워크 시스템에 직접적인 피해를 비교적 적게 주는 프로그램에 속한다. 그러나 애드웨어는 브라우저를 탈취해 수많은 광고를 표시하기 때문에 애드웨어에 감염된 경우에는 브라우저 이용이 거의 불가능한 경우도 있다. 애드웨어 소프트웨어는 광고가 포함되어 있기 때문에 이 소프트웨어의 개발자가 필요한 개발 비용을 애드웨어를 통해서 충당할 목적으로 주로 사용된다.

■ 스파이웨어

스파이웨어spyware는 간첩을 의미하는 spy와 software의 결합으로 만들어진 단어로 국립국어원에서는 **정보 빼내기 프로그램**으로 순화하여 표현한 바가 있다. 이 프로그램은 단어의 의미 그대로 사용자의 동의없이 설치되어 사용자 몰래 컴퓨터의 정보를 수집하고 빼내는 악성 소프트웨어이다. 이 프로그램은 컴퓨터에 침투하여 신용 카드와 같은 금융 정보 및 주민등록번호와 같은 신상 정보, 암호를 비롯한 각종 정보를 사용자로부터 수집한다.

[사례 : 라디에이트사의 스파이웨어]

1999년 미국의 인터넷 광고 회사인 라디에이트사는 이 회사에 접속하는 인터넷 이용자들의 컴퓨터마다 고유한 번호를 부여하고, 이 **번호를 이용해서 접속한 컴퓨터의 정보를 수집**하였다. 이 회사는 각 컴퓨터가 라이에이트사에서 내보내는 광고에 접근한 경로나 횟수 등을 수집하면서 이것을 통해 맞춤형 광고 마케팅을 하려고 시도했다. 이러한 맞춤형 광고를 위해 사용자 정보를 수집하는 과정에서 스파이웨어를 사용한 것이 드러났는데, 이것이 공개적으로 밝혀진 최초의 스파이웨어 사용 사례라고 할 수 있다.

7.3 해킹의 유형과 관련된 기술을 알아보자

해킹에는 어떤 유형이 있는가

해킹이란 타인의 컴퓨터 시스템에 무단 침입하여 데이터에 접근할 수 있는 권한을 얻는 일체의 행위를 말한다. 이러한 해킹의 유형은 다음과 같이 나누어 볼 수 있다.

▪ 내부자에 의한 해킹

많은 보안 침해 사고는 네트워크 내부에 있는 사람이나 호스트에 의해서 발생한다. 내부자들은 관리자의 비밀번호를 몰래 알아내거나, 사고를 발생시킬 수도 있는 내부 활동을 수행하거나, 단순한 권한 남용을 수행하기도 한다.

▪ 인터넷 공유기 해킹

인터넷 공유기의 해킹은 다수의 공유기를 해킹한 다음 이를 이용하여 스마트폰의 정보를 빼내는 방법이다. 이 방법은 해킹한 공유기를 통해 사용자을 허위의 포털 사이트로 접속하도록 하거나, 악생 앱을 설치하도록 하여 타인의 스마트폰에 침입한다. 일반적으로 가정 집의 인터넷 공유기는 그 패스워드가 그다지 강력하지 않다. 따라서 이 공유기는 해커의 쉬운 먹이가 된다.

▪ 백도어

백도어backdoor란 영어 단어 그대로 해석하면 '뒷문'이라는 뜻이다. 이 단어는 하드웨어나 소프트웨어 등에서 정상적인 인증 과정을 거치지 않고 보안을 해제할 수 있도록 만드어진 시스템의 허점을 말한다. 시스템의 개발 과정에서 개발자는 테스트를 위하여 특수한 권한의 계정을 만들어두는 경우가 있는데 해커들은 이러한 계정을 통해서 손쉽게 시스템이 침입할 수 있다. 이 백도어는 해커가 우연히 발견하는 경우도 있으나 검색 프로그램을 이용하여 찾을 수도 있다.

■ 서비스 거부 공격

서비스 거부 공격은 영문 Denial of Service의 약자인 DOS **공격**이라고도 한다. 내부자의 해킹이나 백도어 등의 공격은 대부분 해커가 서비스나 시스템의 내부로 침입하는 공격이라고 할 수 있다. 반면 DOS 공격은 해커가 서비스나 시스템의 내부로 침입하지 않고 시스템을 사용할 수 없도록 하는 공격이다. 이 공격은 클라이언트에서 가짜 패킷을 대량으로 발생시켜서 서버에 요청하는 방법인데, 서버는 이 클라이언트가 요청하는 대량의 가짜 서비스를 처리하느라 부하가 발생하여 정상적인 서비스에 대응하지 못하게 된다.

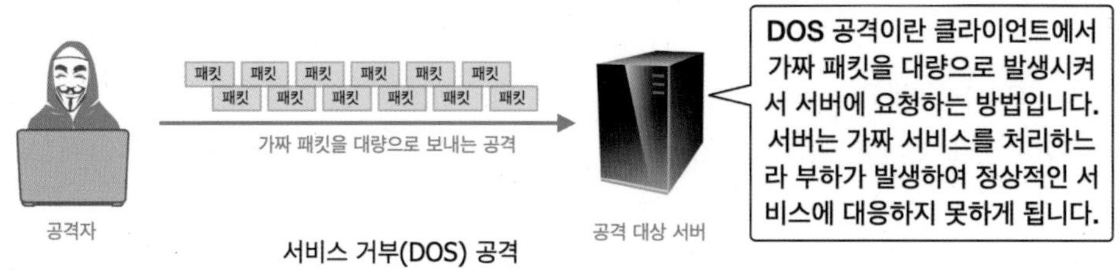

서비스 거부(DOS) 공격

■ 분산 서비스 거부 공격

분산 서비스 거부 공격은 영문 Distributed Denial of Service의 약자인 DDOS **공격**이라고도 한다. 이 공격은 Dos 공격의 악질적인 버전으로 여러 대의 좀비 컴퓨터를 감염시킨 해커가 일정한 시기에 이들 좀비 컴퓨터를 통해서 가짜 패킷을 대량으로 발생시켜서 서버를 공격하는 방법이다. 이 방법은 때로 인터넷 망 자체의 트래픽을 과도하게 증가시켜 인터넷의 정보 흐름을 느리게 하기도 한다.

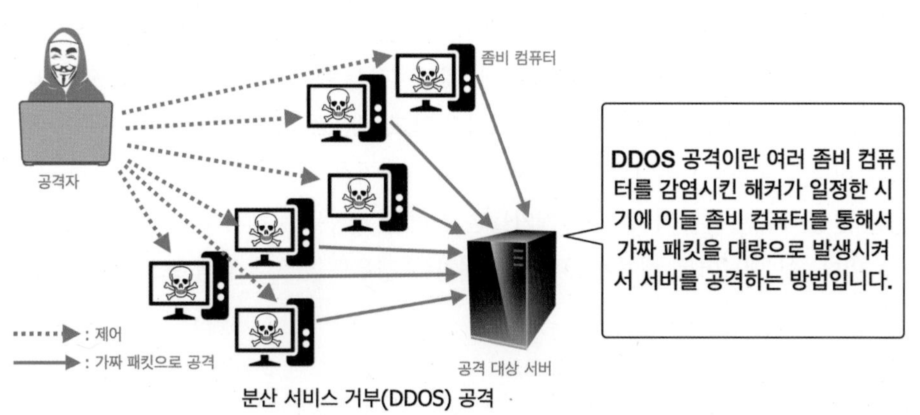

분산 서비스 거부(DDOS) 공격

NOTE : 분산 서비스 거부 공격 사례

2009년 7월 7일 우리나라의 주요 정부기관, 포털 사이트, 은행 등 40여 개 웹사이트가 분산 서비스 거부(DDoS) 공격을 받아 서비스가 일시적으로 마비된 사건이 발생했다. 이 공격은 7월 7일 오후 1시에 시작되어 24시간 동안 지속되었으며 청와대, 국회, 국방부 등 국가 주요기관과 함께 네이버, 옥션, 농협, 외환은행 등 주요 언론사와 주요 정당, 포털 등이 공격을 당했다. 이 공격은 1회로 그치지 않았으며 이어진 2차 공격에서도 16개 웹사이트가 공격을 당했다.

이러한 DDOS 공격의 주요한 통로가 되는 것은 PC 방의 좀비 PC나 해외에 있는 다수의 컴퓨터들이다. 해커는 불특정 다수의 좀비 PC에 악성 코드를 심어 지정된 시기에 공격이 가능하도록 만들어서 공격에 동원시킨다. 공격은 주로 악성 코드에 감염된 수 많은 좀비 PC가 공격자의 명령에 따라 일제히 서버에 대량의 트래픽을 전송하는 방식으로 이뤄지며, 서버가 허용하는 트래픽 용량을 넘어서게 되면 정상적인 클라이언트가 서버로 접속할 수 없게 된다. 이 경우 클라이언트는 서버가 제공하는 서비스를 이용할 수 없는 서비스 장애를 겪게 된다.

이 공격의 영향력이 워낙 크고 광범위해서 이를 **7.7 디도스 공격**으로 명명하였으며, 이로 인한 피해에 대한 경각심을 갖고자 관련 기관에서는 2012년부터 매년 7월을 '**정보 보호의 달**'로, 그리고 7월 둘째 주 수요일을 '**정보 보호의 날**'로 지정하고 기념 행사를 진행해오고 있다.

▪ 스니핑

스니핑sniffing의 원래 뜻은 "코를 킁킁거리다", "냄새를 맡다"라는 것인데, 이 용어는 **네트워크 상에서 교환되는 패킷 중에서 자신의 것이 아닌 다른 상대방의 패킷을 엿듣는 것**을 의미한다. 또한, 스니핑은 주어진 네트워크를 통과하는 모든 데이터 패킷을 모니터링하고 캡처하는 프로세스를 지칭하기도 한다. 통상적으로 권한을 가진 네트워크나 시스템의 관리자는 **안전을 위하여 네트워크 트래픽을 모니터링하고 이를 통해서 문제를 해결**하는데 이러한 행위를 수행하는 프로그램을 **스니퍼**sniffer라고 한다. 네트워크 상의 공격자는 이 스니퍼를 사용하여 암호, 계정 정보 등과 같은 민감한 정보가 포함된 데이터 패킷을 캡처한다.

스니퍼는 시스템에 설치된 하드웨어 또는 소프트웨어가 될 수 있으며, 시스템 관리자에게는 네트워크의 문제 해결을 위한 필수 도구로 좋은 목적에 이용될 수 있다. 하지만 강력한 기능에 따른 양면성이 있기 때문에 공격자의 손에 들어갈 경우 악성 해킹 도구가 되기도 한다. 공격자는 이 기술을 사용하여 사용자들 사이의 메시지 가로채기까지도 할 수 있다. 이러한 메시지를 가로챌 경우 신원 도용으로까지 이어질 수 있는 은행 세부 정보, 계정 인증 증명 또는 민감한 개인 식별 데이터를 훔치는 것이 가능할 것이다.

■ 스푸핑

스푸핑의 원래 뜻은 "누군가의 것을 훔치다", "모방하다" 또는 "속이다"라는 것이다. 해킹에 사용되는 용어로서의 **스푸핑**spoofing이란 네트워크의 취약점을 이용하여 공격자가 **다른 컴퓨터의 IP를 부당하게 취득한 다음 해킹한 IP를 모방하거나 공격 대상 컴퓨터를 속이는 것**이다. 이러한 수단을 통해 공격자는 합법적 사용자인 것처럼 위장을 하고 특정 대상을 공격하거나 대상 시스템에 침투할 수 있다.

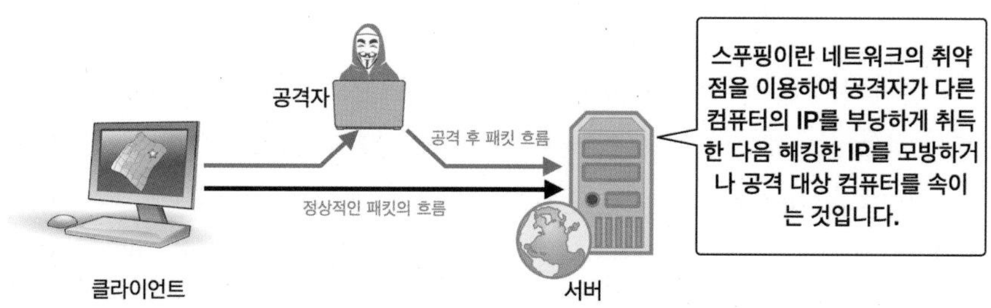

보안 취약점을 이용하여 침해 사고를 일으키는 해커에 의한 공격은 일반적으로 다음과 같이 6단계로 이루어진다.

① 공격 대상 시스템의 보안 취약점을 탐색하는 스캐닝 단계.
② 불법적으로 시스템에 접근하는 패스워드 추측 및 해독 단계.
③ 관리자 권한을 획득하는 취약점 이용 단계.
④ 백도어 프로그램 설치 단계.
⑤ 정보의 불법적 획득 또는 시스템을 파괴하는 단계.
⑥ 침입 흔적을 삭제하는 단계.

해킹에 관련된 기술들

해킹 기술의 몇 가지 사례로 웹 서비스 해킹, 시스템 해킹, 버그 헌팅, 역공학이 있는데 이들에 대해서 살펴보도록 하자.

- **웹사이트 해킹** : 이 해킹은 웹사이트의 취약점을 공격하는 해킹 기술이다. 웹에서 구동되는 많은 응용 프로그램들이 등장하면서 전자상거래, 인터넷 뱅킹을 비롯한 금융 서비스, 전자 민원 등의 많은 서비스가 웹을 통해서 이루어진다. 이러한 웹 서비스를 해킹하여 사용자의 정보를 빼내거나 불법적인 금융 거래가 이루어지도록 하는 해킹 방식이다.
- **시스템 해킹** : 시스템 해킹은 윈도, 리눅스와 같은 개인용 컴퓨터만이 아니라 안드로이드나 iOS와 같은 모바일 운영체제를 해킹하는 기술이다. 이 방법은 운영체제에서 취약한 부분을 찾아서 공격한 후 시스템을 장악하는 기술이다. 악성 프로그램을 복제하는 방식인 웜 바이러스도 시스템 해킹의 일종이다.
- **버그 헌팅** : 이 방법은 소프트웨어에 나타나는 버그를 활용한 취약점 공격 기법이다. 버그 헌팅의 대상이 되는 것은 윈도 같은 운영체제도 될 수 있으며, 크롬 브라우저와 같은 인터넷 브라우저도 그 대상이 된다. 일반적으로 이 버그를 이용하여 해커는 시스템에 대한 권한을 얻고 이를 이용하여 시스템을 공격한다.
- **역공학** : 공학은 과학 원리나 지식, 도구를 활용해 새로운 제품이나 도구를 만드는 것을 말한다. 역공학은 그 반대로 만들어진 제품을 꺼꾸로 분해하여 제품의 제조에 활용된 기술들을 알아내는 것이다. 예를 들어 프로그램을 어셈블리어나 기계어로 분석한 후 그 프로그램의 구조를 알아내고 심지어 역으로 만들어 내기까지 한다.
- **네트워크 해킹** : 네트워크 통신이 오고 가는 것을 가로채서 그 중에서 중요한 정보를 빼가는 방식의 해킹이다.
- **암호 해킹** : 사용자나 시스템 관리자의 암호를 알아내어 필요한 정보를 빼가는 해킹방법이다.

디지털 포렌식

포렌식forensic은 고대 로마 시대의 포럼(Forum)과 공공(public)이라는 라틴어에서 유래했으며 "법의학적인, 범죄 과학 수사의, 법정의, 재판에 관한"이라는 의미를 가지고 있는 형용사이다. 이 단어는 일반적으로 범죄를 밝혀내기 위한 모든 과학적 수단과 방법을 말한다. 최근 미디어에서 많이 언급되고 있는 디지털 포렌식digital forensic은 **컴퓨터나 디지털 저장 장**

치 등에 저장된 전자정보, 네트워크에서 전송된 전자정보 중 법정 증거로 가치가 있는 '디지털 증거'를 수집하는 업무를 말한다. 디지털 기술의 발달로 디지털 포렌식은 그 수요가 빠르게 증가하고 있으며, '**컴퓨터 포렌식**' 뿐만 아니라 스마트폰이나 태블릿 PC에서 문자 메시지, 전화번호부, 동영상, 사진, 통화 내역 등을 복원하는 '**모바일 포렌식**'도 핵심 기법으로 부각되고 있다.

디지털 포렌식의 대상이 되는 디지털 기기나 시스템으로는 다음과 같은 것이 있다.

1. **컴퓨터** : 범죄에 사용된 컴퓨터의 하드 디스크나 USB 드라이브를 복원하는 기술 분야이다. 범죄자가 검색한 검색 이력을 통해서 범죄 의도와 범행 동기, 구체적인 실행 방법까지 조사하는 기법도 있다.
2. **모바일 장치** : 모바일 장치에 내장된 GPS를 통해 용의자의 위치를 추적하는 방법이 있다. 또한 이동 통신사로부터 전달받은 용의자의 셀 사이트 로그를 추적하면 범죄자의 이동 동선을 대략적으로 알 수 있다. 그리고 모바일 장치의 검색 기록과 대화기록을 복원하여 범죄의 증거로 사용하기도 한다.
3. **네트워크** : 네트워크로 오고가는 패킷을 수집하여 그 정보를 수집하고 분석한 다음 이것을 범죄에 대한 법적 증거 자료로 사용할 수 있다.
4. **데이터 분석** : 금융 범죄 데이터를 면밀히 분석한 다음 사기 행위 패턴을 발견할 수 있다면 이를 통해서 범죄 예방에 활용할 수 있다.
5. **데이터베이스** : 방대한 데이터베이스로부터 유효한 증거를 획득하고 분석하는 것이다. 시스템에 들어오고 나간 기록 등과 같은 데이터베이스 내용을 분석하여 범죄자의 행동을 분석할 수 있다.

디지털 포렌식의 절차는 크게 3단계로 이루어진다. 첫 번째 절차는 증거 수집 단계이고, 두 번째는 증거 분석 단계, 세 번째는 증거 보고서 생성 단계다.

1. 증거 수집 단계 : 증거 수집 단계는 손상되기 쉽고 사라지기 쉬운 디지털 증거가 저장된 디바이스, 즉 컴퓨터 메모리나 하드디스크, 그리고 USB 등에서 무결성을 보장하면서 원하는 데이터를 수집할 수 있는 기술을 필요로 한다. 여기서 무결성이란 데이터를 추출하거나 수집할 때, 저장 디바이스에 들어있던 데이터가 원래 그대로 변조가 일어나지 않았음을 보증하는 일련의 행위를 뜻한다.
2. 증거 분석 : 이 단계는 수집한 데이터로부터 가치 있는 정보를 만드는 기술이다. 증거 분석 단계에서 유용하게 사용되는 기술로는 '**삭제된 파일 복구 기술**'이나 '**암호화된 파일의 해독 기술**', 또는 '**문자열 검색 기술**' 등을 꼽을 수 있다.
3. 증거 보고서 생성 : 3단계는 앞의 1, 2단계를 거쳐 취합된 증거들을 보고서 형태로 만드는 과정이다. 이 보고서 안에는 데이터의 수집 및 추출 과정부터 시작하여 모아진 데이터를 조사하고 분석하는 과정까지 **모든 추진 과정이 망라되어 있다.**

최근 디지털 증거의 활용이 광범위해지고 디지털 포렌식의 중요성이 부각되었지만, 일반 물리적인 증거와 달리 **디지털 증거는 위·변조 및 훼손이 쉽다는 특성**이 있다. 따라서 그 신뢰성에 대한 논란이 제기될 수 있으며, 법정에서 디지털 증거의 증거 능력이나 증명력은 본래의 가치만큼 인정되지 못하는 경우도 있다. 이를 극복하고 디지털 증거의 실질적인 가치를 인정받기 위해서는 신뢰성있는 디지털 증거의 수집 및 처리가 보장되어야 한다. 따라서 **디지털 데이터가 변조되지 않았음을 입증하는 무결성 보장**이 매우 중요하다.

이상에서 언급한 디지털 증거의 특징과 그 내용은 다음과 같다.

특징	내용
비가시성	디지털 증거는 눈에 보이지 않는 디지털 형태이므로 육안으로 식별이 불가능하다. 이러한 무체물로부터 증거를 발견하고 범죄를 증명하는 작업은 높은 숙련도가 필요하다.
취약성	오류에 의한 손상이나 의도적인 변조가 쉬우며 변조 사실을 찾아내는 것도 상당히 어렵다.
복제 용이성	원본과 동일한 내용으로 쉽게 복제할 수 있으며 원본과 복제물의 구별 또한 어렵다.
소멸성	저장 매체의 전원 공급이 차단되는 경우, 또는 일정한 시간이 지남에 따라 자료의 덮어쓰기로 인해 정보가 저장 매체에서 사라질 수 있다.

7.4 스마트폰과 모바일 앱

모바일 폰의 발전

무선 통신 기능을 통해서 이동 중에 통화를 할 수 있는 휴대 전화는 흔히 **모바일 폰**mobile phone 또는 **셀룰라 폰**cellular phone, **셀 폰**cell phone이라는 용어로 부르는데 우리 나라에서는 **핸드폰**이라는 용어가 널리 사용되고 있다. **스마트폰**smart phone은 **모바일 폰 중에서 컴퓨터에서 할 수 있는 다양한 작업들이 가능한 고성능의 통신이 가능한 기기**를 지칭하는데, 그 대표적인 특징으로는 다음과 같은 것이 있다.

1. 비교적 큰 디스플레이와 고성능의 모바일 CPU를 탑재하고 있어서 사용자에게 효과적으로 정보를 보여줄 수 있다.
2. 사용자에게 편의를 제공하는 다양한 애플리케이션 소프트웨어와 콘텐츠를 내려받거나 설치하여 사용할 수 있다.
3. 범용적인 운영체제가 탑재되어 있으며 모바일 통신이 가능하다.

스마트폰은 최근 우리에게 없어서는 안되는 생활 필수품이라고 할 정도로 우리 생활에 깊숙하게 자리잡고 있으며, 역사를 통틀어 가장 성공한 전자기기라고 할 수 있다. 스마트폰 이전에 사용하던 휴대폰들을 **피쳐폰**feature phone이라고도 부르는데, 피쳐폰이란 휴대폰 중에서 단문 메시지와 이메일 기능, 간단한 멀티미디어 메시지, 그리고 비교적 기능이 제한된 게임 기능만이 탑재된 휴대폰이며 1990년대 말 부터 2010년 초반 무렵까지 널리 사용되었다. 다음 그림은 모바일 기기의 발전을 연대 순으로 나타낸 그림이며 이에 대한 요약문이다.

- 1983년 출시된 모토롤라사의 초기 휴대폰 DynaTAC 8000X는 모바일 기지국을 이용하여 이동 중에 전화를 할 수 있었다.
- 1992년 단문 메시지를 보낼 수 있는 휴대폰 Orbitel TPU 901이 출시되었다.
- 1994년에는 간단한 게임 기능이 탑재된 휴대폰 Hagenuk MT-200이 출시되었다.

- 1996년에는 이메일 기능이 탑재된 노키아 휴대폰과 진동 알림 기능이 제공되는 모토롤라 StarTAC이 출시되었다
- 1999년 화상통신 기능, GPS를 이용한 내비게이션 기능이 제공되는 휴대폰이 출시되었다.
- 2000년 카메라가 탑재된 휴대폰이 출시되었다.
- 2001년 MP3 플레이어 기능, 블루투스 근거리 통신 기능이 탑재된 휴대폰이 출시되었다.
- 2002년 멀티미디어 메시지 서비스 기능이 탑재된 휴대폰이 출시되었다.
- 2003년 와이파이 무선 통신, 리얼톤 벨소리 기능, 웹 브라우징 기능이 되는 휴대폰이 출시되었다.

출처 : tigermobiles.com

- 2007년 NFC 무선 통신기능, 정전식 터치스크린 기능이 탑재된 휴대폰이 출시되었다. 애플사의 아이폰이 출시되었다.
- 2008년 애플사의 앱스토어가 서비스되면서 다양한 앱의 다운로드와 설치가 가능해졌다.
- 2011년 지문 인식 기능, 2012년 Full HD 화면이 지원되는 휴대폰이 출시되었다.
- 2014년 심박수 모니터링, 듀얼 렌즈 카메라가 탑재된 휴대폰이 출시되었다.
- 2015년 홍채 인식기능, 휴대폰으로 모바일 결재 기능이 가능해졌다.

스마트폰의 간략한 역사

우리가 알고있는 스마트폰이 대중화된 시점은 애플사에 의해서 아이폰이 출시된 해인 2007년으로 볼 수 있다. 하지만 스마트폰의 출현 이전에도 비교적 넓은 화면에서 무선 통신을 할 수 있는 PDA폰이라는 장비가 있었으며, 이 장비가 스마트폰의 출현에 영감을 주었다. PDA란 Personal Digital Assistance의 약자로 손바닥에 들 수 있을 정도의 크기라는 의미로 **팜톱**Palm top이라고도 한다. PDA폰은 인터넷의 초창기에 해당하는 1990년 초반부터 개발되었으며, 우리나라에서는 1999년 삼성전자에서 개발한 애니콜 PDA폰이 그 출발점이 되었다. 그 당시만 해도 스마트폰이라는 용어는 없었기 때문에 대부분의 대화면 이동통신 전화기는 PDA폰이라고 불렀으며 당시에는 컴퓨터나 노트북보다 훨씬 비쌌기에 아무나 사용하지 못하는 고가의 휴대폰이기도 했다. PDA폰은 약 2009년 정도까지 꾸준히 시장에 출시되었었는데 지금까지 우리가 알고 있었던 PDA폰이라고 불리는 휴대폰들이 점점 기능이 좋아지고 스마트폰이라는 이름으로 불릴 시기쯤 애플에서 아이폰이라는 제품을 발표하게 된다. 아이폰은 정전식 터치 방식으로 앱을 실행시키고 명령을 입력하며, 손가락으로 제스쳐를 취하는 행동을 인식하는 기능이 있었다. 아이폰의 뒤를 이어 출시된 안드로이드 OS를 탑재한 휴대폰 역시 아이폰과 유사한 인터페이스를 사용하게 되면서 아이

윈도우 모바일 운영체제를 탑재한 삼성전자 PDA 폰
2007년 출시

최초의 아이폰
2007년 출시

최초의 안드로이드 폰 T-Mobile G1
2008년 출시

폰은 스마트폰의 개념을 새롭게 정립하게되었다. 즉, 우리가 알고 있는 스마트폰의 개념이 애플 아이폰에 의해 정의되었다고 해도 될 정도로 아이폰은 매우 혁신적인 제품이었다.

아이폰이 발표된 2007년 이후 전세계의 휴대폰 제조사는 아이폰의 영향을 받았는데 미국의 구글사는 2007년 11월에 스마트폰의 소프트웨어 플랫폼 **안드로이드**Android를 발표했다. 그 이후 2008년 6월에는 아이폰 3G를 출시하고 애플 응용 소프트웨어 다운로드 서비스인 애플 스토어가 시작되어서 새로운 스마트폰 시대가 도래되었다. 2008년 9월, 미국 T-Mobile사는 최초로 안드로이드를 탑재한 스마트폰인 T-Mobile G1을 출시했다. 이 스마트폰의 뒤를 이어 모토로라, 삼성전자, 일본과 스웨덴의 합작회사인 소니·에릭슨 등은 안드로이드를 탑재한 스마트폰을 연속해서 출시했다. 우리나라의 경우 2009년 3월까지만 하더라도 방송통신위원회가 지정한 운영체제인 **위피**WIPI 라는 운영체제를 의무적으로 탑재해야만 했다. 이러한 의무화 규정이 2009년 4월에 폐지되면서 그 이후, iPhone, 안드로이드폰, 심비안, 블랙베리폰 등의 운영체제를 탑재한 스마트폰이 국내에 출시되었다. 그 동안 기업용 스마트폰 OS 개발한 마이크로소프트사는 아이폰과 안드로이드 폰의 성공을 보았기 때문에 방침을 바꿔서 2009년에 10월에 일반 사용자 위한 개발한 운영체제인 Windows Mobile 6.5를 발표했다. 하지만 이 운영체제는 성공을 거두지 못하고 몇 년 뒤에 시장에서 철수하였다. 모바일폰 시장이 큰 지각 변동을 겪게된 2007년 이후 오랫동안 피처폰 시장에서 선두를 지키던 핀란드에 본사를 둔 노키아사는 모바일 생태계를 적응하지 못하는 큰 위기를 겪게 된다. 결국 2011년에 노키아사는 마이크로소프트사에 인수되고 이 회사에서 개발한 심비안 운영체제도 지원이 중지되었다. 노키아사를 인수한 마이크로소프트사 역시 모바일폰 시장에 성공적으로 적응하지 못하고 이후에 모바일폰 시장에서 완전히 철수하게 된다.

스마트폰을 위한 앱 마켓

오늘날 시장에서 가장 널리 이용되는 스마트폰 운영체제는 구글이 주도하는 안드로이드 운영체제와 애플사가 개발하여 배포하는 iOS이다. 구글은 **구글 플레이**라는 온라인 장터에서 모바일 앱을 다운받을 수 있도록하고 있으며, 애플은 **앱스토어**라는 온라인 장터를 운영하고 있다.

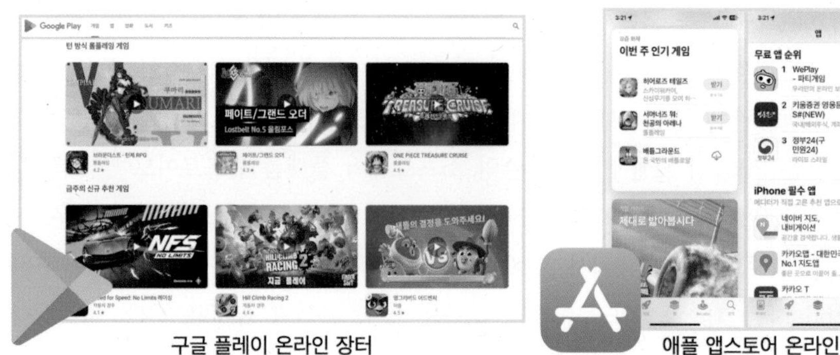

구글 플레이 온라인 장터　　애플 앱스토어 온라인 장터

과거의 휴대폰은 전화를 받고 거는 기능, 카메라로 기록을 남기는 기능, 문자 메시지를 보내는 기능이 주된 기능이었으나 오늘날의 휴대폰은 모바일 운영체제에서 수행되는 애플리케이션을 활용하여 소셜 미디어를 활용하고, 영상을 시청하며, 게임을 즐기고, 채팅을 하며, 음식이나 책을 주문하고, 쇼핑을 하는 등 모두다 열거하기가 힘들 정도의 다양한 일을 한다.

기업이나 개인 등 누구든지 **프로그래밍 언어를 다룰 수 있다면 모바일 앱을 개발할 수 있다.** 그리고 소정의 수수료를 낸다면 앱마켓을 통해 전세계의 스마트폰 사용자에게 앱을 판매하는 것도 가능하다. 이때, 유료앱이나 광고로 인한 수익이 발생할 경우 일정한 수수료를 구글, 애플 등에 지급한다. 그러나 앱마켓이 점점 성장하게되면서 전체 앱마켓 시장을 독점하고 있는 **구글과 애플의 수수료 징수에 대한 개발사의 불만도 증가**하고 있다. 따라서 앱 개발사와 앱 이용자, 그리고 앱마켓 운영자 사이의 갈등을 조정하여 서로 간의 이익을 증진시킬 수 있는 사회적 합의가 필요할 것이다.

요약

01 인터넷은 인터넷 프로토콜 스위트인 TCP/IP를 표준으로 **전 세계적으로 연결되어 있는 여러 네트워크를 하나로 결합하여 만든 컴퓨터 네트워크**를 일컫는 말이다.

02 여러 해 동안의 연구 결과 기존의 회선 교환 방식보다는 패킷 교환 방식이 더 견고하고 생존성이 높다는 결론을 내렸다.

03 해커의 원래 의미는 하드웨어와 소프트웨어를 포함한 모든 컴퓨터 기술 그 자체에 열광하여 수준 높은 프로그래밍 실력으로 프로그래밍과 관련된 활동을 열열히 수행하는 사람을 의미한다.

04 해커의 나쁜 의미는 컴퓨터에 능통한 지식을 이용하여 컴퓨터 보안을 파괴할 수 있는 사람을 말하며, 만약 나쁜 목적을 가지고 이러한 행동을 하는 경우, 그 사람은 크래커라고 불릴 수 있다. 크래커란 갈라진 틈 또는 균열을 의미하는 crack과 hacker의 합성어이다.

05 2007년 애플사에서 아이폰을 출시하였을 때, 아이폰이라는 스마트폰에 응용 프로그램을 구동될 수 있도록 운영체제도 함께 만들었다. 이 운영체제는 초기에 iPhone OS라는 이름으로 불리다가 2010년 이후부터는 iOS라는 이름으로 그 이름을 바꾸게 되었다.

06 서비스 거부 공격은 영문 Denial of Service의 약자인 DOS 공격이라고도 한다. 내부자의 해킹이나 백도어 등의 공격은 대부분 해커가 서비스나 시스템의 내부로 침입하는 공격이라고 할 수 있다.

07 분산 서비스 거부 공격은 영문 Distributed Denial of Service의 약자인 DDOS 공격이라고도 한다. 이 공격은 Dos 공격의 악질적인 버전으로 여러 대의 좀비 컴퓨터를 감염시킨 해커가 일정한 시기에 이들 좀비 컴퓨터를 통해서 가짜 패킷을 대량으로 발생시켜서 서버를 공격하는 방법이다.

08 **디지털 포렌식은 컴퓨터나 디지털 저장 장치 등에 저장된 전자정보, 네트워크에서 전송된 전자정보 중 법정 증거로 가치가 있는 디지털 증거를 수집하는 업무**를 말한다.

09 최근 디지털 증거의 활용이 광범위해지고 디지털 포렌식의 중요성이 부각되었지만, 일반 물리적인 증거와 달리 **디지털 증거는 위·변조 및 훼손이 쉽다는 특성**이 있다.

10 스마트폰 이전에 사용하던 휴대폰들을 피쳐폰이라고도 부르는데, 피쳐폰이란 휴대폰 중에서 단문 메시지와 이메일 기능, 간단한 멀티미디어 메시지, 그리고 비교적 기능이 제한된 게임 기능만이 탑재된 휴대폰이며 1990년대 말부터 2010년 초반 무렵까지 널리 사용되었다.

[단답형 문제]

아래의 보기를 참고하여 괄호 안에 들어갈 적절한 단어를 적으시오.

01 (   )은 TCP/IP를 프로토콜을 표준으로 전 세계적으로 연결되어 있는 여러 네트워크를 하나로 결합하여 만든 컴퓨터 네트워크를 일컫는 말이다. (   )은 인류의 역사상 존재한 적이 없었던 거대한 정보의 바다라고도 할 수 있다.

02 1995년 10월 24일 미국 연방 네트워킹 위원회는 다음과 같은 특징을 가진 글로벌 정보 시스템을 인터넷으로 정의하였다. 다음 괄호안에 들어갈 알맞은 단어는 무엇인가?

- (   ) 또는 IP의 확장이나 후속 프로토콜에 기반을 둔 유일한 주소 공간에 의해 논리적으로 연결되어 있다.
- (   ) 프로토콜 또는 이 프로토콜의 확장이나 후속 프로토콜, 그리고 다른 IP와 호환되는 프로토콜을 이용한 통신을 지원할 수 있어야 한다.
- 이상에서 언급한 인프라 구조나 (   ) 위에서 공공 또는 사적으로 고수준의 서비스를 제공하거나 사용, 접근이 가능하다.

03 최초의 두 노드 간의 상호 연결은 1969년 10월 29일 캘리포니아 주립대학/로스앤젤레스 캠퍼스(UCLA)와 스탠퍼드 대학 연구소(SRI) 사이에 연결되었다. 이 최초의 통신망을 (   )이라고 하였으며 현재의 인터넷망의 시초이다.

04 컴퓨터를 다루는 작업 그 자체에서 느껴지는 순수한 즐거움을 추구하는 행동을 (   )이라고 하였으며, 스스로를 (   )라고 불렀다.

05 컴퓨터에 침투해서 문제를 일으키는 코드를 (   ) 또는 (   )라고 한다.

06 (   )는 컴퓨터 파일에 특정한 코드를 심어서 이 컴퓨터 파일이 실행될 때 다른 파일에 이 코드를 넣어 감염시키는 방법으로 전파되는 악성코드이다.

07 (   )의 원래 뜻은 “코를 킁킁거리다”, “냄새를 맡다”라는 것인데, 이 용어는 네트워크 상에서 교환되는 패킷 중에서 자신의 것이 아닌 다른 상대방의 패킷을 엿듣는 것을 의미한다.

08 스푸핑의 원래 뜻은 "누군가의 것을 훔치다", "모방하다" 또는 "속이다"라는 것이다. 해킹에 사용되는 용어로서의 (   )이란 네트워크의 취약점을 이용하여 공격자가 다른 컴퓨터의 IP를 부당하게 취득한 다음 해킹한 IP를 모방하거나 공격 대상 컴퓨터를 속이는 것이다.

09 (   )은 윈도, 리눅스와 같은 개인용 컴퓨터만이 아니라 안드로이드나 iOS와 같은 모바일 운영체제를 해킹하는 기술이다.

10 스마트폰의 출현 이전에도 비교적 넓은 화면에서 무선 통신을 할 수 있는 (   )이라는 장비가 있었으며, 이 장비가 스마트폰의 출현에 영감을 주었다.

11 아이폰이 발표된 2007년 이후 전세계의 휴대폰 제조사는 아이폰의 영향을 받았는데 미국의 구글사는 2007년 11월에 스마트폰의 소프트웨어 플랫폼 (   )를 발표했다.

12 (   ) NFC 무선 통신기능, 정전식 터치스크린 기능이 탑재된 휴대폰이 출시되었다. 애플사의 아이폰이 출시되었다. (힌트 : 연도를 적으시오)

[짝짓기 문제 1]

다음은 악성 코드의 종류와 이에 대한 설명이다. 관련 있는 것을 올바르게 짝짓기하여라.

웜 •	• 정상 프로그램처럼 보이지만 코드의 내부에 악성 명령이 포함되어 있는 악성 코드를 말한다.
트로이 목마 •	• 사용자의 컴퓨터에 원하지 않는 광고를 표시하는 모든 응용 프로그램을 의미한다. 이 프로그램은 악성 코드 중에서 사용자의 파일이나 네트워크 시스템에 직접적인 피해를 비교적 적게 주는 프로그램에 속한다.
랜섬웨어 •	• 네트워크를 통해서 독자적으로 실행되어 퍼져나가는 특징이 있다.
애드웨어 •	• 컴퓨터나 서버에 침입하여 관리자가 볼 수 없도록 데이터를 암호화거나 컴퓨터를 장악하여 볼모로 잡고 그 댓가를 요구하는 프로그램이다.

[짝짓기 문제 2]

다음은 디지털 증거의 특징과 이에 대한 설명이다. 관련 있는 것을 올바르게 짝짓기하여라.

비가시성 •	• 디지털 증거는 눈에 보이지 않는 디지털 형태이므로 육안으로 식별이 불가능하다.
취약성 •	• 디지털 증거는 원본과 동일한 내용으로 쉽게 복제할 수 있으며 원본과 복제물의 구별 또한 어렵다.
복제 용이성 •	• 디지털 증거는 저장 매체의 전원 공급이 차단되는 경우, 또는 일정한 시간이 지남에 따라 자료의 덮어쓰기로 인해 정보가 저장 매체에서 사라질 수 있다.
소멸성 •	• 디지털 증거는 원본과 동일한 내용으로 쉽게 복제할 수 있으며 원본과 복제물의 구별 또한 어렵다.

[객관식 문제]

다음 질문에 대하여 가장 알맞은 답을 구하여라.

01 인터넷은 이후에 전세계적으로 급격하게 확산되기 시작했는데 이로 인해 전세계의 연구자들은 쉽게 연구 정보를 주고받으며 활발한 연구를 할 수 있었다. 하지만 인터넷으로 인한 부작동도 동시에 나타나기 시작했다. 인터넷을 통해서 퍼진것으로 알려진 최초의 컴퓨터 바이러스 이름은 무엇인가?

1) 더 모리스　　2) 더 하리스
3) 더 바리스　　4) 더 비리스

02 인터넷에 올라온 정보를 하이퍼 링크를 사용해서 서로 연결하여 편리하게 이용할 수 있도록 한 서비스이다. 웹 환경에서 많은 사용자들이 인터넷에서 정보를 얻어가고, 쇼핑을 하며, 메일 서비스를 이용하게 되면서 1990년대 후반에는 인터넷 서비스를 하는 회사들이 폭발적인 주목을 받게된 계기를 만든 것은 무엇인가?

1) 닷컴 서비스　　2) 웹 서비스
3) 컴퓨터 서비스　　4) 월드 서비스

03 1995년 무렵부터 인터넷 관련 분야가 성장하면서 여러 국가의 주식 시장에서 인터넷 관련 기업의 주식이 급속히 상승한 현상을 말하는 것은 무엇인가?

1) 닷컴 치즈　　2) 닷컴 사과
3) 닷컴 스틱　　4) 닷컴 버블

04 세계 최초의 PC 바이러스인 '브레인 바이러스'를 만든 사람은 파키스탄 출신의 형제 프로그래머들이라고 한다. 1986년도에 이 바이러스를 만든 이들은 자신들이 애써 개발한 프로그램이 팔리지 않고 불법 복제를 통해 사용되는 것을 보고 화가 났으며, 이 프로그램을 불법으로 복제한 사람의 컴퓨터에 피해를 주도록 악성코드를 만들었다고 한다. 바이러스 이름은 무엇인가?

1) 브레인 바이러스　　2) 형제 바이러스
3) 복제 바이러스　　4) 원형 바이러스

05 중앙의 서버를 거치지않고 클라이언트 컴퓨터끼리 직접 통신하는 방식을 통칭한다. 우리나라에서는 2000년에 시작된 소리바다라는 서비스가 개인의 컴퓨터에 있는 음원 파일을 서로 쉽게 공유하도록 하여 인기를 끌었던 적이 있는 통신 방법은 무엇인가?

1) P1P　　2) P2P
3) P3P　　4) P4P

06 이 프로그램은 단어의 의미 그대로 사용자의 동의없이 설치되어 사용자 몰래 컴퓨터의 정보를 수집하고 빼내는 악성 소프트웨어이다. 이 프로그램은 컴퓨터에 침투하여 신용 카드와 같은 금융 정보 및 주민등록번호와 같은 신상 정보, 암호를 비롯한 각종 정보를 사용자로부터 수집한다. 이 악성 코드의 이름은 무엇인가?

1) 트로이 목마　　2) 랜섬웨어
3) 스파이 웨어　　4) 바이러스

07 이 단어는 하드웨어나 소프트웨어 등에서 정상적인 인증 과정을 거치지 않고 보안을 해제할 수 있도록 만들어진 시스템의 허점을 말한다. 이 단어는 무엇인가?

1) 백도어　　2) 서비스 거부 공격
3) 분산 서비스 거부 공격　　4) 스니핑

08 많은 보안 침해 사고는 네트워크 내부에 있는 사람이나 호스트에 의해서 발생한다. 내부자들은 관리자의 비밀번호를 몰래 알아내거나, 사고를 발생시킬 수도 있는 내부 활동을 수행하거나, 단순한 권한 남용을 수행하기도 한다. 설명에 대한 알맞은 해킹의 유형은 무엇인가?

1) 서비스 거부 공격　　2) 인터넷 공유기 해킹
3) 백도어　　4) 내부자에 의한 해킹

09 이 해킹 방법은 그 반대로 만들어진 제품을 거꾸로 분해하여 제품의 제조에 활용된 기술들을 알아내는 것이다. 예를 들어 프로그램을 어셈블리어나 기계어로 분석한 후 그 프로그램의 구조를 알아내고 심지어 역으로 만들어 내기까지 한다. 어떤 해킹 방법인가?

1) 역공학　　2) 시스템 해킹
3) 버그 헌팅　　4) 암호 해킹

10 이 단어는 은 고대 로마 시대의 포럼(Forum)과 공공(public)이라는 라틴어에서 유래했으며 "법의학적인, 범죄 과학 수사의, 법정의, 재판에 관한"이라는 의미를 가지고 있는 형용사이다. 이 단어는 일반적으로 범죄를 밝혀내기 위한 모든 과학적 수단과 방법을 말한다. 설명에 알맞은 단어는 무엇인가?

1) 데이터 분석　　2) 데이터베이스
3) 포렌식　　4) 디지털 포렌식

11 스마트폰은 모바일 폰 중에서 컴퓨터에서 할 수 있는 다양한 작업들이 가능한 고성능의 통신이 가능한 기기를 지칭하는데, 그 대표적인 특징으로 알맞지 않은 것은 무엇인가?

1) 비교적 큰 디스플레이와 고성능의 모바일 CPU를 탑재하고 있어서 사용자에게 효과

적으로 정보를 보여줄 수 있다.

2) 사용자에게 편의를 제공하는 다양한 애플리케이션 소프트웨어와 콘텐츠를 내려받거나 설치하여 사용할 수 있다.

3) 범용적인 운영체제가 탑재되어 있으며 모바일 통신이 가능하다.

4) 금융 범죄 데이터를 면밀히 분석한 다음 사기 행위 패턴을 발견할 수 있다면 이를 통해서 범죄 예방에 활용할 수 있다.

12 우리나라의 경우 2009년 3월까지만 하더라도 모바일폰에 방송통신위원회가 지정한 운영체제를 의무적으로 탑재해야만 했다. 이 운영체제는 무엇인가?

1) 위비 2) 위피

3) 위프 4) 위그

[서술식 심화 문제]

01 구글사의 크롬, 마이크로소프트사의 엣지, 애플사의 사파리, 네이버의 웨일, 파이어폭스 중에서 3가지 이상의 웹브라우저를 사용해보고 각각의 장점과 단점을 비교해 보도록 하자.

02 이 책에서 언급한 2009년 7월 7일 DDOS 공격의 사례 이외의 DDOS 공격 사례와 그 기법에 대하여 조사하여라. 이 공격의 규모와 구체적인 피해에 관하여 기술하여라.

03 디지털 포렌식을 디지털 증거로 사용한 구체적인 사례에 대하여 조사하여 기술하여라.

CHAPTER

8

소셜 미디어와 공개 소프트웨어

CONTENTS

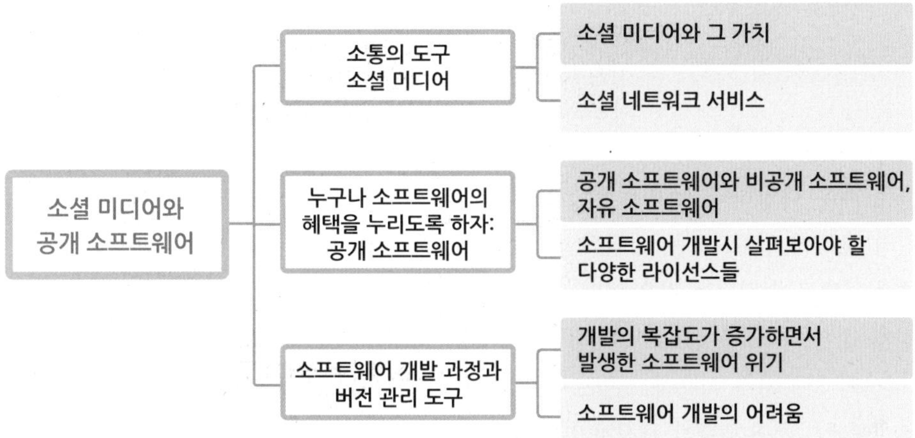

학습목표

- 소셜 미디어의 가치와 종류에 대해서 알아보자.
- 공개 소프트웨어와 비공개 소프트웨어, 자유 소프트웨어에 대해서 알아보자.
- 카피라이트와 카피레프트 운동에 대해서 살펴보자.
- 소프트웨어 위기와 개발의 복잡도에 대해서 알아보자.
- 버전 관리 시스템인 Git과 GitHub에 대해 살펴보자.

8.1 소통의 도구 소셜 미디어

소셜 미디어와 그 가치

우리가 매일 사용하는 전자기기, 인터넷 브라우저, 스마트폰, 소셜 미디어에서 생산되는 정보들은 매우 다양하다. 스마트폰으로 예쁜 동물의 사진을 찍어서 해시태그를 붙인 다음 자신의 SNS에 업로드하는 상황을 상상해 보자. 개인의 개별 행위에 불과한 이 데이터가 방대한 규모로 수집되는 경우 어떤 가치를 가지게 될까?

현재 젊은 층을 중심으로 인기를 얻고 있는 SNS인 인스타그램은 전 세계적으로 10억 명 이상의 사용자가 이용하고 있으며, 한국에서만 1,500만 명 이상의 사용자가 있다. 이 프로그램에서 사용자들이 생성하거나 사용하는 엄청난 양의 데이터들은 인공지능 기술의 중요한 학습 데이터가 되고있으며, 이러한 방대한 규모의 빅데이터는 사회의 여러 가지 현상을 분석하는 소중한 자료가 될 수 있다. 아래의 그림은 인스타그램에서 해시태그 **#펭귄**, **#개**, **#고양이**로 검색하여 얻은 사진 이미지이다.

#펭귄 해시태그 검색결과 #개 해시태그 검색결과 #고양이 해시태그 검색결과

인스타그램, 페이스북, 트위터와 같이 네트워크의 기반 위에서 개인의 생각이나 의견, 경험, 정보 등을 서로 공유하고 타인과의 관계를 생성 또는 확장시킬 수 있는 개방화된 온라인 플랫폼을 **소셜 미디어**social media라고 한다. 소셜 미디어는 SNS(Social Networking

Service)라고도 하지만 SNS보다 좀 더 포괄적인 개념이다. **소셜 미디어는 블로그, 마이크로 블로그, 인스턴트 메신저, 인터넷 커뮤니티, 인터넷 방송 등을 포함**하고 있다. 글로벌 마케팅 컨설팅 업체 We Are Social과 소셜 미디어 관리 플랫폼 Hootsuite가 발표한 "디지털 2021년 4월 글로벌 현황" 보고서에 따르면, 전 세계 소셜 미디어 이용자는 43억 3,000만 명으로 집계되었으며, 이 수치는 전 세계 인구의 53.6%에 해당한다. 한편, 전세계 국가별 전체 인구 대비 소셜미디어 활성 이용자 비율을 살펴보면, 우리나라가 전 세계 평균 53.6% 대비 약 1.7배 높은 89.3%로, 아랍에미리트(99.0%)에 이어 전 세계 2위로 분석되었다. 아랍에미리트 다음으로는 대만(88.1%), 네덜란드(88.0%), 말레이시아 (86.0%), 홍콩(85.6%) 등의 순으로 소셜 미디어 활성 이용율이 높은 것으로 나타났다.

다양한 소셜 미디어 서비스

2020년 전 세계를 강타한 코로나19 감염병으로 인하여 **비대면 활동이 증가하면서 페이스북의 경우 2월 한 달 동안 총 메시지 발송량이 50% 이상 증가**하였으며, 페이스북 메신저와 그 계열 모바일 메신저인 왓츠앱 음성·화상 통화 사용도 두 배 이상 증가했다고 한다. 실제로 페이스북과 같은 많은 소셜 미디어에 업로드되는 사진, 텍스트, 사용자의 위치 정보와 같은 방대한 빅데이터는 인공지능 알고리즘을 통해 분석되어 최적의 맞춤형 광고로 활용되고 있다.

한걸음 더 : 페이스북(메타)의 맞춤형 광고와 이용자의 성향 분석

페이스북과 유튜브, 구글의 주요 수익 사업은 온라인 광고이며 이를 위해서보다 개인에게 딱 맞는 맞춤형 광고가 필요하다. 이러한 맞춤형 광고를 타겟 광고라고도 한다.

2021년에 페이스북에서 이름을 바꾼 **메타**meta는 세계에서 가장 큰 규모의 소셜 네트워크 서비스이다. 메타는 사용자가 '좋아요'를 클릭하거나 상대방에 대한 태깅을 하는 경우 혹은 위치 정보를 파악한 후, 개인의 취향 정보를 얻고 이것을 이용하여 20억명이 넘는 사용자에 대한 방대한 데이터를 수집하였다. 그리고, 2016년에만 미화 269억 달러, 2018년에는 미화 550억 달러의 엄청난 광고 수익을 올렸다. 예를 들어 데이터 마이닝 회사인 **케임브리지 애널리티카**Cambridge Analytica는 5,000만 명이 넘는 페이스북 사용자 데이터를 수집해 개인적인 필요와 희망에 호소하는 타겟 캠페인 광고를 보낸 바 있다. 대부분의 이용자가 별생각없이 하는 모든 행위들이 메타에게는 데이터가 되며, 메타의 광고주들은 적은 예산으로 수천 명에서 수만 명에 달하는 잠재 고객에게 광고를 전달할 수 있다.

> 위키리크스의 설립자인 **줄리안 어산지**는 러시아 뉴스 사이트 RT와의 인터뷰에서 메타를 "**가장 위협적인 감시 장비**"라고 불렀다. 그는 페이스북에 대하여 "정보에 접근할 수 있는 모든 사람과 그들의 관계, 이름, 주소, 위치, 서로 간의 커뮤니케이션 등에 관해 세계에서 가장 포괄적인 데이터베이스를 보유하고 있다"라고 주장했다.

소셜 미디어는 시간과 장소의 제약이 거의 없는 상황에서 실시간 상호작용하는 온라인 툴과 미디어로 보는 관점도 있는데, 참여형 소셜 미디어라는 새로운 개념도 등장하고 있다. 이러한 측면에서 본 소셜 미디어의 특징은 다음과 같이 정리할 수 있다.

구분	내용
참여	소셜 미디어는 관심있는 사람이 누구나 참여할 수 있고 적극적인 피드백이 가능하기 때문에 정보를 생산하는 측과 정보를 소비하는 측의 개념이 구분되지 않음.
공개	대부분의 소셜미디어는 피드백과 참여가 공개되어 있으며 투표나 코멘트, 정보 공유ㄱ 쉽기 때문에 콘텐츠에 대한 접근과 사용에 대한 장벽이 거의 없다.
대화	전통적인 미디어가 단방향성이라 콘텐츠가 일방적으로 소비자에게만 유통되는 반면 소셜미디어는 쌍방향성을 띔.
커뮤니티	소셜 미디어는 빠르게 커뮤니티를 구성하는 것이 가능하며 이 커뮤니티로 하여금 공통의 관심사에 대해 이야기하는 기능이 제공됨.
연결	대부분의 소셜 미디어는 다양한 미디어의 조합이나 링크를 통한 연결성을 가지고 있고 이를 통해서 확장됨.

출처 : 한국정보산업연합회(2012). 소셜미디어란 무엇인가?

위의 내용과 같이 소셜 미디어는 누구나 쉽게 접근할 수 있어서 참여가 쉽고 공개되어 있고 적극적으로 피드백을 할 수 있다는 장점이 있다. 그리고 정보 전달을 신속하게 할 수 있고 강력한 연결성을 통해서 확장이 빠르게 될 수도 있다.

NOTE : 소셜 미디어와 인플루언스

인플루언스influencer라는 단어는 influence라는 명사와 동사에서 유래되었는데, 이 단어는 **영향력** 또는 **영향을 미치다**라는 의미를 가지고 있다. 최근에 많이 사용되고 있는 이 단어는 타인에게 영향력을 끼치는 사람이라는 뜻의 신조어이다. 이는 주로 소셜 미디어 상에서 영향력이 큰 사람들을 일컫는다.
이 신조어가 등장하게 된 이유는 인터넷이 발전하면서 유튜브나 인스타그램과 같은 소셜 미디어의 영향력이 이전에 비해

크게 확대되었기 때문이다. 최근에는 소셜 미디어의 구독자를 수백 만명 이상 확보한 인플루언스들이 생산한 콘텐츠가 가지는 영향력이 전통적인 광고 시장인 텔레비전 광고나 신문 광고 이상의 영향력을 가지는 경우가 많다. 인플루언서들이 소셜 미디어를 통해 공유하는 특정 제품 또는 특정 브랜드, 또는 사회 현상에 대한 의견이나 평가는 컨텐츠를 소비하는 이용자들의 인식과 결정에 커다란 영향을 끼친다. 이들은 연예인처럼 전통적인 매체인 텔레비전을 통해 인기를 얻지도 않음에도 불구하고, 자신들이 자체적으로 생산해내는 컨텐츠를 통해 큰 파급력을 가진다는 특징이 있다.

이와 같이 큰 영향력을 끼치는 인플루언서를 활용한 마케팅을 **인플루언서 마케팅**이라고 일컫는다.

web + log = blog

일반적으로 컴퓨터 분야에서 로그라는 말은 **컴퓨터 등에 접속한 기록이 내부의 파일 형태로 그 기록을 남기는 것**을 일컫는다. 보통 네트워크를 통해서 컴퓨터에 접속하거나 서비스를 받기 위해 아이디와 비밀번호를 입력해서 권한을 확인하는 과정을 **로그인**login이라고 하는데 이 단어에서 사용되는 로그 역시 동일한 의미이다.

블로그blog란 소셜 미디어의 하나로 개인이나 단체가 소유해서 관리하는 홈페이지 서비스를 말한다. blog라는 영어 단어는 **웹**web과 **로그**log라는 단어의 결합으로 월드 와이드 웹 서비스에 로그를 남기는 행위를 일컫는 단어이다. 블로그에는 운영자가 가진 느낌이나 품어오던 생각, 알리고 싶은 견해나 주장 같은 것을 일기처럼 적어 올리는 형식을 취한다. 이 글과 이미지, 영상은 웹 사에 업로드되므로 다른 사람도 보고 읽을 수 있으며, 보통 시간 순서대로 가장 최근의 글부터 나타난다. 블로그는 여러 사람이 쓸 수 있는 게시판과는 달리 한 사람이나 몇몇 소수의 사람만이 글을 올릴 수 있다. 이와 같이 블로그를 소유해 관리하는 사람은 **블로거**blogger라고 한다. 초기의 블로그는 간단한 프로그래밍이나 HTML 편집만으로도 가능하였으나, 시간이 지남에 따라 관리가 쉬운 워드프레스, 무버블 타입, 블로거나 라이브 저널 같은 블로그 소프트웨어들이 등장하기 시작했다. 이후 기존의 웹 서비스나 포털 서비스에서도 이러한 블로그 기능이 추가되어 개인화한 블로그 서비스를 제공하기 시작했다.

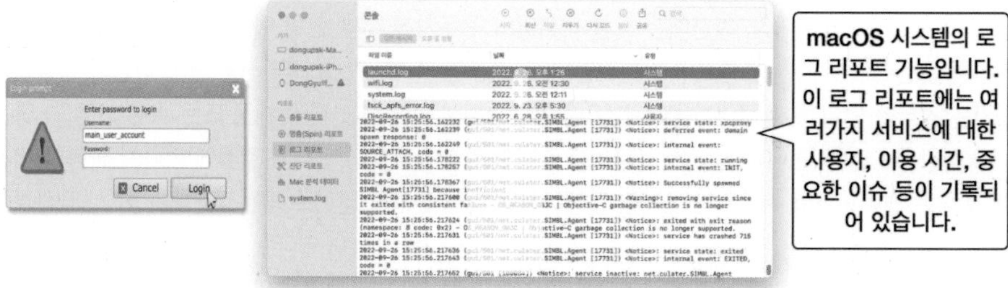

블로그 서비스를 이용하는 방법으로는 크게 가입형과 설치형이 있으며 각각의 특징은 다음과 같다.

- **가입형 블로그** : 블로그 서비스를 제공하는 업체에서 지원하는 기능들을 이용하여 블로그를 운영하는 방식이다. 우리나라의 경우 네이버 블로그나 티스토리가 대표적인 가입형 블로그이다. 가입형 블로그는 블로그의 운영이 서비스를 제공하는 업체의 정책에 영향을 받는다는 단점이 있다.
- **설치형 블로그** : 가입형 블로그와는 달리 운영자가 독립적인 도메인을 등록해야 하며, 웹호스팅 서비스를 받아야 한다. 그러나 가업형 블로그와는 달리 블로그 서비스를 제공하는 기업의 블로그 정책에 영향을 받지 않고 독립적으로 운영이 가능하다는 장점이 있다.

가입형 블로그인 네이버 블로그

설치형 블로그인 워드프레스

마이크로블로그

마이크로블로그microblog 또는 **미니블로그**miniblog는 블로그 서비스의 일종이지만 블로그와는 달리 콘텐츠가 전통적인 블로그에 비해서 더 작다는 점에서 구별된다. 마이크로블로그를 사용하면 사용자들은 짧은 문장, 개개의 이미지, 비디오 링크와 같은 작은 내용 요소를 주고받을 수 있으며 이것이 대중화의 주된 이유가 될 수 있다.

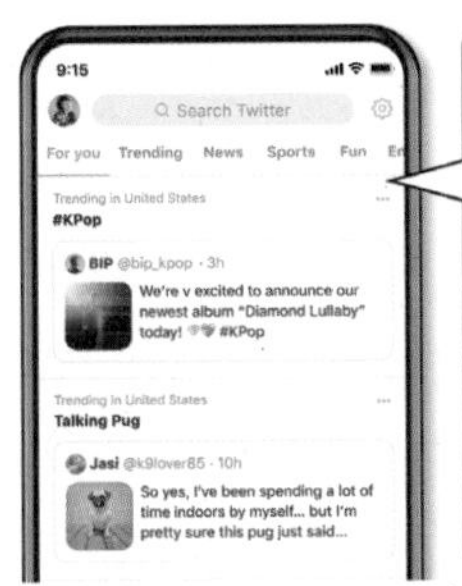

마이크로블로그 서비스인 트위터

마이크로블로그의 활성화는 스마트폰의 활성화와 밀접한 관련이 있다. 즉 PC와 비교해서 화면의 크기가 작은 스마트폰 화면을 통해서 빠르게 정보를 얻고, 공유하고자 하는 사용자의 욕구로 인해 작은 블로그를 지향하는 마이크로블로그가 각광을 받게 되었다. 그림에 나타난 **트위터**tweeter 서비스는 짧은 문장만을 사용할 수 있는 대표적인 마이크로블로그이다. 이러한 짧은 문장의 글을 트위터에 올리는 것을 **트윗**tweet이라고 한다. 트위터는 팔로우, 팔로잉의 관계를 통해서 인맥을 맺을 수 있고 리트윗을 통해서 빠르게 정보 공유를 할 수 있는 서비스이다. 트위터에서 특정 가입자의 트윗를 구독하기 위해서는 **팔로우**follow라는 기능으로 관계를 맺어야 하는데 특정 가입자를 팔로우하는 사람을 **팔로워**follower라고 한다. **버락 오바마** 미국 전 대통령이나 **저스틴 비버**와 같은 음악가는 트위터 계정에서 1억명 이상의 팔로워를 보유하고 있으며, 이들의 트윗은 사회적으로 큰 영향을 끼치기도 한다.

소셜 네트워크 서비스

소셜 네트워크 서비스는 영문 이름인 Social Network Service의 약자 SNS로도 불리우는데, 사용자 간의 자유로운 의사 소통과 정보 공유, 그리고 인맥 확대 등을 통해 사회적 관계를 생성하고 강화해주는 온라인 플랫폼을 의미한다. SNS의 가장 중요한 부분은 이 서비스를 통해 사회적 관계망을 생성, 유지, 강화, 확장해 나간다는 점이다. 이러한 관계망을 통해 정보가 공유되고 유통될 때 더욱 의미있을 수 있다. 소셜 네트워크 서비스의 대표적인 것으로는 페이스북, 인스타그램, 카카오스토리 등이 있다.

페이스북facebook은 하버드 대학교의 학생이었던 **마크 저커버그**가 2003년도에 **페이스매시**facemash라는 이름으로 서비스를 시작하였다. 이 서비스는 하버드 대학교의 학생들만을 위한 서비스였으나 추후에 여러 대학과 고등학교에 서비스되어 많은 학교의 학생들을 연결하는 사회 관계망 서비스로 자리를 잡았다. 이러한 성공을 바탕으로 2006년도에는 13살 이상의 전자 우편 주소를 가진 사용자라면 누구나 이용할 수 있도록 서비스를 오픈하였다. 글로벌 시장조사기관 스태티스타에 의하면 **2022년도 전 세계의 월간 이용자는 29억3400만 명으로 집계**되었다.

인스타그램은 **케빈 시스트롬**과 **마이크 크리거**가 2010년도에 설립한 온라인 사진 공유 및 소셜 네트워크 서비스이다. 인스타그램의 이용자들은 앱을 통해 사진 촬영과 동시에 손쉽게 디지털 효과를 적용하며 페이스북이나 트위터 등 다양한 소셜 네트워크 서비스에 사진을 공유할 수 있다. 2012년 4월 9일, 페이스북은 10억 달러의 현금과 주식으로 인스타그램을 인수했으며 그 이후에도 꾸준히 사용자를 확보하여 성공적인 서비스를 제공 중이다.

2012년 페이스북은 10억 달러를 주고 인스타그램을 인수했습니다. 인스타그램은 페이스북에 인수된 뒤에도 지속적으로 가입자가 유입되고 서비스 이용도 활발한 편입니다.

틱톡TikTok은 장위밍이 2012년에 설립한 정보통신 기업 바이트댄스가 소유하고 있는 **글로벌 비디오 플랫폼**이다. 틱톡은 3초에서 10분까지의 짧은 동영상을 제작하여 공유할 수 있다는 특징이 있다. 틱톡의 동영상에는 짧은 음악, 립싱크, 댄스, 코미디, 탤런트, 챌린지와 같은 다양한 장르가 있으며 모바일 환경에서 손쉽게 제작하여 공유할 수 있다는 특징이 있다.

인스턴트 메신저

인스턴트 메신저는 네트워크 상에서 이용자들끼리 실시간으로 텍스트, 이미지, 동영상, 파일 등을 주고 받는데 이용되는 클라이언트 프로그램이다. 인스턴트 메신저는 간단하게 **메신저**messenger라고도 하는데, 인터넷을 통한 메신저라는 의미에서 인터넷 메신저, 모바일 기기를 통한 메신저는 모바일 메신저라고도 한다. 인스턴트 메신저는 실시간으로 대화가 이루어진다는 점에서 이메일과는 다르며 대부분의 인스턴트 메신저 서비스는 현재 접속해 있고 대화 가능한 목록을 보여주는 접속자 정보 기능을 제공한다. 우리나라에서 가장 인기가 높은 인스턴트 메신저는 **카카오톡**KakaoTalk이며 일본의 경우 네이버 재팬의 **라인**LINE이다. 2020년 인터넷 이용실태 조사 보고서에 의하면 만 6세 이상의 인터넷 이용자 중 최근

1년 이내 인스턴트 메신저를 이용해본 경험이 있는 사람의 비율은 97.1%로 나타났으며 PC를 통한 이용은 39.1%, 모바일 기기를 통한 이용은 97%로 집계되었다. 이러한 내용이 그림 ①에 나타나 있다. 그림 ②는 세계적으로 가장 인기있는 모바일 메신저 프로그램의 사용량 통계이다. 이 통계는 스태티스티카라는 글로벌 통계 조사 기업에서 2022년에 조사한 내용으로 왓츠앱이라는 모바일 메신저의 월간 사용자 수가 20억 명 가량되는 것으로 조사되었다. 이어서 웨이신/위챗, 페이스북 메신저, QQ, 스냅챗, 텔레그램으로 나타났으며 국내에서 많이 이용하는 카카오톡은 다른 나라에서는 많이 사용하고 있지 않음을 알 수 있다.

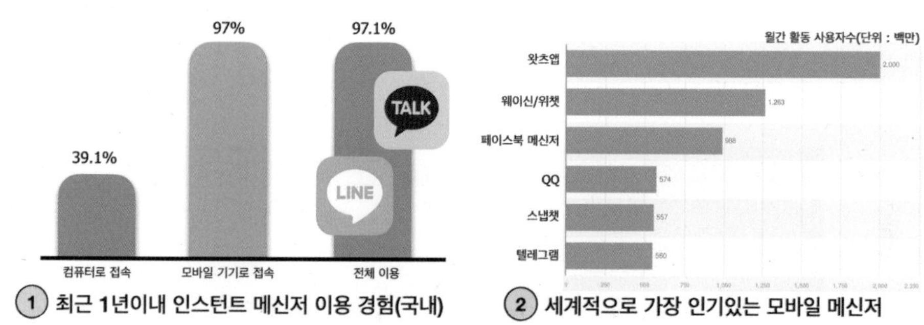

① 최근 1년이내 인스턴트 메신저 이용 경험(국내)　② 세계적으로 가장 인기있는 모바일 메신저

NOTE : 2022년 10월 카카오톡 먹통사태

오늘 오후 3시 30분 경부터 데이터센터에 화재가 발생하여 현재 카카오톡을 비롯한 카카오 서비스가 원활하지 않은 문제가 있습니다. 빠른 복구를 위하여 최선을 다해 노력하겠습니다. 큰 불편을 드려 대단히 죄송합니다.

오후 4:12 · 2022년 10월 15일 · Twitter for iPhone

2022년 10월 15일 성남시 판교에 있는 SK C&C 데이터 센터에 화재가 발생했다. 이 때문에 이 데이터 센터를 이용하는 국내 최대의 인스턴트 메신저 서비스인 카카오톡이 접속 오류를 일으키게 되었는데, 이날 오후 3시 30분쯤부터 약 5일씩이나 카카오톡은 서비스 장애를 이어갔다. 사고 당일 일부 사용자들은 메시지를 보내거나 받을 때 시간이 오래 걸리다가 결국 전송되지 않는 등 문제를 호소하기 시작하였으며, 사고 기간동안 카카오톡 PC 버전은 로그인조차 되지 않았다. 이뿐만이 아니라 다음카페·카카오페이지 등 카카오에서 제공 중인 서비스 대부분 또한 이용불가한 상황이 되었다.

이 서비스 중지는 카카오뱅크·카카오페이·카카오내비·카카오T·카카오페이지·다음 등 카카오 그룹에서 제공하는 여러 서비스에서 광범위하게 동시에 발생했다. 개별 IT 회사의 한 서비스가 중지됨으로 인해 개인 간의 연락뿐만 아니라, **금융 생활, 차량 이용, 일상 정보 공유, 정보 접근 등의 방대한 서비스가 일시적으로 중지된 것은 매우 이례적인 현상**이었다.

이 사건으로 인해 금융 거래가 이루어지지 않거나, 결재의 장애로 인하여 소상공인과 기업의 피해도 막대했으며, 미디어 이용과 정보 교환이 이루어지지 않아서 발생하는 피해 역시 심각하였다. 이 사건은 막대한 사용자를 확보한 개별적인 서비스가 있을 경우, 이 서비스의 장애 문제가 단순히 한 기업의 문제만이 아니라는 점을 인식시키는 계기가 되었다.

인터넷 커뮤니티

인터넷 커뮤니티란 **공통의 관심사나 환경을 가진 이들이 소통하는 웹사이트를 지칭**하는 용어이다. 인터넷 커뮤니티는 온라인 커뮤니티라는 명칭으로도 쓰인다. 우리나라 인터넷 커뮤니티의 기원은 1990년대 초반 PC 통신 시절로 거슬러올라가며, 당시에 설립된 PC 통신상의 동호회, 소모임이 인터넷 커뮤니티의 개념을 최초로 제시했다고 볼 수 있다. 하지만 현재 대한민국에서 영향력 있는 주요 커뮤니티는 2000년대에 주로 형성되었다. 공통의 관심사를 가지는 사람들의 모임인 인터넷 커뮤니티는 최근 네이버 카페나 다음 카페와 같은 포털 서비스에서 제공하는 **커뮤니티 서비스 환경에서 활발하게 활동하며 사회적인 영향력을 발휘**하기도 한다.

8.2 누구나 소프트웨어의 혜택을 누리도록 하자:공개 소프트웨어

공개 소프트웨어와 비공개 소프트웨어, 자유 소프트웨어

컴퓨터 하드웨어서 구동되는 소프트웨어는 이 소프트웨어를 만드는 소스 코드의 공개 여부에 따라서 **공개 소프트웨어**open source software와 **비공개 소프트웨어**close source software로 나뉘어진다. 공개 소프트웨어를 조금 더 엄밀하게 정의하면 **라이선스 요금이 무료이면서 소스 코드가 공개되어 있는 소프트웨어**로서 누구나 자유롭게 사용할 수 있고, 활용할 수 있으며 배포할 수 있는 소프트웨어를 의미한다. 우리가 사용하는 컴퓨터에서 구동되는 소프트웨어 중에서 아래아 한글이나 마이크로소프트 사의 윈도 운영체제는 그 소스 코드를 공개하지 않기 때문에 비공개 소프트웨어이며 파이어폭스 웹브라우저나 리눅스 운영체제는 그 소스 코드가 인터넷에 모두 공개된 공개 소프트웨어이다.

공개 소프트웨어와 비공개 소프트웨어의 차이점은 다음과 같이 요약할 수 있다.

	공개 소프트웨어	비공개 소프트웨어
특징	소스 코드를 공개하며, 소스 코드를 일정한 라이선스에 따라 이용할 수 있는 소프트웨어를 나타내는 용어.	소스 코드를 공개하지 않으며, 프로그램을 실행할 수 있는 실행 파일이나 실행 환경만 제공하는 소프트웨어를 나타내는 용어.
예시	리눅스 운영체제, 웹 브라우저를 만들수 있는 프로그램인 크로미움, gcc 컴파일러 등이 있다.	윈도 운영체제, 마이크로소프트사의 워드나 파워 포인트 등이 있다.

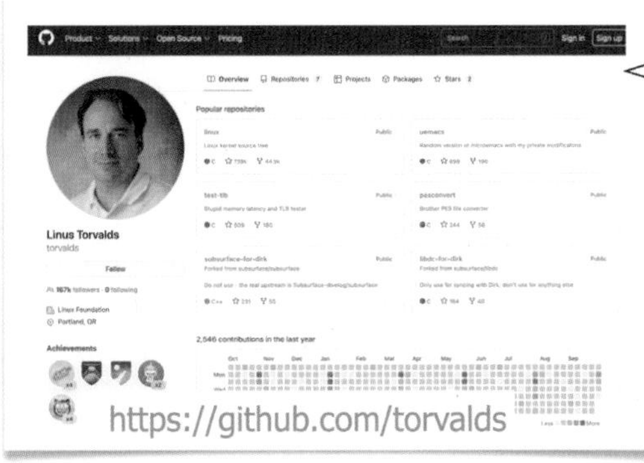

공개 소프트웨어가 공개된 소스 코드에 대한 접근이 가능하다는 것만을 의미하는 것은 아니다. 이에 대해 대표적인 공개 소프트웨어 운동을 추진하는 비영리조직인 공개 소스 **이니셔티브**Open Source Initiative:OSI는 특정 소프트웨어가 공개 소프트웨어로 분류되려면 다음과 같은 10여 개 조건을 충족해야만 한다고 정의하고 있다.

1. **자유로운 재배포** : 별도 라이선스 없이 프로그램의 배포가 허용되어야 함.
2. **소스 코드 공개** : 프로그램 배포 시 소스 코드도 배포되어야 함.
3. **2차적 저작물 재배포** : 프로그램 원 저작물을 고치거나 고친 저작물을 다시 배포하는 것을 허용.
4. **소스 코드 보전** : 원래 프로그램의 보전을 위해 타인의 소스 코드 수정을 제한하는 것도 가능. 단, 수정된 소프트웨어에 대한 재배포는 허용.
5. **사용 대상 차별 금지** : 모든 개인과 단체에 대해서 동일한 기준의 라이선스 적용하며 차별을 금지함.
6. **사용 분야 제한 금지** : 특정한 용도에 대해서는 라이선스로 사용을 제한하면 안됨.
7. **라이선스의 배포** : 원작자의 승인없이 프로그램 재 배포가 가능함.
8. **라이선스 적용 상의 동일성 유지** : 특정 제품에만 의존하는 것은 금지됨.
9. **다른 라이선스의 포괄적 수용** : 라이선스에 공개 소프트웨어와 함께 배포되는 소프트웨어에 대한 제한을 설정해서는 안됨.
10. **라이선스의 기술적 중립성** : 특정 기술 또는 인터페이스에 기초한 라이선스 규정 금지.

공개 소프트웨어를 이해할 때 혼동되는 부분이 **자유 소프트웨어**free software와 **공개 소프트웨어**open source software의 개념상의 차이인데, 사실 두 용어는 근본적으로 같은 뿌리를 두고 있다. 이제 자유 소프트웨어 운동의 역사를 통해 그 개념을 살펴보자.

역사적으로 1984년 **리처드 스톨먼**Richard Stallman이 GNU라는 공개 프로젝트를 시작하면서 **자유 소프트웨어 운동**Free Software Movement이 시작되었다. 자유 소프트웨어 운동은 사회운동의 한 종류로 **많은 사람들이 좋은 소프트웨어로 인한 혜택을 누리도록 하기 위하여 시작**되었다. 이 운동은 소프트웨어의 작동 원리를 연구하고 이를 자신의 필요에 맞게 변경하여, 이것을 이웃과 자유롭게 공유하기 위한 운동이다. 그러나 스톨먼이 사용한 용어인 자유 소프트웨어 운동이라는 용어에서 **자유**Free라는 용어에 대하여 시중에서는 **공짜**의 의미로 사용되는 등 잦은 오해가 발생하는 일도 있었다. 이러한 이유로 자유 소프트웨어라는 용어를 좀 더 명확하게 하기 위하여 1998년 **공개 소스 소프트웨어**Open Source Software라는 용어를 사용했는데, 이것이 공개 소프트웨어의 시작이다. 스톨먼이 주장한 자유 소프트웨어는 사용자에게 소프트웨어가 금전적으로 공짜라는 인식을 줄 수 있어, 이것에 대한 의미를 보다 명확하게 나타낼 필요성이 있었던 것이다. 스톨먼이 사용한 용어 중에서 자유 소프트웨어라는 용어의 개념은 소프트웨어 자체는 항상 윤리적, 도덕적, 사회적으로 타당해야 하며, 소프트웨어 사용자들에게 이를 바탕으로 사용상의 여러 가지 권리가 있음을 강조한다.

이 두 가지의 차이점을 표로 정리하면 다음과 같다.

공개 소스 소프트웨어	자유 소프트웨어
공개 소스는 소프트웨어 개발 방법론이다.	자유 소프트웨어는 많은 사람들이 소프트웨어의 혜택을 누리도록 하는 **사회적 운동**이다.
경제적인 측면에서 협업을 제공하는데 중심을 두고 있다.	도덕적인 협력을 제공하는 것에 중심을 두고 있다.
공개 소스 소프트웨어를 사용하는 것은 비용을 절감할 수 있어서 개인과 기업의 비즈니스에 매우 도움이 된다.	소프트웨어를 무료로 제공하는 것으로 인하여 경제적 여건이 안되는 이들도 소프트웨어의 혜택을 누릴 수 있어 사회의 도덕성에 도움이 된다.
공개 소스 소프트웨어는 자유 소프트웨어라는 용어에서 출발했다.	모든 무료 소프트웨어들이 다 공개 소스에 기반하는 것은 아니다.

리처드 스톨먼과 카피레프트 운동

원래 **카피라이트**copyright는 판권이나 저작권을 의미하는 단어이다. 이것은 자동차, 주택과 같이 형태가 있는 재산이 아닌 특허권, 상표권, 지식재산권과 같은 무형의 재산에 대하여 그 권한을 가지는 것이다. 카피라이트는 이러한 무형의 저작물을 창작, 소유함으로써 그 '저작물'에 대해 갖는 권리이며 이 권리를 적극적으로 보호하여 창작자의 창작 욕구를 고취시키고, 경제적 권리를 보호하고자 출현하였다.

1980년대 들어 운영체제 소프트웨어나 워드프로세서, 스프레드시트 등 다양한 종류의 소프트웨어들이 출현하면서 많은 기업들은 그들이 만든 무형의 소프트웨어에 대한 권리를 저작권이라는 개념으로 보호하려는 경향이 나타나기 시작했다. 이렇게 저작권을 강화해 갈 경우 기업의 이익은 증가할 수 있으나, 이용자들 입장에서는 터무니없이 값비싼 비용을 치러야만 소프트웨어를 이용할 수 있다는 불편함이 발생하기도 했다. 이러한 시기에 시작된 리처드 스톨먼의 자유 소프트웨어 운동은 카피라이트에 반대되는 개념인 **카피레프트**copyleft의 개념을 제시하였다. 이 신조어는 카피라이트에서 권리 또는 권한을 의미하는 right가 오른쪽이라는 또 다른 의미가 있다는 점에 착안하여, 왼쪽을 의미하는 left를 사용하여 만들어졌다. 카피레프트는 소프트웨어를 개발하고 배포한 다음 이 소프트웨어를 이용하는 이용자가 이 소프트웨어의 소스 코드에 자유롭게 접근하도록 하자는 것이다. 또한 필요할 경우 이 소프트웨어를 수정하여 사용할 수도 있고, 이 코드를 다시 다른 사람이 이용할 수 있도록 배포하자는 개념이다. 이 개념이 필요한 경우를 다음의 사례를 통해서 살펴보자.

[사례 - 카피라이트 프로그램]

A 회사의 문서작성 프로그램 X는 특허 등록이 이루어진 프로그램이다. 이를 B 회사의 개발자 홍길동씨가 이용하던 중에 치명적인 오류를 발견하였다. 홍길동씨는 어떠한 경로로 이 문서작성 프로그램의 소스 코드를 보게 되어, 이 소스 코드에 있는 치명적인 오류를 찾아서 수정한 후 동작시켜 사용하였다. 하지만 홍길동씨의 행위는 저작권에 의해 보호받는 문서작성 프로그램의 코드를 허락없이 수정했기 때문에 불법 행위에 해당된다.

위의 사례에서 살펴볼 수 있듯이 저작권이 있는 소프트웨어 코드는 수정, 복사, 재판매가 모두 불법이다. 이제 또 다른 공개 소프트웨어 이용 사례를 살펴보자.

[사례 - 카피레프트 프로그램]

일반 공중 라이선스(GPL)에 의해서 만들어진 문서작성 프로그램 Y를 B 회사의 개발자 홍길동씨가 이용하던 중에 치명적인 오류가 발견되었다. 홍길동씨는 이 문서작성 프로그램의 소스 코드에 자유롭게 접근할 수 있었다. 그리고, 이 소스 코드에 있는 치명적인 오류를 찾아서 수정한 후 다시 동작시켜 사용하였다. 홍길동씨는 일반 공중 라이선스에 의해서 오류를 수정한 프로그램을 다시 배포할 수 있으며, **다른 이용자들은 오류가 수정된 홍길동씨의 프로그램을 제한없이 이용할 수 있다**.

위의 사례와 같이 특정한 소프트웨어를 고쳐서 만든 소프트웨어는 2차 저작물이 되며 이 2차 저작물의 이용과 배포에 관한 여러 가지 견해와 권한은 소프트웨어 개발에서 매우 중요한 사항이 되기도 한다.

스톨먼이 주장한 카피레프트 운동의 기호는 카피라이트를 의미하는 기호를 그림과 같이 반대로 뒤집어서 사용한다. 스톨먼은 "당신의 코드를 다른 사용자가 변경하게 한다면, 그들은 버그를 고칠 것이다", "**자유롭게 가져다 쓰되, 도움을 받아서 개발한 소프트웨어는 똑같이 공유한다**"라는 주장으로 자유 소프트웨어 운동을 시작하였다. 반면 마이크로소프트사를 창업한 **빌 게이츠**Bill Gates는 1976년 1월 '컴퓨터 애호가들에게 보내는 공개 편지'를 통해 "소프트웨어는 공짜"라는 인식에 대해서 강하게 비판했다. 그는 "소프트웨어를 훔치는 것은 훌륭한 소프트웨어가 개발되는 것을 막는 것이나 다름없다"고 목청을 높였다.

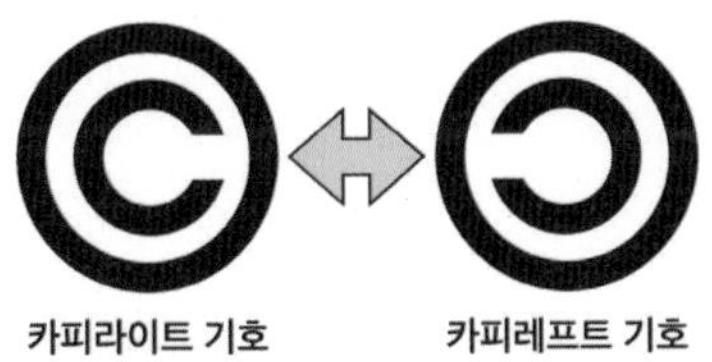

리처드 스톨먼

'당신이 당신의 코드를 사용자가 변경하게 한다면, 그들은 버그를 고칠 것', '자유롭게 가져다 쓰되, 도움을 받아서 개발한 소프트웨어는 똑같이 공유한다'는 철학으로 자유 소프트웨어 운동을 시작합니다.

소프트웨어 개발시 살펴보아야 할 다양한 라이선스들

일반 공중 라이선스는 영문 General Public License의 약자인 GPL로 표기한다. 이 라이선스는 대표적인 공개 소프트웨어 라이선스로서 Linux, MySQL, GCC 등에 널리 적용되고 있으며, **독점적인 소프트웨어와 결합이 불가능한 특징**을 가지고 있다. GPL 라이선스를 적용한 공개 소프트웨어를 이용한 소프트웨어를 만들었다면, GPL 라이선스에 따라 해당 소프트웨어의 소스 코드를 공개하여야 할 의무가 있다. 그러나 이러한 제약 조건은 가끔 GPL 라이선스를 이용한 개작 소프트웨어를 상업적으로 이용하려는 기업이나 단체에 걸림돌로 작용하고 있다. GPL이 이러한 특징을 가지는 이유는 이전에 설명한 자유 소프트웨어의 사상을 반영하였기 때문이다. 이러한 제한을 약하게 적용시킨 것이 바로 LGPL(Lesser General Public License)이다. 이 라이선스는 GPL의 개작 소스 코드 의무 공개 및 재배포 규정을 완화하여 기업에서 활발하게 이용이 가능하도록 만든 라이선스이다. 또 다른 라이선스인 BSD(Berkeley Software Distribution) 라이선스는 소스 코드를 수정한 이후 재 공개를 수정한 사람의 판단에 맡기는 라이선스이다. 이에 따라 다른 라이선스와 달리 2차 저작물의 소스 코드를 공개하지 않아도 된다. 그리고 MPL(Mozilla Public License)의 경우 코드를 수정할 경우 소스 코드를 공개할 의무는 있지만, 상업적으로 이용도 가능하다는 특징이 있다.

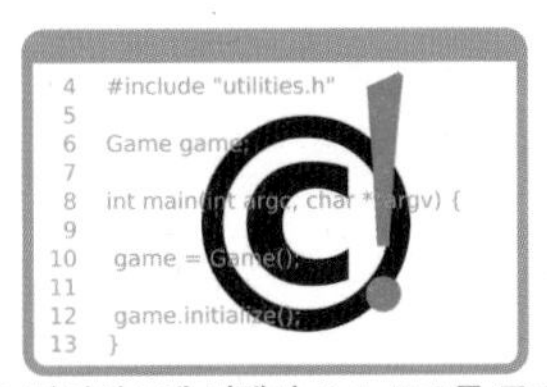

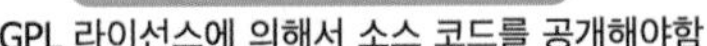

GPL 라이선스를 적용한 공개 소프트웨어를 이용한 소프트웨어를 만들었다면, GPL 라이선스에 따라 해당 소프트웨어의 소스코드를 공개하여야 할 의무가 있습니다. 이와 같이 다양한 라이선스에 따른 배포 원칙을 잘 준수해야 합니다.

라이선스는 배포의 자유, 소스 코드 공개 및 수정의 자유, 2차 저작물 재공개 의무, 소스 코드 수정 제한, 사용대상 차별, 사용분야 제한, 무료 이용, 독점적인 소프트웨어와 결합이라는 측면에서 허용되는 것과 허용되지 않는 것이 있다. 이러한 부분은 다음 표와 같이 다소 복잡하다.

라이선스	배포의 자유	소스 코드 공개 및 수정	2차 저작물 재공개 의무	소스 코드 수정 제한	사용대상 차별	사용분야 제한	무료 이용	독점적 SW와 결합
GPL	허용	가능	공개	없음	없음	없음	무료	불가능
LGPL	허용	가능	공개	없음	없음	없음	무료	가능
BSD	허용	가능	비공개 가능	없음	없음	없음	무료	가능
MPL	허용	가능	공개	없음	없음	없음	무료	가능
일반적인 비공개 소프트웨어 라이선스	금지	불가능	2차 저작 금지 또는 협약하에 저작	있음	있음	있음	유료	불가능

한글과 컴퓨터사의 아래아 한글, 마이크로소프트사의 파워포인트와 같이 **일반적으로 많이 사용하는 비공개 상용 소프트웨어**의 경우 어떤 활용이 가능한가를 살펴보자. 표에 의하면 이 소프트웨어들은 개인이 자유롭게 배포할 수 없으며, 소스 코드의 공개와 수정도 불가능하다. 그리고 이 소프트웨어를 이용하여 만든 저작물인 2차 저작물은 재공개 의무가 없거나 협약하에 저작물을 공개할 수 있다. 또 하나 소스 코드 수정은 할 수 없고, 사용 대상의 차별화가 가능하다. 사용대상을 차별할 수 있다는 것은 이 소프트웨어의 저작권을 가진 기업이 원하지 않는 기업이나 개인에게 판매하지 않을 수도 있다는 것이다. 반면 리눅스와 같은 **GPL 라이선스 소프트웨어**는 자유로운 배포, 소스 코드의 공개와 수정이 가능하며 2차 저작물을 재공개 해야만 한다. 그리고 사용 대상이나 사용 분야에 대해서 제한적인 차별을 할 수 없는 무료 이용 소프트웨어이다. 그러나 이 라이선스 소프트웨어는 다른 유료 소프트웨어와 같은 **독점적 소프트웨어와는 결합이 불가능**하다.

소프트웨어의 이용 중에 볼 수 있는 여러 가지의 사용 권한에 관련된 용어를 정리하면 다음과 같다.

1. **저작권** : 저작권copyright은 창작을 한 때부터 자동적으로 발생하며, 등록 절차가 필요하지 않은 권리이다. 소스 코드와 같은 저작자의 표현물에 대하여 독점적으로 이용하거나 이를 남에게 허락할 수 있는 권리를 말한다.
2. **특허권** : 특허권patent은 특허 출원을 통해 등록 절차를 밟아 정식으로 등록이 되어야 발생되는 권리이다. 창작물 또는 알고리즘에 대하여 독점적으로 생산·사용하거나 이를 남에게 허락할 수 있는 권리를 말한다.
3. **라이선스** : 라이선스license 또는 사용허가권으로 불리우는 이 권리는 권리자가 자신의 권리를 일정 내용의 조건으로 사용할 수 있도록 권한을 부여한 것을 말하며, 사용할 수 있도록 허가해 주는 것이다.
4. **오픈 소스 라이선스** : 오픈 소스 라이선스open source license란 오픈 소스 개발자와 이용자 간에 사용 방법 및 조건의 범위를 명시한 계약을 말하며, 위반시 계약 위반 및 저작권 침해로 판매 금지, 위약금 지불 및 이미지 실추 가능성이 있다.
5. **오픈 소스 컴플라이언스** : 오픈 소스 컴플라이언스open source compliance란 오픈 소스 활동 중 준수하여야 하는 의무 사항을 의미한다. 최근에는 오픈 소스로 만들어진 많은 프로젝트들이 있기 때문에 이 프로젝트들이 오픈 소스의 준수 의무 사항을 잘 지키는가를 감시하는 독립적인 기관인 gpl-violations.org와 같은 기관도 있다.

GPL 라이선스를 준수하지 않아서 발생한 사례를 살펴보자.

[사례 - GPL 라이선스와 D-link사의 제품]

독일 기업인 D-link는 DSM-G600이라는 네트워크 저장장치 제품을 개발하여 판매하고 있었다. 오픈 소스 컴플라이언스가 잘 지켜지는가를 감시하는 gpl-violations.org는 이 회사 제품의 펌웨어를 리버스 엔지니어링하여 살펴본 결과 mtd, initrd, msdosfs와 같은 소프트웨어들을 사용하는 것을 발견했다. 이 소프트웨어들은 GPL 라이선스에 의해 배포되고 있었는데 D-link는 이 라이선스를 따르지 않았던 것이다. gpl-violations.org는 이 회사를 법원에 고발하고 소송을 제기하였다. 최종적으로 법원은 D-Link의 위반 사실을 인정하고, 관련 비용을 포함한 손해를 배상할 것을 판결하였다.

gpl-violations.org 웹 페이지

8.3 소프트웨어 개발 과정과 버전 관리 도구

개발의 복잡도가 증가하면서 발생한 소프트웨어 위기

> 소프트웨어 위기의 주요 원인은 컴퓨터 성능이 수십 배나 더 강력해졌기 때문입니다! 아주 단도직입적으로 말하자면, 컴퓨터라는 기계가 없던 시절에는 프로그래밍은 전혀 문제가 되지 않았습니다. 우리가 성능이 떨어지는 컴퓨터를 불과 몇 대만 가지고 있었을 때, 프로그래밍은 사소한 문제였지요. 이제 우리는 성능이 어마어마한 거대한 컴퓨터를 가지고 있었습니다. 프로그래밍도 마찬가지로 거대한 문제가 되었습니다.
>
> 에츠허르 데이크스트라

소프트웨어 위기 Software Crisis라는 용어는 1960년대 말에 탄생했는데, 컴퓨터 과학에서 **쓸모 있으면서도 효율적인 프로그램을 정해진 시간 내에 개발하는 것이 어려워지는 것을 지칭**하는 용어이다. 즉 컴퓨터의 하드웨어 성능은 점차 증가하는 반면, 이 성능에 부합하는 좋은 소프트웨어를 만드는 것이 생각보다 쉽지 않다는 것을 발견한 엔지니어들이 만든 말인 것이다. 인류가 컴퓨터를 만들고 여기에서 돌아가는 소프트웨어라는 것을 처음으로 접하고 만들게 되었기 때문에 이 위기는 컴퓨터의 탄생과 함께 탄생한 것으로도 볼 수 있다.

소프트웨어 위기는 소프트웨어 수요의 급증, 소프트웨어의 복잡성 및 다양한 소프트웨어 프로젝트의 출현에도 불구하고 과거와 동일한 노동력 투입, 동일한 개발 기법, 동일한 개발 도구를 사용하는데 그 원인이 있었다. 즉, 소프트웨어가 매우 복잡해지면서 기존의 방법만으로 시장에서 요구하는 수준의 소프트웨어를 잘 만들지 못했기 때문에 발생한 문제이다. 이러한 문제를 해결하지 못한 상태에서 과거와 같이 소프트웨어를 개발할 경우 소프트웨어 예산이 크게 증가하는 문제, 소프트웨어의 효율성이 떨어지는 문제, 소프트웨어 품질이 저하되는 문제, 소프트웨어 관리가 부실해지는 문제 등과 같은 심각한 문제가 발생하는 것으로 알려졌다.

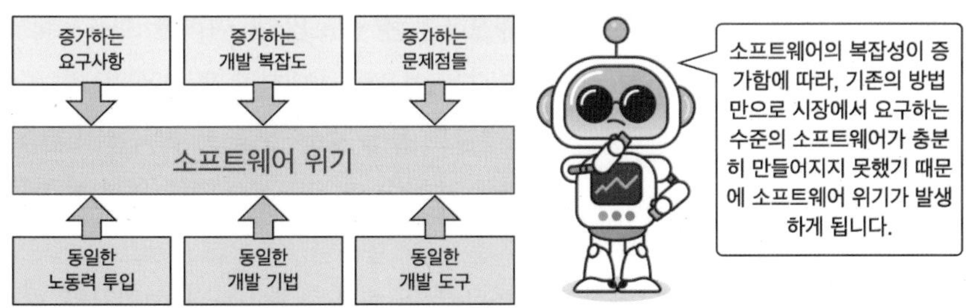

다음 그림은 소프트웨어의 위기와 관련된 소스 코드의 크기를 나타내고 있다. 우리가 일상에서 사용하는 소프트웨어는 어느 정도 분량의 소스 코드로 만들어지는 것일까? 이 그림은 Xemelgo의 창업자이자 최고 경영자인 **리치 로저**의 트위터에서 인용한 것인데 고급 자동차의 경우 1억 라인 이상의 소프트웨어 코드가 필요하며, 윈도 운영체제의 경우 5천만 라인의 코드라 필요한 것으로 나타나 있다. 그리고, 안드로이드 운영체제의 경우 약 1천 2백만, 구글 크롬 브라우저의 경우 약 6백만 라인의 코드가 사용된 것으로 나타나있다.

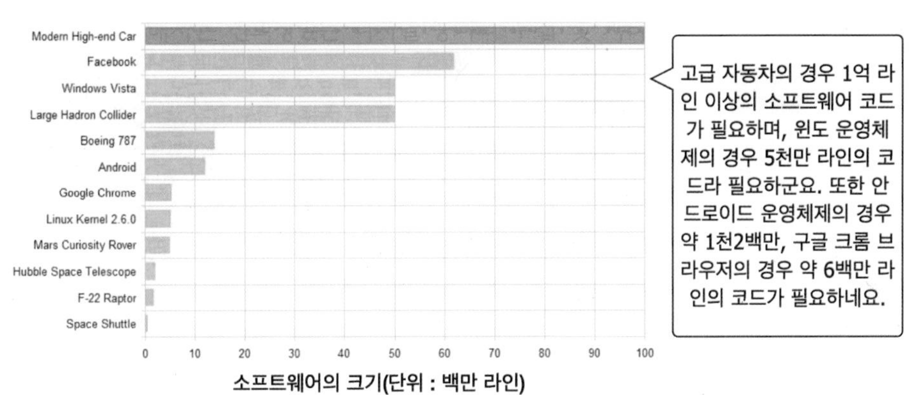

소프트웨어의 크기(단위 : 백만 라인)

이와 같이 시장에서 요구하는 소프트웨어의 기능이 점차 증가하기 때문에 소프트웨어 개발사는 수백만 라인 단위의 거대한 소프트웨어를 개발해야하는 경우가 많다. 이렇게 거대한 규모의 소프트웨어 개발 프로젝트는 수십억에서 수백억 원 이상의 개발 자금이 필요한 경우도 많다.

소프트웨어 개발의 어려움

소프트웨어 개발 프로젝트를 수행하는 경우 간단한 프로젝트는 1주일이나 2주일 가량의 시간 안에 종료되기도 하지만 1년 이상의 기간이 소요되기도 한다. 그리고 개발 인력도 수

십명에서 수백 명 이상의 인력이 투입되어 추진하는 경우도 많다. 이러한 소프트웨어의 개발은 많은 인력과 예산이 투입되어도 다음과 같은 이유로 실패하고 큰 손실을 겪는 사례도 있다.

■ 관리자의 방향성이 부족한 경우가 많다

가장 일반적인 소프트웨어 개발 과제의 어려움은 프로젝트 관리자나 경영진의 방향성이 부족한 경우이다. 소프트웨어의 개발자들은 그들의 일을 효과적으로 할 수 있도록 명확한 지시가 필요하며, 만약 그들이 방향성없이 방치된다면 그것은 소프트웨어 개발의 큰 혼란을 초래할 수 있다. 이로 인해 프로젝트가 지연되고 전체 소프트웨어 품질에 영향을 미칠 수 있다. 이 어려움을 극복하는 가장 좋은 방법은 소프트웨어 프로젝트의 관리자가 명확하고 간결한 프로젝트 계획을 세우는 것이다. 그리고 **명확한 문서를 통해서 완료해야 하는 모든 중요한 작업과 각 작업에 대한 책임자가 요약**되어 있어야 한다. 뿐만 아니라 개발자가 진행 상황을 추적하고 예정대로 진행할 수 있도록 타임라인을 포함해야 한다.

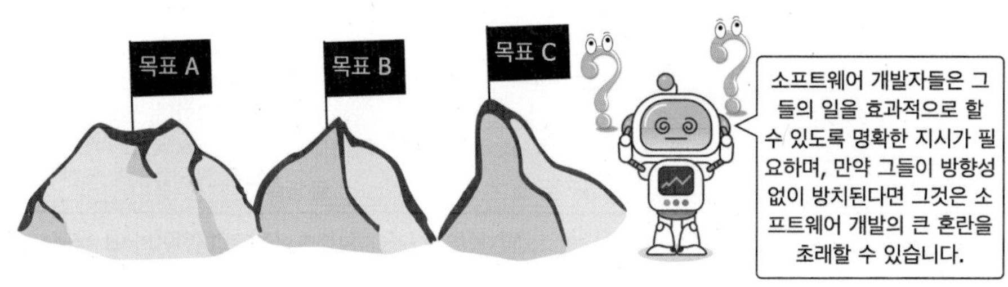

■ 개발 기간과 자원 예측이 어렵다

소프트웨어 개발시에 흔히 나타나는 문제는 **프로젝트를 위한 시간과 필요한 자원을 미리 예측하는 것이 어렵다**는 것이다. 소프트웨어의 개발을 책임지는 관리자는 예산과 일정의 제약을 고려할 때 현실적인 적절한 시간표를 갖는 것이 중요하다. 현실적인 시간 계획을 통해서 개발자는 특정한 기능을 향상시키거나 소프트웨어 테스트 및 버그 수정 작업에 충분한 시간을 할애할 수 있다. 반면에, 소프트웨어 개발 일정이 매우 촉박할 경우 우수한 품질의 제품을 개발하지 못하는 경우도 많다.

■ 소프트웨어 개발 프로젝트의 요구사항 정의가 어렵다

소프트웨어 개발자에게 가장 많은 시간이 걸리는 과제 중 하나는 **정확한 요구사항을 정의**

하는 것이다. 요구사항 정의란 **이 소프트웨어 제품이 무엇을 해야 하고 어떻게 작동해야 하는지를 명확하게 하는 것**을 의미한다. 요구사항 목록은 개발자가 해야 할 일을 잘 이해할 수 있도록 명확하고 간결하며 자세하게 기록해야 한다. 불행하게도, 무엇이 필요한지에 대한 명확한 그림을 얻는 것은 쉽지 않고 그것을 구체적인 지침으로 문서화하는 것은 훨씬 더 어렵다. 하지만 프로젝트를 시작할 때 이러한 요구사항이 잘 정의되지 않으면 개발자는 무엇을 해야할지 모르기 때문에 이는 궁극적으로 프로젝트를 지연시킬 수 있다.

■ 테스트와 디버깅이 어렵다

소프트웨어 개발 과정의 마지막 단계에 해당하는 테스트 및 디버깅은 소프트웨어 테스트 팀이 반드시 해야만 하는 중요한 임무이다. 이 과정은 **보통 코드의 오류를 식별하고 수정하는 것이 포함**되어 있으며, 오류의 발생 위치와 그 해결 방법을 제시해야 하기 때문에 매우 어려울 수 있다. 일반적으로 소프트웨어의 오류를 확인하기 위해서는 모든 가능한 경우의 사용자 입력사항을 미리 시험해야만 한다. 이 어려운 일을 해결하기 위해 개발자들은 그들의 일에 있어서 **극도로 꼼꼼함과 인내심이 필요**하다. 개발자들은 그들이 작업하고 있는 시스템과 그들이 쓰고 있는 코드를 모두 이해해야만 한다. 개발자들은 이러한 고된 작업을 통해 이용자들의 시간과 노력을 절약하면서도 오류없이 잘 동작하는 코드를 만들 수 있다.

■ 경쟁 우위를 계속해서 유지하는 것이 어렵다

소프트웨어 산업에서 증가하는 소프트웨어 개발 과제 중 하나는 타 소프트웨어 제품보다 더 나은 경쟁 우위를 계속해서 유지하는 것이다. 경쟁 우위를 유지하는 것이 어려운 이유는 이 분야가 매우 빠르게 기술 진보가 이루어지는데다가 그 기술

환경도 끊임없이 변화하기 때문이다. 게다가, 특정한 소프트웨어와 서비스가 성공하면 이를 꼼꼼하게 분석해서 이와 비슷한 서비스를 제공하는 많은 경쟁 기업체들도 나타날 수 있다. 경쟁에서 앞서 나가기 위해 소프트웨어 개발 회사는 제품 및 서비스를 지속적으로 혁신하고 개선해야 한다. 뿐만아니라 기업은 성장을 지속시키기위해 연구 개발 주도권을 잡기위한 끊임없는 투자를 이어가야만 한다.

소프트웨어 버전 관리 시스템의 필요성

여러분이 가끔 문서를 작성하다 보면 다음과 같이 수정된 파일을 재수정하거나 다른 사람의 문서를 받아서 수정하는 경우가 많을 것이다. 그림의 파일 이름을 살펴보면 'xxx_최종본.txt', 'xxx_수정본.txt', 'xxx_수정본의수정본.txt', 'xxx_최종본_최신수정.txt', 'xxx_최종본_최신수정_업데이트.txt' 등과 같이 그 이름이 매우 복잡하게 나열되어 있음을 볼 수 있다.

소프트웨어 개발에서도 이와 유사한 문제가 발생한다. 만일 여러분이 여러 개발자가 참여하는 대규모의 소프트웨어 개발 프로젝트를 추진하고 있다고 가정해 보자. 여러 개발자가 소스 코드 'A.c'를 수정하는 상황이 생긴다면 위의 문서 작성 예시와 비슷하게 'A_최종본.c', 'A_수정본.c', 'A_수정본의수정본.c', 'A_최종본_최신수정.c', 'A_최종본_최신수정_업데이트.c'와 같은 파일을 만들 수 있을 것이다. 이렇게 되면 파일의 이름을 짓는 것도 힘들지만 누가 어느 부분을 수정했는가를 찾기도 힘들며, 만일 버그가 발생한다면 이 부분을 찾는 것도 매우 힘들 것이다.

소프트웨어 개발시에 많이 사용하는 **버전 관리 시스템**version control system은 **소스 코드 제어 도구**이라고도 하는데, 이것을 통해서 개발자는 **소프트웨어 개발 프로젝트의 변경 사항을 추적하고 해당 프로젝트에 참여하는 여러 개발자와 손쉽게 협업**할 수 있다. 이 도구를 사용하여 개발자들은 손쉽게 코드에 대해 함께 작업하고 **분기**branch또는 가지 나누기라는 이름의 작업을 통해서 작업을 분리할 수도 있다. 프로젝트에 참여하는 공동 작업자 수에 따라 버전 제어 시스템 내에는 여러 개의 분기 코드가 있을 수 있다. 다음 그림을 살펴보면 프로젝트를 완수하기 위하여 버전 1.0의 코드에 A 컴포넌트와 B 컴포넌트가 필요한 경우가 나타나 있다. 이를 위하여 버전 1.0의 A 컴포넌트 개발 분기와 B 컴포넌트 개발 분기를 만들어서 개별 팀이 이 작업을 진행하는 것을 보여준다. A 컴포넌트의 작업이 완료되면 디버깅을 한 후 코드를 합병하여 버전 1.2를 만들다. 이제 이 팀은 A 컴포넌트를 바탕으로하는 C 컴포넌트를 개발하고 그 동안 B 컴포넌트 개발팀은 완료된 코드를 버전 1.2와 합병하여 버전 1.3을 만들게 된다. 이러한 작업의 흐름을 이어가면서 개발자는 필요할 때 코드를 변경시키고 결합시키는 작업을 돕는 것이 버전 관리 시스템이 하는 일이다.

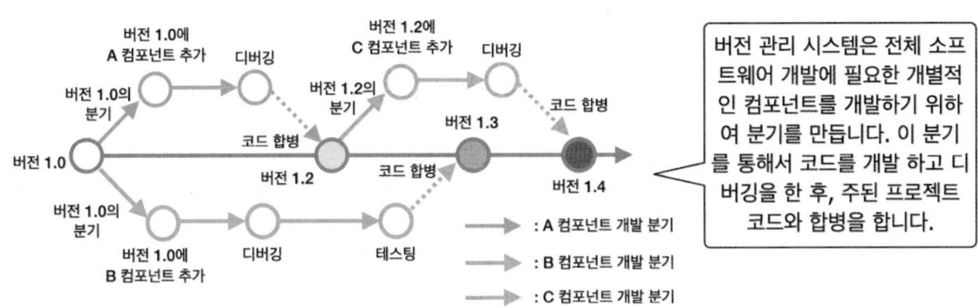

버전 관리 시스템에서 개발자는 필요할 때 코드 변경을 결합할 수도 있으나, 변경 내역을 보고 이전 버전으로 돌아가서 원하는 방식으로 코드를 사용하고 관리할 수도 있다. 무엇보다 코드의 변경 사항을 저장하여 변경 이력을 살펴보고 이 코드의 작업자가 누구인가 추적하는 것도 가능하다.

버전 관리 시스템의 장점은 다음과 같다.

1. **코드 수정 이력에 대한 추적이 가능함** : 버전 관리 시스템은 소프트웨어 개발 기간에 이루어진 모든 코드의 수정과 변경에 대한 기록을 제공하는 기능이 있다. 또한 코드 개발자가 각 단계마다 수정한 파일 개발의 세부적인 이력을 확인할 수도 있다.
2. **문서 기록 기능을 제공함** : 소스 코드에 대한 상세한 문서가 있다면 그 문서 자체도 추후에 도움이 되지만, 문서의 작성 기록은 작성자와 편집한 날짜에 대한 정보가 있어서 더욱 유용하다. 또한 문서를 통해서 소스 코드를 변경한 이유도 알 수 있다. 이 기록은 이전 버전에서 경험한 문제점과 그것을 해결하는데 도움이 되는 정보가 있기 때문에 최신 버전을 만들려는 개발자에게도 아주 도움이 된다.
3. **분기 기능과 합병 기능** : 버전 관리 시스템을 이용하면 팀 구성원은 동료 공동 작업자가 작업하는 것에 영향을 미치지 않고 동일한 문서를 독립적으로 동시에 작업하는 것이 가능하다. 이 때 각 작업자들은 일반적으로 분기라고 하는 독립적인 코드 작업의 흐름에 따라 일하는 것이 가능하다. 분기를 만들면 각 팀 구성원이 여러 분기을 사용하여 동일한 프로젝트에서 작업할 수 있다. 이들은 서로 자율적이며 독립

적인 코딩 업무한 후 손쉽게 병합할 수 있는 기능을 이용할 수 있다.

4. **한눈에 작업 관리가 가능함** : 버전 관리 시스템을 이용하면 관리자가 프로젝트 개발에 대한 전체적인 조망을 할 수 있다. 관리자는 시스템에서 제공하는 자동으로 만들어진 문서를 통해 코드 작성자, 코드 변경의 목적, 진행 일정 및 변경에 대해서 살펴볼 수 있다. 따라서 장기적인 목표에 얼마나 도달했는가를 알 수 있다. 이러한 관리 기능은 팀 구성원 누군가가 반복적으로 문제를 일으키는 것을 빠르게 알아내는 데 도움이 된다.

버전 관리를 위해서 널리 사용되고 있는 오픈 소스 도구들은 CVS, SVN, Git, Mercurial, Bazaar 등이 있다. 이들 중에서 가장 인기있는 도구는 리누스 토르발스가 2005년도에 리눅스 커널 개발을 위해서 만든 Git이라는 도구이다.

버전 관리 시스템 Git과 Github

Git은 소규모 프로젝트에서부터 매우 큰 프로젝트까지 관계없이 소스 코드를 효율적으로 관리하는 데 사용되는 오픈 소스 기반의 버전 관리 시스템이다. Git은 소스 코드의 변화를 추적하는 데 사용되며, 여러 개발자가 동시에 한 프로젝트를 개발하는 작업을 할 수 있도록 관리 기능을 제공한다. 이러한 **Git을 더욱 더 효과적으로 활용할 수 있는 기능을 제공하고 있는 웹 서비스**가 Github이다.

Github은 2007년도에 그 서비스를 시작하였으며, 시작과 동시에 많은 개발자들의 인기를 얻으면서 성장하였다. 버전 관리 시스템인 Git을 확장시킨 Github 서비스는 코드 검토, 프로젝트 관리, 지속적인 통합과 단위 테스트, GitHub 액션, 개발자를 위한 블로그 및 개발 관련된 웹 페이지(GitHub 페이지)제공, 문서 호스팅 및 배포기능과 서비스까지 제공하고 있다. 이러한 깃허브의 확장된 기능은 오픈 소스 커뮤니티 뿐만 아니라 민간 기업 어플리케이션 개발자 모두에게 코드 협업과 개발을 더 쉽게 할 수 있도록 하였다. Github의 서비스는 엄청난 성공을 거두었고 이로 인하여 2018년도에는 마이크로소프트사에 의해서 약 8조원이라는 엄청난 가격에 인수되었다. 2021년도 Github.com에서 발표한 자료에 의하면 이 사이트의 이용 현황은 다음과 같다.

1. 전세계 약 7천 3백만명 이상의 개발자가 이 사이트를 이용함.
2. 2021년 한해동안 가입자가 약 1천 6백만명 이상 증가함.
3. 미국 최대의 100대 기업중에서 84%가 Github.com을 사용하여 서비스를 개발하고 있음.
4. 1년동안 6천1백만개의 새로운 프로젝트 저장소가 생성됨.
5. 1억7천만회 이상의 코드 병합이 이루어짐.

다음의 그림은 12,000명의 개발자를 대상으로 COVID-19 팬데믹을 겪기 전과 겪은 후의 근무 환경 변화에 대한 설문의 결과이다. 팬데믹 이후 회사에서 원격 근무와 사무실 근무를 혼합해서 하거나(47.6%), 완전한 원격 근무(47.6%)를 하는 비율이 급격히 증가한 것으로 나타났다.

팬데믹 이전의 근무 환경		팬데믹 이후의 근무 환경
41%	함께 사용하는 사무실	10.7%
28.1%	함께 사용하는 사무실과 원격 근무 혼합	47.6%
26.5%	완전 원격 근무	38.8%

github.com에서 2021년 12,000 명의 개발자를 대상으로 근무 환경에 대한 설문을 한 결과입니다. 팬데믹 이후 완전 원격 근무를 하거나 혼합형 근무를 하는 비율이 급격히 증가 한 것으로 나타났네요.

원격 근무를 하게 될 경우 회사에서는 개발자 A의 업무 성과를 어떤 방식으로 확인할까? 원격 근무는 얼굴을 보지 않고 일하다 보니 사무실 근무에 비해서 관리가 오히려 더 중요하다. 예를 들어 한 사물실에서 일할 경우 회사 내의 개발자 A가 근무 시간에 업무에 열중하고 있는지 그렇지 않은지 관리자가 쉽게 알 수 있으나 원격 근무의 경우 업무에 열중하고 있는지를 한 눈에 파악하기 힘들다. 이 경우 다음 그림과 같이 개발자 A가 자신이 개발 중인 소스 코드와 그 결과물, 그리고 이에 관련된 문서를 다함께 작업하는 코드와 문서 저장소에 올리고, 이를 통해서 다른 사람이 개발자 A의 업무를 이해하고 문제를 파악하는 방식이 적당할 것이다. 이와 같은 일을 하는데 Github은 매우 효과적인 환경을 제공한다.

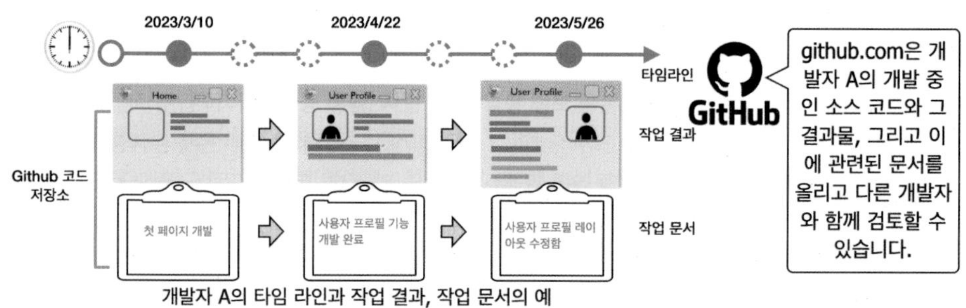

개발자 A의 타임 라인과 작업 결과, 작업 문서의 예

요약

01 현재 젊은 층을 중심으로 인기를 얻고 있는 SNS인 인스타그램은 전 세계적으로 10억 명 이상의 사용자가 이용하고 있으며, 한국에서만 1,500만 명 이상의 사용자가 있다.

02 소셜 미디어는 SNS 보다 좀 더 포괄적인 개념이다. **소셜 미디어는 블로그, 마이크로 블로그, 인스턴트 메신저, 인터넷 커뮤니티, 인터넷 방송 등을 포함**하고 있다.

03 2020년 전 세계를 강타한 코로나19 감염병으로 인하여 **비대면 활동이 증가하면서 페이스북의 경우 2월 한 달 동안 총 메시지 발송량이 50% 이상 증가**하였으며, 페이스북 메신저와 그 계열 모바일 메신저인 왓츠앱 음성·화상 통화 사용도 두 배 이상 증가했다고 한다.

04 인플루언스와 같은 신조어가 등장하게 된 이유는 인터넷이 발전하면서 유튜브나 인스타그램과 같은 소셜 미디어의 영향력이 이전에 비해 크게 확대되었기 때문이다.

05 현재 대한민국에서 영향력 있는 주요 커뮤니티는 2000년대에 주로 형성되었다. 공통의 관심사를 가지는 사람들의 모임인 인터넷 커뮤니티는 최근 **네이버 카페**나 **다음 카페**와 같은 포털 서비스에서 제공하는 **커뮤니티 서비스 환경에서 활발하게 활동하며 사회적인 영향력을 발휘**하기도 한다.

06 공개 소프트웨어를 조금 더 엄밀하게 정의하면 **라이선스 요금이 무료이면서 소스 코드가 공개되어 있는 소프트웨어**로서 누구나 자유롭게 사용할 수 있고, 활용할 수 있으며 배포할 수 있는 소프트웨어를 의미한다.

07 특정한 소프트웨어를 고쳐서 만든 소프트웨어는 **2차 저작물**이 되며 이 2차 저작물의 이용과 배포에 관한 여러 가지 견해와 권한은 소프트웨어 개발에서 매우 중요한 사항이 되기도 한다.

08 BSD(Berkeley Software Distribution) 라이선스는 소스 코드를 수정한 이후 재 공개를 수정한 사람의 판단에 맡기는 라이선스이다.

09 가장 일반적인 소프트웨어 개발 과제의 어려움은 프로젝트 관리자나 경영진의 방향성이 부족한 경우이다. 소프트웨어의 개발자들은 그들의 일을 효과적으로 할 수 있도록 명확한 지시가 필요하며, 만약 그들이 방향성 없이 방치된다면 그것은 소프트웨어 개발의 큰 혼란을 초래할 수 있다.

10 **버전 관리 시스템**을 사용하여 개발자들은 손쉽게 코드에 대해 함께 작업하고 **분기**또는 **가지 나누기**라는 이름의 작업을 통해서 작업을 분리할 수도 있다. 프로젝트에 참여하는 공동 작업자 수에 따라 버전 제어 시스템 내에는 여러 개의 분기 코드가 있을 수 있다.

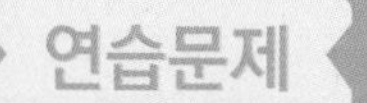

[단답형 문제]

아래의 보기를 참고하여 괄호 안에 들어갈 적절한 단어를 적으시오.

01 인스타그램, 페이스북, 트위터와 같이 네트워크의 기반 위에서 개인의 생각이나 의견, 경험, 정보 등을 서로 공유하고 타인과의 관계를 생성 또는 확장시킬 수 있는 개방화된 온라인 플랫폼을 (　　　　)라고 한다.

02 (　　　　)라는 단어는 influence라는 명사와 동사에서 유래되었는데, 이 단어는 영향력 또는 영향을 미치다라는 의미를 가지고 있다. 최근에 많이 사용되고 있는 이 단어는 타인에게 영향력을 끼치는 사람이라는 뜻의 신조어이다.

03 큰 영향력을 끼치는 인플루언서를 활용한 마케팅을 (　　　　)이라고 일컫는다.

04 (　　　　)란 공통의 관심사나 환경을 가진 이들이 소통하는 웹사이트를 지칭하는 용어이다. 인터넷 커뮤니티는 온라인 커뮤니티라는 명칭으로도 쓰인다. 우리나라 인터넷 커뮤니티의 기원은 1990년대 초반 PC 통신 시절로 거슬러올라가며, 당시에 설립된 PC 통신상의 동호회, 소모임이 인터넷 커뮤니티의 개념을 최초로 제시했다고 볼 수 있다.

05 역사적으로 1984년 리처드 스톨먼이 GNU라는 공개 프로젝트를 시작하면서 (　　　　)이 시작되었다. 이 운동은 사회 운동의 한 종류로 많은 사람들이 좋은 소프트웨어로 인한 혜택을 누리도록 하기 위하여 시작되었다.

06 리처드 스톨먼의 자유 소프트웨어 운동은 카피라이트에 반대되는 개념인 (　　　　)의 개념을 제시하였다. 카피레프트는 소프트웨어를 개발하고 배포한 다음 이 소프트웨어를 이용하는 이용자가 이 소프트웨어의 소스 코드에 자유롭게 접근하도록 하자는 것이다.

07 (　　　　)은 창작을 한 때부터 자동적으로 발생하며, 등록 절차가 필요하지 않은 권리이다. 소스 코드와 같은 저작자의 표현물에 대하여 독점적으로 이용하거나 이를 남에게 허락할 수 있는 권리를 말한다.

08 (　　　　)은 특허 출원을 통해 등록 절차를 밟아 정식으로 등록이 되어야 발생되는 권리이다. 창작물 또는 알고리즘에 대하여 독점적으로 생산·사용하거나 이를 남에게 허락할 수 있는 권리를 말한다.

09 (   )또는 사용허가권으로 불리우는 이 권리는 권리자가 자신의 권리를 일정 내용의 조건으로 사용할 수 있도록 권한을 부여한 것을 말하며, 사용할 수 있도록 허가해 주는 것이다.

10 소프트웨어 개발시에 흔히 나타나는 문제는 프로젝트를 위한 시간과 필요한 자원을 미리 (   )하는 것이 어렵다는 것이다. 소프트웨어의 개발을 책임지는 관리자는 예산과 일정의 제약을 고려할 때 현실적인 적절한 시간표를 갖는 것이 중요하다.

11 소프트웨어 개발 과정의 마지막 단계에 해당하는 (   )은 소프트웨어 테스트 팀이 반드시 해야만 하는 중요한 임무이다. 이 과정은 보통 코드의 오류를 식별하고 수정하는 것이 포함되어 있으며, 오류의 발생 위치와 그 해결 방법을 제시해야 하기 때문에 매우 어려울 수 있다.

12 Git은 소스 코드의 변화를 추적하는 데 사용되며, 여러 개발자가 동시에 한 프로젝트를 개발하는 작업을 할 수 있도록 관리 기능을 제공한다. 이러한 Git을 더욱 더 효과적으로 활용할 수 있는 기능을 제공하고 있는 웹 서비스가 (   )이다.

[짝짓기 문제 1]

다음은 소셜 미디어의 특징과 이에 대한 설명이다. 관련 있는 것을 올바르게 짝짓기하여라.

참여 •	• 소셜 미디어는 빠르게 커뮤니티를 구성하는 것이 가능하며 이 커뮤니티로 하여금 공통의 관심사에 대해 이야기하는 기능이 제공된다.
공개 •	• 소셜 미디어는 관심있는 사람이 누구나 참여할 수 있고 적극적인 피드백이 가능하기 때문에 정보를 생산하는 측과 정보를 소비하는 측의 개념이 구분되지 않는다.
대화 •	• 대부분의 소셜 미디어는 피드백과 참여가 공개되어 있으며 투표나 코멘트, 정보 공유가 쉽기 때문에 콘텐츠에 대한 접근과 사용에 대한 장벽이 거의 없다.
커뮤니티 •	• 대부분의 소셜 미디어는 다양한 미디어의 조합이나 링크를 통한 연결성을 가지고 있고 이를 통해서 확장된다.
연결 •	• 전통적인 미디어가 단방향성이라 콘텐츠가 일방적으로 소비자에게만 유통되는 반면 소셜 미디어는 쌍방향성을 띤다.

[짝짓기 문제 2]

다음은 버전 관리 시스템의 장점과 이에 대한 설명이다. 관련 있는 것을 올바르게 짝짓기하여라.

코드 수정 이력에 대한 추적이 가능 •	• 팀 구성원은 동료 공동 작업자가 작업하는 것에 영향을 미치지 않고 동일한 문서를 독립적으로 동시에 작업하는 것이 가능하다.
문서 기록 기능을 제공 •	• 관리자는 시스템에서 제공하는 자동으로 만들어진 문서를 통해 코드 작성자, 코드 변경의 목적, 진행 일정 및 변경에 대해서 살펴볼 수 있다.
분기 기능과 합병 기능 •	• 소프트웨어 개발 기간에 이루어진 모든 코드의 수정과 변경에 대한 기록을 제공하는 기능이 있다.
한눈에 작업 관리가 가능 •	• 소스 코드에 대한 상세한 문서가 있다면 그 문서 자체도 추후에 도움이 되지만, 문서의 작성 기록은 작성자와 편집한 날짜에 대한 정보가 있어서 더욱 유용하다.

[객관식 문제]

다음 질문에 대하여 가장 알맞은 답을 구하여라.

01 이것은 소셜 미디어의 하나로 개인이나 단체가 소유해서 관리하는 홈페이지 서비스를 말한다. 웹과 로그라는 단어의 결합으로 월드 와이드 웹 서비스에 로그를 남기는 행위를 일컫는 단어로 알맞은 소셜 미디어는 무엇인가?

1) 트위터 2) 블로그

3) 페이스북 4) 인스타그램

02 블로그 서비스의 일종이지만 블로그와는 달리 콘텐츠가 전통적인 블로그에 비해서 더 작다는 점에서 구별되고 이것을 사용하면 사용자들은 짧은 문장, 개개의 이미지, 비디오 링크와 같은 작은 내용 요소를 주고받을 수 있으며 이것이 대중화의 주된 이유가 되는 소셜 미디어는 무엇인가?

1) 마이크로블로그　　2) 마이크블로그
3) 빅블로그　　4) 비디오블로그

03 네트워크 상에서 이용자들끼리 실시간으로 텍스트, 이미지, 동영상, 파일 등을 주고 받는데 이용되는 클라이언트 프로그램은 무엇인가?

1) 영상통화　　2) 전화
3) 메신저　　4) 웹 서비스

04 이 용어의 개념은 소프트웨어 자체는 항상 윤리적, 도덕적, 사회적으로 타당해야 하며, 소프트웨어 사용자들에게 이를 바탕으로 사용상의 여러 가지 권리가 있음을 강조한다. 위의 설명에 알맞은 용어는 무엇인가?

1) 공개 소프트웨어　　2) 비공개 소프트웨어
3) 무료 소프트웨어　　4) 자유 소프트웨어

05 이것은 자동차, 주택과 같이 형태가 있는 재산이 아닌 특허권, 상표권, 지식재산권과 같은 무형의 재산에 대하여 그 권한을 가지는 것이다. 이러한 무형의 저작물을 창작, 소유함으로써 그 '저작물'에 대해 갖는 권리이며 이 권리를 적극적으로 보호하여 창작자의 창작 욕구를 고취시키고, 경제적 권리를 보호하고자 출현한 것은 무엇인가?

1) 카피레프트　　2) 카피탑
3) 카피라이트　　4) 카피바텀

06 이 라이선스는 대표적인 공개 소프트웨어 라이선스로서 Linux, MySQL, GCC 등에 널리 적용되고 있으며, 독점적인 소프트웨어와 결합이 불가능한 특징을 가지고 있다. 위의 설명에 알맞은 라이선스는 무엇인가?

1) MPL　　2) BSD
3) LGPL　　4) GPL

07 오픈 소스 개발자와 이용자 간에 사용 방법 및 조건의 범위를 명시한 계약을 말하며, 위반 시 계약 위반 및 저작권 침해로 판매 금지, 위약금 지불 및 이미지 실추 가능성이 있다. 위의 설명으로 알맞은 것은 무엇인가?

1) 특허권　　2) 라이선스
3) 오픈 소스 라이선스　　4) 오픈 소스 컴플라이언스

08 오픈 소스 활동 중 준수하여야 하는 의무 사항을 의미한다. 최근에는 오픈 소스로 만들어진 많은 프로젝트들이 있기 때문에 이 프로젝트들이 오픈 소스의 준수 의무 사항을 잘 지키는가를 감시하는 독립적인 기관인 gpl-violations.org와 같은 기관도 있다. 설명으로 알맞은 것은 무엇인가?

1) 특허권　　2) 라이선스
3) 오픈 소스 라이선스　　4) 오픈 소스 컴플라이언스

09 용어는 1960년대 말에 탄생했는데, 컴퓨터 과학에서 쓸모있으면서도 효율적인 프로그램을 정해진 시간 내에 개발하는 것이 어려워지는 것을 지칭하는 용어이다. 이 용어는 무엇인가?

1) 소프트웨어 위기　　2) 프로그래머 위기
3) 프로그램 위기　　4) 하드웨어 위기

10 소프트웨어 개발시에 많이 사용하는 이것은 소스 코드 제어 도구이라고도 하는데, 이것을 통해서 개발자는 소프트웨어 개발 프로젝트의 변경 사항을 추적하고 해당 프로젝트에 참여하는 여러 개발자와 손쉽게 협업할 수 있다. 이것은 무엇인가?

1) 버전 관리 시스템　　2) 코드 관리 시스템
3) 하드웨어 관리 시스템　　4) 프로그래머 관리 시스템

11 이 분야가 매우 빠르게 기술 진보가 이루어지는데다가 그 기술 환경도 끊임없이 변화하기 때문이다. 게다가, 특정한 소프트웨어와 서비스가 성공하면 이를 꼼꼼하게 분석해서 이와 비슷한 서비스를 제공하는 많은 경쟁 기업체들도 나타날 수 있다. 설명으로 알맞은 소프트웨어 개발의 어려움은 무엇인가?

1) 테스트와 디버깅이 어렵다
2) 경쟁 우위를 계속해서 유지하는 것이 어렵다
3) 관리자의 방향성이 부족한 경우가 많다
4) 소프트웨어 개발 프로젝트의 요구사항 정의가 어렵다

12 소규모 프로젝트에서부터 매우 큰 프로젝트까지 관계없이 소스 코드를 효율적으로 관리하는 데 사용되는 오픈 소스 기반의 버전 관리 시스템이다. 이것은 소스 코드의 변화를 추적하는 데 사용되며, 여러 개발자가 동시에 한 프로젝트를 개발하는 작업을 할 수 있도록 관리 기능을 제공하는 것은 무엇인가?

1) Gib　　　2) Git

3) Gia　　　4) Gil

[서술식 심화 문제]

01 네이버 블로그와 같은 블로그를 사용하여 이 책 8장의 내용을 간단하게 요약하는 내용을 만들어 보자.

02 공개 소스 소프트웨어 운동의 역사에 대하여 살펴보고 그 의의를 정리해 보시오.

03 대규모 소프트웨어 개발시 버전 관리 시스템을 사용하여 얻게되는 장점을 기술해 보아라.

CHAPTER

9

데이터베이스와 빅데이터

CONTENTS

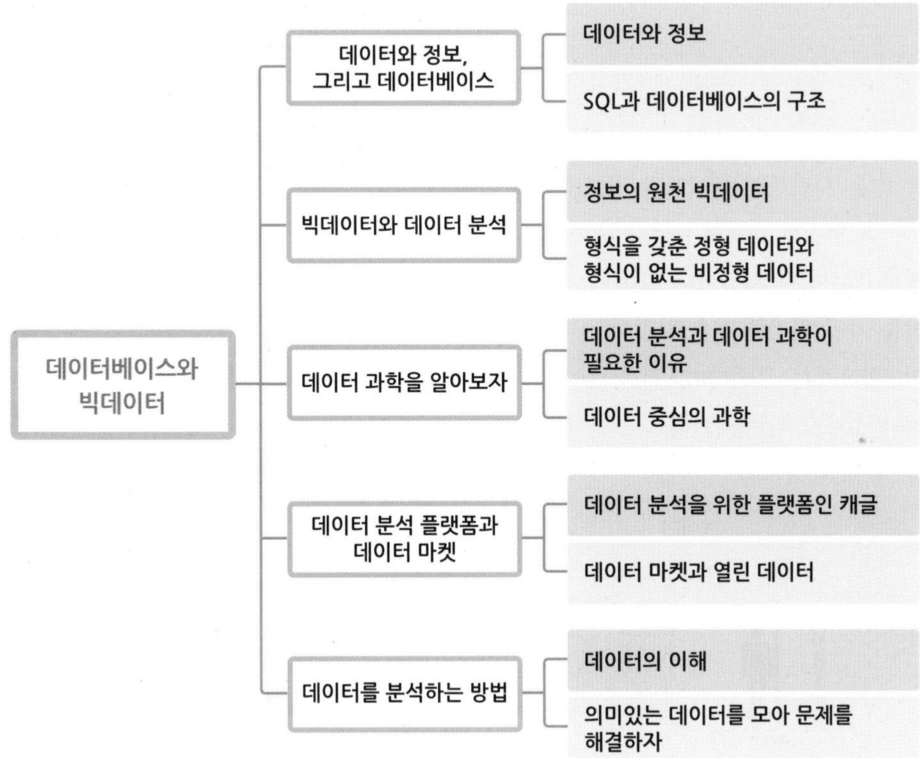

학습목표

- 데이터와 정보에 대한 개념을 이해한다.
- 스프레드시트와 데이터베이스에 대해 알아본다.
- 빅데이터에 대해 알아본다.
- 데이터 과학에 대해 알아본다.
- 데이터를 분석하는 방법을 이해한다.

9.1 데이터와 정보, 그리고 데이터베이스

데이터와 정보

보통 많은 사람들이 데이터와 정보라는 단어를 동일하게 사용하는 경우가 많은데 이에 대해 좀 더 엄밀한 정의를 해보고자 한다. 흔히 자료라고도 하는 **데이터**data란 **현실 세계에서 측정하고 수집한 사실이나 값**을 말하며, **정보**information는 어떠한 **목적이나 의도에 맞게 데이터를 가공 처리한 것**을 말한다. 우리가 의사결정을 내리기 위해서는 단순히 수집한 원시 데이터만으로는 부족하며, 원시 데이터에 의미를 부여해야만 하는데 이와 같이 가공된 데이터가 정보가 되는 것이다.

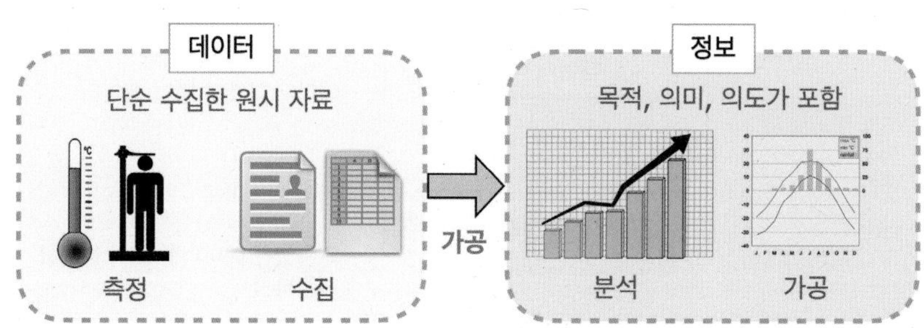

예를 들어, 우리나라의 여러 지역에는 지정된 시간마다 지상 1.5 미터 높이의 **기온을 측정하는 장치**가 있다. 이렇게 수집된 **방대한 수치 자료는 데이터**이지만, 이를 처리하고 분석하여 평년 기온을 구하거나, 일자별·지역별 데이터를 정리해서 어떤 **의사결정에 사용한다면 정보**가 된다. 즉, 어떤 지역이 겨울에 가장 추운지, 일교차가 가장 큰지 등의 정보를 바탕으로 해당 지역에 특정 과일 재배가 가능한가를 판단하여 이에 따른 의사결정을 내릴 수 있다. 이와 같은 의사결정을 돕는 방법 중에 하나가 수치 데이터를 그래픽 정보로 나타내는 시각화이며, 여기에 해석이 보태어져야 많은 사람들이 활용하는 데 도움이 될 것이다.

현실 세계에서 데이터를 추출하여 처리하고 저장하고 가공하여 정보로 만든 다음 이 정보를 지식으로 활용하는 과정은 일반적으로 다음 그림과 같은 과정을 따르고 있다. 이 그림에 나타난 최종 단계인 **지식**knowledge이란 정보에서 한 단계 더 나아간 것이며, 정보를 집적하고 체계화하여 보편성을 가지도록 한 것이다.

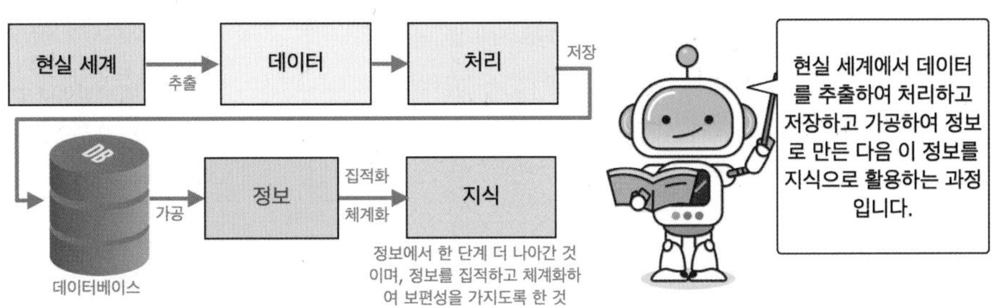

스프레드시트

스프레드시트spreadsheet는 표 형식으로 나타낼 수 있는 자료를 손쉽게 다룰 수 있는 기능을 제공하는 컴퓨터 프로그램이다. 이 프로그램을 자료값을 입력하고, 분석하는 기능을 제공하거나, 시각적으로 표현하거나, 이를 다른 형식으로 변환하여 저장하는 기능을 제공한다. 이 프로그램은 화면 상에 표를 작성하고 표의 각 원소(이 원소를 통상 **셀**cell이라 한다)에 수치 또는 다른 셀의 값을 참조하는 식을 기술할 수 있도록 하여 손쉽게 다차원 계산을 할 수 있다. 이러한 특징으로 인해서 스프레드시트라는 용어 대신 **표계산 소프트웨어**라고도 한다. 최초의 스프레드시트는 1981년 애플사의 PC인 애플Ⅱ에서 구현된 **비지칼크**VisCalc라는 프로그램이다. 현재 널리 사용되는 스프레드시트는 마이크로소프트사의 **엑셀**Excel, 애플사의 **넘버스**Numbers, 구글의 클라우드용 스프레드시트인 **구글 시트**google Sheets 등이 있다. 이것들 중에서 엑셀은 사무용 소프트웨어 중에서 가장 사용빈도가 높으며 인기가 있는 프로그램이다.

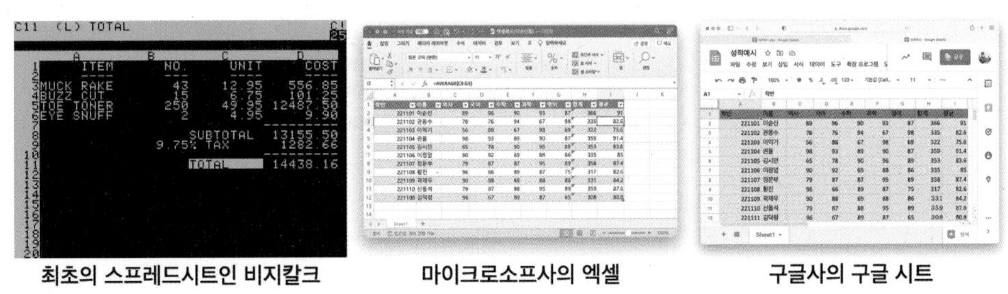

최초의 스프레드시트인 비지칼크 마이크로소프사의 엑셀 구글사의 구글 시트

다음의 그림은 스프레드시트에서의 작업 화면을 좀 더 상세하게 나타난 것이다.

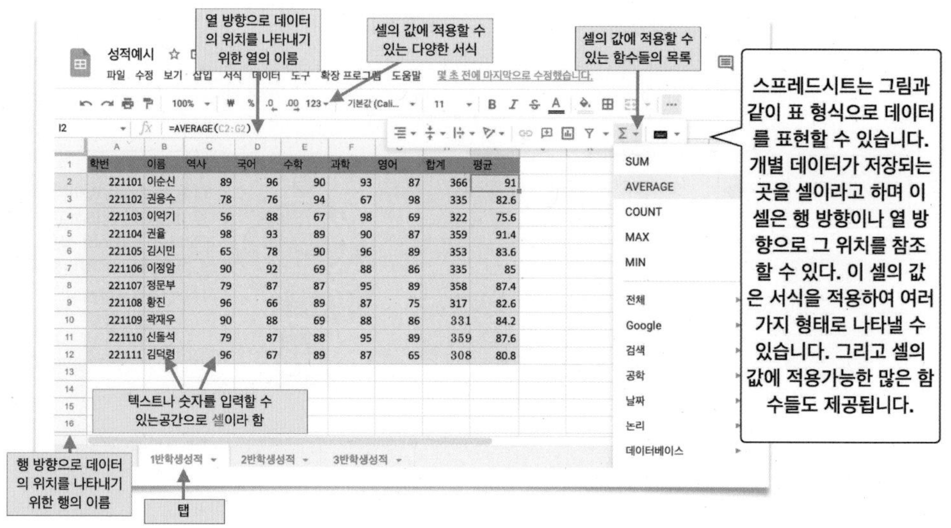

스프레드시트는 그림과 같이 표 형식으로 데이터를 표현할 수 있다. 그림에 나타난 것과 같이 이순신, 89, 96, ...와 같이 개별 데이터가 저장되는 곳을 셀cell이라고 하며 이 셀은 행 방향이나 열 방향으로 그 위치를 참조할 수 있다. 이 셀의 값은 서식을 적용하여 여러가지 형태로 나타낼 수 있다. 그리고 셀의 값에 적용가능한 많은 함수들도 제공된다. 그뿐만 아니라 다음 그림과 같이 데이터를 분석하기 위한 다양한 시각화 도구까지 제공한다. 이를 통해서 이용자는 데이터의 전체적인 성질에 대한 직관적 이해를 할 수 있을 것이다.

데이터베이스와 데이터베이스 관리 시스템

데이터베이스database는 **컴퓨터에서 저장하고 접근할 수 있도록 조직화된 데이터의 집합**으로 정의할 수 있으며 간단하게 **관련 있는 데이터의 저장소**라고도 볼 수 있다. 데이터베이스와 스프레드시트 프로그램은 모두 정보를 편리하게 저장하고 분석할 수 있는 방법이다. 하지만 두 기술은 다음과 같은 세 가지 측면에서 큰 차이가 있다.

1. 데이터 저장 및 조작 방법
2. 데이터에 액세스 할 수 있는 사람
3. 저장할 수 있는 데이터 양

스프레드 시트는 원래 한 명의 사용자를 위해 설계되었기 때문에 해당 사용자의 특성이 반영되어 있으며, 매우 복잡한 데이터 조작을 수행할 필요가 없는 단일 사용자나 적은 수의 사용자에게 적합한 프로그램이다. 반면 데이터베이스는 훨씬 더 방대한 양의 조직화된 정보를 보관하도록 설계되었다. 데이터베이스를 사용하면 여러 사용자가 동시에 매우 복잡한 로직과 언어를 사용하여 데이터에 빠르고 안전하게 접근할 수 있으며, 데이터로부터 정보를 추출하기 위한 질의를 할 수 있다. 이때, **데이터베이스에 정보를 추출하기 위한 질의를 쿼리**query라고 한다

예를 들어, 한 반에 학생 20명이 있고 이들의 역사, 국어, 수학, 과학, 영어 시험 점수가 테이블 형태의 스프레드시트 파일로 존재한다고 가정해 보자. 이 데이터는 크기 면에서 그다지 크지 않기 때문에 선생님이나 관계자들만 열람하여 합계와 평균을 살펴보고 크기 순으로 정렬을 하여 학생들의 점수를 살펴보는 용도로 사용할 수 있을 것이다. 하지만 이동통신사를 통해서 휴대폰 기기를 개통하는 경우를 생각해본다면 이는 간단하지 않을 것이다. 우선 이동 통신가의 가입자는 수천만 명 이상으로 그 데이터의 크기가 매우 크기 때문에 일반적인 PC에 이 데이터를 저장하는 것은 매우 어려울 것이다. 그리고 전국에 있는 수천 개 이상의 지점에서 항상 데이터를 조회할 수 있어야 할 것이며, 이러한 정보 조회와 갱신에 대하여 실시간 응답을 수행해야만 한다. 따라서 이 데이터는 스프레드시트 파일을 통해서는 관리할 수 없으며 좀 더 전문화된 데이터 처리 방법인 데이터베이스를 사용해야 한다. 다음의 표는 스프레드시트와 데이터베이스의 장점과 단점을 정리한 표이다.

	스프레드시트	데이터베이스
장점	직관적이고 이해하기 쉽다.	사용시 쿼리 언어에 익숙해져야 한다. 데이터 모델링을 위한 지식이 필요하다.
단점	많은 데이터 처리시 느려진다. 다소 복잡한 내용의 처리가 어렵다. 여러 사용자의 동시 작업이 불가능하다.	많은 데이터를 쉽게 처리할 수 있다. 복잡한 작업에 대한 처리가 가능하다. 동시 작업이 가능하다.

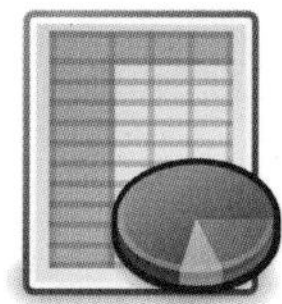

• 직관적이고 이해하기 쉽다.
• 많은 데이터를 처리할 때 느려진다.
• 다소 복잡한 내용의 처리가 어렵다.
• 여러 사용자의 동시 작업이 불가능하다.

스프레드시트

VS

• 사용시 쿼리 언어에 익숙해져야 한다.
• 데이터 모델링에 대한 지식이 필요하다.
• 많은 데이터를 쉽게 처리할 수 있다.
• 복잡한 작업에 대한 처리가 가능하다.
• 동시 작업이 가능하다.

데이터베이스

많은 데이터를 처리하는 기능을 하는 데이터베이스는 다음과 같은 4 가지의 주요 성질을 만족해야 한다.

- **통합된 데이터** : 자료의 중복이 최소화되어 효율적으로 이용할 수 있는 데이터의 모임이다.
- **저장된 데이터** : 컴퓨터가 접근할 수 있는 저장 매체에 저장된 자료이다.
- **운영 데이터** : 운영 데이터란 데이터가 조직의 고유한 업무를 수행하기 위해서 존재하고 사용된다는 것을 의미한다.
- **공용 데이터** : 여러 사용자들의 응용 시스템들이 공동으로 소유하고 유지하는 자료이다.

앞서 살펴본 데이터베이스의 주요 특징은 다음과 같이 정리할 수 있다.

1. **실시간 접근성** : 데이터베이스는 시간에 관계없이 수시로 발생하는 여러 가지 질의에 대하여 실시간 처리에 의한 응답이 가능해야 한다.
2. **계속적인 변화** : 일반적으로 데이터베이스의 상태는 동적이다. 즉 새로운 데이터의 삽입, 삭제, 갱신을 통해서 항상 최신의 데이터를 유지한다.
3. **동시 공유** : 데이터베이스는 서로 다른 목적을 가진 여러 응용자들을 위한 것이므로 다수의 사용자가 동시에 같은 내용의 데이터를 공유하여 이용할 수 있어야 한다.
4. **내용에 의한 참조** : 데이터베이스에 있는 데이터를 참조할 때 데이터 레코드의 물리적인 주소나 위치에 의해서가 아니라, 사용자가 요구하는 데이터 내용으로 데이터를 찾는다.
5. **데이터 독립성** : 응용 프로그램과 데이터베이스를 독립시켜서 데이터의 논리적 구조를 변경시키더라도 응용 프로그램은 고칠 필요가 없는 특징을 가진다.

데이터베이스는 일반적으로 데이터베이스 관리 시스템에 의하여 제어된다. 데이터베이스 관리 시스템이란 Database Management System의 약자인 DBMS라고도 하는데 **데이터베이스를 운영하고 관리하는 소프트웨어**라고 할 수 있다. 데이터의 집합인 데이터베이스가 있을 경우 다양한 데이터가 저장되어 있는 데이터베이스는 여러 명의 사용자나 응용 프로그램과 공유되어야 하며 동시에 접근이 가능해야 할 것이다. 이와 같이 데이터베이스를 운영하고 관리할 수 있는 기능을 하는 소프트웨어가 DBMS인 것이다.

비유를 통해서 데이터베이스와 DBMS의 역할을 살펴보자. 예를 들어서 여러분이 이용하는 은행에는 많은 사람들이 예금 계좌를 가지고 있다. 이때 여러 명의 예금 계좌 정보를 모아 놓은 것이 바로 예금 데이터베이스이다. 반대로 대출에 관한 정보가 모여 있을 수 있으며 이것은 대출 데이터베이스가 될 것이다. 이 때 은행이 가지고 있는 예금 데이터베이스나 대출 데이터베이스는 여러 방법을 통해서 동시에 접근할 수 있어야만 할 것이다. 즉, 예금 계좌의 주인, 대출 계좌의 주인, 은행 직원, 인터넷 뱅킹 앱, ATM 단말기 등에서 모두 접근이 가능해야만 이 데이터베이스는 용도에 맞게 활용될 수 있을 것이다. 이와 같는 일을 하는 것이 바로 DBMS의 역할이다. 이 DBMS는 동시에 접근하는 사용자를 위한 서비스를 제공하고 데이터를 공유하여 관리자가 이를 관리하도록 해야만 한다.

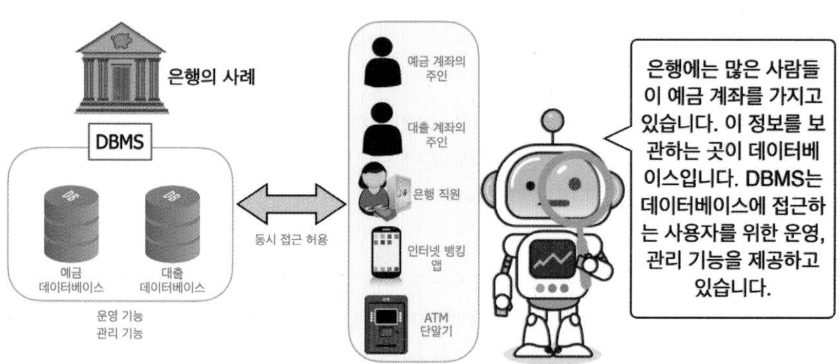

은행의 사례를 통해 살펴본 데이터베이스와 DBMS

다음은 DBMS의 주요 특징을 정리한 것이다.

1. **최소의 복사와 중복** : 데이터베이스는 일반적으로 많은 사용자가 이용하기 때문에 데이터 중복 가능성이 매우 높다. 그러나, 데이터 파일이 여러 명의 사용자에 의해서 차례차례로 공유될 때 데이터가 복사되거나 중복된다면 그 성능이 매우 떨어질 수 있기 때문에 복사와 중복 횟수는 최소화되어야 한다. DBMS 안에 있는 모든 정보는 복사와 중복을 최소화하여 관리되므로 중복 가능성이 매우 낮습니다.

2. **데이터의 무결성 보장** : 여러 사용자가 동시에 데이터에 접근하여 정보를 갱신하는 경우도 있을 수 있다. 이 경우 하나의 데이터가 서로 다른 값을 가질 수 있는데 이렇게 된다면 데이터의 신뢰성이 떨어질 것이다. 따라서 DBMS는 이러한 일이 발생하지 않도록 데이터의 무결성을 보장한다.
3. **저장 공간과 비용의 절감** : 모든 DBMS에는 저장할 데이터가 많다. 그러나 데이터를 적절하게 통합하고 묶어서 관리하는 DBMS를 사용하면 매움 많은 공간을 절약할 수 있다. 기업 입장에서는 데이터를 저장하기 위해 시스템을 구입하는 것은 곧 많은 비용을 지출하는 것과 같다.
4. **누구나 사용가능함** : 데이터베이스 관리 시스템에서 작업할 경우 큰 기술력이 없는 사용자라 할지라도 데이터베이스를 쉽게 이용할 수 있습니다. DBMS가 제공하는 쿼리 언어는 매우 이해하기 쉽다. 만약 사용자가 어떤 레코드를 갱신하거나, 삽입하거나, 삭제 및 검색하기를 원한다면 DBMS에서 제공하는 쿼리의 도움을 받아서 매우 쉽게 할 수 있다. 따라서 사용자는 숙련된 프로그래머가 아닐지라도 이것을 할 수 있다.

SQL과 데이터베이스의 구조

SQL[Structured Query Language]이란 **데이터를 정의하고, 데이터를 생성, 조작, 질의, 접근하도록 하기 위해 관계형 데이터베이스에서 사용되는 언어**이다. SQL은 1970년대에 IBM에서 처음 개발되었으며 미국 국립 표준원에 의한 표준이 수립되기에까지 이르렀다.

SQL은 이와 같은 다양한 작업을 수행하기 위한 데이터 정의 명령, 데이터 조작 명령, 데이터 제어 명령을 가지고 있다.

- **정의 명령** : CREATE, ALTER, DROP과 같이 데이터를 정의하기 위한 테이블에 관련된 명령.
- **조작 명령** : SELECT, UPDATE, DELETE, INSERT 와 같이 데이터를 조작하는 명령.
- **제어 명령** : GRANT, REVOKE 문과 같이 데이터의 사용 권한에 관여하는 명령.

컴퓨터에서 저장되고 표현되는 정보는 모두 비트 단위로 저장되어 표현된다. 이 비트가 모여서 바이트가 되고 바이트를 여러 개 모아서 정수를 표현하거나 실수를 나타낼 수 있다. 때로는 바이트를 2개에서 4개로 모아 유니코드 문자를 만들어 하나의 문자를 나타내기도 한다. 데이터베이스는 그림과 같이 다양한 종류의 데이터들을 묶어서 하나의 객체에 대한 고유한 정보를 나타내는데 사용하기도 한다.

예를 들어 학번이 231101인 '홍길동'이라는 학생이 있고, 이 학생의 역사, 국어, 수학 과목의 중간 시험 성적이 89, 96, 90점이라고 하자. 그림 ①과 같이 여러 명의 학생에 대한 정보가 테이블 형태로 존재할 경우 행 방향으로 (231101, '홍길동', 89, 96, 90)과 같이 한 명의 학생에 대한 정보를 묶을 수 있는데, 이와 같이 연관된 데이터 값들이 모여서 하나의

레코드record를 이룬다. 레코드는 테이블 데이터의 행에 해당하며 **튜플**tuple이라고도 한다. 그림 ②는 필드에 대한 설명이다. 그림에서 보면 학번, 이름, 역사, 국어, 수학이라는 5개의 열이 있는데 이 열은 데이터베이스에서 가장 작은 단위의 데이터이다. 이와 같이 데이터베이스에서 데이터가 가지는 속성을 **필드**field라고 한다. 이 테이블에는 학번값 231101, 이름 '홍길동', 역사 평가 값 98와 같은 데이터가 존재한다.

학번	이름	역사	국어	수학
231101	홍길동	89	96	90
231102	이순신	78	76	94
231103	이억기	56	88	67
231104	권율	98	93	89

학생들의 평가 정보가 있는 테이블의 행　　학생들의 평가 정보가 있는 테이블의 열

데이터베이스에서 살펴볼 또 다른 중요한 용어는 스키마schema이다. **스키마는 전체적인 데이터베이스의 골격 구조를 나타내는 일종의 도면**으로 비유할 수 있다. 즉 스키마는 데이터베이스의 엔티티와 그 엔티티들 간의 관계를 정의한다. 따라서 어떤 타입의 데이터가 어느 위치에 적재되어야 하는지, 다른 테이블이나 엔티티와 어떠한 관계를 맺는지 정의하는 일을 한다.

데이터이스에 적용될 수 있는 여러 가지 SQL 명령

- **생성 명령** : 새로운 데이터베이스를 생성하기 위한 대표적인 SQL 명령은 CREATE 명령이다. CREATE 명령을 통해서 그림과 같은 데이터베이스를 만들 수 있다.

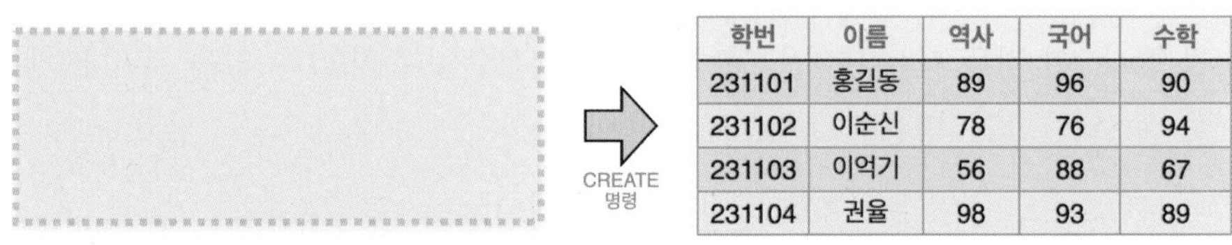

학번	이름	역사	국어	수학
231101	홍길동	89	96	90
231102	이순신	78	76	94
231103	이억기	56	88	67
231104	권율	98	93	89

존재하지 않는 학생 평가 테이블　　데이터베이스가 생성됨

- **삽입 명령** : 이전에 살펴본 데이터베이스에 한 명의 학생이 더 시험을 쳐서 평가 점수가 나오는 경우를 가정해 보자. 이 경우 새로운 학생이 전학을 와서 평가를 본 경우, 이 학생의 레코드를 기존의 학생평가 데이터베이스에 삽입하는 것이 필요하다. 이 경우 데이터베이스에서 나타나는 튜플의 순서에는 상관하지 않도록 한다. 만일 (231105, '김시민',

65, 78, 90)이라는 새로운 레코드가 삽입된다면 그림과 같이 데이터베이스의 정보는 갱신될 것이다. 테이블에 데이터를 삽입하는 대표적인 SQL 명령은 INSERT 명령이다.

학번	이름	역사	국어	수학
231101	홍길동	89	96	90
231102	이순신	78	76	94
231103	이억기	56	88	67
231104	권율	98	93	89

학생들의 평가 정보가 있는 데이터베이스

학번	이름	역사	국어	수학
231101	홍길동	89	96	90
231102	이순신	78	76	94
231103	이억기	56	88	67
231104	권율	98	93	89
231105	김시민	65	78	90

새로운 레코드가 삽입된 후의 데이터베이스

- **삭제 명령** : 삭제 명령은 데이터베이스 테이블에서 관련된 레코드를 삭제하는 연산이다. 만일 학생들 중에서 학번이 231103인 '이억기' 학생이 전학을 가게되어 더이상 이 정보를 유지할 필요가 없어지는 경우를 상상하면 될 것이다. 그림에서는 (231103, '이억기', 56, 88, 67) 레코드가 삭제되어 데이터베이스가 갱신된 결과를 보여준다. 테이블에 데이터를 삭제하는 대표적안 SQL 명령은 DELETE 명령이다.

학번	이름	역사	국어	수학
231101	홍길동	89	96	90
231102	이순신	78	76	94
231103	이억기	56	88	67
231104	권율	98	93	89

학생들의 평가 정보가 있는 데이터베이스

학번	이름	역사	국어	수학
231101	홍길동	89	96	90
231102	이순신	78	76	94
231104	권율	98	93	89

기존 레코드가 삭제된 후의 데이터베이스

- **갱신 명령** : 기존의 정보에서 속성 값을 수정하는 경우를 고려해 보자. 만일 '홍길동' 이라는 학생의 수학 평가 점수에 오류가 발견되어 이 점수를 90점에서 95점으로 갱신하고자 한다. 이 경우 갱신 명령을 통해서 기존의 점수를 수정할 수 있을 것이다. 갱신을 위한 대표적인 SQL 명령은 UPDATE 명령이다.

학번	이름	역사	국어	수학
231101	홍길동	89	96	90
231102	이순신	78	76	94
231103	이억기	56	88	67
231104	권율	98	93	89

학생들의 평가 정보가 있는 데이터베이스

학번	이름	역사	국어	수학
231101	홍길동	89	96	95
231102	이순신	78	76	94
231103	이억기	56	88	67
231104	권율	98	93	89

기존 레코드의 정보가 갱신된 후의 데이터베이스

- **조회 명령** : 데이터베이스에서 학생의 학번과 이름, 그리고 국어 점수만을 뽑아서 살펴보고자 한다. 데이터베이스는 조회를 위한 명령을 제공하며 이 명령을 사용하면 조회된 새로운 관계를 볼 수 있다. 조회를 위한 대표적인 SQL 명령은 SELECT 명령이다.

학번	이름	역사	국어	수학
231101	홍길동	89	96	90
231102	이순신	78	76	94
231103	이억기	56	88	67
231104	권율	98	93	89

학생들의 평가 정보가 있는 데이터베이스

학번	이름	국어
231101	홍길동	96
231102	이순신	76
231103	이억기	88
231104	권율	93

데이터베이스에서 조회된 새로운 관계

이밖에도 테이블의 자료를 크기 순으로 정렬하거나, 두 개 이상의 테이블을 병합하거나, 하나의 테이블을 2개 이상의 테이블로 나누는 것과 같은 다양한 일을 하는 명령도 지원된다.

9.2 빅데이터와 데이터 분석

정보의 원천 빅데이터

빅데이터big data는 기존 데이터베이스 관리 도구의 능력을 넘어서는 대량의 정형·비정형 데이터 집합으로부터 가치를 추출하고 결과를 분석하는 기술을 말한다. 빅데이터는 흔히 양volume과 속도velocity 그리고 종류variety의 첫 글자를 따서 3V로 그 특징을 표시하기도 한다. 물론 이러한 특징 이외에도 **신뢰성**veracity과 **가치**value, **타당성**validity을 추가하는 경우도 있으나 3V가 빅데이터의 대표적인 특징이다.

다음은 빅데이터의 대표적인 특징인 양, 속도, 종류에 대한 설명이다.

특징	설명
양 (Volume)	빅데이터는 일반적인 컴퓨터에서 처리할 수 있는 메가바이트나 기가바이트 단위의 데이터를 넘어서는 테라바이트~엑사바이트 이상의 데이터를 저장하여 분석하고 가공해야 한다. 페타바이트는 2^{50} 바이트 크기의 데이터이며, 엑사바이트는 2^{60} 바이트 크기의 데이터이다. 이 이상의 데이터는 엄청난 물리적 데이터 크기로 인하여 현재의 컴퓨터 기술로도 이를 분석 및 처리하는 데 어려움이 따른다.
속도 (Velocity)	사물인터넷을 비롯한 센서와 다양한 모바일 기기, 소셜 미디어 등으로부터 발생하는 매우 빠른 속도의 실시간적인 데이터 증가를 그 특징으로 볼 수 있다.
종류 (Variety)	사용자의 컴퓨터나 스마트폰에서 사용자가 접속하여 종료할 때까지의 모든 활동 기록을 로그 기록이라하는데 이러한 로그 기록, 소셜 미디어 사용 내역, 실시간 시청 기록 등의 다양한 기기와 매체를 통해서 데이터가 축적되므로 텍스트 정보 이외에도 멀티미디어 정보와 같은 비정형화된 데이터가 많은 부분을 차지하는 특징이 있다.

빅데이터의 대표적인 특징들

초창기의 컴퓨터는 주어진 입력에 대하여 정해진 틀에 의한 출력을 보여주는 것이 주된 기능이었다. 예를 들면 두 값 123과 259가 있을 경우 이들의 곱인 31,857을 출력하거나 그 차이에 해당하는 −136을 구하는 단순한 수치 연산이 대부분을 차지하였다. 시간이 흘러 다양한 소프트웨어가 개발되면서 좀 더 복잡한 업무를 처리할 수 있게 되었으며 최근에는 유튜브나 틱톡, 페이스북, 인스타그램과 같은 소셜 미디어에서 발생하는 영상, 음성, 이미지, 텍스트 정보를 처리해야 할 필요성이 점점 증가하고 있다. 정보통신 관련 통계 자료를 바탕으로 컨설팅을 하는 기관인 IDC에서는 2024년까지 전 세계에서 생성, 캡처, 복사 및 소비되는 데이터의 총량은 매년 149 제타바이트를 넘어설 것이며 그중 상당수는 비정형 데이터가 될 것으로 예상한다.

이러한 관계를 그림으로 정리해 본다면 다음과 같다. 데이터 인프라에 해당하는 광대역 네트워크, 클라우드 서비스, 사물인터넷, 소셜 미디어로부터 획득한 정형/비정형 데이터가 빅데이터의 핵심이 되며 이 데이터를 인공지능 모델과 같은 곳에서 활용하여 경제적 가치를 창출하거나 사회적 문제를 해결하는 데 활용될 수 있을 것이다.

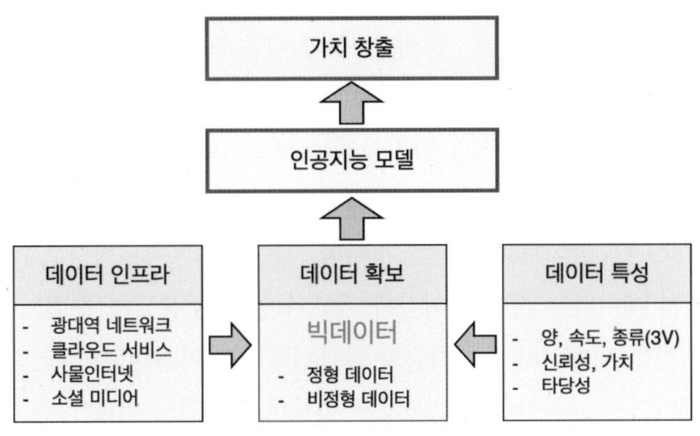

형식을 갖춘 정형 데이터와 형식이 없는 비정형 데이터

▪ 정형 데이터

정형 데이터structured data는 데이터베이스의 일정한 형식이나 정해진 규칙에 맞게 저장된 데이터를 의미한다. 정형 데이터의 가장 일반적인 경우는 아래와 같이 테이블 형태의 구조인데 특정한 열에 속성값이 표기되어 있고 행에는 속성에 해당하는 자료값을 가진다. 아래의 표를 보면 Gender라는 컬럼(열)column이 있는데 여기서 male, female이라는 값이 들어간다면 누가 봐도 그 값은 남자, 여자라는 것을 쉽게 인식할 수 있고, Age에 23 혹은 25와 같은 숫자가 들어가도 사람들은 쉽게 그 값을 인식할 수 있다. 이와 같이 정형 데이터는 값이 나타내는 의미를 파악하기 쉽고, 규칙적인 값으로 이루어진 데이터이다. 이러한 정형성으로 인하여 아래 표와 같이 수치값으로 이루어진 역사, 국어, 수학, 과학, 영어 점수의 합계와 평균을 비교적 쉽게 구할 수 있다. 정형 데이터를 위한 대표적인 데이터베이스 시스템으로 관계형 **데이터베이스**RDBMS가 있으며, 엑셀과 같은 스프레드시트 역시 정형 데이터를 다루고 저장하는 도구이다.

열에는 데이터의 속성이 표시됨
수치 데이터
수치값의 합
수치값의 평균

학번	이름	Gender	Age	역사	국어	수학	과학	영어	합계	평균
221101	홍길동	male	23	89	96	90	93	87	366	73.2
221102	홍길순	female	25	78	76	94	67	98	335	67
221103	박동민	male	36	56	88	67	98	69	322	64
221104	강지안	male	35	98	93	89	90	87	359	71.8
221105	강이안	female	31	65	78	90	96	89	353	70.6
221106	박동윤	male	45	90	92	69	88	86	335	67
221107	강민영	male	32	79	87	87	95	89	358	71.6
221108	김수성	male	24	96	67	89	87	75	318	63.6

정형 데이터는 일정한 형식이나 정해진 규칙에 맞게 저장된 데이터에요.

반면 **비정형 데이터**unstructured data는 정해진 규칙이 없어서 값의 의미를 쉽게 파악하기 힘든 형태의 데이터이다. 흔히 텍스트, 음성, 영상과 같은 데이터가 비정형 데이터 범위에 속해 있다. 유튜브에 업로드된 동영상이 비정형 데이터의 대표적인 경우인데, 동영상의 제목과 설명, 영상 자체의 내용은 일정한 규칙이 없어서 그 의미 파악이 힘들다. 세계적 시장 조사 기관인 IDC에 따르면 2024년까지 전 세계에서 생성, 캡처, 복사 및 소비되는 데이터의 총량은 매년 149제타바이트를 넘어설 것이며 그 중 상당수는 비정형 데이터가 될 것이라고 한다. 비정형 데이터는 정형 데이터에 비하여 많이 활용되지 못했는데, 최근에는 인공지능 기술에 기반한 빅데이터 분석기술의 발전으로 인하여 의미를 분석하기 힘들었던 대용량의 비정형 데이터를 분석함으로써 새로운 인사이트를 얻고 있다.

▪ 반정형 데이터

다음으로 **반정형 데이터**semi-structured data에 대하여 살펴보자. 다음 그림은 인터넷 웹페이지에 대한 HTML 소스코드와 이 문서의 구조를 계층적으로 나타낸 것이다. 이처럼 JSON,

HTML, XML, 로그 등의 데이터는 태그나 기타 마커가 표함되어 있어서 시맨틱 요소를 구분하는 것이 가능하다. 반정형 데이터는 완전한 정형 데이터가 아닌 약한 정형 데이터로 볼 수 있다.

이와 같이 반정형 데이터는 **관계형 데이터베이스나 다른 형태의 데이터 테이블과 연결된 정형 구조의 데이터 모델을 준수하지 않는 정형 데이터의 한 형태**이다. 데이터 모델이 따로 없기는 하지만 비정형 데이터와는 달리 데이터 내에서 개별적인 고유의 특징을 식별하는 태그가 포함되어 있다는 점이 반정형 데이터의 특징이다.

NOTE : 빅데이터와 금융 범죄

빅데이터의 가치는 이전에는 관리되지 않던 새로운 데이터를 수집하고 분석함으로써 새로운 가치를 창출하는 데 큰 의의가 있다. 예를 들어 온라인 쇼핑몰이나 검색 사이트에서는 고객의 다양한 로그와 검색 결과 등과 같은 빅데이터를 통해서 의미있는 정보를 실시간으로 도출할 수 있다.
이러한 분석 결과는 이상 감지, 트렌드 파악, 가까운 미래의 예측, 의사결정 등에 다양하게 활용될 수 있다. 예를 들어, 우리나라의 경우 국세청에서 운영하는 금융정보분석원의 정보시스템은 금융 회사들이 보고하는 **빅데이터**를 바탕으로 **기계학습**을 통해 금융 범죄를 찾아낸다. 이 시스템은 자금 세탁 범죄와 관련된 금융 거래 정보를 분석하여 법집행기관에 제공하는 자금세탁 방지 시스템으로서 의심 거래 보고, 고액 현금 거래 보고를 바탕으로 운영된다.

상세한 정보는 아래와 같다.

1) **의심 거래 보고**: 금융 회사에서 금융 거래와 관련하여 자금 세탁이 의심되는 합당한 근거가 있는 경우 금융 정보 분석원에 보고하는 정보.
2) **고액 현금 거래 보고**: 금융 회사에서 동일인 명의로 1거래일간 이루어지는 현금 거래가 1천만 원 이상인 경우 금융 정보 분석원에 보고하는 정보

9.3 데이터 과학을 알아보자

데이터 분석과 데이터 과학이 필요한 이유

오늘날 우리가 살아가는 세상은 많은 데이터들이 빠르게 생성되고 처리되면 저장되고 있다. 매년 많은 국가 예산을 투입해서 이루어지는 인구와 지역발전, 경제관련 통계자료, 수시로 집계되는 전국적인 단위나 전 세계적인 단위의 교통 정보, 지구상의 측정소나 기상 관측용 인공 위성으로부터 수집되는 날씨 정보, 기업체의 수입과 지출에 관련된 자료, 수시로 이루어지는 인터넷의 검색 기록, 메신저 대화 기록, 페이스북이나 인스타그램, 소셜 미디어의 좋아요와 댓글, 블로그의 사진과 해시태그, 그리고 곳곳의 CCTV가 찍어낸 영상 자료가 우리 주위에 널려 있다. 이 데이터를 어떻게 가공해야 의미있는 정보를 추출할 수 있을까? 이렇게 추출한 정보를 통해서 어떤 방법을 사용해야만 경제 발전, 인구 증가, 내일의 날씨에 대한 효과적인 예측을 할 수 있을까?

많은 데이터를 수집하여 이를 효과적으로 활용하는 사례로는 다음과 같은 것이 있다.

[사례 1 : 교통 빅데이터 분석과 교통 혼잡 지도]

국토교통부는 2013년 교통 빅데이터 분석·처리기술을 이용한 교통 혼잡 지도를 개발했다. 혼잡 지도는 2013년 9월 한 달간의 내비게이션 이용 차량의 이동궤적(6억 개)을 25만 개 도로 구간에 대하여 분석해 도로·교차로·행정구역별로 각각 구현하여 특정 지역별로 특정 기간에 발생하는 혼잡 강도를 파악하였다. 이 교통 혼잡 지도 시스템은 내비게이션 데이터와 도로 네트워크 자료인 빅 데이터베이스 시스템, 혼잡 여부를 판단하고 각종 지표를 생성하는 교통 혼잡 분석시스템, 분석 결과를 지도에 표출하는 지리 정보시스템 기반 표출 시스템으로 구성되어 있다. 교통 혼잡 지도를 분석한 결과, 광역자치단체 단위로 보면 주중에 대도시의 혼잡도가 높았으며 경상남북도, 충청남북도, 강원도의 경우 주중보다 주말의 교통 혼잡이 더 높은 것으로 나타났다. 교통 혼잡 지도는 전국 도로· 도시별 교통망 성능 평가, 교통 수요 관리, 대중 교통 활성화, 차량 이동량 등의 지속가능한 교통정책 수립에도 활용될 예정이다.

[사례 2 : 고객 통합 관리 시스템]

LG, SK, 삼성전자 등은 최근 빅데이터 기반의 고객 소리 통합 관리 시스템을 개발하였다. 이 시스템은 주요 인터넷 사이트나 게시판에 게시된 수많은 자사 제품 관련 글을 빅데이터 플랫폼으로 수집·분류·분석해서 고객의 불만을 사전에 탐지하여 고객 불만의 원인이 무엇인지, 어느 지역에서 주로 발생하는지 등을 상세히 분석할 수 있으며, 앞으로 불만 사항이 얼마나, 어떻게 확대될 것인지 등을 예측할 수 있다.

[사례 3 : 미국 정부의 탈세 방지 시스템]

미국정부는 탈세를 방지하기 위하여 현재의 이상 징후 발견과 과거의 행동 정보 분석을 통한 예측 모델링으로 사기 패턴과 유사한 행동을 검출하고, 소셜 네트워크 분석을 통해 계좌, 주소, 전화번호, 납세자 간의 연관 관계 분석을 실시하여 범죄 네트워크 발굴 및 지능형 감시시 스템을 개발하였다. 데이터베이스와 데이터웨어하우스를 통합해서 다양한 빅데이터 분석을 통하여 연간 3,450 억 달러에 달하는 세금 누락 및 불필요한 세금 환급을 절감하고 탈세자 수를 줄일 수 있었다.

이상의 사례에서 살펴본것과 같이 데이터 과학data science은 데이터에서 **과학적 방법으로 정보나 지식을 추출하는 학문**이다. 이를 위해서는 통계학, 컴퓨터 과학, 그리고 데이터가 발생하는 영역과 관련된 학문 분야의 이론과 기술을 융합적으로 사용하여야 한다. 따라서 데이터 과학은 대표적인 학제간inter-disciplinary 연구 분야라고 할 수 있다.

데이터 중심의 과학

1998년도 튜링 상 수상자인 **짐 그레이**Jim Gray 박사는 뉴턴 이후로 실험 과학과 이론 과학이 주류 과학의 두 축이었는데, 최근 수 십년 동안은 컴퓨터를 이용한 계산 과학이 과학 연구의 방법론으로 자리를 잡았다고 분석했다. 그리고 그는 과학의 네 번째 패러다임으로 **데이터 중심의 과학**data-intensive science이 등장하고 있다고 보았다. 짐 그레이는 과학계에서 나타난 4차례의 패러다임 전환을 다음과 같이 정리하였다.

1차 – 관찰과 실험의 과학
2차 – 모델에 기반한 과학
3차 – 시뮬레이션 계산과학
4차 – 데이터에 기반한 과학

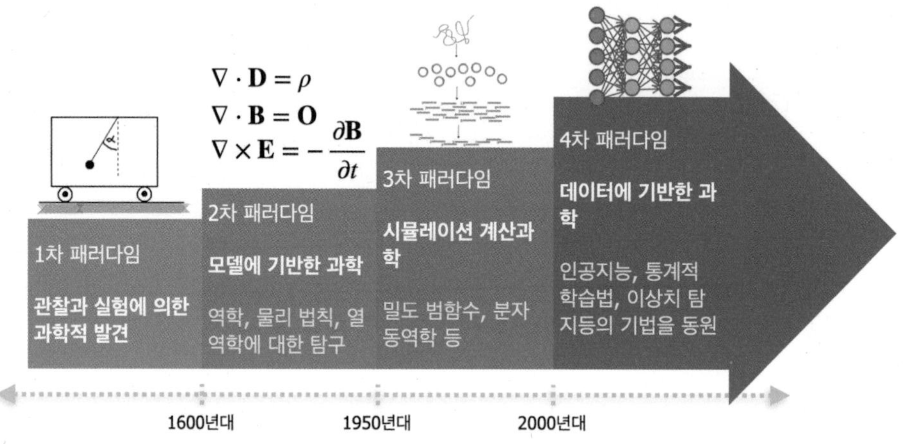

과학의 발전을 되돌아보면 과거에는 주로 실험, 이론, 계산에 의존하였다. 하지만 현재의 과학은 **데이터 과학와 인공지능 기술**에 기반한 분석에 크게 의존하고 있다. 예를 들어 의학에서의 정밀 의료, 생물학에서의 생물정보학, 기상학에서 엘리뇨 예측, 인지과학에서 뇌 네트워크 분석, 언어학에서 텍스트마이닝 등의 데이터 중심 연구가 다양한 과학 분야에서 크게 각광받고 있는 것이다. 물리학에서도 데이터가 핵심적인 역할을 하는데, 2017년에 노벨물리학상을 받은 중력파 입증에 대한 연구에서도 데이터가 중요한 역할을 했다. 이렇게 **컴퓨터 과학이 축적한 기술을 바탕으로 여러 분야의 어려운 문제를 해결하는 새로운 변화를 데이터 과학이 만들어 낼 수 있다는 것**이 짐 그레이의 주장이다.

9.4 데이터 분석 플랫폼과 데이터 마켓

데이터 분석을 위한 플랫폼인 캐글

다음으로 이러한 데이터 분석을 도와주는 협업 플랫폼인 캐글kaggle에 대해서 알아보도록 하자. 캐글 웹사이트의 주소는 다음과 같다.

https://www.kaggle.com/

캐글 사이트의 필요성을 이해하기 위해 우선 다음과 같은 사례를 살펴보자.

[사례 : 전문가의 힘을 빌려 데이터를 분석하자]

어떤 기업 A사에서는 10여 년간 자사의 전자 제품에 대해 고객의 문의 전화를 응대하는 서비스를 운영하였다. 이 과정에서 고객의 정보와 제품의 불량에 대한 방대한 데이터를 축적하였다고 가정하자. 이제 A사는 이 정보를 토대로 모든 고객에게 일방적으로 같은 응대를 하지 않고, 개별 고객에 대한 **맞춤형 응대 매뉴얼을 개발**하여 전화 응대 직원들에게 보급하려고 한다. 예를 들어서, 그동안의 전화 시간과 불량 접수의 유형, 사후 처리와 만족도 등의 축적된 방대한 데이터를 분석하여 어떤 고객이 VIP 고객인지, 어떤 고객이 불량 고객인지를 판단하는 시스템을 구축하려 하는 것이다. 만약 다행히 이 기업에 우수한 데이터 분석 전문가가 확보되어 있다면 이 전문가의 힘을 빌려 데이터를 잘 분석할 수 있을 것이다.

그러나 안타깝게도 전문가가 없다면, 이 기업은 새로운 전문가를 채용해야만 하는 것일까? 만일 이 업무가 1회적인 업무라면 굳이 사람을 채용할 필요가 있을까? 혹은 이 업무에 관련하여 세계에서 가장 우수한 전문가의 힘을 빌려서 훌륭한 분석 시스템을 개발하려면 어떻게 하는 것이 좋을까?

이 같은 경우에 대하여 기업 A는 캐글을 이용하는 것을 고려해 볼 수 있을 것이다. 캐글kaggle은 기업이나 기관으로부터 데이터를 제공받아서, 이를 온라인으로 공개하여 세계 각지의 수많은 데이터 과학자들이 팀이나 개인으로 이 문제를 해결할 수 있도록 도와주는 플랫폼이다. 캐글은 2010년에 설립된 예측 모델 및 분석 대회 플랫폼인데 지금 이 시간에도 전 세계의 데이터 과학자들이 문제를 해결하는 모델을 개발하고 서로 경쟁하고 있다. 실제 프랑스 전자상거래 사이트인 C디스카운트는 상품 이미지 분류 대회를 열었으며 3만 5000 달러의 상금을 걸었다. 캐글의 데이터 세트는 대회가 끝날 경우 사라지기도 하지만 언제든 다운로드 받을 수 있는 경우도 많다. 그리고 이 대회에 참여한 개인이나 팀의 코드를 보고 토의하는 커뮤니티도 잘 되어 있어서 데이터 과학 및 인공지능 연구자들의 좋은 놀이터로 인기를 얻고 있다.

타이타닉 사고의 시간대별 상황

캐글에 접속한 다음 Competitions 메뉴를 살펴보자. 이 메뉴에는 그림과 같이 초보자를 위한 타이타닉 생존자를 예측하는 간단한 예제와 더불어 많은 경진대회가 상금과 함께 개최되고 있다. **타이타닉 생존자 예측 문제**는 1912년 첫 항해 중에 대서양에 침몰한 호화 여객선 타이타닉호의 승객 데이터를 이용하는 문제이다. 이 데이터에는 승객의 성(sex), 나이, 객실 등급, 동반 가족 등이 포함되어 있으며 이를 분석하여 생존/사망 요인을 분석하는 문제이다.

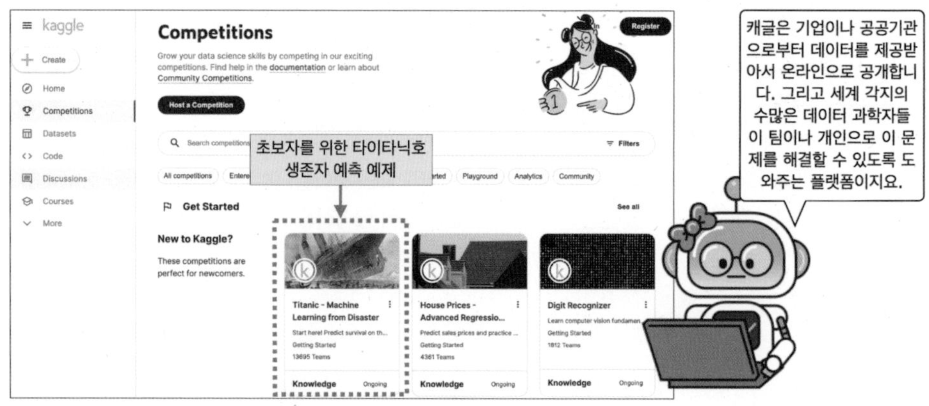

또한 캐글의 Datasets 메뉴에는 여러 기업이나 기관에서 공개한 풍부한 데이터 집합이 있으며 이 데이터의 분석 목표를 다음과 같이 명시하여 제공하고 있다.

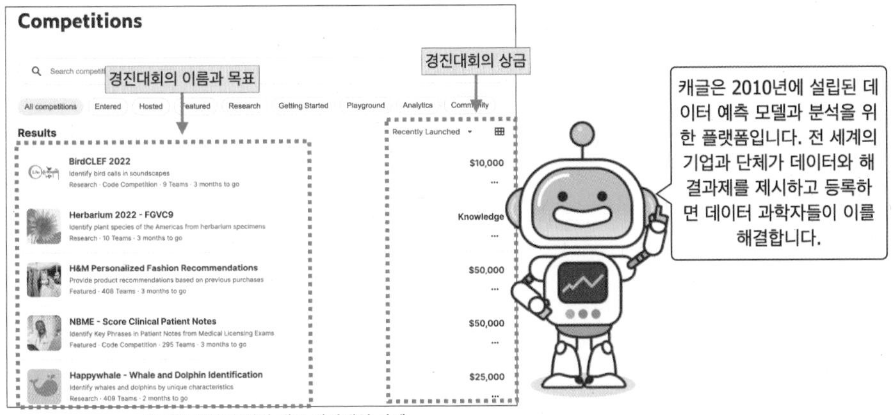

다양한 분야에 걸친 캐글 경진대회 사례

다음은 캐글에 등록된 데이터와 분석 주제의 한 예이다(출처: 캐글 홈페이지).

- 통신사에서 축적한 고객의 정보를 분석하여 주의깊게 살펴야 할 고객 정보를 찾아내는 고객 행동 예측 분석

- 코로나19 환자와 정상인의 가슴 X-선 사진을 이용하여 코로나 환자를 진단

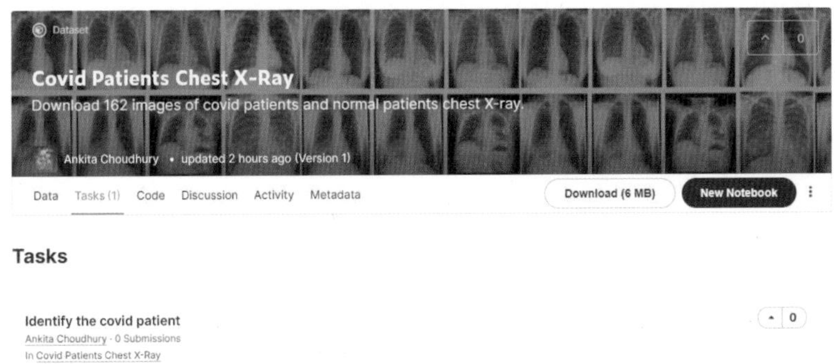

지금 이 시간에도 많은 기업이나 정부, 기관에서 데이터를 제공하고 있으며 이 데이터를 바탕으로 훌륭한 분석 결과를 제시하려는 많은 데이터 과학자들이 캐글 생태계를 더욱 더 발전시키고 있다.

데이터 마켓과 열린 데이터

캐글뿐만 아니라 미국 정부의 경우 data.org라는 웹사이트에서 정부의 주요 데이터를 공개하고 있으며, 지금도 여러 나라의 정부기관과 의료기관 등에서는 많은 데이터를 공개하여 데이터 분석가들이 활용할 수 있도록 하는 **데이터 마켓**data market을 열고 있다. 모든 사람이 제한없이 자유롭게 사용하고 재사용할 수 있으며 재배포까지 가능한 데이터를 **열린 데이터**open data라고 한다.

오픈 데이터 핸드북이라는 웹사이트에서는 열린 데이터의 가장 핵심이 되는 개념을 다음과 같이 정의하고 있다.

이용성 및 접근	전체 데이터가 이용 가능해야 하며, 합리적인 재생산 비용으로, 가능하면 인터넷에서 다운로드되어야 한다. 데이터는 편리하고 수정 가능한 형태로 제공되어야 한다.
재사용과 재배포	데이터는 서로 다른 데이터와 결합되는 것을 포함하여 재사용과 재배포를 허용하는 조건으로 제공되어야 한다.
보편적 참여	누구나 데이터를 사용, 재사용 및 재배포할 수 있어야 한다. 즉, 활동 분야, 특정한 사람이나 그룹에 대한 차별이 없어야 한다. 예를 들어, '비상업적' 제한 조건은 '상업적' 사용을 제한할 수 있으며, 특정한 목적에 한정된 사용 조건은 허용되지 않는다.

비록 열린 데이터는 아니지만 캐글과 같은 데이터 분석 플랫폼은 데이터 분석을 전문적으로 하는 개발자를 위한 열린 토론, 소스코드 공개 등의 상호 소통을 활발하게 지원하고 있다. 또한, 최근 캐글의 데이터 분석 플랫폼의 효과적인 데이터 분석을 위해서는 대부분 기계학습이나 딥러닝 기술과 같은 인공지능 기술을 사용하고 있는 추세이다.

NOTE : 2019년 미국의 직업 순위 1위는 데이터 과학자

기업에 대한 평가와 연봉 등을 정리해서 알려주는 소셜 구인 사이트인 Glassdoor에 따르면 2019년도 미국에서 최고의 연봉과 만족도를 보여주는 직업이 **데이터 과학자**인 것으로 알려졌다.

	Job Title	Median Base Salary	Job Satisfaction	Job Openings
#1	Data Scientist	$108,000	4.3/5	6,510
#2	Nursing Manager	$83,000	4/5	13,931
#3	Marketing Manager	$82,000	4.2/5	7,395

2021년도와 2022년도의 순위는 2위와 3위로 다소 떨어지기는 했으나 수만 개 이상의 직업군 중에서 최상위에 위치한 각광받는 직업은 여전히 데이터 과학자이다.

9.5 데이터를 분석하는 방법

데이터의 이해

우리가 수집한 데이터는 그 특성을 분석하여 데이터의 전체적인 성질을 볼 수 있으며, 전체적인 성질에 대한 이해를 토대로 보다 가치있는 의미를 찾아볼 수 있다. 간단하게 나마 데이터를 이해할 수 있는 상관관계에 대하여 그 특징을 찾아보자.

데이터 분석에서 가장 기본적인 것 중의 하나로 데이터 간의 특성으로 볼 수 있는 것이 바로 상관관계이다. 여러분의 주위를 둘러보면 일반적으로 키가 큰 사람이 키가 작은 사람에 비해 몸무게가 많이 나가는 것을 볼 수 있다. 또한, 연간 소득이 높은 사람일수록 가격이 비싼 차를 타는 경향이 있기도 하다. 사람의 키와 몸무게, 연간 소득과 타고 다니는 자동차의 가격은 서로 증가하거나 감소하는 관계에 있다고 볼 수 있다. 반대로 사람의 키와 그 사람의 연간소득은 큰 상관관계나 의존성이 없을 것으로 미루어 짐작할 수 있다. 이것을 다르게 이야기 하면 키와 몸무게는 관계가 있지만, 연간 소득과는 관계성이 낮다고 이야기할 수 있다.

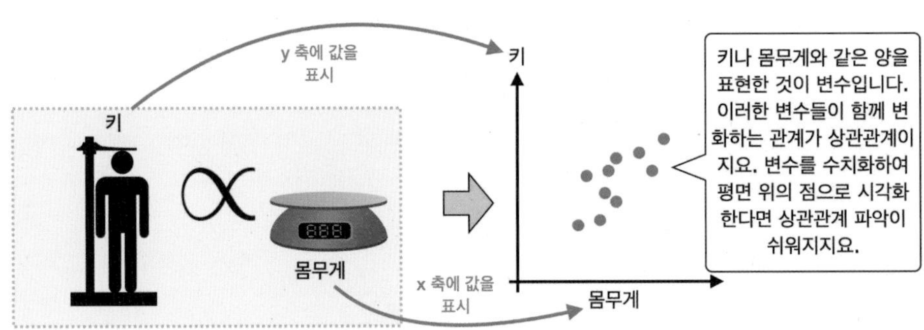

키, 몸무게, 연간 소득과 같이 변하는 양을 표현한 것이 변수이며, 두 개의 **변수들이 함께 변화하는 관계**가 **상관관계**correlation이다. 그리고 이 변수들 사이의 상관관계의 정도를 나타내는 수치가 **상관계수**correlation coefficient이다. 위 그림과 같이 두 개의 변수가 그 크기를 수치로 나타낼 수 있다면 이 수치값을 x축과 y축이 있는 2차원 평면 위의 점으로 표시할 수 있을 것이다. 이렇게 하면 그 관계를 파악하는 것이 보다 더 쉬워진다.

상관관계가 있는 두 변수가 있을 경우 한 값이 증가할 때 다른 값도 증가할 경우 양의 상관관계가 있다고 하며, 반대의 경우 음의 상관관계가 있다고 한다. 다음은 그 예이다.

- 양의 상관관계 : 일평균 기온이 높으면(+) 아이스크림 판매가 증가한다(+).
- 음의 상관관계 : 일평균 기온이 높으면(+) 패딩 의류 판매가 감소한다(-)

상관관계와 **인과관계**causation는 착각을 많이 일으키는 개념인데 예를 들어 다음과 같은 주장에 대해 생각해 보도록 하자.

"**아이스크림 판매량과 익사 사고 건수**는 상관관계가 매우 높다. 따라서 **익사 사고를 예방하기 위해서 아이스크림 판매를 제한**해야 한다."

이 주장에 대하여 깊이 생각해 보면 아이스크림 판매량의 증가는 평균 기온이 높아지면 발생하는 것으로 일평균 기온은 아이스크림의 판매에 영향을 미치는 인과관계가 있다고 생각할 수 있다. 익사 사고 역시 일평균 기온의 상승에 따른 야외 물놀이 활동의 증가로 인한 안타까운 사고일 것이다. 하지만 **아이스크림의 판매량과 익사 사고는 높은 상관도는 있을 수 있으나 인과성을 찾기는 어렵다.** 따라서, 아이스크림의 판매를 아무리 제한해도 익사 사고를 막는 데는 큰 효과가 없을 것이다. 이와 같이 데이터를 가지고 어떠한 상관관계에 대해 주장을 하는 경우, 항상 "이것이 인과관계를 보장해 주는가?"라는 의문을 가지는 것이 필요하다. 상관관계는 두 가지로 해석할 수 있다. 한 가지는 한 변수가 다른 변수의 직접적인 원인이 되는 인과관계이고, 다른 한 가지는 두 변수가 서로 영향을 주는 상호관계이다.

데이터 사이의 특성을 파악하기 위한 상관관계의 시각화와 정량화

두 독립변수 값이 있을 경우 이를 바탕으로 상관관계를 정량화하여 나타내는 값이 상관계수 값이다. 상관계수는 -1에서 1 사이의 값을 가지며 1일 경우 **완전한 양의 상관관계**, -1일 경우 **완전한 음의 상관관계**를 가진다고 할 수 있다. 반면 0에 가까울수록 **상관관계가 약하다**고 할 수 있다. 그림 ⑥을 살펴보면 두 변수 사이에는 일정한 함수적 관계가 있다고 볼 수 있지만 실제 상관도는 0으로 나타난다. 이것은 **상관계수가 두 변수들 사이의 선형적인 관계만을 측정하는 한계**가 있기 때문이다.

상관계수를 r이라고 하고 키나 몸무게와 같은 독립변수를 각각 x, y축에 배치한 후 데이터를 시각화한 그림이 아래에 있으며, 이에 대한 설명은 다음과 같다.

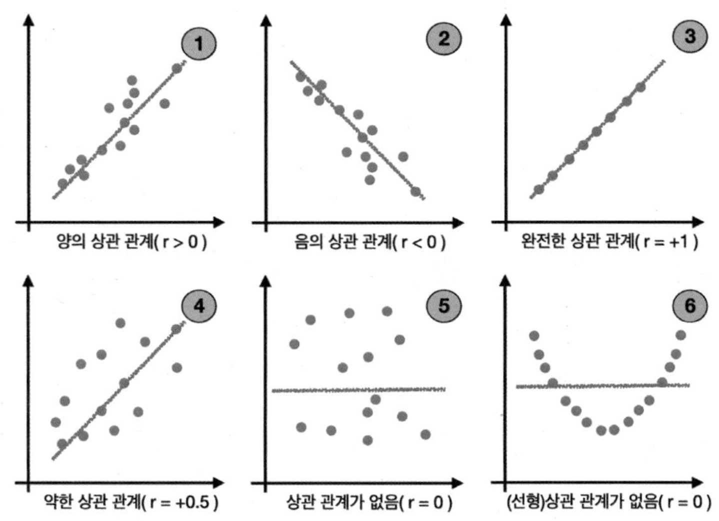

① r의 부호가 +인 경우 : 두 변수 x, y의 값 중에서 한쪽이 증가할 때 다른 한쪽도 증가하는 관계가 있음.

② r의 부호가 -인 경우 : 두 변수 x, y의 값 중에서 한쪽이 증가할 때 다른 한쪽은 감소하는 관계가 있음.

③ r = +1인 경우: x, y가 서로 완벽한 선형 함수로 모델링이 가능할 경우 선형 함수의 기울기 값에 상관 없이 상관계수는 1이 됨.

④ r = +0.5인 경우 : r값은 분산이 커질수록 작아짐.

⑤ r = 0인 경우 : 데이터의 분포가 랜덤할 경우 상관관계가 없으므로 상관계수는 0이 됨.

⑥ r = 0인 경우 : 상관계수는 **선형적인 상관도만을 측정**하므로 $y=x^2$와 같은 비선형적 관계일 경우 0에 가까운 값을 가짐(즉, 선형 상관관계가 없음).

특성 분석 시에 위와 같이 산점도를 사용하여 상관관계를 시각화한 후 r값을 살펴보는 것이 데이터의 특성 파악에 더욱 도움이 될 것이다.

오늘날은 여러 가지 방식으로 인공지능을 연구하고 있다. 이러한 연구의 가장 기본이 되는 것은 많은 **데이터를 이용하여 인간의 지능을 흉내 내는 것**이라 할 수 있다. 이와 같이 많은 데이터를 다루기 위해서는 상관관계 분석, 회귀 분석과 같은 기본적인 통계 분석에 대한 이해가 필요하다.

데이터에 비례하여 알고리즘은 향상되고 있다

인공지능 연구가 1950년대에 많은 이들의 주목과 기대를 받다가 침체기를 겪고, 다시 또 부상하는 듯하다가 침체기를 겪는 과정을 통해서 인공지능 연구에 새로운 흐름이 추가되었는데 그것은 인공지능 알고리즘에 주목하는 것과 함께 **데이터의 확보에 중심을 두자는 흐름**이었다.

위의 그림과 같이 최근 부상하고 있는 많은 **딥러닝 알고리즘은 데이터의 크기에 비례하여 그 성능이 향상**되고 있으며, 이에 반해 전통적인 머신러닝은 데이터의 크기와 성능이 덜 비례하는 관계가 있다. **알고리즘보다 데이터가 중요하다**는 의견은 2000년대 이후 대규모 데이터를 다루는 실무 분야에서 적극적으로 대두되었다. **구글**의 **아론 할레비**Alon Halevy, **피터 노빅**Peter Norvig, **페르난도 페레이라**Fernando Pereira는 "데이터의 불합리한 효과성[1)]"이라는 전문가 의견 기고에서 인간 언어를 이해하는 것과 같은 문제는 물리학처럼 우아한 이론을

1) Halevy, A., Norvig, P., and F. Pereira, F. (2009) The Unreasonable Effectiveness of Data, IEEE Intelligent Systems, 24(2):8–12.

만들어내는 방식으로는 어렵다고 하였다.

그들은 인간의 언어를 이해하는 컴퓨터 알고리즘을 만들기 위해서는 이 문제의 복잡함을 그대로 인정하고 방대한 데이터가 만들어내는 놀라운 효과를 잘 활용하는 것이 더 성공적인 접근법이라고 주장한다.

데이터에 문제가 있다면 학습의 결과를 신뢰하기 어렵다

이것은 바꿔 이야기하면, 데이터에 문제가 있을 때에는 학습의 결과가 신뢰할 수 없다는 것을 의미한다. 데이터가 가질 수 있는 문제는 다음과 같은 것들이 있다.

▪ 데이터 편향

데이터 편향data bias은 확보된 데이터가 대표하는 모집단의 분포를 제대로 반영하지 못하고 일부의 특성만을 가지고 있는 경우이다. 이러한 편향의 원인은 크게 두 가지가 있는데 하나는 **너무 적은 수의 표본**을 추출한 경우이고 다른 하나는 **표집 방법이 잘못**되어 모집단에 속한 대상을 골고루 추출하지 못하는 경우이다. 편향이 있는 데이터로 학습한 결과는 모집단을 대표하는 일반적 특성을 제대로 이해하지 못할 것이다.

■ 부정확성

부정확성inaccuracy은 데이터의 품질이 낮아 많은 오류와 이상치, 잡음을 포함하고 있는 경우를 말한다. 이러한 데이터를 그대로 훈련에 활용할 경우에는 이상치에 의해 학습이 영향을 받을 수 있고, 그 결과 일반화 성능이 떨어질 수 있다. 오류나 잡음이 많은 경우에도 학습은 이 오류와 잡음을 학습한 결과가 되어 실제 데이터에는 적합하지 않은 모델을 만들게 될 것이다.

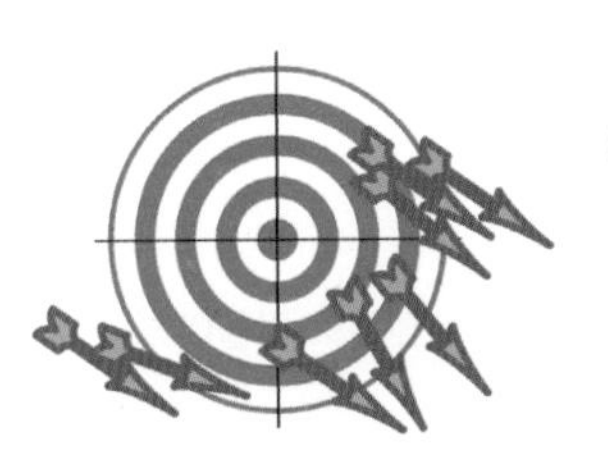

■ 관련없는 데이터

데이터는 많이 확보했지만 이 데이터가 담고 있는 특성들이 학습하려고 하는 문제와는 무관한 데이터일 수 있다. 이것은 **수학책으로 국어 공부를 하려는 것**처럼, 데이터는 많아도 학습할 수 있는 재료는 부족하다고 할 수 있다. 따라서 학습의 결과는 문제를 해결하는 데에 큰 도움이 되지 못하는 성능에 머물러 있을 것이다.

의미있는 데이터를 모아 문제를 해결하자

업무 활동이나 현업에서 발생하는 원천 데이터는 분석이나 인공지능을 위한 학습에 적합하지 않은 경우가 많다. 즉 데이터에 의미없는 값이 포함되어 있거나, 수치값이 필요한데 엉뚱한 값이 존재하거나 너무 많은 변수가 있어서 중요한 변수가 무엇인지를 구별하기 힘들 경우 데이터의 품질은 매우 떨어진다. 머신러닝에서 널리 사용되는 격언 중에서 "Garbage-in Garbage-out"이라는 말이 있다. Garbage는 우리말로 **쓸모없는 물건**을 말하며 "쓸모없는 데이터가 입력으로 들어가면 쓸모없는 결과만 나올 뿐"이라는 의미이다.

따라서, 인공지능 연구나 개발에 앞서 **원천 데이터로부터 의미있는 정보를 얻기 위한 작업이 먼저** 이루어져야 한다. 데이터를 분석하는 작업은 크게 다음의 순서를 따른다.

1. **문제 정의** : 데이터 분석이 필요한 이유를 정확하게 한다.
2. **데이터 수집** : 분석에 필요한 데이터를 찾고 모은다.
3. **데이터 탐색 및 전처리** : 대부분의 데이터는 생성될 때 전처리를 전제로 만들어지지 않았기 때문에 분석을 위해서 분석에 적합한 형태로 재가공해야 한다.
4. **모델링** : 원하는 결과를 도출하기 위해 예측, 분류, 회귀 등의 작업을 진행한다.
5. **시각화** : 도출된 결과를 알아보기 쉽게 시각적으로 나타낸다.
6. **해석** : 데이터의 의미를 처음 정의했던 문제와 연관시킨 후 문제해결 방법을 모색한다.

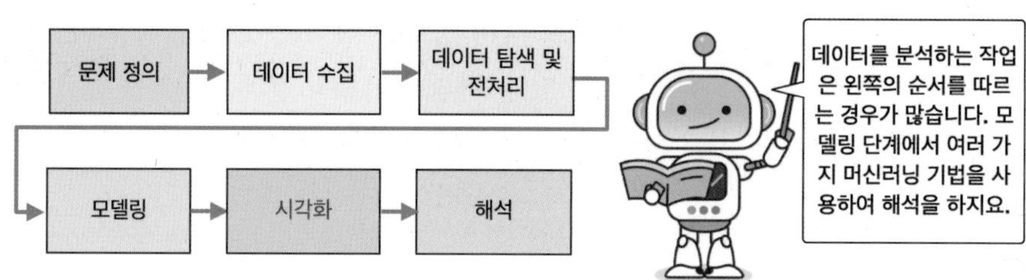

각 단계의 세부적인 내용과 구체적인 과정에 대해 알아보자.

1. 문제 정의

문제 정의 단계는 쉬워보이지만 데이터 분석 프로세스에서 가장 중요한 단계이자 어려운 단계이다. 어떤 일을 하든 해야할 문제가 제대로 설정되지 않는다면 문제를 풀수 없을 것이다. 또한 분석 단계에서 내내 방황하다가 성과없이 끝내기 쉽다. 문제 정의 단계에서는 일반적으로 다음의 내용을 정의해야 한다.

1. 분석의 대상, 분석의 목적이 분명해야 한다.
2. 정의된 문제를 해결하기 위한 구체적인 계획이 수립되어야 한다.
3. 모든 사람들이 명료하게 이해할 수 있도록 구체적이어야 한다.
4. 문제를 정의할 분야에 대한 경험자의 비즈니스 지식이 필요하다.

문제 정의 단계에서 정의하는 문제의 예로는 다음과 같은 것이 있을 것이다. 또한 아래와 같은 파생 문제도 문제 정의 단계에서 나타날 수 있을 것이다.

문제 : 서울시의 교통 문제는 얼마나 심각한가?

파생 문제 :

- 서울시 시민들이 하루에 출퇴근 하는데 걸리는 시간은 얼마인가?
- 출퇴근 시간에 교통 정체가 가장 심각한 곳은 어디인가?

2. 데이터 수집

데이터 수집 단계는 분석에 필요한 데이터를 찾고 모으는 단계이다. 이 단계에서는 데이터 엔지니어의 역할이 큰 비중을 차지하며, 데이터의 양이 많다고 무조건 좋은 것만은 아니다.

1. 데이터 수집 단계가 어려운 이유는 데이터가 존재하지 않거나 너무 많기 때문이다. 데이터가 존재하지 않을 경우 어떻게 수집해야 할까?
2. 데이터 수집에서 비용과 법적인 문제가 발생할 수 있으니 이에 대한 대비를 세우도록 하자.
3. 최근 데이터 수집 방법에는 데이터 구매, 실험환경에서 수집, 웹 크롤링, 오픈 데이터셋을 활용하여 수집한다.

데이터 수집 단계의 예로는 다음과 같은 것이 있을 것이다.

문제 : 서울시의 출퇴근 시간 교통 정체가 가장 심각한 곳은 어디인가?

데이터 수집 방안 :

- 서울시 버스들의 출퇴근 시간대 평균 속도 데이터를 확보하여 분석한다.
- 내비게이션 회사의 서울시 지역 내비게이션 데이터를 확보하여 시간대별로 분석한다.

3. 데이터 탐색 및 전처리

전처리 과정 없이 수집한 데이터를 바로 분석에 적용하는 경우는 거의 없으며, 데이터 탐색과 전처리는 매우 많은 노력과 시간이 필요한 단계이다. 이렇게 많은 노력이 필요한 이유는 원천 데이터를 생성할 때 분석을 전제로 데이터를 생성하지 않았기 때문이다. 데이터 탐색 단계는 데이터의 특성을 파악하고 여러 관계를 찾는 단계이다. 여러 관계를 찾아야 하기 때문에 많은 방법이 있을 수 있으며 데이터 분석에서 가장 핵심적인 부분 중 하나이다.

1. **데이터 전처리** : 분석에 부적합한 구조, 누락된 항목, 결측값 존재 등으로 인해 전처리 과정이 필요하다. 데이터에 있는 잡음 제거, 중복되는 값의 제거, 결측값 보정, 데이터 연계/통합, 데이터 구조 변경 작업이 포함되어 있다. 때로는 데이터 벡터화, 이상치 탐지, 특성 공학을 통한 분석 등이 필요하기도 하다.
2. **데이터 탐색 과정** : 탐색적 데이터 분석, 상관 관계, 분포 확인, 인과 관계 탐구 등의 작업을 하기도 한다.

4. 데이터 모델링 단계

데이터 모델링 단계는 원하는 결과를 도출하기 위해서 예측이나 분류, 회귀를 위한 작업을 진행하는 단계이다. 즉 전처리된 데이터를 관점별로 나누고 쪼개어 본다. 성능을 높이기 위해 파라미터 튜닝 작업을 진행하게 된다. 이 과정에서 많은 비용이 문제가 발생할 수 있다. 머신러닝 기법들인 결정 트리, 랜덤 포레스트, 서포트 벡터 머신, k-최근접 이웃 알고리즘, k-평균 등을 이용할 수 있다. 머신러닝 기법은 뒤에 있을 장에서 상세히 다룰 것이다.

5. 시각화

이 단계에서는 시각화를 통해 도출된 결과를 알아보기 쉽게 표현하고, 이를 근거로 활용할 수 있다. 다음 그림의 파이썬 프로그래밍 언어에서 사용되는 시각화 도구인 matplotlib과 seaborn이라는 라이브러리인데, 데이터 과학자들은 문제로부터 도출된 결과를 직관적으로 이해하기 위해 다양한 시각화 도구를 사용하는 경우가 많다.

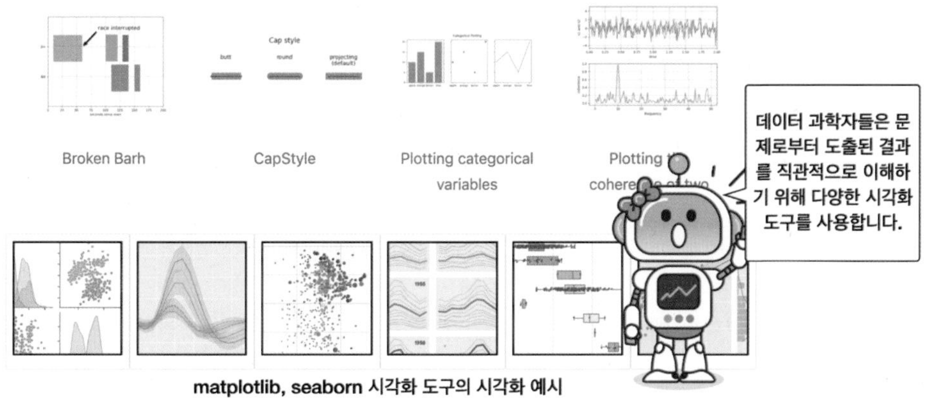

matplotlib, seaborn 시각화 도구의 시각화 예시

6. 해석 단계

이전 단계의 모델링과 시각화를 통해 결과가 도출되었을 때, 이를 **처음 정의했던 문제와 연관시켜 문제를 해결하는 방법을 모색**하는 단계이다. 문제에 대한 시각화와 분석 결과를 상대방이 이해할 수 있도록 설득력 있게 정리하고 전달하는 과정은 매우 중요하다.

요약

01 흔히 자료라고도 하는 데이터란 **현실 세계에서 측정하고 수집한 사실이나 값**을 말하며, 정보는 어떠한 **목적이나 의도에 맞게 데이터를 가공 처리한 것**을 말한다.

02 정보를 집적하고 체계화하여 보편성을 가지도록 한 것을 지식이라고 한다.

03 표 형식으로 표현되는 데이터를 조직화하거나, 손쉽게 분석하거나, 시각적으로 표현하거나, 이를 저장할 수 있도록 도와주는 프로그램을 스프레드시트라고 한다.

04 스프레드시트에서 개별 데이터가 저장되는 곳을 셀이라고 하며 행 방향이나 열 방향으로 위치를 참조할 수 있고 서식을 적용하여 여러 가지 형태로 나타낼 수 있다.

05 데이터베이스는 **컴퓨터에서 저장하고 접근할 수 있도록 조직화된 데이터의 집합**으로 정의할 수 있으며 간단하게 **관련 있는 데이터의 저장소**라고도 볼 수 있다.

06 DBMS는 **데이터베이스를 운영하고 관리하는 소프트웨어**로 동시 접근과 공유를 원활하게 하도록 운영하고 관리하는 기능을 한다.

07 SQL이란 **데이터를 정의하고, 데이터를 생성, 조작, 질의, 접근하도록 하기 위해 관계형 데이터베이스에서 사용되는 프로그래밍 언어**이다.

08 SQL에서 레코드는 테이블의 행에 해당하며 튜플이라고도 하고 열은 필드라고하며 데이터베이스에서 가장 작은 단위의 데이터이다.

09 빅데이터는 대량의 데이터 집합으로부터 가치를 추출하고 결과를 분석하는 기술을 말한다.

10 데이터 과학은 데이터에서 **과학적 방법으로 정보나 지식을 추출하는 학문**이고 대표적인 학제간연구 분야라고 할 수 있다.

11 캐글은 기업이나 기관으로부터 데이터를 제공받아 온라인으로 공개해 데이터 과학자들이 팀이나 개인으로 문제를 해결할 수 있도록 도와주는 플랫폼이다.

12 변하는 양을 표현한 것이 변수이며, **변수들이 함께 변화하는 관계가 상관관계**이고 이를 나타내는 수치가 상관계수이다.

13 상관관계는 두 가지로 해석할 수 있다. 한 가지는 한 변수가 다른 변수의 직접적인 원인이 되는 인과관계이고, 다른 한 가지는 두 변수가 서로 영향을 주는 상호관계이다.

14 상관계수는 −1에서 1 사이의 값을 가지며 1일 경우 완전한 양의 상관관계, −1일 경우 완전한 음의 상관관계를 가진다고 할 수 있고 0에 가까울수록 **상관관계가 약하다**고 할 수 있다.

[단답형 문제]

괄호 안에 들어갈 적절한 단어를 적으시오.

01 흔히 자료라고도 하는 (　　　　)란 현실 세계에서 측정하고 수집한 사실이나 값을 말하며, (　　　　)는 어떠한 목적이나 의도에 맞게 데이터를 가공 처리한 것을 말한다.

02 (　　　　)는 표 형식으로 표현되는 데이터를 조직화하거나, 손쉽게 분석하는 기능을 제공하거나, 시각적으로 표현하거나, 이를 저장할 수 있도록 도와주는 프로그램이다.

03 (　　　　)는 컴퓨터에서 저장하고 접근할 수 있도록 조직화된 데이터의 집합으로 정의할 수 있으며 간단하게 관련 있는 데이터의 저장소라고도 볼 수 있다.

04 데이터베이스는 방대한 양의 조직화된 정보를 보관하도록 설계되어 여러 사용자가 동시에 데이터에 접근할 수 있으며, (　　　　)를 사용해 정보를 추출할 수 있다.

05 (　　　　)는 데이터베이스를 운영하고 관리하는 소프트웨어로 동시 접근과 공유를 원활하게 하도록 운영하고 관리하는 기능을 한다.

06 현실 세계에 존재하는 것을 데이터베이스 상에서 표현하기 위해 추상화한 것을 (　　　　)라고 하고 한다.

07 데이터베이스에서 사용되는 용어인 (　　　　)는 데이터베이스의 엔티티와 그 엔티티들 간의 관계를 정의한다.

08 (　　　　)는 대량의 데이터 집합으로부터 가치를 추출하고 결과를 분석하는 기술을 말하고 (　　　　)과 (　　　　) 그리고 (　　　　)의 첫 글자를 따서 3V로 그 특징을 표시하기도 한다.

09 형 데이터를 위한 대표적인 데이터베이스 시스템으로 (　　　　)가 있으며, 엑셀과 같은 스프레드시트 역시 정형 데이터를 다루고 저장하는 도구이다.

10 (　　　　)은 데이터에서 과학적 방법으로 정보나 지식을 추출하는 학문이고 대표적인 (　　　　)라고 할 수 있다.

11 데이터 편향의 원인은 크게 두 가지가 있는데 하나는 (　　　　)을 추출한 경우이고 다른 하나는 (　　　　)되어 모집단에 속한 대상을 골고루 추출하지 못하는 경우이다.

12 상관관계는 두 가지로 해석할 수 있다. 한 가지는 한 변수가 다른 변수의 직접적인 원인이 되는 (　　　　)이고, 다른 한 가지는 두 변수가 서로 영향을 주는 (　　　　)이다.

[짝짓기 문제]

1. 다음은 스프레드시트와 데이터베이스에 관한 설명이다. 이 둘 중 연관성 있는 것을 올바르게 연결하여라.

스프레드시트 •	• 많은 데이터를 쉽게 처리할 수 있다. 복잡한 작업에 대한 처리가 가능하다. 동시 작업이 가능하다.
데이터베이스 •	• 사용시 쿼리 언어에 익숙해져야 한다. 데이터 모델링을 위한 지식이 필요하다.

2. 다음은 원천 데이터로부터 의미있는 정보를 얻기 위한 작업에 대한 설명이다. 옳은 설명을 올바르게 연결하여라.

문제 정의 •	• 분석에 필요한 데이터를 찾고 모은다.
데이터 수집 •	• 원하는 결과를 도출하기 위해 예측, 분류, 회귀 등의 작업을 진행한다.
데이터 탐색 및 전처리 •	• 대부분의 데이터는 생성될 때 전처리를 전제로 만들어지지 않았기 때문에 분석을 위해서 분석에 적합한 형태로 재가공해야 한다.
시각화 •	• 데이터 분석이 필요한 이유를 정확하게 한다.
모델링 •	• 데이터의 의미를 처음 정의했던 문제와 연관시킨 후 문제해결 방법을 모색한다.
해석 •	• 도출된 결과를 알아보기 쉽게 시각적으로 나타낸다.

[객관식 문제]

다음 질문에 대하여 가장 알맞은 답을 구하여라.

01 데이터베이스와 스프레드시트의 차이점으로 옳지 않은것은 무엇인가?

1) 데이터 저장, 조작 방법
2) 데이터 엑세스 가능한 사람
3) 저장할 수 있는 데이터 양
4) 데이터 표현 형태

02 다음 중 1981년 애플사의 퍼스널 컴퓨터 애플Ⅱ에서 구현된 최초의 스프레드시트는 무엇인가?

1) 넘버스
2) 비지칼크
3) 구글 시트
4) 엑셀

03 다음 중 데이터베이스의 특징중 '시간에 관계없이 수시로 발생하는 여러 가지 질의에 대하여 실시간 처리에 의한 응답이 가능해야 한다.'는 특징은 무엇인가?

1) 계속적인 변화
2) 내용에 의한 참조
3) 동시 공유
4) 실시간 접근성

04 다음 중 DBMS의 특징중 '높은 숙련도가 없는 사용자라도 쉽게 이용할 수 있다.'는 특징은 무엇인가?

1) 데이터의 무결성 보장
2) 누구나 사용가능함
3) 최소의 복사와 중복
4) 저장 공간과 비용의 절감

05 다음 중 데이터를 정의하고, 데이터를 생성, 조작, 질의, 접근하도록 하기 위해 관계형 데이터베이스에서 사용되는 프로그래밍 언어는 무엇인가?

1) query
2) python
3) SQL
4) C++

06 다음 중 SQL이 가지고 있는 명령이 아닌 것은 무엇인가?

1) 제어 명령
2) 정의 명령
3) 유지 명령
4) 조작 명령

07 짐 그레이가 정의한 과학계에서 나타난 4차례의 패러다임 전환중 '데이터에 기반한 과학'은 몇차 패러다임인가?.

1) 1차
2) 2차
3) 3차
4) 4차

08 관계형 데이터베이스나 다른 형태의 데이터 테이블과 연결된 정형 구조의 데이터 모델을 준수하지 않는 데이터는 무엇인가?

1) 비정형 데이터
2) 정형 데이터
3) 반정형 데이터
4) 부정형 데이터

09 기관으로부터 데이터를 제공받아 온라인으로 공개해 데이터 과학자들이 팀이나 개인으로 문제를 해결할 수 있도록 도와주는 대표적 플랫폼은 무엇인가?

1) 캐글
2) 구글
3) 패럿
4) 코멧

10 다음 중 열린 데이터의 가장 핵심이 되는 개념이 아닌 것은 무엇인가?

1) 데이터 정보화
2) 이용성 및 접근
3) 보편적 참여
4) 재사용과 재배포

11 다음 중 상관계수에 대한 설명으로 옳지 않은 것은 무엇인가?

1) 상관계수가 1일 경우 완전한 양의 상관관계이다.
2) 함수적 관계가 있으면 상관계수는 0이 아니다.
3) 상관계수가 0에 가까울수록 상관관계가 약하다.
4) 상관계수가 –1일 경우 완전한 음의 상관관계이다.

12 다음 중 데이터가 가질 수 있는 문제가 아닌 것은 무엇인가?

1) 방대한 데이터
2) 부정확성
3) 관련이 없는 데이터
4) 데이터 편향

[서술식 문제]

01 빅데이터의 특징을 조사하고 이에 대하여 상세하게 기술하여라.

02 상관관계는 어떤 변수가 증가할 때 다른 변수가 함께 증가하는지, 혹은 감소하는지 관찰하는 것으로 파악할 수 있다. 다음 두 변수의 상관관계를 추정하고 그 이유를 적어보아라.

a) 담배 가격, 흡연율
b) 연간 소득, 보유 자동차의 가격
c) 인중(코와 윗입술 사이에 오목하게 골이 진 가운데 부분)의 길이, 자손의 수
d) 우산 판매량, 연간 강수량
e) 주간 운동 시간, 비만도

03 데이터 분석을 위한 전 세계적인 협업 플랫폼인 캐글에 접속하도록 하자. 최근 두 달 이내에 업로드된 2개 이상의 임의의 Competition에 관하여 다음과 같은 자료를 조사하여 이 내용을 요약하는 보고서를 만들어 보자(대부분 영문으로 되어 있으니 스스로 번역하거나 구글 번역기를 이용하도록 하자).

a) 주관 단체(혹은 기관, 기업)
b) 총상금과 등수에 따른 상금
c) 경진 대회의 구체적인 내용
d) 평가 방법
e) 주어진 데이터의 특성(전체 이미지 또는 레코드의 수, 제공되는 특성들) 분석

CHAPTER

10

멀티미디어를 알아보자

CONTENTS

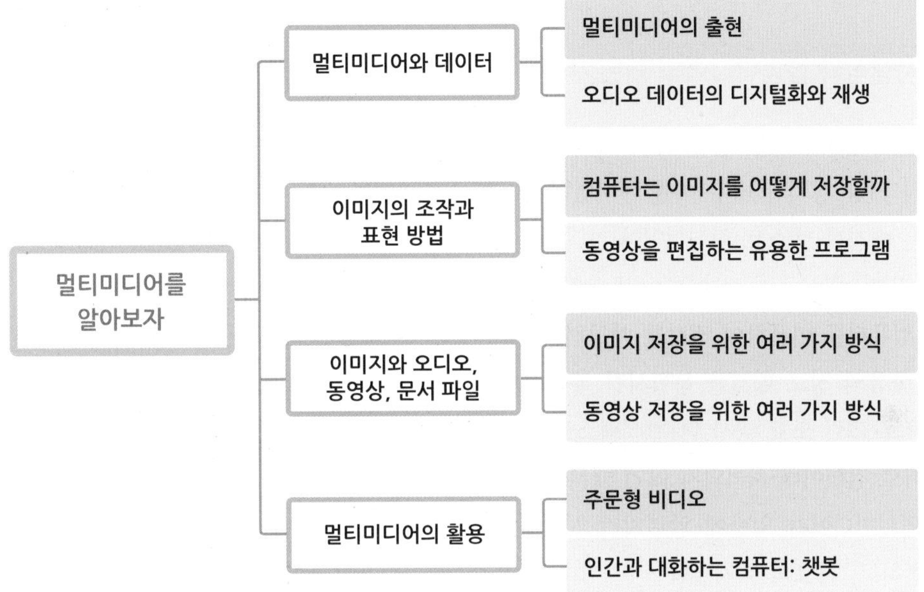

학습목표

- 멀티미디어의 개념에 대해 알아본다.
- 컴퓨터에서 사용하는 색상 표현 방법과 이미지에 대해 알아본다.
- 컴퓨터 그래픽스 기술에 대해 살펴본다.
- 디지털 방송과 디스플레이의 해상도에 대해 이해한다.
- 이미지, 오디오, 동영상, 문서 파일의 압축법과 확장자에 대해 살펴본다.
- 멀티미디어 활용 사례를 알아본다.

10.1 멀티미디어 데이터

디지털화와 멀티미디어의 출현

현재와 비교해 보면 컴퓨터의 초창기에는 마이크로프로세서의 성능도 좋지 않았으며 메모리와 저장 장치가 매우 비싼 편이었다. 이 때문에 컴퓨터에서 다루는 대부분의 데이터 형식은 숫자나 텍스트 형식이었다. 이후 컴퓨터 기술이 점점 발달하면서 텍스트 이외에도 음성, 도형, 영상 등으로 이루어진 다양한 매체를 이용하여 정보를 표현하게 되었다. 이와 같이 **컴퓨터를 이용하여 정보를 제공하기 위하여 영상, 애니메이션, 음성, 문자 등과 같은 여러 종류의 정보 매체를 복합시킨 복합체**를 **멀티미디어**multimedia라고 한다. 라디오 방송이나 손으로 그린 도표 역시 단순한 텍스트가 아니며 음성이나 텍스트, 그림의 복합체이지만 컴퓨터로 검색이나 처리되지 않기 때문에 이러한 매체는 멀티미디어라고 하지 않는다.

멀티미디어가 일반에 알려지기 시작한 것은 1980년 초에 **콤팩트디스크**Compact Disk:CD가 출현하고, 자료의 **디지털화**digitization가 시작되던 때 부터이다. 1990년대에 들어와서 컴퓨터 기술의 발전과 PC 보급의 확대로 인하여 본격적으로 CD에 이미지, 문자(텍스트), 음향(사운드), 동영상(비디오)을 수록할 수 있게 되고 컴퓨터에 CD를 읽기 위한 CD-ROM이 탑재되기 시작하였다. CD를 사용한 미디어는 기존의 미디어와 차별화된다는 의미에서 **뉴미디어**new media라고 부르게 되었는데, 뉴미디어가 각광을 받게 되면서부터 멀티미디어라는 단어가 일반화되었다. 이후에 CD, CD-ROM, CD-I, DVD 등 디스크에 저장된 다양한 매체는 그 용량도 증가하고 이용이 편리해지면서 계속적으로 발전을 거듭하였다.

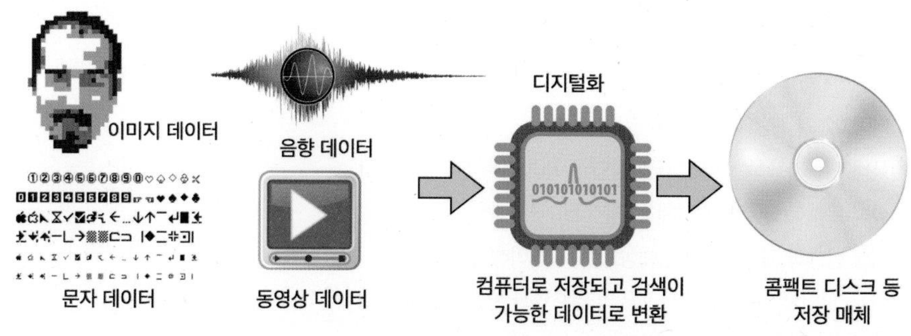

멀티미디어는 단순히 라디오에서 흘러나오는 노래나 텔레비전 방송과는 달리 다음과 같은 두 가지의 엄밀한 제한 조건을 가진다.

양방향성의 여부 : 여러 개의 복합적인 미디어 정보를 상호 대화식으로 제어할 수 있어야만 멀티미디어 라고 할 수 있다. 이를 양방향성이라고 한다.

전달의 디지털화 : 복합적인 미디어를 아날로그 신호로만 송수신할 수 있거나, 컴퓨터에서 처리할 수 없는 경우에는 멀티미디어라고 할 수 없다. 즉 디지털 데이터 형식을 갖추어 컴퓨터에서 쉽게 다룰 수 있어야만

즉 컴퓨터에서 처리할 수 있는 디지털 데이터가 양방향성을 가질 때 이를 멀티미디어라고 할 수 있는 것이다.

오디오 데이터의 디지털화

오디오 데이터란 사람의 목소리나 자연의 소리, 노래와 같이 소리 신호를 음향 장치를 이용하여 녹화하고 들을 수 있도록 가공한 데이터를 말한다. 우리의 귀는 주변에서 발생되는 소리를 다음과 같은 과정을 통해서 듣게 된다.

1. 어떤 물체가 진동을 발생시킨다.
2. 그 물체 주변에 있는 매질이 그 진동을 전달한다. 일반적인 상황에서는 주로 공기가 그 매질이 된다.
3. 매질이 진동을 전달하면 우리의 고막에 그 진동을 받아 떨게된다.
4. 그 떨림 신호를 달팽이관이 전기 신호로 바꿔서 청신경에 전달한다.
5. 청신경에 연결된 뇌가 신호를 받아서 해석한다.

인간의 귀에 있는 청신경은 달팽이관의 움직임을 인식하는 신경으로, 달팽이관 이외에도 뼈를 통해서 발생되는 진동까지 인식하는 민감한 신경이다. 진동은 큰 신호와 작은 신호의 반복으로 발생하는데 이를 떨림이라 한다. 물체가 1초에 몇 번이나 떨렸는지 표현하기 위해 우리는 헤르츠Herz, Hz 라는 단위를 사용한다. 10 Hz는 1초에 10번 진동을 했다는 의미이고 1 KHz는 1초에 1,000번 진동을 했다는 것이다. 참고로 440 Hz는 도레미파솔라시도 음계의 ' 라' 음에 해당한다. 우리가 음악을 들을 때 기타나 바이올린과 같은 현악기는 현의 진동이 곧 소리이며, 사람이 노래를 부르면서 성대의 진동을 일으키는데 이것도 소리가 되는 것이다. 사람의 귀가 모든 공기의 진동을 다 들을 수는 없으며 대부분의 사람

은 20Hz에서 20,000Hz 범위의 공기 진동을 들을 수 있다.

자연계에서 발생된 진동은 연속적인 떨림이므로 아날로그analog의 형태로 나타난다. 아날로그는 신호나 자료를 연속적인 물리량으로 나타낸 것이다. 연속적이라는 것의 의미는 그림과 같이 끊어지지 않고 이어진 형태라는 의미이다. 연속적인 신호는 시간의 흐름에 따라 일정한 간격으로 커지고 작아지는데 그림에서 수평 축은 시간을 나타내며, 수직 축은 신호의 세기를 나타낸다. 특정 신호의 패턴이 시간의 흐름에 따라 반복되어 나타나는 경우를 주기변화라고 하는데, 한 번 나타난 신호가 그 다음 번에 동일하게 나타나기까지의 시간을 주기period라고 한다. 예를 들어서 그림과 같이 높은 신호가 0.2초에 걸쳐 한번 나타날 경우 주기가 0.2초인 신호라고 한다. 이 주기의 역수가 바로 주파수인데 1초 동안에 걸쳐 발생되는 주기의 횟수이다. 따라서 주기가 0.2초인 신호는 주파수가 1/0.2 = 5가 된다. 앞서 살펴본 바와 같이 주파수의 단위는 Hz이므로 이 신호는 주파수가 5 Hz인 신호이다.

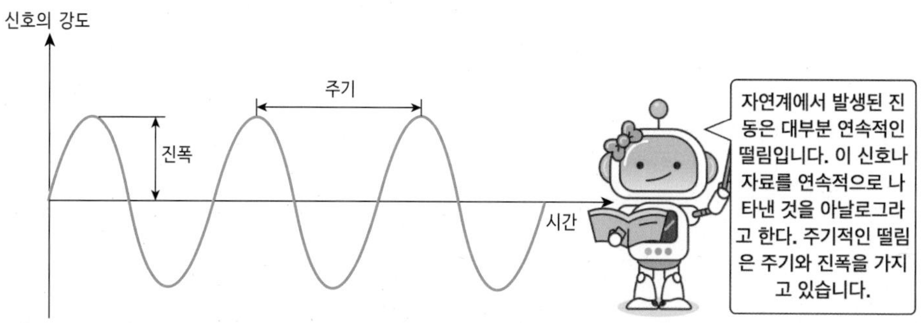

진폭은 신호가 만드는 골의 깊이로 진동의 중심에서 최대 신호의 크기를 말한다. 공기의 진동은 그림과 같이 아날로그 신호로 나타낼 수 있는데 이 신호를 표본화, 양자화, 부호화를 시켜서 디지털 신호로 나타낼 수 있다. 이러한 과정을 디지털화라고 한다.

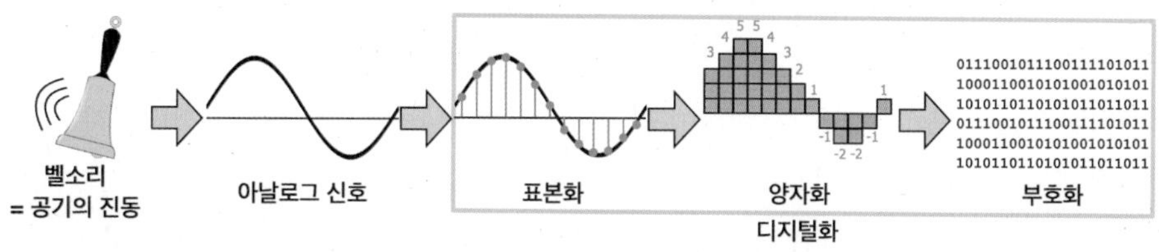

아날로그 신호가 디지털 신호로 변환되는 단계와 각 단계에서 이루어지는 일은 다음과 같다.

- **아날로그 신호** : 그림의 벨 소리와 같은 소리는 공기의 진동이다. 이러한 진동은 매질을 통해서 전파된다.
- **표본화** : 표본화는 샘플링sampling이라고도 한다. 이 작업은 아날로그 신호의 순간적인 값을 얻는 것을 말한다. 그림과 같이 연속적으로 들어오는 신호를 특정한 시간 간격으로 나누어서 신호의 크기를 측정한다. 이때 표본화 주기가 짧으면(이를 높은 표본화라고 한다) 원래 신호에 가까운 신호를 만들어 낼 수 있으나, 많은 양의 데이터가 필요하며 보다 정밀한 측정기가 필요하다. 반면 표본화 주기가 길면(이를 낮은 표본화라고 한다) 원래 신호값에 비해서는 손실이 큰 신호가 되지만, 데이터의 양은 줄어들어 처리가 비교적 쉽다.

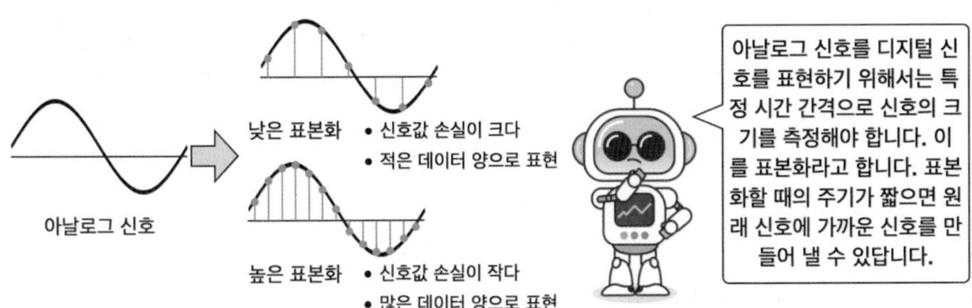

- **양자화** : 양자화quantization란 표본화를 통해 쪼개진 값을 크기에 따라 각각의 대표값으로 변환하는 과정이다. 즉 표본화에서 구해진 특정한 신호값이 12.32713과 같이 나타날 경우 이를 대표하는 12라는 정수값으로 표현하는 것을 의미한다. 이 때 0.32713이라는 값을 오차error라고 한다. 이렇게 정수화하는 과정에서 구해진 값은 원래의 값이 아닌 오차를 포함한 값이다. 이때 발생하는 오차를 양자화 오차quantization error라고 한다.
- **부호화** : 부호화coding는 양자화로 나눈 레벨에 속한 값을 2진수로 변환하는 과정이다. 양자화 과정에서 얻어진 특정한 구간에서 12라는 정수값이 있을 경우 이를 2진수 1100으로 변환하는 과정이 바로 부호화 과정이다.

아날로그 신호를 디지털 신호로 변화시키는 전반적인 과정을 수행하는 전자 회로나 시스템을 아날로그 디지털 변환기Analog-to-Digital Converter로 부르는데, 일반적으로 영문 약자를 사용하여 ADC 또는 A/D 변환기, A-to-D 라고도 한다.

반면 디지털 소리 신호를 스피커와 같은 물리적인 장치로 내보내기 위해서는 어떤 작업이 필요할까? 앞서 살펴본 아날로그 디지털 변환기와 달리 컴퓨터에 저장되거나 CD 형식의 매체에 담긴 디지털 신호를 아날로그 신호로 변환하는 과정이 필요하다. 이 과정을 수행하는 전자 회로나 시스템을 **디지털 아날로그 변환기**Digital-to-Analog Converter라고 하며, DAC 또는 D/C **변환기**, D-to-C라고 부른다. 디지털 아날로그 변환기는 부호화된 디지털 신호를 최대한 손실없이 원래의 신호로 만드는 과정인데 일반적으로 필터 회로를 사용하여 **원래 신호에 최대한 가깝게 복원**한다. 필터 회로란 특정한 주파수 대역의 신호를 통과시키거나 차단하는 기능을 가지는 회로로 원하지 않은 신호인 잡음을 제거하기 위한 목적이다.

디지털 카메라와 영상 신호의 저장

오늘날 우리가 사용하는 스마트폰의 핵심적인 기능 중의 하나는 언제 어디서나 내장된 디지털 카메라를 이용하여 자신이 남기고 싶은 사진이나 동영상을 기록하여, 손쉽게 배포하고, 공유할 수 있다는 점이다. 스마트폰의 대표적인 사진 공유 애플리케이션인 **인스타그램**instagram은 우리의 일상을 기록하고 친구들과 공유하는 기능으로 많은 사용자를 확보하고 있다. 앱 분석 서비스 회사 와이즈앱에서 10세 이상의 스마트폰 사용자를 대상으로 조사한 바에 따르면, 2020년 11월 한 달 동안 한국인은 총 47억 분(minutes)을 인스타그램을 사용하는데 소비했다. 이는 환산하면 7백83만 시간으로, 월 30일 기준으로 계산했을 때 하루 평균 26만 시간이나 되는 어마어마한 시간이다. 인스타그램은 해시태그를 통한 검색 기능, 비슷한 성향의 친구 추천 기능, 릴스를 통한 짧고 재미있는 동영상 만들기 기능, **직접 메시지**Direct Message:DM 전송 기능, 그린 스크린 기능을 통한 배경 삭제 기능 등의 다양한 기능을 바탕으로 세대를 초월한 관심을 받고 있다.

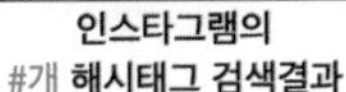
인스타그램의
#개 해시태그 검색결과

인스타그램의 아이콘

인스타그램은 우리의 일상을 기록하고 친구들과 공유하는 기능으로 많은 사용자를 확보하고 있습니다. 앱 분석 서비스 회사 와이즈앱에서 10세 이상의 스마트폰 사용자를 대상으로 조사한 바에 따르면, 2020년 11월 한 달 동안 한국인은 총 47억 분(minutes)을 인스타그램을 사용하는데 소비했다고 합니다.

이와 같이 디지털 카메라는 필름을 사용하지 않고 전자 센서를 이용하여 영상을 감지하고 정보를 JPEG, PNG, TIFF, Raw 포맷 등의 디지털 이미지 파일 형식이나 MPEG, DV, MJPEG 등의 디지털 동영상 파일 형식으로 저장하는 기능을 가지는 사진기를 말한다. 최근에 등장한 스마트폰은 고성능의 디지털 카메라 기능을 탑재하고 있다.

필름식 카메라

VS

디지털 카메라

전하 결합 소자 방식의 이미지 센서를 이용한 최초의 전자식 카메라를 발명하고 제작한 곳은 1975년 미국 이스트먼 코닥사이다. 전하 결합 소자 방식이란 영문 Charged Couple Device의 약자인 CCD 방식이라고 하며 빛 신호를 전자기적 신호로 변환하는 장치이다. 이 전하 결합 소자는 금속 등의 물질이 고유의 특정 파장보다 짧은 파장을 가진 전자기파를 흡수했을 때 전자를 내보내는 현상인 광전 효과라는 현상을 이용한다.

촬영 대상

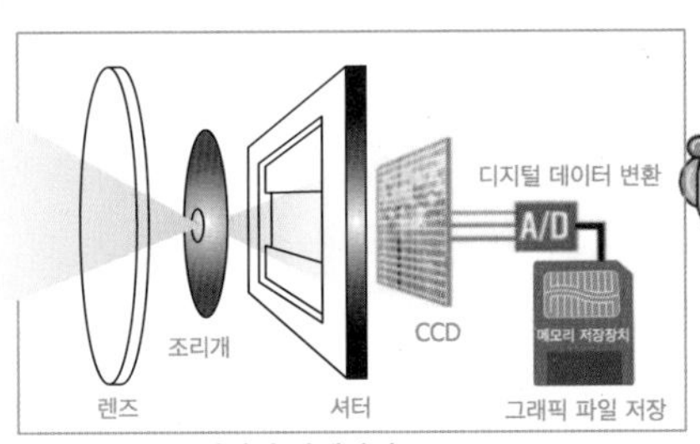

디지털 카메라의 구조

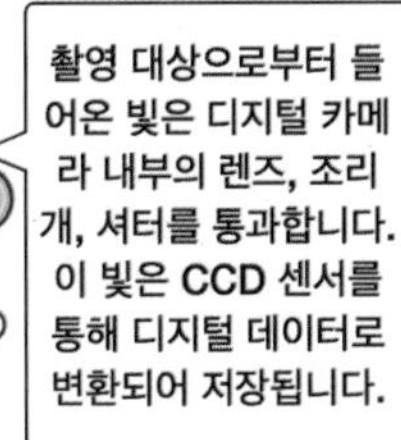

촬영 대상으로부터 들어온 빛은 디지털 카메라 내부의 렌즈, 조리개, 셔터를 통과합니다. 이 빛은 CCD 센서를 통해 디지털 데이터로 변환되어 저장됩니다.

디지털 카메라가 디지털 영상 이미지를 만드는 과정은 다음과 같이 나눌 수 있다.

1. 촬영 대상으로부터 나오는 빛을 렌즈와 조리개, 셔터를 이용하여 CCD 위에 비치게 한다.
2. 각 화소에 해당하는 색깔의 빛의 세기에 비례하는 수의 전자가 발생되며 이것이 축적된다.
3. 전자 회로를 이용하여 각 화소에 축적된 전자의 수를 디지털 신호로 변환한다.
4. 디지털 신호를 메모리 저장 장치에 저장한다.

디지털 카메라나 스캐너, 디지털 캠코더와 같은 장치의 핵심 부품인 CCD는 영상 신호를 전기적 신호로 바꾸는 장치이다. 일반적으로 색상을 표현하기 위해서 CCD는 3 가지를 색상 필터를 넣어서 빨강, 초록, 파랑 색상의 크기를 측정하여 이를 영상으로 저장한다. CCD 이미지 센서 이외에도 **CMOS 이미지 센서**를 사용하는 방식도 있는데 CMOS란 Complementary Metal-Oxide-Semiconductor의 약자로 상보성 금속 산화막 반도체라는 용어로도 통용된다. CMOS 방식은 빛의 밝기 신호를 프로세서로 전송한다는 점에서는 동일하지만, 각 센서의 전하량을 디지털 신호로 만들어서 전송하는 방식을 사용한다. 이때 각 센서의 전하량을 디지털 신호로 변환하는 과정에서 전하의 손실이 발생할 수 있는데 이 때문에 CCD 방식이 화질 측면에서 더 우수한 성능을 보여준다.

전자식 카메라 기술은 초기에는 주로 군사용, 과학용으로 쓰였으나 뒤에 의학 및 뉴스 분야로 그 적용 범위를 넓혀나갔다. 최초의 디지털 카메라는 그 무게만 무려 3.8 kg에 달하고 저장 장치로는 플로피 디스크와 같은 자기 저장 매체를 사용하였다. 이러한 사용상의 불편함으로 인해 비교적 제한적으로 사용되던 디지털 카메라는 1990년대에 이르러 서서히 대중화가 이루어지기 시작하였다. 우리나라의 경우 2000년대 초반부터 200만 화소 이상의 디지털 카메라들이 보급되기 시작하여 대중화의 물꼬를 텃으며 이러한 디지털 카메라의 등장은 **싸이월드**와 같은 소셜 미디어의 활성화를 가져왔으며 아울러 블로그의 확장에도 기여하였다.

한편 2009년도 연말에 **아이폰**iPhone이 국내에 출시되면서 본격적인 스마트폰의 시대가 열리게 되어 디지털 카메라 시장은 큰 변화를 겪게 된다. 일반적으로 디지털 카메라에서 찍은 사진을 인터넷에 올리기 위해서는 사진을 찍은 후 플래시 메모리와 같은 저장 매체에 저장된 이미지를 개인용 컴퓨터에 옮긴 다음 이를 인터넷에 업로드하는 방식을 사용해야 한다. 하지만 스마트폰은 개인의 휴대폰에서 촬영한 사진을 인스타그램, 트위터, 페이스북과 같은 소셜 미디어 서비스의 계정에 바로 업로드 하는 것이 가능하며 친구를 태깅하는 기능 등의 편리한 공유 기능으로 인하여 짧은 시간에 많은 사용자를 확보하는 서비스로 발전하게 된다.

한걸음 더 : 디지털 카메라의 확산이 만든 싸이월드와 도토리

2000년대 중반 디지털 카메라가 보급되기 시작하면서 이미지와 동영상이 인터넷 웹 상에서 인기를 누리기 시작했다. 이 당시 시작된 **싸이월드**는 우리나라의 인터넷 문화를 이끈 대표적인 소셜 미디어 서비스이며 2000년대 후반까지 약 4,000만 명이 넘는 이용자를 확보한 대중적 이용도를 자랑하던 서비스였다. 서비스의 종류는 마이크로 블로그로 분류할 수 있으며 우리나라 IT 역사의 큰 획을 그은 플랫폼으로 뽑을 수 있다.

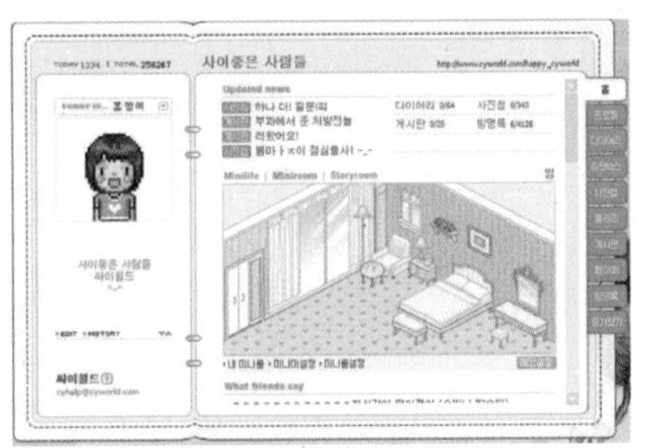

싸이월드 미니홈피 화면

싸이월드는 다음과 같은 특징을 가진 서비스이다.

- **미니홈피**라는 기능으로 개인 블로그를 운영할 수 있다.
- **일촌**이라는 친구 등록 기능을 제공하며 사용자 검색기능이 편리하다.
- **네이트온 메시지**라는 메시징 서비스를 통해 등록된 친구와 채팅을 할 수 있다.
- **도토리**라는 가상화폐를 사용하여 미니홈페이지 꾸미기가 가능하다.

싸이월드는 매우 훌륭한 서비스와 도토리라는 유용한 수익 모델로 인해 한때 전세계적인 주목을 받았으나 스마트폰의 출현과 무료 문자 메시지 서비스의 탄생, 트위터, 페이스북과 같은 글로벌 SNS가 확산되면서 점차 사용자 이탈이 발생하여 서비스 종료라는 사태를 맞이하게 되었다.

10.2 이미지의 조작과 표현 방법

컴퓨터는 이미지를 어떻게 저장할까

컴퓨터 화면에서 우리가 보는 다양한 모습의 이미지는 컴퓨터 내부에서는 모두 숫자 값으로 저장되어 있다. 따라서 다음과 같은 이미지는 밝은 부분과 어두운 부분이 각각 다른 숫자 값으로 저장되어 표현된다. 0에서 255까지의 회색조 이미지의 경우 0에 해당하는 값이 가장 어둡고, 255에 해당하는 값이 가장 밝게 나타난다. 숫자 값이 0, 50, 100, 150일 경우 이 값을 회색조 색상으로 표현하면 그림 ①과 같이 나타난다. 즉 색상의 숫자 값이 커질수록 밝게 표현되는 것을 볼 수 있다. 이제 이 숫자 값에 모두 50을 더해보자. 그렇게 하면 원래 값에서 각각 50이 커진 50, 100, 150, 200이 된다. 이 값을 가지는 회색조 색상을 화면에 표시하면 그림 ②와 같이 ①에 비해서 한 단계씩 밝게 표현된 이미지를 볼 수 있다.

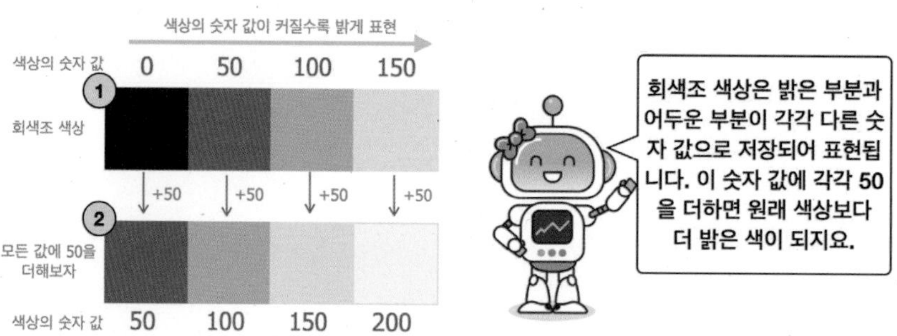

위의 그림에서 0, 50, 100, 150, 200으로 표현된 수치 값은 모두 0과 1의 이진값으로 표현된다. 예를 들어 8비트를 사용하여 0은 00000000, 255는 11111111로 표현된다. 이러한 특성으로 인해서 이미지에 대한 비트 단위의 조작이 가능하며, 이 방법으로 이미지를 수정하는 것이 가능하다.

이미지를 수정하는 일은 이렇게 비트 값으로 이루어진 2진수를 비트 단위로 연산하는 방법으로 이루어진다. 이때 비트 단위 AND 연산은 두 이미지의 대응되는 비트들이 모두 1인 경우에 1이 되고 그렇지 않으면 0이 된다. 비트 단위 OR는 둘 중에 하나만 1이면 1의 결과가 나온다. 비트 단위 NOT은 하나의 이미지에 대해 적용하며 이 이미지의 비트들이 0은 1로, 1은 0으로 바뀌게 된다. 비트 단위 XOR 연산은 두 이미지의 대응 비트 중에 하나만 1인 경우에 1이 된다. 이런 비트 연산은 여러 가지 방식으로 활용될 수 있는데, 대표적인 것은 **마스크**mask를 이용하여 이미지의 특정한 부분만 남기거나 사라지게 할 수 있다.

마스크를 사용하여 이미지를 조작하는 방법

비트단위 연산과 마스크의 역할을 확인하기 위해 마스크의 역할을 하는 흑백 이미지 하나와 일반적인 이미지 하나를 준비하자. 아래 그림의 ①은 마스크에 사용될 그림으로 흰색 배경에 검은색 타원이 있는 이미지이다. 이 그림 외부의 색상 성분은 흰색이기 때문에 모두 1의 값을 가지는데 바이트로는 11111111이 된다. 반대로 내부의 색상 성분은 검은색이기 때문에 모두 0의 값을 가지는데 바이트로는 00000000이 된다. 그림 ②는 빙하와 하늘, 바다가 있는 평범한 이미지 인데 이 이미지를 원본 이미지로 사용해 보도록 하자.

비트 연산을 위한 이미지 원본 이미지

비트단위로 AND, OR, XOR를 한다는 것은 연산자를 다루면서 살펴본 적이 있다. 비트 단위 연산의 의미와 그 설명은 다음과 같다.

의미	설명
비트 단위 AND	두 개의 피연산자의 해당 비트가 모두 1이면 1, 아니면 0
비트 단위 OR	두 피연산자의 해당 비트 중 하나라도 1이면 1, 아니면 0
비트 단위 XOR	두 개의 피연산자의 해당 비트의 값이 같으면 0, 아니면 1

이제 이미지에서 이러한 동작이 어떤 의미를 가지는지에 대해 생각해 보자. 우선 비트단위 AND 연산은 두 이미지를 겹쳐놓은 뒤에 동일한 위치의 비트가 모두 1인 경우만 1이 되고, 그렇지 않으면 0이 된다. 이것은 마스크로 사용되는 이미지의 0, 즉 **검은색 부분은 배**

경 이미지가 무엇이든 관계없이 0으로 만들어 버리는 것이다. 그리고 마스크의 1, 즉 흰색 부분은 **배경 이미지가 값이 해당 픽셀의 색**을 결정하게 된다. 이것은 배경 이미지가 투명하게 통과하는 것을 의미한다. 다시 말하면 비트단위 AND 연산은 마스크의 검정색 부분으로 배경 이미지를 가리는 것이다.

비트단위 AND		마스크 0	마스크 1
원본	0	0	0
원본	1	0	1

비트 단위 OR 연산은 아래의 그림과 같이 마스크의 1인 부분에 해당되는 픽셀은 무조건 1이 되고, **마스크의 0인 부분은 배경 이미지의 픽셀에 따라 결정**된다. 따라서 비트 단위 OR는 흰색 부분이 그림을 가리는 마스크의 역할을 하는 것이다.

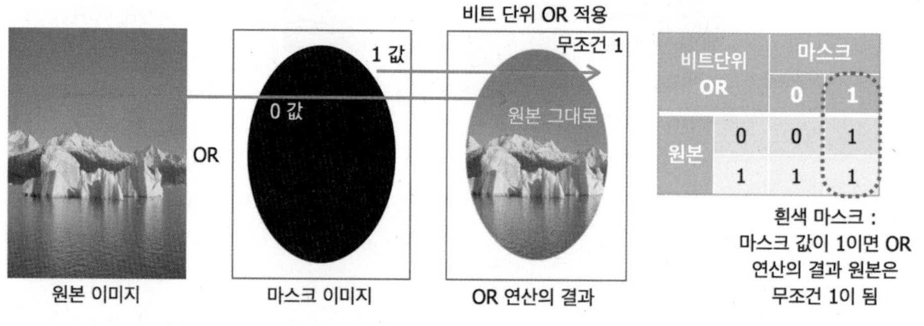

비트단위 OR		마스크 0	마스크 1
원본	0	0	1
원본	1	1	1

비트 단위 XOR 연산은 원본 이미지에서 이미지를 반전시키기도 하고 원래 이미지를 그대로 표현하기도 하는 다양한 기능을 한다. 이러한 원리를 조금 더 발전시킨 것이 크로마키 기법이다. 크로마키[chroma key]란 화면 합성 등의 특수 효과를 이용하기 위해 이용하는 배경을 일컫는 단어인데 흔히 초록색과 파란색을 사용하기 때문에 그린 스크린 또는 블루 스크린이라고도 한다. 이 영상은 촬영 과정에서 배우가 단색 배경 앞에서 연기를 하고 후편집 과정에서 같은 색으로 찍힌 부분을 다른 배경으로 바꾸면 바꾼 배경에서 연기한 것과 같은 효과를 낼 수 있다. 크로마키 기법은 그림과 같이 일기 예보를 하는 기상 캐스터

와 기상 정보를 결합하는데 사용되기도 하지만 영화나 드라마의 특수 효과를 만드는데에도 많이 사용된다.

후편집 영상　원본 이미지 촬영 단계

영상 처리를 알아보자.

컴퓨터를 이용하여 이미지를 다루는 일은 우리 일상에서 매우 빈번하게 하는 일이다. 인스타그램으로 사진을 찍고 필터를 입히거나 보정을 해서 피사체인 사람의 눈을 더 크게하고 얼굴을 다듬는 일을 우리는 자주 보게 된다. 이러한 작업을 통칭해서 디지털 영상 처리 digital image processing라고 한다. 디지털 영상 처리는 글자 그대로 **컴퓨터를 이용하여 디지털 형태의 영상을 가공하는 일**을 말한다. 보다 넓은 의미로의 영상 처리는 컴퓨터를 이용하여 영상을 생성하고, 처리하고, 영상을 해석, 인식하는, 영상과 관련된 모든 분야를 의미한다.

이 기술을 이용하여 우리는 흐린 영상을 보다 선명하게 볼 수 있다거나, 영상이 회손된 경우 다시 원 영상으로 복원한다든지 영상에서 필요한 정보만을 추출하여 얻을 수 있는 등 여러 방면으로 활용할 수 있다.

이러한 영상 처리는 컴퓨터 그래픽Compurter Graphics, 컴퓨터 비젼Compurter Vision과 밀접한 관계가 있다. 컴퓨터 그래픽은 컴퓨터를 이용하여 형상을 생성시키는 쪽에 주력하는 분야이고, 컴퓨터 비젼은 영상 처리 중에서도 특히 영상의 인식, 이해 등을 중점적으로 주로 연구하는 분야이다. 반면에 영상처리는 보통 여러 장치들을 통하여 이미 생성된 영상을 입력하여 영상을 변화시키는 것이며 영상을 재가공하거나 영상에서 정보를 추출하는 과정이라 할 수 있다.

이러한 영상 처리는 다음과 같이 세분화 할 수 있다.

■ 영상 조작

영상을 획득하는 경우 주위의 환경의 영향으로 영상이 흐리거나 너무 어두울 경우, 혹은 잡음이 많이 섞인 경우가 있을 것이다. 이러한 상황에서 우리는 원하는 영상을 얻기위해 획득된 영상에 대한 조작을 하는 경우가 있다. 이는 영상 처리에 있어 매우 기본적이면서도 중요한 부분이다.

■ 영상 분석

영상 분석이란 영상 조작에 의해 보정된 영상에서 특징을 찾아내는 것으로, 인쇄되거나 필기된 글자를 식별하거나, 카메라를 통해 부품의 치수를 측정하고 PCB 기판의 정밀도를 체크하거나, 의료분야에서의 세포분석 등 영상을 분석하는 영역을 말한다.

■ 영상 인식

영상 인식 또는 **컴퓨터 비전**computer vision 분야는 영상 속에 있는 객체를 구분하고 탐지하는 것을 포함하여, 사람의 눈으로는 식별이 불가능한 것들, 즉 미세한 영상물의 차이점을 발견하고 영상물의 비교하여 다른 영상과 비교 분석하며 특징을 찾아 영상을 인식하는 분야이다. 예로, 지문 인식 시스템을 이용하여 범죄현장의 지문과 정부의 데이터베이스 내부의 지문과 비교하여 범인을 추적하는 시스템, 로봇의 시각 시스템, 자율주행 자동차를 위한 전자적 눈의 구현과 같은 분야가 있다. 특히 자율주행 자동차가 완성되기 위해서는 도로에 있는 차선, 차량, 오토바이, 보행자, 신호등, 표지판과 같은 많은 객체를 빠르게 인식하는 기술이 필요하다. 최근에는 딥러닝 기반의 영상 인식 기술이 좋은 성능을 얻고 있다.

nVidia 사의 딥러닝 기반 시스템의 객체 인식 사례

자율주행을 위해서는 도로에 있는 차선, 차량, 오토바이, 보행자, 신호등, 표지판과 같은 많은 객체를 빠르게 인식하는 기술이 필요합니다. 최근에는 딥러닝 기반의 영상 인식 기술이 좋은 성능을 얻고 있습니다.

■ 영상 통신

영상을 전송함에 있어 어떻게 효율적으로 전송할 것인가를 연구하는 분야로 영상 압축을 이용하여 영상을 처리하고 전송하는 영역이다. 이 분야에서는 디지털 영상의 막대한 용량을 압축시키는 영상 압축 및 복원 기술을 필요로 한다.

대규모 영상 인식 대회가 인공지능의 혁명을 가져오다

영상으로부터 사람이나 자동차, 오토바이, 자전거와 같은 객체를 인식하는 것은 자율주행 자동차에서 필수적인 기술이지만 2010년대 초반만 하더라도 매우 어려운 기술이었다. 컴퓨터를 사용하여 여러 종류의 사물을 인식하도록 하기 위해서는 효과적인 알고리즘과 함께 대규모의 실세계 이미지 데이터베이스도 필요할 것이다. 하지만 실세계의 사물은 워낙 방대한데다 변형도 다양해서 이를 일일이 수집하고 분류한 다음 이름표를 달아서 데이터베이스화하는 일은 쉽지 않을 것이다. 이 어려운 작업에 도전한 사람이 있는데 스탠퍼드 대학교의 **페이페이 리**Fei-Fei Li 교수와 그의 연구진이었다. 이들이 만든 데이터베이스는 **이미지넷**ImageNet **데이터베이스**라고 하는데, 2만 개 이상의 범주로 나눌 수 있는 1천 5백만 장 이상의 방대한 이미지로 구성된 이 데이터베이스는 **오늘날의 인공지능 기술을 발전**시키는 데 크게 기여하였다.

이 프로젝트는 2006년 페이페이 리 교수의 아이디어에서 출발했는데 당시의 인공지능 연구자들은 대부분 모델과 알고리즘의 개발에 집중하는 분위기였다. 그러나 페이페이 리 교수는 인공지능 알고리즘을 위한 **품질 좋은 훈련 데이터를 확보할 수 있다면 더 나은 결과를 얻을 수 있을 것으로 기대**하였다. 이미지들을 수집하고 분류하는 일은 세계 최대의 전자상거래 회사인 아마존과의 협업으로 추진되었으며, 1억 장이 넘는 이미지를 분류하고 정리하는 일은 전 세계 167개국에 흩어진 5만 명 가량의 작업자가 참여하여 진행되었다.

이미지넷 데이터베이스의 예시(1천 5백만장의 방대한 이미지)

페이페이 리 교수

이미지넷 데이터베이스를 확보한 페이페이 리의 다음 과정은 이 이미지를 이용하여 인공지능 기술을 발전시키고자 하는 이들에게 무료로 이미지를 공개하는 일이었다. 또한 2010년부터 매년 정기적으로 경진대회를 열어서 인공지능 연구자들이 서로의 알고리즘을 자랑하고 정보를 교류하도록 하였다. 이 경진대회는 ILSVRC라고 부르며, 이는 **이미지넷 대규모 시각 인지 경진대회**ImageNet Large Scale Visual Recognition Challenge의 앞글자를 딴 것이다. 이 책에서는 편의상 이미지넷 경진대회로 지칭할 것이다.

이 대회의 우승 알고리즘은 2010년도, 2011년까지 인간이 고안한 방식으로 데이터의 특징을 추출하도록 하는 머신러닝 기반의 알고리즘이었다. 이것은 인공신경망 연구가 침체되었던 시기에 지속적으로 사용된 방식으로, 작은 성능 개선도 어려운 상태에 도달해 있었다. 당시 인식 오차는 각각 28%, 26%로 사물 네 개중 하나를 잘못 인식하는 수준이었다. 따라서 자율주행 자동차와 같은 정밀한 사물의 식별이 필요한 시스템에서 사용하기에는 매우 부적절했다.

다음 그림은 2012년 이미지넷 경진대회 도전 문제의 예시이다. 첫 번째 도전 목표는 사진 이미지의 사물을 분류하는 것이며, 두 번째 도전 목표는 사진의 이미지를 분류classification하고 검출localization까지 하는 것, 세 번째 도전 목표는 분류한 사물을 더욱 상세하게 분류하는 것이다.

도전 목표 1 : 분류하기

자동차

도전 목표 2 : 검출하기
(Classification + Localization)

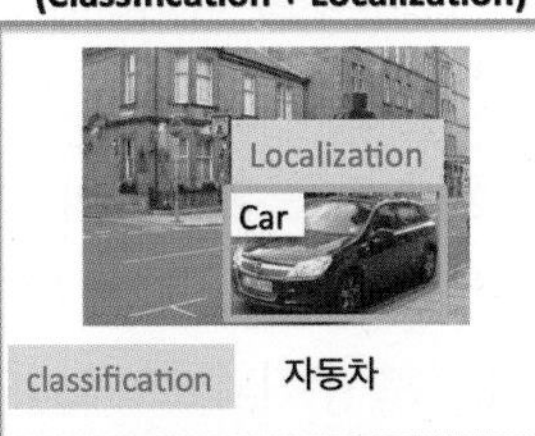

classification 자동차

도전 목표 3 : 상세하게 분류하기

classification 워크 하운드 개

이미지넷 경진대회의 도전 목표 예시

그러나 2012년 이미지넷 경진대회에서 **전 세계의 인공지능 학자들을 경악하게 만든 사건**이 발생하는데, 바로 딥러닝 기술의 일종인 **합성곱 신경망** 구조의 AlexNet**이 압도적 성적으로 우승**한 일이다. 개발자 **알렉스 크리제프스키**Alex Krizhevsky의 이름을 딴 AlexNet은 매년 조금씩의 성능 개선만이 이루어지던 이미지넷 경진대회에서 자그마치 **10% 이상의 큰 성능 개선을 통해서 인식률 개선의 정체를 돌파**한 것이다. 딥러닝 기술 이전까지만 하더라도 1년에 고작 1~2% 가량의 성능 향상에 만족해야만 하는 상황이었는데, 자그마치 10%나 되는 큰 성능 향상은 많은 학자들을 충격에 빠뜨리기에 충분했다.

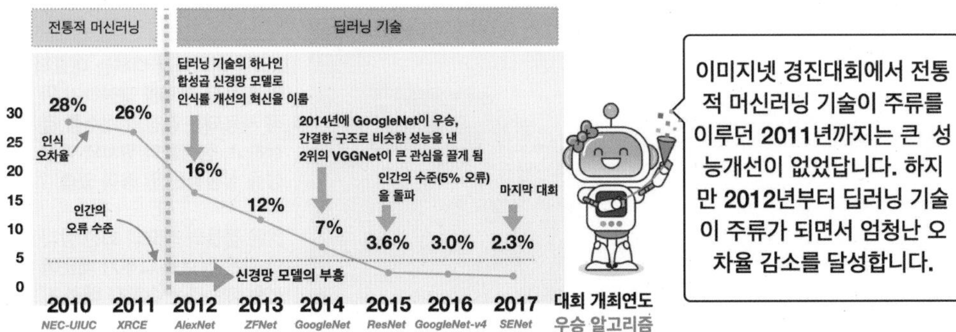

이러한 혁신이 계기가 되어 딥러닝 기술에 기반한 이미지 인식은 현재 컴퓨터 비전 분야의 큰 흐름을 이루고 있다.

컴퓨터 그래픽스를 알아보자

컴퓨터 그래픽스computer graphics는 **이미지와 같은 시각 정보를 생성하고 물리적 장치에서 나타내기 위해서 필요한 다양한 이론과 기술을 다루는 학문**을 의미한다. 또한 3차원 컴퓨터 그래픽스란 특별히 3차원 기하 객체를 표현하는데 필요한 기술을 다루는 컴퓨터 그래픽스 분야라고 할 수 있다. 대부분의 컴퓨터 게임이나 영화에서 최종 결과로 나타나는 영상은 2차원 공간인 모니터나 스크린에 표현되지만, 이러한 결과물을 얻기위해 처리되는 데이터는 3차원 공간에서 정의되고 조작는 경우가 많다. 3차원 컴퓨터 그래픽스의 세부 분야로는 크게 모델링, 애니메이션, 렌더링이 있다.

▪ 모델링

모델링modeling은 영상 생성에 사용되는 객체의 기하적 특성을 정의하는 방법과 관련된 기술과 지식을 다룬다. 기하적 특성이라는 것은 객체의 위치를 정의하는 좌표, 객체의 자세를 정의하는 회전 상태 등이 대표적인 정보가 된다. 모델링 분야에서 다루는 대표적인 일들은 **객체를 생성하기 위해 사용되는 정점의 개수를 결정하고, 정점들의 위치와 연결성을 설정하는 일** 등이다. 이때 정점들의 위치는 좌표로 표현되며, 연결성은 정점들로 만들어지는 그래프의 간선으로 표현된다. 그리고 만들어진 기하 객체에서 그려질 면을 구성하는 일 등도 모델링의 영역이 된다. 이 단계에서는 점들의 좌표와 회전 상태와 같은 정보를 다루기 때문에 선형 대수라는 수학적 배경 지식이 필요하며 모델링을 위한 전용 소프트웨어를 사용한다.

오토데스크사의 3ds Max 소프트웨어의 모델링 화면

■ 애니메이션

애니메이션animation이란 모델링 과정을 통해 결정된 기하 객체에 대해 시간에 따른 변화를 일으키는 작업과 이러한 작업에 관련된 기술과 지식을 의미한다. 일반적으로 변화의 대상은 기하 객체의 위치와 방향인데, 정점 각각의 위치를 변경하면 객체의 모양이 변형되는 결과를 얻을 것이다. 하나의 객체 내에서 정점 각각의 상대적 위치를 유지하면서 움직이면 이동 혹은 회전과 같은 동작이 가능하다. 애니메이션의 대상의 정점의 위치뿐만 아니라 면이나 정점의 색상, 텍스처의 좌표 등도 모두 가능하다.

시간 흐름에 따라 기하 객체에 변화를 일으키는 애니메이션

■ 렌더링

렌더링rendering이란 모니터와 같은 컴퓨터 표시 장치에 모델링된 기하 객체를 그려내어 영상을 생성하는 작업이다. 렌더링 단계에서는 기본적으로 다음과 같은 과정이 필요하다.

1. 3차원 공간에 존재하는 기하 객체를 2차원 관찰 표면으로 투영시키기.
2. 조명 모델과 재질의 반사 모델을 이용하여 시각적으로 관찰되는 색상 및 밝기를 계산.

다음의 그림은 동일한 모델 객체에 대하여 서로 다른 렌더링을 적용한 결과이다. 이와 같이 색상과 밝기, 반사 모델을 다르게 적용하면 기하 객체는 다양한 모습의 이미지로 나타난다.

다양한 렌더링 결과

디지털 방송과 디스플레이 장치의 해상도

다음으로 영상 정보를 디지털 형태로 압축하여 전송하는 방법에 대해서 살펴보자. 기존의 **아날로그 방송**은 하나의 전파에 영상을 실어서 보내고, 또 다른 전파에는 음성을 보내는 방식을 사용하였다. 이 방식은 신호를 송신기에서 수신기로 보내는 단순한 방식으로 **단방향 전송 기법**이라고 한다. **디지털 방송**은 영상과 음성을 디지털 신호로 만들고 압축하여 이 신호를 변조한 후에 수신측에 전송하는 방법을 사용한다. 우리나라의 경우 2012년 12월 31일에 아날로그 방송 송출을 중지하고 지상파 디지털 텔레비전 방송을 전면 실시하였다.

VS

디지털 방송은 잡음에 강해서 신호의 왜곡이 적으며 양방향 통신이 가능하다는 장점이 있습니다.

아날로그 방송과 화질 문제

디지털 방송

아날로그 방송과 디지털 방송의 장점과 단점을 살펴보면 다음과 같다.

- **아날로그 방송** : 신호를 압축하는 과정이 없기 때문에 정보를 전달할 수 있는 용량이 매우 제한적인 것은 물론 전송 과정에서 잡음 및 혼신 등의 영향을 크게 받을 수 있고 손상된 신호를 복원하기가 어려워 방송 수신 품질이 떨어지게 된다. 이러한 현상은 텔레비전 수상기에서 화면의 잡음과 **이중상**ghost 및 색 번짐 등으로 나타나게 된다.
- **디지털 방송** : 디지털 방송은 적은 출력으로 넓은 서비스 구역을 확보할 수 있으며, 수신 감도도 아날로그 방송보다 훨씬 좋기 때문에 방송 수신을 위한 셋톱박스를 설치할 경우 난시청 해소에 크게 도움이 된다. 디지털 방송의 장점으로는, 아날로그 방송에 비하여 이중상에 의한 영향이 적어 수신율이 비교적 높은 편이다. 또한 아날로그에 비해 잡음에 강하고 송신 전력이 적게 든다. 디지털 신호의 경우 에러에 대한 정정 기술을 사용할 수 있고, 전송 복제가 여러번 이루어지더라도 원래 이미지의 변화가 적다. 방송 주파수 활용면에 있어서도 기존 아날로그 1개 채널을 디지털로 변환하면 3~4개의 채널을 확보할 수 있어 각 분야별로 다양한 전문 채널을 확보하여 운영할 수 있다는 장점이 크다.

디지털 방송은 기존 방송과 달리 화면의 선명도를 나타내는 주사율에서 큰 차이가 있다. **해상도**resolution란 종이나 컴퓨터 화면, 텔레비전 등에 표현된 그림이나 글씨 따위가 표현된 섬세함의 정도를 나타내는 말이다. 컴퓨터나 텔레비전의 **화면 해상도**display resolution는 화면의 수평 방향과 수직 방향에 화소(또는 픽셀)를 최대 몇 개 나타낼 수 있는가로 표시한다. 예를 들어 해상도가 720×480인 SD급 텔레비전의 경우 수평 방향으로 720개, 수직 방향으로 480개의 화소를 표현할 수 있어서 모두 345,600개의 화소를 포함 할 수 있다. 디지털 전송 기술과 디스플레이 기술이 점차 발전하면서 화면의 해상도는 SD(Standard Definition: 표준 선명도), HD(High Definition:높은 선명도), Full HD(Full High Definition), Ultra HD(Ultra High Definition) 등으로 다양화되고 발전되고 있다. 다음 표는 디지털 디스플레이 포맷과 이에 따른 해상도, 그리고 총 화소수, FHD를 기준으로 한 배율을 정리한 표이다.

디스플레이 포맷의 이름	해상도	총 화소수	FHD 기준 배율
SD	720×480	345,600	0.17
HD	1,280×720	921,600	0.44

Full HD	1,920×1,080	2,073,600	1.00
4K Ultra HD	3,840×2,160	8,294,400	4.00
8K Ultra HD	7,680×4,320	33,177,600	16.00

이 표에서 기준이 되는 FHD의 경우 1,920×1,080 해상도를 사용하면 총 화소수는 2배만 화소 가량 된다. 4K Ultra HD는 FHD의 4배, 8K Ultra HD는 FHD의 16배나 높은 해상도를 나타낼 수 있다. 이 해상도의 차이는 다음 그림으로도 이해할 수도 있을 것이다. 그림의 해상도는 텔레비전에서 일반적으로 많이 사용되는 해상도이지만 컴퓨터 모니터나 태블릿 디바이스, 스마트폰에 따라서 **매우 많은 해상도가 존재**하는 상황이다.

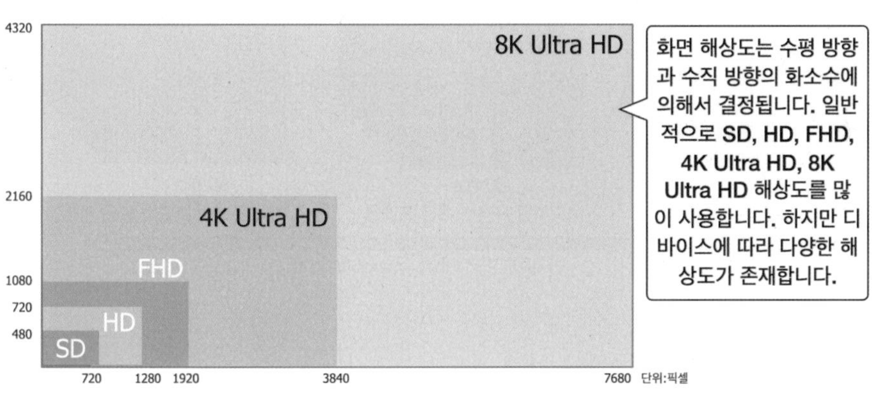

동영상의 표현

다음의 그림과 같이 영상을 이루는 사진 한 장을 프레임frame이라고 한다. 여러 장의 프레임이 시간 순서대로 지나가면 우리의 눈은 이를 영상으로 인식한다. 이때 프레임이 너무 느리게 지나가면 우리의 눈은 이것를 부자연스러운 것으로 인식하기 때문에 최소한 1초에 20

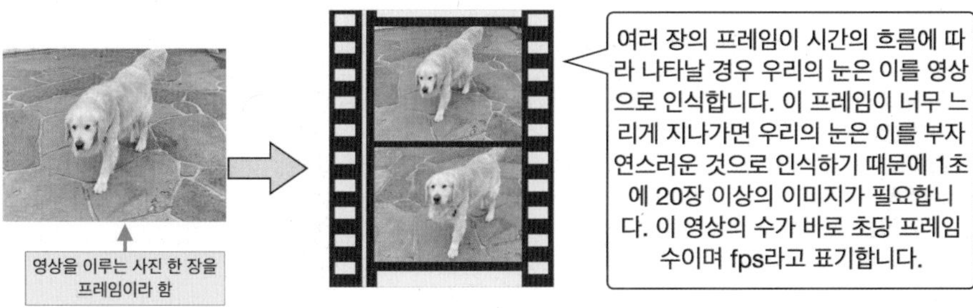

장 이상의 이미지가 필요하다. 이때 1 초에 필요한 영상의 수가 바로 초당 프레임 수이며 **프레임률**frame rate이라고 한다. 프레임률은 frame per seconds의 약자인 fps로 표기한다.

영화나 드라마에서 널리 사용되는 영상의 초당 프레임률은 24 fps이며, 가장 대중적인 규격의 초당 프레임률은 30 fps이다. 그러나 가상현실이나 게임과 같은 몰입감, 현장감이 많이 요구되는 콘텐츠의 경우 60 fps 가량의 높은 초당 프레임률이 필요하며 최근에 등장한 스마트폰은 120 fps의 영상 촬영과 재생을 지원하는 경우도 있다. 이 경우 매우 부드러운 동영상을 볼 수 있다는 장점이 있으나 데이터의 용량이 매우 커진다는 단점도 있다.

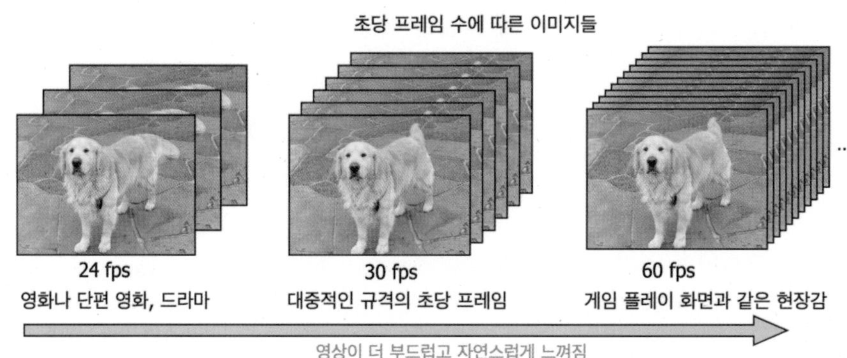

동영상을 편집하는 유용한 프로그램

동영상을 촬영한 후에는 편집을 통해서 배포하는 절차가 이루어진다. 여러 종류의 동영상 프로그램 중에서 고품질의 영상 편집이 가능한 프로그램인 어도비사의 **프리미어 프로**와 애플사의 **파이널 컷 프로**의 기능과 특징을 살펴보자.

■ 프리미어 프로

프리미어 프로 Premiere Pro는 어도비사에서 만든 실시간, 타임라인 기반의 영상 편집 응용 소프트웨어이다. 이 소프트웨어는 어도비 시스템즈가 만든 그래픽 디자인, 영상 편집, 웹 개발 응용 프로그램의 제품군인 어도비 크리에이티브 제품군에 속해 있다. 프리미어 프로는 원본 영상 소스를 작업 공간에 올려두고 필요한 장면을 자르고, 이 장면을 다른 장면에 붙이고, 효과를 넣거나, 자막을 넣는 등의 다양한 작업을 실시간으로 할 수 있고 그 결과를 바로 확인할 수 있다.

어도비사의 프리미어 프로

■ 파이널 컷 프로

파이널 컷 프로 Final Cut Pro는 애플사에서 만든 맥 컴퓨터 전용 영상 편집 프로그램이다. 이 프로그램은 다른 영상 프로그램과 비슷하게 영상 소스를 올려두고 필요한 장면을 자르고, 붙이고, 효과를 넣거나, 자막을 넣는 등의 다양한 일을 실시간으로 할 수 있고 그 결과를 바로 확인하는 기능이 있다. 그러나 파이널 컷 프로는 애플 맥 컴퓨터 전용 프로그램이기 때문에 하드웨어에 최적화된 구조를 가지고 있어서 매우 빠르고 강력한 렌더링 기능이 제공된다. 또한 최근에 많이 사용되고 있는 멀티캠 편집과 4K 원본 파일 편집시 매우 뛰어난 성능을 보여주고 있다. 파이널 컷 프로는 영상 작업의 전 과정에서 편집 부분만을 주로 담당하며, 나머지 작업에는 다른 응용 프로그램이 추가적으로 필요하다.

애플사의 파이널 컷 프로

위의 제품들 말고도 **윈도 무비메이커**, iMovie, **파워디렉터**, **다빈치 리졸브**, **파워 디렉터 365**, **필모라** 등 다양한 영상 편집용 프로그램들이 있다.

10.3 이미지와 오디오, 동영상, 문서 파일

이미지 저장을 위한 여러 가지 방식

디지털 카메라로 촬영한 이미지를 PC에 저장하여 그 파일을 살펴보면 파일의 확장자가 .jpg나 .png와 같은 형태로 되어 있는 것을 볼 수 있다. 또한 인터넷에서 이미지 파일을 다운받아서 그 형식을 살펴보면 .gif나 .bmp와 같은 확장자를 가지는 것을 볼 수 있을 것이다. 이 절에서는 다양한 이미지 파일, 오디오 파일, 영상 파일에 대해서 살펴볼 것이다. 색상 정보나 음성 정보는 그대로 사용할 경우 용량이 매우 크기 때문에 전송을 하거나 저장을 할때 매우 불편하다. 따라서 이 파일을 살펴보고 중복되는 정보를 하나의 정보로 표현하는 것과 같은 압축 기법을 사용하여 나타낸다. FHD의 경우 1,920×1,080 해상도를 가지고 있으며, 모두 때문에 2,073,600개 픽셀이 필요하다. 하나의 픽셀을 나타내기 위하여 빨강, 초록, 파랑 색상의 3 채널을 사용할 경우 각각의 채널에 대하여 1 바이트(즉 8 비트)가 필요할 것이다. 이 경우 전체 파일의 크기는 2,073,600×3 바이트 = 6,220,800 바이트가 되어 6 메가바이트 가량의 저장 공간이 필요할 것이다. 많은 영상 콘텐츠는 1초에 30개의 이미지 프레임이 연속적으로 나타나도록 하는 방법으로 표현하기 때문에 이 값에 30을 곱하면 1초에 180 메가바이트의 영상이 필요하다. 만일 이 영상을 압축하지 않고 저장할 경우 2시간 가량의 영화 한 편을 위해서 180 메가바이트×7,200 = 1,296,000 메가바이트가 필요하며 이는 약 1.3 테라바이트에 해당한다.

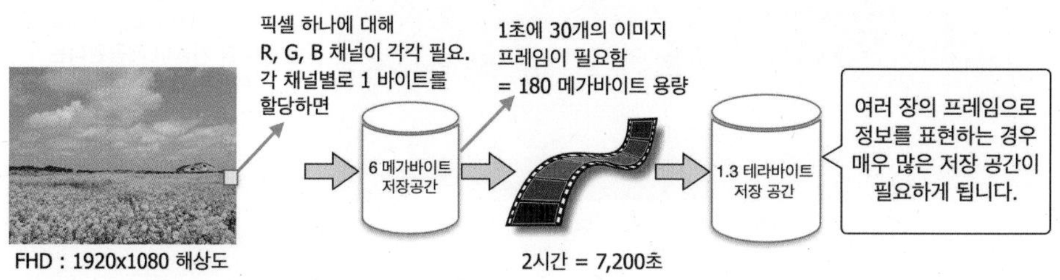

따라서 이미지 파일, 음성 파일, 동영상 파일과 같은 멀티미디어 파일은 이를 압축하는 기술이 필수적이다. 멀티미디어 파일을 압축하는 기술을 적용하면 압축을 하기 전과 압축

을 한 후에 원래의 정보가 손실이 되는 경우도 있다. 이와 같이 압축의 전후에 원래의 정보와 유사하지만 완전히 같지는 않은 정보만을 얻을 수 있는 압축 방법을 손실 압축lossy compression이라고 하며, 압축한 파일을 복원했을 때 원래의 정보와 완전히 같은 정보가 나타나는 압축 방법을 무손실 압축lossless compression이라고 한다. 손실 압축과 무손실 압축의 주요 차이점은 다음과 같이 정리할 수 있다.

- 손실 압축은 데이터에서 크게 드러나지 않거나 중요하지 않은 부분을 제거한다. 반면 무손실 압축은 원래 내용을 그대로 복원할 수 있다.
- 일반적으로 손실 압축은 무손실 압축보다 파일의 크기를 더 많이 줄일 수 있다. 따라서 동영상과 같은 용량이 큰 파일은 손실 압축을 더 선호한다.
- 무손실 압축은 데이터 품질을 저하시키지 않으나, 손실 압축의 경우 데이터 품질이 저하될 수도 있다.

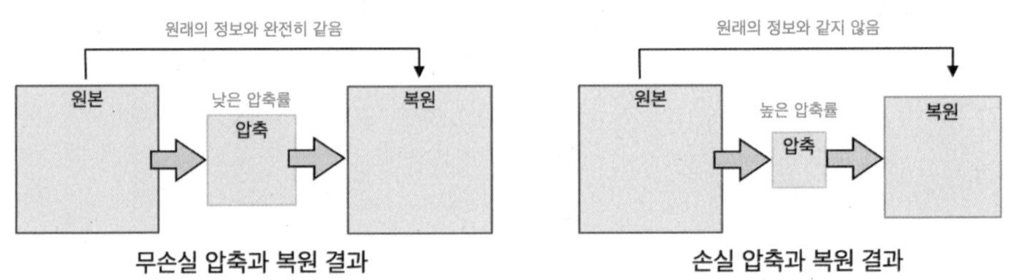

무손실 압축과 복원 결과　　손실 압축과 복원 결과

이제 이러한 점을 고려하여 우리가 많이 사용하는 이미지 파일의 특징을 살펴보도록 하자.

- **JPEG** : JPEG 또는 JPG는 정지 화상을 위해서 만들어진 손실 압축 방법 표준이다. 이 표준은 국제적인 표준화 기구인 Joint Photographic Experts Group에서 제정하였다. JPEG를 사용하는 파일 형식들은 보통 JPEG 이미지라 불리며, .jpg, .jpeg, .jpe 등의 확장자를 사용하기도 한다. 이 파일의 압축 원리는 인간의 시각에서 덜 민감한 부분을 높은 비율로 압축하는 것인데 이를 위하여 빨강(Red), 초록(Green), 파랑(Blue)의 영상이 가진 색상을 YCbCr이라고 하는 색공간으로 변화시킨다. 색을 나타내는 방식의 하나인 YCbCr 방식에서 Y는 밝기 정보를 표현하며, Cb·Cr는 색상 정보를 표현한다. 이러한 변환을 통해서 인간의 눈에 민감한 밝기 정보는 유지하고 색상 정보를 가진 Cb·Cr을 압축시킨다. 이러한 방식을 다운샘플링이라고 한다.
- **GIF** : GIF 파일은 그래픽스 교환 형식을 의미하는 Graphics Interchange Format의

약자로, 네트워크 상에서 이미지 파일을 빠르게 전송하려는 목적으로 개발된 무손실 압축 기법이다. GIF 파일은 여러 장의 이미지를 사용하여 애니메이션이 되는 파일을 만들 수도 있다.

- **PNG** : PNG는 Portable Network Graphics의 약자로 무손실 압축 방법을 사용한다. 이 파일은 편집 과정에서 적합한 파일 형식으로 기존의 웹 이미지 파일로 많이 사용되던 GIF 보다 더 높은 압축률을 가진다. GIF 파일이 하나의 투명층을 가지는 반면 PNG는 8비트의 투명 채널을 가질수가 있어서 투명한 정도를 256 단계까지 세분화 할 수도 있다.
- **BMP** : BMP는 Bitmap의 줄임말로 비트맵 디지털 그림을 저장하는 데 쓰이는 그림 파일 형식이다. 이 파일은 특히 마이크로소프트 윈도우, OS/2 운영체제에 널리 쓰이는 무손실 압축 파일이다. 줄여서 비트맵, 또 장치 독립 비트맵의 경우 Device Independent Bitmap의 약자인 DIB 파일 서식이라고 부르기도 한다. 파일의 형식은 간단하지만 압축을 전혀 하지않거나, 압축을 하더라도 성능이 매우 떨어져서 저장 용량을 많이 차지한다.

음원 저장을 위한 여러 가지 방식

이미지 파일 뿐만 아니라 음원(오디오) 파일 역시 손실 압축과 무손실 압축 방식이 있으며, 다음은 현재 많이 이용되고 있는 대표적인 오디오 파일의 형식이다.

- **WAV** : WAV 파일은 WAVeform audio format의 약자로 그 이름을 지었으며 윈도우 PC에서 사용되는 표준 오디오 파일 포맷이다. 이 파일 형식은 압축을 사용하지 않으며, CD 품질의 고품질 사운드 파일을 저장하는데에도 사용된다. 그러나 압축을 사용하지 않으므로 원본 사운드를 저장할 때 파일의 크기가 매우 커진다는 문제가 있다. 그러나 압축을 사용하지 않고 재생이 가능하기 때문에 재생시 CPU 등의 하드웨어에 주는 부담이 적다는 장점도 있다.
- **MP3** : 대표적인 오디오 파일 중의 하나인 MP3 파일의 이름은 MPEG Layer-3의 약자이며 손실 압축 기법을 사용한다. MPEG는 JPEG와 비슷하게 비디오와 오디오 등 멀티미디어의 표준의 개발을 담당하는 국제적인 표준화 단체이다. MP3 오디오 파일은 사람의 귀로 거의 들을 수 없는 부분을 제거함으로써 뛰어난 오디오 품질을 유지하면서도 높은 비율로 파일을 압축할 수 있다. 그러나 손실 압축 기법의 한계로 인해서 특정한 오

디오는 원본 음원에 비해서 품질이 떨어질 수도 있다.

- **OGG** : OGG는 오픈 소스 컨테이너 포맷으로 개발된 오디오 파일 형식이다. 오디오 파일을 위한 코덱은 여러 가지가 있으나, 이들 중에서 Vorbis라는 이름의 음악 코덱이 높은 성능을 보여 인기를 얻고 있다. OGG는 내부에 Vorbis 코덱을 사용하는 방법으로 개발되었으며 종종 품질면에서 MP3 파일과 비교되기도 하지만 MP3 파일보다 용량 대비 음질이 뛰어난 오디오 포맷이다.
- **FLAC** : FLAC 파일은 무손실 압축 코덱이다. 이 무손실의 단점은 압축률이 좋지 않다는 점이다. 하지만, 품질이 중요한 원본 음원 파일을 보존하려면 이 파일을 사용하는 것이 좋다.
- **AU** : 고성능 워크스테이션 개발로 유명한 썬 **마이크로시스템즈**Sun Microsystems사의 워크스테이션이나 유닉스 운영체제를 사용하는 컴퓨터, 그리고 자바 프로그래밍 언어에서 많이 사용되는 오디오 파일 포맷이다.
- **AIFF** : AIFF는 애플사가 사용하는 표준 오디오 파일 포맷이다. 윈도우 운영체제에서 많이 이용되는 WAV 파일처럼 AIFF는 애플사의 macOS 운영제체에서 널리 이용되고 있다.

한걸음 더 : 코덱이란

코덱codec이란 **코더**coder와 **디코더**decode의 합성어이다. 이때 사용된 단어인 **코더**란 데이터를 저장하는 공간을 절약하고, 처리 속도를 향상시키는 기능을 하는 부호화를 의미한다. 그리고 디코더란 부호화된 데이터를 다시 원래의 정보로 되돌리는 것으로 복호화를 의미한다.
일반적으로 동영상은 여러 장의 이미지를 연속적으로 사용하기 때문에 용량이 매우 크다. 예를 들어, 1,920×1,080 해상도의 FHD 이미지를 30 fps로 저장할 때 압축을 사용하지 않을 경우 약 650 기가바이트의 엄청난 저장 공간이 필요하다. 따라서 엄청난 크기의 동영상은 압축 알고리즘을 사용하여 압축된 상태로 보관하고(부호화), 이것을 재생할 때는 압축을 풀어서(복호화) 사용자가 볼 수 있도록 한다.

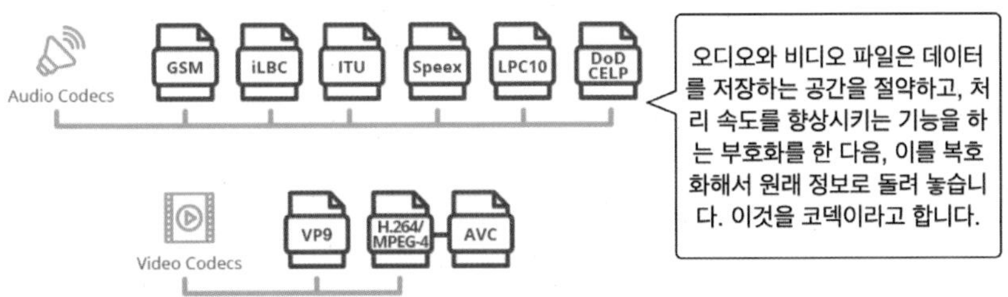

동영상 저장을 위한 여러 가지 방식

동영상을 저장하기 위한 파일로는 많은 파일 형식이 있으나 다음과 같은 형식이 널리 이용되고 있다.

- **AVI** : AVI는 Audio Video Interleave의 약자이다. 이 파일 형식은 마이크로소프트사에서 윈도우 운영체제에 적용하기 위하여 만든 것이다. 동일한 AVI 파일이라 할 지라도 어떤 코덱으로 인코딩했느냐에 따라서 실제 형식은 여러가지가 있다.
- **MPEG** : MPEG는 mpg, mpe 등의 여러가지 확장자를 가질 수도 있는데, 이 이름은 비디오와 오디오 등 멀티미디어의 표준의 개발을 담당하는 국제적인 표준화 단체인 Moving Picture Experts Group의 약자이다. 이 파일 형식에는 MPEG-1, MPEG-2, MPEG-3,... 등과 같은 다양한 표준이 있다.
- **WMV** : WMV는 Windows Media Video의 약자이며 마이크로소프트사에 의해 개발된 비디오 압축 알고리즘을 사용하는 파일이다. 이 파일은 처음 개발될 때 인터넷을 통해 비디오를 스트리밍하는 데 사용하려는 의도였다. 그러나 이후 SMPTE(Society of Movie Picture and Television Engineers)라는 국제적인 미디어 산업 표준화 단체가 WMV 버전 9의 기능을 받아들여서 블루레이 디스크와 DVD에 사용하게 되었다.
- **FLV** : FLV는 플래시 비디오를 의미하는 Flash Video라는 단어에서 유래되었다. 이 파일 형식은 동영상 공유 사이트인 **유튜브에서 기본적으로 사용하는 파일**이다. FLV 포맷은 2003년 어도비 플래시 플레이어 7의 출시와 함께 도입되었다. 이 포맷은 웹에서 영상을 재생하는 기능을 할 수 있도록 어도비 플래시 플레이어에서 사용하기 위해 만들어졌다. 따라서 이 파일은 영화나 TV 쇼와 같은 비디오 콘텐츠를 온라인으로 전달하는 데 많이 사용되었다. 그러나 FLV는 어도비사 이외의 기업들도 사용할 수 있도록 개방형 형식으로 바뀌었다.
- **MOV** : MOV 파일은 애플사가 개발하여 사용하는 동영상 파일 포맷이다. 윈도 컴퓨터에서는 퀵타임이라는 재생 프로그램을 사용하여 동영상을 재생시킬 수 있다.

문서 교환을 위한 표준 파일 PDF

문서를 작성하기 위한 많은 프로그램들이 있는데 이러한 프로그램들을 워드 프로세서word processor라고 한다. 즉 이 용어는 각종 전자 문서를 읽고 고치거나 작성할 수 있는 사무용 소프트웨어를 의미한다. 일반적으로 많이 이용되는 워드 프로세서로는 아래아 한글, 마이크로소프트사의 워드, 애플사의 페이지라는 제품이 있다. 이러한 파일들을 각각 hwp, doc/docx, pages라는 서로 다른 확장자를 사용하며 문서의 형식이 달라서 서로 간에 호환이 되지 않는다. 따라서, docx로 된 문서를 읽기 위해서는 반드시 마이크로소프트 워드 프로그램이나 이와 유사한 기능의 읽기 프로그램이 반드시 필요하다는 문제가 있다.

PDF[Portable Document Format]는 어도비사에서 개발한 개방형 문서 파일 형식이다. **PDF는 운영체제나 플러그인 등 컴퓨터 사용 환경과 관계없이 똑같은 문서 내용을 표현할 수 있는 것이 큰 특징**이다. 즉 이 파일의 뷰어만 있으면 기기에 상관없이 똑같은 형태의 문서를 볼 수 있다는 의미다. 또한, 인쇄를 위한 PDF 문서의 경우 언제나 같은 규격으로 인쇄할 수 있다. 뿐만 아니라 암호화 및 압축 기술을 통해 내용을 변조하기 어려운 것도 장점이다. 이런 특징을 살펴보면 종이 문서의 장점을 그대로 전자화했다고 볼 수 있다. 무엇보다도 PDF 파일은 문서 형식이 공개돼 있으며, 국제 표준화 기구로 부터 ISO 32000-1:2008라고 명명된 국제 표준으로 인정받았다. 이렇게 표준화된 문서가 되면서 더 이상 어도비라는 특정한 기업의 이익을 위해서 사용되지 않는 점도 큰 장점이다.

또 다른 전자책을 위한 표준 파일로 EPUB[electronic publication]이 있다. 이 표준은 국제 디지털 출판 포럼[International Digital Publishing Forum:IDPF]에서 제정한 **개방형 자유 전자서적 표준**이다. 이 파일의 확장자는 보통 epub이나 ePub으로 표기하는데, PDF 보다는 웹 문서를 표현하는 HTML에 가깝게 설계되었다. 이 표준은 전자책 구현에 필요한 것 위주로 최소한의 기능만이 들어가 있기 때문에 로딩이 매우 빠르고 디바이스에 주는 부하가 적다는 점이 특징이다.

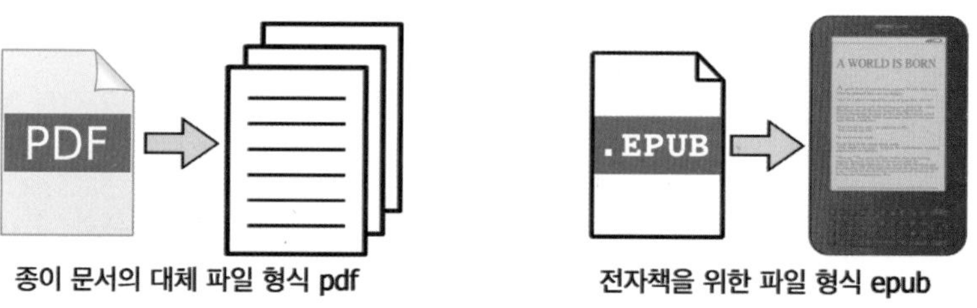

종이 문서의 대체 파일 형식 pdf

전자책을 위한 파일 형식 epub

10.4 멀티미디어의 활용

주문형 비디오

주문형 비디오 서비스란 영문 이름인 Video On Demand의 약자인 VOD라고도 한다. 이 서비스는 **이용자의 요구에 따라 영화나 뉴스 등의 영상 콘텐츠를 제공하는 서비스**를 말한다. 주문형 비디오 서비스에 대비되는 것으로는 케이블이나 지상파 텔레비전 또는 DVD 대여를 통한 비디오 서비스가 있다. 케이블이나 지상파 텔레비전은 사용자의 요청에 따라 원하는 시간에 비디오 서비스를 받는 것이 비교적 제한적이며, DVD 대여의 경우 온라인으로 서비스를 원하는 때에 받을 수 없다는 한계가 있다(사진출처 : tvN).

VS

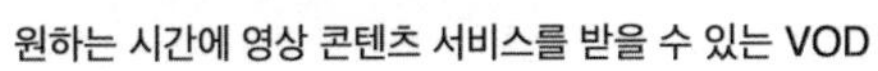
원하는 시간에 영상 콘텐츠 서비스를 받을 수 있는 VOD

원하는 시간에 영상 서비스를 받을 수 없는 DVD 대여점

인터넷 연결이 가능한 수많은 단말기가 등장하면서 동영상 서비스는 전통적인 방송 전송 플랫폼을 넘어서는 현상이 발생하게 되는데 이러한 시대적 현상을 "**포스트 텔레비전 시대**"로 설명하기도 한다. 포스트 텔레비전 시대의 서비스는 이용자가 선호하는 동영상을 중심으로 플랫폼과 단말기를 선택하여 시청하는 형태이기 때문에 방송과 송출을 의미하는 **브로드캐스팅**broadcasting 보다는 **스트리밍**streaming이라는 용어가 더 보편적인 미디어 이용 환경을 설명하는 용어가 된다고 할 수 있다. 이러한 미디어 이용 환경의 변화에 따라 기존의 VOD라는 용어 대신 Over The Top을 의미하는 OTT 서비스가 더 적합한 용어로 인정받으면서 널리 사용되고 있다.

유럽연합 산하의 BEREC Body of European Regulators for Electronic Communication라는 국제 기구는 OTT 서비스를 범용적인 인터넷망을 통해서 최종 이용자에게 제공되는 콘텐츠나 서비스, 또는 애플리케이션이라고 정의하였다. 이 정의에 따르면 OTT를 통해서 제공되는 것이 영상 콘텐츠 뿐만 아니며, 서비스나 애플리케이션도 해당될 수 있다는 의미를 가진다. 이는 인터넷망을 이용해 제공되는 모든 것이 OTT 서비스라는 것을 의미하기도 한다. 이 정의에 따르자면 OTT는 매우 광범위한 서비스로 해석될 수 있지만, 일상적으로는 사용하는 경우에는 **영상 스트리밍을 지칭하는 용어로 많이 사용**한다.

OTT 서비스의 특징은 많은 연구에서 논의되었는데, 셋톱박스와 상관없이 유선 또는 무선 인터넷을 사용하며 서비스를 받으며, 주문형 비디오 혹은 스트리밍 방식으로 서비스를 제공받는다는 특징도 가지고 있다. 특히, OTT 서비스는 인터넷에 연결된 TV, 컴퓨터, 모바일폰, 스마트패드 등의 다양한 디바이스에서도 이용할 수 있는데, 이와 같이 **네트워크를 활용하여 다양한 화면의 여러 전자 장치에서 콘텐츠를 사용하는 것을 지칭하는 용어**가 바로 N-screen이라는 용어이다. OTT 서비스는 N-screen 환경에서 언제든지(any time), 어디서나(anywhere), 어떠한 단말기(any)에서나 가능하다는 큰 장점을 가지고 있다.

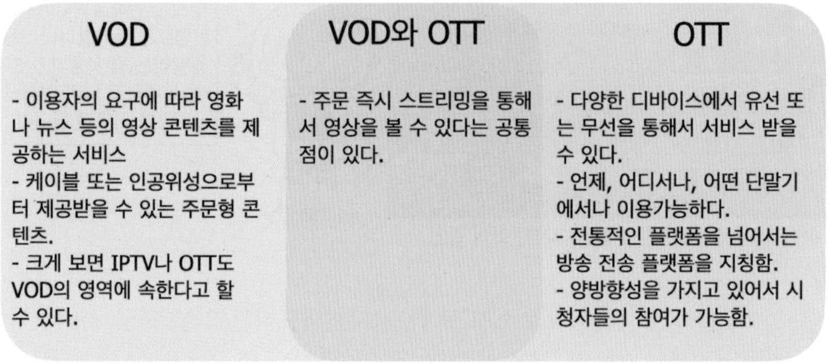

VOD	VOD와 OTT	OTT
- 이용자의 요구에 따라 영화나 뉴스 등의 영상 콘텐츠를 제공하는 서비스 - 케이블 또는 인공위성으로부터 제공받을 수 있는 주문형 콘텐츠. - 크게 보면 IPTV나 OTT도 VOD의 영역에 속한다고 할 수 있다.	- 주문 즉시 스트리밍을 통해서 영상을 볼 수 있다는 공통점이 있다.	- 다양한 디바이스에서 유선 또는 무선을 통해서 서비스 받을 수 있다. - 언제, 어디서나, 어떤 단말기에서나 이용가능하다. - 전통적인 플랫폼을 넘어서는 방송 전송 플랫폼을 지칭함. - 양방향성을 가지고 있어서 시청자들의 참여가 가능함.

NOTE : Over the X의 유래

경영 분야에서 **Over The X**는 **기존 영역의 경계를 넘나드는 서비스나 상품**을 의미하는데, OTT는 비디오 서비스가 텔레비전 방송 서비스를 제공하는 셋톱박스를 넘어서는(over) 서비스라는 말로 사용되기 시작했다. OTT는 초기에 인터넷 기반의 온라인 동영상 서비스를 주로 지칭하는 용어로 사용되었다. 하지만 인터넷 망의 확충과 전송기술, 스트리밍 기술의 발전으로 인하여 점차 인터넷에서 실시간 방송 서비스가 가능해지고 보편화되기에 이르렀다.

영상 회의 서비스

영상 회의 서비스란 컴퓨터와 연결된 카메라, 스마트폰, 태블릿 등의 기기와 영상 회의를 지원하는 소프트웨어를 통해서 원격지에 있는 사람들과 영상을 보면서 이야기를 하거나,

자료, 화이트보드, 컴퓨터 화면을 공유하는 회의 서비스를 일컫는 말이다. 영상 회의 서비스는 1990년대 인터넷이 대중화되면서부터 시작되었으나 화상 회의 장비의 부족과 온라인 쌍방향 의사 소통에 대한 대중의 거부감으로 인하여 디지털 전환은 크게 이루어지지 못했다. 그러나 COVID-19 팬데믹을 겪게되면서 코로나19는 세계인이 체감할 수 있을 정도로 강하게 디 지털 전환의 방아쇠를 당겼다. 영상 회의를 주류로 만들고, 우리나라를 비롯한 많은 선진국가들의 학생이 비대면 교육을 경험하게 만들었으며, 학교와 직장의 문화를 폭넓게 바꾸어 놓게 되었다. 대표적인 화상 회의 솔루션 줌[zoom]은 2020년 2월 사용자가 31만 명이었으나, COVID-19 팬데믹 상황으로 인해 4월달에는 263만 명으로 증가한다. 또한 4월달에는 월 사용자가 3억 명을 돌파하게 되며 엄청난 성공을 거두게 된다.

화상 회의 서비스인 줌을 통한 다자간 회의 화면

다음은 줌, 구글 미트, 마이크로소프트 팀즈라는 대표적인 영상 회의 서비스의 장점과 단점을 나타낸 표이다.

	줌	구글 미트	마이크로소프트 팀즈
장점	• 40분이내 이용시 무료 • 다양한 디바이스에서 사용 가능 • 49명의 참가자까지 화면에 표시 • 화면 공유와 공동 주석이 가능	• 협업 도구의 하나임 • 구글 앱스와의 연동성이 뛰어남 • 자동 자막 달기 기능이 있음 • 구글 G-suite 소프트웨어들과의 연동성이 좋음 • 시간 제한이 없음	• 협업 도구의 하나임 • 오피스 365와 잘 연동됨 • 회의 중 배경 처리와 효과가 다양함 • 화상 회의 뿐만 아니라 설문, 위키 페이지 구성이 가능함 • 시간 제한이 없음
단점	• 무료 이용시 시간 제한이 있음 • 게시판, 설문지 등의 다양한 기능이 부족함	• 구글 G-suite의 패키지임	• 소프트웨어가 유료 가입 서비스인 오피스 365에 포함되어 있음

인간과 대화하는 컴퓨터 : 챗봇

프로그래밍 언어는 일상에서 사람들 사이의 의사소통에 사용되는 언어와는 매우 다르다. 우리가 일상 생활에서 사용하는 언어는 인위적으로 만들어진 것이 아니라 오랜 시간에 걸쳐 자연스럽게 생성되고, 발전되어 온 습관이 굳어진 것이다. 이렇게 인간이 사용하는 언어는 컴퓨터에서 사용하는 **인공 언어**artificial language와 구분하여 **자연 언어**natural language라고 한다. 인공지능 기술이 발전하면서 컴퓨터가 인간의 언어를 알아들을 수 있게 만드는 학문과 기술 분야가 새롭게 등장하였는데 이것이 바로 **자연어 처리**natural language processing 기술이다. 사람의 말을 이해한다는 것은 시간 순으로 이어지는 상대의 말에서 기억할 것과 기억하지 않을 것을 구분하고 내가 할 행동과 말을 생성하는 것이다.

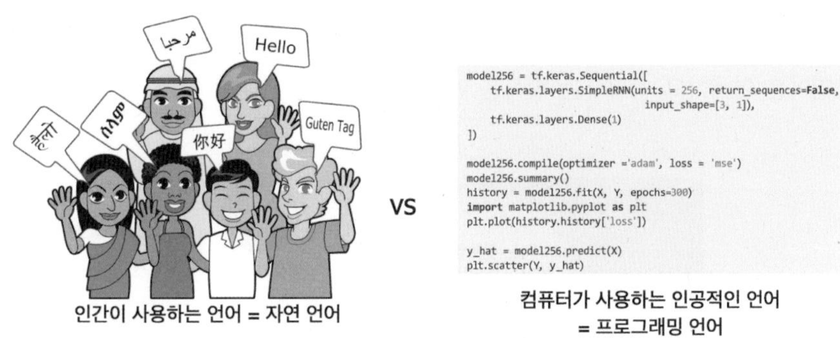

인간이 사용하는 언어 = 자연 언어

컴퓨터가 사용하는 인공적인 언어
= 프로그래밍 언어

챗봇chatbot 또는 **채팅봇**chattingbot은 음성이나 문자를 통해 인간과 대화하며 특정한 작업을 수행하는 컴퓨터 프로그램을 말한다. 흔히 챗봇이라고 하지만 가끔 **토크봇**talkbot, **채터박스**chatterbox 또는 간단히 **봇**bot이라고도 한다. 인공지능 기반 챗봇은 기계어와 자연어 처리를 활용하여 고객의 숨은 의도를 파악하고, 대화 도중에도 이전의 대화 기록을 활용하여 질문에 자연스럽고 인간적인 방식으로 답변해주는 서비스이다. 페이스북 메신저, 웹 사이트, 문자 메시지 등 점점 더 많은 기업과 제품에서 챗봇을 활용하고 있다.

이렇게 널리 활용되고 있는 챗봇은 동작하는 방식에 따라 크게 다음과 같이 나누어 볼 수 있다.

동작 방식	설명
언어 이해 방식	인간이 사용하는 언어를 이해해서 대화를 진행하는 자연 언어 처리 기술을 적용하는 방식.
검색 방식	입력받은 말에서 특정 단어나 어구를 검출하여 그에 맞는 미리 준비된 응답을 출력하는 방식.
각본 방식	각본을 미리 만들고 각본에 따라서 사용자의 입력에 대한 동작과 각본에 있는 응답을 출력하는 방식.

동작 방식 중에서 각본 방식은 **미리 정해진 각본에 따라 사용자가 질문하고 이에 대하여 응답하는 방식**으로 비교적 제한적인 환경에 대해서만 잘 동작할 수 있으나 구현이 쉽다는 장점이 있다. 검색 방식은 사용자가 입력한 말에서 특정한 단어나 어구를 검출하기 때문에 특정한 단어나 어구 이외의 입력에 대해서는 제대로 동작하지 않을 수 있다. 이들 중에서 가장 진보된 방식은 **언어 이해 방식으로 인간이 사용하는 자연어를 이해하는 방식**이다. 하지만 자연어를 이해하고 처리하는 방식은 매우 난이도가 높은 방식이다.

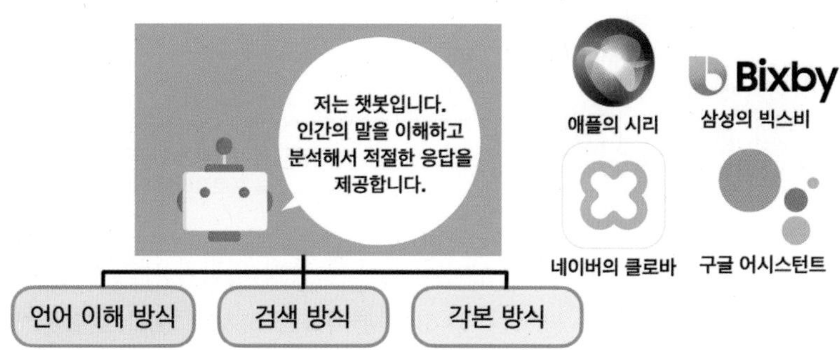

우리 주변에서 가장 쉽게 접할 수 있는 챗봇 중에서 음성을 인식하는 방식의 인공지능 서비스의 예로는 애플의 음성비서 시리, 네이버의 클로바, 삼성의 빅스비, 아마존의 에코, 구글의 구글 어시스턴트 등이 있다.

요약

01 **컴퓨터를 이용하여 정보를 제공하기 위하여 영상, 애니메이션, 음성, 문자 등과 같은 여러 종류의 정보 매체를 복합시킨 복합체**를 멀티미디어라고 한다.

02 멀티미디어가 일반에 알려지기 시작한 것은 1980년 초에 **콤팩트디스크**가 출현하고, 자료의 **디지털화**가 시작되던 때 부터이다.

03 자연계에서 발생된 진동은 연속적인 떨림이므로 **아날로그**의 형태로 나타난다. 이는 신호나 자료를 연속적인 물리량으로 나타낸 것이다.

04 신호가 반복되어 나타날 경우를 주기변화라고 하고 한 번 나타난 신호에서 그 다음 신호가 나타나기까지의 시간을 주기라고 하며 주기의 역수를 주파수라고 하고 신호가 만드는 골의 깊이는 진폭이라 한다.

05 아날로그 신호를 표본화, 양자화, 부호화를 시켜서 디지털 신호로 나타내는 과정을 디지털화라고 한다.

06 전하 결합 소자 방식은 CCD 방식이라고 하며 빛 신호를 전자기적 신호로 변환하는 장치로 광전 효과라는 현상을 이용한다.

07 CMOS 이미지 센서는 전하량을 디지털 신호로 만들어 전송하는 방식을 사용해 전하의 손실이 발생해 CCD 방식이 화질 측면에서 더 우수한 성능을 보여준다.

08 디지털 영상 처리란 **컴퓨터를 이용해 디지털 형태의 영상을 가공하는 일**을 말한다.

09 컴퓨터 그래픽스는 **시각 정보를 생성하고 물리적 장치에서 나타내기 위해서 필요한 다양한 이론과 기술을 다루는 학문**을 의미한다.

10 과거의 주된 영상 송출 방식인 아날로그 방송은 하나의 전파에 영상을 실어서 보내고 또 다른 전파에는 음성을 보내는 방식을 사용하였다. 또한 아날로그 신호를 한쪽으로만 내보낼 수 있는 단방향 전송 기법이 주된 방식이었다.

11 디지털 방송은 영상과 음성을 디지털 신호로 만들고 압축하여 이 신호를 변조한 후에 수신측에 전송하는 방법으로 양방향 통신이 가능하다.

12 멀티미디어 데이터인 이미지, 동영상과 사운드를 압축 방법에는 크게 손실 압축과 무손실 압축이 있다.

13 주문형 비디오 서비스란 VOD라고도 하며 이용자의 요구에 따라 영화나 뉴스 등의 영상 콘텐츠를 제공하는 서비스를 말한다.

14 미디어 이용 환경의 변화에 따라 VOD라는 용어 대신 Over The Top을 의미하는 OTT 서비스가 더 널리 사용되고 있다.

15 챗봇 또는 채팅봇은 음성이나 문자를 통해 인간과 대화하며 특정한 작업을 수행하는 컴퓨터 프로그램을 말한다.

연습문제

[단답형 문제]

아래의 보기를 참고하여 괄호 안에 들어갈 적절한 단어를 적으시오.

01 컴퓨터를 이용하여 정보를 제공하기 위하여 영상, 애니메이션, 음성, 문자 등과 같은 여러 종류의 정보 매체를 복합시킨 복합체를 ( )라고 한다.

02 멀티미디어는 ( ), ( )라는 엄밀한 제한조건을 가진다.

03 자연계에서 발생된 진동은 연속적인 떨림이므로 ( )의 형태로 나타난다. 이는 신호나 자료를 연속적인 물리량으로 나타낸 것이다.

04 신호가 반복되어 나타날 경우를 ( )라고 하고 한 번 나타난 신호에서 그 다음 신호가 나타나기까지의 시간을 ( )라고 하며 이것의 역수를 ( )라고 하고 신호가 만드는 골의 깊이는 ( )이라 한다.

05 아날로그 신호를 ( ), ( ), ( )를 시켜서 디지털 신호로 나타내는 과정을 ( )라고 한다.

06 표본화는 아날로그 신호의 순간적인 값을 얻는 것을 말한다. ( )를 사용하면 원래 신호에 가까운 신호를 만들어 낼 수 있으나, 많은 양의 데이터가 필요하고 ( )를 사용하면 손실이 크지만 처리가 비교적 쉽다.

07 ( )란 표본화를 통해 쪼개진 값을 대표값으로 변환하는 과정이다.이 과정에서 구해진 값은 오차를 포함하는데 이를 ( )라고 한다.

08 이미지에서 비트 연산은 여러 가지 방식으로 활용될 수 있는데, 대표적인 것은 ( )를 이용하여 이미지의 특정한 부분만 남기거나 사라지게 할 수 있다.

09 영상을 이루는 사진 한 장을 ( )이라고 하고 1 초에 보여지는 이미지의 수를 ( )이라고 하며 약자로 ( )로 표기한다.

10 코덱이란 ( )와 ( )의 합성어이다. 이때 사용된 단어인 ( )란 데이터를 부호화를 의미하고 ( )란 복호화를 의미한다.

11 ( )는 어도비사에서 개발한 개방형 문서 파일 형식으로 환경과 관계없이 똑같은

문서 내용을 표현할 수 있는 것이 큰 특징이다.

12 챗봇의 동작 방식 중에서 (   )비교적 제한적인 환경에 대해서만 잘 동작할 수 있다는 장점이 있고 (   )은 특정한 단어나 어구 이외의 입력에 대해서는 제대로 동작하지 않을 수 있으며 (   )은 인간이 사용하는 자연어를 이해하는 방식이다.

[짝짓기 문제]

1. 다음은 영상 처리의 과정과 그에 대한 설명이다. 관련 있는 것을 올바르게 연결하라.

영상 조작 •	• 화질 또는 이미지를 개선하는 작업, 합성·조작 여부를 밝히는 작업, 동일인 여부를 검사하는 작업, 식별 작업이 이 과정에 포함될 수 있다.
영상 분석 •	• 디지털 영상의 막대한 용량을 압축시키는 영상 압축 및 복원 기술을 필요로 한다.
영상 인식 •	• 색 보정 작업 또는 다른 색 공간으로의 변화, 확대, 회전, 축소 등과 같은 변환 작업이 포함될 수 있다.
영상 통신 •	• 지문 인식 시스템을 이용하여 범인을 추적하는 시스템, 로봇의 시각 시스템, 자율주행 자동차를 위한 전자적 눈의 구현과 같은 분야가 있다.

2. 다음은 컴퓨터에서 많이 이용되는 이미지 파일의 특징에 대한 설명이다. 관련 있는 것을 올바르게 연결하라.

JPEG •	• 인간의 시각에서 덜 민감한 부분을 높은 비율로 압축하는 다운 샘플링을 이용한다.
GIF •	• 파일의 형식은 간단하지만 압축을 전혀 하지않거나, 압축을 하더라도 성능이 매우 떨어져서 저장 용량을 많이 차지한다.
PNG •	• 네트워크 상에서 이미지 파일을 빠르게 전송하려는 목적으로 개발된 무손실 압축 기법이다.
BMP •	• 8 비트의 투명 채널을 가져 투명한 정도를 256단계로 세분화했다. 좀 더 세부적으로 8 비트, 24 비트, 32 비트의 3가지 형식을 가질 수 있다.

[객관식 문제]

다음 질문에 대하여 가장 알맞은 답을 구하여라.

01 다음 중 아날로그 신호를 디지털 신호로 변환하는 단계로 적절하지 않은 것은 무엇인가?

1) 부호화　　2) 표본화

3) 복호화　　4) 양자화

02 다음 중 아날로그 신호를 디지털 신호로 변화시키는 과정을 수행하는 전자 회로나 시스템을 지칭하는 말로 적절하지 않은 것은 무엇인가?

1) 아날로그 디지털 변환기　　2) A-to-D

3) A/D 변환기　　4) ACD

03 다음 중 디지털 신호를 아날로그 신호로 변화시키는 과정을 수행하는 전자 회로나 시스템을 지칭하는 말로 적절하지 않은 것은 무엇인가?

1) 디지털 아날로그 변환기　　2) D-to-A

3) D/C 변환기　　4) DAC

04 광전 효과 현상을 이용하는 전하 결합 소자 방식을 지칭하는 말로 적절한 것은 무엇인가?

1) CCD방식　　2) DAC 방식

3) PNG방식　　4) COMS방식

05 다음 중에서 입력된 비트의 값이 모두 1일 경우에만 출력이 1이 되고 그렇지 않으면 0이 되는 비트 연산은 무엇인가?

1) NOT　　2) AND

3) XOR　　4) OR

06 다음중 디지털 영상 처리를 세분화한 것이 아닌것은 무엇인가?

1) 컴퓨터 비전　　2) 영상 분석

3) 컴퓨터 그래픽　　4) 영상 조작

07 다음 중 스탠퍼드 대학교의 페이페이 리 교수가 개발한 데이터베이스를 지칭하는 올바른 용어는 무엇인가? 이 데이터베이스는 1천5백만 장에 대한 이미지를 확보하고 이 데이터에 대한 태그를 달아서 만든 이미지 인식용 데이터베이스이다.

1) 이미지넷 데이터베이스　　2) 디지털넷 데이터베이스

3) 딥러닝넷 데이터베이스　　4) 알렉스넷 데이터베이스

08 다음중 3차원 컴퓨터 그래픽스의 세부 분야가 아닌 것은 무엇인가?

1) 모델링 2) 애니메이션

3) 렌더링 4) 이미징

09 다음 중 디지털 방송의 특징으로 옳지 않은 것은 무엇인가?

1) 적은 출력으로 넓은 서비스 구역을 확보할 수 있다.

2) 복제가 여러번 이루어져도 이미지 변화가 적다.

3) 에러에 대한 정정기술을 사용할 수 있다.

4) 아날로그에 비해 주파수 활용성이 떨어진다.

10 다음 중 애플에서 만든 맥 컴퓨터 전용 영상 편집 프로그램은 무엇인가?

1) 프리미어 프로 2) 파이널 컷 프로

3) 파워 디렉터 4) 아이포토

11 다음 중 손실 압축에 대한 설명으로 옳지 않은 무엇인가?

1) 데이터 품질을 저하시킨다.

2) 중요한 데이터가 제거될 수 있어 주의가 필요하다.

3) 용량이 큰 파일은 압축시킬 수 없다.

4) 높은 압축률을 가진다.

12 다음 중 OTT에 대한 설명으로 옳지 않은것은 무엇인가?

1) 인터넷을 통해 이용자에게 제공된다.

2) Over The Top의 약자이다.

3) 단방향성 플랫폼이다.

4) 영상 스트리밍을 지칭하는 용어로 많이 사용된다.

13 다음 중 현재 널리 사용중인 챗봇의 동작 방식으로 볼 수 없는 것은 무엇인가?

1) 각본 방식 2) 채팅 방식

3) 검색 방식 4) 언어 이해 방식

[서술식 문제]

01 이미지넷 경진대회의 역사를 조사해 보도록 하자. 역대 대회 수상 팀의 인식 오차율, 사용한 모델의 이름에 대해서 알아보자.

02 자신이 사용하는 휴대폰의 화면 해상도는 어떻게 되는지 조사해 보자. 휴대폰 제조사의 홈페이지를 통해서 그 상세한 사양을 알아보자.

03 자신이 사용하는 데스크톱 컴퓨터나 노트북 컴퓨터의 화면 해상도와 가로 세로 비율에 대하여 조사해 보고 기술해 보아라.

04 자신의 스마트폰을 통해서 촬영한 이미지에 대하여 적용가능한 기본적인 필터에 대하여 조사해 보자. 어떤 종류의 필터가 있는가? 또한 이 필터의 원리에 대하여 조사하고 기술해 보자.

05 현재 국내에서 서비스 중인 OTT에 대하여 조사하여라. OTT의 요금, 기능, 특징, 이용자 수 등과 같은 내용을 조사하고 표를 만들어서 나타내어 보자.

CHAPTER

11

가상현실, 메타버스, 블록체인

CONTENTS

학습목표

- 가상현실과 증강현실, 혼합현실에 대해 알아본다.
- 메타버스에 대해 알아본다.
- 컴퓨터 게임에 대해 살펴본다.
- 블록체인 기술에 대해 알아본다.
- 가상화폐와 암호화폐에 대해 알아본다.

11.1 인공적으로 만든 현실 : 가상 현실

가상 현실의 역사

가상 현실 Virtual Reality:VR이란 컴퓨터 등을 사용한 인공적인 기술로 만들어낸, **실제와 유사하지만 실제가 아닌 어떤 특정한 환경이나 상황 혹은 그 기술**을 의미한다. 이 단어는 20세기 초반에 활동한 프랑스의 극작가, 시인, 배우이자 연출가인 **앙토냉 아르토**의 책에서 처음으로 등장한다. 앙토냉 아르토는 가상 현실이라는 단어를 **몰입감이 극대화된 극장**을 묘사하는 단어로 사용하였지만, 오늘날 우리가 사용하는 가상 현실이라는 말은 **인위적으로 만들어진 가상의 환경이나 상황 등을 통해서 사용자의 오감(시각, 청각, 후각, 미각, 촉각)을 자극하며 실제와 유사한 공간적, 시간적 체험을 하여 몰입하게 만드는 기술**을 의미한다. 가상 현실은 사용자로 하여금 현실과 상상의 경계를 자유롭게 드나들게 하며, 몰입을 유도하여, 새로운 체험을 할 수 있는 기술이다. 또한 사용자는 단순히 가상 현실에 몰입하는 것을 넘어서, 실재하는 장치를 이용해 조작이나 명령을 실행하는 등 가상 현실 속에 구현된 것들과 상호작용을 할 수도 있다. 가상 현실은 사용자와 상호작용이 가능하고 사용자의 경험을 창출한다는 점에서 **시뮬레이터**simulator와는 구분된다. 컴퓨터를 활용하여 적용할 수 있는 분야 중에서 컴퓨터 **시뮬레이션**simulation은 실제로 실행하기 어려운 과정을 컴퓨터를 이용하여 실제 과정과 유사하게 행하는 실험인 모의 실험을 뜻한다. 이러한 모의 실험을 위한 방법론의 하나로 가상 현실을 활용하는 것이 가능하다.

사용자의 오감을 자극하는 가상현실 장치

비행기 운행 시뮬레이터

비행기 운행과 같이 실제로 실행하기 어려운 과정을 컴퓨터로 실제 과정과 유사하게 행하는 것을 시뮬레이션이라고 합니다. 시뮬레이션을 위한 전용 장치를 만들 수도 있으며 가상 현실 장치를 활용할 수도 있습니다.

가상 현실을 구현하는 유용한 장치 중의 하나가 바로 HMDHead Mounted Display라는 것으로 헬멧이나, 안경, 바이저 등에 렌즈와 반투명 거울 등을 부착하여, 하나 혹은 두 개의 디스플레이에 화면을 보여주는 기계이다.

HMD는 사용자의 시야에 밀착된 개인화된 디스플레이를 제공하여 가상 환경에 몰입할 수 있는 환경을 제공하고 있다. HMD는 1960년대 **아이번 서덜랜드**Ivan Sutherland에 의해 개발되었다. 아이번 서덜랜드가 개발한 최초의 HMD 시스템은 오늘날의 기준으로 볼때 사용자 인터페이스나 실용성 면에서 아직 원시적인 시스템이었다. 우선 당시의 기술로 HMD가 너무 무거워 머리에 쓰기에는 적절하지 않아서 천장에 연결되어 지탱되어야 했고, 가상현실 환경은 단순한 선으로 이루어진 공간에 지나지 않았다.

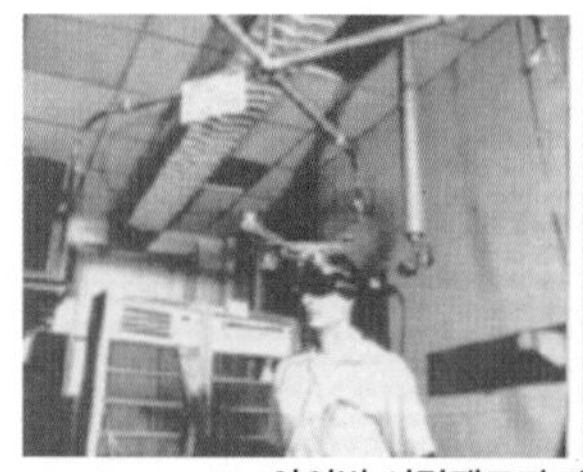

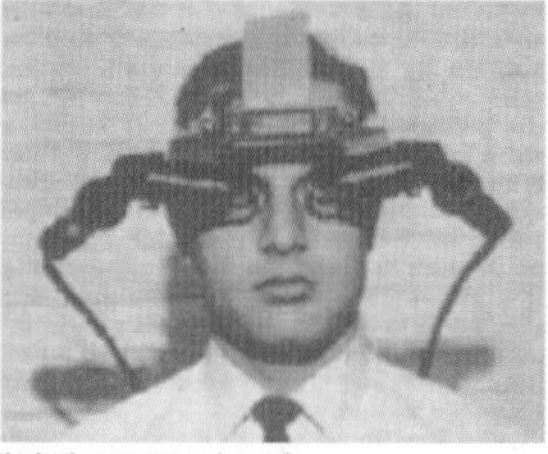

아이번 서덜랜드가 개발한 HMD 시스템

아이번 서덜랜드

1960년대에 사용자의 시야에 밀착된 개인화된 디스플레이를 제공하는 가상현실 기술을 개발하였답니다.

아이번 서덜랜드의 HMD 기술은 오늘날 많은 기술 진보를 거듭한 끝에 가볍고 성능좋은 디스플레이를 제공하여 매우 몰입감 높은 화면을 제공하게되었다. 2021년 출시된 오큘러스 퀘스트 2기기의 경우 최대 256 GB 저장 공간과 퀄컴사의 최신 VR 전용 칩인 스냅드래곤 XR2 프로세스를 장착하고, 4개의 외부 카메라를 이용하여 정보를 받아들이며, 4K 화질에 120 Hz 성능의 디스플레이를 장착하고도 무게는 500 g정도 밖에 나가지 않는다. 또한 다양한 앱을 다운로드 받아 가상 현실을 즐길 수 있도록 하는 뛰어난 기능을 가지고 있다.

오큘러스 퀘스트 2와 VR 사용 영상

오큘러스 퀘스트 2 기기의 경우 최대 256 G 메모리와 퀄컴사의 최신 VR 전용 칩인 스냅드래곤 XR2 프로세스를 장착하고 4개의 외부 카메라를 이용하여 정보를 받아들이며 4K 화질에 120 Hz 성능의 디스플레이를 장착하고 있습니다.

가상 현실, 증강 현실, 혼합 현실

가상 현실 기술과 유사한 기술로 **증강 현실**Augmented Reality:AR, **혼합 현실**Mixed Reality:MR 기술이 있는데 이들에 대해서도 자세히 알아보자. 증강 현실은 현실의 정보 위에 가상의 정보를 입혀서 보여주는 기술로 카메라로 비추는 영상 위에 추가적인 영상이나 객체를 이질감 없이 보태어 나타내어준다. 최근 출시된 자동차의 디스플레이에는 사용자가 입력한 목적지로 헷갈리지 않게 이동하기 위하여 카메라가 비추는 도로 위에 이동해야할 방향을 표시하는 기능이 있는데 이러한 사례가 증강 현실의 예가 될 것이다. 2016년에 출시한 포켓몬스터 시리즈의 모바일 애플리케이션 **포켓몬 고**Pokémon GO는 닌텐도사의 유명한 캐릭터인 포켓몬을 증강 현실 환경에서 수집할 수 있는 기능으로 유명하다.

혼합 현실은 현실에 있는 실제 물체를 가상공간 안에서 보면서 실제 공간의 물건과 상호작용할 수 있도록 하는 개념으로 **가상세계와 실세계를 통합하여 새로운 환경과 시각화 기능을 구현하는 것**으로 정의할 수 있다. 그림을 살펴보자면 ①에 해당하는 증강 현실은 물리적인 세계에 정보와 가상의 객체를 오버레이시켜서 추가하는 방식으로 실제 공간의 물건과 상호작용을 할 수 없다는 제약조건이 있다. 한편, 그림의 ②에 해당하는 가상 현실은 사용자를 물리적인 세계와 단절시켜 온전히 디지털로 구현된 가상의 세계에만 몰입하게 만드는 특징을 가지고 있다. 이러한 이유로 혼합 현실은 이 두 기술의 상위 집합이라고 할 수 있다.

가상 현실, 증강 현실, 혼합 현실의 특징과 제품은 다음과 같은 표로 정리할 수 있다.

	특징
가상 현실	- 인위적으로 만들어진 가상의 환경이나 상황 등을 통해서 사용자의 감각을 자극하며 실제와 유사한 공간적, 시간적 체험을 하게 기술. - 예시 : 오큘러스 퀘스트와 같은 HMD 제품.
증강 현실	- 현실 정보 위에서 가상의 정보를 입혀서 보여주는 기술로 "확장된 현실"이라는 의미를 가지고 있다. - 예시 : 나이언틱사의 포켓몬 고, 현대 자동차의 증강 현실 네비게이터 제품.

혼합 현실	- 가상 현실과 증강 현실의 상위 개념. 가상세계와 실세계를 통합하여 새로운 환경과 시각화 기능을 구현하는 것. - 예시 : 마이크로소프트사의 홀로렌즈.

가상현실

- 실제와 유사하지만 실제가 아닌 어떤 특정한 환경이나 상황 혹은 그 기술

증강현실

- 현실의 정보 위에 가상의 정보를 입혀서 보여주는 기술

혼합현실

- 가상세계와 실세계를 통합하여 새로운 환경과 시각화 기능을 구현하는 것

가상 현실과 증강 현실 시장의 주요 공급 및 수요처는 대부분 게임, 비디오, 문화 분야였지만, COVID-19와 같은 특수 상황으로 인해 2020년 이후부터 비대면, 원격 회의 및 교육 서비스 시장이 가파르게 성장하였다. 이와 같은 환경적인 요인과 더불어 인공지능 기술 시장의 증가로 인해 인간의 육체 및 두뇌 활동을 대체할 수 있는 분야에 대한 관심이 증가하면서 가상 현실과 증강 현실 기술은 교육, 문화, 예술, 게임 등의 여러 분야에서 각광을 받을 것으로 예상된다.

NOTE : 가상의 세계가 만든 현상 : 인지부조화

인지부조화란 두 가지 이상의 반대되는 믿음, 생각, 가치를 동시에 지닐 때 또는 **기존에 가지고 있던 것과 반대되는 새로운 정보를 접했을 때 개인이 받는 정신적 스트레스나 불편한 경험** 등을 말한다. 가상 현실 이용시에 갑자기 머리의 돌리거나 빠르게 동작하여 이동하는 경우 가상 현실의 상을 만들어 주는 장치가 사용자의 동작을 시각적으로 빠르게 인지하여 실기간으로 영상을 제공하지 못하는 현상은 자주 발생할 수 있다. 이 경우 사용자의 행동과 시각 정보가 일치하지 않는 인지부조화 현상이 발생할 수 있는데 이는 이용자 멀미 현상을 일으키는 원인이 된다.

그 이유를 좀 더 자세히 살펴보면 이는 주로 하드웨어 시선 트래킹의 정밀도, 개인별 신체 조건의 차이, 공간 디자인에 따른 사물의 위치와 운동속도, 움직임 변화 등의 원인으로 인하여 발생하게 된다. 인지부조화는 가상 현실 기술을 실생활에 도입할 때 부딪히는 큰 방해 요소이므로, 반드시 극복되어야하는 기술적 과제이다.

11.2 메타버스

컴퓨터 속의 또 다른 세상

메타버스metaverse는 초월 또는 가상을 의미하는 meta와 세계를 의미하는 universe의 합성어로 1992년 출간된 **닐 스티븐슨**Neal Stephenson의 SF 소설 **스노 크래시**Snow Crash에 등장하는 3차원 가상 세계의 명칭에서 유래한다. 이 소설 속에는 사람들이 고글을 착용하여 가상 세계인 메타버스에 접속하여 인간 **아바타**avatar와 인공지능 캐릭터가 함께 살아가는 것으로 묘사된다. 이 소설은 구글 창업자인 **세르게이 블린과 래리 페이지**, 엔비디아사의 CEO인 **젠슨 황**과 같은 이들에게 큰 영감을 주었다고 한다. 2003년 출시된 3D 가상 공간인 **세컨드 라이프**Second Life와 2006년 출시된 구글의 3D 지도 서비스인 **구글 어스**Google Earth 등이 등장하면서 메타버스의 개념에 가까운 현실세계를 모방한 가상세계가 선을 보이기는 하였으나 메타버스라는 용어가 본격적으로 각광을 받고 많은 관심을 받게 된 것은 2020년 경이었다. 세컨드 라이프는 인터넷 기반의 가상 세계인데 세컨드 라이프 뷰어라는 프로그램을 통해서 가상 세계에 거주하는 주민은 아바타와 소통하며 다른 주민의 아바타와 소통하고 상호작용하는 기능을 제공하고 있다. 세컨드 라이프에 가장 큰 특징은 주민에게 주는 **창조성**과 **소유권**이다. 세컨드 라이프는 3D 물체를 제작하는 도구를 갖추었으며, 주민은 세컨드 라이프에서 건물이나 의상 등의 오브젝트를 제작하고, 게임에서 자신이 갖고 싶어하는 오브젝트를 창조할 수 있다. 구글 어스는 지구 상의 여러 도시와 지형을 3차원으로 구성하였으며 사용자는 자신의 사진을 등록하여 다른 사람들과 공유할 수 있다.

세컨드 라이프 속의 아바타들

구글 어스를 통해 본 프라하 성

세컨드 라이프와 구글 어스는 인터넷 상의 가상공간입니다. 세컨드 라이프에서 사용자는 자신의 아바타를 만들고 다른 사람과 소통할 수 있으며, 구글 어스에는 사용의 사진을 등록하여 공유할 수 있습니다.

2020년 이후부터 메타버스에 대한 관심이 증가하고 여러 분야로 확산되고 있는데 그 주요한 이유를 살펴보면 다음과 같다.

1. 가상 현실, 증강 현실, 5G 통신기술, 블록체인 등 관련된 기술이 발전하면서 가상 세계를 구현해낼 수 있는 능력이 비약적으로 향상되었다.
2. 개별 기술이 고도화되었을 뿐 아니라 이들이 융합된 형태의 서비스가 본격적으로 나타나기 시작했다.
3. 2020년 초부터 발생한 전 세계적인 코로나19 팬데믹 상황은 비대면 활동을 가속화시켰으며 이에 따라 메타버스의 활용을 가속화하는데 기여하였다.

2020년 이후 사람들의 이동과 직접적인 대면 소통이 제약을 받게 되면서 줌^Zoom^을 비롯한 화상회의 도구를 사용하여 기업의 업무와 학교 수업이 진행되었고, **게더타운**^Gather Town^ 등의 네트워킹 도구를 활용하여 각종 행사가 개최되기도 하였다. 또한, **로블록스**^Roblox^와 **포트나이트**^Fornite^ 같은 게임들은 다양한 인간 관계를 구현하는 공간으로 거듭났다. 가상 공간에서 나를 대신하는 아바타라는 개념은 새로울 것이 없었으나, 그 안에서 더 많은 자유도가 주어지고 소셜 네트워크와 결합하면서 다양한 상호작용이 가능해진 탓이다. 로블록스는 사용자가 직접 콘텐츠를 만드는 기능을 제공한다는 점이 기존 가상 현실 시스템과의 차이점이다. 로블록스 환경에서 사용자는 롤플레잉 게임, 1인칭 슈팅 게임, 탈출 장르 게임, 레이싱 게임 등의 다양한 콘텐츠를 만들 수 있다. 포트나이트는 **에픽게임즈**에서 제작한 3인칭 슈팅 게임으로 다양한 게임 모드를 제공하며 **파티로얄**^Party Royale^이라는 모드에서는 다른 게임 참여자와 싸우지 않고 다양한 문화 콘텐츠로 소통할 수 있는 가상공간을 제공한다.

코로나 19로 인하여 대면 활동과 대규모 공연이 어려웠던 2021년 8월 포트나이트는 미국의 팝 가수 **아리아나 그란데**의 **리프트 투어**^Rift Tour^를 개최한 바 있는데, 가상의 공간에서 총 5 차례에 걸쳐 진행된 이 공연에 2,770만 명의 관객이 참여하여 200억 원이 넘는 수익을 창출된 사례가 있다. 또한 포트나이트에는 2020년 한 해만 3억 명의 아바타들이 약 2조 원에 달하는 실물 화폐를 유통하고 있어서, 가상 공간의 경제 활동 시스템으로 주목받고 있다.

로블록스 소개 화면

포트나이트 게임 속 파티로얄

로블록스는 사용자가 직접 콘텐츠를 만드는 기능을 제공합니다. 포트나이트는 슈팅 게임이지만 게임 속에서 파티로얄이라는 모드를 통해서 다른 게임 참여자들과 소통할 수 있습니다.

메타버스에 대한 좀 더 구체적인 정의는 미국 게임 플랫폼 기업 Clink의 CEO인 **차드 리치먼**Chad Richman에 의해서 다루어졌다. 그는 위키백과사전에 있는 메타버스의 정의를 다음과 같이 인용하였다.

> **메타버스**는 다중 사용자가 참여하는 **가상의 공유 공간**으로 볼 수 있으며, 가상의 확장된 물리적 실재과 물리적으로 영속하는 가상 공간의 결합에 의해서 만들어졌다.

이 정의 속의 포함되어 있는 내용을 통해서 메타버스의 특징을 다음과 같이 크게 세 가지로 이야기할 수 있다.

- **다중 사용자가 참여하는 가상의 공유 공간** : 메타버스 속 가상 공간은 여러 사람들에게 자유롭게 열려 있어야 한다.
- **물리적인 실재의 결합** : 디지털 세상과 가상 세계가 연결되어 있어야 한다.
- **영속성** : 물리적 세상 속의 물질들이 영속적이듯 메타버스 속의 사물도 개인의 접속 여부와 상관없이 영속적으로 존재해야 한다.

메타버스의 한계와 서비스 간의 결합, 디지털 트윈

현재 메타버스는 다양한 소프트웨어를 통해 개발되어 서비스되고 있다. 로블록스나 포트나이트, 마인크래프트나 제페토, 동물의 숲 등은 모두 메타버스를 지향하고 있다. 다만, **글로벌 메타버스 업체들은 각각 개별 업체만을 위한 기능에 집중하고 있다는 문제점**이 있다. 이 때문에 포트나이트에서 생산한 콘텐츠는 마인크래프트나 제페토에서는 사용할 수 없다는 한계가 있다. 따라서 이러한 메타버스 서비스들이 각각 본인들의 서비스에 집중하는 것 이외에 **서로 다른 메타버스 간의 결합**에 대해 그 가능성을 이야기하고 있다. 이와 같이 개인이 이용하는 특정 플랫폼의 아바타들과 크리에이터가 생산해 낸 콘텐츠, 가상의 화폐를 각 메타버스마다 자연스럽게 결합하여 서로 공유할 수 있게 된다면 메타버스의 활용도와 범위가 지금보다 더 넓어질 것이다.

디지털 트윈digital twin이란 디지털과 쌍둥이를 의미하는 twin의 합성어이다. 이 말은 **가상 세계에 실제 사물의 물리적 특징까지도 구현하는 기술**을 의미한다. 가상 세계를 만든다는 측면에서 살펴보면 메타버스에 있는 현실 세계의 거울(mirror)과 그 특징이 유사하다고 볼 수 있다. 하지만, 구현 기술 및 활용의 측면에서 엄연히 구별된다. 메타버스는 가상 세계와 현실 세계가 융합된 플랫폼으로 이용자들에게 새로운 경제·사회·문화적 경험을 제공한다. 반면 디지털 트윈은 **실제 세계를 가상 세계에 복제하는 기술과 시뮬레이션을 사용**한다. 이렇게 가상 세계를 현실 세계와 같이 만들어서 **현실 대상에 대한 의사 결정에 디지털 세상의 경험을 활용하는 기술**이다. 다음의 사례를 통해 좀 더 구체적으로 알아보자.

[사례 : 버추얼 싱가포르]

도시 국가인 싱가포르는 전체 국토가 서울보다 조금 더 크며, 인구는 약 580만 명이다. 이 때문에 인구밀도 매우 높아서 ㎢당 8,000명을 넘는다. 이러한 인구 과밀로 인하여 교통과 환경 문제 등의 여러 가지 도시 문제가 지속적으로 증가할 수밖에 없는 환경이다. 싱가포르 정부는 미래의 도시 문제를 해결하기 위해 2014년에 **스마트 네이션**Smart Nation 프로젝트를 선포했다. 도시가 아니라 국가를 통째로 지속 발전가능한 스마트 국가로 만들겠다는 야심 찬 계획이다.

싱가포르 정부는 2018년 **도시 전체를 그대로 복제해 3D 가상 현실로 구현**해 놓은 **버추얼 싱가포르**를 완성했다. 디지털 트윈이라고도 불리는 버추얼 싱가포르에는 도로, 빌딩, 아파트, 테마파크 등 주요 시설은 물론 도로 주변에 있는 가로수, 육교 그리고 공원 벤치에 이르기까지 모든 구조물과 그에 대한 상세한 정보가 수록돼 있다. 도시를 통째로 옮겨놓은 버추얼 싱가포르는 도시 계획은 물론 교통, 환경 등 다양한 분야에서 스마트 국가 건설을 위한 가상 플랫폼으로 활용되고 있다.

버추얼 싱가포르

11.3 컴퓨터 게임

컴퓨터 게임의 역사

세계 최초의 게임 Tennis for Two

최초의 컴퓨터 게임이라고 알려져 있는 것은 1958년 미국 부룩 헤이븐 국립연구소에서 근무하던 물리학자 **윌리엄 히긴보덤**이 개발한 Tennis for Two라는 이름의 테니스 게임이다. 이 게임은 컴퓨터 앞에 앉은 두 사람이 오실로스코프 화면 위에서 서로 공을 주고받는 식으로 진행된다. 이 테니스 게임은 디지털 연산이 아닌 아날로그 방식으로 동작하고 있기 때문에 엄격한 기준으로 본다면 컴퓨터 게임으로 보기에 무리가 있을 수 있다. 그러나 다이얼과 버튼으로 이루어진 컨트롤러와 디스플레이 장치, 상호작용 기능이 있기 때문에 오늘날 최초의 컴퓨터 게임으로 평가받고 있다.

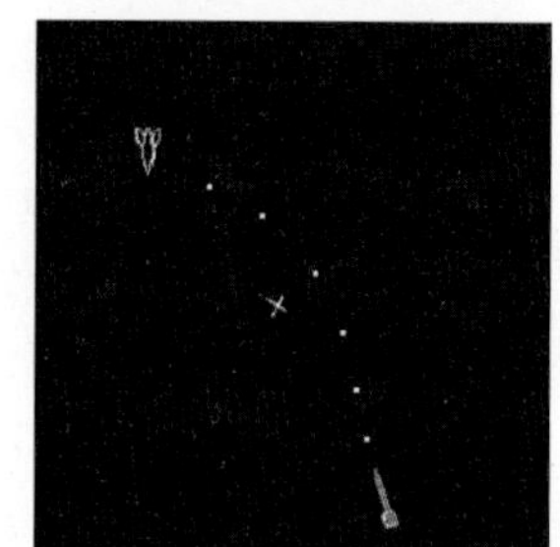
범용 컴퓨터에서 동작하는 최초의 게임 스페이스워

다음으로 알려진 초기의 컴퓨터 게임은 1961년에 MIT 학생이었던 **스티브 러셀**Steve Russell 등이 만든 게임이다. 그들은 통계적인 계산에 주로 사용되던 PDP-1이라는 컴퓨터에서 총알을 쏘고 움직이는 간단한 게임 프로그램인 스페이스워Spacewar를 개발했다. 비록 간단한 기능만을 가지고 있기는 하지만 이 프로그램은 세계 최초로 범용 컴퓨터에서 동작하는 방식의 게임으로 인정받고 있다. 또한 이들은 게임은 소스 코드를 공개하였기 때문에 다른 개발자들에 의하여 몇몇 변형된 게임도 만들어졌다. Tennis for Two라는 게임이 전용 컨트롤러와 오실로스코프에서만 동작하는 제한적인 게임인 반면 스페이스워라는 게임은 범용 기계인 PDP-1이라는 컴퓨터에서 프로그래밍되어 또 다른 기계에 이식하여 즐길 수 있는 게임이기 때문에 매우 큰 의의를 가진다.

세계 최초의 상업용 아케이드 게임은 **아타리**Atari의 창립자인 **놀란 부쉬넬**Nolan Bushnell이 1971년에 만든 **컴퓨터 스페이스**Computer Space였다. 이 게임은 초기의 개발 당시에 PDP-1과 같은 범용 컴퓨터에서 수행되도록 디자인되었으나 경제적인 문제 때문에 게임 전용 기계에서 개발되었고, 결국 최초의 아케이드 게임기로 등극하게 되었다. 컴퓨터 스페이스라는 게임은 비록 상업적으로 큰 성공을 거두지는 못했다. 하지만 놀란 부쉬넬은 이 게임에 힘입어 1972년 퐁Pong을 개발했다. 이 게임은 플레이어가 화면 좌측과 우측의 장애물을 이동시켜 날아오는 공을 튕겨내는 탁구와 유사한 게임으로, 날아오는 공을 맞추어 상대편으로 넘기지 못하면 점수를 잃어버리는 방식으로 동작한다. 퐁 이후 아타리는 전 세계의 게임기 시장을 휩쓸며 1970년대와 80년대 초까지 세계 최대의 게임 회사로 발전하였다.

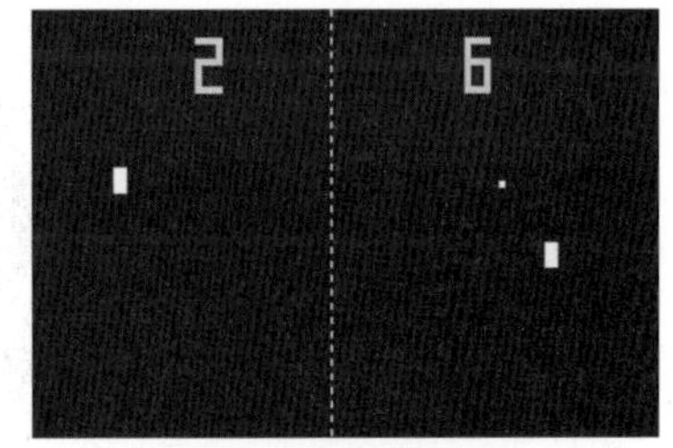

1972년 개발된 퐁 게임

1970년대 후반부터 1990년대에는 일본의 아케이드 게임사들이 큰 성공을 거두고 활약하던 시절이었다. 1978년 일본 **타이토**Taito사는 **스페이스 인베이더**Space Invaders라는 아케이드 게임을 발매하였다. 이 게임은 기존의 게임과는 비교할 수 없을 정도로 정교하며 오락성이 강했기 때문에 발매한 그 해 미국에서만 600만 달러라는 엄청난 수익을 올리며 게임시장에서 주목을 받았다. 스페이스 인베이터는 가상의 우주 공간에서 내려오는 외계 생명체를 화면 아래쪽 비행기를 조종하여 파괴하는 슈팅 게임의 전형적인 틀을 가지고 있다. 또한 1980년는 **남코**Namco사의 **팩맨**Pac-Man이 출시되어 매우 큰 인기를 누렸다. 팩맨은 미로 형태의 공간에서 캐릭터를 이동시켜 유령 캐릭터를 피하고 아이템을 획득하는 형식을 하고 있다. 1981년 닌텐도사는 **동키 콩**Donkey Kong 게임을 개발하였다. 동키 콩은 킹콩을 연상시키는 고릴라에게 붙잡혀간 애인을 구출하는 과정을 주요 내용으로 삼고 있었다. 이 게임은 몇 가지 점에서 혁신적 인 아이디어를 선보였는데, 이는 다음과 같다. 첫째 진정한 의미의 게임 캐릭터를 탄생시켰다. 이 게임의 캐릭터인 **마리오**Mario는 닌텐도의 간판 캐릭터로 자리잡으며 수많은 게임 소프트에 주인공으로 등장한다. 둘째 진정한 의미의 스테이지 개념을 확립하였다. 셋째 스테이지와 스테이지 사이에 동영상을 삽입한 최초의 게임이었다.

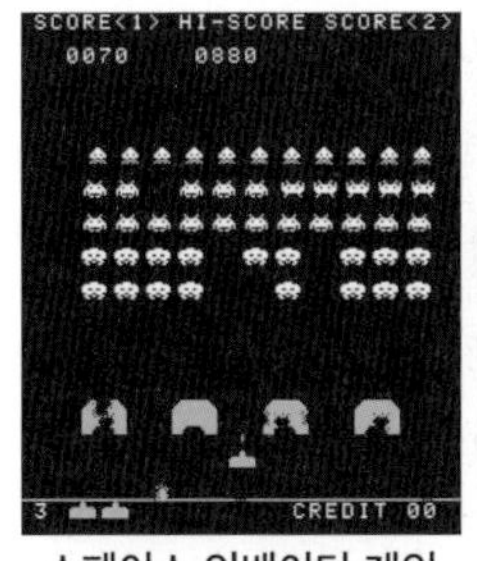

스페이스 인베이더 게임

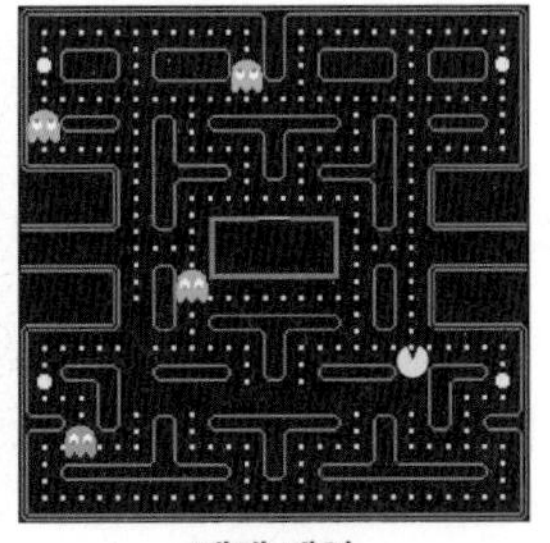
팩맨 게임

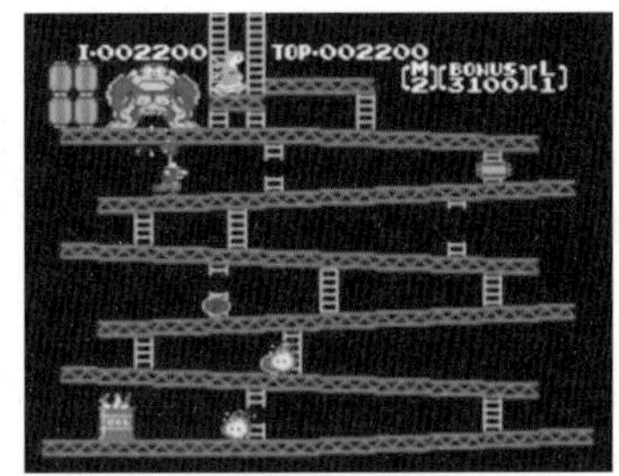

동키 콩 게임

NOTE : 아케이드 게임

아케이드 게임이란 동전이나 지폐 등을 넣고 게임을 할 수 있는 기계에서 동작되는 게임 종류를 말한다. 원래 아케이드의 의미는 커다른 돔 아래에 상점들이 밀집된 곳을 가리키는 단어로 사용되었다. 하지만 이 단어의 의미는 지붕이 있는 실내 공간을 지칭하는 의미도 가지게 되었다. 아케이드 게임의 전성기는 1980년대로 식당, 상점이나 전자 오락실 같은 곳에서 게임기를 두고 사용자들이 게임을 하는 것은 매우 흔한 풍경이었다. 오늘날에는 고화질의 PC 게임, 이동성이 뛰어난 스마트폰, 태블릿에서 동작하는 온라인 게임이 주류를 이루게 되면서 아케이드 게임은 점점 그 설자리를 잃어버리게 되었다.

아케이드 게임기

컴퓨터 게임의 형식과 분류

컴퓨터 게임은 개인용 컴퓨터, 스마트폰과 같은 모바일 기기, 게임 전용 콘솔기 등의 여러 기계에서 즐길 수 있다. 따라서 이와 같이 사용하는 기계에 따라 분류하는 방법도 있으며 네트워크 접속의 필요성 여부에 따라 온라인과 오프라인 게임으로 분류할 수도 있다. 이 절에서는 게임의 형식에 따른 분류를 알아보고자 한다.

■ 롤플레잉 게임

롤플레잉 게임 Role Playing Game:RPG이란 역할을 수행하는 놀이를 통해 캐릭터의 성격을 형성하고 문제를 해결해 나가는 형태의 게임을 말한다. 롤플레잉 게임의 원조는 1974년 등장한 **던전스 앤드 드래곤스**Dungeons and Dragons인 것으로 알려져 있다. 또한 **울티마**Ultima 시리즈와 **디아블로**Diablo 시리즈는 세계적으로 성공을 거둔 게임이다.

■ 전략 시뮬레이션 게임

전략 시뮬레이션게임은 적군과 아군이 동시에 용병술을 행하여 승패를 가르는 형식의 컴퓨터 게임이다. 이 형식의 게임은 전투를 중심으로 한 시뮬레이션 방식이 많으며, 턴 방식과 실시간 방식이 있다. 이 가운데 턴 방식은 매회 턴이 존재하고 자신에게 할당된 턴마다 이동과 공격 등을 하는 방식으로 장기나 체스와 같은 놀이에서 그 원형을 찾을 수 있다. **블리자드사**Blizzard Inc의 실시간 온라인 전략 시뮬레이션 게임인 **스타크래프트**Starcraft는 1990년대 후반부터 2000년대 초반 우리나라에서 선풍적인 인기를 얻으면서 온라인 전략 시뮬레이션 게임 시장을 성장시키고, 인터넷을 확산시키며, PC 방 문화를 만드는데 큰 기여를 하였다.

스타크래프트는 2000년대 초반 우리나라에서 선풍적인 인기를 얻으면서 온라인 전략 시뮬레이션 게임 시장을 성장시키고, 인터넷을 확산시키며, PC 방 문화를 만드는 데 큰 기여를 하였습니다.

■ 액션 게임과 슈팅 게임

액션 게임은 화면 속의 캐릭터를 조종하는 플레이어의 일정한 반응을 유도하는 게임이며, 슈팅 게임은 총이나 무기를 발사하여 적이나 장애물을 제거하는 게임이다. 1987년 일본의 **캡콤사**Capcom에서 제작한 **스트리트파이터**Street Fighter와 그 다음 버전인 **스트리트파이터 2**Street Fighter 2는 대전 액션 게임의 효시를 이루었다. 3차원 액션 게임으로는 **에이도스**Eidos 사에서 제작한 **툼레이더**Tomb Raider 시리즈나 **노티독**Naughty Dog사의 **크래쉬밴디쿳**Crash Bandicoot 시리즈가 있으 며, 최근의 많은 액션 게임들은 3차원 공간의 활용을 기본으로 삼고 있다.

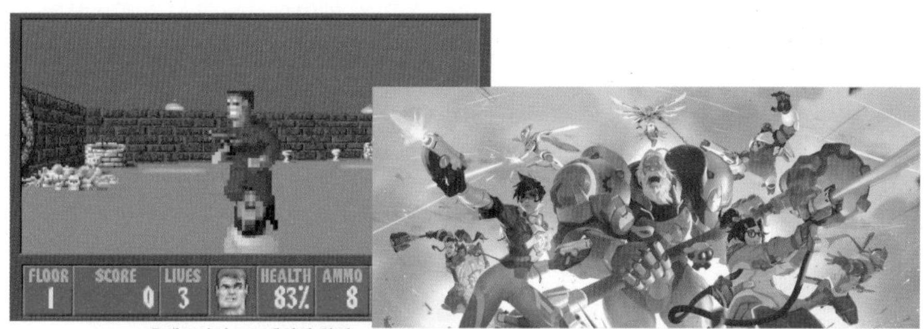

울펜스타인 3D 게임의 화면

블리자드사의 오버워치 게임 소개화면

슈팅 게임은 타이토사의 스페이스인베이더가 그 효시를 이루며 주로 아케이드 게임의 형태로 많이 등장했다. PC용 삼차원 슈팅 액션 게임으로는 1992년 발표된 **이드 소프트웨어**Id Software사의 **울펜스타인 3D**Wolfenstein 3D게임이 유명하다. 이 게임은 매우 빠른 템포로 화면에 보이는 적을 섬멸해나가는 슈팅 게임으로 복잡한 미로 던전 속을 돌아다니는 몰입감으로 인하여 당시 게임 업계에 3D 센세이션을 일으키고 FPS 장르의 문법을 재정립한 것으로 평가받고 있다. 오늘날 인기를 얻고 있는 블리자드사의 오버워치나 크래프톤사의 배틀그라운드 게임 역시 이 게임의 문법을 충실히 따르고 있다고 볼 수 있다.

▪ 보드 게임과 퍼즐 게임

보드 게임은 블루마블과 같이 일정한 게임판을 두고 그 위에 말을 올려 정해진 규칙에 따라 진행하거나, 포커나 화투처럼 정해진 숫자의 카드를 통해 일정한 규칙에 따라 게임을 진행하는 종류의 게임을 모두 포괄한다. 퍼즐 게임은 넓은 의미로는 학문적인 것보다 놀이로 풀어보는 수수께끼 전반을 가리킨다. 퍼즐 게임류로는 크로스워드퍼즐이나 틀린그림 찾기 등의 게임이 있다.

▪ 어드벤처 게임

최초의 본격 어드벤처 게임은 1976년에 등장한 **어드벤처**Adventure이지만, 어드벤처 게임의 전성기를 연 것은 1980년에 **인포콤**Infocom에서 선보인 **조크**Zork이다. 컴퓨터 기술이 발전함에 따라서 어드벤처 게임은 텍스트에 화상을 가미하는 형태로 발전 했고, **시에라온라인**Sierra on-line사에서 선보인 **미스테리하우스**Mystery House가 그래픽 어드벤처 게임의 시초이다.

▪ 스포츠/레이싱 게임

스포츠 게임이란 실제 스포츠를 게임화한 것이며, 레이싱 게임은 레이싱 스포츠 등을 컴퓨터나 콘솔용의 가상 현실로 옮겨놓은 게임이다. 스포츠 게임으로는 EA 스포츠사의 FIFA 온라인이 유명하며 닌텐도사의 스위치 스포츠 게임기를 이용한 볼링, 테니스, 탁구 등의 활동형 게임도 유명하다. 레이싱 게임으로는 EA 캐나다사의 니드 포 스피드라는 게임 등이 있다.

EA 스포츠사의 FIFA 온라인

EA 캐나다사의 레이싱 게임 니드 포 스피드

컴퓨터 게임을 만드는 게임 엔진

게임 엔진game engine이란 **게임을 만드는데 필요한 여러 가지 핵심 기능들을 담은 소프트웨어**를 말한다. 게임 엔진이라는 용어는 1990년대에 처음 사용되었다. 당시 인기를 누리던 ID

소프트웨어의 일인칭 슈팅 게임인 '둠' 과 '퀘이크'에 사용된 소프트웨어의 일부를 다른 개발사에서 자신들만의 그래픽, 사운드, 레벨을 추가하여 게임을 완성하면서, 게임의 일부 핵심 기능을 담은 부분을 게임 엔진이라고 불렀다. 게임 엔진에 대한 인기가 올라가면서 이 부분만을 상품화하는 라이선스가 고려되기 시작하였다. 본격적으로 게임 제작에 필요한 소프트웨어에 대한 라이선스를 통해서 수익이 발생되기 시작되면서, 높은 수준의 게임 소프트웨어 구성 요소를 뽑아서 만든 것이 오늘날의 게임 엔진이 되었다

실제로 우리가 실생활에서 즐기는 모바일 게임이나 PC 게임과 같은 많은 게임은 이러한 게임 엔진을 사용하여 개발되는 경우가 많다. 게임을 개발하는 회사에서 사용하는 게임 엔진으로는 **유니티**Unity나 **언리얼**Unreal 엔진과 같이 상용화되어있는 게임 엔진이 있으며, 이밖에도 개발사나 개인이 자체적으로 개발한 게임 엔진이 있다. 2021년도를 기준으로 스태티스타사의 조사에 의하면 게임 엔진의 사용 비율은 그림과 같이 집계되었다. 그림에 나타난 바와 같이 출시된 게임 중 유니티 3D 엔진을 사용한 경우가 62%로 나타났으며, 자체 개발 엔진과 기타 엔진이 각각 47%, 23%로 나타났다. 게임 개발을 위해서는 하나의 게임 엔진을 사용하는 경우도 있으나 '유니티 3D 엔진 + 자체 개발 엔진'의 조합을 통해서 게임 개발을 추진하는 경우도 많다.

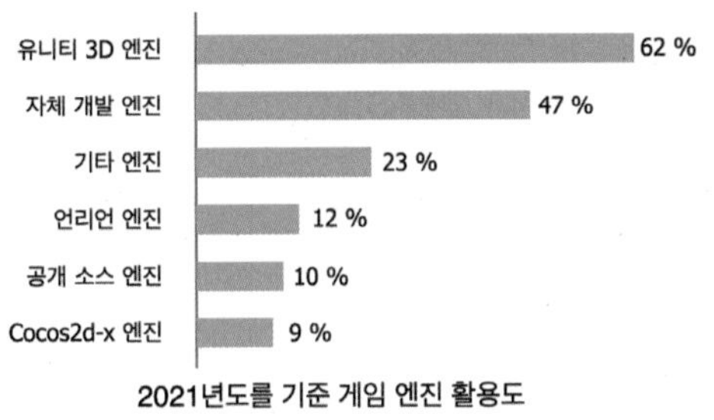

2021년도를 기준 게임 엔진 활용도

상용 게임 엔진은 시장에 나와있는 게임 엔진을 말하는데, 상용 게임 엔진에는 2D 혹은 3D 게임의 구동을 위한 핵심 기능과, 렌더링 등의 다양한 기능이 이미 구현되어 있어서 개발 기간을 단축할 수 있는 장점이 있다. 그러나 아무리 범용적인 엔진이라도 모든 게임이 요구하는 바를 모두 충족하지는 못하기 때문에 게임 개발사가 자신들의 게임에 맞춰 최적화하거나 개조하는 때가 많다. 많은 개발사는 개발 기간을 단축하기 위해서 상용 엔진을 사용하여 게임을 개발한다. 하지만 개발하려는 게임에 맞는 마땅한 엔진이 없다면, C나 C++와 같은 여러 가지 프로그래밍 언어를 사용하여 직접 게임 엔진을 개발하기도 한다.

다음에 언급되는 유니티와 언리얼 엔진은 최근에 많이 사용되는 대표적인 게임 엔진이다.

▪ 유니티 엔진

유니티 테크놀로지사에서 만든 이 게임 엔진은 비교적 쉽게 그 기능을 익힐 수 있기 때문에 게임을 처음 개발하는 개발자들에게 적합하다. 이 게임 엔진은 사용법이 간단하고 직관적이라 간단한 C#이나 JavaScript 프로그래밍 언어를 통해서 2D, 3D 게임을 빠르게 개발할 수 있다. 이러한 장점으로 인하여 유니티를 사용하는 개발자의 비율이 꾸준히 증가하고 있다. 유니티 엔진의 또 다른 장점은 멀티플랫폼 게임 엔진이기 때문에 안드로이드, iOS, 태블릿 컴퓨터, XBox, 닌텐도 게임기 등과 같은 다양한 디바이스에서 수행되는 게임 소프트웨어를 쉽게 만들 수 있다는 점이라고 할 수 있다. 또한 유니티 에셋스토어라는 온라인 마켓을 통해서 외부에서 제작한 게임용 이미지, 게임 캐릭터, 객체, 게임을 위한 핵심 코드와 같은 리소스를 다운받아 게임을 만들 수 있다는 점이 큰 장점이다. 어떠한 게임을 만들기 위해서 개발자나 개발사가 게임의 모든 기능을 모두 다 만드는 것이 아니라 게임 개발을 위해서 미리 만들어진 리소스를 사용하기 때문에 게임 개발 기간을 줄일 수 있으며, 트렌드에 맞춘 대처가 가능하다. 또한 멀티플랫폼 게임 개발에 최적화된 엔진으로 기기의 발열과 배터리 소모를 최소화하는 기능이 구현 가능하다는 점도 큰 장점이다.

유니티의 사용자 인터페이스　　　유니티 엔진으로 만든 게임을 다양한 플랫폼으로 내보내는 화면

▪ 언리얼 엔진

언리얼 엔진은 에픽 게임즈사에서 만든 매우 높은 그래픽 품질을 제공하는 게임 엔진이다. 에픽 게임즈는 포트나이트, 기어스 오브 워 시리즈 등과 같은 완성도 높은 인기 게임을 출시한 회사이면서 동시에 게임 엔진의 제작사이기도 하다. 언리얼 엔진은 그동안 그래픽 성능을 바탕으로 온라인, 콘솔 게임에서 주로 사용됐다. 하지만 휴대 기기의 발전으로 퀄리티가 향상되어 '블레이드 for kakao', '히트' 등으로 모바일 게임 시장에서 두각을 드러내기 시작했다. 또한 고성능의 '실시간 렌더링' 기능으로 뛰어난 효율을 자랑한다.

언리얼 엔진은 에픽 게임즈사에서 만든 매우 높은 그래픽 품질을 제공하는 게임 엔진입니다. 고성능의 '실시간 렌더링' 기능으로 뛰어난 효율을 자랑하고 있지요.

컴퓨터 게임을 만드는 단계

게임을 만들기 위한 절차와 단계를 알아보자. 일반적인 컴퓨터 및 비디오 게임을 만드는 절차는 다음과 같이 6 단계로 이루어지는 경우가 많다.

■ 1 단계 : 게임 기획

소설을 쓰는 작가들은 글을 쓰기 전에 글의 주제와 전체적인 흐름에 대해 심사 숙고를 하며, 디자이너들은 디자인을 시작하기 전에 디자인의 주제와 색조, 스타일을 깊이 고민한다. **게임 개발자들 역시 게임 개발을 시작하전에 게임에 대한 아이디어를 개략적으로 구상하는 단계**를 가진다. 이러한 작업을 **게임 기획**이라고 하며, 이 단계가 바로 게임 개발의 첫 번째 단계이다.

기획 단계에서는 다음과 같은 가장 기본적인 질문에 답해야 한다.

- 어떤 장르의 비디오 게임을 제작하려고 하는가?
- 2D 게임인가, 3D인가?
- 이 게임의 주요 기능은 무엇인가?
- 이 게임의 등장 인물들은 누구인가?
- 언제 어떤 장소가 게임의 배경이 되는가?
- 이 게임을 즐기게될 대상이 되는 고객은 누구인가?
- 어느 플랫폼에서 이 게임을 구동시키고자 하는가?

■ 2 단계 : 사전 제작

사전 제작이라고 불리는 게임 개발의 다음 단계는 계획 단계에서 제시된 많은 아이디어에 생명을 불어넣는 방법에 대해 머리를 맞대고 아이디어를 내는 단계이다. 이 단계에서는 시나리오 작가, 예술가, 디자이너, 개발자, 엔지니어, 프로젝트 리더 및 기타 중요한 부서들이 모여 게임의 범위와 각 부분에서의 틀에 대해서 제작에 앞서 고민한다.

■ 3 단계 : 제작 단계

게임 개발에 드는 시간과 노력, 자원의 대부분은 이 제작 단계에서 필요하다. 이러한 이유로 제작 단계는 게임 개발의 가장 어려운 단계 중 하나이다. 이 프로세스 동안 각 작업자들은 다음과 같은 일을 한다.

- **캐릭터와 배경 디자이너** : 스토리에 맞게 캐릭터를 디자인해서 모델링 한 다음, 렌더링하고 수정하는 작업을 반복해가며 완성한다.
- **오디오 디자이너** : 캐릭터의 목소리나 효과음을 사실적으로 생성한다. 예를 들어 캐릭터가 모래, 자갈 또는 시멘트를 밟을 때마다 진짜처럼 들리도록 섬세하게 만들어야 한다.
- **난이도 설계자** : 게임 난이도의 설계자는 이용자들이 게임에 역동적으로 몰입할 수 있도록 난이도를 만들어야 한다. 또한 지겹지 않게 게임의 재미를 느낄 수 있도록 난이도를 조정한다.
- **성우** : 성우들은 게임에 필요한 많은 대본들을 읽으며, 적절한 감정, 타이밍, 그리고 어조를 얻기 위한 작업을 한다.
- **개발자** : 개발자는 수천 줄 이상의 소스 코드를 작성하여 게임 내 콘텐츠의 각 기능들을 하나하나 사실적으로 만든다.
- **프로젝트 리더** : 프로젝트 리더는 단계별 마일스톤과 일정 계획을 수립하여 각 부서와 팀원들이 게임을 만들 수 있도록 조율한다.

■ 4 단계 : 테스트 단계

게임의 모든 기능이 구현되고나면 품질 관리를 위한 충분한 테스트를 해야만 한다. 테스트를 위한 버전으로는 **알파 버전**alpha version과 **베타 버전**beta version 등이 있다. **미처 발견하지 못한 오류을 찾아내기 위해서 개발자들이 자체적으로 내부에서 테스트하는 버전을 알파버전**이라 부른다. 반면 소프트웨어나 하드웨어 제품이 출시되기 전에, **소수의 일반 사용자에게 무료로 배포하여 제품의 테스트와 오류 수정에 사용하는 제품을 베타 버전**이라고 한다.

■ 5 단계 : 사전 출시

출시 전 단계에서 게임 스튜디오는 대중에게 게임의 출시를 미리 홍보하며 게임의 주 사용자층에 대한 집중 광고를 하기도 한다. 베타 버전의 완성도가 높을 경우 입소문을 타고 소셜 미디어에 게임에 대한 인지도가 올라가는 경우도 있다. 모바일 게임의 경우 모바일 스토어의 초기 화면에 게임이 노출되도록 사전에 마케팅을 하기도 한다.

■ 6 단계 : 정식 출시와 사후 관리

정식 출시가 되고나면 개발시에 전혀 예상하지 못한 버그가 종종 보고된다. 동시 접속자를 최대 10만 명으로 예상한 MMORPG 게임의 예를 들면 출시를 통해 대중의 관심을 받아 동시 접속자가 20만 명이 되는 경우도 있을 수 있다. 이 경우 원할한 서비스가 이루어지지 않아 게임의 이용자들이 불만을 품고 이탈하는 경우도 발생할 것이다. 게임 스튜디오는 최악의 상황에 대비해야 하며 게임 사용자의 활동과 피드백에도 귀를 기울여야 한다.

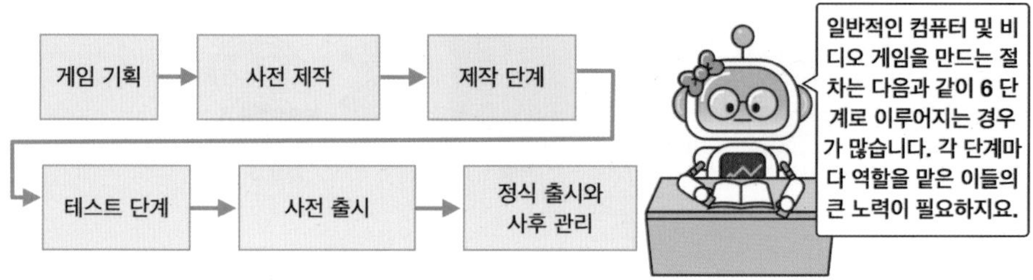

11.4 블록체인과 NFT

블록체인과 관련된 기술들

블록체인은 분산 시스템, P2P 네트워크, 암호화 알고리즘과 같은 매우 다양한 기술이 포함되어 있어서 이 기술을 명확하게 정의하고 구현하는 것은 다소 어렵다. 차근차근 그 원리를 따라가 보며 이 기술을 이해하도록 하자. 우선 인터넷에 연결된 사용자 A가 B에게서 10만 원 어치의 물건을 사고 돈 10만 원을 전달하려고 한다. 이를 위해서는 그림과 같이 은행 사이트나 모바일 앱을 이용하여 B의 은행 계좌로 돈을 전달해야 할 것이다.

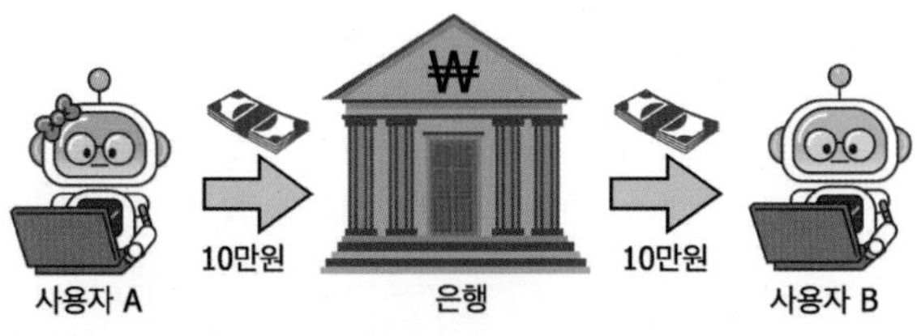

1. 사용자 A가 B에게 송금을 시도한다.
2. 은행은 사용자 A의 계좌 잔고를 확인한다.
3. 거래 관련 정보는 송금을 매개하는 은행에 기록된다.
4. 사용자 B에게 송금이 완료된다.

이러한 시스템을 그림 ①에 표현된 것과 같이 **중앙화 시스템**centralized system이라고 하는데 **사용자 간의 거래에 필요한 신용을 중앙 은행이 담보하는 방식**이다. 이와 같은 중앙화 시스템에서 거래의 주체가 되는 사용자를 노드라고 하며 이들 노드 간의 정보 교환을 책임지는 중앙 시스템은 강력한 보안기능과 신뢰성 높은 트래픽 처리 능력을 보유해야만한다. 반면 그림 ②와 같은 **탈중앙화 시스템**decentralized system은 **정보를 통제하는 단일한 주체가 없다**는 점이 큰 특징이다. 이러한 특징으로 인하여 탈중앙화 시스템은 개인 간의 금전거래를 신뢰할만한 중앙 시스템이 하는 것이 불가능하다. 탈중앙화 시스템은 **블록체인**BlockChain이라는 이름으로 불리는 신뢰할만한 분산 데이터 저장 환경에 관리해야 할 대상 데이터를 저장한다.

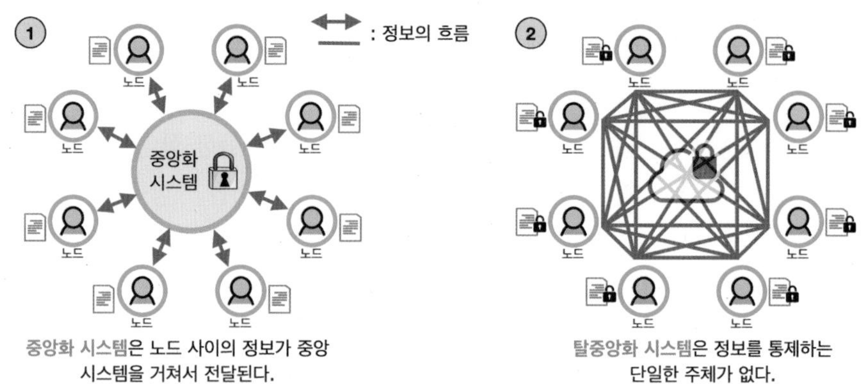

중앙화 시스템은 노드 사이의 정보가 중앙 시스템을 거쳐서 전달된다.

탈중앙화 시스템은 정보를 통제하는 단일한 주체가 없다.

블록체인 기반의 금전 거래는 사용자 A와 사용자 B를 매개하는 중앙화된 시스템인 은행이 없기 때문에 다음과 같은 절차를 통해서 송금이 이루어진다.

1. 사용자 A가 B에게 송금을 시도한다.
2. 거래 관련 정보는 블록 형태로 온라인 상에서 생성된다.
3. 생성된 블록이 참여하고 있는 네트워크의 모든 대상들에게 전송된다.
4. 참여자들은 거래 정보의 유효성을 상호 검증한다.
5. 검증이 완료된 블록만이 체인에 등록된다.
6. 사용자 B에게 송금이 완료된다.

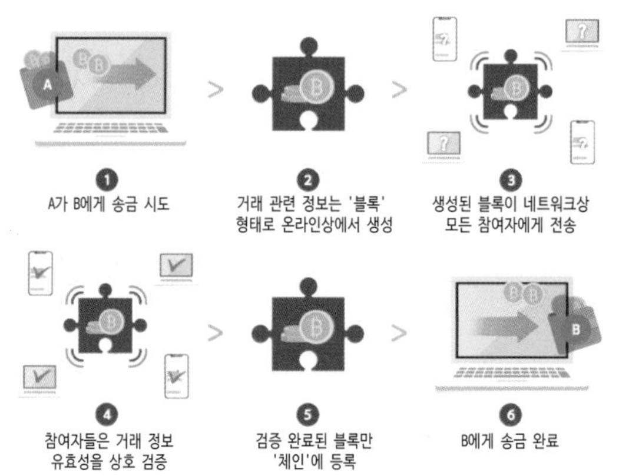

블록 체인 기반의 송금 과정

블록 체인에 기반한 금전 거래는 그림과 같이 A와 B가 금융 거래를 할 때 거래에 관련된 정보를 블록 형태로 온라인 상에서 생성하여 네트워크 상의 참여자들에게 전송합니다. 참여자들은 거래 정보가 유효한 지 상호 검증을 수행하며 검증이 완료된 블록만이 체인에 등록되는 구조입니다.

분산 장부

분산 장부는 블록체인 기술의 세부 기술의 하나로 A라는 사람과 B라는 사람이 돈거래를 하는 경우를 생각해 보자. 이 거래의 과정은 그림 ①과 같이 A의 통장과 B의 통장에 모두 기록으로 남아 있어야만 추후 분쟁이 발생하지 않을 것이다. 이 때 통장의 내용이 서로 다르다면 어떻게 될까? 두 사람은 두 통장에 대한 진위를 판별해야한 할 것이다. 우리가 돈 거래를 할 때마다 이러한 진위 판별을 해야만 한다면 매우 번거롭고 힘들 것이다. 따라서 우리는 그림 ②와 같이 은행을 통해서 거래를 하고 이 은행은 두 사람의 금융거래가 발생할 때마다 통장에 모두 기록으로 남겨서 원만한 돈거래를 보증할 것이다.

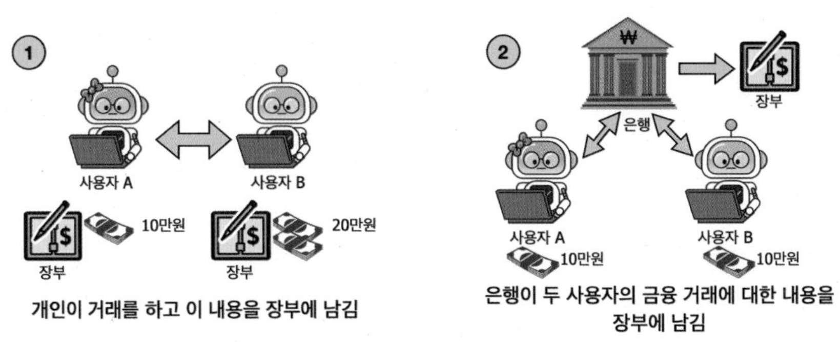

개인이 거래를 하고 이 내용을 장부에 남김

은행이 두 사용자의 금융 거래에 대한 내용을 장부에 남김

이 과정이 원만하게 수행되기 위한 조건 중의 하나인 블록 생성과 상호 검증, 그리고 생성된 블록 체인의 구조가 다음 그림에 나타나 있다. 그림과 같이 두 사용자의 금융 거래는 장부에 남게 되는데, 이 장부가 원본과 같은지 다른지는 네트워크 상의 모든 참여자가 상호 검증하는 방식으로 이루어지는 것이 블록 체인의 특징이다.

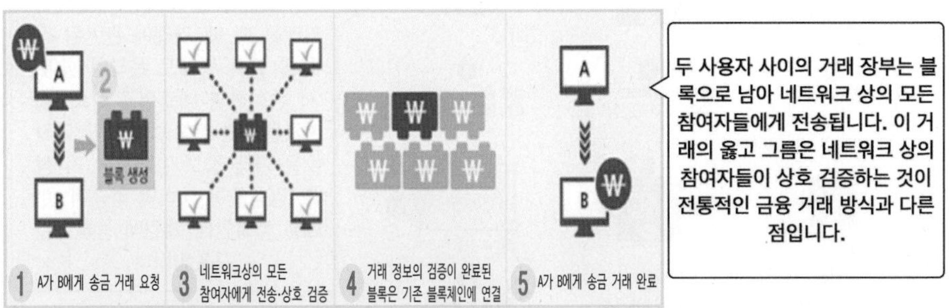

블록 체인 기반의 송금 과정과 블록을 통한 상호 검증 절차

다음의 사례는 luniverse.io에 소개된 블록체인 기술의 적용 사례이며, 이러한 사례를

통해서 블록체인 기술이 가져다줄 미래 우리 사회의 모습을 살펴볼 수 있을 것이다.

[사례 : 블록체인 기술을 활용한 식품 유통과정 추적]

최근 블록체인 기술을 활용해 식품의 원산지와 유통 정보 등을 확인할 수 있는 식품 안전망 시스템이 진화하고 있다. 불투명한 원산지 기록은 소비자뿐만 아니라 공급자에게도 영향을 끼친다. 예컨대 2006년 미국에서 시금치를 먹고 200여 명의 대장균 환자와 3명의 사망자가 속출했던 '시금치 감염 비상 사태'가 있다. 미국 FDA는 미국민들에게 시금치를 당분간 섭취하지 말라고 권고하였고, 식약청과 보건국은 2주간의 조사 끝에 'Natural Selection Food'사의 특정 농장에서 단 하루 동안 재배한 시금치에 문제가 있다고 판단하였고 곧 리콜 조치를 내렸다. 하지만 두려움을 느낀 많은 시민들은 시금치 섭취를 중지하였고 미국 전역의 시금치 농장은 이 사건으로 인해 막대한 피해를 보았다.

이러한 피해를 줄이기 위해 근래에는 세계 유통 시장이 블록체인 기술을 도입해 소비자의 신뢰 확보에 나서고 있다. 대표적으로 세계 최대의 유통기업 월마트는 **하이퍼레져 패브릭**Hyperledger Fabric 블록체인을 도입해 식품 추적 플랫폼을 구축하였다. 월마트는 하이퍼레져 패브릭 도입을 통해 중국산 돼지고기 수입 시 진품 인증서를 업로드하게 함으로써 제품 신뢰를 향상시켰으며, 수입 망고의 원산지를 추적하는데 7일에서 2.2초로 감소하는 등 진일보하였다. 또한, 식품을 납품하는 농장부터 시작해 보관 창고, 그리고 운송 경로 등에 GS1 표준에 따른 사물인터넷 태그를 발송물에 부착하여 원산지, 보관온도, 유통기한 등 모든 유통 과정을 블록체인에 실시간으로 업데이트함으로써 모든 소비자들에게 투명하게 공개하였다. 이제는 블록체인 기술을 통해 단 몇 초안에 모든 유통과정을 확인할 수 있게 되어 소비자를 비롯하여 동종 식품 업계에 피해를 줄일 수 있게 되었다.

[사례 : 블록체인을 이용한 신속한 보험금 청구]

그동안 보험금을 청구하려면 병원에서 진단서, 검사 결과지, 약제비 영수증 등 여러 서류를 실물로 수령하여 우편접수, 대리점 방문접수, 또는 팩스로 청구해야 하는 불편함이 있었다. 이에 따라 최근엔 간편청구라는 솔루션이 나오긴 했지만, 이 또한 실물 서류를 사진촬영하여 업로드 하는 등 시간이 소모된다. 헬스케어 기업 메디블록은 2019년 블록체인 기반 간편 보험 청구 애플리케이션 **메디패스**MediPass를 출시하였다. 메디블록엔 현재 4개의 병원과 40여 개의 보험사가 가입되어있다. 매디패스에 사용법은 매우 간단하다. 메디패스 앱에서 방문 병원을 선택 후 청구할 진료 내역을 불러온다. 이후 보험사를 선택한 후 보험금을 수령할 입금 계좌 정보를 입력하면 보험 청구가 접수된다. 보험금은 빠르게 1시간 내에서 하루 이틀 안에 지급된다. 병원 서류는 모두 블록체인상에서 기록되므로 사용자는 종이 서류 없이도 간편하고 빠르게 보험금 청구가 가능하고, 보험사 입장에선 문서를 하나하나 검증할 시간을 절약할 뿐만 아니라 위·변조가 불가하다는 점에서 보험 사기를 예방할 수 있다는 이점이 있다.

[사례 : 의약품 유통 관리 이력 추적]

2018년 중국의 한 제약 업체가 수 십만 개의 "가짜 백신"을 유통하여 중국 국민의 분노를 쌓았다. 이 백신을 접종한 영유아들은 구토나 발열 증세부터 심할 경우 사망에까지 이르게 되었다. 이 문제는 시진핑 주석이 직접 해결을 지시할 정도로 상황이 악화되었다. 의약품은 보관 환경에 매우 민감하므로 제작부터 유통 과정을 감시하는 것이 매우 중요하다. 최근 국내 및 해외에서 의약품 유통 관리에 대한 법률이 강화되면서 삼성SDS는 블록체인 기반 의약품 유통 이력 관리 시스템 구축에 나섰다. 삼성SDS는 제약사, 유통 업체, 약국 및 의료기관들로부터 시범 사업을 신청받아 컨소시엄을 구성해 '20년 11월부터 파일럿 프로젝트를 실시한다. 이 프로젝트는 블록체인과 IoT를 적극적으로 활용해 유통 이력 공유를 통해 유통 중 발생할 수 있는 다양한 문제점(보관온도, 유통기한, 의약품 진위 확인 등)을 해결할 수 있다. 기록된 데이터는 위·변조가 불가능하며, 일관성과 투명성을 보장해 의약품의 안전한 관리가 가능해진다.

가상화폐와 암호화폐

"우리는 전자 화폐를 디지털 서명의 체인으로 정의합니다. 코인 소유자는 이전 거래 내역과 다음 소유자의 공개 키와의 해쉬 값을 코인 맨 뒤에 붙입니다. 돈을 받은 사람은 앞 사람이 유효한 소유자였다는 것을 확인할 수 있습니다."

비트코인의 창시자 사토시 나카모토

가상 화폐virtual currency란 지폐나 동전과 같은 실물이 없이 네트워크로 연결된 특정한 **가상 공간**vitual community에서 전자적 형태로 사용되는 디지털 화폐 또는 전자 화폐를 말한다. 예를 들어, 게임에 참여하는 많은 사람들이 활동하는 가상의 공간이 있을 경우, 이 가상공간에서 게임 아이템과 같은 물품의 거래가 참여자들 사이에 발생하는 경우도 있다. 이를 위하여 게임 참여자들은 자신의 현실 세계 화폐를 가상 공간의 화폐로 교환한 후 이를 매개로 거래를 하는 것이 가능할 것이다. 이 경우 가상공간에서 물품을 판매한 판매자는 중앙에서 이를 관리하는 기관을 통해서 가상의 화폐를 현실 세계의 실물 화폐로 교환할 수 있다. 따라서 **반드시 중앙의 화폐 관리 주체가 필요**하다. 가상 화폐의 예로는 사이월드의 **도토리나 네이버 캐시**와 같은 것이 있다.

암호화폐cryptocurrency는 **암호화**라는 뜻을 가진 crypto-와 **통화, 화폐**란 뜻을 가진 currency의 합성어로, 분산 장부에서 공개키 암호화를 통해 화폐를 안전하게 전송하는 기술을 제공하고 있으며, 해시 함수를 이용하여 이에 대한 소유권을 쉽게 증명해 낼 수 있는 디지털 자산을 말한다. 일반적으로 암호화폐는 블록체인이나 방향 비순환 그래프를 기반으로 한 분산 장부 위에서 동작한다. 암호화폐의 아이디어는 2008년 10월 31일에 공개된 논문인 "**비트코인 : 피어 투 피어 전자 화폐 시스템**(Bitcoin: A Peer-to-Peer Electronic Cash System)"에서 시작되었다. 그리고 이를 바탕으로 2009년 1월 3일에 만들어진 비트코인이라는 화폐는 암호화폐의 기원이 된다. 비트 코인은 이전에 언급한 가상 화폐와 달리 **중앙의 화폐 관리 주체가 없다**는 점이 큰 특징이다.

Bitcoin: A Peer-to-Peer Electronic Cash System

Satoshi Nakamoto
satoshin@gmx.com
www.bitcoin.org

Abstract. A purely peer-to-peer version of electronic cash would allow online payments to be sent directly from one party to another without going through a financial institution. Digital signatures provide part of the solution, but the main benefits are lost if a trusted third party is still required to prevent double-spending. We propose a solution to the double-spending problem using a peer-to-peer network. The network timestamps transactions by hashing them into an ongoing chain of hash-based proof-of-work, forming a record that cannot be changed without redoing the proof-of-work. The longest chain not only serves as proof of the sequence of events witnessed, but proof that it came from the largest pool of CPU power. As long as a majority of CPU power is controlled by nodes that are not cooperating to attack the network, they'll generate the longest chain and outpace attackers. The network itself requires minimal structure. Messages are broadcast on a best effort basis, and nodes can leave and rejoin the network at will, accepting the longest proof-of-work chain as proof of what happened while they were gone.

2009년 탄생한 최초의 암호화폐인 비트코인의 기원이 된 사토시 나카모토의 유명한 논문입니다. 암호화폐는 블록체인이나 방향 비순환 그래프를 기반으로 한 분산 장부 위에서 동작합니다. 이 화폐는 가상 화폐와 달리 중앙의 화폐 관리 주체가 없다는 점이 큰 특징입니다.

이 암호화폐의 아이디어 제공자는 **사토시 나카모토**라는 이름으로 논문을 공개하였는데 이 이름은 익명으로 추정된다. 그는 매우 정교한 디지털 서명의 체인 알고리즘과 사회적인 합의에 의해서 화폐의 기능을 할 수 있도록 합의 알고리즘이라는 기능을 제안하였다. 합의 알고리즘에서 합의는 "**서로의 의견이 일치함 또는 둘 이상의 당사자의 의사가 일치함**"을 일컫는 단어다. 즉, 중앙의 화폐 관리 주체가 없는 분산 시스템에서 문제를 해결하기 위한 방법이 바로 합의 알고리즘이다. 탈중앙화된 블록체인은 분산화된 시스템으로 구성되어 있

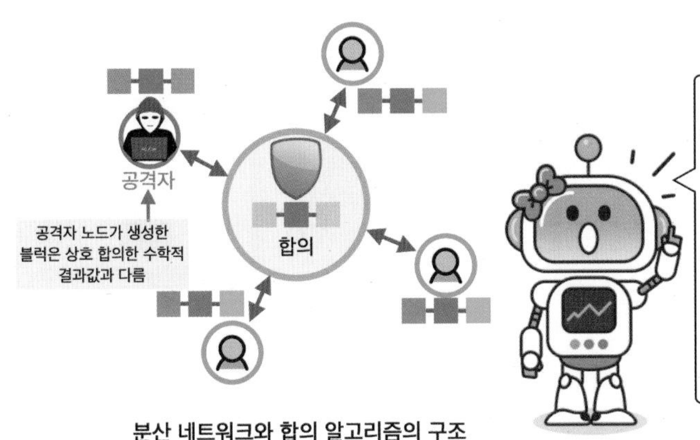

합의 알고리즘은 분산 네트워크 상에서 서로 신뢰 관계가 없는 노드들이 특정하게 정의된 절차를 통해 수학적으로 계산된 결과값을 상호 검증함으로써 시스템의 무결성을 보장하는 알고리즘입니다. 이 수학적 계산의 결과값에 일치하지 않는 공격자 노드에서 생성한 데이터는 합의 알고리즘에 의하여 배제되는 구조이지요.

분산 네트워크와 합의 알고리즘의 구조

있으며, 중앙 권위체에 의존하지 않기 때문에 분산화된 노드는 거래가 이루어졌다는 것을 의미하는 트랜잭션이 유효하다는 것에 대한 참여 노드 상호간의 합의가 필요하다. 합의 알고리즘은 **분산 네트워크 상에서 서로 신뢰 관계가 없는 노드들이 특정하게 정의된 절차를 통해 수학적으로 계산된 결과값을 상호 검증함으로써 시스템의 무결성을 보장**하는 알고리즘이다. 따라서 이 수학적 계산의 결과값에 일치하지 않는 공격자 노드에서 생성한 데이터는 합의 알고리즘에 의하여 배제된다.

대체 불가능 토큰 : NFT

NFT는 대체 불가능 토큰을 의미하는 Non-fungible token의 약자이다. 이 기술은 블록체인 기술을 사용하는 하부 기술인데 **블록체인을 통해 디지털 자산의 소유주를 증명하는 가상의 토큰**이다. 예를 들어 그림이나 영상 등의 디지털 파일을 가리키는 주소를 토큰 안에 담음으로서 그 고유한 원본성 및 소유권을 나타내는 용도로 사용된다. 즉, 일종의 가상의 진품 증명서라고도 볼 수 있다. 이 토큰은 대체불가능한 속성이 있기 때문에 교환과 복제가 불가능하여 디지털 데이터가 저마다 고유성을 지니며, 동일품이 존재할 수 없다는 특징이 있다. 우리의 현실 생활에서 주택을 거래하기 위한 문서의 하나는 등기 권리증인데, 이 문서는 법적으로 인정되는 **주택의 소유권에 대한 증명서**이다. 따라서 이 문서는 현실에 실재하는 고유한 사물인 주택에 대한 거래 필요성으로 인하여 만들어진 것이다. 이 문서는 다른 주택과 구별되는 고유의 주소, 문서 번호와 거래 기록이 관공서에 의해 관리된다. 이와 유사하게 NFT는 디지털 그림, 트위터의 글, 오디오 파일과 같이 디지털 세계의 저작물에 대한 소유와 거래 내역을 블록체인에 영구적으로 남김으로써 그 고유성을 보장받는다.

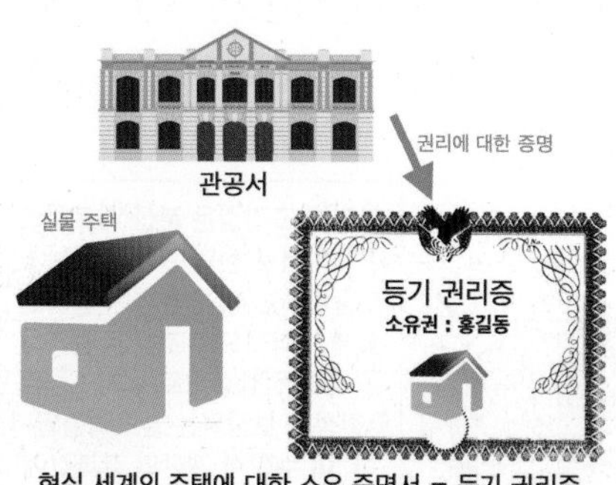

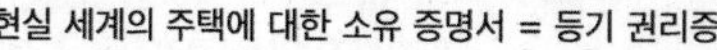
현실 세계의 주택에 대한 소유 증명서 = 등기 권리증

디지털 세계의 저작물에 대한 증명서 = NFT

현재 NFT는 **법적 뒷받침과 제도적인 준비가 부족한 상태에서 이더리움과 같은 블록체인 상에서 그 원본성과 소유권이 보장된다는 한계**가 있다. 그럼에도 불구하고 디지털 세계의 가치를 추구하는 많은 이들의 참여로 높은 관심을 받고 있는 가상의 자산으로 평가받고 있다.

요약

01 가상 현실이란 인공적인 기술로 만들어낸 **실제와 유사하지만 실제가 아닌 어떤 특정한 환경이나 상황 혹은 그 기술**을 의미한다.

02 HMD 가상 현실을 구현하는 유용한 장치 중의 하나로 시야에 밀착된 개인화된 디스플레이를 제공하여 가상 환경에 몰입할 수 있는 환경을 제공한다.

03 증강 현실은 **현실의 정보 위에 가상의 정보를 입혀서 보여주는 기술**로 카메라로 비추는 영상 위에 추가적인 영상이나 객체를 이질감 없이 보태어 나타내어준다.

04 혼합 현실은 현실에 있는 실제 물체를 가상공간 안에서 보면서 실제 공간의 물건과 상호작용할 수 있도록 하는 개념으로 **가상세계와 실세계를 통합하여 새로운 환경과 시각화 기능을 구현하는 것**으로 정의할 수 있다.

05 메타버스는 초월 또는 가상을 의미하는 meta와 세계를 의미하는 universe의 합성어로 3차원 가상 세계를 의미한다.

06 디지털 트윈이란 **가상 세계에 실제 사물의 물리적 특징까지도 구현하는 기술**을 의미한다.

07 게임 엔진이란 **게임을 만드는데 필요한 여러 가지 핵심 기능들을 담은 소프트웨어**를 말한다.

08 중앙화 시스템은 **사용자 간의 거래에 필요한 신용을 중앙 시스템이 담보하는 방식**이으로 중앙 시스템은 강력한 보안기능과 신뢰성 높은 트래픽 처리 능력을 보유해야 한다.

09 탈중앙화 시스템은 **정보를 통제하는 단일한 주체가 없다**는 점이 큰 특징이며 블록체인으로 불리는 분산 데이터 저장 환경에 데이터를 저장한다.

10 분산 장부는 블록체인 기술의 세부 기술의 하나로 두 사용자의 금융 거래장부가 원본과 같은지 네트워크 상의 모든 참여자가 상호 검증 후 연결하는 방식으로 이루어진다.

11 가상 화폐란 가상 공간에서 전자적 형태로 사용되는 전자 화폐를 말한다.

12 **암호화폐**는 분산 장부에서 공개키 암호화를 통해 화폐를 안전하게 전송하는 기술을 제공하고 있으며, 해시 함수를 이용하여 이에 대한 소유권을 쉽게 증명해 낼 수 있는 **디지털 자산**을 말한다.

13 NFT는 **블록체인을 통해 디지털 자산의 소유주를 증명하는 가상의 토큰**이지만 **법적 뒷받침과 제도적인 준비가 부족한 상태에서 블록체인 상에서 그 원본성과 소유권이 보장된다는 한계**가 있다.

연습문제

[단답형 문제]

아래의 보기를 참고하여 괄호 안에 들어갈 적절한 단어를 적으시오.

01 (　　　　)이란 인공적인 기술로 만들어낸 실제와 유사하지만 실제가 아닌 어떤 특정한 환경이나 상황 혹은 그 기술을 의미한다.

02 (　　　　)는 1960년대 아이번 서덜랜드에 의해 개발된 것으로 헬멧이나, 안경, 바이저 등에 디스플레이에 화면을 보여주는 기계로 가상 현실을 구현하는 유용한 장치 중의 하나이다.

03 (　　　　)가상 현실과 증강 현실의 상위 개념으로 가상세계와 실세계를 통합하여 새로운 환경과 시각화 기능을 구현하는 것이다.

04 (　　　　)는 가상을 의미하는 단어와 세계를 의미하는 단어의 합성어로 1992년 출간된 닐 스티븐슨의 SF 소설 스노 크래시에 등장하는 3차원 가상 세계의 명칭에서 유래한다.

05 (　　　　)이란 가상 세계에 실제 사물의 물리적 특징까지도 구현하는 기술을 의미한다.

06 세계 최초의 상업용 아케이드 게임은 놀란 부쉬넬이 1971년에 만든 (　　　　)다.

07 상용화되어 있는 게임 엔진 중 대표적인 것은 (　　　　), (　　　　) 등이 있다.

08 게임 개발의 테스트 단계 중 자체적으로 내부에서 테스트하는 버전을 (　　　　)이라 부르고 소수의 일반 사용자에게 배포하여 제품의 테스트와 오류 수정에 사용하는 버전을 (　　　　)이라고 한다.

09 (　　　　)은 에픽게임즈사에서 만든 매우 높은 그래픽 품질을 제공하는 게임 엔진이다.

10 게임 개발 단계중 (　　　　)은 게임 개발을 시작하기전에 게임에 대한 아이디어를 개략적으로 구상하는 단계이다.

11 탈중앙화 시스템은 (　　　　)이라는 이름으로 불리는 신뢰할만한 분산 데이터 저장 환경에 관리해야 할 대상 데이터를 저장한다.

12 (　　　　)란 가상 공간에서 전자적 형태로 사용되는 전자 화폐를 말한다

[짝짓기 문제]

1. 다음은 게임의 형식에 대한 설명이다 적절한 것을 짝지어라.

롤플레잉 게임 •	• 동전이나 지폐 등을 넣고 게임을 할 수 있는 기계에서 동작되는 게임
전략 시뮬레이션 게임 •	• 화면 속의 캐릭터를 조종하는 플레이어의 일정한 반응을 유도하는 게임
아케이드 게임 •	• 용병술을 행하여 승패를 가르는 형식의 컴퓨터 게임
액션 게임 •	• 역할을 수행해 캐릭터의 성격을 형성하고 문제를 해결해 나가는 형태의 게임

2. 다음은 가상 현실, 증강 현실, 혼합 현실의 특징을 정리한 것이다. 적절한 것을 짝지어라.

가상 현실 •	• 현실 정보 위에 가상의 정보를 입혀서 보여주는 기술로 "확장된 현실"이라는 의미를 가지고 있다.
증강 현실 •	• 가상의 환경이나 상황 등을 통해서 사용자의 감각을 자극하며 실제와 유사한 공간적, 시간적 체험을 만드는 기술이다.
혼합 현실 •	• 가상세계와 실세계를 통합하여 새로운 환경과 시각화 기능을 구현하는 것이다.

[객관식 문제]

다음 질문에 대하여 가장 알맞은 답을 구하여라.

01 다음 중 20세기 초반에 활동한 프랑스의 극작가, 시인, 배우이자 연출가며 가상현실의 개념을 처음으로 사용한 사람은 누구인가?

1) 앙토냉 아르토　　2) 오큘러스 퀘스트
3) 헨리 밀러　　4) 아이번 서덜랜드

02 다음 중 1960년대 아이번 서덜랜드에 의해 개발됐으며 사용자의 시야에 밀착된 개인화된 디스플레이를 제공하여 가상 환경에 몰입할 수 있는 환경을 제공하고 있는 장치는 무엇인가?

1) 시뮬레이터 2) 오큘러스 퀘스트

3) 네비게이터 4) HMD

03 다음 중 차드 리치먼이 인용한 메타버스에 대한 정의에 포함되는 특징이 아닌것은 무엇인가?

1) 다중 사용자가 참여 2) 가상의 공유 공간

3) 물리적인 실재와 분리 4) 지속성

04 다음 중 현실 정보 위에서 가상의 정보를 입혀서 보여주는 기술로 "확장된 현실"이라는 의미를 가지고 있는 것은 무엇인가?

1) 혼합 현실 2) 메타버스

3) 증강 현실 4) 가상 현실

05 다음 중 가상 세계에 실제와 동기화한 시뮬레이션을 거쳐 현실 대상에 대한 의사 결정에 디지털 세상의 경험을 활용하는 기술은 무엇인가?

1) 메타버스 2) 가상 현실

3) 혼합 현실 4) 디지털 트윈

06 다음 중 1958년 미국 부룩 헤이븐 국립연구소에서 근무하던 물리학자 윌리엄 히긴보덤이 개발한 최초의 컴퓨터 게임은 무엇인가?

1) Tennis for Two 2) 아타리

3) 스페이스워 4) 스페이스 인베이더

07 다음 게임 개발의 단계 중 부서들이 모여 게임의 범위와 각 부분에서의 틀에 대해서 제작에 앞서 고민하는 단계는 무엇인가?

1) 게임 기획 2) 사전 제작

3) 제작 단계 4) 테스트 단계

08 다음 예시 중에서 사용법이 간단하고 직관적이라 게임을 빠르게 개발할 수 있다는 장점을 가진 멀티플랫폼 게임 엔진은 무엇인가?

1) godot 엔진 2) Cocos2d-x 엔진

3) 유니티 엔진 4) 언리얼 엔진

09 다음 중 블록체인의 특징에 대해 옳지 않은것은 무엇인가?

1) 거래 관련 정보는 블록 형태로 온라인 상에서 생성된다.
2) 생성된 블록은 몇몇의 참여자들에게 전송된다.
3) 참여자들은 거래 정보의 유효성을 상호 검증한다.
4) 검증이 완료된 블록만이 체인에 등록된다.

10 다음 중 암호화폐에 대한 설명으로 옳지 않은것은 무엇인가?

1) 분산 장부 위에서 동작한다.
2) 중앙의 화폐 관리 주체가 필요하다.
3) 합의 알고리즘을 이용했다.
4) 아이디어 제공자는 사토시 나카모토라는 이름으로 논문을 공개했다.

11 다음 중 NFT에 대한 설명으로 옳지 않은것은 무엇인가?

1) 대체 불가능 토큰을 의미하는 Non-fungible token의 약자이다.
2) 블록체인을 통해 디지털 자산의 소유주를 증명하는 가상의 토큰이다.
3) 디지털 파일의 고유한 원본성 및 소유권을 나타내는 용도로 사용된다.
4) 법적, 제도적으로 인정받을 수 있다.

[서술식 문제]

01 구글 어스를 통해서 싱가포르의 랜드마크 지역인 마리나 만(Marina Bay)을 방문하고 이 주위의 유명한 건축물을 삼차원으로 둘러보도록 하자. 자신이 방문하고 싶은 지역이나 건물, 관광지를 2 곳 이상 선정하고, 이 지역의 모습을 구글 어스에서 캡쳐하도록 하자. 이 곳의 실제 사진을 소셜미디어에서 검색해보고 두 장면을 비교해 보자. 느낀 점을 기술해 보도록 하자.

02 2022년 발생한 가상화폐 루나, 테라 대폭락 사건에 대하여 조사해 보도록 하자. 이 사건의 피해규모와 여파에 대하여 살펴보도록 하자. 그리고 가상화폐 투자의 장점과 단점에 대해서 조사하여 자신의 투자 의견을 기술해 보도록 하자.

03 메타버스 플랫폼 중에서 자신이 이용한 경험이 있는 플랫폼의 특징에 대하여 정리해보자. 메타버스 플랫폼에 대한 체험 경험이 전혀 없을 경우 하나 이상을 경험해 보고 소감을 적어보아라.

CHAPTER

12

사물인터넷을 알아보자

CONTENTS

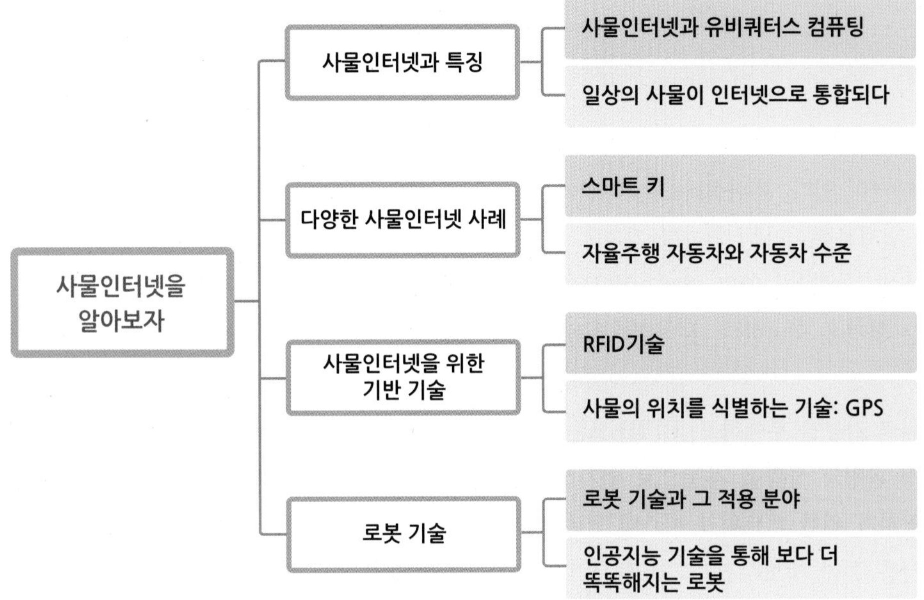

학습목표

- 사물인터넷과 유비쿼터스에 대해 알아본다.
- 스마트 카, 스마트 홈 등 사물인터넷이 적용된 사례를 살펴본다.
- 사물인터넷의 적용 방법에 대해 이해한다.
- GPS에 대해 알아본다.
- 로봇에 대해 알아본다.

12.1 사물인터넷과 특징

사물인터넷과 유비쿼터스 컴퓨팅

사물인터넷의 발전 이전에 사용되던 유사한 개념의 단어로 **유비쿼터스 컴퓨팅**ubiquitous computing이 있다. 유비쿼터스는 라틴어 'ubique'를 어원으로 하는데 **'동시에 어디에나 존재하는, 편재하는'**이라는 의미를 가지고 있다. 따라서 유비쿼터스 컴퓨팅이라는 단어는 시간과 장소에 구애받지 않고 **언제, 어디서나 네트워크에 접속하여 정보통신 서비스를 이용할 수 있는 환경**을 의미한다. 유비쿼터스에 이어 2000년대 초반 등장한 **유비쿼터스 센서 네트워크**ubiquitous sensor network:USN는 유비쿼터스 컴퓨팅 환경을 기반으로 **"모든 사물에 컴퓨터와 네트워크 기능을 부여하고, RFID 또는 센싱 기술을 초소형 무선장치에 접목하여 실시간으로 특정 환경과 상황을 자동으로 인지하여 정보를 획득하고, 이를 처리하여 생활의 편리성을 제공하기 위한 네트워크 시스템"**으로 정의된다. 이 개념은 네트워크를 통한 사물의 연결과 센서를 통한 정보수집, 그리고 서비스를 제공하는 측면에서는 본다면 사물인터넷과 유사하지만 사물인터넷과 유비쿼터스 센서 네트워크는 큰 차이가 있다.

유비쿼터스 센서 네트워크는 사물들을 네트워크로 연결하여 언제 어디에서든지 사용할 수 있게 하는 것이 목적으로 인간이 개입하여 데이터 수집과 전달 등 특정 상황을 원격으로 감시하거나 제어하기 위한 단방향 성격을 가진 시스템이다. 반면 사물인터넷은 그림과 같이 모든 사물을 인터넷으로 연결하여 사람과 사물, 사물과 사물 간에 정보를 교류하고 상호 소통하는 지능형 인프라를 말한다. 따라서 사물인터넷의 기기들은 **양방향 성격을 가지며, 보다 능동적인 주체**이다.

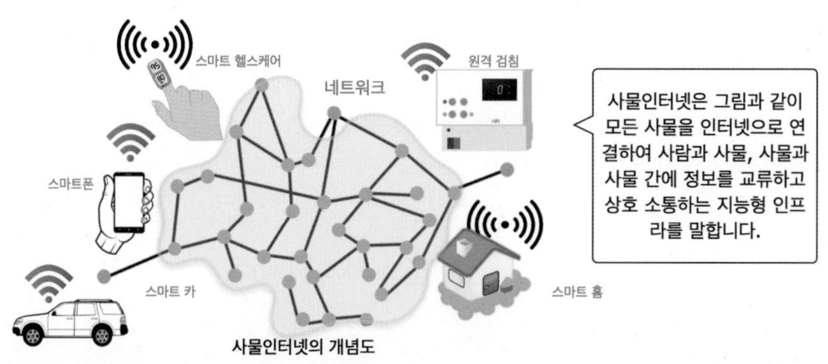

사물인터넷의 개념도

이처럼 어떠한 객체가 사물인터넷 객체가 되기 위해서는 다음의 3가지 조건이 필요하다.

1. 스스로 판단하고 행동할 수 있는 지능을 가진 각각의 **사물이 네트워크를 통해 사람이나 다른 사물과 소통**해야 한다.
2. 개별 사물들이 **새로운 정보와 서비스를 제공할 수 있을 만큼 지능적 이어야** 한다.
3. 다른 사물과 서로 소통해 얻은 정보를 바탕으로 **새로운 서비스를 제공하는 빅 데이터 분석 능력**이 필요하다.

일상의 사물이 인터넷으로 통합되다

사물인터넷은 영어로 Internet of Things이며 이를 줄여 약자 IoT로도 표기한다. 이 기술은 여러 가지 **사물에 센서와 프로세서, 통신 기능, 소프트웨어를 내장하여 네트워크에 연결된 다른 장치나 시스템끼리 데이터를 교환하며 주어진 작업을 처리**하는 기술이다. 사물인터넷의 대상이 되는 객체들은 텔레비전, 냉장고, 세탁기, 가습기, 에어컨과 같은 가전제품들과 자동차, 오토바이 등의 이동 장치, 스마트폰과 같은 모바일 장치, 스마트워치, 의료기기, 칫솔 등과 같은 매우 광범위한 것들이다. 사물인터넷 기술을 통해서 일상의 사물들은 인터넷과 통합되며 내장된 프로세스를 통해서 똑똑하게 주어진 작업을 처리할 수 있게 된다.

이러한 사물인터넷과 관련있는 핵심 기술은 다음과 같다.

센싱 기술과 액추에이터	센싱 기술은 온도, 습도, 열, 위치, 속도, 풍량, 풍향, 초음파, 레이더, 조도 등과 같은 물리량을 다양한 방법을 이용해 측정하는 기술이다. 이러한 센서[sensor]를 통해서 주변 환경으로부터 다양한 정보를 실시간으로 탐지할 수 있다. 사물인터넷에서는 센싱 모듈을 통해 수집된 물리량을 감지하는 능력뿐만 아니라 처리 능력까지 내장한 장치가 필요하다. 액추에이터는 센서로부터 수집된 정보를 이용하여 마이크로컨트롤러를 통해 기계를 동작시키거나, 빛, 열 등의 물리적 움직임으로 변환시킨다.

네트워킹 기술	네트워킹 기술은 서로 떨어져있는 환경에 존재하는 다양한 디바이스들이 있을 경우, 이 디바이스들이 마치 물리적으로 연결된 것처럼 작업을 수행하도록 도와주는 유무선 통신 기술이다. 네트워킹 기술로는 WPAN Wireless Personal Area Networks, 와이파이, 3G·4G·LTE·5G, 블루투스, 이더넷, 위성통신 기술 등이 있다.
인터페이스 기술	사물인터넷의 주요 구성 요소로는 인간, 사물, 서비스가 될 수 있다. 인터페이스 기술은 이 **구성 요소 사이의 연동을 통해 특정 기능을 수행하도록 하는 응용 서비스 기술**이다. 사물인터넷의 다양한 서비스를 구현하기 위해서는 ① 정보의 검출, 가공, 정형화, 추출, 처리 및 저장 기능 기술, ② 위치 판단 및 위치 확인 기능, 상황 인식 및 인지 기능 기술, ③ 정보 보안 및 프라이버시 보호 기능, 인증 및 인가 기능 기술, ④ 온톨로지 기술이 필요하다. 이러한 기술들을 이용하여 다양한 서비스를 제공할 수 있도록 인터페이스 역할을 수행하는 기술이 필요하다.

표에서 언급한 내용 이외에도 수집된 데이터에 대한 해킹이나 정보 유출을 방지하는 **보안 기술**도 필요할 것이며, 사물인터넷 기기가 가진 **개인정보를 잘 보호**하는 것도 신경써야 할 것이다.

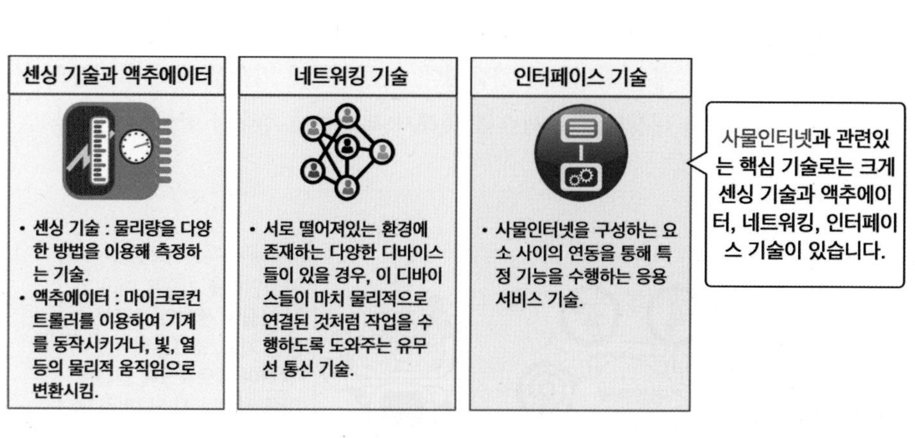

이러한 사물인터넷 기술은 기존에 존재하던 단순한 센서의 기능을 넘어 센서와 디바이스가 결합되도록 하며, 이런 디바이스들을 상호 연결시켜 사물들 간의 네트워크를 구성하고 실시간으로 방대한 양의 데이터를 생산해내는 역할을 한다. 따라서 방대한 데이터들을 실시간으로 분석하고 학습함으로써 인간의 **의사결정을 지원하기도 하는 인공지능 기술**의 발전은 사물인터넷과도 매우 밀접한 관련이 있다.

[사례 : 월패드를 통한 카메라 해킹]

가정 내의 편리한 생활을 돕는 월패드

2021년 국내 한 언론사는 특수한 웹브라우저를 사용해야만 접근할 수 있는 웹을 지칭하는 다크웹에서 한국 일반 가정의 생활상을 담은 영상이 비싼 가격에 팔리고 있는 것을 보도하였다. 이 다크웹에 업로드된 영상은 아파트 내의 한 가정이 아닌 전국 단위의 많은 아파트 수천 개 이상 가정 내부의 영상으로 밝혀졌다. 이 사이트에서는 한 가정의 하루치 영상이 약 800만 원의 가격으로 판매되고 있었다.

해커가 확보한 영상은 신형 아파트에 설치된 **월패드wall pad**에서 촬영한 영상으로 밝혀졌다. 해커는 카메라가 설치된 월패드를 해킹해 사용자 몰래 영상을 촬영하고, 이를 다크웹에서 판매하는 식이었다.

최신 기술이 탑재된 월패드는 스마트 홈 시장에서 각광을 받고있는 제품으로, 음성으로 집안의 조명, 냉난방을 제어하고, 가전 제품까지 작동시키는 기능이 있다. 뿐만 아니라 아파트 입주민 간의 영상 통화와 외출시 가정의 내부를 휴대폰으로 볼 수 있는 기능까지 제공하고 있다. 이처럼 원격지에서 집 안에 노약자나 환자, 어린이 등 보호가 필요한 사람에 대한 상황을 확인하고 애완 동물까지 관리할 수 있는 편리한 도구가 개인의 일거수 일투족을 감시하는 도구가 될 수도 있다는 점에서 큰 경각심이 필요하며, 강력한 보안 기능이 아울러 필요할 것이다.

12.2 사양한 사물인터넷 사례

스마트 카

자동차와 같은 기기가 항상 인터넷에 연결되어 동작한다면 어떤 좋은 점이 있을까? 우선 차량 내부의 내비게이션을 이용하여 목적지까지의 경로를 탐색할 때 단순한 경로만이 아니라 경로상 도로의 혼잡 상황에 관한 정보까지 받아서 운전자에게 가장 효율적인 경로를 제공할 수 있을 것이다. 때로는 폭우와 도로 공사로 인해 도로가 유실되거나 차단될 수도 있는데 이러한 정보를 자동차가 확인하여 운전자를 위한 안전하고 편리한 경로를 추천하는 것도 가능할 것이다.

자동차는 가속기, 브레이크, 속도계, 주행 거리계, 바퀴 및 연료 탱크 등 2만개 이상의 부품으로 이루어져 있으며 이러한 부품의 수명은 한계가 있다. 만일 자동차에 부착된 센서들이 자동차의 운행 정보를 파악한 후 차량의 상태를 모니터링할 수 있다면 운전자에게 부품의 교체 주기가 되었음을 알려주고 안전한 주행을 위하여 근처 정비소까지 안내하는 것도 가능할 것이다. 또한 자동차의 충돌이나 사고로 인하여 운전자가 의식을 잃어버리는 경우 자동으로 구호를 요청하거나 친구와 가족에게 알리는 기능도 가능할 것이다.

이러한 똑똑한 일을 할 수 있는 자동차를 **스마트 카**smart car 또는 **커넥티드 카**connected car 라고 하는데 그 핵심 서비스는 다음과 같은 것이 될 것으로 예상된다.

■ 실시간 경로 탐색

이 기술은 자동차의 이용자가 설정한 목적지를 서버로 전송해 실시간 교통 정보와 시간대별 예측 상황 등을 분석한 패턴 정보를 토대로 최적의 경로를 탐색해 안내해주는 기능이다. 이 때, 목적지까지의 정확한 경로는 물론 차선 방향별 직진, 좌회전과 우회전에 따른 교통 정보까지 세세하게 알려주는 편리한 기능까지 제공한다. 그리고 경로 탐색 시 내비게이션 화면을 터치하지 않고 스마트폰 앱을 통해 미리 목적지를 전송하거나, 원하는 도착시간을 설정하면 **교통 상황을 고려해 역으로 출발 시간을 제안**해준다는 점도 특징이다. 더불어 내비게이션 메뉴의 **'위치공유'** 기능을 이용하면 링크를 통해 상대방에게 실시간 내 차 경로, 목적지까지의 거리 및 시간을 정확하게 안내할 수 있어, 통화나 메신저 없이도 기다리는 수고를 줄일 수 있다.

▪ 차량 원격 제어

커넥티드 카 서비스를 통해 차량에 시동을 걸거나 도어, 창문은 물론 공조 기능까지 원격으로 제어가 가능하다. 주차 후 창문 닫는 것을 깜빡하더라도 스마트폰 앱 하나로 여닫을 수 있는 것은 물론, 차량의 상태까지 직관적으로 확인할 수 있어 일일이 확인하는 불편을 겪지 않아도 될 것이다. 또 야외 주차가 꺼려지는 여름과 겨울에는 미리 시동을 걸어 에어컨이나 히터, 통풍·열선 시트를 켜둘 수 있어 언제든 쾌적한 상태의 차량에 탑승할 수 있다.

▪ 대화형 음성인식 서비스

음성인식 기능은 주행 중 운전자의 안전과 편의를 고려해 개발되고 있다. 기존의 단순한 음성인식은 전화와 길 안내 등 제한된 기능만을 제공하고 인식률이 낮은 편이었으나 딥러닝 기술의 발전으로 점차 자연어 기반의 성능이 뛰어난 음성 인식 서비스가 출현하고 있다. 대화형 음성인식 서비스는 "지금 바깥 날씨는 어때?", "발라드 노래 추천해줘!"와 같이 일상에서 사용하는 **자연스러운 말로 최신 정보를 검색할 수 있으며, 공조 제어 기능 등을 수행해 더욱 편안하고 안전한 주행 환경**을 제공한다. 최근에는 보행자와 디스플레이로 대화하는 기술을 통해 운전자의 의사를 바깥에 전달하는 기술도 특허 출원이 되어 있다. 이를 통해 자동차가 보행자의 안전한 보행을 돕게 될 것으로 기대된다.

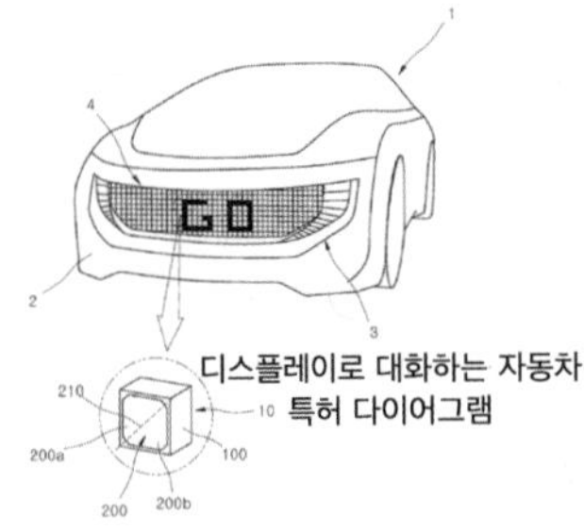

디스플레이로 대화하는 자동차 특허 다이어그램

보행자와 디스플레이로 대화하는 자동차(예상도)

대화형 음성인식 서비스는 더욱 편안하고 안전한 주행 환경을 제공할 것입니다. 또한 보행자와 디스플레이로 대화하는 기술을 통해 운전자의 의사를 바깥에 전달하는 기술도 특허 출원이 되어 있습니다.

▪ 무선 업데이트 기능

차량에 탑재된 소프트웨어를 최적의 상태로 유지하고, 실시간 도로 교통 정보를 내비게이션에 반영하려면 지속적인 업데이트가 필수적이다. 기존에는 차량 이용자가 신규 업데이트 버전을 인지한 후 SD 카드나 USB와 같은 저장 매체를 가지고 PC에서 데이터를 다운로드 받아 다시 차량에서 업데이트를 진행해야만 하는 번거로움이 있었다. 최근에는 커넥티드 카 서비스를 통해 내비게이션 무선[Over-The-Air:OTA] 업데이트나 차량의 기능 업데이트를 지원하는 자동차가 등장하여 별도의 PC 다운로드나 설치 시간없이 언제나 최신의 소프트웨어를 유지할 수 있다.

■ 카투홈

카투홈은 **홈투카 서비스**라고도 하는데 사물인터넷 기술을 통해 차 안에서 집 안의 가전을 제어하고, 반대로 집에서 차량의 다양한 기능을 제어하는 편리한 기술이다. 이 과정은 일반적으로 스마트폰 앱을 통해 홈 사물인터넷 서비스 계정을 연동한 다음, 차량의 카투홈 메뉴에 들어가 연동된 가전 기기들을 등록하는 방식으로 구동된다. 특히 운전 중에는 간단한 음성 명령만으로 집 안의 조명, 플러그, 에어컨, 보일러, 가스 차단기 등을 제어할 수 있어 편리함을 누릴 수 있다. 반대로 **홈투카**는 가정에 설치된 인공지능 스피커를 통해 차량의 시동, 공조, 문잠김, 비상등, 경적 등을 제어할 수 있는 기능을 말한다.

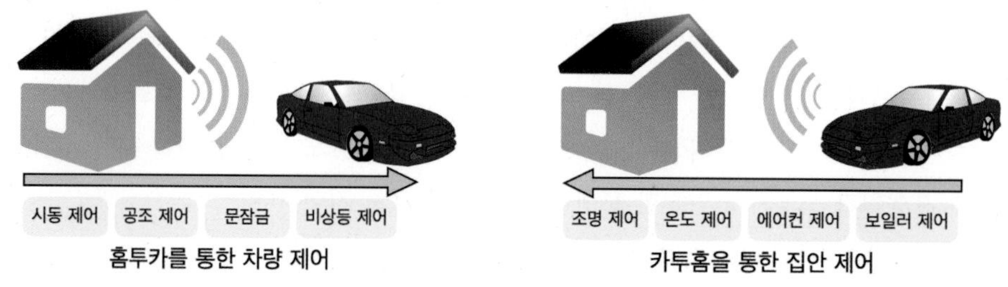

자율주행 자동차와 자동화 수준

사물인터넷 기술의 응용 분야인 자율주행 자동차 기술은 인간에게 주는 편익이 크며 기존의 교통 수단을 근본적으로 바꿀 수 있는 중요한 기술이다. 이 기술을 탑재한 자동차는 보다 더 안전할 것이며 에너지 소비 및 환경오염을 줄이고 혼잡 비용을 절감할 수 있을 것으로 예상된다. 하지만 사람의 운전 형태에서 인공지능이 운전하는 자율주행 운전으로 어느날 갑자기 변화되지는 않을 것이다. 이 과정은 사람이 운전하는 기존의 차량이 서서히 자동화되는 연속적인 형태의 기술 전환이 이루어질 것으로 예상된다.

미국의 **도로교통안전국**National Highway Traffic Safety Administration:NHTSA이라는 기관은 이 연속체를 명확히하기 위해 다음 표와 같이 5가지 단계로 차량 자동화를 정의했다. 자율주행 자동차 기술의 잠재적 편익의 유형과 규모는 달성되는 자동화 수준에 따라 달라진다. 예를 들면, 자율주행 자동차 기술의 일부기능에 해당하는 안전 편익은 기능별 자동화를 통해 달성할 수 있는 반면, 도로 사용과 및 환경 편익은 완전 자동화 단계인 4단계 이상을 통해서만 실현할 수 있다.

단계	자동화 특성	기능
0	자동화 없음	운전자는 항상 차량의 기본적인 기능에 해당하는 브레이크, 방향 조절, 스로틀 및 동력을 완전히, 그리고 스스로 제어해야 한다. 도로를 모니터링하는 일과 차량의 안전 운전을 위한 조작은 전적으로 운전자의 책임이다.
1	기능별 자동화	하나 이상의 특정한 기능에 대한 자동 제어 기능이 포함된다. 즉 특정 주행 모드에서 컴퓨터가 방향 조절을 하거나 또는 감속, 가속 중 하나를 수행하는 기능이 제공된다. 예를 들어 차로 유지 보조, 스마트 크루즈 컨트롤 등이 있다.
2	복합 기능 자동화	특정 주행 모드에서 컴퓨터가 방향을 조절하면서 감속, 가속을 동시에 수행하는 기능이 제공된다. 예를 들어 고속도로 주행 보조 기능 등이 있다.
3	제한된 자율주행	단계 2까지는 컴퓨터가 인간의 주행을 돕는 기능이다. 그러나 단계 3부터는 특정 모드에서 컴퓨터 시스템이 주행을 수행한다. 이 단계에서는 자동차 스스로 차선을 변경하고 앞차를 추월하거나 장애물을 피할 수 있게 된다.
4	고도 자율주행	컴퓨터가 전체 주행을 수행한다는 점에서 단계 3과 동일하나 위험 상황 발생 시에 인간 운전자가 개입해야 한다.
5	완전 자율주행	완전 자율주행 단계로 모든 상황에서 자율주행 시스템이 차량 이동을 스스로 통제한다. 이때 인간 운전자의 개입은 필요가 없다.

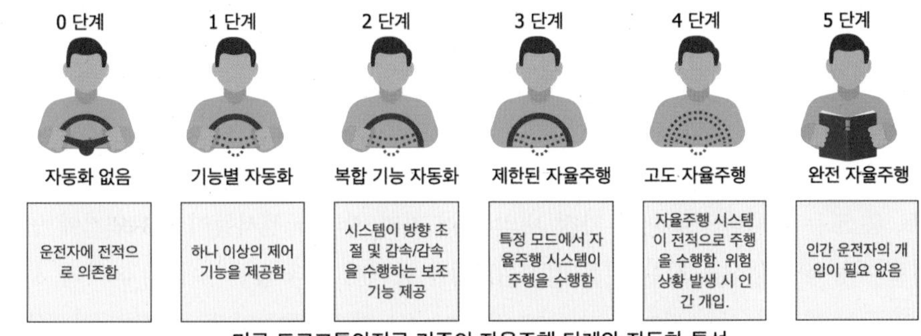

미국 도로교통안전국 기준의 자율주행 단계와 자동화 특성

5단계의 완전 자율주행 자동차는 인간 운전자의 개입 없이 스스로 주행 환경을 인식하며 목표지점까지 이동하기 때문에 더 이상 '단순한 사물'로만 볼 수 없으며 **'자율적 윤리 주체'**로 간주되어야 한다. 자율 주행 자동차는 운행 도중 트롤리 딜레마와 같은 윤리적 판단이 필요할 수 있다. 비단 자율주행 자동차뿐만 아니라 **인명구조 로봇**을 비롯한 다양한 영역에서 윤리적 판단을 할 수 있는 인공지능이 필요할 것이며 이에 따른 지속적인 연구도 반드시 필요할 것이다.

한걸음 더 : 윤리학의 사고 실험 트롤리 딜레마

트롤리 딜레마trolley problem는 윤리학 사고 실험 중의 하나인데 다음과 같은 문제가 주어지고 이에 대한 도덕적 견해만을 문제 삼아 다룬다. 다음과 같은 사례를 한번 살펴보자.

"트롤리 전차가 운행 중 이상이 생겨 제어 불능 상태가 되었다. 이대로는 선로에 서 있는 5명이 치여 죽고 말 것이다. 그런데 다행히도 당신이 선로 변경 스위치의 옆에 있고, 스위치를 돌리면 전차를 다른 선로로 보냄으로써 5명을 살릴 수 있다. 하지만 문제는 그 다른 선로에 1명이 있어서 그 사람이 치여 죽고 말 것이다. 어느 쪽도 대피할 시간은 없다. 이때 도덕적 관점에서 당신이 스위치를 돌리는 것이 허용되는가?"

트롤리 딜레마 사고 실험

자율주행 자동차 기술이 발전하게 되면서 컴퓨터가 윤리적인 판단까지 해야만 하는 상황을 맞이하면서 이 트롤리 딜레마는 컴퓨터 과학자들과 철학자들의 관심을 받고 있다.

스마트 홈

스마트 홈 또는 커넥티드 홈이란 **가정 내의 여러 가지 장치나 센서들이 네트워크에 연결되어 서로 지능적인 통신을 하는 것**을 말하며, 이를 통해서 보다 높은 수준의 거주자 서비스를 제공하여 거주자 삶의 가치를 더 높게 만들어 주는데 목적이 있다. 이 서비스는 사람의 수요를 파악하거나 예측해서 일정 수준의 자동화 결정을 함으로써 주거 생활의 질을 크게 높여 줄 것으로 기대된다. 스마트 홈의 구체적인 예를 들자면, 가정에서 사용되는 텔레비전과 같은 기계를 통해서 사용자의 음성과 동작을 인식하여 엔터테인먼트에서부터 헬스케어와 의료 지원 서비스를 제공하는 것이 될 수 있다. 최근 개발된 **스마트 텔레비전**은 텔레비전에 인터넷 접속 기능을 결합하여 언제든 인터넷을 사용할 수 있으며, 여러 가지 전용 앱을 설치해 웹 서핑 및 **주문형 비디오**VOD 시청, 소셜 네트워크 서비스, 게임 등의 다양한 기능을 활용할 수 있다.

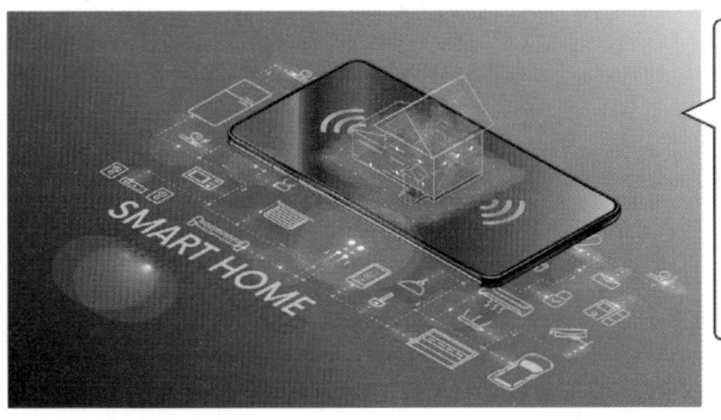

커넥티드 홈 또는 스마트 홈이란 가정 내의 여러가지 장치나 센서들이 네트워크에 연결되어 서로 지능적인 통신을 하며 이를 통해서 보다 고차원적인 이용자 서비스를 제공하는 것을 말합니다.

스마트 홈이 구축되려면 스마트 홈 솔루션 및 디바이스, 통신 기술, 가상화 기술, 정보 분석 기술, 인공지능 기술, 플랫폼 기술, 음성인식 기술 등 여러 가지 기술들이 융합되어야 할 것이다. 스마트 홈은 거주자에게 편리하고, 건강하며, 안전하고도 경제적인 삶을 제공하는데 목적이 있으며 이 목적을 달성하기 위한 기술 분야가 있다.

다음 표는 한국 스마트홈산업협회의 보고서에서 언급된 내용으로 스마트홈의 제공 가치와 기술분야, 주요 내용을 담고 있다.

제공 가치	기술 분야	주요내용
편리한 삶	스마트홈 가전	가정 생활에서 ICT 기술들을 활용하여 편리함을 추구함.
건강한 삶	건강관리	가정에서 원격진단 및 홈트레이닝을 통해 건강 관리를 도움.
안전한 삶	보안 서비스	가정 내 각종 사고와 위험으로부터 예방과 보호를 수행함.
경제적인 삶	스마트 전력 제어	에너지 절감 및 효율적인 관리를 도모함.

[사례 : 구글 홈]

구글 홈 Google Home은 구글이 출시한 음성 인식을 갖춘 스마트 스피커이다. 이 스피커는 음성으로 구글 어시스턴트를 작동시키는 작업 도우미이다. 이 스피커는 다음 회의가 언제인지 알려 주고, 장보기 목록에 특정 물품을 추가하거나, 지인에게 전화를 거는 등 다양한 일상 작업을 처리한다. 이 제품은 타사 제품과의 연결을 지원하는 제품으로 구글 홈과 연동되는 수천 종의 스마트 홈 기기가 있다. 이 기기들은 엔터테인먼트 시스템 제어부터 에너지 사용량 관리와 가정 보안 개선까지 다양하다.

예를 들어 필립스사의 휴 스타터 키트는 허브와 전구 4개로 구성된 전구이다. 이 전구는 구글 어시스턴트를 이용해 손을 대지 않고 불을 켜고 끌 수 있다. 음성 명령으로 불을 끄고, 켜는 단순한 작업은 물론, 불을 켜둔 방이 있는지 구글을 통해 확인할 수 있고, 밝기 조절, 색상 설정 및 변경, 타이머 구성도 가능하다. 이러한 실내 조명 제어에 필요한 모든 것을 제공하는 시작 키트까지 제공하고 있다.

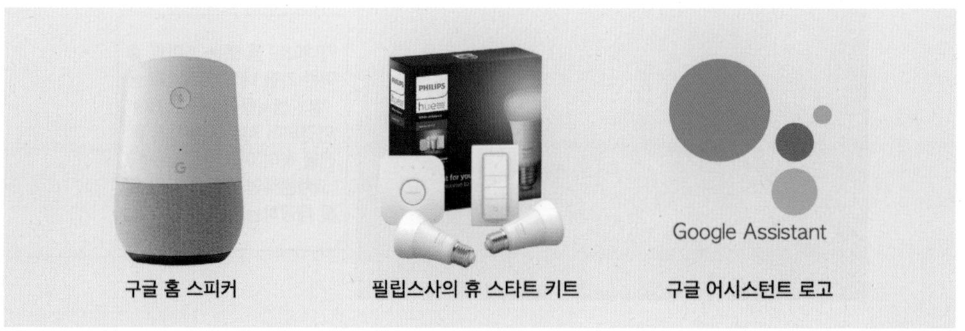

구글 홈 스피커　필립스사의 휴 스타트 키트　구글 어시스턴트 로고

스마트 시티

스마트 시티란 **다양한 기술과 센서를 통해 도시의 데이터를 수집하며, 이 데이터를 이용하여 도시 운영과 시민 삶의 질을 개선하는 의사 결정을 하는 기술**을 말한다. 많은 도시 계획 전문가는 방대한 데이터 수집을 통하여 도시 운영 방법을 개선하는 스마트 시티가 가까운 시일 내에 대세가 될 것이라고 전망하고 있다. 스마트 시티를 이루는 기술 중에서 **스마트 교통 시스템**은 더 많은 사람들이 보다 더 빠르게 이동할 수 있도록 기술을 제공한다. **스마트 빌딩**은 귀중한 에너지를 낭비하지 않도록 하며, **스마트 의료 서비스**는 환자의 등록과 질병의 진단 및 약물 치료를 더 쉽 하며 환자를 위한 최적화 서비스를 제공한다. 그리고 **스마트 정부**는 주민들이 정보를 더 쉽게 찾고 도시의 의사 결정 과정에 영향을 미치도록 한다.

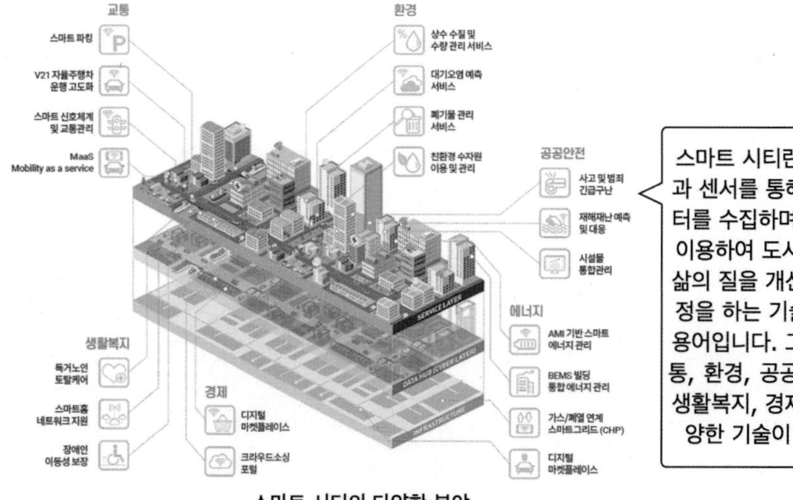

스마트 시티의 다양한 분야

스마트 시티란 다양한 기술과 센서를 통해 도시의 데이터를 수집하며, 이 데이터를 이용하여 도시 운영과 시민 삶의 질을 개선하는 의사 결정을 하는 기술을 통칭하는 용어입니다. 그림과 같이 교통, 환경, 공공안정, 에너지, 생활복지, 경제 분야에서 다양한 기술이 필요합니다.

■ 바르셀로나 스마트 시티 추진 사례

스페인 바르셀로나는 스마트시티 추진 목표로 '**도시내 에너지 사용의 절감을 통한 지속가능한 도시**'로 규정하고 이를 위하여 도시계획, 생태계 및 정보 기술을 통합하여 그 혜택을 시민에게 전달하고 결과적으로 시민 삶의 질을 개선하는 스마트시티 프로그램을 진행 중에 있다. 바르셀로나는 이 사업의 구체적 목표로 (1) 시민서비스의 효율성 증대와 (2) 도시 전체의 에너지 절감을 제시하고 있다. 바르셀로나는 우선적으로 7가지 스마트시티 솔루션을 도입하고 있는데 그 구체적인 내용은 다음과 같다.

1. 시내 1,100여개의 가로등을 LED로 교체하는 동시에 동작 기능을 도입하여 필요시 가로등이 작동할 수 있도록 한다. 또한 원격으로 가로등을 제어하는 등을 통하여 연간 최소 30%의 전력 소비량 감소를 달성한다.
2. 1만 9,000개 이상의 스마트 미터를 설치하여 광범위한 에너지 효율 구현을 추진 중에 있다.
3. 태양열 및 쓰레기 소각 에너지 등을 활용하여 온수를 제공하는 동시에 지중해 바닷물을 이용하여 빌딩 냉각에 사용하는 등 60개 이상의 빌딩에 에너지 청청 기술들을 도입중에 있다.
4. 한번의 환승으로 지역내 95%의 목적지에 도착할 수 있게 버스 노선을 계획하고 버스 정류장에 태양열판을 설치하여 버스 도착시간 등을 알려주는 스크린에 전력을 공급하도 록하고 있다.
5. 전기 자동차 충전소, 대여소 등을 설치하여 전기 자동차를 위한 기반 인프라를 구축하고 500대의 하이브리드 택시, 294대의 전기 바이크, 400대의 개인용 전기 자동차를 활용중이며 동시에 자전거 대여 등을 편리하게 할 수 있도록 애플리케이션을 활용하고 있다.
6. 시정부 활동이 투명할 수 있도록 시민들의 목소리를 들을 수 있는 키오스크 설치 및 오픈 데이터 포털을 개설하여 주민 업무 처리를 지원 중이다.
7. 쓰레기통에 센서를 설치하여 실시간으로 쓰레기량을 측정할 수 있는 시스템을 운영 중에 있다.

12.3 사물인터넷을 위한 기반 기술

RFID 기술

RFID 기술은 영문 Radio-Frequency Identification의 약자로 **주파수를 이용해 사물의 고유한 번호를 식별하는 방식**으로 일명 전자 태그로 불린다. 이 기술은 전파를 이용해 서로 떨어져있더라도 가까운 거리에서 정보를 인식하는 기술을 말하며, 전자기 유도 방식으로 통신한다. RFID 기술은 RFID 태그, 안테나, 리더기 그리고 태그와 리더 사이에 교환되는 정보를 받아 서버나 네트워크로 전달해 주는 호스트 등으로 구성된다. 다음 그림은 RFID 기술 구성과 동작 과정을 보여준다.

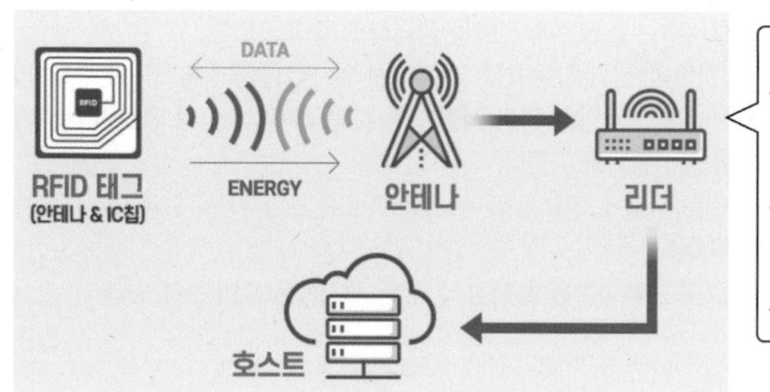

다음 그림은 RFID 기술의 자세한 동작 과정을 단계 별로 나타내고 있다.

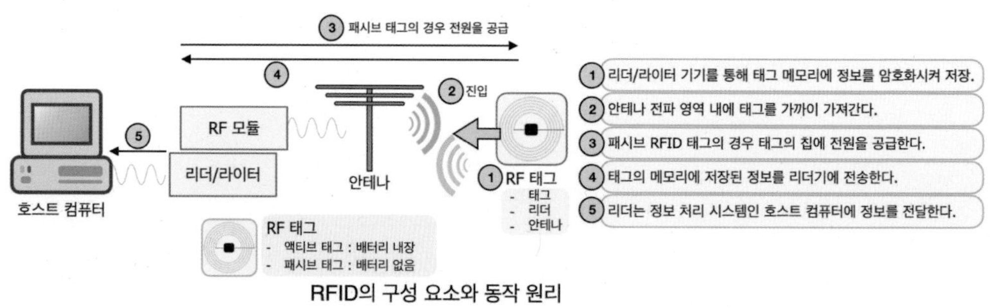

RFID의 구성 요소와 동작 원리

1. 리더/라이터 기기를 통해 태그 메모리에 정보를 암호화시켜 저장한다. RF 태그는 IC 칩과 리더 그리고 안테나로 구성되어 있다.
2. 안테나 전파 영역 내에 태그를 가까이 가져간다.
3. 패시브 RFID 태그의 경우 태그의 칩에 전원을 공급한다.
4. 태그의 메모리에 저장된 정보를 리더기에 전송한다.
5. 리더는 정보 처리 시스템인 호스트 컴퓨터에 리더기로부터 받은 정보를 전달한다.

RFID 기술은 주파수 대역에 따른 인식 성능과 응용 범위가 다르며 태그내 배터리 유무에 따라 **액티브 태그**와 **패시브 태그**로 나눈다. 액티브 태그는 태그 내에 배터리를 장착하고 있으며 512M 이상의 메모리를 포함할 수 있다. 따라서 자체적인 신호를 내보낼 수 있어서 보다 능동적인 기능의 구현이 가능하다. RFID 기술은 저주파일수록 태그 인식 속도가 늦고 태그 크기가 커야 한다. 또 고주파일수록 태그 인식 속도나 일괄 인식이 능력이 좋고 태그 크기가 저주파에 비해 작아도 된다.

[사례 : 수입 쇠고기에 RFID 태그로 추적하기]

국립 수의 과학 검역원은 수입 쇠고기에 RFID 태그를 부착하여, 쇠고기의 수입 통관 시점부터 가공·유통·판매에 이르는 일련의 과정을 추적하고 관리하는 프로젝트를 추진하였다. 이 시스템이 정착되면, 수입 쇠고기의 원산지 및 검역 정보에 대한 정보가 행정 기관과 소비자에게 제공될 수 있다. 또한 외국 어느 지역에서 광우병이 발생한 사실이 확인되면, 즉시 해당 지역의 수입 쇠고기를 추적하여 회수할 수 있다.

현재 RFID 기술 상용 제품 수준은 도서 관리 분야, 출입 통제 분야, 교통 분야, 정형화된 유통 분야, 정형화된 제조 공정 환경 분야, 병원 그리고 단일 제품에 대한 추적 관리 등에는 도입되고 있다.

사물을 식별하는 도구 : GS1 표준

네트워크의 영역이 스마트폰을 넘어 사물로 확장되면서 이를 구현하기 위한 기반 기술인 사물인터넷이 중요한 기술로 자리매김하고 있다. 이러한 사물인터넷 기술은 소형 사용자 단말 서비스뿐만 아니라 스마트시티, 공장, 농업, 의료, 물류 등 다양한 산업 생태계 조성에 핵심 인프라로 활용되고 있다. 특히 사물인터넷 생태계에서 생성되는 데이터의 분석을 통해 미래를 예측하는 서비스의 중요성이 강조되고 있다. GS1은 이러한 **데이터 중심 글로**

벌 비즈니스 생태계 실현을 위한 사물 정보의 식별, 수집, 공유, 활용을 위한 표준이다. 이 표준은 비영리 국제표준 기구에서 제정하며, 세계적인 기업들이 참여하여 사물을 인식하기 위한 노력을 하고 있다.

GS1 표준은 어떤 제품, 위치, 자산 등 사물 정보를 다른 정보와 구별되도록 식별하고, 그 데이터를 자동으로 인식하고, 데이터를 공유할 수 있는 기반 솔루션을 제공한다. 그리고 이 데이터를 활용하기 위한 국제적인 표준으로 자리잡고 있다. GS1 표준을 통해서 그동안에 어려운 작업이었던 물품의 생산 이력 추적과 같은 비즈니스 프로세스를 효율화켜서 기존의 방법보다 더 간소화된 방법으로 상품의 이력 추적을 하고 이를 쉽게 공유할 수 있을 것으로 기대된다. 이러한 사물의 정보 식별과 공유, 그 **활용을 위해서는 개별 기업과 한 국가의 노력으로만 되는 것이 아니기 때문에 국제적인 표준의 제정이 필요**하다.

다음의 그림은 GS1 표준 기반의 농식품 서비스 생태계를 나타내는 그림이다. ① 농식품은 생산 단계에서부터 생산 농가나 축산 농가의 안전 생산 정보를 담아 생산되며, ② 생산된 농식품이 집하되는 단계에서 안전 검사나 단위 박스별로 그 정보가 담기게 된다. ③ 다음 단계인 유통 단계에서 이루어지는 정보와 판매에 관한 정보도 실시간으로 수집되며, ④ 최종 소비자로 전달되기전 판매처의 보관 정보도 추적가능하게 되어 소비자는 안전하게 생산된 농식품인지를 쉽게 알 수 있게 될 것이다.

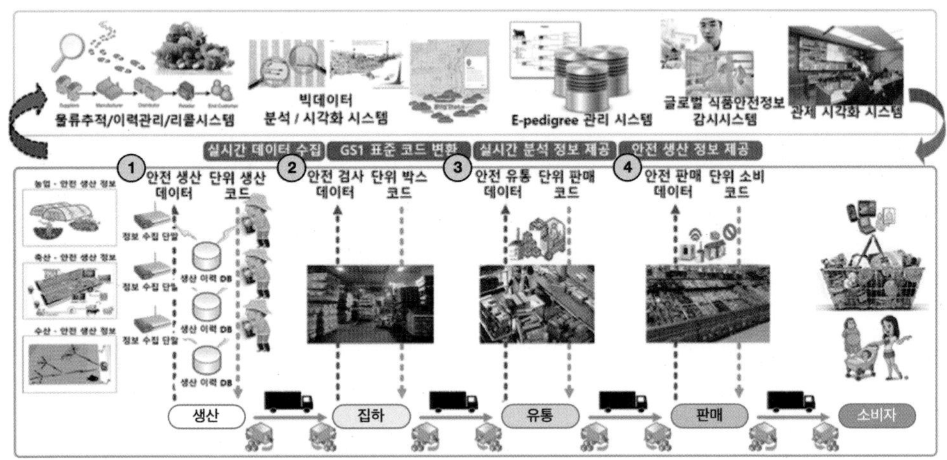

GS1 표준 기반의 농식품 서비스의 생태계

사물의 위치를 식별하는 기술 : GPS

독자 여러분이 사용하는 스마트폰의 지도 애플리케이션이나 자동차의 내비게이션을 켜게 되면 이 시스템이 사용자의 현재 위치를 비교적 정확하게 알려주는 것을 볼 수 있다. 예전에는 지도 책을 보고 주위 사물이나 지형 지물을 통해서 현재 위치를 알아내는 방식을 사용했는데 어떤 원리로 컴퓨터는 나의 위치를 정확하게 알려주는 것일까? 스마트폰이나 자동차에는 GPS라는 센서가 있는데 이 센서는 사용자의 위치를 정확하게 알려주는 기능을 한다. GPS[Global Positioning System]는 범지구 위치 결정 시스템으로 읽히기도 하는데, 미국 국방부에 의해 개발되었으며 공식 명칭은 NAVSTAR GPS이다. 이 기술은 지구의 중궤도를 도는 24개 또는 그 이상의 인공위성에서 내보내는 마이크로파를 받아서 그림과 같이 수신기

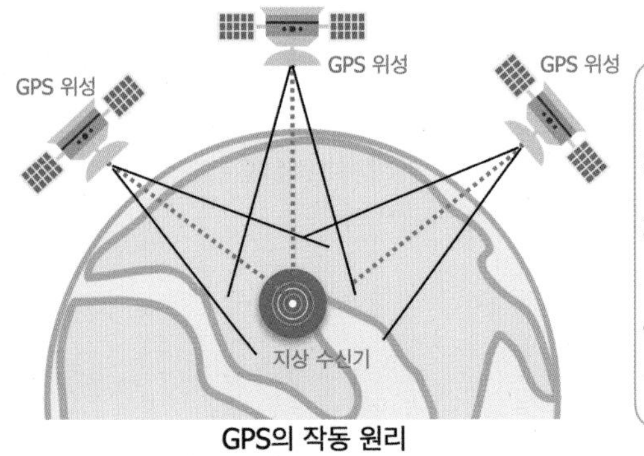

GPS의 작동 원리

1. 각 위성들은 자신의 위치, 상태, 정확한 시각을 라디오 신호로 지상에 전송한다.
2. GPS 라디오 신호는 빛의 속도로 지상에 도달한다.
3. GPS 수신기가 라디오 신호를 수신하여 정확한 도착 시간을 알아낸다. 이 신호 도착 시간을 기반으로하여 위성간의 거리를 계산한다.
4. GPS 수신기가 최소 3개의 위성으로부터 신호를 수신해야 하며 해발 고도까지 정확하게 측정하려면 4개의 위성 신호가 필요하다.

의 위치를 결정하는 알고리즘을 사용하고 있다. 현재 이 기술은 무기 유도, 항법, 측량, 지도 제작, 측지, 시각 동기 등의 군용 및 민간용 목적으로 사용되고 있다.

GPS는 전 세계 모든 지역의 모든 기후 조건에서 매일 24시간 동안 작동하며 사용을 위한 요금 지불이 필요하지 않는다. 미국 국방부는 원래 군사용으로 사용하기 위하여 위성을 궤도에 올려 놓았지만 1980년대부터 민간에 이 기술을 개방하였다.

■ GPS의 작동 방식

GPS **위성**들은 정밀한 궤도를 통해 하루에 두 번 지구 주위를 공전한다. 각각의 위성은 고유의 신호와 궤도 파라미터를 전송하며 이를 통하여 GPS 장비는 위성의 정밀한 위치를 디코딩하고 계산할 수 있다. GPS 수신기는 이러한 정보와 **삼변측량**trilateration 기법을 사용하여 사용자의 정확한 위치를 계산한다. 본질적으로 GPS 수신기는 GPS 위성으로 부터 전송된 신호를 수신하기까지 걸리는 시간을 사용하여 각 위성까지의 거리를 측정한다. 2차원 위치, 위도와 경도를 계산하고 이동을 추적하기 위하여, GPS 수신기는 최소한 3개의 위성을 포착해야 한다. 만일 4개 이상의 위성이 포착된다면 수신기는 사용자의 3차원 위치인 위도, 경도, 해발 고도까지 알아낼 수 있다. 일반적으로 GPS 수신기는 8개 이상의 위성을 추적하지만, 현재 시각과 지구 상의 위치에 따라서 이 개수는 달라질 수 있다. 과거 GPS 수신기는 매우 비싸며 크기도 상당히 큰 편이었으나 기술의 발달로 인하여 몇몇 장치들은 이 모든 것을 여러분의 손목 위에서 처리할 수도 있다.

■ GPS는 얼마나 정확한가

오늘날의 GPS 수신기는 병렬 멀티-채널 설계 덕분에 매우 정확한 편이다. 대부분의 스마트 시계나 스마트폰에 있는 GPS 수신기는 장치를 켜자마자 위성을 빠르게 찾아낸다. 이 수신기들은 위성으로부터 신호를 받기 때문에 나무가 빽빽한 숲이나 높은 건물로 둘러싸인 도시 환경에서도 신호가 끊어지지 않는다. 그러나 특정한 환경적 요소나 그 밖의 오차의 원인이 GPS 수신기의 정확성에 영향을 끼칠 수도 있다. GPS 수신기는 일반적으로 10미터 이내의 정확성을 갖고 있다. 몇몇 GPS 수신기는 주위 환경에 대한 보정을 제공함으로써 정확도를 3미터 이내로 향상시킬 수 있다. 이를 위해서는 신호 보정을 위한 별도의 수신 장치가 필요하다.

12.4 로봇 기술

로봇 기술과 그 적용 분야

로봇은 자율적으로 특정한 작업을 수행하는 기계의 한 종류로 다양한 산업 분야에서 사용되고 있다. 조금 더 엄밀한 정의의 로봇은 **어떠한 작업이나 조작을 자동적으로 수행**하는 기계적 장치를 말한다. 로봇robot은 고된 노동을 의미하는 체코어로 1920년 **카렐 차페크**의 희곡 R.U.R.에서 최초로 등장했다.

로봇은 그 적용 분야에 따라서 산업용 로봇과 지능형 로봇으로 나누어 볼 수 있는데 각각의 차이점은 다음과 같다.

- **산업용 로봇**: 생산 공장 등에서 인간의 손을 대신해 조립, 용접 등의 노동을 수행하는 (반)자동화된 로봇이다. 주로 생산성을 높이거나 위험한 일을 대신하기 위해 사용된다.
- **지능형 로봇**: 지령에 의해 수동적, 반복적 작업을 수행하던 전통적 로봇을 벗어나, 외부 환경을 인식하고 **스스로 상황을 판단하여 자율적으로 동작**하는 로봇이다. 환경을 인식하고 스스로 판단하는 로봇 중에서 사람과 닮은 모습을 한 로봇을 특별히 안드로이드android라고 부르기도 한다.

자동차 생산 라인의 산업용 로봇

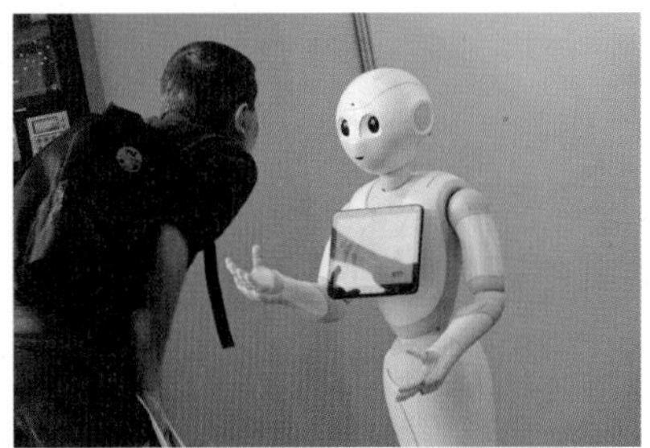
사람에게 안내하는 지능형 로봇 "페퍼"

최근 딥러닝 기반의 머신러닝 기술의 획기적인 발전으로 인해 인공지능과 로봇은 서로 뗄 수 없는 밀접한 관계를 갖게 되었다. 인공지능이 머리의 역할을 하고 로봇이 팔다리의 역할을 할 때 비로소 주어진 작업을 온전하게 수행할 수 있는 것이다. 인공지능과 로봇의 결합으로 단순히 높은 수준의 지능이 로봇에서 구현되는 것을 넘어, 로봇이 취득하여 디지털화한 데이터가 다시 초연결된 데이터 센터로 수집되고, 이를 기반으로 좀 더 고도화된 지적 능력이 다시 로봇에게 전파되는 집단 학습이 이루어질 전망이다.

보다 똑똑한 로봇 : 지능형 로봇

지능형 로봇은 인간의 골격과 손에 해당하는 기구부와 **매니퓰레이터**manipulator, 근육에 해당하는 **액추에이터**actuator, 오감에 해당하는 **센서**sensor, 인간의 두뇌와 같은 기능을 담당하는 **제어기** 등으로 구성되어 있다. 제어기는 인간의 두뇌와 마찬가지로 로봇에 있어 가장 중요한 요소이다. 그러므로 로봇이 다양한 사용 목적에 맞도록 작동되기 위해서는 그에 상응하는 제어 이론이 탑재된 제어기가 필수적이다. 즉 조작 제어 기술은 물건을 잡고 자유롭게 조작하는 기술로써, 로봇이 컴퓨터와 차별화되는 가장 강력한 기능이라고 볼 수 있다.

지능형 로봇intelligent robots은 기계, 전기·전자, 소프트웨어, 제어, 통신, 재료 등 다양한 첨단 기술의 융합 분야로서 자동차, 가전, 스마트홈, 조선, 항공·우주 등 연관 산업 전반에 걸쳐 기술 파급 효과가 매우 크다. 지능형 로봇과 단순 작업 로봇과의 차이점을 살펴보자. 최근 주목 받고 있는 지능형 로봇은 외부 환경을 인식하고, 스스로 상황을 판단하여, 자율적으로 동작한다는 점에서 단순 작업 로봇과 차이가 난다. 즉 기존의 로봇과 달리 상황 판단 기능과 자율 동작 기능이 추가된 것이다. 상황 판단 기능은 다시 환경 인식 기능과 위치 인식 기능으로 나뉘며, 자율 동작 기능은 조작 제어 기능과 자율 이동 기능으로 나눌 수 있다. 이러한 지능형 로봇 기술은 지난 30여 년 이상의 오랜 시간을 통해 발전해 온 메카트로닉스, 기계, 전기, 전자 등의 전통 기술과 신소재, 반도체, 인공지능, 정보통신, 바이오기술, 나노기술 등 첨단 기술의 적용과 융합이 가능하므로, 신기술과의 융합에 따라 새로운 상품과 산업의 등장이 예상된다.

NOTE : 체코인의 사랑을 받는 작가 카렐 차페크와 로봇

체코의 작가 **카렐 차페크**Karel Capek는 1920년 **R.U.R.**(Rossum's Universal Robots)이라는 희곡을 발표하였다. 이 희곡은 **로봇**robot이라는 인조인간이 등장하는 작품인데, 이로 인해 로봇이라는 용어가 탄생하게 되었다. 이 희곡은 1921년에 체코 프라하에서 초연되었으며 관객들의 호평 속에서 큰 성공을 거두게 된다. 이 드라마는 곧 독일, 프랑스, 영국 등 유럽 전역으로 빠르게 퍼졌으며, 1922년에는 미국 뉴욕에서도 상연되었다. 이 공연은 뉴욕에서 184회나 연속으로 공연될 정도로 큰 성공을 거두었으며, 세계적인 인기를 통해 우리나라에서도 1925년에 **인조 노동자**라는 제목으로 번역되어 발표되었다. 이 희곡 속에 등장하는 로봇은 처음에는 인간을 위해 일하는 것을 목적으로 과학자들에 의해 개발되었으며 **로숨 유니버셜 로봇**이라는 회사에 의해 대량 생산되어 산업현장과 사무실, 가정용, 군사용으로 보급된다. 그러나 이 로봇들은 곧 인류에 대해 적대적으로 변하며 반란을 일으키고 이는 인류의 멸종으로 이어진다. 이러한 내용은 로봇의 반란을 다룬 최초의 이야기이며, 이는 영화 "터미네이터" 시리즈, "2001 스페이스 오디세이" 등에 영향을 미치게 된다.

인공지능 기술을 통해 보다 더 똑똑해지는 로봇

2021년도 현대자동차 그룹이 약 1조 원으로 인수한 보스턴 다이나믹스사는 로봇 기술에서 세계에서 가장 앞선 회사로 평가받고 있다. 이 회사에서는 2021년 2족 보행 로봇 **캐시**Cassie가 걷는 영상을 공개하였는데, 이 로봇은 **강화 학습이라는 인공지능 기술을 통해서 시행착오를 해가며 걷는 방법을 터득**하였다. 다리가 두 개인 이 로봇은 마치 아기가 걸음마를 배우듯이 야외에서 빠르게 걷기, 옆으로 걷기, 방향 틀기, 웅크리고 걷기, 예상치 못한 하중 견디기 등의 **여러 가지 새로운 과제를 스스로 학습**하며 수행하였다.

야외에서 빠르게 걷기

옆으로 걷기

방향 틀기

미끄러졌다가 복구하기

예상치 못한 하중 견디기

미끄럼 예방

미끄러운 곳 걷기

하나의 에이전트가 주어진 환경에서 자신의 보상을 최대화하는 행동 또는 행동 순서를 학습하는 것이 강화 학습이라면 다수의 에이전트가 협업 또는 경쟁하는 환경에서의 문제를 강화 학습을 통해 해결하려는 방법이 바로 **다중 에이전트 강화 학습**multi-agent reinforcement learning이다. 이 로봇 캐시는 2족 보행을 하는데 인간과 함께 물건을 들고 옮기는 일을 수행하는 어려운 작업도 해내고 있다.

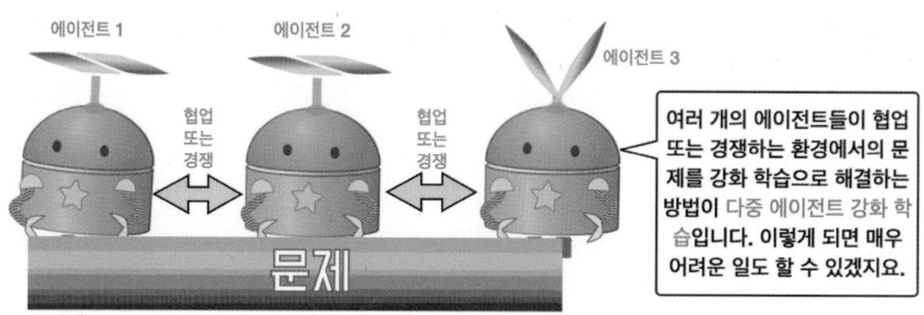

강화 학습은 사람이 미리 정답을 알려주고 이를 맞추는 방식이 아니라 **에이전트가 알려지지 않은 환경과 상호 작용하며 시행 착오를 통해서 학습을 하는 방식**이므로 인간의 학습 방법과 매우 유사하다고 할 수 있다. 이러한 학습 알고리즘을 장착한 로봇의 등장으로 인하여 미래의 로봇은 보다 더 똑똑한 일을 수행할 수 있을 것으로 기대된다.

한걸음 더 : 인공지능에서 주목받는 기술인 강화학습

강화 학습은 행동 심리학에서 영감을 받은 인공지능 기술 분야의 하나이다. 이 기술은 어떤 환경 안에서 정의된 에이전트가 현재의 상태를 인식하여, 선택 가능한 행동들 중 **보상**reward을 최대화하는 행동 혹은 행동 순서를 선택하는 방법이다. 즉, 환경과의 상호 작용을 통해 학습해 나가는 것이다. 에이전트는 상태라고 부르는 다양한 상황 안에서 정책에 따른 행동을 취하며 점차 학습해 나간다. 에이전트가 취한 행동은 그에 대한 응답으로 양(+)이나 음(-) 또는 0의 보상을 돌려받는다.
다음 그림은 **팩맨**Pac-Man이라는 게임에 등장하는 주인공 캐릭터 팩맨과 게임 환경을 보여주고 있다. 이 게임 속의 환경은 에이전트가 행동을 하는 공간으로 상태에 따른 보상을 하고, 에이전트는 행동을 취할 수 있으며 여러 가지 정책을 선택할 수도 있다.

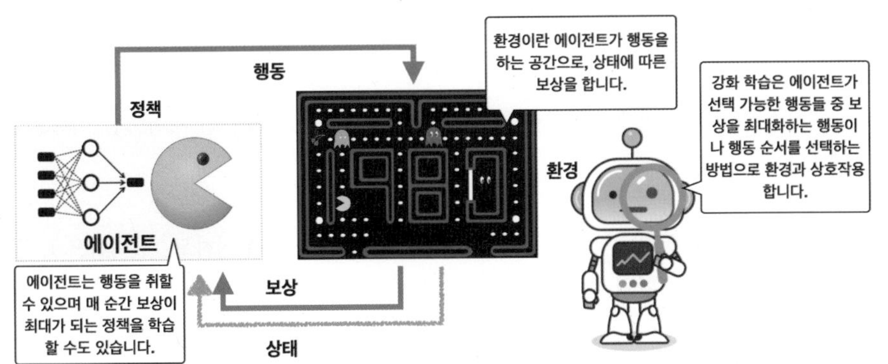

2016년 **구글 딥마인드 챌린지 매치** 경기에서 이세돌 기사를 이긴 구글의 **알파고**AlphaGo는 강화학습이라는 학습 알고리즘을 사용하였다. 바둑 경기는 그동안 인간 고유의 직관, 추론, 추상화가 필요한 게임이라고 여겨졌으나 이러한 분야에서도 인공지능이 인간을 능가할 수 있다는 것이 증명되면서 전 세계에 큰 충격을 주었다.

요약

01 유비쿼터스 컴퓨팅은 **언제, 어디서나 네트워크에 접속하여 정보통신 서비스를 이용할 수 있는 환경**을 의미한다.

02 유비쿼터스 센서 네트워크는 **모든 사물에 네트워크 기능을 부여하고, 실시간으로 정보를 획득하고 처리하여 생활의 편리성을 제공하기 위한 네트워크 시스템**으로 단방향 성격을 가진 시스템이다.

03 사물인터넷은 IoT로도 표기하며 **사물에 센서와 프로세서, 통신 기능, 소프트웨어를 내장하여 네트워크에 연결된 다른 장치나 시스템끼리 데이터를 교환하며 주어진 작업을 처리**하는 기술이다.

04 똑똑한 일을 할 수 있는 자동차를 스마트 카 또는 커넥티드 카라고 한다.

05 스마트 홈 또는 커넥티드 홈이란 **가정 내의 여러 가지 장치나 센서들이 네트워크에 연결되어 서로 지능적인 통신**을 하여 보다 높은 수준의 거주자 서비스를 제공하여 거주자 삶의 가치를 더 높게 만들어 주는데 목적이 있다.

06 스마트 시티란 **다양한 기술과 센서를 통해 도시의 데이터를 수집하며, 이 데이터를 이용하여 도시 운영과 시민 삶의 질을 개선하는 의사 결정을 하는 기술**을 말한다.

07 스마트 교통 시스템은 더 많은 사람들이 보다 더 빠르게 이동할 수 있도록 기술을 제공한다.

08 RFID 기술은 **주파수를 이용해 사물의 고유한 번호를 식별하는 방식**으로 일명 **전자 태그**로 불리고 전자기 유도 방식으로 통신한다.

09 GS1은 **데이터 중심 글로벌 비즈니스 생태계 실현을 위한 사물 정보의 식별, 수집, 공유, 활용을 위한 표준이다.**

10 GPS는 범지구 위치 결정 시스템으로 미국 국방부에 의해 개발되었으며 **삼변측량** 기법을 사용하여 사용자의 정확한 위치를 계산한다.

11 로봇은 **어떠한 작업이나 조작을 자동적으로 수행**하는 기계적 장치를 말한다. 적용 분야에 따라서 산업용 로봇과 지능형 로봇으로 나누어 볼 수 있다.

12 지능형 로봇은 인간의 골격과 손에 해당하는 기구부와 **매니퓰레이터**, 근육에 해당하는 **액추에이터**, 오감에 해당하는 센서, 두뇌에 해당하는 **제어기** 등으로 구성되어 있다.

13 강화 학습은 **환경과 상호 작용하며 시행 착오를 통해서 학습을 하는 방식**이다.

14 다중 에이전트 강화 학습은 다수의 에이전트가 협업 또는 경쟁하는 환경에서의 문제를 강화 학습을 통해 해결하려는 방법이다.

연습문제

[단답형 문제]

괄호 안에 들어갈 적절한 단어를 적으시오.

01 사물인터넷의 발전 이전에 사용되던 유사한 개념의 단어로 (　　　　)이 있고 이에 이어 2000년대 초반 등장한 (　　　　)는 사물들을 네트워크로 연결하여 데이터 수집과 전달 등 특정 상황을 원격으로 감시하거나 제어하기 위한 단방향 성격을 가진 시스템으로 등장했다.

02 (　　　　)은 (　　　　)로도 표기하며 사물에 센서와 프로세서, 통신 기능, 소프트웨어를 내장하여 네트워크에 연결된 다른 장치나 시스템끼리 데이터를 교환하며 주어진 작업을 처리하는 기술이다.

03 스마트 카의 핵심 서비스 중 (　　　　)는 (　　　　)이라고도 불리며 차 안에서 집 안의 가전을 제어하거나 집에서 차량의 기능을 제어하는 편리한 기술이다.

04 5단계의 완전 자율주행 자동차는 단순한 사물로만 볼 수 없으며 (　　　　)로 간주되어야 하므로 윤리적 판단이 필요할 수 있다.

05 (　　　　) 또는 (　　　　)이란 가정 내의 여러 가지 장치나 센서들이 네트워크에 연결되어 서로 지능적인 통신을 하는 것을 말한다.

06 (　　　　)은 전파를 이용해 서로 떨어져있더라도 가까운 거리에서 정보를 인식하는 기술을 말하며, 전자기 유도 방식으로 통신한다.

07 (　　　　)을 통해 물품의 생산 이력 추적과 같은 비즈니스 프로세스를 효율화시켜 간소화된 방법으로 상품의 이력을 추적, 공유할 수 있을 것으로 기대된다.

08 GPS 수신기는 (　　　　)기법을 사용하여 사용자의 위치를 계산하고 더 나아가 오늘날의 GPS 수신기는 (　　　　) 덕분에 매우 정확한 편이다.

09 (　　　　)은 어떠한 작업이나 조작을 자동적으로 수행하는 기계적 장치를 말한다.

10 (   )은 인간의 손을 대신해 노동을 수행하는 (반)자동화된 로봇으로 생산성을 높이거나 위험한 일을 대신하기 위해 사용된다.

11 (   )은 외부 환경을 인식하고 스스로 상황을 판단하여 자율적으로 동작하는 로봇으로 사람과 닮은 모습을 한 로봇은 (   )라고 부른다.

12 (   )은 행동 심리학에서 영감을 받은 인공지능 기술 분야의 하나로 어떤 환경 안에서 정의된 에이전트가 현재의 상태를 인식하여, 선택 가능한 행동들 중 보상을 최대화하는 행동 혹은 행동 순서를 선택하는 방법이다.

[짝짓기 문제]

1. 다음은 미국의 도로교통안전국에서 정의한 5단계로 차량 자동화에 대한 설명이다. 좌, 우로 알맞은 것을 연결하라.

완전 자율주행 •	• 0단계
복합 기능 자동화 •	• 1단계
고도 자율주행 •	• 2단계
기능별 자동화 •	• 3단계
자동화 없음 •	• 4단계
제한된 자율주행 •	• 5단계

2. 다음은 지능형 로봇의 요소와 사람의 신체 부위를 나타낸 것이다. 관련 있는 것을 올바르게 연결하라.

매니퓰레이터 •	• 오감
액추에이터 •	• 근육
센서 •	• 골격과 손
제어기 •	• 두뇌

3. 다음은 미국의 도로교통안전국에서 정의한 5단계로 차량 자동화에 대한 설명이다. 자동화 단계와 이에 대한 설명으로 알맞은 것을 연결하라.

완전 자율주행 •	• 하나 이상의 특정한 기능에 대한 자동 제어 기능이 포함된다.
복합 기능 자동화 •	• 컴퓨터가 전체 주행을 수행하지만 위험 상황 발생 시에 인간 운전자가 개입해야 한다.
고도 자율주행 •	• 모든 상황에서 자율주행 시스템이 차량 이동을 스스로 통제한다.
기능별 자동화 •	• 특정 주행 모드에서 자동으로 방향을 조절하면서 감속, 가속을 동시에 수행하는 기능이 제공된다.
자동화 없음 •	• 운전자는 항상 차량의 동력을 스스로 제어해야 한다.
제한된 자율주행 •	• 자동차 스스로 차선을 변경하고 앞차를 추월하거나 장애물을 피할 수 있게 된다

[객관식 문제]

다음 질문에 대하여 가장 알맞은 답을 구하여라.

01 다음 중 객체가 사물인터넷 객체가 되기 위한 조건이 아닌 것은 무엇인가?

1) 사물이 네트워크를 통해 사람이나 다른 사물과 소통해야 한다
2) 새로운 정보와 서비스를 제공할 수 있을 만큼 지능적 이어야 한다
3) 새로운 서비스를 제공하는 빅 데이터 분석 능력이 필요하다.
4) 로봇 기술을 통해 생활의 편리성을 제공해야 한다.

02 사물인터넷의 핵심 기술 중 수집된 정보를 이용하여 마이크로 컨트롤러를 통해 기계를 동작시키거나, 빛, 열 등의 물리적 움직임으로 변환시키는 것은 무엇인가?

1) 센싱 기술
2) 액추에이터
3) 네트워킹 기술
4) 인터페이스 기술

03 스마트카의 핵심 서비스 중 자연스러운 말로 정보를 검색할 수 있으며, 공조 제어 기능 등을 수행해 더욱 편안하고 안전한 주행 환경을 제공하는 기능은 무엇인가?

1) 차량 원격 제어
2) 카투홈
3) 대화형 음성인식 서비스
4) 실시간 경로 탐색

04 한국스마트홈산업협회의 보고서에 언급된 스마트홈의 기술 분야 중 가정 생활에서 ICT 기술들을 활용하여 편리함을 추구하기 위해 필요한 기술은 무엇인가?

1) 건강관리
2) 보안 서비스
3) 스마트홈 가전
4) 스마트 전력 제어

05 다음 중 스마트 홈에 대한 설명으로 옳지 않은것은 무엇인가?

1) 가정 내의 여러 가지 장치를 로봇을 통해 간편하게 제어하는 것이다.
2) 거주자 삶의 가치를 더 높게 만들어 주는데 목적이 있다.
3) 사용자의 음성과 동작을 인식해 다양한 서비스를 제공할 수 있다.
4) 스마트 홈이 구축되려면 여러 가지 기술의 융합이 필요하다.

06 다음 중 스마트 시티를 이루는 기술과 설명이 옳지 않은 것은 무엇인가?

1) 스마트 교통 시스템 - 많은 사람들이 빠르게 이동할 수 있는 기술이다.
2) 스마트 의료 서비스 - 환자를 위한 최적화 서비스를 제공한다.
3) 스마트 빌딩 - 빌딩의 보안을 증진시켜 안전한 환경을 만든다.
4) 스마트 정부 - 도시의 의사 결정 과정에 영향을 미치도록 한다.

07 다음 중 RFID에 대한 설명으로 옳지 않은 것은 무엇인가?

1) 주파수를 이용해 사물의 고유한 번호를 식별하는 방식으로 작동한다.
2) 전자기 유도 방식으로 통신한다.
3) 태그내 배터리 유무에 따라 액티브 태그와 패시브 태그로 나뉜다.
4) 저주파일수록 태그 인식 속도가 늦지만 태그 크기가 작아도 된다.

08 다음은 RFID의 동작 과정에 대한 설명이다. 순서가 옳은 것은 무엇인가?

> A. 패시브 RFID 태그의 경우 태그의 칩에 전원을 공급한다.
> B. 안테나 전파 영역 내에 태그를 가까이 가져간다.
> C. 태그의 메모리에 저장된 정보를 리더기에 전송한다.
> D. 호스트 컴퓨터에 리더기로부터 받은 정보를 전달한다.
> E. 리더/라이터 기기를 통해 태그 메모리에 정보를 암호화시켜 저장한다.

1) E–D–C–B–A
2) E–B–C–D–A
3) E–A–B–C–D
4) E–B–A–C–D

09 다음 중 데이터 중심 글로벌 비즈니스 생태계 실현을 위한 사물 정보의 식별, 수집, 공유, 활용을 위한 국제 표준을 지칭하는 올바른 용어는 무엇인가?

1) GS1
2) EPC
3) RFID
4) EPCIS

10 다음 중 GPS의 설명에 대해 옳지 않은 것은 무엇인가?

1) 미국 국방부에 의해 개발되었으며 공식 명칭은 NAVSTAR GPS이다.
2) 매일 24시간 작동하며 사용을 위한 요금 지불이 필요하다.
3) 오늘날의 병렬 멀티–채널 설계 덕분에 매우 정확한 위치를 구할수 있다.
4) 인공위성의 마이크로파를 받아 위치를 결정하는 알고리즘을 사용한다.

11 다음 중 외부 환경을 인식하고 스스로 상황을 판단하여 자율적으로 동작하는 로봇을 일컫는 말은 무엇인가?

1) 산업용 로봇
2) 지능형 로봇
3) 안드로이드
4) 에이전트

12 다음 중 다수의 에이전트가 협업 또는 경쟁하는 환경에서의 문제를 강화 학습을 통해 해결하려는 방법은 무엇인가?

1) 강화 학습
2) 다중 에이전트 강화 학습
3) 딥마인드
4) 인공지능

[서술식 문제]

01 현재 국내에서 판매중인 자동차 중에서 자율 주행 레벨이 가장 높은 자동차는 무엇인가? 이 자동차의 판매 회사와 차량의 종류를 조사하고 자율 주행 기능의 제품명에 대하여 상세하게 조사하여라. 또한 그 구체적인 내용에 대해서도 조사하여라.

02 유튜브에서 "Atlas | Partners in Parkour"라는 제목의 보스턴 다이나믹스 로봇 동영상을 검색해보자. 이러한 종류의 로봇 기술은 우리에게 어떤 도움을 줄 수 있을 지 생각해보고 정리해 보자.

03 GPS의 원리를 상세히 조사하고 그 응용 사례를 최대한 많이 나열해 보자.

CHAPTER

13

다시 떠오르는 인공지능

CONTENTS

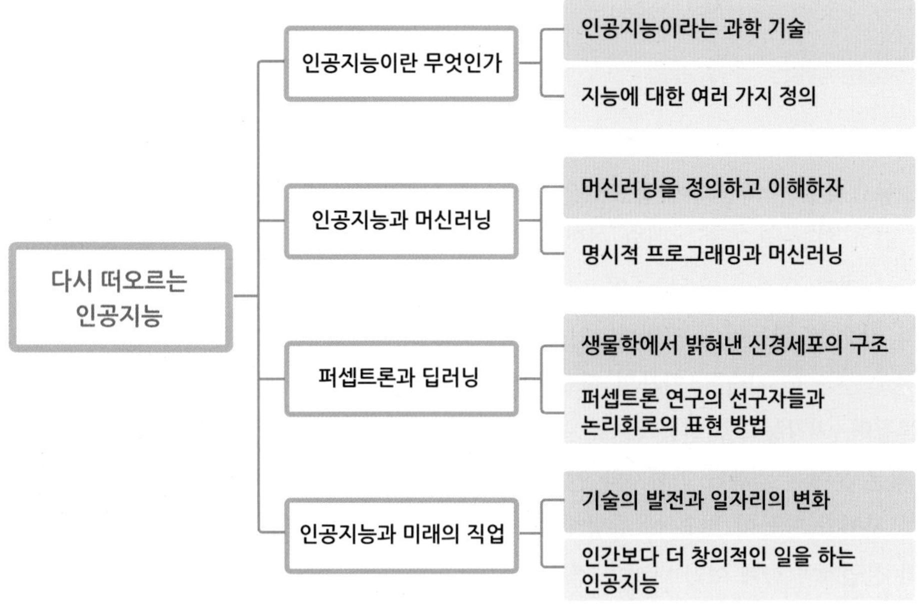

학습목표

- 인공지능이라는 과학 기술 분야에 대하여 알아본다.
- 머신러닝에 대하여 알아본다.
- 신경세포와 퍼셉트론에 대해 이해한다.
- 딥러닝에 대하여 알아본다.
- 인공지능의 발전과 미래의 직업 대하여 살펴본다.

13.1 인공지능이란 무엇인가

인공지능이라는 과학 기술

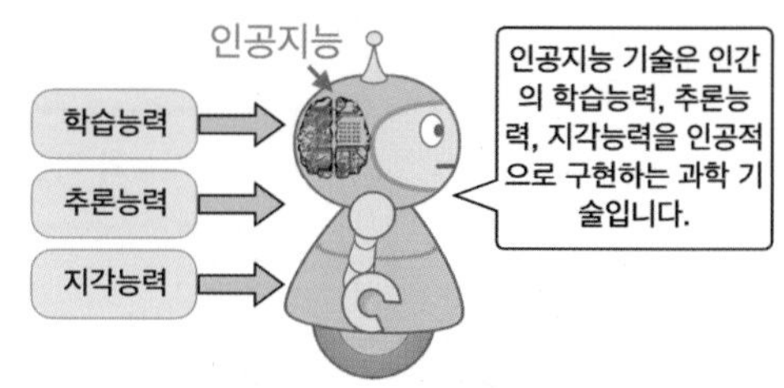

인간은 오래 전부터 고된 육체노동이나 정신노동으로부터 해방되어 풍요로운 삶을 누리고자 하는 욕구를 가지고 있었다. 그리고 이러한 인간의 욕구는 인공지능 기술의 강력한 원동력이 되었다. 인공지능 artificial intelligence 기술은 **인간의 학습능력, 추론능력, 지각능력을 인공적으로 구현하려는 과학 기술**을 말한다. 인공지능이라는 용어와 학문 분야는 컴퓨터 과학자와 인지 과학자들에 의해서 1950년대에 만들어졌다. 새로운 학문 분야가 만들어 지고 이 유망한 학문의 갈 길이 확정되면서 인공지능은 한동안 학술계와 산업계와 함께 여러 나라의 정부기관으로부터 많은 주목을 받았다. 그러나 과학자들의 높은 기대와는 달리 인간의 지능과 유사한 지적 능력을 인공적으로 구현하는 것은 매우 어려운 기술로 밝혀졌다. 이렇게 되자 인공지능 분야는 한동안 산업계와 학계의 연구자들로 부터 외면하던 학문이다. 그러나 최근 인공지능은 엄청난 관심과 학계·산업계의 지원을 받고 있는 중요한 학문 분야가 되었다.

우리의 삶 여러 곳에 스며든 인공지능 기술

■ 유튜브의 인공지능 기반 영상 추천 시스템

독자 여러분이 스마트폰을 열고 재미있는 영상을 보기 위해 유튜브나 넷플릭스에 접속하면 보통 어떤 영상을 보게 되는가? 아마도 이미 구독한 채널의 영상이나 최근에 살펴본 영상과 유사한 영상이 추천 영상으로 나타나게 될 것이다. 혹은 알 수 없는 알고리즘이 제시하는 재미있는 영상에 흥미를 느껴서 시간 가는 줄 모르고 그 영상에 빠져든 경험이 있을 것이다.

NETFLIX

YouTube

유튜브는 인터넷 상의 결제를 쉽게 도와주는 **페이팔**PayPal이라는 회사의 직원이었던 **채드 헐리, 스티브 천, 자베드 카림**이 2005년도에 창립한 영상 스트리밍 서비스를 제공하는 회사이다. 이 회사는 2006년도에 구글이 인수하였는데 뛰어난 영상 재생 기술과 영상의 공유를 쉽게하는 기능을 제공하여 이후에도 꾸준히 인기를 얻었다. 유튜브가 오늘날과 같이 폭넓은 사용자를 확보하고 온라인 스트리밍 서비스로 각광을 받게된 배경에는 **인공지능 기술에 기반한 우수한 영상 추천 시스템의 역할이 크다.** 여러분은 유튜브에 접속을 했을때 마침 내가 보고 싶었던 영상이나 노래가 유튜브 화면에 가장 먼저 나타나는 것을 보는 놀라운 경험을 해 보았을 것이다. 초창기 유튜브에서는 유튜브에 접속할 경우 최근 영상이나 인기 영상이 유튜브 화면에 가장 먼저 나타나도록 하는 알고리즘을 사용하였다. 그러나 유튜브는 2016년 이후 인공지능 시스템이 추천하는 사용자의 동영상 시청 이력, 시청 시간, 구독 여부, 상호작용 등의 컨텍스트를 기반으로 우선순위를 부여하여 **개인화된 동영상 추천 서비스를 제공**하도록 알고리즘을 수정하였다. 이 알고리즘의 도입 이후 비디오 시청 시간은 20배 이상 증가하였다.

■ 넷플릭스의 인공지능 기반 콘텐츠 추천 시스템

OTT의 대표주자인 넷플릭스Netflix는 2020년말 기준 전 세계 약 2억 명이 넘는 구독자를 확보하고 있으며, 많은 구독자의 시청 형태를 분석해 최적의 콘텐츠를 추천해주는 추천 시스템 기반의 서비스를 제공한다. 넷플릭스 영화 시청의 약 70~80%가 추천을 통해 이루어지고 있으며, **넷플릭스에서의 인공지능 기술에 기반 추천 시스템은 회사의 핵심 경쟁력**이라고 한다. 넷플릭스는 2006년도부터 2009년까지 개발자를 대상으로하는 추천 시스템 알고리즘 대회를 주최하고 있다. 이를 기반으로 현재 100여개가 넘는 다양한 추천 시스템 알고리즘을 기반으로하여 2,000개가 넘는 취향 그룹을 생성하여 개인화 추천 시스템을 구축하였으며, 개인마다 다른 취향을 반영하여 다양한 콘텐츠를 제시하고 있다.

▪ 독거 노인을 돕는 인공지능 스피커

지난 2021년 2월 1일 강원 춘천시 퇴계동에서 홀로 사는 77세의 김모씨는 어지럼증으로 집 안에서 넘어지면서 팔목이 부러졌다. 김씨는 인공지능 스피커에게 '아리아 살려줘!'를 외쳤고, 이를 인식한 인공지능 스피커는 즉시 보안 업체와 통신사로 긴급 문자를 발송했다. 그리고 이 내용을 확인한 보안 업체는 김씨에게 전화를 걸어 상태를 확인한 뒤 곧바로 119 구급대원을 출동시켰다. 아리아는 SK텔레콤에서 만든 인공지능 스피커인 **누구**NUGU를 호출하기 위해 사용하는 음성 명령어이다. 이 인공지능 스피커는 그림과 같이 긴급 요청이 접수되면 관제 센터에 신고를 접수시키며 이를 접수받은 관제 센터는 확인을 통해 119 또는 112에 연락을 취한다. 상황이 종료되면 출동 결과를 보호자 또는 보호 대상자에서 문자로 그 결과를 통보하는 절차를 가지고 있다.

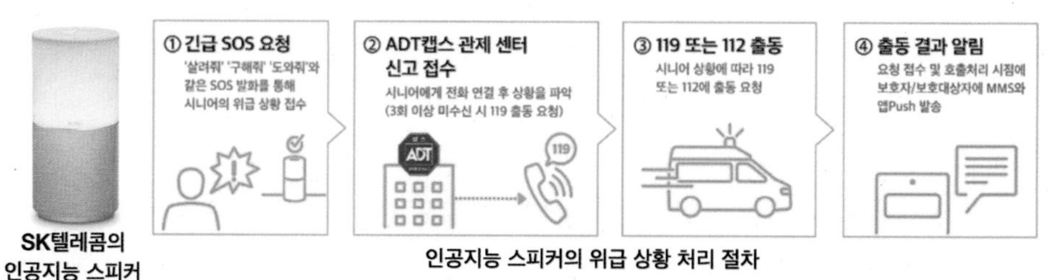

SK텔레콤의 인공지능 스피커

인공지능 스피커의 위급 상황 처리 절차

2020년 4월부터 인공지능 스피커 돌봄 서비스를 시작한 SK텔레콤에 의하면 돌봄 서비스를 진행한 결과 이를 사용한 돌봄 대상자의 통화량이 늘었고 활동 범위도 2배 가량 늘어난 것으로 나타났다. AI 스피커를 활용하는 노령 사용자들은 가족들과 월 4회 이상 연락하고 우울감과 고독감이 감소하는 등 삶의 만족도와 행복지수가 증가하는 것으로 나타났다.

▪ 인공지능 번역기 파파고

구글이나 네이버 등에서 제공하는 번역 시스템을 사용하면 웹 페이지에서 외국어로 표기된 자료들을 손쉽게 한국어로 변환하여 읽을 수 있다. 다음 그림은 네이버에서 제공하는 **파파고**의 인공지능 기반 번역기이다. 이 시스템은 왼쪽에 "인공지능은 컴퓨터 공학의 인기 있는 연구 분야입니다."와 같은 한글 문장을 입력한 후 오른쪽에 적절한 대상 언어를 선택할 수 있다. 이 시스템은 결과적으로 다음과 같이 여러분이 표현하고자 하는 문장을 원하는 언어로 빠르게 번역할 수 있다.

한국어 감지
인공지능은 컴퓨터 공학의 인기있는 연구 분야입니다.
28 / 5000
번역하기

일본어
人工知能はコンピューター工学の人気のある研究分野です。
진코오치노오와 콘퓨우타아코오가쿠노 닌키노 아루 켄큐우분야데스
번역 수정 | 번역 평가

이처럼 일상생활 속 여러 곳에 스며들어 있는 인공지능 기술은 우리의 삶을 변화시키고 있으며, 독자 여러분은 이 새로운 시대의 큰 파도가 밀려오는 순간에 서 있는 것이다.

인공지능을 판별하는 방법 - 튜링 테스트

앨런 튜링은 암호학자이자 논리학자 그리고 수학자로 유명하지만 그의 가장 큰 기여는 1940년대와 1950년대에 시작된 **컴퓨터 과학의 선구적 연구**일 것이다. 그는 계산 개념을 튜링 기기라는 추상 모델로 형식화함으로써 컴퓨터 과학에 지대한 공헌을 하였다.

앨런 튜링은 **이미테이션 게임**The Imitation Game으로도 불리는 **튜링 테스트**Turing test의 고안자로도 유명한데, 이 테스트는 "인간과 같은 지능을 가지는 기계"를 판별하기 위한 목적으로 제시되었다. 만일 인간이 만든 **기계 A가 사고를 한다**는 것을 주장하는 과학자가 있을 경우, 우리는 어떤 방법으로 기계 A가 사고를 한다(혹은 지능을 가진다)는 것을 밝혀낼 수 있을까?

튜링이 생각한 테스트는 인간 평가자 C가 볼 수 없도록 벽으로 가려진 건너편에 기계 A와 인간 B가 있고 C는 누가 인간인지를 모르는 상태에서 진행된다. 벽 건너편의 A와 B가

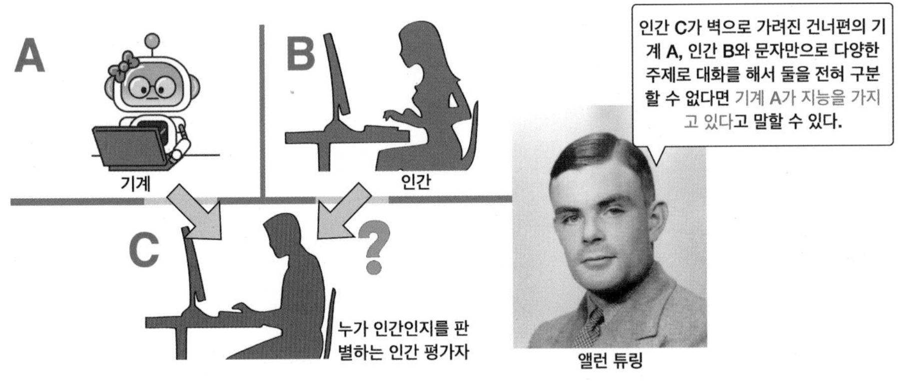

키보드를 통해서 문자만으로 인간 평가자와 대화를 하였을 때 **인간 평가자가 기계와 인간을 확실하게 구분할 수 없을 경우 이 기계 A는 튜링 테스트를 통과했다**고 볼 수 있다. 즉 기계 A가 지능을 가지고 있다고 말할 수 있다는 것이다.

지능에 대한 여러 가지 정의

앨런 튜링는 **"인간과 같은 지능을 가지는 기계"를 정의하기 위해서 튜링 테스트를 고안**하기는 했지만 오늘날의 많은 과학자들은 단순히 튜링 테스트를 통과했다고 해서 기계가 지능을 가지고 있다고 이야기하지는 않는다. 그 이유는 **지능**intelligence이라는 용어 자체가 많은 의미를 가지고 사용되고 있으며 학자들 간의 일치된 정의가 없기 때문이다. 다음 표는 지능에 대한 여러 학자들과 사전에 나타나있는 정의를 담고 있다.

	지능의 정의
옥스포드 영어사전	특정 지식이나 기술을 획득하고 적용할 수 있는 능력
하워드 가드너	문제를 찾아서 해결하는 기술 또는 무언가를 창조하는 능력
뢰벤 포이어스타인	생존 환경의 변화에 적응하기 위해 인지적 기능을 변화시키는 인간 고유의 능력
데이비드 웩슬러	목적을 가지고 행동하고, 합리적으로 사고하며 환경을 효과적으로 다루는 개인의 종합적 능력
위키 백과사전	심리학적으로 새로운 대상이나 상황에 부딪혀 그 의미를 이해하고 합리적인 적응 방법을 알아내는 지적 활동의 능력

우리말 지능(智能)의 한자 의미를 살펴보면 '알다, 이해하다'를 의미하는 智(지)와 '할 수 있다'를 의미하는 能(능)을 조합한 단어라는 것을 알 수 있는데, 이는 영어 intelligence를 번역하는 과정에서 탄생한 단어이다. 그리고 intelligence의 어원을 따라가다보면 라틴어 intelligentia에서 유래한 것을 볼 수 있는데 이는 **이해하다**라는 의미를 가지고 있다.

지능에 대한 명확한 정의가 없는 상태에서 인간의 지능을 컴퓨터가 흉내내도록 하는 연구분야인 인공지능 연구에 대한 어려움을 독자들은 충분히 이해할 수 있을 것이다. 이 때문에 앨런 튜링이 고안한 튜링 테스트가 아직도 인공지능에 대한 **실천적 행동을 통한 정의**로 의미를 가진다고 볼 수 있다.

13.2 인공지능과 머신러닝

머신러닝을 정의하고 이해하자

우리가 다루는 **인공지능** 기술은 인간의 학습능력, 추론능력, 지각능력을 인공적으로 구현하려는 컴퓨터 과학의 세부적인 분야로 정의할 수 있는데, 좀 더 단순하게 말하면 **컴퓨터를 사용하여 인간의 지능을 구현하려는 기술**이라고 할 수 있다.

인공지능
인간이 가진 학습능력, 추론능력, 지각능력을 인공적으로 구현하려는 컴퓨터 과학의 세부 분야
머신러닝
인공지능 기술의 한 갈래로 명시적 프로그래밍 없이 학습을 통해 기계의 작업 성능을 높여나가는 기술

머신러닝은 인공지능 기술의 한 갈래로 명시적 프로그래밍 없이 컴퓨터가 **학습을 통해 작업 성능을 높여나가는 기술**을 말한다. 따라서 두 분야를 다이어그램으로 표기하면 그림과 같이 **인공지능이 머신러닝을 포함하는 관계**로 나타낼 수 있을 것이다.

우리는 이 절에서 머신러닝에 대한 **매우 상세하고 엄밀한 정의**를 살펴볼 것이며 이 정의를 통해서 인공지능의 특징에 대해서도 알아볼 것이다. **머신러닝**machine learning이라는 용어에 대한 공학적인 정의로는 카네기 멜런 대학교 교수인 **톰 미첼**Tom Mitchell이 그의 저서 "머신러닝"에서 제시한 것이 흔히 사용된다. 그는 머신러닝을 다음과 같이 정의했다.

> "컴퓨터 프로그램이 어떤 작업 T에 속한 작업을 수행하면서 경험 E에 따라서 P로 측정하는 성능이 개선된다면, 이 프로그램은 작업 T와 성능 척도 P에 대해 경험 E로부터 학습을 한다고 말할 수 있다."

다소 어렵게 느껴지는 이 정의를 하나하나 따라가며 머신러닝의 원리에 접근해 보도록 하자.

우선 이 정의에 따라 머신러닝을 공학적으로 다루기 위해서는 다음 그림과 같은 세 가지 중요한 요소가 필요한 것을 확인할 수 있다. 우선 **해결해야 할 문제(작업)**가 T이다. 그리고 이 일을 수행하는 동작을 P라는 **성능 척도**를 통해 평가할 수 있어야 한다. 그

톰 미첼

리고 지속적인 훈련 **경험** E를 통해 이러한 평가의 점수를 더 나은 상태로 바꿀 수 있어야 하는 것이다.

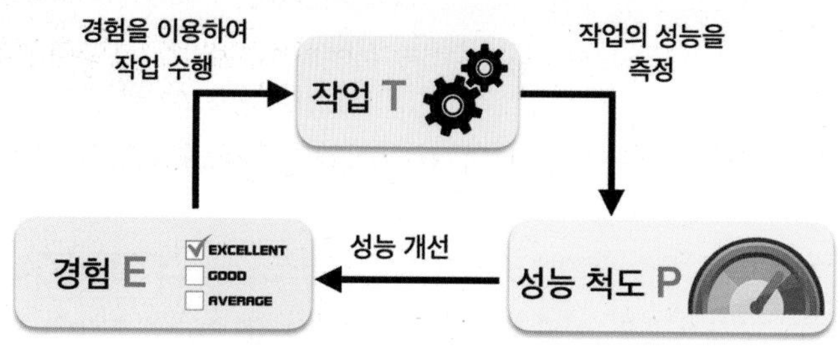

톰 미첼의 정의에 따른 머신러닝의 요소

예를 들어서 체스를 하는 컴퓨터 프로그램을 생각해보자. 이 프로그램이 스스로 연습 게임을 해서 상대편을 이길 확률을 계산하여, 이 경험을 바탕으로 체스를 잘 두는 머신러닝 알고리즘으로 동작한다고 가정하자. 이 알고리즘에 대하여 작업 T와 경험 E, 성능 척도 P는 각각 다음과 같다고 할 수 있다.

- 작업 T : 체스 두기.
- 성능 척도 P : 상대편을 이길 확률.
- 경험 E : 스스로 연습 게임 하기.

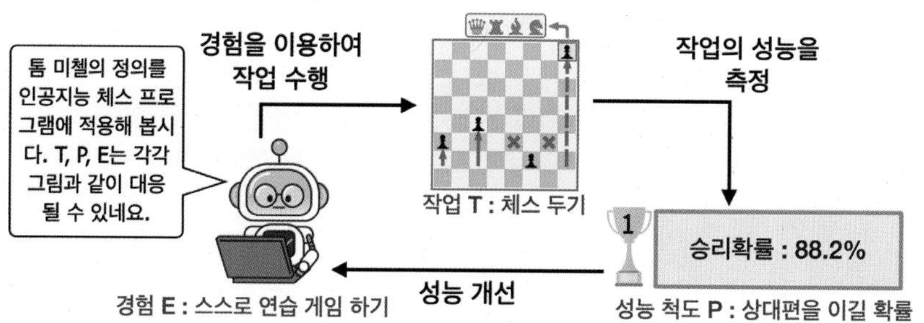

즉 이 체스 프로그램이 체스를 두는 작업(**작업** T에 해당)을 하며 상대편을 이길 확률을 계산하고(**성능 척도** P에 해당) 스스로 연습 게임을 하는 일을(**경험** E에 해당) 바탕으로 성능 개선이 이루어진다면, 이 **체스 프로그램은 머신러닝 알고리즘으로 동작한다고 말할 수 있을 것**이다.

머신러닝은 인공지능이라는 분야의 매우 중요한 영역으로 간주된다. 그리고 요즘 각광을 받고 있는 인공 신경망을 이용한 **딥러닝**deep learning 분야 역시 이 머신러닝의 한 분야로 볼 수 있다.

명시적 프로그래밍과 머신러닝

전통적인 프로그래밍은 데이터를 입력으로 받아서 명시적인 규칙을 통해 출력을 내보내는 절차를 가지고 있다. 이 프로그램은 머신러닝 알고리즘이 아니므로 성능 척도를 평가하여 그 성능을 개선할 수 없기 때문에 매우 제한된 일만 할 수 밖에 없다.

어느 놀이 공원에 **키가 160cm 이상인 사람만 이용 가능한 놀이기구**가 있다고 가정하고 명시적 프로그램으로 이 문제를 해결하는 과정을 살펴보자. 이 프로그램에는 다음 그림과 같이 **① 입력 데이터, ② 명시적인 규칙, ③ 출력**이라는 세 가지 구성 요소가 필요할 것이다. 이 그림에서 입력 데이터는 사람의 키가 될 것이며, 명시적인 규칙은 컴퓨터가 수행할 수 있는 명령인 프로그램이 될 것이다. 이 프로그램은 이용자의 키 데이터를 입력으로 받아 명시된 규칙에 의해서 키가 160cm 이상인지 미만인지를 판단하고 이 판단에 따라 이용가능 또는 이용불가의 서로 다른 출력을 내는 방식으로 동작할 것이다.

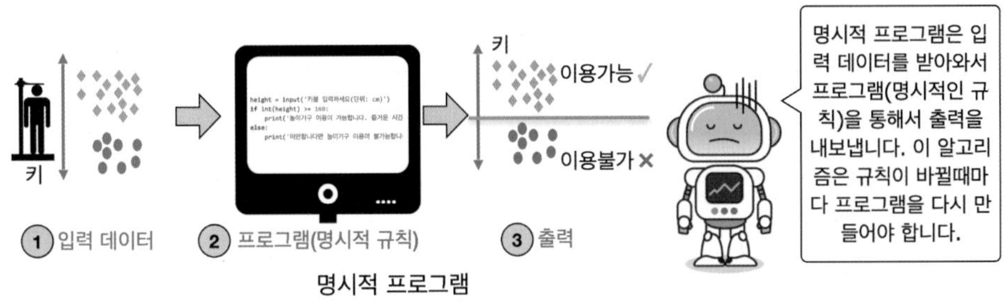

명시적 프로그램

이 방식은 간단한 규칙에 대해서는 잘 동작하지만 규칙이 바뀔때 마다 프로그램을 다시 만들어야 하는 문제가 있다. 또한 손글씨를 인식하거나, 자동차를 운전하는 것과 같이 규칙에 명시되지 않은 예외적인 상황이 많이 발생할 경우에는 잘 동작하지 않을 것이다.

반면 머신러닝은 ① 입력 데이터와 ② 출력 데이터를 보고 ③ 이 데이터 바탕으로 규칙을 학습한 다음 ④ 규칙을 생성하는 방식으로 동작한다. 이렇게 만들어진 규칙에 대해 새로운 데이터가 입력되면 이 데이터에 대하여 규칙을 적용하고, 만일 이 규칙이 잘 동작하지 않을 경우 규칙을 갱신하는 방법을 채택한다.

다음 그림과 같은 상황에서 머신러닝 알고리즘은 입장객의 키 데이터와 이용가능/이용불가의 결과 데이터를 바탕으로 학습하여 가장 적절한 규칙인 **"키 160cm 이상 이용 가능"**이라는 규칙을 만들어낸다. 이 규칙은 새로운 데이터에도 적용되어 키가 입력되면 이용가능/이용불가의 결과를 반환한다.

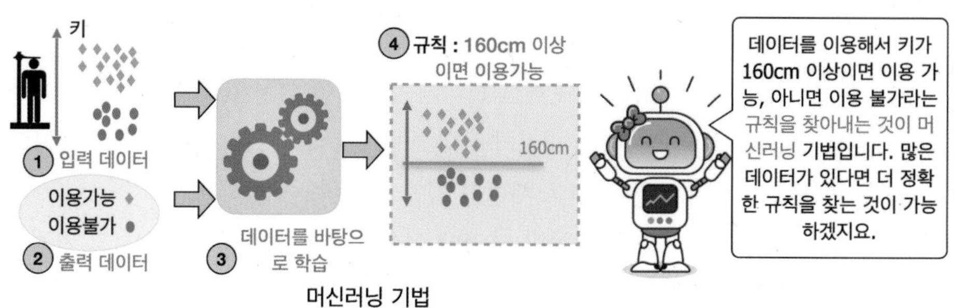

머신러닝 기법

머신러닝 알고리즘은 이용가능/이용불가의 결과를 나누는 기준이 160cm일 경우 **데이터가 충분히 주어진다면** 출력값을 바탕으로 별도의 작업이 없어도 스스로 규칙을 생성할 수 있다. 만일 이 기준에 150cm로 변경될 경우 변경된 **결과 데이터가 주어지기만 한다면 규칙을 스스로 갱신**할 수 있다. 도대체 어떤 방법으로 이런 규칙을 만들 수 있을까? 그림을 통해서 그 원리를 살펴보자.

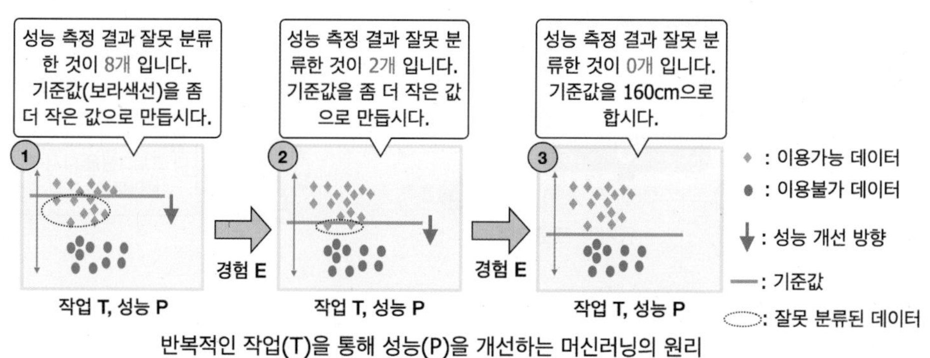

반복적인 작업(T)을 통해 성능(P)을 개선하는 머신러닝의 원리

그림의 세로축을 키 데이터라고 할때 사람들의 키 데이터와 이용가능/이용불가의 정보가 주어져 있다. 그림에서 주황색 다이아몬드는 이용가능한 사람의 데이터이고, 파란색 원은 이용이 불가능한 사람의 데이터이다. 기준값이 그림 ①과 같이 점선으로 주어져 있다면, 이 기준값은 이용가능/이용불가를 판단하는 기준으로는 부적합할 것이다. 적합/부적합의 기준은 잘못 분류된 데이터의 개수가 될 수 있을 것이며 이것은 그림 ①에서 점선 내

부에 있는 데이터로 그 값은 8개이다. 이러한 분류 **작업** T에 대한 **경험** E을 바탕으로 기준값을 그림 ②와 같이 성능을 개선시켜본다면 어떻게 될까? 이 경우 **성능** P가 개선되어 ① 보다는 잘못 분류한 데이터의 개수가 2개로 줄어들었을 것이다. 이 경험을 바탕으로 기준값을 좀 더 아래로 이동해 ③과 같이 위치시킨다면 잘못 분류한 것이 0개가 된다. 이와 같은 반복적인 작업을 통해서 성능을 개선시키는 것이 머신러닝의 원리이다. 위의 과정을 미첼의 정의에 대입해 보자.

- **작업 T** : 키 데이터를 사용하여 이용가능/이용불가 고객의 분류 기준값 찾기.
- **성능 척도 P** : 기준값을 적용하여 발생한 오류의 개수.
- **경험 E** : 분류를 위한 기준값을 변경.

이와 같이 머신러닝은 데이터를 기반으로 학습하여 작업 성능을 개선하는 알고리즘으로 다음과 같은 장점을 가진다. 머신러닝 알고리즘은 흔히 **모델**model이라고도 부른다.

1. 명시적 프로그램에 비해 코드를 유지보수하는 것이 쉽다.
2. 명시적 프로그램으로 해결 방법이 없는 복잡한 문제도 해결 가능하다.
3. 새로운 데이터에 대해서도 규칙을 생성하여 문제를 풀 수 있다.
4. 복잡한 문제나 대량의 데이터에 대해서 미처 알지 못했던 통찰을 얻을 수 있다.

명시적 프로그래밍과 머신러닝에 대한 설명과 예시 그리고 각각의 단점이 표에 나타나 있다.

	명시적 프로그래밍	머신러닝
설명	특정한 작업을 수행하는 방법을 일일이 지시하는 문장으로 이루어진다.	데이터를 이용하여 학습을 수행한 다음 규칙을 생성하는 방식으로 동작한다.
예시 (손글씨 숫자인식)	개별적인 손글씨를 인식하기 위하여 각각의 규칙을 만든다. - 예를 들어 숫자 0은 하나의 닫힌 원으로 정의한다.	많은 손글씨 숫자 데이터를 이용하여 각각의 특징을 프로그램이 학습하여 규칙을 얻어낸다.
단점	정의한 규칙을 벗어나는 예외적인 경우에 대하여 적절한 해를 내보내지 못한다. - 예를 들어 0의 위쪽에 약간의 틈이 있으면 0으로 인식하지 못한다.	학습을 위한 많은 데이터가 필요하다. 또한 학습에 소요되는 시간이 많이 걸릴 수 있다.

손글씨 숫자를 인식하는 문제를 명시적 프로그래밍과 머신러닝으로 각각 해결하는 경우를 살펴보자. 명시적 프로그래밍으로 이 문제를 풀기 위해서는 개별적인 손글씨의 규칙을 만들어서 컴퓨터에게 알려주어야 한다. 따라서 "숫자 0은 하나의 닫힌 원으로 정의한다." 라는 규칙을 만들 수 있을 것이다. 하지만 숫자 0을 위의 그림과 같이 쓴 다음 프로그램에 넘길 경우 **"숫자 0은 하나의 닫힌 원"**이라는 정의에 어긋나므로 이 이미지를 숫자 0으로 인식하지 않을 것이다. 반면 머신러닝의 경우 학습한 데이터들 중에서 이와 **유사한 이미지를 참고하여 이 이미지를 0으로 분류**할 수 있을 것이다. 하지만 머신러닝의 경우 학습을 위한 **많은 데이터가 필요하며 학습에 걸리는 시간도 매우 길다**는 단점이 있다.

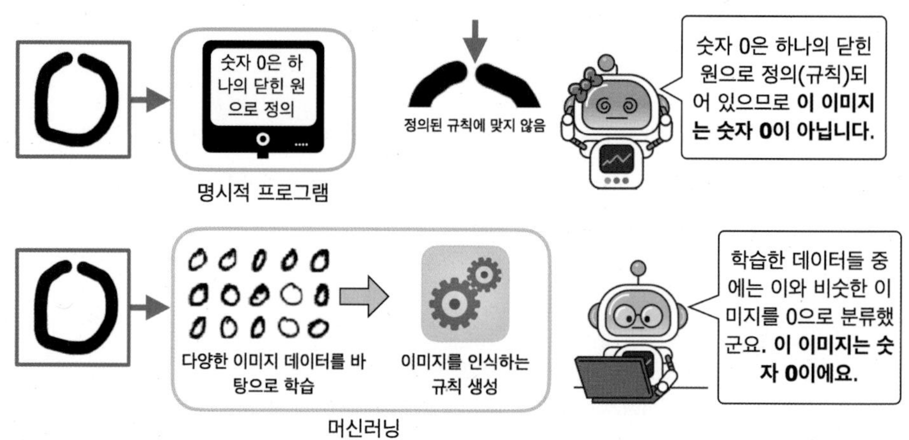

13.3 퍼셉트론과 딥러닝

생물학에서 밝혀낸 신경세포의 구조

인간의 지능과 사고의 원리는 아직 완벽하게 밝혀지지 않았으나 생물학자들의 연구에 의하여 뇌가 가지는 구조의 개략적인 특징은 이해하고 있다. 그것은 바로 **뉴런**neuron**이라는 신경세포가 다른 신경세포와 연결되어 있고**, 나트륨, 칼슘 등의 물질을 이용하여 화학적 신호를 주고받는다는 사실이다.

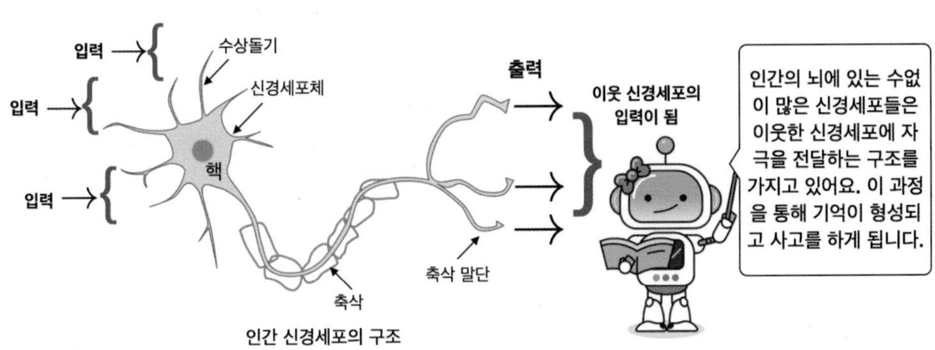

인간 신경세포의 구조

이 방대한 연결 구조를 가지는 신경세포에서 수상돌기는 다음 그림의 ①과 같이 다른 신경세포로부터 신호를 전달받아서(외부의 자극이 입력 신호에 해당한다), 이 외부 자극의 합의 크기를 세포체에서 판단한다(그림 ②). 다음으로 이 신호의 합이 임계값보다 클 경우 뉴런이 반응하여 축삭 말단을 통해서 다른 신경세포로 신호를 전달한다(그림 ③). 이와 같은 신경세포가 1,000억 개 가량 모여서 인간의 뇌를 이루며, 이 신경세포를 연결하는 가지는 무려 100조 개 정도 되는 것으로 알려져 있다. 최근 연구에 의하면 신경세포의 수가 약 860억 개 가량이라고도 하지만 이 역시 개략적인 수치에 가깝다.

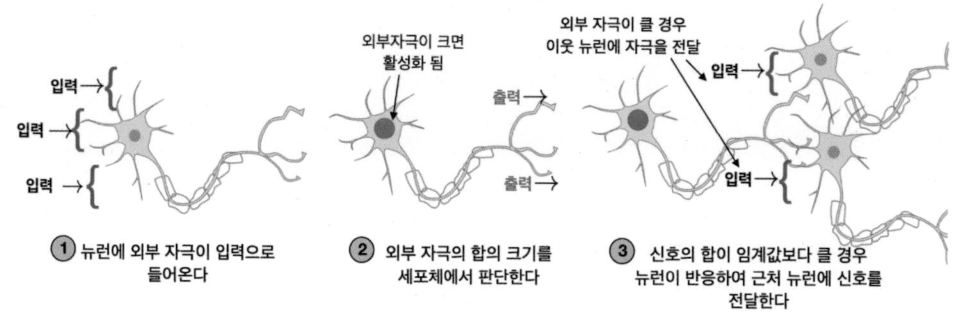

이러한 신경세포와 그 연결 구조, 동작을 완벽하게 재현할 수 있다면 인간의 뇌와 유사한 **인공뇌**artificial brain를 만들 수 있을 것이며 최근에는 사람의 뇌를 모방한 인공신경세포 소자를 개발하는 단계에까지 발전하였다.

신경세포를 흉내낸 프로그램인 퍼셉트론

실험실 단계에서 인간의 뇌를 모방한 소재가 개발되기는 하였지만 현재까지의 기술로는 엄청난 수의 뇌세포와 그것들의 연결 구조로 이루어진 인간의 뇌를 완벽하게 구현하기는 어려운 실정이다. 하지만 뉴런을 대신하는 인위적인 함수와 신경전달물질을 대신하는 숫자값을 다른 함수의 입력으로 넘겨주는 프로그램은 충분히 구현할 수 있다. 이러한 **신경세포**의 구조를 **흉내내는 프로그램**을 컴퓨터 과학자들은 **인공신경세포**artificial neuron 혹은 **퍼셉트론**perceptron이라고 한다.

퍼셉트론은 표의 그림과 같이 외부 자극을 x_1, x_2와 같은 노드의 수치값으로 할당한 후, 이 수치값을 w_1, w_2의 가중치에 곱한 다음 이 신호의 합을 구한다. 외부 자극에 곱해지는 값은 **파라미터** 혹은 **가중치**로 불리는데 가중치의 영어인 weight의 앞문자 w에 아래 첨자를 이용하여 w_i와 같이 표기한다.

위의 그림에서와 같은 입력과 가중치가 있을 경우, 가중치와 곱해진 신호의 합은 $w_1x_1+w_2x_2$로 나타낼 수 있는데, 신호가 여러 개일 수 있으므로 그림에서는 Σw_ix_i로 표기하였다. 이 신호 합산 값 Σw_ix_i는 간단하게 σ로도 표기할 수 있다. σ는 특정한 활성화 함수 $\phi(\ )$의 입력으로 들어가서 이 값이 임계치를 넘을 경우 출력값으로 인접 퍼셉트론의 입력으로 다시 전달되는 구조를 가지고 있다. 복잡한 수식처럼 보이지만 수치값의 곱과 합, 그리고 함수의 호출로 이루어진 구조는 컴퓨터 프로그래밍을 통해서 어렵지 않게 구현할 수 있다.

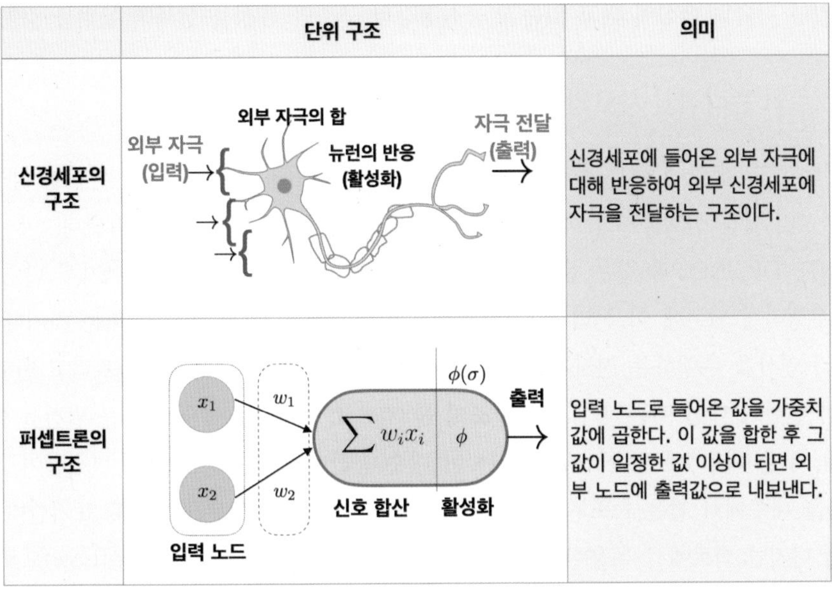

	단위 구조	의미
신경세포의 구조	외부 자극의 합 / 외부 자극 (입력) / 뉴런의 반응 (활성화) / 자극 전달 (출력)	신경세포에 들어온 외부 자극에 대해 반응하여 외부 신경세포에 자극을 전달하는 구조이다.
퍼셉트론의 구조	x_1, x_2 / w_1, w_2 / $\sum w_i x_i$ / $\phi(\sigma)$ / ϕ / 출력 / 신호 합산 / 활성화 / 입력 노드	입력 노드로 들어온 값을 가중치 값에 곱한다. 이 값을 합한 후 그 값이 일정한 값 이상이 되면 외부 노드에 출력값으로 내보낸다.

활성화 함수에 입력된 신호 합산 값을 다음 퍼셉트론에 전달할지 말지를 결정하기 위해 **임계값**threshold 혹은 **문턱값**이라고 하는 상수를 사용한다. 이 값은 신경세포에 전달된 신호의 누적 합이 특정한 자극치을 넘어야만 이 신호를 이웃 신경세포로 전달하는 역할을 담당한다. 이제 x_1, x_2가 아래 표와 같이 0 또는 1을 가지는 경우를 상상해 보자. 이 표에서 가중치 w_1, w_2는 각각 2, 2로 가정하였고, 입력값 x_1, x_2과 가중치의 **누적합이 2 이상인 경우 1을 출력**하고, **그렇지 않을 경우 0을 출력**하는 활성화 함수 $\phi(\ )$를 가진다고 하자. 1은 **이웃 신경세포에 신호를 전달하고** 0은 **신호를 전달하지 않는다**고 상상하면 된다.

– 가중치 w_1, w_2는 각각 2, 2로 가정함

입력 x_1	입력 x_2	$\Sigma w_i x_i$: 신호의 합	$\phi(\ )$ 함수 : $\Sigma w_i x_i >= 2$	출력
0	0	02 + 02 = 0	거짓	0
0	1	02 + 12 = 2	참	1
1	0	12 + 02 = 2	참	1
1	1	12 + 12 = 4	참	1

입력에 대해서 위의 표와 같은 출력을 내보내는 구조는 컴퓨터를 이루는 중요한 논리회로 중에서 **OR 회로가 하는 일**이다. 이제 이러한 기본 지식을 바탕으로 최근 각광받고 있

는 딥러닝 기술의 핵심이 되고 있는 인공신경망의 구조와 특성을 상세히 살펴볼 것이다.

논리회로와 논리적인 사고의 유사성

컴퓨터는 우리 생활에 매우 편리함을 주는 강력한 기기인데, 이 기기의 근본적인 작동원리는 0과 1의 이진 신호를 조합하여 새로운 신호를 구성하는 방식으로 동작한다. 이 신호들은 AND, OR, NOT과 같은 **논리 연산**을 수행하는 장치의 입력으로 들어가서 다양한 연산을 수행하게 되는데 이 **논리 연산의 결과가 바로 컴퓨터가 하는 일이 되는 것**이다. 이러한 논리 연산을 수행하는 전자기 회로를 **논리회로**logic circuit 또는 논리 게이트라고 한다.

논리 연산에 대한 이론적인 근거는 **조지 불**George Boole의 연구에 의해서 큰 발전을 이룩하였는데, **부울 대수**Boolean Algebra라고 하는 이 대수 공간에서는 참과 거짓의 명제만이 존재한다. 부울 대수에서 참은 1 또는 True로 표기하며, 거짓은 0 또는 False로 표기한다. 이런 방식이 디지털 회로에서 유용한 이유는 전압의 높이가 높음(High)과 낮음(Low)으로 정보를 표현할 수 있기 때문이다. 이러한 논리 연산을 전자 회로로 구현한 것이 **논리 게이트**이며 아래의 표는 컴퓨터에서 사용되는 논리 게이트의 기호, 의미, 진리표를 나타내고 있다.

논리 회로	기호	의미	진리표
NOT	X → 출력	NOT 회로는 1개의 입력과 1개의 출력을 가짐. 논리 부정 연산을 수행하며, 입력에 대해 반대값을 출력함.	X / 출력: 0 → 1, 1 → 0
AND	X, Y → 출력	AND 회로는 2개 이상의 입력에 대하여 1개의 출력을 가짐. 논리곱 연산을 수행하며 입력이 하나라도 0인 경우 0을 출력함.	X Y 출력: 0 0 0, 0 1 0, 1 0 0, 1 1 1
OR	X, Y → 출력	OR 회로는 2개 이상의 입력에 대하여 1개의 출력을 가짐. 논리합 연산을 수행하며 입력이 하나라도 1인 경우 1을 출력함	X Y 출력: 0 0 0, 0 1 1, 1 0 1, 1 1 1
XOR	X, Y → 출력	XOR 회로는 배타적 논리합으로 입력값이 서로 다르면 1을 출력함	X Y 출력: 0 0 0, 0 1 1, 1 0 1, 1 1 0

인간의 뇌가 여러 가지 외부 조건으로부터 판단을 하는 경우를 상상해 보자. 우리는 "기온이 20도 이상이고(AND), 비가 오지 않으면(NOT) 등산을 가겠다"와 같은 논리적인 사고

를 한다. 이와 같이 인간은 하루하루를 보내며, 혹은 살아가는 동안 수없이 많은 논리적인 사고와 판단을 한다. 인간의 논리적 사고와 판단과 유사한 기능은 컴퓨터의 중앙 처리 장치에 있는 논리 연산기가 담당하고 있다. 그러나 이러한 논리 연산기의 기능은 인간이 미리 입력한 절차에 따라서 움직이기 때문에 기능 상의 한계가 있다. 인공지능이 완성되기 위해서는 이러한 논리적 판단을 데이터를 토대로 스스로 학습할 수 있어야 할 것이다.

퍼셉트론 연구의 선구자들과 논리회로의 표현 방법

인공지능이 완성되기 위해서는 데이터를 기반으로 기본적인 논리적 판단을 할 수 있어야 한다. 이 절에서는 NOT, AND, OR, XOR과 같은 기본 논리 연산은 인간의 뇌세포를 모방한 퍼셉트론을 이용하여 구현하는 방법에 대하여 알아볼 것이다.

워런 매컬러 월터 피츠

퍼셉트론에 대한 선구적인 연구는 1940년대에 **워런 매컬러**Warren McCulloch와 **월터 피츠**Walter Pitts에 의해서 이루어졌다. 이 두 연구자들은 그들의 논문에서 다음 그림과 같은 모양의 인공신경세포 연결로 논리 연산이 가능하다는 것을 보였다. 이 책의 그림은 그들이 논문에서 사용한 스타일을 사용하였다. 여기서 삼각형은 **신경세포**neuron이며, 이들이 활성화

되면 선으로 표현된 연결의 끝 지점에 있는 **시냅스**synapse가 이 신호를 다른 신경세포로 전달한다. 이때 파란색을 가진 끝점은 1의 신호가 전달되는 것을 의미한다.

맥컬록과 피츠가 제안한 신경세포의 구조를 자세히 살펴보고, 이 신경세포가 어떤 의의를 가지는지 알아보자. 다음 그림의 ∧와 ∨ 기호는 각각 논리곱과 논리합을 의미하는 기호이다. 왼쪽 논리곱(AND) 신경 회로 그림을 살펴보면, 삼각형 내의 알파벳 x와 y는 각각 입력을 의미하며 이 입력이 논리곱 연산을 수행하는 단위인 ∧에 연결되어 있는 것을 볼 수 있다. 다음으로 논리합(OR) 신경 회로는 알파벳 x와 y가 ∨의 입력으로 들어가는 것을 볼 수 있는데, 이 경우 입력값이 2개로 분기되어 입력되는 것을 볼 수 있다. 즉 하나의 1이 x에 전달될 때 2개의 1이 ∨의 입력으로 들어가는 상황이 되는 것이다. 이 때문에 **하나의 1이 2라는 신호값으로 전달되는 것과 같은 효과**가 나타난다.

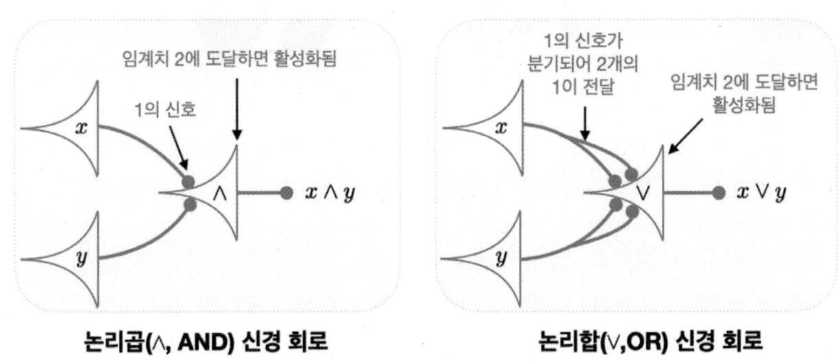

논리곱(∧, AND) 신경 회로　　　논리합(∨,OR) 신경 회로

위와 같은 신경 회로에 0과 1의 이진 기호가 들어올 때, 논리합(OR ,∨) 연산의 결과는 어떻게 될까? 이 연산은 그림과 같이 x와 y중에서 하나라도 1이 되면, 그 합이 임계치 2에 도달한다. 만일 둘 다 1이 입력될 경우 임계치 2를 넘는 4가 된다. 따라서 두 경우 모두 $x \vee y$는 오른쪽 신경세포가 활성화되는 데 충분한 신호가 된다.

x	y	x, y의 합	x OR y
0	0	0	0
0	1	2	1
1	0	2	1
1	1	4	1

다음으로 논리곱(AND, ∧) 연산의 특징을 살펴보면 그림과 같이 입력값 x와 y가 모

두 1일 때만 1을 반환하는 특징을 가지고 있다. 이 그림에서 살펴보면 두 신경세포 x와 y가 모두 활성화되었을 때, 오른쪽 신경세포가 활성화 임계치인 2에 도달하여 활성화되는 것을 볼 수 있다.

x	y	x, y의 합	x AND y
0	0	0	0
0	1	1	0
1	0	1	0
1	1	2	1

우리가 사용하는 컴퓨터는 0과 1의 전기 신호를 논리적으로 조작하여 복잡한 계산을 하는 논리회로 기계이다. 사실 우리들이 매일 사용하는 스마트폰과 같은 소형 컴퓨터가 하는 일도 가장 원초적인 단계로 환원해 보면 컴퓨터가 수행할 논리 연산을 정의해 둔 프로그램에 의해서 정해진 절차를 수행해 나가는 것에 불과하다. 따라서 **신호의 전달이 논리 연산이라면, 그것이 바로 계산이다.** 맥컬록과 피츠의 선구적 연구는 **신경세포의 신호 전달 방식으로 인간의 뇌를 모방함으로써 기계적 계산을 수행할 수 있다는 것**을 보여주었다.

그러나 이러한 신경세포를 데이터를 통해서 학습시키는 것은 그다지 쉬운일이 아니었으며 이러한 어려움으로 인해 인공지능 연구는 큰 침체에 빠지게 된다. 이 침체 기간은 1960년대 후반에 시작되어 1970년대 내내 이어졌는데 이 기간 동안 인공지능 관련 산업은 매우 축소되었으며, 이에 따라 대학에 지원되던 연구와 투자 자금이 삭감되어 관련 연구는 큰 어려움에 빠지게 되었다. 이것이 바로 1차 **인공지능의 겨울**AI winter이다.

다음 그림은 **단순 신경망**simple neural network과 **심층 신경망**deep neural network을 보여주는 그림

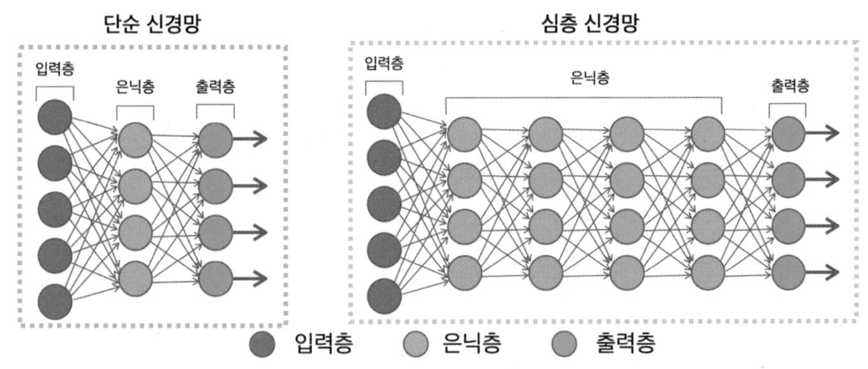

이다. 여기서 단순 신경망은 은닉층이 하나인 신경망으로 표시하였고, **심층 신경망은 은닉층이 여러 개인 신경망**으로 표시하고 있다. 빨간색 노드는 입력층의 노드이며, 주황색 노드는 은닉층, 초록색 노드는 출력층의 노드이다.

심층 신경망은 복잡한 문제를 해결할 수 있는 유용한 수단이다. 하지만 여러 개의 은닉층에 있는 수많은 가중치들을 어떻게 효율적으로 학습시킬 수 있을까? 이 풀리지 않는 문제를 끈질기게 붙들고 오늘날의 인공지능 연구 전성기를 이끈 훌륭한 연구자 중 한 명이 바로 **제프리 힌턴**Geoffrey Hinton이다. 제프리 힌턴은 2006년 발표된 "심층 신뢰 신경망을 위한 빠른 학습 알고리즘(A fast learning algorithm for deep belief nets)"라는 연구 논문을 통해서 **많은 은닉층을 가진 깊이가 깊은 신경망도 효율적으로 학습시킬 수 있다는 것을 보였다**. 그 당시 학계와 산업계에서는 전통적으로 사용되던 다층 퍼셉트론과 인공신경망 연구에 대해 부정적인 인식이 매우 강했기 때문에, 이들은 인공신경망이라는 용어 대신 **딥러닝**deep learning을 **심층 신경망을 학습시키는 알고리즘을 지칭하는 용어**로 사용하였다. 이 용어의 쓰임새는 더욱 확대되어 심층 신경망을 사용하는 최근의 인공지능 알고리즘을 지칭하는 용어로 널리 사용되고 있다.

제프리 힌튼

A fast learning algorithm for deep belief nets *

Geoffrey E. Hinton and **Simon Osindero**
Department of Computer Science University of Toronto
10 Kings College Road
Toronto, Canada M5S 3G4
{hinton, osindero}@cs.toronto.edu

Yee-Whye Teh
Department of Computer Science
National University of Singapore
3 Science Drive 3, Singapore, 117543
tehyw@comp.nus.edu.sg

Abstract

We show how to use "complementary priors" to eliminate the explaining away effects that make inference difficult in densely-connected belief nets that have many hidden layers. Using complementary priors, we derive a fast, greedy algorithm that can learn deep, directed belief networks one layer at a time, provided the top two layers form an undirected associative memory. The fast, greedy algorithm is used to initialize a slower learning procedure that fine-tunes the weights using remaining hidden layers form a directed acyclic graph that converts the representations in the associative memory into observable variables such as the pixels of an image. This hybrid model has some attractive features:

1. There is a fast, greedy learning algorithm that can find a fairly good set of parameters quickly, even in deep networks with millions of parameters and many hidden layers.
2. The learning algorithm is unsupervised but can be applied to labeled data by learning a model that generates both the label and the data.

그렇다면 최신 알고리즘은 도대체 얼마나 깊은 층과 얼마나 많은 가중치를 사용하는 것일까? 다음 표는 이미지를 인식하는 데 사용되는 주요 딥러닝 알고리즘과 그 알고리즘에서 사용하는 가중치 그리고 전체 층의 깊이를 보여주고 있다.

알고리즘	크기	가중치의 수	층의 깊이
VGG16	528 MB	1억 3천 8백만 개	23
InceptionV3	93 MB	2천 3백만 개	159
Xception	88 MB	2천 2백만 개	126
InceptionResNetV2	215 MB	5천 5백만 개	572

이 알고리즘 중에서 가장 많은 가중치를 가지는 VGG16은 모두 **1억 3천 8백 만 개의 가중치**를 가지며, 가장 많은 층을 가지는 InceptionResNetV2는 572개의 층을 가지고 있음을 볼 수 있다. 이 방대한 가중치와 깊은 층을 가지는 인공신경망은 1970년대의 단순한 신경망과 확실하게 구별되는 구조를 가지므로 **딥러닝이라는 새로운 용어를 사용하는 것이 전혀 어색하지 않았다.**

다음 그림은 딥러닝 알고리즘의 출현 이전(그림 ①)과 그 이후(그림 ②)를 나타내고 있다. 딥러닝 알고리즘의 출현 이전에는 여러 층으로 쌓아서 인간의 신경망과 비슷하게 구성한 인공 신경망을 학습시키는 좋은 알고리즘이 없었다. 그러나 최근 딥러닝 모델은 뛰어난 하드웨어의 도움과 효율적인 알고리즘으로 매우 깊은 은닉층을 가진 신경망을 학습시킬 수 있게 되었다. 따라서 **최근 인공지능의 우수한 성과는 대부분 딥러닝 알고리즘의 도움을 받고 있다**고 할 수 있다.

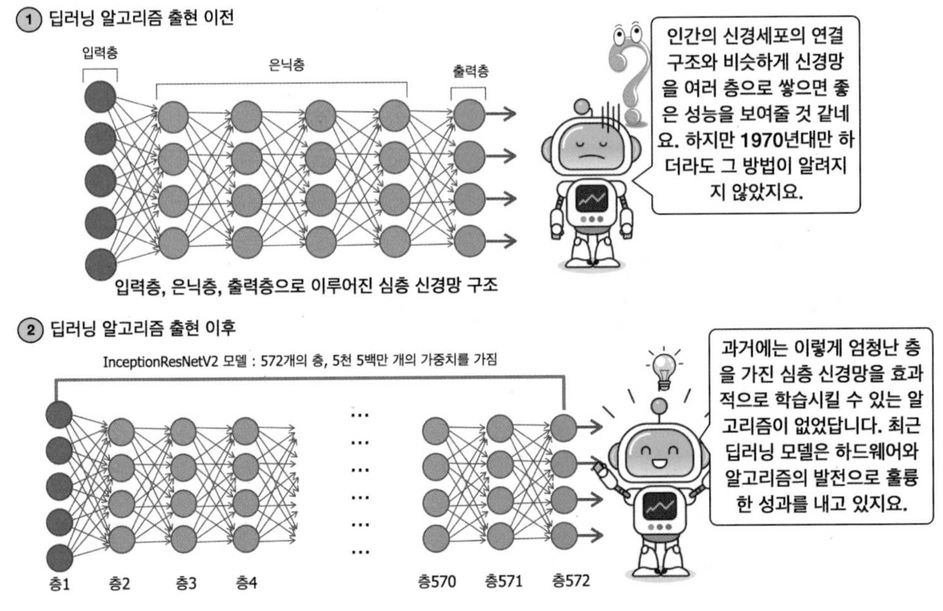

13.4 인공지능과 미래의 직업

기술의 발전과 일자리의 변화

역사적으로 기술의 발전에 의해 일자리는 어떤 변화를 겪었을까? 19세기 초부터 현재까지 기술 발전에 따른 일자리 변화의 역사를 시기별로 살펴본다면 다음과 같은 표로 정리해 볼 수 있을 것이다.

시기	핵심 기술	기술 적용 분야	대체된 직업	보완 직업
19세기 초	공장제 수공업	장인 기술자의 일을 순차적인 일로 분해하여 분업화	고기술 장인 기술자	중간 숙련도의 기능공
19세기 말 이전	증기 동력과 공장 기계화	공장제 수공업을 기계 공정이 대체함	중간 숙련도의 기능공, 공장 노동자	블루 칼라 노동자
20세기 초	전기 동력과 공장 자동화	컨베이어 벨트의 도입과 조립 공정으로 자동화	저학력 블루 칼라 노동자	고학력 화이트 칼라 노동자
20세기 말	컴퓨터 공학	컴퓨터 기기에 의한 사무 자동화	고학력 화이트 칼라 노동자	고학력 연구개발 전문직
21세기	소프트웨어에 의한 지능화	지능형 소프트웨어 기술에 의한 생산 공정과 사무 자동화	고숙련 서비스와 저숙련 서비스	SW 개발, 융합, 창의적 문제 해결 전문가

위의 표는 2015년 소프트웨어 정책 연구소에서 발표한 SPRi 이슈리포트에서 발췌한 것으로 표의 내용과 같이 산업혁명 이후의 역사를 살펴보면 반복적으로 **기술 진보에 의해서 기존의 일자리가 대체되는 것**을 볼 수 있다. 하지만 이러한 기술 진보는 새로운 비즈니스와 산업 생태계를 만들어내고, 예측을 뛰어넘는 새로운 일자리를 만들어왔다는 것을 볼 수 있다.

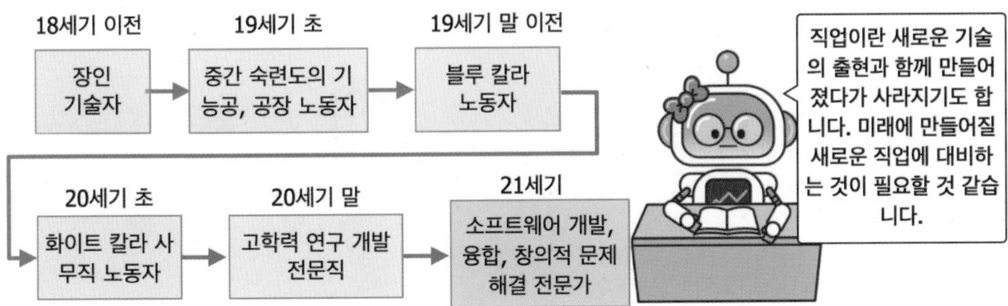

이 보고서에 따르면 21세기가 되면서 소프트웨어에 의한 지능화가 핵심 기술로 부각되고, 소프트웨어 기술의 발전에 의한 생산 공정과 사무 자동화 기술이 광범위하게 적용되어 고숙련 서비스와 저숙련 서비스 노동자들이 소프트웨어 개발, 융합 기술자, 창의적 문제 해결 전문가라는 보완적인 직업군으로 대체될 것임을 예견하고 있다.

기술 혁신과 일자리에 대한 비관론과 낙관론

인공지능 기술이 핵심이 되는 4차 산업혁명 시기의 기술 혁신에 따른 일자리는 어떻게 변화할까? 기술 혁신에 따른 일자리의 변화에는 항상 비관론과 낙관론이 존재하였으나, 여러 차례의 기술 혁신과 1, 2, 3차 산업혁명에도 불구하고 노동 시장 자체의 규모는 그다지 감소하지 않았으며 오히려 성장하는 면을 보였다. 이제 미래의 기술 진보에 따른 이슈 중 가장 관심거리인 일자리 규모에 대하여 살펴보자. **고용 문제는 사회적 파장이 클 뿐만 아니라 개인의 삶과 직결**된다.

고용 문제에 관한 논의는 전문가 사이에서 비관론과 낙관론이 팽팽한 상황이다. 비관론 입장의 전문가들은 노동이 기계화·자동화 또는 디지털화로 대체되어 일자리가 줄어들고, 이로 인하여 대량 실업이 발생하고 큰 사회적 문제가 발생할 것이라고 주장한다. 이 입장의 전문가들 역시 그동안 진행되었던 기계화와 자동화 그리고 이로 인한 일자리 감소와 함께 **새로운 수요 창출 등으로 인해서 사회 전체 일자리가 증가**한 것은 사실임을 인정한다. 하지만 **4차 산업혁명은 이전과는 다른 양상으로 전개될 것이라고 주장**한다. 4차 산업혁명 시대의 기술 진보는 기존의 로봇과 기계화에 인공지능과 빅데이터 기술이 더해지면서 마침내 로봇과 인공지능이 인간의 총체적 능력을 뛰어넘을 수 있다는 점에 주목하고 있다.

고용 문제는 사회적 파장이 매우 큰 문제입니다. 비관론 입장의 전문가는 로봇과 인공지능이 과거와 달리 인간의 총체적 능력을 넘어설 수 있다는 점에 주목합니다.

반면 낙관론 입장의 전문가들은 기존의 기술 진보가 단기적으로는 일부 직종과 총 일자리에 부정적인 영향을 미쳤으나, 장기적으로 보았을때 공정혁신을 통해 생산성을 높이고 시장을 확대하였으며 또한 신제품 개발을 통해 새로운 수요를 창출함으로써 총량적으로는 일자리를 늘려 왔다는 점에 주목한다. 따라서 이러한 역사가 이번에도 반복될 것이며, **노동시간의 감소는 기본소득을 통한 소득 보전을 통해서 상쇄할 수 있기 때문에 이것이 곧바로 노동자의 빈곤으로 이어지지는 않을 것**이라고 주장한다.

독일의 제조업 혁신에 대한 인더스트리 4.0과 주요 기술 변화를 예측한 보스턴컨설팅그룹의 Industry 4.0 보고서에 따르면, 2025년까지 독일에서 로봇과 컴퓨터 활용이 증가함에 따라 **조립 및 생산 관련 일자리가 61만 개 감소**하는 반면에 **정보통신 분야나 데이터 과학 분야에서 96만 개의 일자리가 새롭게 창출**될 것으로 예상하였다. 이 보고서는 생산 현장의 단순 반복 과업이 로봇과 컴퓨터로 대체되면서 생산직과 품질 관리직, 설비 보전직 등의 일자리가 감소할 것으로 전망하였다. 반면에 소프트웨어 및 정보통신 인터페이스 활용 증가, 정보통신과 비즈니스 모델에서 데이터의 중요성 증대, 생산 과정에 로봇 도입 증가 등으로 정보통신 솔루션 아키텍처, 사용자 인터페이스 설계자, 산업 데이터 과학자, 로봇 코디네이터 등의 일자리가 증가할 것으로 전망하였다. 또 지능기계 부문 시장 확대로 해당 설비 생산직 일자리가 증가할 것으로도 예상하였다.

한편, 한국고용정보원의 보고서인 "4차 산업혁명 미래 일자리 전망"에서는 직무의 유형과 숙련 수준에 따른 기술 대체 가능성을 예측하였다. 이 보고서에서는 기술 대체 가능성에 대하여 다음 그림과 같은 4가지의 유형으로 정리하였다. 세로축은 노동자의 숙련 수준을 의미하고 가로축은 비정형화 정도를 의미한다. **숙련이란 일이나 작업이 익숙한 정도**를 나타내며, 숙련 수준은 많은 학습이나 오랜 기간의 훈련과 경험을 통해 체화되는 수준을 의미한다. 의사나 판사와 같은 직업은 높은 숙련 수준이 필요하다. 반면 **정형화란 명시적인 규칙을 따르는 것**을 말하는데 단순 조립, 계산, 수납과 같은 업무는 비교적 정형화된 업무인 데 비하여 간병이나 육아와 같은 일은 비정형적인 일에 해당한다.

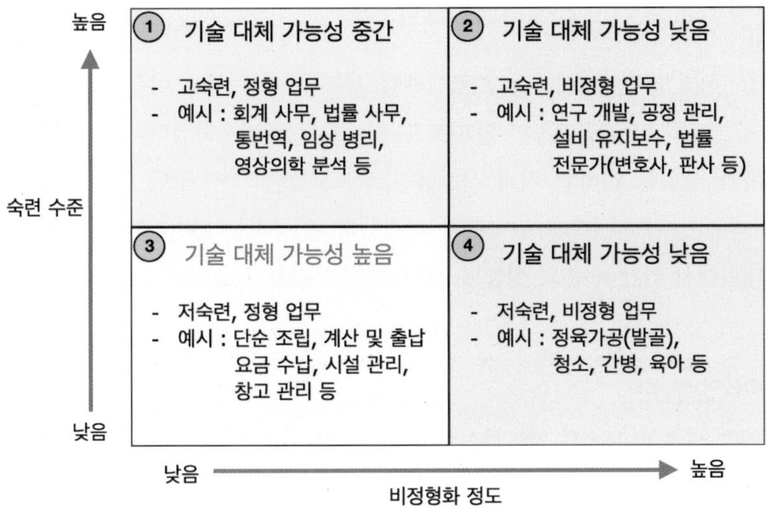

위 그림과 같이 기술 대체 가능성을 본다면 단순 조립, 계산 및 출납, 요금 수납, 시설 안내, 창고 관리 등(③번 위치) **저숙련의 정형화된 업무는 디지털화나 자동화, 로봇 등의 기술로 대체될 가능성이 가장 높은 업무**로 볼 수 있다. 최근 고속도로를 드나드는 차량에 자동화된 요금 수납 시스템인 하이패스의 탑재가 증가하면서 수천 명의 수납원이 생계를 위협받게 되 파업 행위까지 이어진 사례가 있다.

한편 숙련 업무이기는 하지만 정형화된 업무인 회계 사무, 법률 사무, 통번역, 임상 병리, 영상의학 분석 등(①번 위치)의 업무 역시 인공지능과 빅데이터의 발달로 기술 대체 가능성이 커지고 있다. 이 경우는 **직업 자체 또는 일자리가 완전히 사라지지는 않겠지만 일**

자리 축소는 불가피할 것으로 예상된다. 예를 들어 네이버 파파고의 통번역 서비스가 지금의 수준보다 한 단계 높아질 경우 통번역 업무는 자연스럽게 인공지능의 일이 될 것이다.

연구 개발, 공정 관리, 설비 유지보수, 판사·검사, 의사 등(②번 위치) 고숙련의 비정형 업무를 수행하는 직업은 기술 대체 가능성이 낮을 것으로 예상된다. 이들 직업은 인간의 정서적 판단, 불규칙적인 사건·사고에 유연하게 대처하는 능력, 새로움에 대한 호기심과 용기 등 고도의 훈련과 연습이 필요하다. 인공지능이 이들 전문직의 일자리를 위협한다고 하지만, 단시일에 그런 일은 일어나지 않을 것으로 보인다. 마지막으로 ④번 위치에 해당하는 저숙련의 비정형 업무인 정육가공(발골), 청소, 간병, 육아 등의 업무는 기술 대체 가능성이 낮을 것으로 예상된다. 이들 업무는 비정형적인 데다가 사람의 정교한 손길 또는 감정이 필요하기 때문에 로봇이나 자동화가 쉽지 않을 것이다.

고숙련 지적 활동을 하는 인공지능 : 알파코드

2022년 2월 구글 딥마인드에서는 프로그래밍 문제를 이해하고, 이를 해결하는 프로그램을 자동으로 코딩하는 인공지능인 **알파코드**라는 모델을 발표하였다. 알파코드는 5,000여 명의 개발자가 참여한 온라인 저지 시스템인 **코드포스**codeforces 코딩 대회에서 프로그래머의 평균 수준인 상위 54.3%를 달성했다고 전했다. **인공지능 기반 코드 생성 시스템이 프로그래밍 대회에서 인간 수준의 성능**을 보인 것은 이번이 처음이다.

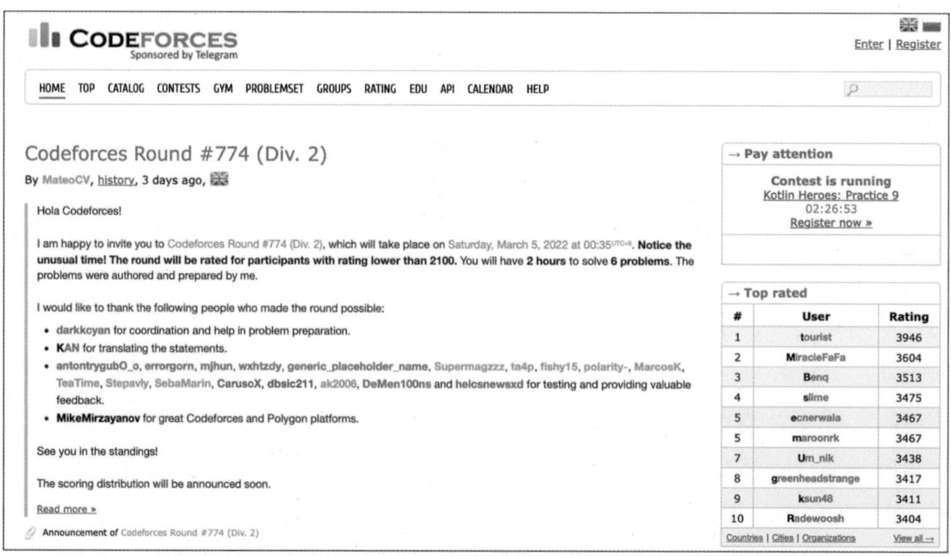

딥마인드의 알파코드가 참여한 온라인 저지 시스템 코드포스 웹사이트

알파코드는 기존의 문제 은행에 있는 코딩만을 하는 것이 아니라 전에는 없던 새로운 코드를 스스로 생성할 수 있다. **코드를 새로 작성하기 위해서는 자연어를 이해하는 능력이 필요하며 알고리즘, 비판적 사고, 논리 등 복합적인 능력이 필요**하다. 기존의 코딩하는 인공지능이 코딩 대회에서 인간 수준의 성능을 보이지 못한 것은 이러한 능력이 부족했기 때문이다.

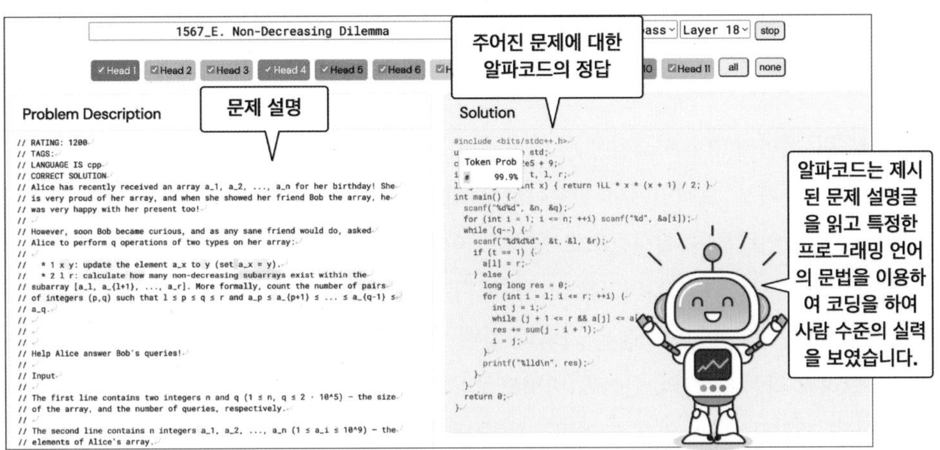

알파코드를 개발한 딥마인드는 논문에서 "최근 등장한 대규모 언어 모델은 코드를 생성할 수 있는 인상적인 능력을 보여줬고, 간단한 프로그래밍 작업도 할 수 있을 것으로 보인다"면서도 "하지만 이러한 모델은 더 많은 부분에서 평가할 때 여전히 성능이 떨어진다"고 지적했다. 이어 "단순히 지시문을 번역하는 것을 넘어 문제해결 기술을 요구하는 복잡하고 보이지 않는 문제들은 (대규모 언어모델이) 처리하지 못해 이러한 격차를 해소하기 위해 코드 생성을 위한 시스템 알파코드를 개발했다"고 밝혔다.

이 논문에서는 "**코딩이 가능한 인공지능은 스스로를 발전시켜가는 시스템으로까지 발전할 수 있을 것이다.**"라는 말로 알파코드의 가능성을 제시하고 있다. 즉, 그림과 같이 로봇이 스스로를 고치고 자신의 성능을 개선할 능력이 있다면 조만간 엄청난 능력을 가지게 될 것이 자명하므로, 알파코드 역시 **스스로 알고리즘을 고치고 개선시켜가는 능력을 갖춘다면 초지능으로까지 발전**할 가능성이 있을 것이다.

인간보다 더 창의적인 일을 하는 인공지능

구글의 딥드림 제너레이터는 여러 가지 화가의 스타일로 그림을 자동으로 생성해주는 기능을 가지고 있다.

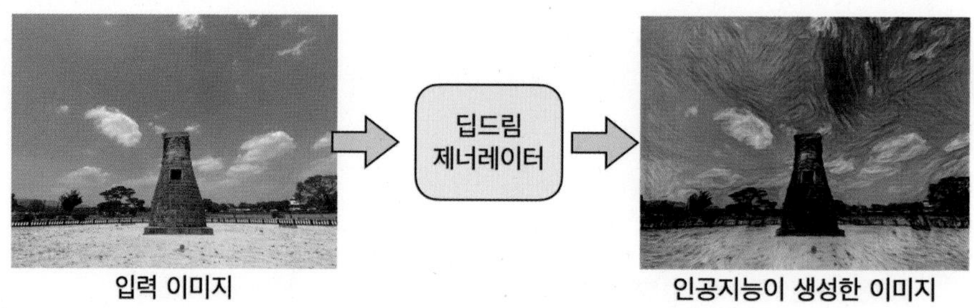

이 딥드림 제너레이터 시스템은 주어진 이미지를 이용하여 특정한 화풍의 그림을 만드는 것이지만 **카카오 브레인**에서 만든 minDALL-E는 다음 그림과 같이 이용자가 텍스트로 명령어를 입력하면 실시간으로 원하는 이미지를 만들어주는 이미지 생성 모델이다. min이 붙은 이유는 오픈 AI의 'DALL-E'를 누구나 접근하기 쉽게 작은 사이즈 모델로 만든 것이기 때문이다. 이 시스템은 그림과 같이 "**해변을 걷고 있는 큰 {분홍색, 검은색} 코끼리를 그려줘**"라는 인간의 언어를 바탕으로 그림을 그려주는 인공지능 시스템이다. 실제로 "바나나 껍질로 만든 의자 그려줘", "보름달과 파리 에펠탑이 같이 있는 그림 보여줘", "살바도르 달리 화가 스타일로 그려줘"라는 명령어를 입력하면 인공지능이 명령어 맥락을 이해하고 바로 이미지를 도출한다.

이 시스템의 특징은 1,400만 장이라는 방대한 이미지와 텍스트에 대한 학습을 바탕으로 관련된 이미지를 찾아내는 것이 아니라 인공지능이 스스로 명령을 이해하고 직접 이미지를 그리는 것이다. 이러한 뛰어난 시스템은 **스토리텔링 콘텐츠 삽화를 만들거나 교육 자료 제작에 활용하는 등 다양한 콘텐츠 산업에 적용할 수 있을 것으로 기대**되고 있다.

최근 카카오 브레인은 사람처럼 대화하는 인공지능을 위한 연구 개발을 하고 있으며, 한국어 자연어 처리를 하는 인공지능 모델인 KoGPT^Korean Generative Pre-trained Transformer 모델 성능 고도화에도 집중하고 있다. 방대한 인간의 언어를 처리하기 위해서는 고성능의 컴퓨팅 인프라가 필요하다. 카카오 브레인은 구글에서 개발한 텐서 처리 장치인 구글 텐서 프로세스 유닛을 활용해 1엑사플롭스를 뛰어넘는 딥러닝 슈퍼컴퓨팅 인프라를 도입해 연구 효율을 높였다. 아울러 KoGPT 모델 매개변수를 60억 개에서 300억 개 사이즈까지 5배 늘려 이전보다 더 정확하게 사람의 말을 이해하고 명령을 이행할 수 있도록 만들었다. 한편 최근 Open AI에서 만든 chatGPT는 놀라운 성능으로 많은 주목을 받고 있다.

모라벡의 역설과 약한 인공지능, 강한 인공지능, 초 인공지능

최근의 인공지능이 좋은 성과를 내고는 있지만 우리가 이웃집 사람을 만나 어젯밤 텔레비전에서 중계된 축구 이야기를 하며 수다를 떠는 유쾌한 경험을 나눌 수 있을까? 비교적 단순해 보이는 **"이웃과의 수다떨기"**와 같은 일은 컴퓨터에게는 매우 어려운 일이다. 이와 같이 걷기, 듣기, 공감하기, 눈으로 보기와 같이 인간에게는 단순해 보이는 낮은 수준의 기술을 컴퓨터로 구현하기 위해서는 매우 많은 양의 연산 자원이 필요하다는 것을 1980년대에 **한스 모라벡**Hans Moravec과 같은 많은 컴퓨터 과학자들이 알게 되었다. 이 현상을 **모라벡의 역설**Moravec's Paradox이라고 하는데 모라벡은 **"컴퓨터가 지능 테스트와 같은 테스트에서 성인 수준의 성능을 보이게 하는 것은 비교적 쉽지만, 오히려 지각하고 이동하는 등의 쉬운 기술을 제공하기는 더 어렵거나 아예 불가능하다"**라고 하였다.

다음 그림은 맛있는 머핀과 귀여운 치와와의 사진이다. 사람이 비교적 잘 구별하는 이 이미지는 인공지능의 학습 알고리즘이 해결하기에는 상당히 어려운 일이다. 이러한 사례 역시 모라벡의 역설의 한 예가 될 수 있을 것이다.

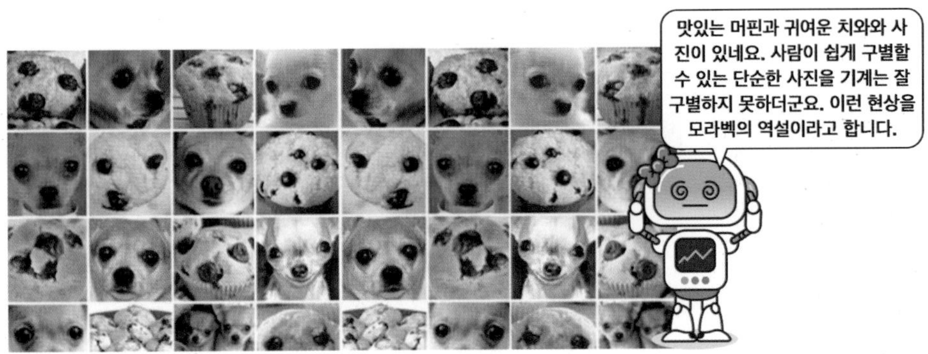

인공지능의 세부 부류인 약한 인공지능, 강한 인공지능, 초 인공지능이라는 용어를 살펴보자.

- **약한 인공지능** : 오늘날의 인공지능 기술은 **좁은 인공지능**Artificial Narrow Intelligence:ANI 혹은 약한 인공지능weak AI이라고 한다. 이 인공지능은 바둑 게임이나 이미지 인식과 같이 **제한적이고 한정된 분야에 대해 적용되는 지능**으로 현재 단계의 인공지능 기술이다.
- **강한 인공지능** : 반면 인간과 같이 지속적으로 학습을 수행할 수 있으며, 여러 분야의 전문적인 지식을 연결하거나 이것을 일반화시킬 수 있는 다기능적 요소를 가진 인공지능도 생각할 수 있다. 이러한 인공지능은 **일반 인공지능**Artificial General Intelligence:AGI 혹은 강한 인공지능strong AI이라고 이야기 한다. 미국의 미래학자인 **레이 커즈와일**은 인류가 일반 인공지능을 만나는 시점을 인공지능 기술의 **특이점**singularity으로 보기도 한다. 특이점이란 **미래에 기술 변화의 속도가 급속히 변함으로써 그 영향이 넓어져 인간의 생활이 되돌릴 수 없도록 변화되는 기점**을 의미한다.
- **초 인공지능** : 인공지능의 정점에서 만날 것으로 예상되는 초 인공지능Artificial Super Intelligence:ASI은 인간의 다면적인 지능을 넘어서 인간보다 빠르고 더 정확한 의사결정이 가능할 것이다. 이 초 인공지능 연구는 매우 논란이 많은 연구가 될 것이며 인간에게 위협적일 수 있다는 부정적인 의견을 동시에 가지고 있다. 미래의 어느 순간 인간은 초 인공지능을 맞이할지도 모른다. 초 인공지능이 **자아**ego를 가지고 인간 이상의 능력을 보유하는 경우, 이 인공지능의 입장에서 인간은 자신보다 더 하등한 존재로 보여질 가능성도 있을 것이다.

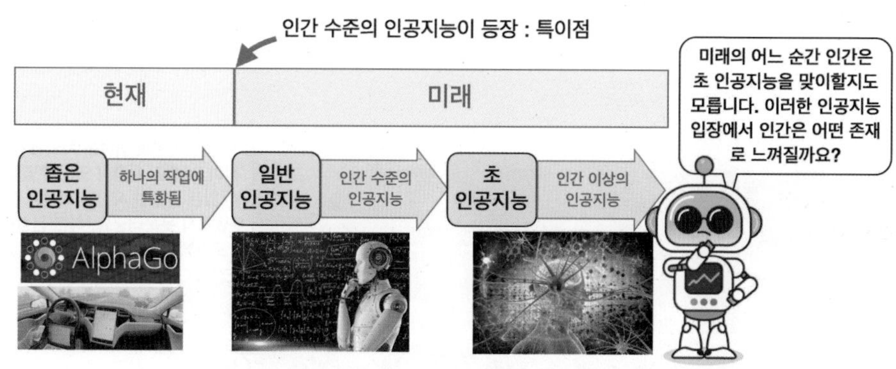

특수한 영역에서 인간보다 더 뛰어난 일을 하는 인공지능과 함께 살아가게 될 독자 여러분은 지속적인 학습을 통해 컴퓨터 과학 인공지능 기술에 대한 충분한 이해가 필요할 것이다. 이러한 학습과 깊은 이해를 바탕으로 기계와 공존하며, 인간으로서의 존엄을 지키며 더욱 행복한 인간다운 삶을 추구하는 것이 컴퓨터 과학이 추구해야할 올바른 방향일 것이다.

실습하기 구글 티처블 머신으로 딥러닝 과정을 살펴보자

[실습 목표]

이번 실습에서는 구글에서 제공하는 **티처블 머신**teachable machine을 사용하여 딥러닝 알고리즘이 수행되는 것을 살펴보도록 할 것이다. 티처블 머신의 공식 홈페이지는 다음과 같다. 이 실습을 위해서는 20장 가량의 동일한 사물을 찍은 이미지 데이터가 2 세트 이상 필요하다. 그렇지 않을 경우 컴퓨터의 카메라를 통해서 이미지를 받아들일 수 있다. 여기에서는 **컴퓨터의 카메라를 이용하여 이미지 분류**를 할 것이다.

https://teachablemachine.withgoogle.com/

티처블 머신의 주요 특징은 다음과 같다.

- 머신러닝 모델을 쉽고 빠르게 만들 수 있도록 제작된 웹 기반 도구이다.
- 다양한 이미지, 사운드, 포즈를 손쉽게 학습할 수 있다.
- 생성한 머신러닝 모델을 웹사이트와 앱에서 쉽게 이용할 수 있다.

[단계 1] 티처블 머신 웹사이트에 접속한다.

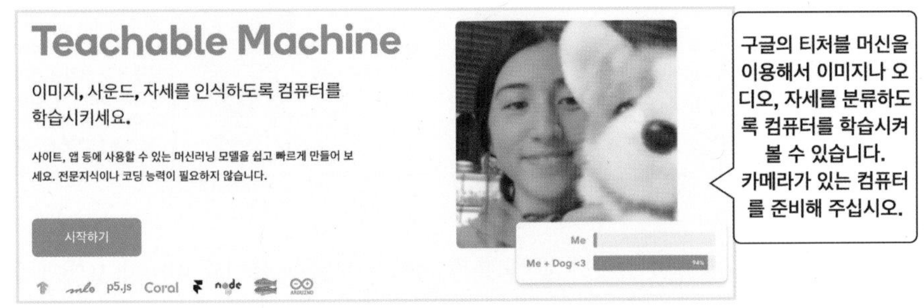

[단계 2] 파란색 시작하기 버튼을 선택하여 새 프로젝트가 보이도록 한다.

사용할 수 있는 프로젝트는 그림과 같이 ① 이미지 프로젝트, ② 오디오 프로젝트, ③ 포즈 프로젝트 세 가지 종류가 있는데 각각의 프로젝트는 다음과 같은 특징을 가진다.

이미지 프로젝트	사용자의 파일이나 컴퓨터의 카메라로부터 입력된 이미지를 학습하여 분류하는 모델을 생성하고 테스트할 수 있다.
오디오 프로젝트	사용자의 파일이나 컴퓨터의 카메라로부터 입력된 오디오를 학습하여 분류하는 모델을 생성하고 테스트할 수 있다.
포즈 프로젝트	사용자의 자세를 인식하여 분류하는 모델을 생성하고 테스트할 수 있다.

[단계 3] 이 실습에서는 세 가지 프로젝트 중에서 **이미지를 학습하고 분류**하는 첫 번째 프로젝트를 이용해 보도록 하자.

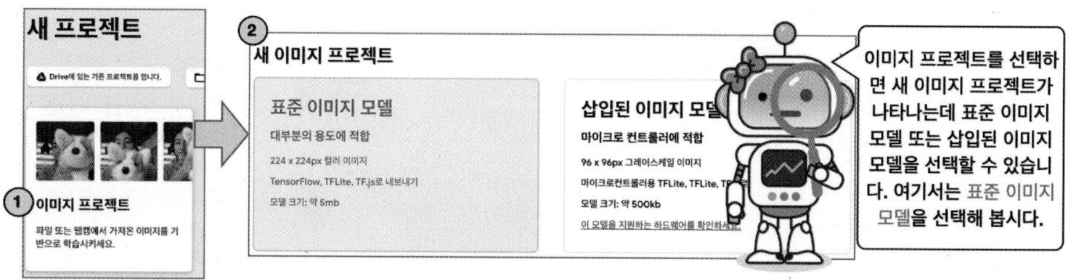

이미지 프로젝트를 선택하면 그림과 같이 **표준 이미지 모델**과 **삽입된 이미지 모델**의 두 가지 모델중 한 가지를 선택하여 만들 수 있다. 표준 이미지 모델은 지정된 크기의 이미지를 이용하여 비교적 단순한 모델을 만드는 것이며, 삽입된 이미지 모델은 마이크로컨트롤러를 사용하는 기기에서 모델을 이용할 경우에 사용한다. 이번 실습을 위해서는 **표준 이미지 모델**을 사용해 보도록 하자.

[단계 4] 표준 이미지 모델을 선택할 경우 다음과 같은 화면이 나타난다. Class 1이라는 흰

색 상자와 Class 2라는 흰색 상자에는 분류를 위한 레이블과 이미지를 추가할 수 있는 버튼이 각각 존재한다. 여기에서는 두 개의 사물을 분류할 것이지만 세 개 이상의 사물을 분류하기 위해서는 하단의 "클래스 추가" 버튼을 선택하면 된다. 이미지 샘플이 학습용 데이터로 추가되면 가운데에 있는 학습 기능을 사용하여 이를 분류하는 모델을 학습시킬 수 있다.

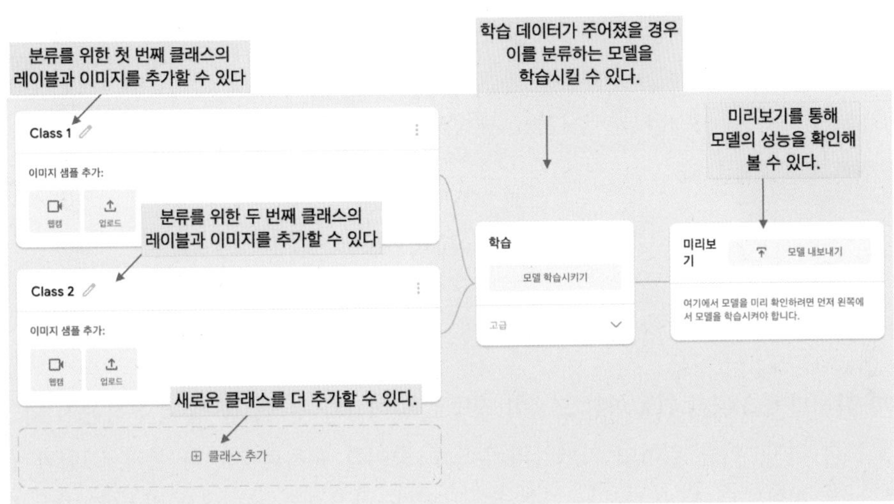

분류를 위한 레이블을 만들고 학습 데이터를 생성하는 과정은 아래와 같다. 우선 Class 1대신 **"종이컵"**를 입력한다. 그리고 아래쪽에 있는 "길게 눌러서 녹화하기"를 클릭한다. 이 버튼이 눌린 상태에서 종이컵를 약간 이동하거나 회전하여 20개 이상의 다양한 샘플 이미지를 만들어 주도록 한다. 다음 단계로 Class 2 대신 **"무늬컵"**을 입력한 후 이전 작업을 반복한다.

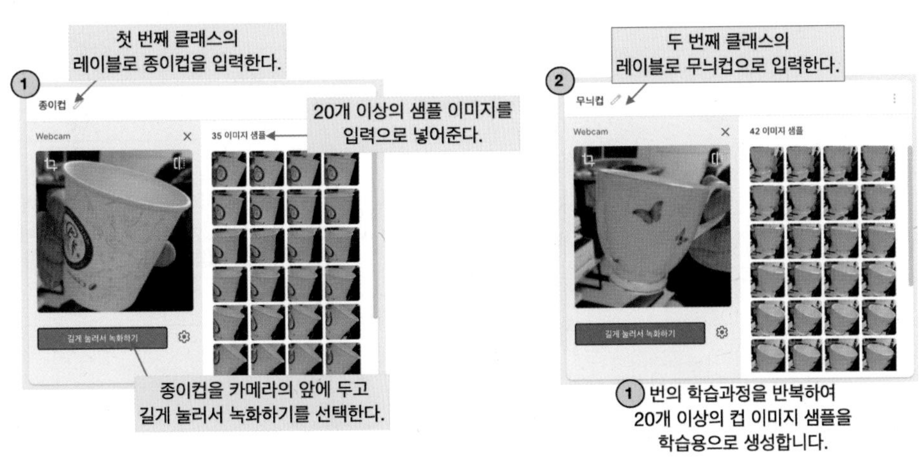

[단계 5] 이제 이미지 분류를 위한 머신러닝 모델을 학습시켜보자. 이를 위하여 학습 상자의 "모델 학습시키기" 버튼을 클릭한다. 이제 입력된 이미지를 이용하여 머신러닝 모델이 학습을 수행하는데, 이 상태에서는 "학습 중..." 버튼으로 버튼의 형태가 변한다. 잠시 후 학습이 모두 완료되면 "모델 학습 완료됨"으로 버튼의 이름이 변경되는 것을 볼 수 있다.

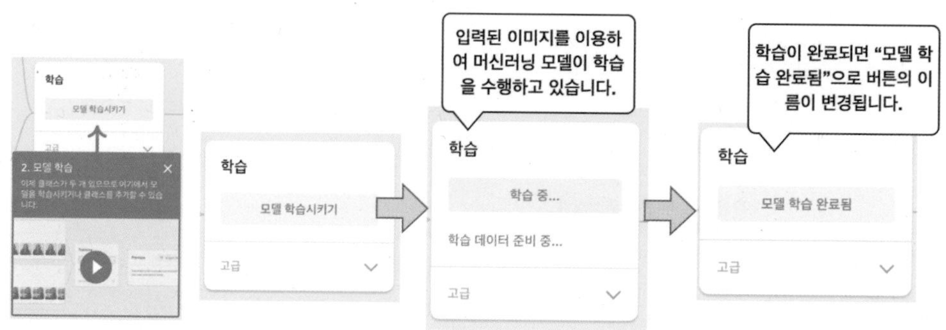

[단계 6] [단계 5]에서 만들어진 모델이 정말로 종이컵과 무늬컵을 잘 분류하는지 확인을 해 보도록 하자. 이를 위하여 카메라의 앞으로 종이컵 휴지를 가져와 본다. 그림과 같이 아주 높은 정확도로 잘 분류하는 것을 볼 수 있다. 다음으로 무늬컵을 가져와 본다. 역시 아주 높은 정확도로 잘 분류하는 것을 볼 수 있다.

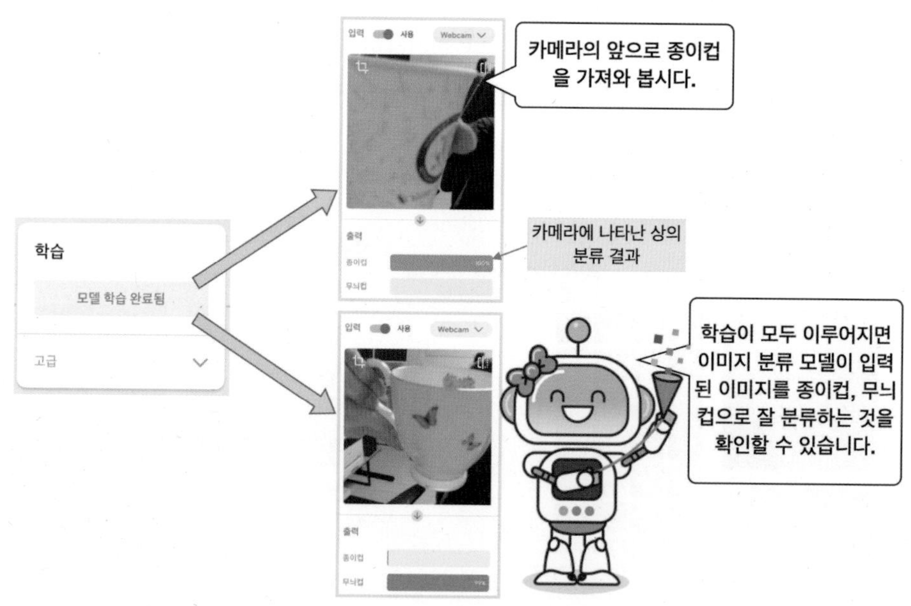

[단계 7] [단계 5]에서 만들어진 모델이 그림과 같이 종이컵을 인식하도록 해 보자. 사람은 종이컵의 형태나 각도가 조금 달라지더라도 잘 인식한다. 하지만 머신러닝 모델은 자신이 학습한 적이 없는 데이터가 입력될 경우 제대로 인식하지 못한다. 따라서 종이컵의 형태가 조금 달라질 경우 잘못 인식할 수도 있다.

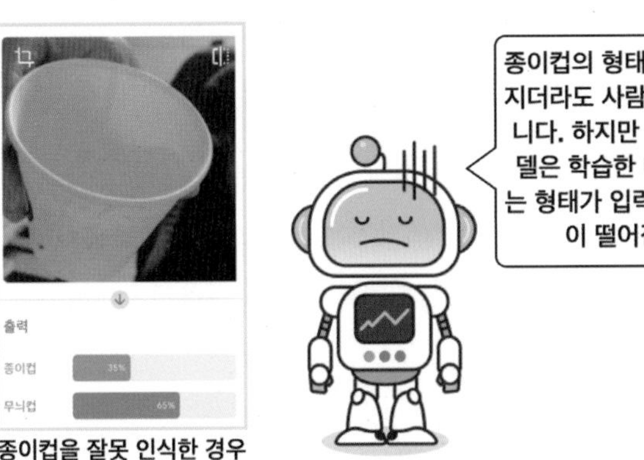

종이컵을 잘못 인식한 경우

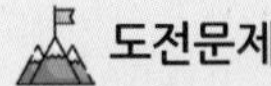

도전문제

- 구글 티처블 머신을 사용하여 클래스를 하나 더 훈련시켜 보자. 데이터는 주위에서 볼 수 있는 책으로 하자.
- 레이블을 "책"이라고 한 후 데이터를 만들자.
- 이제 다시 데이터를 학습을 시킨 후 책과 종이컵, 무늬컵을 인식시켜 보도록 하자.

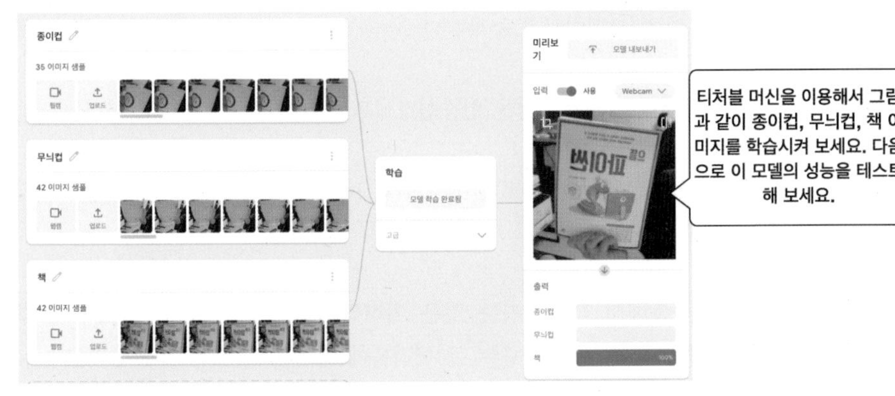

요약

01 인공지능 기술은 **인간의 학습능력, 추론능력, 지각능력을 인공적으로 구현하려는 과학 기술**을 말한다.

02 인공지능 기술은 인간의 지능과 유사한 지적 능력을 인공적으로 구현하는 것은 매우 어려운 기술로 밝혀져 한동안 산업계와 학계의 연구자들의 외면을 받게 되었던 학문 분야였지만 최근 엄청난 관심과 지원을 받고 있는 학문 분야이다.

03 **튜링 테스트**는 앨런 튜링이 "인간과 같은 지능을 가지는 기계"를 판별하기 위해 고안한 테스트지만 **지능**이라는 용어 자체가 많은 의미를 가지고 사용되고 있어 기계가 지능을 가지고 있다고 이야기하기는 쉽지 않다.

04 **머신러닝**은 인공지능 기술의 한 갈래로 명시적 프로그래밍 없이 컴퓨터가 **학습을 통해 작업 성능을 높여나가는 기술**을 말한다.

05 머신러닝을 공학적으로 다루기 위해서 **해결해야 할 문제(작업)**인 T가 필요하고 P라는 **성능 척도**를 통해 평가 후 지속적인 **경험** E를 통해 성능 개선을 이뤄야한다.

06 머신러닝은 입력 데이터와 출력 데이터를 보고 규칙을 학습한 다음 규칙을 생성한 후 잘 동작하지 않을 경우 규칙을 갱신하는 방법을 채택한다.

07 머신러닝 알고리즘은 흔히 모델이라고도 부른다.

08 **신경세포**의 구조를 **흉내내는 프로그램**을 인공신경세포 혹은 퍼셉트론이라고 한다.

09 퍼셉트론에 대한 선구적인 연구는 1940년대에 **워런 매컬러**와 **월터 피츠**에 의해서 이루어졌다.

10 신경세포를 데이터를 통해서 학습시키는 것은 어려워 인공지능 연구는 1960년대 후반~1970년대에 큰 침체에 빠져 관련 연구는 큰 어려움에 빠지게 되었다. 이것이 바로 **1차 인공지능의 겨울**이다.

11 **단순 신경망**은 은닉층이 하나인 신경망이고, **심층 신경망**은 **은닉층이 여러 개인 신경망**이다.

12 **제프리 힌턴**이 발표한 **딥러닝**은 **심층 신경망을 학습시키는 알고리즘**이다.

13 **좁은 인공지능** 혹은 **약한 인공지능**은 **제한적으로 좁은 영역에 대해 적용되는 지능**으로 현재 단계의 인공지능 기술을 의미한다.

14 **일반 인공지능** 혹은 **강한 인공지능**은 인간의 다기능적 요소를 사용할 수 있는 인공지능이다.

15 인공지능의 정점으로 예상되는 **초 인공지능**은 인간의 다면적인 지능을 넘어서 인간보다 빠르고 더 정확한 의사결정이 가능할 것이다.

연습문제

[단답형 문제]

아래의 보기를 참고하여 괄호 안에 들어갈 적절한 단어를 적으시오.

01 (   ) 기술은 인간의 학습능력, 추론능력, 지각능력을 인공적으로 구현하려는 과학 기술을 말한다.

02 앨런 튜링은 계산 개념을 (   )라는 추상 모델로 형식화함으로써 컴퓨터 과학에 지대한 공헌을 하였다.

03 (   )은 컴퓨터를 사용하여 인간의 지능을 구현하려는 기술이다.

04 (   )은 명시적 프로그래밍 없이 컴퓨터가 학습을 통해 작업 성능을 높여나가는 기술을 말한다.

05 명시적 프로그램에는 (   ), (   ), (   )이라는 세 가지 구성 요소가 필요하다.

06 머신러닝 알고리즘은 흔히 (   )이라고도 부른다.

07 신경세포의 구조를 흉내내는 프로그램을 (   ) 혹은 (   )이라고 한다.

08 논리 연산에 대한 이론적인 근거는 (   )의 연구에 의해서 큰 발전을 이룩하였는데, (   ) 공간에서는 참과 거짓의 명제만이 존재한다.

09 (   )은 은닉층이 하나인 신경망이고 (   )은 은닉층이 여러 개인 신경망이다.

10 (   )은 2006년 발표된 연구 논문을 통해서 (   )을 심층 신경망을 학습시키는 알고리즘을 지칭하는 용어로 사용하였다.

11 컴퓨터가 성인 수준의 성능을 보이게 하는 것은 비교적 쉽지만 쉬운 기술을 제공하기는 더 어렵거나 아예 불가능하다는 것을 (   )이라고 한다.

12 (　　　　) 혹은 (　　　　)은 제한적으로 좁은 영역에 대해 적용되는 지능으로 현재 단계의 인공지능 기술을 의미한다.

13 (　　　　) 혹은 (　　　　)은 인간의 다기능적 요소를 사용할 수 있는 인공지능 이다.

14 인공지능의 정점으로 예상되는 (　　　　)은 인간의 다면적인 지능을 넘어서 인간보다 빠르고 더 정확한 의사결정이 가능할 것이다.

[짝짓기 문제]

1. 다음은 컴퓨터에서 사용하는 논리게이트에 대한 설명이다 적합한 것을 연결하라.

NOT •	• 2개 이상의 입력에 대해 1개의 출력을 가짐. 하나라도 1인 경우 1을 출력
OR •	• 1개의 입력과 1개의 출력을 가짐. 입력에 대해 반대값을 출력.
AND •	• 2개 이상의 입력에 대해 1개의 출력을 가짐. 입력값이 다르면 1을 출력.
XOR •	• 2개 이상의 입력에 대해 1개의 출력을 가짐. 입력이 하나라도 0인 경우 0을 출력.

2. 다음은 시기에 따른 기술의 발전에 대한 내용이다. 시기별 적절한 핵심 기술을 연결하라.

19세기 초 •	• 전기 동력과 공장 자동화
19세기 말 이전 •	• 증기 동력과 공장 기계화
20세기 초 •	• 소프트웨어에 의한 지능화
20세기 말 •	• 공장제 수공업
21세기 •	• 컴퓨터 공학

[객관식 문제]

다음 질문에 대하여 가장 알맞은 답을 구하여라.

01 다음 중 튜링 테스트에 대한 설명으로 옳지 않은 것은 무엇인가?

1) 이미테이션 게임으로도 불린다.
2) 인간과 같은 지능을 가지는 기계를 판별하기 위한 목적으로 제시되었다.
3) 인간이 기계와 인간을 구분할 수 없을 경우 튜링 테스트를 통과한다.
4) 튜링테스트를 통과한 인공지능은 지능이 있다고 할 수 있다.

02 다음 중 머신러닝에 대한 설명으로 옳지 않은 것은 무엇인가?

1) 컴퓨터가 학습을 통해 작업 성능을 높여나가는 기술을 말한다.
2) 머신러닝이 인공지능을 포함하는 관계로 나타낼 수 있다.
3) 작업 T와 경험 E, 성능 척도 P가 필요하다.
4) 인공지능이라는 분야의 매우 중요한 영역으로 간주된다.

03 다음 중 명시적 프로그램에 대한 설명으로 옳지 않은 것은 무엇인가?

1) 성능을 개선할 수 없기 때문에 매우 제한된 일만 할 수 있다.
2) 입력 데이터, 명시적인 규칙, 출력이라는 세 가지 구성 요소가 필요하다.
3) 규칙이 바뀔때 마다 프로그램을 다시 만들어야 하는 문제가 있다.
4) 예외적인 상황에도 잘 대처할 수 있다.

04 다음 중 퍼셉트론에 대한 설명으로 옳지 않은 것은 무엇인가?

1) 외부 자극을 노드의 수치값으로 할당 후 가중치에 합하고 곱을 구한다.
2) 가중치는 w에 아래 첨자를 이용하여 w_i와 같이 표기한다.
3) 신호 합산 값 $\sum w_i x_i$는 간단하게 σ로도 표기할 수 있다.
4) σ는 활성화 함수 $\phi(\ )$로 들어간 후 임계치를 넘을 경우 출력된다.

05 활성화 함수에 입력된 신호 합산 값을 다음 퍼셉트론에 전달하기 위해선 이 값을 넘어야 한다. 다음 중 이 값에 적절한 것은 무엇인가?

1) 입력값
2) 수치값
3) 합산값
4) 임계값

06 컴퓨터의 근본적인 작동 원리는 0과 1의 이진 신호를 AND, OR, NOT과 같은 연산을 수행하는데 다음 중 이 연산을 수행하는 회로를 무엇이라 하는가?

1) 전자회로 2) 물리회로
3) 논리회로 4) 신경회로

07 다음 중 입력값 2개가 모두 1일 때만 1을 반환하는 특징을 가진 연산은 무엇인가?

1) NOT 2) AND
3) OR 4) XOR

08 인공지능에 대한 과장된 기대가 큰 성과를 얻지 못하면서 1960년대 말부터 1970년대에 걸쳐 큰 침체기에 빠졌다. 이 침체기를 일컫는 말은 무엇인가?

1) 인공지능의 봄 2) 인공지능의 과대 포장기
3) 인공지능의 몰락기 4) 1차 인공지능의 겨울

09 다음 중 제프리 힌턴이 발표한 심층 신경망을 효율적으로 학습시키는 알고리즘을 지칭하는 용어는 무엇인가?

1) 머신러닝 2) 딥러닝
3) 알고리즘 4) 퍼셉트론

10 다음 중 기술 진보에 의해 20세기 말 대체된 직업으로 옳은 것은 무엇인가?

1) 고기술 장인 2) 공장 노동자
3) 블루 칼라 노동자 4) 화이트 칼라 노동자

11 다음 중 디지털화나 자동화, 로봇 등의 기술로 대체될 가능성이 가장 높은 업무는 무엇인가?

1) 고숙련, 정형 업무 2) 고숙련, 비정형 업무
3) 저숙련, 정형 업무 4) 저숙련, 비정형 업무

12 다음 중 2022년 2월 구글 딥마인드에서 발표한 프로그래밍 문제를 이해하고, 이를 해결하는 프로그램을 자동으로 코딩하는 인공지능은 무엇인가?

1) 알파코드 2) 코드포스
3) 제너레이터 4) minDALL-E

[서술식 심화 문제]

01 **적대적 생성 신경망** 기술을 활용한 **딥페이크 기술**은 인공지능을 기반으로 활용한 인간 이미지와 동영상 합성 기술이다. 이 기술은 기존에 있던 인물의 얼굴이나, 특정한 부위를 영화의 컴퓨터 그래픽스 처리처럼 합성한 영상 편집물을 총칭한다. 딥페이크의 오용 중에서 가장 큰 문제가 되고 있는 것이 가짜 뉴스와 연예인 포르노그래피이다. 두 가지 중에서 실제 문제가 된 사례를 조사하고 대책에 대하여 자신의 생각을 정리해보도록 하자.

02 인공지능의 등장으로 인하여 위협받고 있는 직업분야에 대하여 조사해 보자.

03 딥러닝 기술과 머신러닝 기술의 공통점과 차이점에 대하여 조사해 보자.

찾아보기

ㄹ

ㅁ

ㅂ

ㅅ

ㅇ

ㅈ

ㅊ

ㅋ

ㅌ

ㅍ

ㅎ